Post-doctorial Papers,
Institute of Law,Chinese Academy of Social Sciences
Vol.3

中国社会科学院
法学博士后论丛

第三卷

中国社会科学院
法学博士后流动站主编

1958-2008
法学所
INSTITUTE OF LAW, CASS

中国社会科学出版社

图书在版编目（CIP）数据

中国社会科学院［法学博士后论丛］·第三卷/中国社会科学
院法学博士后流动站主编．—北京：中国社会科学出版社，
2008.10
ISBN 978 - 7 - 5004 - 7357 - 2

Ⅰ．中… Ⅱ．中… Ⅲ．法学 - 文集 Ⅳ. D90-53

中国版本图书馆 CIP 数据核字（2008）第 169499 号

出版策划　任　　明
特邀编辑　成　　树
责任校对　刘　　娟
技术编辑　李　　建

出版发行　中国社会科学出版社
社　　址　北京鼓楼西大街甲 158 号　　邮　编　100720
电　　话　010 - 84029450（邮购）
网　　址　http://www.csspw.cn
经　　销　新华书店
印　　刷　北京奥隆印刷厂　　　　装　订　广增装订厂
版　　次　2008 年 10 月第 1 版　　印　次　2008 年 10 月第 1 次印刷
开　　本　710×980　1/16
印　　张　36.75　　　　　　　　　插　页　2
字　　数　680 千字
定　　价　70.00 元

编辑和出版说明

为了集中反映中国社会科学院法学研究所博士后研究人员的工作成果，展现博士后研究人员的学术风采和水平，优化学术资源，我们决定编辑出版《中国社会科学院法学博士后论丛》，并成立中国社会科学院法学博士后论丛编辑委员会。

作为一套系列性丛书，本论丛计划从2003年起，在已出站博士后的研究报告中，精选出符合论丛出版质量要求的研究报告，编辑出版若干卷。本论丛的编辑规范，执行的是由北京图书馆学位学术论文收藏中心和全国博士后管委会办公室1994年9月联合下发的《博士后研究报告编写规则》。此规则为目前中国博士后研究报告编写规则的国家标准。

本论丛所发表的博士后研究报告，是每位博士后研究人员在其博士后研究报告的基础上，重新编写的一篇约5万字篇幅能够反映博士后研究报告概貌、理论预设、主题思想、创新点、理论贡献等精华内容的报告。因此，它不是简单地对原研究报告的浓缩，而是在原研究报告基础上的再创造成果。

博士后论丛是每位博士后研究人员在中国社会科学院法学研究

所从事博士后研究工作期间学术生活经历的一段值得记忆的历史记载，是每位博士后研究人员学术水平和实力的展示，也是中国社会科学院法学研究所博士后学术水平整体实力的展示。

　　我们出版本论丛，也是希望得到社会各界对中国社会科学院法学研究所博士后研究工作的检验。我们热切地希望来自各方面的批评、评论和建议。

中国社会科学院法学博士后流动站

2003 年 12 月

/目录/

/CONTENTS/

· 中国社会科学院 ［法学博士后论丛］ ·

中国共产党领导立法的理论与实践问题研究

A Study on the theory and practice of the Leadership by Communist Party of China in legislation

博士后姓名　陈　俊

流 动 站　中国社会科学院法学研究所

研 究 方 向　立法学

博士毕业学校、导师　北京大学　周旺生

博 士 后 合 作 导 师　李　林

研 究 工 作 起 始 时 间　2004 年 8 月

研 究 工 作 期 满 时 间　2006 年 9 月

作 者 简 介

　　陈俊，男，汉族，1970 年 2 月 28 日生，浙江人，现为华东政法学院教授。1992 年、1999 年、2002 年先后毕业于浙江大学、中国人民大学和北京大学，分别于同年获得法学学士、硕士、博士学位。2004 年，进入中国社会科学院法学所博士后流动站，从事《中国共产党领导立法的理论与实践问题研究》博士后报告研究工作，2006 年 9 月出站。

　　自 2000 年以来，在《中国法学》、《法学研究》、《北京大学学报》等期刊上单独发表学术论文 60 余篇；在《人民日报》、《光明日报》、《法制日报》等国内要报上单独发表学术文章十余篇。近年，主持国家级、省部级课题项目多项，获得省部级以上科研奖、个人奖多项。

中国共产党领导立法的
理论与实践问题研究

陈　俊

内容摘要：中国是有自己特定国体和政体的社会主义国家，中国的政治文化传统和政党制度也迥异于西方国家，因此，我们不能照搬西方的做法，必须走自己的路，研究中国国情下中国共产党领导立法的理论与实践问题。本文分别对政党与立法概述、中国共产党领导的多党合作与政治协商的政党制度、中国共产党的领导与中国立法、中国共产党依法执政与人民代表大会立法、中国共产党领导立法与中国民主党派参与立法及中国共产党领导立法的完善展开专题性探索并得出几点结论：以党的正确政策指导立法，及时将党的正确政策转化为法律；理顺党委与人大的关系，加强和改善党对人民代表大会的领导；中国各民主党派参与立法是参政议政的重要形式和途径；党领导立法需要进一步完善。

关键词：中国共产党　领导　立法

一、引言

在政党政治时代，政党在政治生活中发挥着越来越大的作用，政党政治与法治和宪法有着密切的联系，政党需要通过国家政权并运用法治方式实现自己的政治目标。因此，政党、特别是执政党与立法存在重要的政治和法律关系，政党（执政党）的主张和政策，往往要通过立法活动转化为体现国家意志的法律。从政党政治、政党执政的本质看，执政党都要将其意志通过法律体现出来。

我们是在坚持中国共产党领导的前提下实行依法治国，建设社会主义法治国家的，这是社会主义法治与资本主义法治的本质区别。实现党的领导和依法治国的统一，首先要从立法环节上保证党的基本路线和基本方针的贯彻实施，保证党始终发挥总揽全局、协调各方的领导核心作用。

中国共产党十六届四中全会通过的《中共中央关于加强党的执政能力建设的决定》指出："党的执政能力，就是党提出和运用正确的理论、路线、方针、政策和策略，领导制定和实施宪法和法律，采取科学的领导制度和领导方式，动员和组织人民依法管理国家和社会事务、经济和文化事业，有效治党治国治军，建设社会主义现代化国家的本领。"据此，依法执政的一个重要实现方式，是共产党领导人民制定宪法和法律，将党的正确政策通过法律程序转化为法律，推进依法治国。

在政党对立法的作用方面，西方各国因国情和体制的不同而呈现出差异性，但也有共同性，有许多经验和成熟的宪政理论。这些，都可以作为我们建构人民代表大会制度基础上的执政党与立法新型关系的参考和借鉴因素。但是，中国是有自己特定国体和政体的社会主义国家，我们的政治文化传统和政党制度也迥异于西方国家，因此我们不能照搬西方的理论和经验，必须走自己的路，有的放矢地研究中国国情下党领导立法的理论与实践问题。

中国共产党在十六大报告中提出：依法执政的实现，需要党领导制定和实施宪法和法律。而宪法、法律的实施首先要有法可依，需要党领导立法。立足时代背景，迎接时代的挑战，本文致力于对中国共产党领导立法的理论与实践问题作出专题探索，旨在为了坚持和完善党的执政方式和领导方式，坚持和完善人民代表大会制度，促进和完善中国共产党领导的多党合作和政治协商制度，推进依法治国，更好地全面建设小康社会。本文的研究具有重要的实践意义和理论意义。

本文的几点结论归纳如下：

1. 中国是有自己特定国体和政体的社会主义国家，中国的政治文化传统和政党制度也迥异于西方国家，因此，我们不能照搬西方的做法，必须走自己的路，研究中国国情下中国共产党领导立法的理论与实践问题。

2. 以党的正确政策指导立法，及时将党的正确政策转化为法律。

3. 理顺党委与人大的关系，加强和改善党对人民代表大会的领导。

4. 中国各民主党派参与立法是参政议政的重要形式和途径。

5. 党领导立法需要进一步完善。

二、政党与立法概述

（一）政党的定义、特征和职能

1. 政党的定义

"政党"一词，最初源于拉丁文 Pars，之后又有英文的 Party，法文的 Parti，德文的 Partei，西班牙文的 Partido 和俄文的 ПаРТиЯ 等用词，其字面意思原指社会的一部分，后通指一种社会政治组织。西方学者对政党所下的定义五花八门，不尽统一。以西方学者著作中的界定为例。有学者提出："通常认为，政党是致力于获取政权和掌控政府的组织。"[1] 有学者主张："现代意义的政党被认为是一种相对持久的社会组织。这种组织以担任政府公职或执掌政府权力为目的。"[2] 有学者认为："政党是这样一个组织，它以赢得公职选举的名义来执掌政府。"[3] 有学者指出："政党是民主政治的核心。"[4]

以上西方学者对政党的界定，侧重于从形式特征方面作出，有其合理成分，但并没有揭示出政党的阶级本质特征。

而马克思主义政党观则揭示了政党的阶级性质，主张政党都有一定的阶级基础，政党是阶级斗争发展到一定历史阶段的产物，政党斗争是阶级斗争的最高表现形式。例如，列宁曾深刻指出："在以阶级划分为基础的社会中，敌对阶级之间的斗争在一定的发展阶段上势必变成政治斗争。各阶级政治斗争的最严整、最完全和最明显的表现就是各政党的斗争。"[5] 根据这一原理，本文认为，政党是由一定阶级、阶层或社会集团中的骨干分子组成的，为实现、反映自己所代表的阶级、阶层或集团的利益、政治纲领、政治主张，以执掌政权或竞争公职为政治目标而采取共同的行动、进行阶级斗争和社会政治活动的政治组织。

---

[1] Amie Kreppel, *The European Parliament and Supranational Party System：A study in institutional Development*, Cambridge University Press (2002), p. 45.

[2] William Nisbet Chambers, *"Party Development and the American Mainstream"* in William Nisbet Chambers and Walter Dean Burnham, eds. , *The American Party Systems* (New York：Oxford University Press, 1967), p. 5.

[3] Joseph Schlesinger, *"The New American Political Party"*, *American Political Science Review* 79 (1985)：p. 1153.

[4] Richard Gunther, José Ramón Montero, and Juan J. Linz eds. , *Political Parties：Old Concepts and New Challenges*, Oxford University Press (2002), p. 58.

[5] 《列宁全集》12 卷，人民出版社 1987 年版，第 127 页。

2. 政党的特征

第一，政党是阶级的一部分，是维护一定阶级利益的组织，有鲜明的阶级性。政党是阶级斗争发展到一定历史阶段的产物。从实质上说，阶级性质是政党的本质属性，任何政党都是代表一定阶级、阶层、社会集团并为其根本利益服务的政治组织。第二，政党有明确的政治目标和纲领，旨在夺取政权进而统治和管理国家。政党斗争的最高目标是夺取政权和执掌政权。第三，政党有特定的较严密的组织机构体系和纪律并且通常由最有威信和影响力的领袖集团来领导和主持。正如列宁指出的："群众是划分为阶级的；……阶级通常是由政党来领导的；政党通常是由最有威信、最有影响、最有经验、被选出担任最重要职务而称为领袖的人们所组成的比较稳定的集团来主持的。"① 第四，政党通常具有法律上的地位并有相应的活动方式和准则。

3. 政党的职能

从世界政党政治几百年间的实践看，政党的共通性职能包括以下几个方面。

第一，反映民意与利益整合职能。

这是一个政党最基本的职能。"政党是市民社会和国家进行政治互动的渠道"。② 致力于推动经济发展，则是一个政党特别是执政党反映民意与利益整合职能的典型体现。质言之，生产力的发展和人民生活水平的提高，是衡量一国执政党执政绩效最基本、最直观的标准，是执政党获取支持的根本保证。

第二，政治选拔、录用与输送精英的职能。

一个政党通过组织本党党员和部分选民参加中央和地方的政治选举，努力使本党推选的候选人当选政府公职，从而实现该党政治选拔、录用与输送精英的职能。

第三，政治整合与维护秩序职能。

当今时代，各国的政党都注重在政治目标和纲领上主张为该国的国民提供更多的公共服务和满足其政治诉求，这是一个政党政治整合与维护秩序职能的体现。政党的这一职能，需要通过控制与影响立法得以体现。比如，各国政党不间断推动的修宪，就着眼于在本国进行政治整合与秩序规范。当然，修宪本身也是宪政建设的阶段性任务。

---

① 《列宁选集》（4），人民出版社 1972 年版，第 197—198 页。

② Richard Gunther, José Ramón Montero, and Juan J. Linz eds., *Political Parties: Old Concepts and New Challenges*, Oxford University Press (2002). p. 58.

根据以上政党的共通性职能，本文认为：推进一国的经济发展，提高国民的生活水平，充分反映民意、协调利益冲突并有效进行政治整合，是检验该国政党职能是否得到发挥和发挥实效的一个重要标准。

（二）政党制度界说

1. 政党制度的含义

本文认为，一个国家的政党制度是该国政党政治的实现方式，即该国的各政党在政治生活中的地位及如何运作、如何行使国家政权或干预政治的活动方式以及运行机制、规则和程序，它是各政党在争取对国家政权的支配时由国家法律规定的或在实际生活中形成的有关权力和地位的分配划分模式，是建立在一定经济基础之上的该国政治制度的重要组成部分。

2. 资本主义多党制和社会主义多党合作制的区别

资本主义的多党制和社会主义的多党合作制，有着质的区别：首先，前者建立于资本主义私有制经济基础之上，是为维护资产阶级统治和为其整体利益服务的；后者建立在社会主义公有制基础之上，为的是维护人类历史上前所未有的社会主义制度，着眼的是全体人民的意志和利益。其次，前者各政党的轮流执政是出于不同阶层、集团的小团体利益都要得到满足的需要和为此进行的政治较量和妥协的结果，但各政党在维护资产阶级的专制、保护少数者利益方面是如出一辙的；而后者各民主党派则与共产党合作共事，积极参政议政，共同维护广大人民的利益和为建设社会主义服务。再次，前者的执政党与他党呈泾渭分明的朝野两派，在野的反对党时刻觊觎入主政坛，钩心斗角、互相拆台和频繁倒阁司空见惯，尤其是在朝小在野大之时政局就更为动荡；而后者共产党与各民主党派是执政与参政的关系，是共同合作与民主监督的友党关系，他们共同致力于国家的发展大局和着眼于人民的整体利益。

3. 政党制度并没有一个统一、固定的模式

从历史和现实的情况看，世界范围的政党政治并没有一个统一、固定的模式，各个国家只有根据本国的具体国情确定适合本国的模式，才能切合本国政治发展的实际需求，才能推进本国经济社会的平稳发展。

列宁曾经指出："只要各个民族之间、各个国家之间的民族差别和国家差别还存在（这些差别就是无产阶级专政在全世界范围内实现以后，也还要保持很久很久），各国共产主义工人运动国际策略的统一，就不是要求消除多样性，消灭民族差别（这在目前是荒唐的幻想），而是要求运用共产党人的基本原则（苏维埃政权和无产阶级专政）时，把这些原则在某些细节上正确地加以改变，使之正确地适应于民族的和民族国家的差别，针对这些差别正确地加

以运用。"①

任何一种政党制度，都是一定社会历史条件下的产物，都同一定的社会发展阶段相联系。"只有相对地适合于国家某一历史发展时期的政党制度，没有绝对完善、绝对有利无弊的政党制度（哪怕当它处于最适合状态时）。"② 就一党执政来说，一党长期执政，除却其弊端，其可取之处在于：有利于保证政局的稳定、有利于保持政策的持续性，从而有利于为该国经济社会的发展创造条件。

（三）政党治国理政的经验与教训

1. 值得总结的几点教训

（1）没有建立适合国情的执政模式，没有推进经济的发展。政治是经济的集中表现。列宁曾精辟地指出："人类社会的发展也是由物质力量即生产力的发展所决定的。"③ 政党政治的实践发展表明，世界上并没有一个大一统、恒定的政党制及执政模式，各国只有根据本国的具体国情确定适合本国的执政模式，才能推进本国经济社会的平稳发展。

评判各国政党特别是执政党执政成效的重要标准，是看该国政党制模式的选择是否符合该国实际，该国的执政模式是否有利于推进该国经济的发展。而在找到适合国情的执政模式之后，一个国家的执政党还要积极发挥反映民意与有效进行利益整合的职能，致力于通过推动经济发展，维护和巩固本党的执政。可以说，大凡失去政权的政党，在这一方面都存在不足或缺陷。

（2）不重视依法执政，执政方式人治化。在政党政治的历史演进中，资本主义民主法治较好地解决了国家权力依法运作的问题。有些经验如依法执政，是人类政治文明的共同成果，有其普适性的一面。

从实践看，苏联及东欧社会主义国家的共产党不重视依法执政致使其执政走向失败的教训是一典型。④ 而美国、英国、法国、日本等西方国家的执政党在执政过程中很少发生社会主义国家曾经发生的大面积破坏法制、推崇人治、不重视依法执政的政治现象，值得我们反思。

（3）缺乏政党与民众间制度化的联系和互动沟通。反映民意与利益整合

---

① 列宁："共产主义运动中的'左派'幼稚病（1920年4—5月）"，载《列宁选集》（4）第3版，第200页。

② 吴江、牛旭光：《民主与政党》，中共中央党校出版社1991年版，第136页。

③ 《列宁全集》（1），第88页。

④ 以苏联为例。苏联共产党长期忽视依法执政，党的一些领导人未经法定的起诉、辩护、判决和执行程序就被处决；而肃反扩大化更是严重侵犯了广大党员和人民群众的合法权益。

职能，是一个政党最基本的职能。在政党政治时代，几乎每一政党都要诉称其是反映和代表该国民众利益的，都力求得到民众最广泛的支持和拥护，以巩固和扩大该党执政的社会基础。显而易见，一个国家民众的支持是该国执政党执政的合法性基础。

对社会主义国家来说，在任何时候，执政的共产党的党员只占一个国家总人口的少数，只有把大多数人团结在共产党的周围，才能实现党的路线、方针、政策，巩固执政。像苏联共产党这样几十年来长期执政的执政党，由于在执政后期长时间缺乏与群众的联系和沟通，割断了党群联系，疏离了群众，严重削弱了自身的执政基础，加上其他原因，最终导致政权的丧失。

（4）没有建立科学、民主的决策机制。毛泽东通过总结历史经验，曾经指出，"任何政党，任何个人，错误总是难免的"[①]。对于长期执政的政党及其领袖人物来说，错误是难免的，至今还没有哪一个长期执政的政党及其领袖人物从来没有犯过错误。因此，注重建立科学、民主的政党决策机制，尽量使执政党的执政活动不发生或少发生错误，尽可能不犯重大错误，也适用于中国。

2. 时代的发展与中国的选择

当今时代，各国政党间的交流与合作日渐加强，政党间相互借鉴执政经验和政治智慧日趋成为共识。2004 年 9 月 3 日，国家副主席曾庆红在第三届亚洲政党国际会议开幕式上明确指出："亚洲各国政党在实践中积累的治国理政和党的自身建设的有关经验，都是值得我们学习和借鉴的。"

就中国来说，在新的历史条件下，中国共产党要实现两个"根本性转变"，一是从一个领导革命的党转变为一个执政的党，二是从领导计划经济的党转变为领导市场经济的党。显而易见，在当今绝大多数国家都由政党执政、市场经济已成时代潮流的背景下，执政党和领导市场经济的党的定位，大大拓展了中国共产党执政的借鉴对象与借鉴内容。

党的十六届四中全会指出："我们必须居安思危，增强忧患意识，深刻汲取世界上一些执政党兴衰成败的经验教训，更加自觉地加强执政能力建设，始终为人民执好政、掌好权。"[②]

为此，我们需要认真研究、借鉴世界上其他现存社会主义国家共产党（如越南、古巴、朝鲜和老挝）共产党的执政经验，需要重视汲取已经消亡的共产党（如苏联、东欧共产党）的执政教训，需要认真研究西方资本主义国家政党执政的成功经验，并将这些经验、教训用于中国的民主政治建设和党的

---

① 《毛泽东选集》（4），第 1480 页。
② 《中共中央关于加强党的执政能力建设的决定》，人民出版社 2004 年 9 月第 1 版，第 4 页。

治国理政之中。

（四）政党对立法的作用

"立法是国家政权的最重要的活动之一，因而为政党所特别关注。各国政党要对政权活动发生作用，必须也必然涉足立法活动，这是由政党的性质和任务所决定的。"①

在资本主义国家，各政党为本党派利益在议会中角逐、竞争，尽力使本党派意志在议会立法中得到反映；在议会之外，各政党为着自身所代表的阶层、群体的利益，也纷纷通过各种方式影响立法。

在社会主义国家，共产党是执政党，领导国家的一切重要政权活动并作出全局性决策包括立法决策。常见的情形是：执政的共产党注重和依靠本党的政策来领导国家政权、指导国家立法。相应的，社会主义各国民主党派的作用则因该国民主政治发展和具体国情的不同而有所不同，它们在立法中的参与作用也不尽相同。

整体而言，不论资本主义国家还是社会主义国家，政党对立法的作用通常表现在以下几个方面。

首先是控制或影响立法权及其载体立法机关。

政党是旨在夺取政权进而统治和管理国家的政治组织。如果不能介入或影响立法，那么作为一个政党角逐和获取国家政权的能力是有限的，也是与政党这一政治组织的性质和职能不相符的。

在政党政治时代，在资本主义国家，无论是两党制还是多党制，也不管是在朝党还是在野党，都致力于控制和影响立法活动：比如，通过控制和影响议会选举，在议会中占据更多席位和使立法更多反映本党的意志，等等。

在社会主义国家，共产党控制、支配着几乎所有国家权力和政权机关，包括立法权和立法机关。尽管也存在多党并存和合作，但民主党派较之共产党在控制和影响立法机关及立法权方面的差别是既存的。②

从政党的职能看，上文提到的政党的政治整合与维护秩序职能，政治选拔、录用与输送精英职能以及利益整合职能，通常需要通过控制或影响立法才能顺利实现。

其次是从宏观方面用政党政策指导立法。

---

① 周旺生：《立法学》，北京大学出版社1988年版，第386页。
② 我国的情况大体也是如此，各民主党派可以单独推荐各级人大代表候选人，但比之共产党所推荐的人选，在当选率和影响力等方面的一些差别还是存在的。

政策是一定的社会集团为实现其利益或完成一定历史阶段的任务而确定的原则和行为准则。执政党执掌国家政权最基本的方式之一就是通过政策来指导、领引国家的政治、经济生活，为国家政权的运作指明方向。政党的政治整合与维护秩序职能、反映民意与利益整合职能，都需要通过其政策对外宣示以得到展现。

执政党运用政策指导国家立法活动，是其领导国家政权活动，实现其在某一时期的执政目标和任务的重要一环。可以说，在政党政治时代，法律的制定、修改、废止都具有一定的政策背景，都要受到执政党政策的影响。执政党用政策指导立法主要表现在两个方面：一是以政策作为立法的主要原则、依据和基础；二是把具体政策贯彻、体现到具体的法律条文中，使该政策成为强制性的法律规范。

就中国共产党的政策对中国立法的影响而言，"党的政策是立法的根本指导政策，立法以党的政策为依据和基础，遵循党的政策，不与党的政策相抵触。党还通过立法把自己的政策贯彻、体现到具体的法律、法规中去，使党的政策成为具有国家强制性的规范。可以说，在中国，各项立法都是在党的政策指导下制定的"①。

再次，在立法的具体过程中扮演着重要角色。

在提案、审议、修改、批准、公布等立法过程的各个环节，政党特别是执政党的作用都挥之不去，无处不在。在社会主义国家和某一政党居优的西方国家，执政党通常主导着议案的审查和批准，并且是重要法律案的起草者，在立法活动中处于强势地位。政党在立法过程中扮演着重要角色，实际上就是政党利益整合、政治整合与维护秩序职能的外在体现。

从中国的情况看，长期以来，中国共产党领导和主持宪法以及重要法律的起草和修改，提出重要的立法建议，对法案进行实质性审查、修改和批准，在具体立法过程中起到了最主要的作用，作出了突出的贡献。以修宪为例，"党在实际上担负着修改宪法的主要主持人的工作。修改宪法委员会成员多为中央政治局委员或中央委员。"②

最后，通过政党组织和党员对立法发挥作用。

政党的各项活动要通过其组织机构和党员来贯彻执行，立法活动也不例外。西方国家的议会中普遍存在议会党团，各政党依靠自己的议会党团在议会立法中展开角逐和斗争。

---

① 周旺生："中国立法五十年"，载《立法研究》（1），法律出版社 2000 年版，第 75 页。
② 同上。

就中国而言，执政党也重视通过本党党组织和党员对立法发挥作用，具体表现是："（1）党要求参加立法活动的党员自觉地贯彻党的方针、政策，每届全国人大开会前由党组织召开党员代表会议，要求党员代表在人大会议上贯彻党的方针、政策。（2）在立法过程中，通过党的组织了解有关情况、反映有关意见，协调有关部门、有关方面的利益。（3）提交全国人大及其常委会审议的法律草案，通常都由提交或起草法案的部门的党组织事先向党中央报告立法的理由、原则和有关问题，由中央提出意见，然后才作为正式议案提交人大或其常委会审议。在地方立法和国务院行政立法活动的过程中，党组织同样起着重要作用。"①

三、中国共产党领导的多党合作与政治协商的政党制度

一个国家实行什么样的政党制度，主要是由该国的政治经济状况、民族文化传统和特定的社会历史条件等因素共同作用的结果。中国政党制度的形成与发展，一方面体现了世界范围政党制度发展中具有普遍性的内容，另一方面也是中国国情和中国政治现实的体现。

（一）中国共产党领导的多党合作与政治协商政党制度的形成、发展与特色

如果从1905年中国第一个资产阶级政党中国同盟会的成立算起，中国政党制度发展至今已有100余年的历史。一百多年来，中国政党和政党制度的发展，走过了曲折的道路，经历了兴衰成败，最终形成了当代中国的政党制度即中国共产党领导的多党合作制（既不同于西方的多党制，也区别于社会主义一党制）。这一政党制度形成于我国的新民主主义革命时期，确立于新中国成立之始，不仅有着光荣的传统，而且适合我国国情，反映了社会主义初级阶段政治经济发展的要求，为推进我国的现代化建设和祖国统一事业发挥了不可替代的积极作用。

"我国是人民当家作主的社会主义国家，人民通过选举、投票行使权利和人民内部各方面在重大决策之前进行充分协商，尽可能就共同性问题取得一致意见，是我国社会主义民主的两种重要形式。人民代表大会制度作为我国的根本政治制度，是中国人民当家作主的重要途径和最高实现形式。中国共产党领导的多党合作和政治协商制度作为我国的一项基本政治制度，与人民代表大会制度相适应、相结合，是实现人民当家作主的又一重要形式，即中国共产党就事关国计民生的重大问题在决策前和决策执行中，同各民主党派、无党派人士

---

① 周旺生："中国立法五十年"，载《立法研究》（1），法律出版社2000年版，第75—76页。

直接协商，在人民政协同社会各界人士广泛协商。"①

中国共产党领导的多党合作和政治协商制度是实现人民当家作主的基本政治制度，是具有中国特色的社会主义政党制度②。

这一政党制度根本不同于西方国家的两党制或多党制：它确立了中国共产党在国家政治生活中的领导地位，共产党是执政党，实行的是共产党领导下的多党合作而不是各党派轮流执政；是一党执政，多党参政，而不是一党专政（我国历史上有过一党专政的实例即国民党的一党专政，只允许国民党一党存在，一党独霸政权）。

这一制度也不同于一些社会主义国家的一党制（如苏联曾经实行的苏共一党制），各民主党派是在共产党领导下，同共产党通力合作并共同致力于社会主义现代化建设事业的亲密友党，是参政党而不是在野党和反对党。

在这一制度下，中国共产党对各民主党派和无党派人士的领导，主要是政治领导，即政治原则、政治方向和重大决策的领导。各民主党派和无党派人士自觉接受中国共产党领导，与中国共产党长期共存、互相监督、肝胆相照、荣辱与共，共同服务于社会主义现代化建设和祖国统一事业。各民主党派参加国家政权，参与国家大政方针和国家领导人选的协商，参与国家事务的管理，参与国家政策和法律的制定和执行。

（二）中国民主党派的性质定位与作用

1. 中国民主党派的性质定位

中国的民主党派，"并不是泛指一切宣称以民主为纲领或宣言的党派，而是有特定含义的政治概念，是对我国 1948 年 5 月 1 日以前，即中共中央发布关于召开新政协的《纪念'五一'节口号》前已经成立，并在反对帝国主义、封建主义、官僚资本主义和国民党反动统治的斗争中具有民主运动历史的性质大体相同的一些党派的统称。由于争取民主是民主党派政治要求的集中体现，所以在对这些党派的统称中冠以'民主'二字。"③

在 1956 年以前，从性质定位上说，中国民主党派属于民族资产阶级

① 刘延东（原全国政协副主席、中共中央统战部长）："历史必然性·伟大独创性·巨大优越性——论中国共产党领导的多党合作和政治协商制度"，载《求是》2006 年 13 期（2006 年 7 月 1 日出版）。

② 新中国成立以来，中国共产党在探索领导、支持和保证人民当家作主的实践中，把马克思列宁主义民主政治理论与中国具体实践相结合，建立了人民代表大会制度、中国共产党领导的多党合作和政治协商制度以及民族区域自治制度等，奠定了中国特色民主政治的制度基础。

③ 吴美华：《当代中国的多党合作制度》，中共党史出版社 2005 年版，第 9—10 页。

或小资产阶级及其他社会成分的政党；在1956年社会主义改造完成以后，民主党派的性质发生了改变，正如刘少奇在中国共产党八大政治报告中指出的："在社会主义改造完成以后，民族资产阶级和上层小资产阶级的成员将变成社会主义劳动者的一部分。各民主党派就将变成这部分劳动者的政党。"

1979年，邓小平在全国政协五届二次会议上提出：我国各民主党派现在"已经成为各自所联系的一部分社会主义劳动者和一部分拥护社会主义的爱国者的政治联盟，都是在中国共产党领导下为社会主义服务的政治力量"。这是党的十一届三中全会以后第一次对民主党派的性质作出明确定义。

1989年12月，《中共中央关于坚持和完善中国共产党领导的多党合作和政治协商制度的意见》正式颁布。该《意见》第一次把多党合作制度作为我国的基本政治制度确定下来，该《意见》明确了我国多党合作格局中各民主党派的参政党地位。

2005年2月，中共中央颁布的《关于进一步加强中国共产党领导的多党合作和政治协商制度建设的意见》进一步完善了对民主党派性质的表述即在新世纪新阶段，中国的民主党派已经是各自所联系的一部分社会主义劳动者、社会主义事业建设者和拥护社会主义爱国者的政治联盟，是接受中国共产党领导、同中国共产党通力合作的亲密友党，是进步性与广泛性相统一、致力于中国特色社会主义事业的参政党。

2. 中国民主党派的作用

"在中国共产党的领导下，实行多党派的合作，这是我国具体历史条件和现实条件所决定的，也是我国政治制度中的一个特点和优点。"① 在接受中国共产党政治领导的过程中，各民主党派立足于其超脱的政治地位和独特的影响，在民主协商与凝聚共识的通力合作中，能够最大限度地发挥自身的作用。

据不完全统计，在参政议政、建言献策方面，自1989年《中共中央关于坚持和完善中国共产党领导的多党合作和政治协商制度的意见》颁布以来，各民主党派中央向中共中央、国务院及有关部门提出的重大建议就有180多项，地方组织提出的意见建议近9万项，其中许多建议都被采纳，并产生了非常好的社会效应和影响。包括民革中央《关于早日进行"南水北调"工程建设的建议》、民盟中央《关于建立长江三角洲经济开发区的初步设想》和《关于振兴上海经济的设想和建议》、民建中央《关于加快发展我国风险投资事业

---

① 《邓小平文选》（2），人民出版社1994年版，第205页。

的提案》、民进中央《关于依法治教，大力推进义务教育的几点建议》、农工党中央《关于加强西藏等边缘广播影视工作的建议》、致公党《大力推行循环经济发展模式，促进可持续发展能力的不断增强》的书面发言、九三学社《关于跟踪研究外国战略性高技术发展的建议》（后来促成制定 863 计划）、台盟关于《加强两岸农业合作，促进农村经济发展》等许多提案、建议，都引起中共中央和国务院的重视，并被采纳，对推进中国经济社会的发展发挥了非常重要的作用，充分体现了民主党派的作用。

中国共产党自召开十六大以来，重大问题协商于决策之前，在中共中央已基本形成制度。近些年来，高层协商每年大体上都有十几次。对于中国各民主党派来说，历史已经为其作用的发挥提供了前所未有的机遇与空间。

四、中国共产党的领导与中国立法

（一）中国共产党的领导地位

人类历史上任何一项伟大的事业，都必定要有领导该项事业的核心力量。近现代中国的历史充分证明：国家能否富强，社会能否稳定，人民能否安居乐业，关键在于有没有一个坚强的先进政党的正确领导。

建党以来，中国共产党作为中国人民和中华民族的先锋队，肩负着谋求民族独立和人民解放、实现国家繁荣富强和人民共同富裕的历史重任。党领导全中国人民进行了革命、建设和改革的伟大事业，战胜了各种艰难险阻和风险挑战，把一个四分五裂、贫穷落后的旧中国建设成了人民生活总体上达到小康水平、正在蓬勃发展的新中国，取得了举世瞩目的成就。

2006 年 6 月 30 日，胡锦涛同志在庆祝中国共产党成立 85 周年大会上的讲话指出："中国共产党已经走过了 85 年不平凡的历程。在这 85 年里，我们党紧紧依靠和紧密团结全国各族人民，干了三件大事。在新民主主义革命时期，我们经过 28 年艰苦卓绝的斗争，推翻了帝国主义、封建主义、官僚资本主义的反动统治，实现了民族独立和人民解放，建立了人民当家作主的新中国。在社会主义革命和建设时期，我们确立了社会主义基本制度，在一穷二白的基础上建立了独立的比较完整的工业体系和国民经济体系，使古老的中国以崭新的姿态屹立在世界的东方。在改革开放和社会主义现代化建设时期，我们开创了中国特色社会主义道路，坚持以经济建设为中心、坚持四项基本原则、坚持改革开放，初步建立起社会主义市场经济体制，大幅度提高了我国的综合国力和人民生活水平，为全面建设小康社会、基本实现社会主义现代化开辟了广阔的前景。这三件大事从根本上改变了中国人民的前途命运，决定了中国历史的发展方向，在世界上产生了深刻而广泛的影响。"① 这是符合近现代中国历史发展实际的客观论断。

80多年来，人民群众之所以信任、选择和支持中国共产党，根本原因就在于中国共产党顺应时代潮流，带领并依靠人民，不断开创革命、建设和改革事业的新局面，建立了功在千秋的历史功绩。

（二）中国共产党对国家政权和人民代表大会的领导

在我国，由于共产党兼具领导党和执政党两种政治属性，其地位相对高于大多数西方国家的执政党，其权力也相对大于大多数西方国家的执政党。两者的不同之处归纳如下。

首先，在中国，依法执政的主体是中国共产党，中国共产党通过全国代表大会来行使依法执政，但是经常性的行使主体是党的中央委员会特别是中央政治局。与此同理，中国共产党的地方各级委员会也当然是各地的执政主体。并且，中国共产党作为依法执政的主体，具有独占性、排他性的特点。

其次，中国共产党作为执政党是历史的选择、人民的选择，是载入宪法的。而多数西方国家的政党是通过角逐和斗争，在议会中获得多数议席或是赢得总统大选之后确立其执政地位。从历史上看，多数西方国家政党的产生离不开议会的孕育。特别是在早期产生议会的西方国家，是先有议会再有政党，因而，政党不可能获得超出议会之上的崇高地位。政党通常只能通过议会执掌国家政权，实现执政。

与此有别的是，在我国，是先诞生中国共产党，由中国共产党领导中国各族人民，经历艰难曲折的武装斗争和其他形式的斗争，夺取政权，建立中华人民共和国之后，再建立人民代表大会制度的。可以说，在我国，是先有执政党中国共产党，后有人民代表大会，这是历史发展的结果。因此，在我国的政治生活中，人民代表大会服从作为执政党的中国共产党的领导，是历史发展的必然。

再次，中国各民主党派与中国共产党在国家政权机关中的关系，从根本上说不是西方国家执政党与反对党、多数党与少数党的关系，而是执政党与参政党的关系。

最后，与西方政党与议会间关系有所不同的是，在我国，中国共产党对人民代表大会的领导主要是政治领导，党对国家事务实行政治领导的基本方式是

---

① 胡锦涛："在庆祝中国共产党成立85周年暨总结保持共产党员先进性教育活动大会上的讲话"，载《人民日报》2006年7月1日第1版。

使党的政策主张经过法定程序转变为国家法律。

新中国民主与法制建设的主要奠基人之一董必武同志曾谆谆告诫说，"党无论在什么情况下，不应把党的机关的职能和国家机关的职能混同起来。党不能因领导政权机关就包办代替政权机关的工作，也不能因领导政权机关而取消党本身组织的职能。"① 董必武还明确提出："党对国家政权机关的正确关系应当是：一、对政权机关工作的性质和方向给予确定的指示；二、通过政权机关及其工作部门实施党的政策，并对它们的活动实施监督；三、挑选和提拔忠诚而有能力的干部（党与非党的）到政权机关中去工作。"② 董必武关于党与国家政权机关关系的观点，有助于我们理顺党与国家政权的关系，理解党对人民代表大会的领导。

（三）中国共产党依法执政

1. 依法执政的含义、要求、特点

中国共产党十六届四中全会通过《中共中央关于加强党的执政能力建设的决定》指出："依法执政是新的历史条件下党执政的一个基本方式。"③ 依法执政是依法治国基本方略在中国共产党执政问题上的具体体现。

2006 年 6 月 29 日，中共中央总书记胡锦涛在主持中共中央政治局第三十二次集体学习时指出，"依法执政是新的历史条件下马克思主义政党执政的基本方式。依法执政，就是坚持依法治国、建设社会主义法治国家，领导立法，带头守法，保证执法，不断推进国家经济、政治、文化、社会生活的法制化、规范化，以法治的理念、法治的体制、法治的程序保证党领导人民有效治理国家"④。胡锦涛还指出，"要加强党对立法工作的领导，推进科学立法、民主立法，从制度上、法律上保证党的路线方针政策的贯彻实施"⑤。

据此，坚持依法执政，就要求"加强党对立法工作的领导，推进科学立法、民主立法，从制度上、法律上保证党的路线方针政策的贯彻实施"。

依法执政具有以下一些特点：第一，依法执政主要是针对作为执政党的中国共产党提出的一个涉及如何执政、依什么执政的基本方略，因此，它的主体主要是作为执政党的中国共产党的中央以及地方组织；第二，依法执政的客体

---

① 转引自任建新："深切缅怀敬爱的董必武同志"，载《人民日报》2006 年 2 月 21 日第 8 版。

② 同上。

③ 《中共中央关于加强党的执政能力建设的决定》，人民出版社 2004 年版，第 16 页。

④ 新华社北京 7 月 3 日电："坚持科学执政、民主执政、依法执政扎实加强执政能力建设和先进性建设"，载《人民日报》2006 年 7 月 4 日第 1 版。

⑤ 同上。

是与党的领导和执政相关的各种事务和活动，比如，党对立法工作的领导；第三，依法执政所依之法主要是宪法和法律；第四，依法执政主要针对国内事务，但在处理国际事务时，也要求中国共产党要尊重并依照国际法和国际惯例来处理问题。

依法执政包括三个方面的要求：一是党的主张经过法定的程序上升为国家意志；二是党必须在宪法和法律的范围内活动；三是党要领导立法，带头守法，保证执法。

2. 依法执政与科学执政、民主执政

党的十六届四中全会提出："通过全党共同努力，使党始终成为立党为公、执政为民的执政党，成为科学执政、民主执政、依法执政的执政党。"

2006 年 6 月 29 日，中共中央总书记胡锦涛在主持中共中央政治局第三十二次集体学习时指出，"科学执政，就是坚持以马克思主义的科学理论为指导，不断探索和遵循共产党执政规律、社会主义建设规律、人类社会发展规律，以科学的思想、科学的制度、科学的方式组织和带领人民共同建设中国特色社会主义"[①]。此次中央政治局集体学习的主讲人之一卓泽渊教授就此解读，"科学执政，是指执政要尊重和符合客观规律，以科学的思想、科学的制度、科学的方式来配置和运用国家权力，治国理政"[②]。而要做到科学执政，就"要大力推进决策科学化、民主化，努力使我们作出的决策特别是关系国计民生的重大决策符合客观规律和科学规律，符合人民群众的愿望"[③]。

鉴于法制是科学决策和科学执行的制度保证，科学执政必然要求依法执政。

民主执政是马克思主义政党执政的本质要求。"民主执政，就是坚持为人民执政、靠人民执政，发展中国特色社会主义民主政治，推进社会主义民主政治的制度化、规范化、程序化，以民主的制度、民主的形式、民主的手段支持和保证人民当家作主。"[④] 民主执政，要求将现代民主建立在一套符合民主要求的运作体制和机制之上，要求按照法制的要求建立和发展社会主义民主政治。

---

① 新华社北京 7 月 3 日电："坚持科学执政、民主执政、依法执政扎实加强执政能力建设和先进性建设"，载《人民日报》2006 年 7 月 4 日第 1 版。

② 卓泽渊：《中央重申科学、民主、依法三大执政要求》，http://politics.people.com.cn/GB/1026/4574967.html（2006 - 07 - 10 - 10：04）

③ 新华社北京 7 月 3 日电："坚持科学执政、民主执政、依法执政扎实加强执政能力建设和先进性建设"，载《人民日报》2006 年 7 月 4 日第 1 版。

④ 同上。

综上，科学执政、民主执政、依法执政，是党的执政方式的三个基本要素，三者的关系是辩证统一的。科学执政是基本前提，民主执政是本质所在，依法执政是基本途径，三者相互联系，有机结合。依法执政包含着科学执政和民主执政的因素，依法执政是关键。

（四）中国共产党领导立法的原则、特点和途径

1. 党的领导的基本含义及途径

中国共产党的领导指的是由中国共产党率领和引导中国的广大人民群众为了实现共产主义、朝着全面建设小康社会、朝着国家富强和人民幸福的主要目标前进，并为这一历史征程指明道路和方向的过程、结果和状态。

《中国共产党章程》明确规定："党的领导主要是政治、思想和组织的领导。"据此，中国共产党对国家政权的领导也包括政治领导、思想领导和组织领导；中国共产党对人民代表大会立法的领导也包括政治领导、思想领导和组织领导。

党的政治领导主要是对政治原则、政治方向、重大决策的领导，是对路线、方针、政策的领导。具体地说，党的政治领导就是通过由依法执政的主体即中国共产党的中央委员会和地方党委领导制定适合国家和地方实际情况的政策来引领和指导全党和全国人民的行动。

通常情况下，中国共产党是通过政策的法律化来实现自己的政治领导的。从根本上说，党所提出的政策主张，体现了人民群众的共同意志和利益。从实质上看，党的政策是法律的精髓，是法律的灵魂。党的政策成为法律之后，有利于党的政策的贯彻实施。

党的思想领导，主要是指用马克思列宁主义、毛泽东思想、邓小平理论和"三个代表"重要思想指导全党和全国人民，使其在行动中坚持正确的思想路线，同党中央保持思想上政治上的高度一致。

党的组织领导，主要是指制定和执行党的组织路线，做好党的组织工作和干部工作。具体地说，就是坚持党的民主集中制原则，根据党的政治任务的需要，做好领导干部的选拔、使用、监督工作，发挥党的各级组织和共产党员的先锋模范作用，以身作则地影响和动员人民群众完成党的各项政治任务。

需要指出的是，党的组织本身是完全民主的，实行的是委员会制的领导体制即集体领导体制，不能将党的组织领导等同于党的书记的个人领导。因此，党的领导只能是组织行为、集体行为，而不是个人行为；党委领导是集体领导，不是书记个人领导。

党的政治领导、思想领导和组织领导都具有各自不同的内容和含义，同时

又是互相联系、不可分割的。党的政治领导是党的领导的根本，用以解决领导的方向和道路问题，决定了思想领导和组织领导的归宿。党的思想领导是实现政治领导和组织领导的灵魂。党的组织领导是实现党的政治领导和思想领导的保证，是服务于党的政治领导的。

整体上说，党的领导是政治领导、思想领导和组织领导的统一，其中，党的政治又是根本。对此，邓小平同志明确指出："党委的领导主要是政治上的领导，保证正确的政治方向，保证党的路线、方针、政策的贯彻，调动各方面的积极性。"①

党的领导，最本质的内容，就是组织和支持人民当家作主，为着实现社会主义现代化和中华民族的伟大复兴这一共同的理想追求和奋斗目标而努力奋斗。

2. 党领导立法的原则

在坚持中国共产党领导立法的基础上，在当代中国，就中国共产党领导立法总的基本原则而言，应该遵循法治原则、民主原则和科学原则三项原则。

3. 党领导立法的特点

（1）以执政党身份领导立法。建国以后，就党与国家政权的关系而言，党的第八次全国代表大会提出要注意分清党的工作和政府工作应有的界限。但是，后来"左倾"思想主导了党的指导思想，党政不分、以党代政的倾向愈演愈烈，在"文化大革命"中发展到了极端，形成了革命委员会领导一切的党政合一体制，党实际是以革命党身份领导一切包括领导立法工作。中国共产党作为执政党有别于革命党的一个重要方面，是要求实现党对国家、社会生活领导的法制化。依法治国、依法执政，势必要求党以执政党身份进行执政和领导立法。

（2）党领导立法是组织行为、集体行为。党的领导包括对国家政权的领导以及对立法工作的领导，是组织行为、集体行为，而不是个人的行为。周恩来明确指出过："党的领导不是党员个人领导。党是一个集体，是有组织的。党的领导是组织领导，不是个人领导。"② 他还具体指出："党委领导是集体领导，不是书记个人领导。"③

鉴于立法活动在我国国家和社会生活中的重要作用，鉴于立法活动是一项科学活动，党作为执政党领导立法，为不犯错误和少犯错误，就不能不需要集

---

① 《邓小平文选》（一），第 95 页。

② 《周恩来文选》（下），第 365 页。

③ 同上书，第 392 页。

体领导，运用集体的智慧和力量，制定正确的路线方针政策，领导国家立法。

（3）由党的中央委员会和一定层级以上的地方党委领导立法。党的组织结构，有中央、地方和基层之分。就地方而言，有省、市、县等层级；在基层还有基层党委、党总支和党支部之分。这些层级结构中的党组织，是否都是领导立法的合适主体？不作区分的一概肯定式的思路，是有失准确的。

"党的领导（对国家和社会的领导），可以主要定位在中央和地方，基层党委并不一定都要起领导作用。如各有关部门中的机关党委历来没有领导职能，只起'保证监督'作用；基层党委之下的党总支和党支部一般也没有领导职能，只起'保证监督'作用。它们'保证监督'中央和地方党委的决定和决议的贯彻执行，使之在所在的部门得到落实。这是'实现党的领导'的具体体现。"① 这一思路有其合理性。中共中央需要通过政策指引立法，地方党委往往也需要这样做，因此就后者政策的宏观性、指导性和覆盖面而言需要与立法调整的普遍性和非个别性相协调；并且，在当代中国，地方立法权的行使主体一般是由地方较大的市以上的主体行使的；因此，主张由一定层级以上的地方党委领导立法更加合理和合法。

（4）通过国家权力机关具体进行立法

中国共产党与国家权力机关的性质不同，职能不同，组织形式和工作方式也不同，两者不能相互代替。因此，党领导国家立法，进行依法执政，就不能绕过国家权力机关或代替权力机关立法，而应积极支持和尊重国家权力机关履行职能，依照法定程序进行立法。

五、中国共产党依法执政与人民代表大会立法

（一）依法执政条件下中国共产党与人民代表大会的关系

1. 通过人民代表大会实现依法执政

人民代表大会制度是人民当家作主的制度载体，也是中国共产党执政的载体。通过人民代表大会制度实现依法执政，是依法治国条件下党的执政方式的基本实现形式。党通过人民代表大会制度实现依法执政，有助于将党的政治先进性、价值代表性与人民代表大会制度的民主合理性、程序代表性有机结合起来，保证党执政的形式合法性，巩固党的执政。

---

① 王贵秀："试论'依法执政'与党的'领导'和'执政'"，载《中国社会科学院法学所和中共中央党校政法部联合主办的"依法执政"研讨会与会论文》（2006 年）。

从党的执政能力的内涵看，党领导立法是其题中应有之一。

党的十六届四中全会第一次科学概括了执政能力的内涵："党的执政能力，就是党提出和运用正确的理论、路线、方针、政策和策略，领导制定和实施宪法和法律，采取科学的领导制度和领导方式，动员和组织人民依法管理国家和社会事务、经济和文化事业，有效治党治国治军，建设社会主义现代化国家的本领。"据此，党领导制定宪法和法律是党的执政能力的重要组成要素和前提性环节，通过人民代表大会实现依法执政就是必然的要求。

从实质上说，中国共产党的主张与人民群众的意志是一致的。宪法和法律是人民群众意志的体现，也是党的主张的体现。实施宪法和法律，就是按广大人民群众的意志办事，就是贯彻党的主张和政策。因此，坚持和改善党的领导，一个基本的方面就是坚持使党的政策、主张经过法定程序变成国家意志，通过人民代表大会立法来实现党的执政目的。

2. 理顺执政党与国家政权的关系

在当代中国，中国共产党是执政党，领导国家政权，但不是由全体社会成员参加的群众团体；党的领导机关不是由人民选举产生的国家政权组织，党的领导人也不是由全体社会成员选举产生的；党与全体社会成员间的这种关系，决定了党对广大人民群众的领导在任何时候都必须通过国家政权机关才能更好地实现。

在新的历史条件下，改善党的领导，主要是改善党的领导方式和执政方式。党的执政方式，主要表现为党对国家政权机关的领导方式。就执政党与国家政权的关系而言，要按照党总揽全局，协调各方的原则，科学规范党和国家政权机关的关系。党的领导应该是高瞻远瞩的战略领导，是总揽全局的大局领导，是组织协调重要关系和力量的原则领导，不是事无巨细的具体管理。党通过思想领导、政治领导和组织领导保证党的纲领、政策的实现。

彭真曾经提出，"党委怎样领导政权？是政治上的领导，还是组织上的隶属关系？在政治上必须坚持党的领导……从组织上说，那就有所不同，政权机关并没有义务服从党委"。他还指出："政权机关对党委不是组织上的隶属关系。相反，对政权机关的决议，所有人都要服从，共产党员也不例外，党委也不例外。"[①] 这就指明了规范党和国家立法机关关系的一个准则：党对立法机关的领导，主要体现在通过党的路线、方针、政策对立法工作进行政治领导、进行总体指导，在原则和方向上使立法机关的立法工作和党的大政方针和目标保持一致。

---

① 《彭真文选》，第227页。

3. 理顺党委与人大的关系

党的十六大报告提出了规范党委和人大的关系这一重要问题。解答这一命题，需要正确处理加强党的领导与发挥人大作用的关系。

（1）党与人民代表大会都代表着人民的利益和意志。在当代中国，"共产党执政，首先需要处理好执政党与人民代表大会机关的关系。因为共产党是由工人阶级先进分子组成的代表最广大人民根本利益的政党组织，人民代表大会是由全国各族人民选举的代表组成的国家权力机关，代表着全国人民的意志和利益，在与人民的关系方面，两者的共同点在于：都不容置疑地代表着人民的利益和意志"。①

（2）执政党的执政权力和人民当家作主的统治权力。在当代中国，中国共产党掌握执政权力，通过领导国家权力机关来实现执政；广大人民群众通过各级国家权力机关来执行自己的意志和体现当家作主的地位。执政党的执政权力和人民当家作主的统治权力，是两种职能不同、不能互相替代的权力。

质言之，要将党的领导转化为人民群众的自觉行动，就必须使党的路线、方针、政策通过国家权力机关转变成具有普遍约束力的体现人民群众意志的法律加以贯彻执行；党委要通过人民代表大会实现自身的执政目的和进行依法执政。

党委通过人民代表大会实现执政不等于对其下命令。"在人大常委会，党组不能对人大常委会下命令，在其他国家机关也是如此。党委不能给国家机关直接下命令，因为你对国家机关不是上级关系。"②

党的十六大强调指出："发展社会主义民主政治，最根本的是要把坚持党的领导、人民当家作主和依法治国有机统一起来。"③党领导人民建设社会主义民主，不是为了民主的形式，而是为了让人民通过各级人民代表大会当家作主，成为国家和社会的主人。

（3）人民代表大会在依法执政中的作用。完善党对人民代表大会的领导，需要充分发挥人民代表大会在依法治国、依法执政中的作用。这样做，一是有助于避免权力过分集中的现象，完善党的领导制度；二是能够从过去主要依靠政策治理国家向主要依靠法律治理国家转变，把党的正确主张通过国家权力机关转变为法律，转变为全体人民的共同行为规范。充分发挥人民代表大会的作

---

① 李林：《宪政与执政党的执政方式》，转引自张恒山、李林等：《法治与党的执政方式研究》，法律出版社 2004 年 4 月版，第 180 页。

② 《张友渔文选》（下），法律出版社 1997 年版，第 514 页。

③ 江泽民：《全面建设小康社会开创中国特色社会主义事业新局面——在中国共产党十六次全国代表大会上的报告》，人民出版社 2002 年 11 月版，第 31 页。

用，也是新的历史条件下改善党的领导方式和执政方式的集中表现。

因此，"各级党委应当支持各级人大、人大常委会依法履行权力职能，而不是干预或代替它们履行职能。各级人大及其常委会依照宪法和法律行使职能，这本身就体现了党的领导，因为宪法和法律是党的主张和人民意志相统一的体现"①。

（4）党依法执政应当充分发挥人大的作用。在当代中国，"政治文明建设的一个关键环节在于各级党委能不能很好地通过人大等国家机关依法执政、治理国家。在推进政治文明建设，实现社会主义民主法治的过程中，要善于发挥人大和政协的作用"②。

从执政方式上看，党的重大决策、政策，需要通过人民代表大会来审议和通过，这是民主执政、科学执政的一个重要方式，也是依法执政应当遵守的正当法律程序。

"党委作出的决策，凡是关系到国家事务的，要求全体公民共同遵守的，属于人大职权范围内的，应作为建议或通过'一府两院'提交人大或者人大常委会作出决定……经过国家权力机关的审议，可以使决策更加完善，避免重大失误；再者，经过国家权力机关的决定，才能对各级国家机关和全体公民具有约束力。"③

4. 规范党委与人大的关系的最高法律依据

在依法治国时代背景下，党依法执政的最高法律依据是宪法，处理党和国家政权关系的最高法律依据也是宪法。因此，坚持依法执政，规范党委与人大的关系，构建党与人民代表大会间的和谐关系，要遵守宪法这一最高法律依据。

党的重大决策、政策，人民代表大会进行立法审议和作出决定，都要遵守宪法这一最高法律依据。"在具体的工作中，特别是要强调'党在宪法和法律范围内活动'的原则，要反对任何组织和个人在宪法和法律面前享有任何性质的特权。"④

5. 党委与人大都必须遵守法律和相关决定

党对人大立法工作的领导，主要体现在通过党的路线方针政策对立法工作

---

① 石泰峰、张恒山："论中国共产党依法执政"，载《中国社会科学》2003 年第 1 期。

② 李鹏：《立法与监督——李鹏人大日记》，新华出版社、中国民主法制出版社 2006 年版，第 900 页。

③ 陈高田：《论党对人大工作的领导》，张恒山、李林等：《法治与党的执政方式研究》，法律出版社 2004 年版，第 208 页。

④ 莫纪宏："执政为民与依法治国"，载《光明日报》2003 年 12 月 3 日 C3 版。

进行政治领导、进行总体指导。"党把自己的主张，通过法定的程序变成国家的意志和人民的行动。这种法定的程序主要表现为人大制定法律和对重大问题作出决议和决定。而中国共产党和其他所有民主党派、社会各界和全体公民，都必须遵守这些法律和决定，在这个范围内活动。"①

因此，发挥人大的积极作用，并遵守人大制定的法律和作出的决议和决定，就是坚持党的领导，就是贯彻落实党的政策主张的体现，坚持党的领导和发挥人大的作用是一致的，不是相互对立的。

6. 在人民代表大会之中实现党对立法的领导

（1）推荐和选派优秀党员进入人民代表大会。坚持和改善党的领导，一个基本的方面就是坚持使党的主张经过法定程序变成国家意志，通过人民代表大会来实现党的执政目的。"党对人大的领导不能体现为党组织在人民代表大会之外的领导，而是要在人民代表大会之中实现领导。保持共产党员在人大及其常委会组成人员中的一定比例，是实现党在人大内部的领导的前提。这样可以坚持党在人大行使法定职权过程中的主导地位。"②

因此，党须重视推荐和选派优秀党员通过选举依法进入人民代表大会，并发挥进入人民代表大会的党员代表的作用，让他们在依法履职的过程中发挥积极作用。为此，需要认真看待的问题是：民主选举是党依法执政具备形式合法性的重要方式之一，但是，这一选举是由人民群众来选择党推荐的代表人选，党须经受住考验和接受评判。

这里就有一个如何看待党推荐的党员个人在人大代表选举中落选的问题。落选的党员个人不能代表所推荐的党组织，不能由此认为党组织乃至整个执政党丧失了执政的形式合法性。既然是通过选举产生代表，既然是人民群众通过选举来选择合适的代表人选，当然会有落选的可能，这是一个择优的过程。为此，强调党须推荐优秀党员依法进入人民代表大会。

从形式上看，党从对本党党员、党组织乃至在组织上没有隶属关系的国家政权机关、人民团体等的直接领导，转变为通过推荐优秀党员依法进入人民代表大会并在人民代表大会之中发挥积极作用贯彻和落实党的立法政策和主张，是依法执政的一个体现；从实质上看，也是一个质的改进，不仅没有削弱党对立法的领导，而且贯彻党的领导所遇的阻力也大为减少。

---

① 李鹏：《立法与监督——李鹏人大日记》，新华出版社、中国民主法制出版社 2006 年版，第 890—891 页。
② 刘永艳：《论改善党对人大的领导方式》，转引自张恒山、李林等：《法治与党的执政方式研究》，法律出版社 2004 年版，第 216 页。

（2）党员在人民代表大会中的比例和党员的素质。在人民代表大会之中实现党对立法的领导，一个重要举措就是要保证中国共产党党员在人大代表和人大常委会组成人员中占据一定的比例，这是在立法活动中体现党的立法意图、落实党的立法主张的人员数量上的保障。

相对而言，保证中国共产党党员在各级人大常委会组成人员中占据一定比例（比如在半数以上），更有助于落实党的政策主张。这是因为，在中国的立法实践中，大多数的立法是由较大市以上的人大常委会承担的，而人大常委会作出决定和进行表决，通常都要以过半数通过为原则。从全国人大的情况看，执政党党员人数具有半数以上的优势。"中共党员在全国人大代表和人大常委会委员中所占比例都在 70% 以上。"①

与此相关，党要推荐和选派优秀党员进入人大各专门委员会。因为，在我国，人大各专门委员会是人大开展立法活动的基本单元。在人大各专门委员会开展立法活动时，执政党党员在数量上占据优势比例，有助于贯彻执政党的立法主张和意图。

另一方面，党还须重视优先推荐懂立法、具备专业知识的优秀党员依法进入人民代表大会，使得党的主张在立法审议和表决等立法环节上更好地得到体现和完善，这是党领导立法质量方面的保障。

在新的历史条件下，"在中国共产党执政的条件下，在人民代表大会制度中把共产党的领导与人民当家作主结合起来，主要应当靠共产党员的质量来实现党的领导和执政。"②

（3）推荐和选派党的各级领导人担任同级人大的主要领导人。"执政党不可忽视对国家政权机关领导岗位的掌控，这是通例。"③ 中国共产党推荐和选派党的优秀领导干部依法进入各级人民代表大会，担任大多数重要职位特别是主要领导职位，是加强党对立法领导的重要保障。

从实践层面看，党历来重视选派优秀领导干部依法进入人大担任领导职务并通过他们的履职行为贯彻执行党的政策主张。从全国人大的情况看，历届全国人大常委会委员长都是党的重要领导人，近几届比如第八、九、十届全国人大常委会委员长都由中共中央政治局常委担任。这样做，有助于将执政党的政治权力中心与国家最高权力结合起来，使执政党的最高权力与国家的最高权力

---

① 李鹏：《立法与监督——李鹏人大日记》，新华出版社、中国民主法制出版社 2006 年版，第898 页。

② 李林：《宪政与执政党的执政方式》，转引自张恒山、李林等：《法治与党的执政方式研究》，法律出版社 2004 年版，第 195 页。

③ 石泰峰、张恒山："论中国共产党依法执政"，载《中国社会科学》2003 年第 1 期。

得到有机统一，有利于推进依法治国，保证人民代表大会所体现的国家意志的权威性和统一性，有利于贯彻落实党的政策主张。

从地方各级人大的情况看，地方各级人大常委会主任通常也是由党选派的党员领导干部担任。近些年，一个显见的现象是：很多地方人大常委会主任比如省级人大常委会主任由执政党的省委书记兼任。这样做，一方面有助于加强党对地方人大立法的领导，党对人大工作的领导在组织上有了保证，也有助于树立人大的权威地位；另一方面，也要考虑省委书记因为时间、精力、专业知识等所限而可能产生的无法充分履行省人大常委会主任一职的弊端。

（4）党员代表在人大中的活动要执行党的决定。在外国议会中，许多国家的政党特别是执政党都要求本党议员按照本党的决定进行投票和表决，违反者将受到党的纪律的惩罚，此后也将得不到该政党的支持。

在中国，中国共产党推荐和选派的党员在进入人民代表大会之后，在履职过程中，除了要依法履职，也要贯彻和执行党的主张和作出的决定。一般而言，党员个人在人大中的表决，都能够做到与党的主张和作出的决定保持一致。但是，也有例外存在的可能性。为此，有学者主张："执政党应当在党内明确规定，执政党党员在各级人大中的表决应当与同级党委的决定保持一致，除党组织允许外，不得以个人意志为表决投票的意志。"①

党员在当选为代表后，其党员身份是不变的。"至于党员代表，那就必须遵守党的纪律，发言、表决都不能违反党的方针、政策、决议、指示。你是代表，但首先是党员，不能因为当了代表就可以不遵守党纪。"②

（5）不断扩大党领导立法可以依靠的优秀人才资源。党推荐优秀党员依法进入人民代表大会，是为党领导立法和做好立法工作服务的。与此相关，鉴于立法活动是一项科学活动③，从事立法活动的个体无疑需要具备一定的专业知识和相应的素质，而这些人选不一定都集中在执政党党内，需要及时考察和吸收这些优秀人员成为执政党党员，不断扩大可以依靠的优秀人才资源。

改革开放以来，中国共产党的执政基础和执政所依靠的社会力量较之以往有了很大变化。随着我国经济和社会的发展，原有的"两个阶级一个阶层"，即工人阶级、农民阶级和知识分子内部逐渐分化，产生了主要包括民营科技企业的创业人员和技术人员、受聘于外资企业的管理技术人员、个体户、私营企

---

① 李林：《宪政与执政党的执政方式》，转引自张恒山、李林等：《法治与党的执政方式研究》，法律出版社 2004 年版，第 198 页。

② 《张友渔文选》（下），法律出版社 1997 年版，第 401 页。

③ 毛泽东在领导新中国制定宪法时曾指出：搞宪法是在搞科学，据此，立法活动何尝不是一项科学活动？

业主、中介组织的从业人员和自由职业人员等6个方面人员在内的新的社会阶层。新的社会阶层是中国特色社会主义事业的建设者，是构建和谐社会的重要力量之一。

对此，党的十六大报告也指出，"在社会变革中出现的民营科技企业的创业人员和技术人员、受聘于外资企业的管理技术人员、个体户、私营企业主、中介组织的从业人员、自由职业人员等社会阶层，都是中国特色社会主义事业的建设者"①。

在新的历史条件下，"我国新的社会阶层以及从业人员人数已超过1.5亿人，约占总人口的11.5%，掌握或管理着10万亿元左右的资本，使用着全国半数以上的技术专利，直接或间接地贡献着全国近1/3的税收——这些数据令人不禁惊叹：我国社会阶层结构已经发生了深刻的变化，新的社会阶层正产生着巨大影响力"②。

把新的社会阶层人士团结和凝聚在党的周围，团结和引导新的社会阶层人士发挥积极作用，将新的社会阶层培育成维持社会稳定、促进民主政治的中间阶层，是可以预期的。为此，党的十六大报告明确提出："要把承认党的纲领和章程、自觉为党的路线和纲领而奋斗、经过长期考验、符合党员条件的其他社会阶层的先进分子吸收到党内来，增强党在全社会的影响力和凝聚力。"③

如果执政党党外懂立法、具备专业知识的包括新的社会阶层人士在内的优秀人才承认党的纲领和章程，自愿申请加入中国共产党，无疑有利于扩大党的阶级基础和党的影响力，也有利于扩大党领导立法可以依靠的优秀人才资源，有利于在党的领导下扩大公民有序的政治参与和立法参与。

（6）我国的人民代表大会不宜实行西方式的议会党团制。西方国家的政党主要通过议会党团在议会中角逐和竞争，以统一本党的立场和行动，实现本党的意志。议会党团在议会中提出体现本党利益的议案，讨论和协调本党在重要立法活动中的立场和策略，积极在议会中开展政党活动。"在一个多党议会制中，比如在英国，议会中的多数党或者一个多党联盟必须形成合力支持内阁及政府，以营造出一种宪法理念和压力，即制定法律的政党必须保持一致。当议会的多数党不再支持内阁时，一场整治变革将不可避免。要么是重组内阁，

① 江泽民：《全面建设小康社会开创中国特色社会主义事业新局面——在中国共产党十六次全国代表大会上的报告》，人民出版社2002年11月版，第15页。
② 黄海霞等："新阶层成为统战新着力点"，载《瞭望新闻周刊》2006年30期。
③ 江泽民：《全面建设小康社会开创中国特色社会主义事业新局面——在中国共产党十六次全国代表大会上的报告》，人民出版社2002年版，第54页。

要么是改组议会中原来支持内阁的多数联盟，或者是解散议会，重新大选。"①一般说来，"少数党政府能够在议会政治中得以生存，显而易见的是由于没有一个多数党想要代替它。如果该多数党想要代替它，是能够做到的"②。

不同于西方国家政党的合作方式，在中国，中国共产党领导的多党合作具有共同的政治基础，都坚持社会主义方向。在国家权力机关人民代表大会中不宜实行西方式的议会党团制。这是因为：（1）西方的议会是各政党斗争的场所，各政党在议会中设置议会党团旨在指导竞选、指导斗争，用以维护本党利益。（2）"中国的人大制度实行民主集中制原则，集体作出决定。这不同于资本主义国家三权分立的政体，也有别于苏维埃制度，因为人大制度除工农联盟外，还要团结所有爱国力量，具有更广泛的群众基础。"③（3）在我国，人民代表大会的代表不是由党派竞选产生的，而是由所在地区选举产生的，各党派成员和人民代表大会代表首先要对选民负责，首先要按照宪法、法律的要求进行活动，实行少数服从多数的原则，因此，各党派没有必要在人民代表大会中设置西方式的议会党团。

（二）中国共产党为何要领导人大立法

首先，从历史上看，中国共产党领导人民建立了新中国，确立了社会主义制度，这是人类进步事业中的一次具有深远意义的飞跃，也是中国历史上最深刻的社会变革。

毛泽东明确指出，"领导中国民主主义革命和中国社会主义这样两个伟大的革命到达彻底的完成，除了中国共产党之外，是没有任何一个别的政党（不论是资产阶级的政党或小资产阶级的政党）能够担负的。"④

其次，从宪法依据上看，我国宪法序言明确肯定了中国共产党对国家事务的领导，中国共产党对我国人民代表大会立法的领导是题中应有之义。作为中国的执政党，共产党的执政地位是通过对国家政权机关的领导来实现的。没有对国家政权机关的领导，党的执政地位也就无从谈起。因此，坚持党对国家权

① Paul Allen Beck and Frank J. Sorauf, *Party Politics in America*, seventh edition, HarperCollins Publishers Inc. (1992), p. 375.

② Cheibub, Jose Antonio. Przeworski, Adam and Saiegh, Sebastian M.. "Government coalitions and legislative success under presidentialism and parliamentarism." *British Journal of Political Science*. Vol. 34, No. 4, October 1, 2004. p. 565.

③ 李鹏：《立法与监督——李鹏人大日记》，新华出版社、中国民主法制出版社 2006 年版，第 50 页。

④ 《毛泽东选集》（2），第 621 页。

力机关的领导，与党的执政地位是相符合的。

其三，从党领导人民建设社会主义事业的成绩看，"执政五十五年来，党带领全国各族人民战胜各种风险和挑战，把四分五裂、贫穷落后的旧中国建设成为人民生活总体上达到小康水平、正在蓬勃发展的新中国，取得了举世瞩目的成就"①。在社会主义建设时期，中国共产党的领导是建设中国特色社会主义的根本保证。"我们人民的团结，社会的安定，民主的发展，国家的统一，都要靠党的领导。"②

其四，从国际经验看，一个国家进入人均 GDP 从 1000 美元到 3000 美元的发展阶段时，社会经济结构剧烈变化、利益矛盾不断增加，需要正确应对各种社会矛盾，需要保持社会和谐。随着中国经济社会发展进入人均 GDP 从 1000 美元到 3000 美元的发展阶段，历史性地需要一个坚强的政治核心来领导国家发展。

我国二十多年来的改革开放，打破了原有的利益格局，催生了大量的利益关系和利益群体，形成了利益多元化、复杂化的格局。人民内部矛盾特别是不同利益主体之间的物质利益矛盾大量出现，呈现出前所未有的复杂局面，而解决这些矛盾的难度也越来越大。这样复杂的社会矛盾，这样复杂的社会关系，需要有一个能够代表最广大人民根本利益、全心全意为人民服务的坚强的政治核心来领导，需要依靠立法有序地作出权威性、稳定性的调整和规范。

其五，从与西方国家政党与议会关系的比较来看，西方国家的政党往往需要通过竞选等方式在议会中取得领导地位。而在中国，"人民代表大会制度是在党领导下建立起来的，是先有中国共产党，党领导人民取得政权，然后建立人民代表大会，人民代表大会服从党的领导。在西方国家，特别是早期建立议会的国家，如英国、美国，是先有议会，后有政党。政党是在议会派别斗争中产生的，并走向议会外，在全国范围内开展活动，政党与议会选举紧密联系在一起，从而形成了两党制或多党制"③。因此，在中国，共产党对人民代表大会的领导是一条基本的政治原则，党领导人大立法是必然的结论。

（三）中国共产党如何领导人大立法

从实践层面看，中国共产党对人民代表大会立法实施领导的途径和方式

---

① 《中共中央关于加强党的执政能力建设的决定》，人民出版社 2004 年版，第 3 页。
② 《邓小平文选》（2），人民出版社 1994 年版，第 342 页。
③ 陈高田："论党对人大工作的领导"，转引自张恒山、李林等：《法治与党的执政方式研究》，法律出版社 2004 年版，第 204—205 页。

包括：

1. 党制定方针和政策，明确指导思想，审定立法规划，指引人大立法

首先，可以说，大凡重要的立法，都是在党的政策指导下制定的。比如，我国改革开放以来制定的很多法律，鲜明体现了中共中央的改革开放政策和发展社会主义市场经济的政策。又如，各级较大市以上的地方人大及其常委会的重要立法、重大事项决定，通常也是贯彻落实中国共产党中央委员会和地方党委重要方针政策的结果。

其次，党关于我国法制建设特别是立法建设的方针，就是指导国家立法的根本方针。例如，改革开放以来，党从我国社会主义初级阶段的基本路线出发，提出了将立法工作同国家改革、发展、稳定的重大决策紧密结合，发展社会主义市场经济等工作方针，指导立法活动。

再次，党通过提出具体的立法指导思想，指导具体立法工作。例如，制定香港和澳门基本法的指导思想，就是为了贯彻"一国两制"的国策，实现国家统一和繁荣富强。

第四，党通过审定全国人大常委会五年立法规划和年度立法计划以及地方人大的立法规划和年度立法计划，引领人大立法。自七届全国人大之后，基本上每一届全国人大都有立法规划，这些规划都是经过党审定后得以确定的。

地方人大的立法规划和年度立法计划的确定，也是经过党审定的。

以《北京市人大常委会2003—2007年立法规划》为例。2003年初，北京市人大常委会主任会议根据党的十六大精神以及北京市的发展目标和中心任务，提出了五年立法规划项目建议草案。草案于2003年6月11日在媒体上公布，公开征求市民意见。之后，经主任会议研究，提出了北京市第十二届人大常委会的五年立法规划草案，在市十二届人大常委会第五次会议上发送常委会组成人员征求意见。2003年8月6日，中共北京市市委常委会会议听取了中共北京市人大常委会党组关于五年立法规划情况的汇报，会后，根据中共北京市委常委会会议的意见，对五年立法规划又作了进一步的修改完善。2003年9月3日，北京市十二届人大常委会第六次会议通过了《北京市人大常委会2003—2007年立法规划》。

再以甘肃省人大常委会编制完成的一项年度立法计划为例。"甘肃省人大常委会本着少而精、急需的成熟的先立、保持立法规划与立法计划连续性的原则，在《甘肃省人大常委会2003—2007年立法规划》的基础上，经过广泛的调查研究，反复筛选论证并报省委批准，编制完成了2004年

立法计划。"①

2. 党建议宪法、重要法律的制定、修改和审定、批准重要立法

由于立法在国家政权活动中的重要作用，党担负着重要立法决策者、决定者的重任：党的主要领导成员担任宪法修改委员会的委员，党提出修改宪法的具体建议；党对重要立法提出建议，党往往直接领导重要法律草案的起草工作并对法律草案进行审定和批准。对全国人大常委会而言，"重要法律由人大党组报中央批准"②。

1991年，为加强党对立法工作的领导，中共中央发布《关于加强对国家立法工作领导的若干意见》。"1991年中央关于加强对立法工作领导的文件下达后，全国人大党组为贯彻执行，立即制定了立法规划和有关法律草案报批程序的规定。"③ 对此，国外有研究者认为，"在中共党史上，这是第一份确定全国人大与中共中央的程序性关系的文件"④。在党领导立法工作方面，"根据有关中共中央文件规定，凡属政治方面的立法，在制定前，全国人大常委会党组应将立法的指导思想和原则呈报中共中央审批。政治方面的法律和重大经济、行政方面的法律，在法律草案基本成熟后，提交全国人大或常委会审议前，也应报送中央审批。其他方面的法律草案是否需要报中央审批，由全国人大常委会党组决定"⑤。

就地方立法而言，需要贯彻执行党的路线方针政策，落实党的立法建议，对重大立法问题比如年度立法计划、重要的法规草案、法规规章起草和审议中的重要问题等，一般要报请党组织决定或批准，保证党的政策的贯彻实施。

以辽宁省地方立法为例。2004年9月，在纪念全国人民代表大会成立50周年座谈会上，辽宁省人大常委会副主任董九洲总结指出："我们省人大常委会在立法工作中，始终依靠省委的领导和支持。1991年，省人大常委会针对当时地方立法工作中存在的问题，向省委作了《关于贯彻中共中央关于加强对国家立法工作领导的若干意见的报告》，就省委加强对立法工作领导，省委领导立法工作的原则，报请省委讨论的地方性法规范围及程序，地方性法规批

---

① "甘肃省人大常委会编制完成2004年立法计划等15则"，载《人大研究》2004年第4期，第48页。

② 李鹏：《立法与监督——李鹏人大日记》，新华出版社、中国民主法制出版社2006年版，第898页。

③ 蔡定剑：《中国人民代表大会制度》（第四版），法律出版社，2003年版，第33页。

④ Murray Scot Tanner, "*Organizations and Politics in China's Post-Mao Law-Making System,*" in Pitman B. Potter ed., *Domestic Law Reform in Post-Mao China.* Armonk：M. E. Sharpe, 1994, p. 72.

⑤ 蔡定剑：《中国人民代表大会制度》（第四版），法律出版社，2003年版，第33页。

准等工作提出了意见。省委及时做了批转，使地方立法工作有了进一步的改进和加强。25 年来，省人大常委会每年的立法计划都报省委批准，重要法规在制定前向省委汇报，审议通过前报省委原则批准。"①

3. 党推荐国家权力机构的领导人选和代表人选

党领导立法的一个重要途径是通过推荐代表候选人作用于立法活动。"选举人大代表和常委会组成人员及其领导人员时，其候选人主要由党组织推荐。"② 1998 年，中共中央组织部还发文要求省级人大常委会主任要尽量安排同级党委书记兼任。

在推荐和选举人大代表的活动中，共产党作为执政党所起到的作用比各民主党派、其他团体的作用要大得多。

对于全国人民代表大会设立的民族、法律、财经、教科文卫、外事、华侨、农业、环境与资源等专门委员会的人员组成，党也享有推荐和决定权。由于这些专门委员会在专业性的立法活动中起着非常重要的作用，因此，党通过推荐合适人员，领导专业性立法活动。

4. 要求党员贯彻党的政策

党要求各级人民代表大会中的中共党员代表和立法机关工作人员中的中共党员，按照《中国共产党章程》的规定，以自身的努力保证党的方针政策能够转化为国家意志，在立法上得到落实。

例如，在每届全国人民代表大会开会之前，中共中央一般先要召开全国人大代表中共党员代表大会，部署在立法环节贯彻落实党的政策。人大代表中的中共党员代表，在参加审议时，可以就党的政策主张发表各种意见，使党的决策更加完善；但是在表决环节，在关系党和国家利益的问题上，要求坚决贯彻党的决策和决定。

5. 通过党组在具体立法过程中发挥领导作用

党的十六届四中全会明确指出："发挥党委对人大、政府、政协等各种组织的领导核心作用，发挥这些组织中党组的领导核心作用。"③

中国共产党通过在人大中建立中共党组作用于立法活动。常见的情况是，在立法机关中党员的人数只要达到一定数量（比如三人以上）就可以成立党的小组组织来贯彻党的政策并使政策落实到立法活动中。具体分述如下。

---

① 张涛（主持人）："坚持和完善人大制度推进依法治国的进程——热点与对话"，载《人民日报》2004，第 14 版。

② 蔡定剑：《中国人民代表大会制度》（第四版），法律出版社 2003 年版，第 34 页。

③ 《中共中央关于加强党的执政能力建设的决定》，人民出版社 2004 年版，第 18 页。

（1）中共中央或地方党委在人大常委会中建立中共党组并直接领导党组

"党对人大的领导是通过在人大的党组织和党员并团结一切可以团结的力量来实现的。"① 建立在人大常委会中的党组的成员一般由人大常委会委员长、中共党员副委员长（地方人大常委会主任和中共党员副主任）以及秘书长组成，党组受中共中央或地方同级党委直接领导。

根据《中国共产党章程》的规定，中共党组的任务主要是负责实现党的路线、方针、政策，讨论和决定本部门的重大问题，团结非党干部和群众，完成党和国家交给的任务，指导机关和直属单位党组织的工作。据此，中共党组在立法过程中发挥着贯彻党的主张，协调、整合各方意志和要求等重要作用。

（2）党通过人大常委会中的党组织与人大常委会发生联系，介入立法

党对人大立法的领导并不是通过中共中央或地方党委直接与同级人大常委会发生关系来实现，两者之间的关系不属于上下级间的隶属关系。"作为人大常委会无须向党中央请示，但作为人大常委会党组有这个必要。凡是重大问题，必须由党委研究的，就应当请示。"② 在地方立法中，地方人大党组同样起着将党的政策落到具体立法中的重要作用。

"工作中，人大常委会党组织通常只是根据党中央或党委的意见或主张，向委员长会议或主任会议提出建议或议案草案，经委员长会议或主任会议讨论研究后，作为正式建议或议案提交人大常委会。"③ 在立法工作实践中，在中共党组成员在委员长会议或主任会议中肯定占据多数的情况下，中共中央或地方党委的立法意见或主张通常是能够得到实现的。

6. 其他方式的领导

以党对人民代表大会的会议领导为例。"每次人民代表大会召开期间，党的主要领导人和有关部门负责人都要参加大会领导工作，如他们成为大会主席团成员或担任大会秘书长、副秘书长。会前的准备工作和会议中的重大问题也得向中央请示汇报。"④

（四）政策指引立法与人大立法对政策的具体化、规范化、法律化

1. 党的正确领导取决于正确的政策

中国共产党一向重视政策的作用。从中国共产党发展、壮大、执政的历程

---

① 李鹏：《立法与监督——李鹏人大日记》，新华出版社、中国民主法制出版社 2006 年版，第 50 页。

② 《张友渔文选》（下），法律出版社 1997 年版，第 517 页。

③ 蔡定剑：《中国人民代表大会制度》（第四版）. 法律出版社 2003 年版，第 35 页。

④ 同上。

看，中国共产党的领导首先是靠其制定的正确政策的领导。所谓正确的政策，就是符合中国国情和各地地情，符合时代发展要求，正确反映社会生产力发展的要求，正确反映最广大人民群众意志和利益的政策。

中国共产党能不能对国家、社会实现正确领导，首先取决于中国共产党能否制定出适合中国国情的政策。中国共产党历来重视制定和执行政策。毛泽东同志曾指出，"政策是革命政党一切行动的出发点，并且表现于行动的过程和归宿一个革命政党的任何行动都是实行政策。不是实行正确的政策，就是实行错误的政策；不是自觉地，就是盲目地实行某种政策。所谓经验，就是实行政策的过程和归宿"①。

在革命根据地时期，中国共产党曾经制定了各种政策，如土地政策、劳动政策、工商业政策、统战政策、武装工农政策、锄奸政策、民族政策、宗教政策等；在党的政策的引领下，根据地的革命政权还制定了相关法律、法令，巩固了革命的成果。

中国共产党的利益与全国各族人民、各民主党派、各社会团体和爱国人士的利益在基本面上是一致的。除了人民的利益，中国共产党没有自己的特殊利益。因此，党的政策，过去是，现在也是中国最广大人民群众利益的体现。因此，党制定正确政策，目的在于引导各界群众正确认识和处理各种利益关系，引领社会各阶层和不同利益群体之间加深理解、扩大共识，加强团结、促进和谐，使党的政策成为最大多数人的自觉行动。

在社会主义初级阶段，虽然党的政策与广大人民群众的利益在根本上是一致的，但是两者也有相矛盾的一面，党的政策是基于全党全局和全国人民利益的实际情况制定的，具有广泛性、普遍性和原则性，而社会各界群众由于利益诉求、文化背景的多元化、个性化，其利益主张可能脱离和超越我国社会主义初级阶段经济社会发展所能承载的限度和所能提供的条件。这就对党与时俱进地制定出各项正确具体政策提出了时代要求。

2. 党的政策对我国立法的方向指引和原则指导

从事实上看，无论是资本主义国家还是社会主义国家，立法的真正决策主体都是政党尤其是执政党，其政策在指导立法活动中的作用举足轻重。我国虽然没有明确、专门化的立法政策，但是中国共产党在各个历史时期的各种政策特别是关于立法工作的政策实际上起了立法决策的作用。并且，这些党的政策都直接或间接地在相关立法中得到了体现。

中国共产党根据马列主义、毛泽东思想的基本原理，结合各个历史时期的

---

① 《毛泽东选集》（4），第 1229 页。

政治斗争形势和国家经济建设的发展情况，制定了各个历史阶段的路线、方针、政策，制定了各个领域具体的路线、方针、政策。党的这些路线、方针、政策，集中、及时、准确地反映了广大人民群众的根本利益和要求，为国家发展和社会进步指明了奋斗目标和前进方向。

从历史的发展演进看，我国的立法实践充分体现和验证了党的政策的积极作用。例如，1949 年全国人民政治协商会议所通过的起临时宪法作用的《中国人民政治协商会议共同纲领》，就是根据中国共产党第七次全国代表大会所通过的党的纲领、路线、方针、政策所制定的。1951 年所颁布的《中华人民共和国惩治反革命条例》，其重要根据之一，就是党所提出的严肃与谨慎相结合的方针和惩办与宽大相结合的政策。1954 年第一次全国人民代表大会通过的《中华人民共和国宪法》，就是根据党在过渡时期总路线的要求而制定的。而五届人大三次会议决定对宪法进行修改，其根据和准则，就是党的十一届三中全会以来不断完善的党的政策。

进入新世纪，党的政策一如既往地在立法实践中起到了引领作用。以十届全国人大及其常委会为例。"一年来，十届全国人大及其常委会在立法工作中始终坚持党的领导，始终坚持从最广大人民群众的根本利益出发，立足我国的国情和实际，在总结以往立法经验的基础上不断开拓创新，积极推进民主立法、科学立法，更加注重提高立法质量。概括起来，有以下几个特点：第一，坚决贯彻党中央的重大决策，依照法定程序，使党的主张成为国家意志。全国人大及其常委会依据宪法行使国家立法权，通过立法，从制度上和法律上保证党的路线方针政策的贯彻落实，为国家的政治大局、战略大局服务。"① 如此等等。

3. 人大立法或作出决定是对政策的具体化、规范化、法律化

人大及其常委会立法或依法行使决定权，是贯彻党的政策、完善党的政策的重要方式。

对法律规定须经人大及其常委会审议、决定的事项，党应当依照法定程序提交相关的人大及其常委会作出审议、决定。此外，党的决策，凡是要求全体公民和所在区域公民共同遵守的，属于人大职权范围内的，应作为建议或通过"一府两院"提交人大或者人大常委会作出决定。这样做，有助于将党的主张变成国家意志，有助于党的主张和人民意志的统一，有助于使党的决策更加完善，避免和减少可能发生的失误。

---

① 全国人大常委会法制工作委员会："十届全国人大及其常委会一年来立法工作简述"，载《人民日报》，2006 年 3 月 9 日第 11 版。

党的政策的贯彻和付诸实施，除了需要通过党的组织制度体系在党内统一贯彻，同样十分需要依靠党组织自身资源以外的资源尤其是需要依靠国家权力机关的独到资源予以实施。换言之，遵守宪法、法律的基本原则，将党对国家经济社会发展的重大决策经过法定程序转变为国家意志，比如，通过人大及其常委会依法行使决定权的形式，使党的重要政策以决定等形式体现出其权威性和稳定性，有利于合法、有序、有强制力保障地实现党对国家事务的领导，这也是提高党依法执政能力、提高党领导立法能力的一个重要途径和方法。

（五）中国共产党地方党委与地方人大关系探索

1. 党对立法的领导主要体现在党的中央委员会和一定层级的地方党委

对重大问题（包括对重大立法事项）作出决策、决定，是中国共产党实施领导的重要体现。从这一角度说，党的领导主要应该体现于党的中央委员会和一定层级的地方党委。

就地方党委的决策来说，强调由一定层级以上的地方党委作出决策，就该决策涉及问题的重大性、全局性本义而言，是符合逻辑和决策本身题中应有之义的。

中共中央于1996年4月5日发布的《中国共产党地方委员会工作条例（试行）》（以下简称《工作条例》）第3条规定："党的地方各级委员会是本地区的领导核心。党的地方各级委员会要贯彻执行党的路线、方针、政策和国家的法律、法规，对本地区的政治、经济、文化和社会发展等各方面工作实行全面领导。"该《条例》第5条规定，党的地方各级委员会的领导职责主要是："对本地区的重大问题作出决策；通过法定程序使党组织的主张成为本地区的法规或政令；组织、协调本地区立法、司法、行政机关，经济、文化组织和人民团体积极主动地、独立负责地工作。"

虽然，《工作条例》没有明确作出决策的党的地方各级委员会的层级，但是，中国共产党对国家和对社会的领导，主要应该体现为党的中央委员会和一定级别以上的地方党委的领导。中国共产党的基层党委更多的是起到保证监督的作用而不是领导作用。

主张党对地方立法的领导主要体现在一定层级以上的地方党委对地方立法的领导，也因为：我国地方立法立法权的行使通常也是由我国较大市以上的地方人大及其常委会或地方政府行使的。倘若由较大市以下的地方党委通过其政策、主张等要求较大市以上的地方人大及其常委会在地方立法中加以贯彻体现，在法理上、法律依据上和实践中都是很难说得通的。

毕竟，中国一般地方立法"从层次上说，由省、自治区、直辖市、较大的市（省、自治区政府所在地的市、经济特区所在地的市、经国务院批准的较大的市）的立法所构成"①。虽然，在建国初期，我国的大行政区、省、市、县都享有地方立法权，"但中国当时把一般地方立法扩大到县一级，并不像西方一些国家那样作为一项长久制度确立下来，而主要是根据当时形势的要求作为权宜之计规定的。中国的国情既需要中央与地方在立法上实行分权，又决定了中央与地方在立法上的分权需要适度"②。

2. 健全地方党委作出重大决策的程序方面的制度

对重大问题（包括重大立法事项）作出决策、决定，是中国共产党领导立法的重要体现。1980 年，邓小平在《党和国家领导制度的改革》一文中指出："我们过去发生的各种错误，固然与某些领导人的思想、作风有关，但是组织制度、工作制度方面的问题更重要。这些方面的制度好可以使坏人无法任意横行，制度不好可以使好人无法充分做好事，甚至会走向反面。"据此，在完善地方党委决策方面，非常重要的一点，是要健全地方党委作出重大决策的程序和规则方面的制度。

从实践中看，一些地方党委在实践探索中先行先试，积累了有益的经验。

以上海为例。进入 21 世纪，在新的历史条件下，中共上海市委为发挥总揽全局、协调各方的领导核心作用，探索并建立了一套工作规范和工作制度，以保证党委决策的科学性、民主性。在领导的工作规范方面，强化上海市委全会的职能，把原来每年召开一次的市委全会改为召开两到三次，主要讨论有关全市长远性、全局性的重要工作；在工作制度方面，建立和健全了规范议事和决策的规则和程序，明确了职能和权限：修订了《关于市委会议的若干规定》，明确了市委书记会、市委常委会、市委全会三种会议的职能和分工；制定了《中共上海市委常委会议议事规则》等五项制度，用以规范市委常委会议事决策等具体程序；制定了《市委常委会学习制度》、《市委常委会关于进一步加强调查研究的规定》、《市委常委会关于进一步加强督促检查工作的规定》等工作制度，辅助议事决策。这些制度规范建设，有助于提高地方党委决策的科学性、民主性，也需要更多的地方在实践中继续作出探索。

3. 加强地方党委内部领导体制的制度化探索

党的领导和执政往往需要通过党的地方领导机关来具体实现，因此，需要理顺地方党委的内部领导体制，加强制度化建设。

作为党内根本法规的《中国共产党章程》对党的地方领导体制的规定是：

---

① 周旺生：《立法学》，法律出版社 2000 年版，第 384 页。

② 同上书，第 384—385 页。

党的地方各级领导机关，是党的地方各级代表大会和它们所产生的委员会。党的地方各级委员会在代表大会闭会期间，执行上级党组织的指示和同级党代表大会的决议，领导本地方的工作。党的地方各级委员会的常务委员会在地方各级委员会全体会议闭会期间行使委员会的职权。

《中国共产党章程》对以上规定比较原则，地方党委内部的领导体制还有待理顺。虽然，中共中央于 1996 年 4 月 5 日发布的《中国共产党地方委员会工作条例（试行）》对此也作了规定，例如，《工作条例》第 5 条规定，党的地方各级委员会的领导职责主要是："对本地区的重大问题作出决策；通过法定程序使党组织的主张成为本地区的法规或政令；组织、协调本地区立法、司法、行政机关，经济、文化组织和人民团体积极主动地、独立负责地工作。"该《条例》第 6 条规定，全委会在党代表大会闭会期间是同级党组织的领导机关，执行上级党组织的指示和同级党代表大会的决议，领导本地区的工作。其职责是："（一）对本地区经济建设、社会发展、党的自身建设及其他涉及全局性的重大问题作出决策……（六）对常委会提请决定的问题或必须由全委会决定的其他重要问题作出决策。"

需要明确的一个问题是：党的地方代表大会与党的同级地方委员会、同级地方党委常委会都负有对地方重要事项作出决策的职责，这就需要界定这些决策权的职责范围和界限，规范决策权的行使。

相应的，还要加强地方党委集体领导和个人分工负责相结合的制度化建设，这一建设还有很大的空间。关于这一问题，邓小平 1980 年在《党和国家领导制度的改革》一文中指出："各级党委要真正实行集体领导和个人分工负责相结合的制度。要明确哪些问题应当由集体讨论，哪些问题应当由个人负责。重大问题一定要由集体讨论和决定。"他进而提出，要由"中央分别作出正式决定，并制定周密的、切实可行的、能够在较长时期发挥作用的制度和条例，有步骤地实施"[①]。

六、中国民主党派参与立法

（一）民主党派参与立法是参政议政的重要形式和途径

在中国共产党的领导下，各民主党派积极参与国家立法，是各民主党派准确把握历史定位，明确历史责任，履行其参政党职能的重要体现。中国共产党代表最广大人民群众的根本利益从一个角度思考问题，各民主党派代表其所联

---

① 《邓小平文选》（2），人民出版社 1994 年版，第 341 页。

系的各阶层群众的利益从其他角度思考问题，二者相辅相成，有利于决策的科学化、民主化；也有利于在社会利益分化和利益多元化的环境下实现利益表达的有序化和多渠道化，扩大社会各阶层有序的政治参与。

在当代中国，共产党着眼于就国家的大政方针、重要立法事项，代表人民的整体利益作出决策；而民主党派作为参政党则侧重于反映其所联系的人民群众的特殊利益和要求，对共产党领导立法和作出立法决策起到不可或缺的辅助作用。

（二）中国民主党派参与中国立宪

1949 年 6 月 15 日，中国共产党在北平召开了新政治协商会议筹备会，包括各民主党派、各人民团体、各界民主人士的 23 个单位的 134 人参加了会议，共同拟定了参加新政协会议的单位及代表名额。1949 年 9 月 29 日，政协一届全体会议通过了起临时宪法作用的《共同纲领》。各民主党派积极参加新政协会议、参与制定《共同纲领》，是其参与立法的良好开端。

再看 1954 年宪法的制定。由于采纳了民主党派代表等多方意见，宪法草案作了七处重要修改和许多次要改动，使草案更加完善了。在一届人大一次会议上，代表们在小组讨论后，包括部分民主党派代表在内的 89 位代表在全体大会上就宪法草案和关于宪法草案的报告作了发言。

1975 年宪法的修改，是根据中共中央的建议开展的。但是，在"文化大革命"期间以阶级斗争为纲的指导思想作用下和在"四人帮"的操纵下，各民主党派、党外人士在修宪中的作用几乎没有得到发挥。"左"倾色彩浓厚的该部宪法存在着严重的缺陷。很快，1978 年，中共中央建议修改并再次提出宪法修改草案。1978 年宪法的修改受"左"倾遗毒的影响硝烟未尽，仍未能很好地发挥民主党派等党外人士的作用，在该宪法公布实施后不久，修改再次提上日程。

1980 年 8 月，中共中央提出修改宪法的建议。1982 年 4 月，全国人大常委会公布宪法修改草案，交付全民讨论，历时 4 个多月，有的省参加讨论的人数占成年人的 90%。各民主党派在宪法修改工作中，提出了 1500 多条意见，后在宪法中都有所反映和有所吸纳。

1982 年 11 月 26 日，彭真在五届全国人大五次会议上作《关于中华人民共和国宪法修改草案的报告》，实事求是地指出："宪法修改委员会和它的秘书处成立以后，经过广泛征集和认真研究各地方、各部门、各方面的意见，于今年二月提出《中华人民共和国宪法修改草案》讨论稿。宪法修改委员会第二次会议，用九天的时间对那个讨论稿进行了讨论和修改。全国人大常委会委员、全国政协常委会部分委员、各民主党派和人民团体领导人……也都提出了修改意见。"① 并且，"许多重要的合理的意见都得到采纳，原来草案的基本内容没有变动，具体规定作了许多补充和修改，总共有近百处，纯属文字的改动还没有计算在内"②。

在1982年宪法制定之后，彭真总结性地指出："党员在十亿人民中只占少数，绝大多数是非党员。我们不仅有党，还有国家。党的政策要经过国家的形式而成为国家的政策，并且要把在实践中证明是正确的政策用法律的形式固定下来。凡是关系国家和人民的大事，光是党内作出决定不行，还要同人民商量，要通过国家的形式。"1984年3月，中共中央转发了彭真的这一讲话。

1993年通过的宪法修正案，作为一个重要个案，印证了彭真的这一讲话精神。

民建中央常委陈春龙教授最早提出将中国共产党领导的多党合作和政治协商制度写入宪法这一建议。陈春龙教授称："1993年2月16日，中共中央关于修改宪法部分内容的建议发表，内容涉及党的基本路线和社会主义市场经济，没有多党合作和政治协商制度。3月1日，中国民主建国会向中共中央提出应在宪法中明确规定多党合作和政治协商制度的建议，我参与了该建议的酝酿和起草工作。"③

1993年3月15日，中共中央提出的关于国家宪法修正案的几点补充建议，采纳了民建中央的建议并于3月18日向国家最高权力机关提出修改宪法部分内容的补充建议。1993年3月29日，八届人大一次会议通过了宪法修正案，在宪法序言第十自然段末尾增加规定："中国共产党领导的多党合作和政治协商制度将长期存在和发展。"民主党派组织及其成员在立宪活动中的建言献策，受到了重视，并得以在国家根本大法中具体体现。

1999年新春，中共中央向全国人民代表大会常务委员会再次提出修改《宪法》的建议。此次修宪的内容主要有六点，其中有三点是民建中央常委李崇淮教授曾提出过的。这三点分别是：把邓小平理论作为指导思想写入宪法，将"依法治国，建设社会主义法治国家"列入宪法，把宪法第11条中"私营经济是社会主义公有制经济的补充"修改为"非公有制经济是社会主义市场经济的重要组成部分"。此后，民建中央向中共中央提出了这一建议，促使该

---

① 彭真（宪法修改委员会副主任委员）："关于中华人民共和国宪法修改草案的报告——一九八二年十一月二十六日在五届全国人民代表大会五次会议上"，载《人民日报》1982年12月6日第1版。

② 同上。

③ 陈春龙法学文集编选组编：《陈春龙法学文集》，法律出版社2004年版，第649页。

建议被列入宪法修正案。

1999 年 1 月 22 日，中共中央向全国人大常委会提出了关于修改中华人民共和国宪法部分内容的建议。九届全国人大常委会第七次会议讨论了中共中央的建议，依照中华人民共和国宪法第 64 条的规定，提出关于中华人民共和国宪法修正案（草案），提请九届全国人大二次会议审议。1999 年 3 月 15 日，九届全国人大二次会议闭幕大会表决通过了中华人民共和国宪法修正案。

（三）中国民主党派参与中国立法

1. 建国初期的情况

在建国之初，我国各民主党派参与国家立法活动就受到了高度重视。周恩来在建国初指出："政务院的政务会议每星期召开一次，有关文件等也交非党人士审查，一切指示、法令也要他们修改。这样，不仅不会动摇我们的政策，而且还会完善我们的政策。这些政策法令是经过他们讨论同意的，事后他们也会更好地进行宣传解释。"①

以建国初期制定农业合作社章程为例。在第一届全国人大常委会第二十四次会议通过《农业生产合作社示范章程草案》之前，毛泽东提出："章程还要慢一点，要跟民主人士商量，要采取立法的手续，也许和兵役法一样，先由人民代表大会常务委员会讨论一下，交给国务院公布征求意见，各地方就可以照那样试办一个时期，到了明年，再交人民代表大会通过。"②

1950 年，党为发扬决策民主，首创由中共中央负责人出面邀请各民主党派负责人、无党派人士参加协商座谈会，这一做法为 1950 年 3 月 14 日代行全国人大职权的政协第一届全国委员会工作会议第一次会议所确认："举行各民主党派座谈会，每两周一次。"双周座谈会是民主党派就中国共产党的重大决策、国家政治生活和社会生活中的重大问题，重要法律、法令的制定等进行合作协商的好形式。

1950 年 6 月，中共中央负责人邀请各民主党派代表就当时指导土改运动的土地改革法草案进行协商座谈，此后，一届全国政协二次会议通过了土地改革法草案。从 1950 年 4 月到 1954 年 6 月，双周座谈会共召开 55 次，民主党派参与立法的积极作用得到了体现。像《婚姻法》、《公私合营工业企业暂行条例》、《兵役法》等法律草案都经过了充分的协商讨论。

1954 年宪法第 43 条规定："中华人民共和国主席在必要的时候召开最高

---

① 《周恩来统一战线文集》，第 175 页。
② 《毛泽东选集》（5），第 217 页。

国务会议，并担任最高国务会议主席。"从 1954 年 10 月到 1964 年，最高国务会议共举行了 20 多次，在我国政治生活中发挥了重要作用。当时党和国家的许多重大决策都是经过最高国务会议讨论协商后作出的。民主党派和无党派民主人士与中国共产党领导人直接、面对面地民主协商国是，完善了党的决策。例如，关于农业发展纲要四十条的决定等都是经过最高国务会议协商后作出的。

2. 阶段性的中断

在 1957 年反右扩大化以后特别是在"文化大革命"时期，中国共产党与民主党派的沟通、协商几无开展。有案在录的协商和座谈仅有三次。以下具体分述。

1966 年 6 月 27 日中共中央召开了一次民主党派与党外人士座谈会，但只是听取中共中央发动"文化大革命"的指示。在"文化大革命"末期，邓小平重新主持工作后于 1973 年同民主党派协商四届全国人大代表候选人问题，是这一时期唯一一次有积极意义的座谈协商。1967 年 1 月 13 日，由中共中央、国务院共同颁布的《关于在无产阶级文化大革命中加强公安工作的若干规定》即"公安 6 条"，则是中央文革领导小组抛开民主党派进行立法的产物，该项立法产生了消极的负面影响。

3. 十一届三中全会至党的十三届四中全会期间的情况

1979 年，中共中央正式批准恢复民主党派、无党派人士的座谈会（大体两月举行一次），提出今后凡属国家和地方的重大问题，应当同各民主党派领导人和无党派代表进行协商，民主党派的参政议政和参与立法的作用重新得到恢复和重视。

自十一届三中全会以来的十年间，中共中央与各民主党派的不定期协商会也召开了 20 多次，像《国营企业破产法》、《邮政法》、《工会法》等法律草案都是事先经过广泛协商讨论而得以完善的。比如，《村民委员会组织法（试行）》草案，在六届全国人大五次会议上因不少代表意见不统一，为慎重起见，只作原则通过，并授权全国人大常委会进一步调查研究，总结经验加以修改后再正式通过。又如《全民所有制工业企业法》的制定，就广泛倾听了民主党派代表的意见，在此基础上，全国人大常委会于 1988 年 1 月决定将该法律草案在报纸上公布，提交全民讨论，之后，七届人大一次会议于 1988 年 4 月通过了该草案。再如，1986 通过的《民法通则》也是经过与民主党派人士的民主商议、充分讨论后得以出台的。

4. 党的十三届四中全会以来的情况

1989 年 6 月 28 日，在十三届四中全会后仅五天，中共中央就在中南海召开党外人士座谈会，新当选中央总书记江泽民和政治局常委全部出席座谈会；从十三届四中全会召开到1997年2月，以江泽民为核心的党中央第三代领导集体，就国家大政方针、国家领导人选、重要决策、法律法规等同各民主党派中央、全国工商联领导人和无党派人士举行协商会、座谈会、通报会和谈心会多达100余次，基本做到了有计划、有制度、经常化、规范化。以下列出几个时间跨度作一分述。

其一，以党的十四大到党的十五大的时间跨度为例。1998年3月在九届全国人大、政协两会召开期间，民进中央副主席楚庄谈到两会随感时说："我作为民主党派在京的一个负责人，多次参加中共中央和国务院就重大问题和重要文件而召集的民主党派负责人协商会。据我记忆所及，从1989年底到今年，这样高层的协商会、通报会、座谈会已经召开了100多次，而且已经成为一种制度。8年来，每一次国务院提交人大审议的政府工作报告和国民经济和社会发展计划，无一例外都在形成草案时就交给民主党派征求意见。尤其值得提出的是中共中央把党的重要文件如党的十四大、十五大报告，党的中央全会讨论决定的一些重要文件也都事先提交民主党派征求意见。这种团结合作、肝胆相照的关系，在世界政党史上是从未有过的。"①

其二，从历史车轮驶入21世纪的十年跨度回望，"10年来，中共中央领导人主持或委托有关部门召开的协商会、座谈会、谈心会、情况通报会等共152次，中共中央总书记江泽民亲自参加的就有42次，平均每年约14次，大大超过了以前各个时期的次数。多党合作、政治协商，成为我国决策的科学化、民主化中的一个重要环节"②。与此同时，"十多年来，各民主党派在调查研究的基础上，向中共中央和国务院有关方面提出重大建议达110多项，不少建议已被采纳并取得重大成效"③。

其三，以致公党为例。建立与归侨侨眷、海外侨胞和台港澳同胞广泛而密切的联系，是致公党的优势和特色。罗豪才等致公党成员在《归侨侨眷权益保护法》的制定过程中，提出了许多有参考价值的意见和建议。他们多次以个人或致公党党派的名义提出关于贯彻落实《归侨侨眷权益保护法》、改善侨商投资环境等问题的提案和建议，受到重视，一些建议得到采纳。罗豪才作为致公党主席还直接参与了《行政诉讼法》、《国家赔偿法》、《行政处罚法》等

---

① 《光明日报》，1998年3月4日的两会报道。

② "从胜利走向胜利的法宝——党的三代领导核心与统一战线"，载《人民日报》（海外版），2000年12月6日第1版。

③ "中国多党合作事业十年取得重大进展"，载《人民日报》（海外版），2000年11月27日第1版。

多部法律的起草和制定工作，为建立和完善我国法律体系奉献了民主党派的力量和智慧。

5. 进入 21 世纪以来的情况

进入 21 世纪，中共中央就重大问题与民主党派、无党派人士进行政治协商，坚持协商于决策之前，已形成稳定性的制度，协商内容涉及国家政治、经济、社会发展的各个方面，促进了决策的民主化和科学化。

以党的十三届四中全会以来十几年时间作为一个跨度，从各民主党派积极参与的角度看，"1989 年以来，各民主党派中央围绕中国共产党和国家的工作大局以及事关国计民生的重大问题进行考察调研，特别是围绕经济建设、和平统一两大任务，先后向中共中央、国务院及有关部门提出重大建议近 180 项，地方组织提出各项建议提案 8 万多件，其中许多都被采纳"①。

以下以我国国民经济和社会发展五年计划的制定为例作一实证分析。从战略上说，正确制定我国国民经济和社会发展五年计划，将积极引领和指导此后若干年的经济社会发展方面的立法。

2000 年 10 月，中共中央在中南海怀仁堂举行座谈会，征求各民主党派、工商联和无党派人士对《中共中央关于制定国民经济和社会发展第十个五年计划的建议（征求意见稿）》的意见。在座谈会上，江泽民同志作了总结："今天大家提了许多很好的意见，我代表中共中央表示感谢。对大家提出的意见和建议，我们将认真研究，充分吸收。"② 2005 年 7 月 26 日，胡锦涛总书记在中南海怀仁堂主持召开党外人士座谈会，围绕制定和落实"十一五"规划，听取各民主党派中央领导人、全国工商联领导人和无党派人士的意见和建议。另外，全国政协也举行专题协商会，听取各民主党派就"十一五"规划的建言献策。例如，民盟中央关于"将生物技术及其产业作为国家发展战略"的建议，引起了高度的重视，被纳入了"十一五"规划。

以下再以几个民主党派为例作一实证分析。

以农工民主党中央为例。在 2005 年，农工民主党中央专门提交了关于《加强我国循环经济法制建设》的提案，积极为我国的循环经济立法建言献策。该提案的主要内容全文刊登于《人民日报》2006 年 1 月 13 日第 13 版上，现全文摘引如下：

"我国目前循环经济法律体系不健全。我们缺乏单个企业循环经济的相应

---

① 数据引自中国国务院新闻办公室 2005 年 10 月 19 日发表的"中国的民主政治建设白皮书"，载《人民日报》2005 年 10 月 20 日第 10 版。

② 《中共中央举行党外人士座谈会》，载《人民日报》，2000 年 10 月 13 日第 1 版。

法律规定，缺乏区域乃至全社会层面上的循环经济的相应法律规定，缺乏事关企业、区域乃至全社会综合性的循环经济法律规定。

参考国外一些成熟的循环经济法制建设经验，根据我国环境法律体系的结构和层次，可以把我国循环经济法律体系建设的任务概括为六个方面：一是修订宪法第9条第2款的规定，将"国家保障自然资源的合理利用"改为"国家保障自然资源的节约和合理利用，促进废旧物质的良性循环和能量的梯级利用"，把循环经济确定为与保护环境并重的基本国策。二是修订《环境保护法》，在总则中对循环经济作出原则性规定，在分则中单列清洁生产和资源的回收、再用、再生利用规定。三是制定与《清洁生产促进法》相衔接的《循环经济促进法》。四是修订《固体废物污染环境防治法》、《水污染防治法》、《矿产资源法》等单行环境法律，对资源的节约、回收、再用、再生利用作出特殊的规定；修订《政府采购法》、《税收征管法》和《商业银行法》等法律，在其中纳入政府扶持和经济奖励的内容。五是在法律的框架内制定一些专门的循环经济促进条例，并在条例的指导下，制定或完善有关的部门行政规章。六是各地方要根据本地的情况，制定或完善有关的地方性法规、自治条例、单行条例和地方行政规章等。①

再以民革中央为例。制定《反分裂国家法》是我国政治生活中的一件大事，体现了包括民主党派成员在内的全中国人民的共同意志。其中，民革中央提出的《关于尽速制定"反分裂国家行为法"的建议》对推进祖国统一大业和反分裂国家法草案的出台起到了积极作用。2005年3月，《反分裂国家法》在第十届全国人民代表大会第三次会议上得到高票通过。

七、中国共产党领导立法之完善

（一）完善立法的政策依据

"政策是革命政党一切实际行动的出发点，并且表现于行动的过程和归宿。一个革命政党的任何行动都是实行政策，不是实行正确的政策，就是实行错误的政策。"② 据此，在党的错误政策得以纠正前，相关立法是难有科学性可言的。

一个先进的政党，必须紧跟时代发展的进步潮流，科学地分析社会矛盾，正

---

① "农工民主党中央·加强我国循环经济法制建设（提案选登）"，载《人民日报》2006年1月13日第13版。

② 《毛泽东选集》（4），第1284页。

确地制定政策，适时提出各个历史阶段的目标和任务，引领和推动经济社会发展。

在新民主主义的革命根据地时期，党制定了以工人阶级为领导结成巩固的工农联盟，团结小资产阶级和民族资产阶级阶级推翻帝国主义、封建主义和官僚资本主义三座大山夺取革命胜利的总政策和各项具体政策；在过渡时期，党制定了逐步实现工业化，完成对农业、手工业和资本主义工商业的社会主义改造，建立社会主义社会的政策；在社会主义建设时期，党制定了以马克思列宁主义、毛泽东思想、邓小平建设有中国特色社会主义理论为指导，坚持四项基本原则，逐步实现四个现代化，把我国建设成为富强、民主、文明的社会主义国家的总政策和各项具体政策。

实践证明，正是依靠这些正确政策，党领导人民完成了革命任务，建立了人民民主专政的社会主义政权并继续领导全国人民取得了社会主义现代化建设的巨大胜利，这是主流的一面。党领导人民制定宪法和法律，巩固人民民主政权，保证人民当家作主，实现社会主义现代化，依靠的也是这些正确政策，这也是主流。

从非主流的一面看，立法所依据的政策难免会有失误乃至错误之处，这又直接影响立法的成效；与此同时，立法也要靠自身的相对稳定性来维护其权威性，尤其是国家的根本大法。我国建国后的频繁修宪，如 1978 年宪法对 1975 年宪法的修改，此后又由中共中央成立修宪委员会对 1978 年宪法进行大修，这就不能不让人深思其背后的政策之变。

与此相关，依据特定时期具体政策制定的法，其实效在很大程度上有赖于所依政策的正确性。例如，在计划经济时期按所有制标准制定的全民所有制企业法、集体所有制企业法、私营股份合作制企业法等，在实行社会主义市场经济后就为统一的《公司法》等立法所取代。还有，按不同性质所立的《经济合同法》、《涉外经济合同法》、《技术合同法》也被此后统一的《合同法》所取代。这些立法修改，也反映了其背后的政策之变。

总结以上这些立法中的问题，需要反思的是：中国立法中的党的政策依据尤其是党的具体政策依据在某种程度上"一是为适应当时形势需要，二是为调动有关方面的积极性。就是说，主要并非以具有稳定性、根本性的因素的综合作用作为决策的根据"①。

为此，要完善立法的政策依据，需要探寻稳定性的解决方案。

党的一些政策具有弥补同一历史时期立法之缺的作用。但是，作为党的政策的升华的宪法、法律，是对此前成熟政策的归纳和凝练，有必要首先作为此后相关

---

① 周旺生："中国立法改革三策——法治、体制、决策"，载《北京大学学报》1995 年第 5 期。

立法的重要依据。其次，在无法可依之时，在依据具体政策立法时，还要坚持以党的总政策、基本政策作指导，这样有利于把握立法活动的原则和方向。

用党的正确政策指导立法工作，这是中国保持长期稳定发展的需要。但是，这一过程不是一劳永逸的。党根据经济社会发展条件和形势需要制定出相应政策后，还要及时领导修改已过时的法律规定，以避免新的政策同过时法律规定间的脱节和不一。

（二）依法领导立法需要制度化规范化

在夺取政权的革命时期，中国共产党对社会、对人民只能直接依据党的政策来领导；而在执政时期，在依法治国方略下，党必须依法领导：无论是对国家（政权机关）的领导，还是对社会（人民群众）的领导，都必须依法进行。党领导立法与党依法执政一样，既是政治行为，同时也是法律行为。

党领导立法需要制度化规范化，一个共识性走向是："加强党对立法工作的领导，善于使党的主张通过法定程序成为国家意志，从制度上、法律上保证党的路线方针政策的贯彻实施，使这种制度和法律不因领导人的改变而改变，不因领导人看法和注意力的改变而改变。"①

1990 年 7 月 31 日，中共中央印发了《中国共产党党内法规制定程序暂行条例》，对党内法规的名称、适用范围、层次价位以及制定修改的主体和具体程序作了明确规定。《制定程序》第 2 条规定："党内法规是党的中央组织、中央各部门、中央军委总政治部和各省、自治区、直辖市党委制定的用以规范党组织的工作、活动和党员的行为的党内各类规章制度的总称。"党内法规适用于党对立法工作的领导活动。党内法规的名称分别为党章、准则、条例、规则、规定、办法和细则。其中，党章是根本的，是一级法规；准则是二级法规，概括性比较强；条例是三级法规，一般规定某一方面的工作；规定、办法、细则是四级法规。

据此，将党领导立法机关立法工作的内容、方式和程序以党内法规的形式规定下来，首先要以一、二级法规的形式规定下来，保障党领导立法工作的权威性、严肃性、稳定性。其次，还要将党对立法机关的领导程序法律化。"党对国家机关的领导一定要有科学的、民主的、法定的程序，必须以法律的形式规定党对国家机关的领导程序，使党对国家机关的领导程序法律化、制度化。"②

① 《中共中央关于加强党的执政能力建设的决定》，人民出版社 2004 年版，第 16 页。
② 张文显："依法执政概念的语义分析和法学解读"，载《中国社会科学院法学所和中共中央党校政法部联合主办的"依法执政"研讨会与会论文》（2006 年）

2005 年 10 月 11 日中国共产党第十六届中央委员会第五次全体会议通过的《中共中央关于制定国民经济和社会发展第十一个五年规划的建议》指出："加强改革开放的总体指导和统筹协调，注重把行之有效的改革开放措施规范化、制度化和法制化。"这也预示着，今后，党的方针政策的制度化、法律化，将成为党依法执政和领导立法的常规走向。

为此，党向全国人大常委会提出修宪建议和其他重要立法建议，党推荐、选派优秀党员担任国家立法机关的职务，都应当有可以遵循的程序，要有制度化依据。

改革开放以来，中共中央多次提出修宪建议，对完善我的根本大法起到了十分重要的作用；但是，从依法立法的角度说，这一建议需要制度化保障，需要有法律制度根据。从领导立法的角度看，共产党的立法提案权没有法律根据可依，需要研究使之合理化的途径。

与此相关，中共中央提出修宪建议后，全国人大及其常委会的应对举措也应规范化、制度化。比如，在 2004 年，全国人大对中共中央的修宪建议做了些修改，而在此前，全国人大对中共中央的修宪建议都没有做过修改。这就需要对从提案权开始的立法程序的制度化运作予以重视，规范宪法和法律的制定和修改，使党与人民的意志统一体现在宪法、法律中。

（三）选派优秀党员依法进入国家权力机关

"任何一个政党都不可能将自己的所有成员都委派进入国家权力机构，也不能将自己的组织机构直接派入国家机构，而只能将自己的代表——通常是最优秀的分子——通过合法途径派入国家权力机构，由这些代表行使国家权力。"①

中国共产党领导立法，很重要的一点就是依法广泛地动员人民群众通过选举产生各级国家权力机关，选派优秀的党员依法通过选举进入各级国家权力机关，有效领导立法。其实，在新中国成立之初，这一思路就已存在。1949 年 10 月，中共中央华北局发布的《建立村、区、县三级人民代表大会或各界人民代表会议的决定》就提出："党应派遣最好的党员和干部到政权中去工作。"②

邓小平同志也曾主张："要多找一些各方面的专家参加立法工作。"在人

①　张恒山："党的领导和党的执政辨析"，载《中国社会科学》，2004 年第 1 期。
②　全国人大常委会办公厅研究室编：《中华人民共和国人民代表大会文献资料汇编——1949—1990》，中国民主法制出版社 1991 年版，第 365 页。

民代表大会的代表构成中，保证有一定比例的专家代表，对开展立法是积极有益的。为此，党选派优秀党员依法进入各级国家权力机关，需要注重选派懂立法、专家型的优秀党员进入国家权力机关从事立法工作。

此外，我国人大代表不专职的现象比较突出。人大代表要具备专业知识，要有充分的时间投入本职工作，要开展专业性的立法审议等工作，这都对人大代表的专职化提出了要求。为此，值得考虑的是，党在选派懂立法、专家型的优秀党员人大代表时是否可以让他们作为专职代表，当选为专职的专门委员会委员，更好地开展专业性的立法工作？

以地方人大为例。《中华人民共和国地方各级人民代表大会和地方各级人民政府组织法》第三十条规定，地方各级人民代表大会根据需要，可以设法制（政法）委员会、财政经济委员会、教育科学文化卫生委员会等专门委员会。各专门委员会受本级人民代表大会领导；在大会闭会期间，受本级人民代表大会常务委员会领导。各专门委员会在本级人民代表大会及其常务委员会领导下，研究、审议和拟订有关议案；对属于本级人民代表大会及其常务委员会职权范围内同本委员会有关的问题，进行调查研究，提出建议。

可见，人大各专门委员会委员对各种专业性立法的作用是不可替代的。根据我国法律规定，人大专门委员会的组成人员必须在人大代表中提名产生，要由代表大会通过。据此，党积极推荐懂立法、专家型的优秀党员当选人大专门委员会委员，有助于使他们在行使提案权、审议权等具体立法权力时发挥其专业之长，将党的政策主张转化为具体的立法规定。

（四）加强共产党领导的中国特色政党制度的制度化建设

1. 完善宪法，加强中国政党制度的法制化建设

我国政党制度的基本特征是"共产党领导、多党派合作，共产党执政、多党派参政"。这是我国政党制度的特点和优点。但是，这一制度还需要在实践中不断完善和发展，还需要提高其制度化特别是法制化程度，以便其优势和潜能能够得到稳定的发挥。

从历史上看，中国人民政治协商会议的召开、多党合作和政治协商制度的建立，在政治程序上解决了新中国国家政权的合法性问题。起临时宪法作用的《共同纲领》规定："由中国共产党、各民主党派、各人民团体、各地区人民解放军、各少数民族、国外华侨及其他爱国民主分子的代表组成的中国人民政治协商会议，就是人民民主统一战线的组织形式。"

与《共同纲领》相比，1954 年宪法在政党制度的规定上有了新的发展，确认了中国共产党对国家的领导地位。1954 年宪法指出："我国人民在建立中

华人民共和国的伟大斗争中已经结成了以中国共产党为领导的各民主阶级、各
民主党派、各人民团体的广泛的人民民主统一战线。"

　　1975 年宪法在《总纲》中进一步突出了中国共产党对国家的领导，规定：
"中国共产党是全国人民的领导核心。工人阶级经过自己的先锋队中国共产党
实现对国家的领导"。但是，1975 年宪法将人民民主统一战线改称为革命统一
战线，没有提及中国各民主党派，使得各民主党派的宪法地位无以得到保障。

　　1978 年宪法重新恢复了 1954 年宪法对中国政党制度的规定，同时将中国
各民主党派的性质界定为爱国民主党派。

　　1982 年宪法在总结前几部宪法有益经验的基础上，将中国共产党的领导
作为四项基本原则之一予以强调，并将统一战线界定为爱国统一战线，恢复了
民主党派在统一战线中的地位，恢复了各民主党派的宪法地位。

　　可以看出，中国特色政党制度的宪法完善历经波折，几经反复，执政党和
参政党的宪法地位和相互关系才得以确定下来。但是，在很大程度上，中国共
产党领导的多党合作制度在我国主要还是作为宪法惯例而存在的，它更多的是
在执政党的文件和政策中被制度化的。同理，中国各民主党派也是在各自党派
的章程和文件中对中国共产党领导的多党合作作出一些相关规定。在此基础
上，中国特色政党制度的规范化、制度化建设，有待加强。

　　1989 年 12 月 30 日发布的《中共中央关于坚持和完善中国共产党领导的
多党合作和政治协商制度的意见》第一次以执政党中央文件的形式明确多党
合作和政治协商是一种政党制度，明确共产党和各民主党派在政治制度中的地
位和作用，明确多党合作和政治协商制度是我国一项基本政治制度，提出坚持
和完善这项制度是我国政治体制改革的一项重要内容。此后，我国多党合作和
政治协商开始全面走上制度化、规范化建设的轨道。

　　在新世纪新阶段，加强中国共产党领导的多党合作和政治协商制度建设，
必须坚持长期共存、互相监督、肝胆相照、荣辱与共的方针，认真总结实践中
的新经验新做法，不断促进中国共产党领导的多党合作和政治协商的法制化、
规范化建设。

　　2. 完善党的领导方式，提高民主党派的参政能力

　　在当代中国的政党制度中，执政党和参政党的关系体现在以下三个方面：
一是政治上的领导和自觉接受领导的关系。中国共产党在政治原则、政治方向
和重大方针政策上实施领导，各民主党派自觉自愿地接受中国共产党的领导。
二是法律地位上的平等关系，执政党和参政党都以宪法为根本活动准则，共同
维护宪法和法律的尊严，自觉遵守宪法和法律的规定。三是组织上的独立关
系，即执政党和参政党不是上下级关系，参政党独立自主地处理各自党派内部

的事情。

在多党合作制度的框架内，中国共产党执政能力的提高离不开参政党的参政能力的提高，这是一个辩证法。中国共产党领导和执政能力的提高，离不开对参政党科学、规范的领导，离不开党自身领导方式的改革和完善。

可喜的是，"坚持协商于决策之前和执行决策过程之中，已基本形成为一项制度。据统计，十三届四中全会以来，中共中央、国务院共召开民主协商会、座谈会、情况通报会200多次，其中十六大以来就有近60次。各地党委、政府也就当地经济社会发展问题广泛征求党外人士的意见建议。这些都有力地推动了党和政府决策的科学化、民主化，对实现党的领导、人民当家作主和依法治国的有机统一起到了积极推动作用"①。

提高中国共产党对各民主党派的领导水平，不仅仅是共产党自身的事情，还有赖于各民主党派依照宪法和法律的规定行使其应有的权利、承担起其应尽的义务，积极履行参政议政、政治协商和民主监督的职责。因此，参政党认真发挥其参政功能，提高自身的参政能力，也有助于促进中国共产党提高其执政能力和执政水平。

3. 党推荐代表候选人做法的完善

按照我国现行法规定，各政党、各人民团体，可以联合或者单独推荐代表候选人。选民或者代表，十人以上联名，也可以推荐代表候选人。尽管推荐代表候选人的法定主体有若干个，但在选举实践中，由于执政党的地位，代表候选人产生的渠道基本上都来自执政党推荐，这种状态下产生的候选人其局限性是潜在的。因此，要增加选举的公平、公正性和民意基础，需要明确执政党推荐代表候选人乃至向国家政权机关推荐重要干部的范围。

长期以来，在我国的选举实践中，选民们普遍反映的问题之一便是候选人不为他们所了解。《代表选举法》第33条规定"选举委员会或者人民代表大会主席团应当向选民或者代表介绍代表候选人的情况。推荐代表候选人的政党、人民团体和选民、代表可以在选民小组或者代表小组会议上介绍所推荐的代表候选人的情况"。由于没有让代表候选人与选民见面、作自我介绍或发表竞选演说的规定，使得选民对候选人不知情，影响到选举的进行。

竞争是人类社会普遍存在的一个现象、一个规律。没有竞争的选举不是完全意义上的选举，这样的选举只能使权力获得有限的合法性。近些年来，我国的选举已经出现了一些竞争因素，比如差额选举、比如对候选人的介绍，都是

---

① 刘延东："历史必然性·伟大独创性·巨大优越性——论中国共产党领导的多党合作和政治协商制度"，载《求是》2006年13期（2006年7月1日出版）。

积极而有益的。

但是，从中国的国情出发，有别于西方国家的竞选和竞争，竞争机制不适用于我国政党政治领域。我国选举中的竞争，应定位于全国人大和地方人大代表的选举中个人性质的竞选。

参 考 文 献

一、中文部分

1. 《中国共产党章程》，人民出版社 2002 年版。
2. 《中华人民共和国宪法》，人民出版社 2004 年版。
3. 《中共中央关于修改宪法部分内容的建议》，中国法制出版社 2004 年版。
4. 《中华人民共和国立法法》（中英对照），法律出版社 2003 年版。
5. 《中共中央关于加强党的执政能力建设的决定》，人民出版社 2004 年版。
6. 《中共中央关于加强人民政协工作的意见（摘要）》，人民出版社 2006 年版。
7. 《中国共产党第十六次全国代表大会文件汇编》，人民出版社 2002 年版。
8. 李鹏：《立法与监督——李鹏人大日记》，新华出版社、中国民主法制出版社。
9. 张恒山、李林、刘永艳等：《法治与党的执政方式研究》，法律出版社 2004 年版。
10. 李林：《立法理论与制度》，中国法制出版社 2005 年版。
11. 李林：《法治与宪政的变迁》，中国社会科学出版社 2005 年版。
12. 王长江、姜跃：《世界执政党兴衰史鉴》，中共中央党校出版社，2005 年版。
13. 王长江：《世界政党比较概论》，中共中央党校出版社 2003 年版。
14. 吴美华：《当代中国的多党合作制度》，中共党史出版社 2005 年版。
15. 刘作翔：《立党为公、执政为民的法理学研究》，中国政法大学出版社 2005 年版。
16. 陈春龙法学文集编选组编：《陈春龙法学文集》，法律出版社 2004 年版。
17. 蔡定剑：《中国人民代表大会制度》（第四版），法律出版社 2003 年版。
18. 王晓民兼总策划：《世界各国议会全书》，世界知识出版社 2001 年版。
19. 林尚立：《中国共产党执政方略》，上海社会科学出版社 2002 年版。
20. 董必武：《董必武法学文集》，法律出版社 2001 年版。
21. 张友渔文选编辑委员会：《张友渔文选》，法律出版社 1997 年版。
22. 刘海年、李林：《依法治国与法律体系建构》，中国法制出版社 2001 年版。
23. 周旺生：《立法研究》（第 1、2、3、4、5 卷），法律出版社、北京大学出版社，2000—2005 年版。
24. 郭道晖总编：《当代中国立法》，中国民主法制出版社 1998 年版。
25. 李步云、汪永清：《中国立法的基本理论和制度》，中国法制出版社 1998 年版。
26. 吴江、牛旭光：《民主与政党》，中共中央党校出版社 1991 年版。

27. 张庆福：《宪政论丛》（第 1、2、3 卷），法律出版社 1998、1999、2003 年版。

28. 陈云生译：《成文宪法的比较研究》，华夏出版社 1987 年版。

29. "中国共产党中央委员会关于修改宪法部分内容的建议"，载《人民日报》1999 年。

30. 王兆国："关于《中华人民共和国宪法修正案》（草案）"的说明——2004 年 3 月 8 日在第十届全国人民代表大会第二次会议上，载《人民日报》2004 年 3 月 9 日第 2 版。

31. 胡锦涛："在庆祝中国共产党成立 85 周年暨总结保持共产党员先进性教育活动大会上的讲话"，载《人民日报》2006 年。

32. 刘延东："历史必然性·伟大独创性·巨大优越性——论中国共产党领导的多党合作和政治协商制度"，载《求是》2006 年第 13 期。

33. 刘延东："坚定不移地走中国特色政治发展道路"，载《人民日报》2006 年 5 月 27 日第 7 版。

34. 成思危："发展和运用好社会主义民主的两种形式"，载《人民日报》2006 年 5 月 27 日第 7 版。

35. 任建新："深切缅怀敬爱的董必武同志"，载《人民日报》2006 年 2 月 21 日第 8 版。

36. 王家瑞："国外政党的执政经验教训值得研究借鉴"，载《学习时报》2004 年 11 月 15 日第 261 期。

37. 周旺生："中国立法五十年"，载《立法研究》第 1 卷，法律出版社 2000 年版。

38. 石泰峰、张恒山："论中国共产党依法执政"，载《中国社会科学》2003 年第 1 期。

39. 李林："关于立法权限划分的理论和实践"，载《法学研究》1998 年第 5 期。

40. 周汉华："变法模式与中国立法法"，载《中国社会科学》2000 年第 1 期。

41. 莫纪宏："执政为民与依法治国"载《光明日报》2003 年 12 月 3 日 C3 版。

42. 陈春龙："第 4 条宪法修正案诞生记"载《民主与法制》1998 年第 20、21 期。

43. 徐显明："法治建设中的和谐"载《人民日报》2005 年 12 月 24 日第 7 版。

44. 卓泽渊："和谐社会是民主法治社会"载《人民日报》2005 年 6 月 1 日第 13 版。

二、外文部分

1. Amie Kreppel, *The European Parliament and Supranational Party System*: *A study in institutional Development*, Cambridge University Press（2002）.

2. Paul Webb, David Farrell, and Ian Holliday eds., *Political Parties in Advanced Industrial Democracies*, Oxford University Press（2002）.

3. Paul Allen Beck and Frank J. Sorauf, *Party Politics in America*, *seventh edition*, Harper-Collins Publishers Inc.（1992）.

4. Gerhard Loewenberg, Peverill Squire & D. Roderick kiewiet eds., *Legislatures*: *Comparative Perspectives on Representative Assemblies*, the University of Michigan Press（2005）.

5. Richard Gunther, José Ramón Montero, and Juan J. Linz eds. , *Political Parties*: *Old Concepts and New Challenges*, Oxford University Press (2002) .

6. Wolfgang Sachsenroder and Ulrike E. Frings eds. , *Political Party Systems and Democratic Development in East and Southeast Asia* (*Volume* Ⅱ: *East Asia*) , Ashgate Publishing Ltd. , 1998.

7. Verinder Grover ed. , *Party System And Political Parties In India* (*Political System In India* – 5) , Deep & Deep Publications, 1990.

8. Dr. Janak Raj Jai & Rajiv Jai, *Political Trends*: *Revival of Two Party System In India* (*Ruling vs. Combined Opposition*) , Regency Publications, 1999.

9. Vinayak N. Srivastava, *The Separation of the Party and the State*: *Political Leadership in Soviet and Post-Soviet Phases*, Ashgate Publishing Ltd. , 1999.

10. Nicholas Hopkinson, *Parliamentary Democracy*: *Is There a Perfect Model?* Ashgate Publishing Limited (2001) .

· 中国社会科学院 ［法学博士后论丛］ ·

两岸统一之法理学研究

On the Jurisprudence of the Re-unification of Both Sides of the Taiwan Strait

博士后姓名　范宏云

流　动　站　中国社会科学院法学研究所

研 究 方 向　法学理论

博士毕业学校、导师　武汉大学　曾令良

博 士 后 合 作 导 师　夏　勇

研 究 工 作 起 始 时 间　2004 年 8 月

研 究 工 作 期 满 时 间　2006 年 9 月

作 者 简 介

范宏云，男，1970 年 12 月出生于湖北蕲春，副教授，中国社会科学院法学所法理学博士后，武汉大学政治学硕士、国际法学博士。1996—2003 年在华中师范大学工作，2003 年到深圳市委党校法学教研部工作。著有《弹劾总统》（合著）、《香港法制》（合著）等，在《武汉大学学报》、《江汉论坛》、《国际法学》（中国人民大学复印资料）、《湖北社会科学》、《湖北行政学院学报》、《特区理论与实践》等刊物上发表论文 40 余篇。博士论文为《台湾问题之国际法研究》，导师为武汉大学国际法研究中心曾令良教授；博士后选题为《两岸统一之法理学研究》，合作研究导师为夏勇教授。

两岸统一之法理学研究

范宏云

内容摘要： 本研究报告集中而深入地研究了台湾海峡两岸所涉及的国家统一问题（以下简称两岸统一）。从国际法学和法理学的角度并综合运用政治学和历史学等学科的理论，探讨国家政治体必须统一的正当性及国家统一的法理内涵，两岸统一必须以"一个中国"原则为前提和基础这一论断的合法性问题以及两岸统一的属性和任务。报告还从新的视角研究了"和平统一、一国两制"方针，重点探讨"和平统一"的国际法内涵及"一国两制"作为治权统一模式的创新性和可行性。最后，宏观规划和平稳定发展的过渡时期两岸关系法律框架，这也是本研究报告的现实意义之所在。

国家统一问题在很大程度上是靠实力说话的政治问题，但本研究力图剥离国家统一理论的政治层面，主要从法理层面研究国家统一，极少涉及政治实力和政治分歧对法律和法理的影响和扭曲，力求使本报告成为一份关于国家统一的"纯粹"的法理研究。现有的关于国家统一和两岸关系研究大多从政治学、国际政治学及历史学的角度出发，因缺乏理性的法理分析而使国家统一被描述为"成王败寇"式的政治悲喜剧。

关键词： 国家统一　两岸关系　国际法

一、引言：两岸统一与和平发展道路

国际社会发端于欧洲，经历两次世界大战之后，逐渐成长为一个包括所有国家在内的普遍性的国际社会。国际社会主权国家林立而呈现无政府状态，主权国家对秩序的追求必然导致国际法的发现与发展，国际法的功能在于缓和无政府状态，这种缓和是形成秩序的开始。国际社会的生存秩序可以称之为国际法秩序，国际法秩序经历了从不平等到平等的发展过程。国际社会和国际法秩序发展至今，呈现出了一种不仅明显不同于中华世界秩序也不同于传统国际社会和传统国际法秩序的特征和趋势。在国际社会日益组织化、科学技术高度发展、交通运输迅速进步的条件下，各国和地区之间的政治、经济、文化等方面的交往日趋频繁，合作领域日趋扩大，各国各地区之间的相互依赖性空前增强；生活在各种政治藩篱中的人们利用这种空前的相互依赖性并逐渐突破这些政治藩篱而相互形成一个全球性利益共同体。与此相适应，国际法秩序不仅要维护主权国家在领土范围内的最高权威，而且要顺应和平与发展的世界潮流，维护全人类的共同利益。国际法秩序已经发展成为一种以和平、以人为本为基本价值的人类社会秩序①。它要求主权国家不仅要在国际层面上以和平方式解决国际争端，维护主权和领土完整，而且在统一国家治权这种国内问题上也要采取和平的方式或贯彻和平精神，国家在推进治权统一的过程中必须接受国际法的制约和调整，体恤和兼顾处于对立政治势力控制下的人民的利益。国际法秩序下的现代国家的统一必须要顺应和平与发展的世界潮流，必须以实现全人类共同利益为宗旨，必须遵循国际法，现代国家的统一也必然呈现出一种明显有别于传统世界秩序的王朝国家统一的特征，必然要超越传统王朝国家统一的"成王败寇"式的血雨腥风。

两岸统一应当遵循并推进国际法秩序所要求的和平与发展价值，国家②在实现两岸统一方面可以借鉴孟子的仁者统一天下思想。当齐宣王问孟子如何与邻"国"打交道，孟子对曰：有。惟仁者为能以大事小……惟智者为能以小事大……以大事小者，乐天者也；以小事大者，畏天者也。乐天者保天下，畏天者保其国。可见孟子认为在中华世界秩序下，保持仁者品质，对小"国"施行仁政的大"国"能实现天下的统一③。当今中国统一事业就是要化解一大一小隔海对峙的难题，就是要把"小小"的台湾纳入到国家集中权威系统中来的问题。

国家在实现两岸统一方面推行仁政，主要体现为协调国家统一与国际法之间的关系以及在此基础上实现和平与人本。在国际法秩序下，实现国家统一已经上升为国家和人民的一项基本权利，维护主权和领土完整的国际法必然支持

---

① 高岚君："中国的和平发展与国际法的价值体系"，载《法学评论》2006 年第 3 期。

② 本研究涉及的重要概念和理论如国家、政府、主权、治权等以及政治与法律的关系等基本来源于主流国际法、法理学及政治学的界定。在论述两岸统一时，因两岸政治分歧至今未能消除，两岸对"中国政府"及与此相关的概念的理解大不相同，所以为了避免这些分歧对报告论述造成不必要的干扰和阻塞，在应该使用上述概念的地方全部采用了《反分裂国家法》中的"国家"这一特指概念。

③ 不能把古代的"国"理解为现代主权国家。参见第 2.1.1 节"中国"一词的含义变迁。

和保护国家统一。"统一是中国全体国民的希望。能够统一，全国人民便享福；不能统一便要受害。"① 实现两岸统一不仅是全中国人民的利益之所在，更是全中国人民的权利之所在。两岸同属一个中国不单是政治语言，更是两岸统一的法理基础和前提。自 1949 年台海两岸分离以来，中国主权和领土的完整性并没有因两岸分离而受到损害。两岸均坚持"两岸一中"，国际社会和国际法也承认在两岸之间只存在一个主权国家实体。两岸同属一个中国不仅是两岸的共识，同时也是现代国际法的基本规范。因此两岸所涉及的国家统一问题是在中国主权和领土完整基础上追求中国治权统一的问题。国际法承认中国主权和领土的完整性，所以两岸统一不是"特殊的两个国家"之间的国际合并问题。

国家选择走和平发展道路，应充分利用支持和保护两岸统一的现代国际法，力争在国际法秩序下和平实现两岸统一及国家发展强盛。"和平统一、一国两制"发展了国际法的和平思想和宪政主权理论。《反分裂国家法》第 8 条规定国家采取非和平方式目的在于捍卫主权和领土完整，而在国家统一的第二层面即治权统一方面国家实际上已经或者接近承诺放弃非和平方式的使用。《反分裂国家法》第 6 条关于发展两岸关系的具体规划，体现了"人民利益至上"原则。可见国家在实现治权统一事业上顺应了和平与发展的时代潮流，顺应了国际法不断向"国内管辖事项"渗透并予以调整的国际法秩序发展态势，主动在治权统一事项这一"纯属国内管辖事项"上遵循国际法尤其是国际法之人权保护原则。国家选择走和平发展道路，不仅在国际关系上践行亲仁善邻方针，而且在对待国内对立政治实体应当推行法律调整、"人民利益至上"及超越政治纷争的和平仁政。两岸关系趋于和平稳定并最终和平地实现两岸统一是国家和平发展战略的重要部分。如果国家不能实现治权统一，和平发展战略的意义就会大打折扣，甚至会变得毫无意义。因为国家治权长期不能实现统一，会反过来对国家统一的既有基础——主权和领土完整造成损害。两岸关系中，"台独"势力的发展已经成为国家主权和领土完整的最大危害②。

---

① 参见《孙中山全集》（11），第 373 页。
② 分离主义对中国构成的威胁是生存性的，"台湾独立"可能使中国面临苏联在其三个波罗的海共和国独立后解体的那种威胁，中国不但不能集中精力实现和平崛起的战略目标，甚至可能出现国家灭亡、民族衰败的危险。如果没有和平化解"台独"威胁的方案，中国和平崛起的目标就难以实现。台湾分离主义对中国生存构成的威胁不仅是严重的，而且是现实的和日益紧迫的。李登辉于 1999 年宣布"特殊两国论"，从变相独立走向公开独立。2000 年"台独"分子陈水扁当选为台湾领导人，台湾当局开始加速从"公开独立"走向法理独立。2003 年台湾当局提出 2004 年实现公投立宪，2006 年通过新宪法草案，在 2008 年实施新宪法，正式独立。参见阎学通："和平崛起与保障和平——简论中国崛起的战略与策略"，载《国际问题研究》2004 年第 3 期。

"台独"势力的猖獗使两岸统一由力争实现治权统一层面转为同时包含维护国家主权和领土完整层面，使两岸统一的任务由单一层面转变为双层面，形势更复杂，任务更艰巨。

二、国家统一概念之历史与法律考察

统一是一个内涵非常丰富的概念，在不同的历史时空下，有不同的内涵。国际法秩序是一种主权国家平等、林立的秩序，而中华世界秩序更像一个围绕一个中心旋转的圆圈和有一个最高点的金字塔。存在于这两种不同秩序的国家个体，其生存状态包括国家统一必然要体现出明显不同的特征。

中华世界秩序下的大一统，是一种天下统一观。追求天下统一、力求正统、中央集权制与在边缘地带实行特殊治理相结合等大一统理论与实践，为两岸统一事业留下了宝贵的法律文化遗产。当今中国的国家统一事业，是在现代国际法秩序这个既定背景下展开的，对国家统一概念的阐释不能脱离国际法。当今中国的国家主权和领土完整不仅是历史遗留下来的事实，更重要的是获得了国际社会的普遍承认，是现代国际法秩序的一个重要规范。两岸统一事业是在这个前提和基础上如何完成国家治权统一的问题。

（一）中华世界秩序下的国家统一

1. "中国"内涵的历史演变

从"中国"一词的最初出现直到今天，"中国"的含义大致经历了四个阶段——京师、诸夏之领域、中华世界秩序下的王朝国家及国际法秩序下的民族国家。

根据于省吾先生在《释中国》一文的论证，"中国"一词最早出现在西周初年，是目前所见到的最早的证据，是 1963 年在陕西鸡贾村出土的一口"何尊"上的铭文。铭文写道"惟武王既克大邑商，则迁告于上天曰：'余其宅兹中国，自之辟民'。"关于周武王灭商的确切年代，学术界还没有一致的说法，但一般认为是在公元前 11 世纪。由此看来，"中国"一词有 3000 年的历史了。

"中国"的含义，最早指"京师"，后来又指"诸夏之领域"。《诗经·大雅·民劳》云："惠此中国，以绥四方。"毛传曰："中国，京师也。"又指华夏族、汉族地区为中国（以其在四夷之中）。而华夏族、汉族多建都于黄河南北，因称其地为"中国"。初时本指今河南及其附近地区，后来华夏族、汉族活动范围扩大，黄河中下游一带，也被称为"中国"，甚至把所统辖的地区，包括不属于黄河流域的地方，也全部称为"中国"。王尔敏的《"中国"名称溯源及其近代诠释》一文，指出"中国"一词，自商代起至秦汉统一以前，诸夏民族已普遍习用，文中将先秦典籍所见"中国"总计178次汇录成表，剖析其意大致可分为五类：一、京师，凡9次；二、国境之内，凡17次；三、诸夏之领域，凡149次；四、中等之国，凡6次；五、中央之国，凡1次。该文据此指出：在秦汉统一以前，"中国"一词所共喻之定义已十分明显，就是主要指诸夏之列邦，并包括其所活动之全部领域。诸夏列邦之冠以"中国"的统称，主要表明在种族和文化上同一性或形似性。① 赵国公子成云："臣闻之：中国者，聪明睿智之所居也，万物财用之所聚也，圣贤之所教也，仁义之所施也，诗书礼乐之所用也，异敏技艺之所试也，远方之所观赴也，蛮夷之所义行也。"（《战国策·赵二》）最初载于文献之中国，均漫指黄河及淮河流域之大部分；而沿边裔之秦、楚、吴、越则不包括在内。以后凡以"中国"自居者，逐渐都被视为诸夏之邦。

"中国"处于"诸夏之领域"阶段，强调的是该领域内的文化、民族等方面的同一性。直到"秦遂以兵灭六国，并中国"，形成政治大一统局面，使"中国"的含义进入了一个崭新的阶段——诸夏之领域内的政治一体化的王朝国家，标志着中华世界秩序由分散走向集中。"秦汉帝国"基本奠定了"中国"的雏形和轮廓——疆域广阔，不但以中原为中心的三十六郡为中国领域，而且东南至于海，北至于塞，西接流沙，也被纳入中国领域。其后，魏晋南北朝、隋唐两宋元明清各王朝政权在这片大地上轮番演绎统一与分裂的政治史诗。

在古老的中华世界秩序与源于西方由主权国家组成的国际法秩序发生摩擦、碰撞，直至中华世界秩序融入国际法秩序之前，"中国"所指代的对象一直没有固定下来。从明朝后期开始，西方人一般都用中国或中华、中华帝国、中央帝国来称中国，而不是用明朝、清朝或大明、大清。康熙二十八年（1689年）中俄订立《尼布楚条约》时，清朝提供的满文本和拉丁文本中已经使用了"中国"一词。以后在列强同清朝订立的一系列不平等条约中，清朝也使用了"中国"作为国家的名称。不过，清朝在对外交往和正式条约中之所以愿意使用"中国"一词，实际上还包含着一种传统的心态，即着眼于"中国"二字的字面含义——中心、中央、天下之中的国家，仍然延续中华世界秩序中对"中国"的定

---

① 王尔敏：《中国近代思想史论》，华世出版社1977年版，第442—443页。

义。可见，同样一个"中国"，西方人的理解只是一个国家或一个国家的名称，即 China，并无特别尊崇的意思，而不愿离开梦境的中国人宁愿把"中国"理解为"中央帝国"。

随着国际社会进一步吞食中华世界秩序，"中国"作为国家的名称逐渐明确①。鸦片战争以后，在国际交往中"中国"作为清朝这个国家的代名词，并因逐步获得国际社会的认可而具有国际法上的意义。尽管"中国"作为国际法上的内涵日益明确，文化和地理上的"中国"仍然在使用。如魏源（1794—1857年）在他的著作中，"中国"一词有时是指整个清朝，作为国家的名称使用；但有时却又指传统的文化"中国"范围，即内地十八省，而不包括蒙古、西藏、青海、新疆、东北和台湾在内。

可以说是直到1912年中华民国建立，"中国"作为国家的名称才在法律上予以明确。

2. 中华世界秩序

中国所处的地域范围，四面被山脉、荒漠和海洋包围，农耕文明较难向外拓展，这种地理上的特征有利于形成一个封闭的社会和唯我独尊的世界秩序观。16、17世纪，主权平等的国际社会在欧洲萌芽并不断向外膨胀，广大的亚非拉国家被动地卷进这股"国际化"潮流。"近代国际法被介绍到中国之后，尽管在形式上清代中国已经逐渐跨进国际社会，并被迫纳入国际法律秩序的范围。"但是大一统的封建王朝，仍然唯我独尊，把邻邦视为夷狄，与周围各国不是平等交往，而是一种阶层关系。在这种关系中，自然谈不上国际法的适用。17世纪是清朝的极盛时期，在对外关系上仍旧维持传统的阶层关系，这种关系与欧洲新出现的大国间平等交往的国际关系格格不入。"当时整个国际法体系以及它的原则和规则，被认为主要只适用于西方国家之间的关系上。这些国家被称为'文明国家'或'基督教'国家，而中国则不被认为是'文明'国家。清朝对外关系所适用的规则主要是不平等条约制度。"②

中华帝国③无所不包，不可分割，在世界上无竞争者，也无平等者，"普天之下，莫非王土；率土之滨，莫非王臣"（《诗·小雅·北山》）。在

---

① 参见第2.3.3节两岸统一属于中国领土完整基础上的治权统一问题。
② 杨泽伟：《宏观国际法史》，武汉大学出版社2001年版，第431页。
③ 中华世界秩序下的中国，居世界一隅，并自视为尽有天下的大帝国，英国历史学家汤因比称此类古代国家为"普世之国"。转引自费正清：《美国与中国》（第四版），世界知识出版社2002年版，第96页。

这种秩序中，各参加者之间不是平等的关系，而是一种阶层关系。中国封建王朝，一直是整个秩序的领导者，视邻邦为夷狄，是向中国纳贡和受封的"藩属"。① 地区外的国家实力较弱，在文化上受中国的影响，在政治上以一种特殊关系从属于中国。它们形成一个以中国为核心的松散的"国际"社会。这就是所谓以中国为中心的中华世界秩序。②

　　中华世界秩序深受儒家文化和伦理思想的影响。参加的成员都在不同程度上继承了中国文化，形成了一个与世界上其他大文化地区不同的文化地区。中国和其他国家的关系带有很强的伦理性质，按照孔子的仁义和三纲五常学说维持彼此之间的和平相处。这种关系是儒家家庭关系的"国际"版：中国像一个父母，要求周围国家像儿女一样予以尊重和服从。③

　　朝贡是中华世界秩序的制度基础。朝贡制度源于国内的纳贡，实际上是把国内的等级尊卑制度用于中国与周边国家之间的关系上。作为朝贡的前提，是朝贡国以接受中国对当地国王的承认并加以册封，在国王交替之际以及庆慰谢恩等之机去中国朝见；是以举行围绕臣服于中央政权的各种活动，作为维系其与中国的关系的基本方式。根据《万历明会典》，朝贡国分类如下：东南夷（上）包括朝鲜、日本、琉球、安南、真腊、暹罗、占城、爪哇等18国，东南夷（下）包括苏禄、满剌加、锡兰等44国，北狄包括鞑靼部的8个部分，东北夷包括女真部的2个部分，西戎（上）包括西域38国在内的58国，西戎（下）包括吐蕃部14国。进入清朝后，北狄、东北夷和西戎的大部分被纳入了版图，不再属于朝贡国，同时又增加了葡萄牙、荷兰等新的朝贡国。

　　朝贡体系是一种由核心国提供国际安全保障和以软权力（文德教化和贸易机会）"招徕远人"为主要特征的世界霸权体制。滨下武志归纳了朝贡体序的三个特点：一、由宗主国中国提供国际性安全保障，朝贡国因而不必保持常设性军事力量，这意味着区域内部的纠纷不必诉诸武力解决；二、朝贡体系所保护的交易实行"无关税"特别恩典，为外部世界提供了

---

　　① 梁西：《国际法》修订第二版，武汉大学出版社2000年版，第35页。

　　② 王铁崖：《国际法引论》，北京大学出版社1998年版，第366页。费正清对古代的中国秩序有精深的研究，他认为："在时间的过程中，在远东生长出来了一个中外关系的纲，大体上相当于在欧洲生长出来的国际秩序，但是这种国家间的秩序，对它似乎并不是适当的词语，所以我们宁可称之为中国世界秩序。"参见 Fairbank. *The Chinese World Order Traditional China's Foreign Relations.* John Kinged, 1968, p. 2。

　　③ 参见王铁崖：《国际法引论》，北京大学出版社1998年版，第365—367页。

极富魅力的商业机会；三、朝贡秩序所奉行的理念，就中国方面而言，意指皇帝的恩德教化四海因而囊括不同质的文化。对于朝贡国来说，意味着只要履行一定的程序成为朝贡国，就会在朝贡体系中与其他的朝贡地域发生接触，这同时也意味着中国在事实上充当着异质要素之间交流的媒介。可能会令中国人感到惊讶的是，中华的理念并非只有中国独占，而是朝贡体制内部共有的东西，例如，江户时代日本人的"华夷变态"之说和李氏朝鲜以中华正统自居的姿态。前者自称自己是"中华"而清朝中国是"夷"，后者则认为中华文明的中国特色不是在它的发祥地而在朝鲜半岛。滨下认为：以中国为核心，密切联系东北亚、东南亚、中亚和西北亚，以及同印度经济圈交错的地区，在亚洲全境存在的朝贡（册封）关系和朝贡贸易关系，是一个有机的整体，是亚洲而且只有亚洲才具有的唯一的历史体系，必须从这一视角出发，在反复思考中才能推导出亚洲史的内在联系。①

从以上分析可以知道，中华世界秩序是一种以中国为秩序的中心和最高点，以伦理、文化、权力、利益等方式与周边国家形成一个等级尊卑有序的秩序网络。这种秩序网络显然与由国际法调整成员间关系的由主权平等国家组成的国际社会不同。国际法秩序是一种主权国家平等、林立的秩序，而中华世界秩序更像围绕唯一中心旋转的圆圈和一个具有唯一最高点的金字塔。存在于这两种不同秩序的国家个体，其生存状态包括国家统一必然要体现出明显不同的特征。

3."大一统"思想

中国古人认为，天地之间万物纷纭，千姿百态，但都由同种东西化生而来，又由同种东西贯穿其中。古人把这种东西称为"道"，或"气"，或"理"。这种"原初物质"兼蓄众物，涵摄万类，所以有"天人合一"、"天人一气"、"天人一理"的说法。正是这种宇宙生成观念，使中国人看待任何事物都着眼于整体，形成了整体统一的思维方式，中国文化亦形成了重整体的基本特征。这种重整体统一的思维方式，使中国的社会政治哲学表现出"大一统"特征。

以"大一统"思想为其精髓的中国传统社会政治哲学内涵非常丰富，在此只简单讨论它的核心部分——国家观念。"大一统"的国家观

---

① 滨下武志：《近代中国的国际契机——朝贡贸易体系与近代亚洲经济圈》，中国社会科学出版社1999年版，第30—40页。

念，可以说是关于"国家统一"的观念①，可从三个方面概括它的主要内容，即天下统一于王权，讲究名分的正统观，中央集权与地区分权相结合的治理制度。

"大一统"一语始见于《公羊传·隐公元年》："何言乎王正月？大一统也。"《辞源》解释说："大犹言重视，尊重；一统，指天下诸侯统一于周天子，后世因称统治全国为大一统。"公羊家大一统直接的诉求是政治统一，但也包蕴着文化和民族的统一的思想。大一统观念从夏代开始产生，经商周两代的发展积淀而成。这一观念的核心在于突出王权的至高无上，天下统一于王权，即普天之下，莫非王土；率土之滨，莫非王臣。西周时期，宗法分封制日益完善，中央王朝对诸侯的控制力加强，大一统观念便逐渐深入中国人心，成为一种理性的自觉。先秦诸子百家，虽然纵横论辩，各是其说，但是在国家统一、民族融合，使天下"定于一"的思想方向上，存在共识。孔子所憧憬的是"天下有道"的大　统社会，要求"礼乐征伐自天子出"（《论语·季氏》）；墨子提出"尚同"、"同天下之义"的观点；荀子同样强调统一的重要，在《荀子》中，经常看到"四海之内若一家"（《议兵》）、"一天下，财万物"（《非十二子》）、"文王载百里而天下一"（《仲尼》）的说法。

秦灭六国，确立了高度中央集权和绝对皇权专制的郡县制的行政区划制度，不立尺土之封，"天下之事无大小皆决于上"，终于实现了"大一统"的梦想，真正做到"海内为郡县，法令由一统"。但秦建立的大一统模式，到了汉代才真正巩固下来。汉武帝时代的董仲舒在著名的"天人三策"中，把"大一统"放到天人古今的广阔背景下，强调"道之大原出于天，天不变，道亦不变"。"春秋之大一统者，天地之常经，古今之通谊也"（《汉书》卷五十六，《董仲舒传》），从而对大一统政权的存在的权威性和合法性给予了理论的证明。汉代大一统政治格局的形成、董仲舒提出"罢黜百家，独尊儒术"使儒家成为官方的意识形态，

①　古代中国国家统一主要有以下特点：第一，大一统的正义性是道统不是血统。第二，古代中国大一统的标准模式是武力统一而非和平统一。第三，古代中国的大一统的行政管理是双轨制，而不是单轨制。由于中华大地自然条件的复杂性，由于多元一体的中华各民族政治、经济、文化和社会发展的不平衡性，中央政府对各地区、各民族的行政管理不得不因俗而治，自近至远，多种制度并立。所谓的中心区是直接统治，自秦汉的郡县制至元明清的行省制，政策基本不变；所谓的边缘区是间接统治，如隋唐的羁縻制，元明清的土司制，以军事控制为主的都护府和将军府制，政策多样。正所谓"修其教不易其俗，齐其政不易其宜"《礼记·王制》。参见齐鹏飞："古代中国'国家统一'的历史遗产和历史传统"，载《中国人民大学学报》2004年第一期。

德主刑辅、仁政德治的文教政策的施行标志着"大一统"国家和国家观念的定型和成熟。

　　经过夏商周以来几千年的历史积淀，"大一统"观念，已成为民族文化深层社会心理的结构，成为中华民族的政治思维定式，同时使中华文化发展始终呈现一种不间断、稳定的连续性。形成一种追求统一的思维定式和文化发展的连续性格局①。尤其是秦汉时代使大一统成为政治现实之后，中华民族更认同国家的统一，支持国家的统一，历代开国君主都赋予"天下统一"以最高价值，即使是分裂时期的割据政权，也把实现国家统一作为人生第一选择。正是这种渗入血液的追求国家统一的思维定式，使"诸夏之领域"不断由分裂走向统一。中华世界秩序由分散到集中的变化和延续过程中，经历了四大统一的时期，即夏商周（公元前 2070—公元前 771 年），秦汉（公元前 221—公元

---

① 中国在历史上每次国家分裂后都没有发生文化中断的现象，中国文化发展始终呈现不间断、稳定的连续性，这种文化发展的连续性，使国家在分裂之后而不丧失再次统一的社会文化基础。中华文化的连续性与国家统一之间的关系一直是历代学者潜心研究的问题。王船山在《读通鉴论》中分析，是因为在帝王之统（治统）外，有儒者之统（道统）的存在。他说："天下所极重而不可窃者二：天子之位也，是谓治统；圣人之教也，是谓道统。"他还指出："儒者之统，与帝王之治并行于天下而互为兴替。其合也，天下以道而治，道以天子而明。及其衰，而帝王之统绝，儒者尤保有其道以孤行而无所待，以人存道，而道可不亡。魏晋以降，玄学兴而天下无道，五胡人而天下无君。上无教，下无学，是二统者皆将斩于天下。"在中国统一时期，治统道统并行而合，国家大治。在中国分裂时期，可能出现两种情况：一是治统乱而道统保有，道不可亡；二是治统道统皆乱，国家衰亡。魏晋南北朝时期，是中国传统文化可能发生中断的危险时期，所幸隋唐大一统局面的形成，避免了这一危机的产生。船山认为道统是治统的基础，如果道统出现危机，国家分裂就不可避免，而且再次统一的希望渺茫。实际上，所谓道统的不灭就是文化的连续性问题。学者们一般认为中国文化发展呈现不间断、稳定的连续性是中国不断保持统一或分裂后又实现统一的文化基础。文化的连续性包括两个方面：一是语言文字发展的连续性，即文化赖以流传的工具或其重要表现形式的连续性；二是学术本身（尤其重要的是哲学和史学）发展的连续性，即文化的精神内容的连续性。中国古代的语言文字在发展过程中从未发生断裂现象，一直保持着平稳的发展状态，而且在应用范围上呈不断扩大的趋势。从甲骨文到现代简化汉字之间，是一个循序渐进的过程，而且在这一发展过程中，不管字形发生了多大变化，新字的构造和旧字字义的拓展，其基本原则是相对不变的，即所谓的"六书"（象形、指事、会意、形声、转注、假借）。而且在世界文明的古典时代（公元前 1000—公元 500 年）中国人便统一了文字。从学术传统来看，中国文化的不间断性和稳定性更加明显。作为中国文化学术思想之根源的《易》、《诗》、《书》、《礼》、《乐》、《春秋》"六经"，皆形成于春秋时期，对中华民族的价值取向、行为方式、审美情趣、思维定式造成深远而常新的影响，因此成为中华文化的核心内容。参见冯天瑜："辛亥革命对原典精神的发扬"，载《湖北大学学报》1996 年第一期；刘家和："关于中国古代文明特点的分析"，载《东西方文化研究》1986 年创刊号。

220 年）, 隋唐（589—907 年）, 元明清（1279—1840 年）, 统一时间①近 2700 年, 占整个历史的三分之二略强。同时也经历三个大分裂时期, 即春秋战国（公元前 770—公元前 221 年）, 三国、东晋和十六国、南北朝（220—589 年）, 五代十国、北宋与辽、南宋与金（907—1279 年）, 分裂时间逾 1200 年, 三分之一略弱。尤其在秦之后, 每一次分裂的时间越来越短, 分裂之后的统一范围更广, 时间更长, 基础更牢固深厚。可以说, 在中华世界秩序下国家统一是主流, 是常态, 分裂为支流, 是非常态。一部中华文明史就是一部不断追求国家统一的历史。

在治乱分合的历史演进过程中, 讲究正统是维系统一和推行统一战略的核心。在大一统的观念里, 天下不仅要统一, 而且应当统一于正统的王权。国家的统一是一个渐进而漫长的过程, 中国历代王朝的统治疆域总是随着中华民族不断壮大而滚雪球式地向四周扩展, 后一个王朝的疆域一般而言总比前一王朝要大些。在"滚雪球"过程中, 真正实现王权遍及每一寸国土的"大一统"是不可能的, 因此统一时期一般存在割据政权, 分裂时期对峙政权往往势均力敌。在这种势态下, 确立正统的王权对于维持统一和推进统一具有重要意义。大一统观念里, 确立王权的正统性应以王权控制特定的区域为准, 这一原则大致在夏代就逐步确立了。"夏朝建国后, 由它所控制的地域逐渐成了标志国家主体的不可分割的内容, 在我国历史上造成了一个重要的政治传统, 即建立一个真正的、被承认的国家, 就必须占据特定的地域, 并有相应的中央权力。"②这一特定区域就是中原地区。占据中原地区便获得一种强烈的自尊意识, 就可

---

① 有学者提出这样一种观点, 认为 1368 年明军攻占大都后, 元顺帝妥懽帖睦尔北走应昌（今内蒙古克什克腾旗达里诺尔西南）, 元朝在中原的统治宣告结束。但明太祖朱元璋建立的明王朝, 始终未能实现对蒙古地区的统一, 元顺帝及其后继者仍长期在蒙古保存着其统治政权, 直到 1635 年（明崇祯八年, 后金天聪九年）才为满族建立的后金政权所灭。尔后后金势力迅速发展壮大, 改称清朝, 在农民军推翻明朝的统治之后挥兵入关, 攻占北京, 进而实现全国的统一。因此, 明与蒙古的对峙, 是继公元 4—6 世纪、10—13 世纪中国两次大分裂之后的第三次分裂, 是中国历史上的第三个南北朝。对这一问题的回答涉及对在中华世界秩序下的国家统一标准的界定。显然在中华世界秩序下, 领土的外围边界没有确定, 因而不能以领土是否完整作为判定国家是否统一的标准。一般认为, 在中华世界秩序下, 判断一个政权是否统一, 除了看它是否统一中国的大部分疆域和民族, 更重要的要看它是否统一了中原地区。中原地区统一还是分裂, 便成为判断当时的中国统一还是分裂的主要依据。根据这条标准, 三国两晋南北朝和辽宋夏金元时期, 中原地区先后出现几个政权对峙的局面, 是中国历史上的分裂时期, 这几个并立的政权就都属于割据政权。而明王朝和秦、汉、隋、唐、元、清诸王朝, 不仅统一了中国的大部分疆域和民族, 而且都统一了中原地区, 也都是统一王朝。因此, 就如同秦汉虽与匈奴对峙、隋唐虽与突厥、回纥对峙却不称为南北朝一样, 明虽与蒙古长期对峙, 也不能称为南北朝, 或把它说成是中国历史上的又一次大分裂。

② 谢维扬:《中国早期国家》, 浙江人民出版社 1995 年版, 第 395 页。

以向四周发号施令，进行征伐；未取得居住权的，千方百计跻身中原，希望得到中原文化的认同。只要中原统治势力稍弱，四周势力就会相继侵入，攫取中原主宰权。商代夏、周替商都是在取代了中原之后才赢得正统地位的。欧阳修《正统论》说："王者，所以正天下之不正也；统者，所以合天下之不一也。由不正与不一，然后正统之论作。"自秦一统天下后，在三国时期、南北朝时期、五代时期、宋辽金元时期皆曾同时存在分治的政府。分裂时期辨正统应以是否对中原地区实行有效管辖为准。尧、舜、夏、商、周、秦、汉、晋、隋、唐、元、明、清立国皆以中原地区为主要的行政地区，并实行有效统治，上述政权应为正统。大一统思想之正统论超越历史时空，暗合和丰富了现代国际法政府承认之有效统治原则理论①，主张通过中央集权与适度分权相结合的治理实现王权一统也是大一统思想的一个重要方面。

夏商周三代实行诸侯分封制度，中央和地方的关系十分松散。到了周朝后期，地方势力日益增长，最终导致周朝王权的崩溃。于是，战国时代各诸侯国统治者纷纷探索以郡县制为基础的中央集权制的可行性，以避免在自己日渐强大的封域内出现旧分封制带来的地方势力过于强大的局面。秦国通过集权国力日益强盛，最终一统天下，改分封制为郡县制度，建立中央集权制的统一国家。②但是秦帝国的短命使两汉的统治者意识到：以郡县制为基础的中央集权制带来国家新的空前统一局面的同时也造成了因过分集权而致迅速崩溃的结果，故改而采取以中央集权为主而以地方适当分权为辅的"郡国并存"的行政体制。从此，奠定了中华民族以中央集权制为主，地方分权为辅的大一统政治模式，后来的两晋、唐、宋、元、明、清等多数王朝都曾在不同范围、不同地区实行地方分权与中央集权相结合的行政体制。

另外，为了达到"四海之内莫不为郡县"的效果，在治理与自身农耕文化截然不同的少数民族地区时，采用"羁縻制"。所谓的"羁縻制"，即"一切政治，悉因其俗"（《清圣祖实录》卷15），在少数民族承认中央王朝统治的前提下，中央王朝允许其进行有限度的自治，保持本民族原有的社会经济制

---

① 参见第 2.4 节大一统思想与两岸统一。

② 有学者认为中国古代的统一国家经历了夏商二代的邦联式统一、周代的分封制统一和秦汉以后的中央集权制统一这样三个阶段、三种模式。与西欧中世纪由外族入侵而形成的统一国家迥然不同。其中，周代君主分封制是中国历史上第一种政治学意义上的行政体制，对于维护和促进周代国家统一、民族融合曾起过巨大作用。将周代分封制比附于西欧中世纪封建制从而否认周代国家的统一性而将秦王朝作为中国统一国家开端的传统见解是不妥当的；按照是否实行分封制与中央集权制来论定国家是否分裂与统一是不科学的，因为分封制、中央集权制是国家行政体制问题，而统一与分裂则是国家领土主权问题，两者性质完全不同。参见董恩林："论周代分封制与国家统一"，载《华中师范大学学报》（人文社会科学版）1998 年第 9 期。

度、宗教信仰及风俗习惯、文化传统等，达到"不改其本国之俗而属于汉"（《史记》卷111，《卫将军骠骑传第五十一》）的成效，即所谓"怀柔远人，义在羁縻，无所臣属"。羁縻制的最终目的是要"以华变夷"，"华夷一体"，直至实现大一统的局面。

郡国并存制及羁縻制在一定程度上弥补了绝对中央集权制的弊端，使王权在科技落后、信息闭塞、民族整合程度低、经济文化地域性特征仍然非常强烈的环境下能够实现最大范围和程度上的大一统。在中央集权的总体框架下以郡国并存及羁縻制等形式实行一定程度的分权，为现代国家治权统一提供了制度经验，"一国两制"可以说是对这种集权与分权相结合的大一统制度的创造性继承。

（二）现代国际法秩序下的国家统一

威斯特伐利亚和会召开及威斯特伐利亚条约的签订标志着一个由主权平等的民族国家组成的国际社会的存在。这种国际社会因主权国家林立而呈现无政府状态，民族国家在无政府状态中对秩序的迫切需求，必然导向对国际法的发现和发展。威斯特伐利亚和会以来的国际秩序可以称之为国际法秩序，因为民族国家在互动交往中的稳定性和可预见性主要靠国际法来保障。国际法使民族国家间的无政府状态得到缓和。无政府状态的缓和是形成秩序的开始。"国际法所发挥的最大作用是，通过抑制各国政策中的自利主义癖好，缓和了威斯特伐利亚条约国家体系的无政府状态。"[1] "国际法是民族国家为了管制和调整它们各自在相互联系中的行为，以有助于保证有限的稳定性和可预见性，或者用我们的语言来说就是有助于确保秩序而创立一套规范。"[2]

国际法秩序的基石是民族国家拥有主权，民族国家又称为主权国家。"17世纪标志着以民族国家为主要行为主体的现代国际制度的开始，这一制度的核心是主权国家在自己的领土范围内享有排他性的权威。1648年的威斯特伐利亚条约是这种国际制度的代表。"[3] 乌尔里希·贝克认为威斯特伐利亚条约所确定的国际秩序原则可以概括为三条：（1）"领土原则：国家拥有确定的边界，这些边界划定并确立国家的统治范围。在边界以内，国家可以制定并行使法律。通过这种方式，国家从对一个明确界定了的地域内的人和资源的控制中

---

① 熊玠：《无政府状态与世界秩序》，浙江人民出版社2001年版，第245页。

② 同上书，第243页。

③ David Held & Anthony McGrew ed., *The Global Transformations Reader*, Oxford: Polity Press, 2000. p. 105.

获得权力与合法性。"（2）"主权原则：国家及其代表拥有采取行动和实行统治的主权。"（3）"合法性原则：主权国家之间的关系可以成为国际协议与国际法的对象，但是，国际协议与国际法要产生效力，则必须得到各个国家的同意。"①

近代以来国际法秩序经历了从不平等到平等的进化过程。从威斯特伐利亚条约到第一次世界大战，主权原则基本上只适用于欧洲各"文明"国家之间，欧洲国际社会通过不平等条约把广大亚非拉国家变为殖民地或半殖民地。第一次世界大战之后，特别是第二次世界大战之后，世界秩序开始发生重大变化，这种不平等的国际法秩序被打破，主权国家的概念同时适用于非欧洲国家，平等主权的原则取代了不平等主权的原则。威斯特伐利亚条约所代表的秩序从欧洲国家团体向世界范围内扩展。威斯特伐利亚条约所反映的原则不再是欧洲国家的特权，在理论上，其适用范围扩大到世界上所有国家。传统上欧洲国家与欧洲以外国家两种制度的界限从法理上消失了。取而代之的是主权平等的概念。所有从殖民地制度下获得独立的国家，不论大小，不论其经济与军事力量强弱，都在理论上享有平等的主权。"主权平等"的概念最早是由拉丁美洲的一些外交官在 20 世纪初提出的。经过不发达国家的长期奋斗，这一原则被接纳为第二次世界大战以后国际政治秩序的基本原则。联合国宪章第 2 条明确规定联合国的组织原则是"各会员国主权平等的原则"。正如有的学者所指出的那样，将主权平等原则写入联合国宪章，"在主权观念发展的历史上是一个重要的里程碑"②。

通过以上分析可知，国际法秩序是一种明显有别于中华世界秩序的国际社会秩序。因为正如费正清指出，传统中华世界秩序很难称为国际的，因为其中的参加者不适用于同等西方的国家、主权或各国主权平等的概念。③ 国际法秩序下的国家统一必然要受制于国际法，要遵循国际法，因此国际法秩序下的国家统一就表现出一种不同于中华世界秩序下的国家统一的特征和内涵。

1. 国际法秩序下的国家统一的两层性

在当今以主权平等原则为基础的国际法秩序中，国家统一可以分为两个层次：第一，国家领土的统一和主权的完整；第二，领土完整基础上国内统治权（治权）的统一。第一层次可以称之为国际法上的国家统一，第二层次可以称

---

① 乌尔里希、贝克："全球化时代民主怎样才是可行的"，参见贝克、哈贝马斯：《全球化与政治》，中央编译出版社 1999 年版，第 11—12 页。

② Hideaki Shinoda, Re-examining Sovereignty: *From Classical Theory to the Global Age*, London: Macmillan Press, 2000. p. 115.

③ Fairbank. *The Chinese World Order Traditional China's Foreign Relations*, John Kinged, 1968. p. 5.

之为国内法上的国家统一。

离开了领土，主权的行使将无所依托，主权的对内最高和对外的独立必然要求领土完整，不可分裂，不可侵犯。

主权概念的起源与领土密切相关。封建领主是其领地内的主权者，国王是王国范围内的主权者，为了论证这些主权的正当性，法学家们把主权与土地所有权联系起来，只有享有土地所有权，才可能拥有主权，占有土地这一事实本身就蕴涵着一定的权力。①

国际法学界对领土和主权的关系的理解不断深化。

胡伯法官在裁定帕尔玛斯岛一案中认为：国家在领土方面拥有绝对的排他性权力，是解决国际关系问题的出发点。这里所说的领土的排他性实质上就是主权的独立性。

布朗利认为：国家领土及其附属物，以及在其境内的政府和居民，构成国家这种最主要的国际法律人格的物质和社会特征。国家的法律能力及其保护规则取决于一个稳定的、外表划定的土地的存在。国家对其领土的能力通常可以用主权和管辖权这两个术语进行描述。主权是某种法律人格的法律速记，或国家地位的法律速记；管辖权是指问题的特殊方面，尤其是权利、自由和权力。② 布朗利注意到了国际法秩序下的领土与近代以前的传统世界秩序下的领土是不一样的，前者的领土是"稳定的、外表划定"的，而"稳定的、外表划定"的领土是国家在国际法上权利的根据。可以说，领土的独立性的外在表现在就是"稳定的、外表划定"的。

凯尔逊从"纯粹法学"的角度，论述领土的法律内涵。他认为：国家的存在有赖于国家要求有它的领土。"一个国家、一片领土。"国家领土统一体是法学意义上的统一体，不能仅仅理解为自然地理意义上的连成一片，事实上国家的领土可以在地理上被割开。从法学意义上理解国家领土统一，就是要把国家的领土理解为不过是名为国家的那个法律秩序的属地效力范围而已。国家的领土就是国家的行为以及特别是其强制行为在其中可被允许实行的空间，就是国家及其机关，由国际法授权在其中执行国内法律秩序的空间。国内法律秩序对国家领土具有排他性，以及在这一领土内的所有人仅仅且排他性地从属于这一国内法律秩序或这一国家的强制权力的这一原则，即在同一领土上只能存在一个国家。③ 凯尔逊把国家的领土定义为"国家的那个法律秩序的属地效力

---

① ［法］莱昂、狄骥：《公法的变迁》，辽海出版社、春风文艺出版社1999年版，第14页。
② ［英］布朗利：《国际公法原理》，法律出版社，2003年版，第123页。
③ ［奥］凯尔逊：《法与国家的一般理论》，中国大百科全书出版社1996年版，第233—235页。

范围"，揭示了主权的对内最高和对外排他性。

在国际法秩序下，国家领土是稳定的，非经法定事由和程序，不得变更。领土完整是主权是否完整的最直观的证明，领土完整就证明主权是完整的，同样主权完整必然意味着领土是完整的，没有被分割。所以国际法上的领土完整与主权完整，在概念上可以换用。

维护领土和主权完整，就使国际法秩序呈现出以下直观的表征：除地球两极和公海以外，地球表面都被划分为许多大小不等的部分，每一个部分都是一个主权平等的国家，国际法对这种划分予以确认，并承认这每一部分里只存在一个国际人格，只有一个国家意义上的国际法主体，而不论这一特定部分的名称或内部治理秩序如何变更。

这是理解国际法秩序下的国家统一的关键，正是有了国际法对国家领土完整的保护和对边界的确认，使国际法秩序下的国家统一表现出不同于中华世界秩序下的国家统一的特质。古代中国的领土虽以黄河和长江为中心，但外部边界是不确定的，更没有国际法对边界予以确认。"无论现代的历史地图是如何标示的，唐人同其前人一样，从未对北部边界作出任何明确的界定。……唐代中国的'边界'概念，是一个多层次的概念。它有一个外部环状地带，那里的人民因为加入了纳贡体系而成为'中国世界'的一部分；有一个羁縻制度间接统治下的部落民的内部环状地带；还有唐朝军事防御体系的外界和有效的文官管理的外界。……即便是唐王朝权力的巅峰时期，企图为它的北部边界设想出一条现代意义上的截然划分的国境线，明确地为主权地区作出界定并将不同的民族区分开来，这种做法是完全错误的。在这个地带内，所谓同一性、忠诚和权力都在不断地改变着与冲击着新的平衡。"[①] 古代中国的大一统是天下统一观。在 1840 年前鸦片战争以前的古代中国，无论是统一为一个国家，还是分裂为几个国家，无论是汉族作为统治民族，还是少数民族为统治民族，所谓的国家都不是民族国家或曰主权国家，都不是国际社会中的国际法主体。古代中国的王朝国家，其天下观是矛盾的、封闭的。呈强势时，中国就是天下，疆域无限；呈弱势时，中国版图则仅仅局限于华夏—汉族文明和农业区，就是中原王朝。

以上论述了国家统一的第一层次即国家主权和领土完整，在此基础上完成国家治权的统一，是国家统一的第二层次。

国家治权尚未统一意味着在一国领土之内存在两个或两个以上的争夺国家

---

①　傅海波、崔瑞德：《剑桥中国辽西夏金元史（907—1368）》，中国社会科学出版社 1998 年版，第 9—11 页。

领土、人口、资源控制权的政权，它们之间展开内政外交全方位争斗直至有一个政权胜出或几个分立的政权通过和平的方式融合结成一个新的其权威覆盖整个国土的政权而完成统一大业。在此阶段，因为权威覆盖整个国土的政府仍处于正在形成过程中，诸分立的政权都坚持自身与整个国家的同一性，都自封为整个国家的代表，在竞争中处于劣势的政权往往会质疑国家主权和领土的完整性以便为分离制造法理依据，由此造成国家主权分裂和领土被分割的假象。在国际法秩序下，国际社会的态度和国际法的规定，对于此阶段的国家主权和领土完整具有至关重要的意义，如果国际社会和国际法承认在这块领土之内只存在一个国家、一个国际人格，那么无论该领土内存在多少个对抗的政权，该国家的主权和领土都是完整的，相反则是国家分裂和领土被分割。

国际法秩序下的国家统一具有两层性，其中国家主权和领土完整是基础层面，是国家统一的最基本任务，是第一层次；如果主权和领土不完整，国家治权就不可能真正实现统一。只有主权和领土保持着完整性，国家治权统一才有了前提和基础，才有了最终实现统一的可能性。同时，主权和领土保持了一定的完整性，但是如果国家治权长期不能实现统一，造成事实上的"两国"或"两府"，这时国家主权和领土的完整性仅仅在名义上或法律上存在，一旦国际社会对事实上的"两国"或"两府"予以承认，这种仅在名义上或法律上脆弱地存在的国家主权和领土的完整性会被彻底撕裂。所以，国家统一的两层性，虽然以第一层次为基础，但是两个层次构成一个连续而完整的过程，无论在哪个节点上出现阻塞，都会对国家主权和领土完整构成损害，都会使国家统一不能达到完美状态。

2. 国际法之"一国一府"原则与治权统一

在国家治权统一的情况下，中央政府控制国内的一切并当然取得国家对外代表权，与国际法之"一个国家，一个政府"原则完美弥合，但是如果将上述"一个国家、一个政府"原则的内涵套用到治权尚未统一的国家，就陷入一个自相矛盾的困境：在治权尚未统一的国家，各个分裂的政权都宣称自己是整个国家的代表并主观认为自己的权威覆盖整个国土，这种单方面的宣示实际上否定了该国还处于治权尚未统一的事实，因为通过上文对国际法秩序下国家统一概念的分析并作进一步简单推理得出这个结论，即在治权尚未统一阶段不可能存在一个权威覆盖整个国土的政府。所以对于"一个国家，一个政府"原则的"一个政府"的内涵应在把握国际法秩序特点和治权分裂国家的特殊情况的基础上进行更深层次的分析。

在现代国际法秩序下，国际法关注的焦点更多的是集中在谁是"国家的合法代表"这个外部问题上。根据国际法的规定，一个政府就是这样一个人，他们依靠一个国家的有效宪法，在这个国家和其他国家的关系中代表这一国家，而且国际社会的关系中有权代表该国而行为。就国际法而言，谁是国家的合法代表，谁就是该国的中央政府，在国家治权分裂的情况下，所以"一个国家，一个政府"原则的"一个政府"应当从这个思路去进一步思考和厘清。

当然，确定国家的合法代表依赖于有效统治原则——控制国家大部分领土和人口的政府有权获得国际社会的承认，成为国家对外唯一合法代表。但是国际政治对国际法干扰，有时使没有取得有效统治地位的政权也获得了国际社会的承认或部分承认。不过国际政治终将回归国际法。有效统治的政府会获得越来越多的承认。各个对峙的政权分别争取到数量不等的国家或国际组织的承认，这些国家或国际组织只能在众多对抗政权中选择承认其中的一个，作为这个国家的代表并与之建立和发展双边关系。这就造成一种混乱局面：在同一时间内，治权分裂的国家的中央政府在分散的国际社会看来是不同的，有的国家或国际组织承认这个政权为中央政府，另一些则承认那个政权为中央政府。这种混乱局面看来是在国际法秩序下治权分裂的国家在统一治权过程中难以避免的。这种承认只是政府承认，而不是国家承认，并不会造成治权分裂的国家进一步分裂为几个国家的效果。政府承认的混乱正好成为证明该国治权尚未统一的证据。但是，需要特别指出的是，在给予承认的国家或国际组织与治权分裂的国家的双边关系中，中央政府始终只有一个。如果给予承认的国家和国际组织同时承认这些对峙的政权，即双重承认，就违背"一个国家，一个政府"原则。这有可能导致该国的主权分裂。

治权分裂的国家的中央政府和治权统一国家的中央政府是不一样的。治权分裂国家的中央政府之所以处于"中央"位置，主要是因为基于有效统治原则之上的国际社会承认的结果，国际社会的承认使该政府不仅在被承认的范围内而且在整个意义上享有国家的对外代表权。可以这样说，在治权尚未统一的国家，中央政府是取得该国对外代表权的政府，而其统治权威还有待进一步向暂时不能覆盖的国土推展以最终完整治权统一事业。而治权统一国家的中央政府不仅权威已经遍及整个国土，而且当然是该国的对外代表。

就国际社会对中国合法政府的选择而言，也出现过困境：1955 年美国学者霍恩贝克于美国国际法年会有关远东问题所作评论中指出：1949 年中国产生了一个新政府：中华人民共和国政府。该政府不久就受到约 25 个国家外交承认其为中国之政府。因而，今日中国存有两个政府，均有效控制该国家之部分领土。所以今天在世界各国之前，在须考量法律与政策诸人士之前，不是中国之法律地位问题，而是在两个竞争性政府之间作选择的问题。① 这种在两个竞争性政府之间作选择的问题属于政府承认范畴，从理论上讲，无论选择两岸之间哪个政府，都不会冲击中国主权和领土的完整性，所以在这种情况下也就不存在制造"两个中国"或"一中一台"问题。制造"两个中国"或"一中一台"，涉及国家统一的第一层面问题，涉及中国的主权和领土完整性问题，涉及是否在中国的领土内又制造出另一新的主权国家问题，显然在两岸两个竞争性政府之间作选择的问题是在承认中国主权领土完整基础上的政府承认问题。所以，把国际社会在两岸两个竞争性政府之间作选择的问题与制造"两个中国"或"一中一台"挂上钩，在理论上存在一定的逻辑混乱，把国际法的政府承认混同成国家承认，不消除这种理论上的混乱，不利于国家在推进和平统一事业过程中坚守"中国主权和领土完整不可分割"这一既定的法理底线。

（三）两岸统一内涵分析

1. 两岸统一属于国际法秩序下的国家统一

中国国家统一经历了两个不同的历史阶段的国家统一——从王朝国家的国家统一到民族国家的国家统一。现在是对过去的继承和发展。传统中国的国家统一表现出的规律还在一定程度上影响和制约着现代中国的国家统一事业。传统中国的统一秩序，始终围绕着一定的地理中心旋转——中国在秩序动荡或动乱之后，最终都是从北方统一全国，重建秩序。某一政权一旦据有中原地带，就开始获得继续存在的合法性，由该政权推进统一事业就成了顺理成章的"天意"。

当代中国国家统一事业（两岸统一），是在国际法秩序这个既定框架下展开的宏伟事业，中国的统一事业受既存国际法的规范调整，国家要完成两岸统一必须遵循国际法。因为中国早已从中华世界秩序的"中央帝国"蜕变为国际法秩序的普通一员，尽管这一蜕变过程经历过阵痛和屈辱。16、17 世纪，以主权国家组成的国际社会开始形成和发展，而当时大一统的中国封建王朝，还是用老眼光只承认天朝是国家，把邻邦视为夷狄。"近代国际法介绍到中国之后，尽管在形式上清代中国已经逐渐跨进国际社会，并被迫纳入国际法律秩序的范围。"但以主权平等原则为基础的整个国际法体系只适用于西方国家之间的关系上。这些国家与中国的关

---

① Stanly K. Hornbeck, *Comment to Arthur Hadean-International Law and Current Problems in the Far East*, 49 AM. SSOCY INT'L L. Proc. 86, 1955（100）.

系适用的是不平等条约制度。正是这些不平等条约终结了中国延续几千年的"中央帝国"梦，把中国网罗进国际法秩序，在这个崭新的世界秩序下，一开始中国的领土和主权完整并没有获得国际法和国际社会的尊重，只是经过鸦片战争以来几代中国人的浴血奋战直到第二次世界大战前后，中国才争取到了国际社会平等成员的地位，中国的主权和领土完整才获得国际法的有效保护和国际社会的充分尊重，两岸统一事业才获得这一既定的法理基础。①

2. 两德统一具有与两岸统一完全不同的国际法内涵

此节将从国际法角度探讨两德关系与两德统一的内涵和实质，之所以在研究两岸统一内涵时插入两德统一的内容，其原因有两个：一是两德统一和两岸统一二者都冠上"统一"，但二者的国际法内涵可以说是天壤之别；二是李登辉历来认为两岸关系应复制两德统一的模式，他的"特殊两国论"首次亮相也是特意选择在 1999 年 7 月 9 日接受《德国之声》访谈这个时机。李登辉 1995 年在记者面前说，"我们必须强调中华民国在台湾是一个主权国家，我们这项原则不能忽略。重要的是我们自己态度要清楚……为了台海安全，两个政府，中国将来是要统一，在这个目标之下，如果没有分裂国家，有何必要统一？"②"民国三十八年以来，台湾与大陆分别由两个互不隶属的政治实体治理，形成了海峡两岸分裂分治的局面，也才有国家统一的问题。"③ 接受《德国之声》采访时说"两岸关系定位是国家与国家，至少是特殊国与国关系，就像统一前的两个德国一样"。

在探讨问题之前，必须首先明确，在两德问题上用"统一"二字存在概念错误，两德"统一"实质上的两个主权国家的合并问题，是国际问题，与两岸治权统一这个国内问题有本质区别，所以从学术的角度应称两德"统一"为两德合并。一般媒体说"两德统一"尚可原谅，如果政治人物和学者们口中甚至相关正式文件也出现这样表述就让人匪夷所思了。李登辉之流认为"如果没有分裂国家，有何必要统一"？他的意思就是说只有存在两个像两个德国或南北韩这样的分裂国家才会出现"统一"问题，只有先分裂为两个主权国家才有"统一"问题。这一点通过上文对于国家统一法理内涵的分析以及下文即将展开的对两德关系的研究可以轻易加以驳斥。但令人不解的是，大

① 参见第 2.3.3 节两岸统一是属于中国领土完整基础上的治权统一问题。
② 《中央日报》（国际版）1995 年 4 月 5 日。
③ 《中央日报》（国际版）1995 年 4 月 9 日。

陆也有学者也没有分清国际法上的统一和合并之间的区别。据说在讨论《反分裂国家法》的名称时，有一种观点认为应冠以《和平统一法》。反对命名《和平统一法》的学者给出的理由有些奇怪，认为如果采用《和平统一法》的名称，则暗示着国家尚未统一，而用《反分裂国家法》名称则假定已经存在一个统一的国家。难道我们的学者也认为只有国家分裂为两个国家才会出现国家统一问题吗？无论取名《反分裂国家法》或《和平统一法》，都有一个既定的法律基础，即中国在国际法上是一个统一的国家，中国的主权和领土的完整性并没有因两岸分离而受到损害，而且这个法律基础并不是"假定"的。命名《和平统一法》也并不会产生"暗示国家尚未统一"的效果，中国在国际法上是统一的国家，两岸同属一个中国这是推进两岸和平统一事业的法律基础和前提，实质上《反分裂国家法》也是一部推进两岸和平统一的《和平统一法》。

第二次世界大战后原德国在被四国分区占领的基础上而分裂为两个德国。1949 年 8 月 20 日在美英法三国占领区内组建德意志联邦共和国，1949 年 11 月 10 在苏联占领区内成立德意志民主共和国。这样在原德国的领土上成立两个国家政权，分别处于西方三国和苏联的监护之下，并分别获得各自阵营中的国家的承认。虽然两个政权都没有放弃建立统一德国的目标，但是德国的分裂已经成为事实并获得以联合国为代表的国际社会的承认，从而使原德国的治权分裂变成主权分裂。联邦德国坚持"哈尔斯坦主义"——凡与民主德国建交的国家，联邦德国不与之建交，因苏联是占领国之一而构成例外。实践证明该主义使联邦德国作茧自缚，束缚自己的外交空间，遂采取逐步承认东方国家的双重承认政策，新东方政策的创始人勃兰特认为：两个德国是一个民族两个国家的特殊关系，联邦德国承认民主德国的存在，但是民主德国对联邦德国来说不是外国，联邦德国不能按照国际法来承认民主德国。在承认民主德国是一个国家的前提下，两个德国于 1972 年签订《基本关系条约》。该条约第 3 条规定两德"强调其间现存疆界于目前及将来之不可侵犯性，并且有义务绝对尊重彼此领土之完整"。第 4 条则规定"两国中之任何一国，在国际上不得代表他国或以他国名义为行为"。第 6 条规定"两国主权之行使限于其领土范围之内。两国尊重彼此就其国内及国外事务之独立性与自主性"。两个德国于 1973 年 9 月 18 日同时加入联合国。

从以上简单的事实回顾可以知道，1949 年在原德国的领土上产生了两个国际法主体，两个国际法意义上的国家。既然原德国已经分裂为两个实实在在的国家，那么原德国就已经退出历史舞台，原德国的主权和领土因两个德国的产生而发生分割。两个德国后来于 1990 年的统一，实际上是两个主权国家的合并。两个德国的统一同 1958 年埃及和叙利亚合并成阿拉伯联合共和国没有本质区别。只因两德合并采取民主德国加入联邦德国的形式，新的联邦德国承继了原联邦德国的国际法主体资格，因而没有发生新国家的国际法承认问题。

但是有一派观点认为，在两个德国存在期间，原德国并没有消亡，而是作为缺乏国际法行为能力的主体依然存在。国家核心学说认为，联邦德国就是德意志德国，只是基本法适用的有效领土和 1937 年 12 月 31 日时的国家领土面积不同。德意志民主共和国只被视为地方政权或者是出于外国军事控制的领土。屋檐学说认为德意志帝国缺乏行为能力，但是联邦德国和民主德国依然是这个帝国屋檐下的两个部分政权。

西德宪法法院在 1976 年 12 月 21 日的在对两德基础条约的审查裁定中，汲取屋檐国家学说。① 法院在裁定中认为帝国在 1945 年瓦解之后继续存在，与以往一样具备权利能力。但是因缺乏组织，尤其是制度化的机关，以至于无法自行具备行为能力。成立西德并不是建立新国家，而是德国的一部分重新组织起来。西德并不是德意志帝国的法律上继承者，而是与德意志帝国同一的国家。但是就领土而言，只是部分同一，因此这种同一性并没有完全排他的请求权。这无损于西德承认国际法上权力主体的德国（德意志帝国），拥有全体国民与全部国土，而西德领土则为此全部国土不可分割的一部分。西德自限其国家最高权于"基本法有效的范围内"，但对全部德国承担责任。

宪法法院认为德意志帝国仍继续存在，在国际法上有权利能力，但无行为能力。两德不过是在这个帝国屋顶下的部分秩序而已。两德在国际法上同为国家，对西德而言，东德并非外国。但是东德一直反对这种理论，认为德意志帝国在 1945 年以后就消灭，东德西德为两个新的独立国家。

西德政府及西德的联邦宪法法院一直单方面强调西德具有统一德国的宪法义务，基于这一思考而不愿意正视两个德国是国际法上主权国家、德意志已经分裂的事实和法律状态。无论联邦德国对两个德国关系的定位，还是联邦宪法法院对两个德国法律地位的阐述都充满不可调和的法律矛盾。首先国际法上不

---

① 屋檐学说认为德意志帝国并没有因为两个德国的产生而消亡，德意志帝国缺乏行为能力，但是联邦德国和德意志民主共和国依然是整个帝国屋檐下的两个部分政权。联邦德国宪法法院在 1976 年 12 月 21 日的对《两德基础条约》的裁定采纳了屋檐学说。参见沃尔夫刚：《国际法》，法律出版社 2002 年版，第 281 页。

存在具有权利能力而缺乏行为能力的国际法主体，权利能力和行为能力二者互为依托，只拥有权利能力而没有行为能力，只是国际法上的"死人"；而且国际法对国家的界定是必须具有主权、政府、人民和领土四个要素，在两个德国存在期间原德意志帝国连履行行为能力的机关——政府都没有，更不用说主权了。两德基础条约的签署更证明两德都是国际法上的主权不可侵犯的国家。可以说两德存续期间，原德意志帝国只是象征统一的政治理想，不是真实的法律和事实存在。当然不可否认，对统一德国梦想的坚持，对德意志民族应当建立一个统一的民族国家的执著，确实有助于两个德国的早日合并，而且两个德国在分裂以前是统一的国家这一事实也是国际社会和国际法支持后来两个德国合并的法律基础。

台湾问题与德国问题具有本质区别，如果在研究两岸统一问题时机械套用德国模式和理论，就会推导出一些分裂两岸或貌似赞成统一实则支持分裂的观点。

"台湾国际法"学者张亚中教授赞成两德存续期间，原德国仍然存在的理论，他说：在国际法的意义上，德国并没有因为战败或被四强占领而灭亡。它虽然暂时失去了作为一个国家的行为能力，但仍是一个国际法人。由于在德国的土地上，重新组织成两个不同的德意志人民国家，原有德国的国家权力暂时被冻结，作为一个整体国家而言，德国已经缺乏宪政机关，致使其无行为能力。但由于德国在法律意义上仍未灭亡，故其仍具如以往般的法律能力，简单地说，他仍然是一个国际法的法人。① 在此基础上，他借鉴所谓"屋檐理论"，认为在两岸分治期间，应建立一种类似两德期间的"一中两国"关系。两岸的"两国"均是"中国"这个屋檐下的两个部分秩序主体，两岸"两国"之间相互给予国家承认，发展国家与国家间的关系，但又认为"两国"之间不是一般的所谓"外国"关系，属于"一中"屋檐下的两国，是一种特殊的国与国之间的关系，"一中"则被虚化为缺乏行为能力的所谓国际法主体，是一层随时可以被掀掉的屋檐。② "一中两国"论只不过是"特殊两国论"的学者版，是貌似支持统一实则暗挺分裂的言论。

台湾地区还有些研究两德模式学者认为两岸应借鉴德国以下经验：在国家统一问题上，主张先分后统，在统一之前，双方要正视当前的国家分裂状态，彼此相互承认和尊重对方的对等地位，彼此以对等的独立的政治实体或国家共存于国际社会。等条件具备后两岸再实现统一；统一为长期目标，分裂是现实

---

① 张亚中：《国际法与宪法的争议》，扬智文化事业股份有限公司 1999 年版，第 270—271 页。

② 张亚中：《两岸主权论》，台湾生智文化事业有限公司 1998 年版，第 119—121 页。

目标，分裂是走向统一的必经之路。之所以从德国模式中归纳出这种"先分后统"的所谓经验，是因为他们有意或无意地没有认识到台湾问题和德国问题是不一样的，两岸统一的背景和任务与两德期间渴望建立统一的国家的背景和任务是不一样的。

3. 两岸统一是属于中国领土完整基础上的治权统一问题

与两德合并属于国际问题不同，两岸统一是属于中国领土完整这个基础上的治权的统一问题，属于国际法的国内问题范畴。之所以有这样本质的不同，一个最重要的原因是，两岸分治期间，中国是一种事实和法律的存在，中国的主权和领土保持着充分的完整性。两岸同属于一个中国，或者说台湾是中国的一部分，这一历史延续下来的事实，被近代以来的国际法和国际社会所承认，并成为现代国际法中处理国际关系的一个基本规范①。中国国家领土的取得与固定并上升到具有国际法的效力，或者说一个中国原则的法律化，应当归功于 19 世纪后半期开始的一系列历史事件和国际法律文件。

19 世纪中期以后，唯我独尊的中华世界秩序在西方的武力攻击下开始瓦解，发端于西方"文明"国家间的国际法秩序向东方蔓延推广，但中国在被卷入国际法秩序的初始阶段并未取得与强国平等的主权国家地位，一系列不平

---

① 在国际法秩序下，某地自古以来就是某国领土的一部分可以成为某国拥有某地主权的线索和最初证据，但不足以成为某国当然拥有某地主权的充分证据。某地自古以来就是某国的一部分，只是奠定了该国拥有该地主权的事实基础，这一历史事实如果没有上升为国际法的规范，或者说没有获得国际法的确认和国际社会的承认，那么该国对该地的主权就处于危险状态，该地很可能独立或者成为另一国的一部分。试想自古以来属于中国的领土何止现在的 960 万平方公里，960 万平方公里之外的领土或并入他国或独立建国，正是因为有了国际法的确认才使中国丧失对这些领土的主权。以外蒙古脱离中国为例。武昌起义后，外蒙古脱离清政府的统治，在沙俄的操控下走上独立建国的道路，并逐步沦为沙俄的保护国。1917 年俄国"十月革命"成功，蒙古人民革命党成立，蒙古人民革命军队于 1921 年在苏联的援助下打败中国军队，从此中国军队再也没有踏上这片国土。1924 年蒙古人民革命党建立"蒙古人民共和国"。直到 1946 年以前，由于缺乏国际社会的承认，并遭到母国——中国的强烈反对，"蒙古人民共和国"一直处于非法的"自我认定"的状态，因此，从法律上讲，1946 年以前的外蒙古仍然是中国的一部分。对中国拥有外蒙古主权这一法律秩序构成致命一击的是 1945 年的雅尔塔会议及其对中国政府和国际社会的影响。雅尔塔会议上盟国同意苏联要外蒙古独立的要求，以换取苏联出兵东北抗击日本。中国政府在美国的压力下于 1945 年 1 月 5 日与苏联签订《中苏友好同盟条约》，承认"蒙古人民共和国"有权公投独立。1945 年 10 月 10 日至 20 日，外蒙古举行公投，所有选票全部赞成独立，竟无一票反对。1946 年 1 月 5 日，中国政府履行双边诺言，正式承认蒙古人民共和国。以此为开始，蒙古人民共和国逐渐获得国际社会的普遍承认。可见外蒙古自古是中国的一部分，但中国政府没有及时把这一历史遗留下来的事实努力争取上升为现代国际法的一部分，才导致中国不仅在事实上而且在法律上彻底了丧失对外蒙古的主权。

等条约不断地侵蚀中国的主权和领土。

台湾岛及所有附属岛屿，由中华民族最先发现并进行开发治理，早已成为中国的一部分。① 但进入近代以来，列强觊觎其美丽富饶，物产丰富，处中国东南门户，扼南北海道要冲，台湾岛及所有附属岛屿遂成为列强垂涎对象。1895 年甲午战败，中国被迫签订《马关条约》，该约第二款规定"中国将管理下列地方之权并将该地方所有堡垒、军器工厂及一切属公物件永远让与日本"。"下列地方"是指台湾全岛及所有附属各岛屿（包括钓鱼岛）和澎湖列岛②。自此日本占领台湾长达 50 年。1941 年 12 月 8 日，日军对珍珠港发起突然袭击，挑起太平洋战争。当天，中国政府对日正式宣战。次日，中国政府正式发布《宣战布告》：

兹特正式对日宣战，昭告中外，所有一切条约、协定、合同有涉及中日间之关系者，一律废止。特此布告。

根据国际法一般原则，"战争使得交战国的条约失效"。③《马关条约》废止，日本借以侵占"台湾的法律"凭借，已不复存在。1943 年下半年中、美、英三国首脑举行开罗会议，商讨如何协调对日作战的军事问题和战后如何处置日本等政治问题。于 1943 年 12 月 1 日发表《开罗宣言》，庄严宣告：

三国之宗旨，在剥夺日本自 1914 年第一次世界大战开始以后在太平洋所夺得或占领之一切岛屿，在使日本所窃取于中国之领土，例如满洲、台湾、澎湖列岛等，归还中华民国。

1945 年 7 月 26 日，中、美、英三国发布《波茨坦公告》，敦促日本投降。《波茨坦公告》第 8 条重申：

《开罗宣言》之条件必将实施，而日本之主权必将限于本州、北海道、九

---

① 此处引用的是《马关条约》中文版本。根据学者郑海麟的研究，《马关条约》的中文版本在第二款的表述和英文版本、日文版本有本质区别。中文版本只"将管理下列地方之权"让与日本，而英文版本、日文版本在此处采用"将下列地方之领土主权"割让给日本。根据中文文本，当年清朝政府并没有从国际法的意义上将台湾、澎湖列岛的领土主权割让给日本，日本对上述地方的领土主权只是从日文版本和英文版本取得。虽然，日文文本上有中方代表的签字，但中文文本上也有日方代表的签字。因此，关于台湾、澎湖列岛的领土主权问题，只要日方宣布放弃，那么，它便毫无争议地属于中国。据此，所谓"台湾法律地位未定论"，纯属一个假问题，完全没有争议的意义。郑海麟：《两岸和平统一的思维与模式》，海峡学术出版社 2001 年版，第 130—134 页。

② 同上。

③ 周鲠生：《国际法》，商务印书馆 1976 年版，第 677 页。

州、四国及吾人所决定其他小岛之内。

《波茨坦公告》① 再次确认台湾属于中国领土，应该归还中国。1945 年 9 月 2 日日本在东京湾签署《无条件投降书》，接受"中、美、英共同签署的、后来又有苏联参加的一九四五年七月二十六日的《波茨坦公告》中的条款"。日本在《无条件投降书》中所接受的，就是包括将台湾等地归还中国的条款。上述四项具有国际法律效力的文件，即中国《对日宣战布告》、《开罗宣言》《波茨坦公告》和日本《无条件投降书》，均明确地承认了台湾作为中国领土一部分的法律地位。

自此，中国这个国际人格的躯体才获得国际法的完全承认而成熟固定——历史、文化或地理意义上的中国上升为法律意义的中国，国际社会普遍承认在涵盖整个大陆和台湾地区的中华大地上只拥有一个国际人格，只存在一个主权国家意义上的国际法主体，并以中国（China）指称这个国际法主体。"一个中国"原则是对这一法理的简洁而明白的表述。② 在横跨大陆和台湾的中华大地上只存在一个主权国家，其领土完整和主权不可分割，这是"国家绝不允许'台独'分裂势力以任何名义、任何方式把台湾从中国分裂出去"的合法性基础。

两岸统一问题是在上述一个中国原则国际法基础上的完成中国治权统一的问题。这可以从历史事实和双方的法律文件得到印证。

两岸分离缘起于中国内战，内战的胜利方——中国共产党领导的中国人民在内战中取得胜利，1949 年 10 月 1 日中华人民共和国成立，根据国际法之有效统治原则该政府获得代表整个中国的合法性；内战的失败方——国民党集团 1949 年底败退至台湾地区，继续打着"中华民国"这个非法的旗号在外国势力的支持下治理台湾地区一直到今天。在两岸分离的前前后后，中国的领土和

---

① 《波茨坦公告》虽为中、美、英三国签署，但签字时丘吉尔和蒋介石均不在场。杜鲁门接受了中英双方的委托后，独自一人签署了三个名字："杜鲁门"，"丘吉尔"、"中国总统"。作为"独当一面"签署《波茨坦公告》的杜鲁门总统，竟然在朝鲜战争爆发后两天，即 1950 年 6 月 27 日，发表"台湾地位未定"的声明："台湾的地位，须等到太平洋安全恢复以后，由对日和约或由联合国决定"。参见苏格：《美国对华政策与台湾问题》，世界知识出版社 1998 年版，第 26 页。

② 国家在相关重要政策和法律文件中对"一个中国"原则的表述有一个变化过程。《台湾问题与中国的统一》（1993 年）白皮书：世界上只有一个中国，台湾是中国不可分割的一部分，中央政府在北京。《一个中国的原则与台湾问题》（2000 年）白皮书：世界上只有一个中国，台湾是中国的一部分，中华人民共和国是代表全中国的唯一合法政府。《反分裂国家法》（2005 年）对"一个中国"原则作了最新表述：世界上只有一个中国，大陆和台湾同属一个中国，中国的主权和领土完整不容分割。维护国家主权和领土完整是包括台湾同胞在内的全中国人民的共同义务。台湾是中国的一部分。国家绝不允许"台独"分裂势力以任何名义、任何方式把台湾从中国分裂出去。

主权的完整性没有发生丝毫的变动和损害，在两岸之间的中国领土范围内并没有产生另一个新的主权国家实体（1946 年外蒙古独立建国显然不影响两岸同属一个中国）。内战的双方在内战中和内战后的争斗，都是在坚持中国主权和领土完整的基础上围绕整个中国的治权而展开的。两岸统一问题的本质就是国家以何种方式把台湾这个游离于中央权威之外的地方当局纳入统一的中央权力系统中来。两岸的法律文件对两岸统一的法律性质都有明确的界定。"1949 年以来，尽管两岸尚未统一，但大陆和台湾同属一个中国的事实从未改变。这就是两岸关系的现状。这不仅是我们的立场，也见之于台湾现有的规定和文件。"① "台湾现有的规定和文件"主要有台湾《国统纲领》（1991 年）和《关于"一个中国"的含义》（1992 年）。《国统纲领》坚持"大陆和台湾均是中国的领土，促成国家的统一，应是中国人共同的责任"。《关于"一个中国"的含义》对"一个中国"作如下阐述："海峡两岸均坚持'一个中国'原则，但双方所赋予之含义有所不同。中共当局认为'一个中国'为'中华人民共和国'，将来统一后，台湾将成为其辖下的一个'特别行政区'。我方则认为'一个中国'指一九一二年成立迄今之中华民国，其主权及于整个中国，但目前之治权，则仅及于台澎金马。台湾固为中国的一部分，但大陆亦为中国之一部分。"

（四）"大一统"思想与两岸统一

"大一统"思想缺乏"和平"因素。实现王权的"大一统"是在中华世界秩序下展开的国家统一事业，由于国家的领土没有外在国际法的确认和划定，国家与国家的关系主要受儒家伦理和文化的调整，没有外在的国际法的约束和规范，国家领土的改变完全受制于国家军备实力的强弱，国力强盛，领土即肆意扩张，国力衰弱领土就被宰割而缩小。中国古代的"大一统"依靠的是实力和武力。商灭夏，周代商，秦灭六国，依靠的是武力。秦汉已降，朝代纷陈，合久必分，分久必合。由分而合无不依靠战争。三国归晋，南北朝统于隋，五代十国成于宋，宋辽金终于元，莫不如此。

所以，虽然大一统思想包含孟子的"仁者统一天下"内容，但是中华世界秩序的特点决定了"大一统"思想难以真正容纳"和平统一"成分。

"大一统"之中央集权与郡国并存及羁縻制相结合的制度模式，为两岸和平统一之"一国两制"提供了历史经验。"一国两制"方案可以成功解决一国之内存在两个（或两个以上）实行截然不同的社会制度并各自治理的区域之

---

① 参见《胡锦涛就新形势下发展两岸关系提四点意见》，中国台湾网（2005 年 3 月 17 日）。

间的国家统一难题。在实现国家治权统一的基础上在特别行政区实行高度自治，顺应了国家统一的历史趋势，体现了国家主权的本质和要求，同时兼顾了特别行政区的特殊情况和利益。①

最后，"大一统"之以王权控制特定地理范围为基础的正统论，为补充国际法政府承认理论的缺陷并对确立台湾的政治法律地位提供新的思路。

《反分裂国家法》承诺两岸可以就台湾当局的政治地位进行协商和谈判，但是联系《反分裂国家法》第 2 条关于"一个中国"原则的规定可以知道，台湾当局的政治地位问题是在台湾属于中国的一部分这个大前提下关于台湾的自治程度和国际空间问题。

在探讨台湾当局的政治法律地位时，"一个中国"原则固然是探讨问题的一个前提。但是前提不是内容的全部。"一国"或"一个中国"原则如果不与一个中央政府联系起来，"一国"就会被虚化而在法律上变得毫无意义。产生于两德共处期间的屋檐理论和上文提到的张亚中教授的"一中两国"理论，是这类理论的典型代表。张亚中教授在两岸关系上套用屋檐理论，认为两岸的"两国"均是"中国"这个屋檐下的两个部分秩序主体，"两国"之间相互给予国家承认，发展国家与国家间的关系，但又认为"两国"之间不是一般的所谓"外国"关系，属于"一中"屋檐下的两国，"一中"被虚化为缺乏行为能力的所谓国际法主体，是一层随时可以被掀掉的屋檐。② 与"一中两国"理论类似，还有学者认为"一国两制"的实施必须建立在两岸相互承认对方为其有效统治地区的合法政府基础上，相互承认对方皆为在有效统治区内分别行使对内对外事务的主权权利的政府，二者是一个中国之内的两个对等的政府。至于统一模式，"一国两制"与"一国两治"、"联邦"、"邦联"、"多体制国家"、"国协"等一样，只是统一模式的可能选项。未来的"一国"只能是两岸中国人共同缔造的新中国。③

中国目前治权尚未统一，两岸存在"两府"，但并不能错误地认为中国目前没有中央政府或者说占主体地位的政府。两岸关系是一种具有特殊性的国家治权分裂模式——中华人民共和国政府已经取得了中国绝大部分领土和人口的控制权，并获得了中国对外代表权。如果抛开中华人民共和国已经取得压倒性优势这一点，任何以两岸对等为基础的统一方案都是不现实的，行不通的。"一国两制"的"一国"也应当从这个角度来思考和

---

① 参见第 5 节"和平统一、一国两制"与国际法。
② 张亚中：《两岸主权论》，台湾生智文化事业有限公司 1998 年版，第 119—121 页。
③ 郑海麟：《两岸和平统一的思维与模式》，海峡学术出版社 2001 年版，第 214—215 页。

界定"一国"。

　　"一国两制"的"一国"不仅指两岸之间只存在一个中国，而且应包含在两岸之间只存在一个中央政府的内涵。国际法承认在两岸之间只存在一个国家，而国际法上的国家是由领土、人口、主权和政府组成的，国家不可能没有政府，"既然一个国家在这一意义（国际法——笔者注）上一定要有一个政府，而一个没有国际法意义上的政府的共同体便不是国家，所以承认一个共同体是一个国家也就意味着被承认的共同体有一个政府"①。当然治权尚未统一的国家的中央政府是因为获得国际社会的普遍承认而获得国家的对外代表权的政府，因而不能以在治权尚未统一国家不存在权威覆盖整个国土的政府而否定中央政府的存在。在当今的国际法秩序下，国际社会普遍承认中华人民共和国与中国的同一性，即"中华人民共和国是中国的唯一合法政府，台湾是中国的一部分"。如果认为目前中国的治权尚未统一，存在两个管辖权只及于各自有效管辖区域的政府而否认中央政府的存在，那么会进一步推出两个政府是对等的、"一国两府"、两岸"两国"等分裂结论。

　　中国政府在处理两岸关系时，强调世界上只有一个中国，大陆和台湾同属一个中国，中国的领土和主权完整不容分割。《反分裂国家法》对一个中国原则的阐述没有提"中华人民共和国是中国的唯一合法政府"，而提到"国家主张通过台湾海峡两岸平等的协商和谈判，实现和平统一"，可以就"台湾的政治地位和台湾地区在国际上与其地位相适应的活动空间"等问题进行协商和谈判。但这些并不表明中国政府在中央政府问题上有所松动。中央政府为了统一国家治权以平等姿态与叛乱团体或交战团体展开谈判在中外历史上不乏先例，但不能因此认为中央政府与叛乱团体或交战团体在政治法律上是平等的。

　　只要在"一国"之下，台湾地区无论要求怎样的高度自治，国家理应不会不答应和授予。问题的关键是在于两岸对"一国"的理解存在分歧，目前两岸对两岸之间只存在一个国家这个国际法规范的认知，不存在分歧（台湾陈水扁当局虽然否认"一个中国"原则，但不能推翻否定仍然有效的保留"两岸一中"框架的"中华民国宪法"），但是国际法承认一个共同体为一个国家，必然附带承认这个共同体内还存在一个中央政府，或者说国际法不会承认一个共同体内同时存在两个或两个以上的地位对等的政府。

　　两岸对"一国"的分歧主要集中在对"一国"之中央政府的认知上。

---

① 凯尔逊：《法与国家的一般理论》，中国大百科全书出版社1996年版，第255页。

现有国际法著作中关于政府承认的有效统治原则①的阐述，并没有机械地认为一个政府只有完全控制一个国家的所有领土、人口及资源才算是该国的中央政府，才能对外代表该国，但同时也没有明确规定到底控制了多少领土、人口和资源才能称得上该国的中央政府并获得对外代表权。政府继承理论建立在政府承认理论基础上，认为获得有效统治地位的政府有权继承前政府在国际法上的一切权利。因革命或政变引起的政府变动不影响国家的同一性，旧政府退出，新政府上台，在这一替代过程中，该国家始终只有一个政府，因此政府继承只有完全继承，而没有不完全继承。《奥本海国际法》也认为政府继承是不存在全部继承和局部继承之分的。这一点是与国家继承有重大区别的。

　　现有的国际法的政府承认和继承理论一般没有考虑到以下情势：在一个国家治权分裂的情况下，尤其是出现控制较小领土的政权和控制较大领土的政权有一种长期对立和共存的趋势时，也就是说，旧政府并没有在新政府上台之际立即消失，而是继续以旧政府的名义长期割据国土的一部分。两岸关系正好出现了这种情势，台湾当局在 1949 年以后一直以"中华民国"的名义治理台湾地区达半个多世纪，并与 20 多个主权国家保持"外交"关系。对此，一些学者就认为，传统的国际法政府承认与继承理论不能解释两岸关系，台湾当局也一再强调传统国际法政府承认与继承的概念不适用于"中华民国"。台湾学者王小波提出了颇让人深思的被称为"不完全继承"的理论，认为：虽然"中华民国"和中华人民共和国是一个国家的政府继承的关系，在联合国的席位和邦交国都是按照国家的政府继承理论在进行的。但是，在实际上，这项中华人民共和国对"中华民国"政府的继承并没有全部完成，"中华民国"仍然保留了 20 多个邦交国，原来的中华人民共和国对"中华民国"政府武力革命的继承由于在 1979 年宣布和平统一祖国而终止了，这种存留的状况，我们姑且称为不完全的继承或不完全革命②。这种不完全继承的结果就是在中国的领土内存在两个对等的政府。

------

①　国际法对于政府承认的标准的规定并不是很明确，为政治纷争留下了可乘的空间。《奥本海国际法》对认为："一个政府事实上控制了这个国家，并受大部分居民习惯上服从逼供有长久存在的合理希望可以说代表这个国家，因而有权被承认。各国关于政府的承认问题的主要实践，尤其是联合王国的实践，都是以这种有效统治的原则为根据的。"参见《奥本海国际法》（第一卷第一分册）. 北京：中国大百科出版社，1995 年版，第 107 页。梁西教授主编的《国际法》对有效统治的原则是这样表述的：新政府必须能在其控制下的领土有效地行使权力的条件下，各国才能予以承认。参见梁西：《国际法》，武汉大学出版社 2000 年版，第 110 页。

②　王小波："无条件谈判，有条件统一——论不完全继承与两岸整合"，载《台湾立报》1992 年 2 月 13 日。

一个国家在治权尚未统一阶段必然存在两个甚至两个以上的政府。但要说这些政府的地位是对等的，或者说没有中央政府，在国际法秩序下就迄今的国家实践来说，还没有先例。虽然国际法理论有一些欠缺，但是如果对中华世界秩序下的国家统一规律进行一番归纳与总结，就会发现传统的国家统一规律弥补了现代国际法的不足，可以为各政权之间的纷争提供一个更为明晰的答案——控制了一个国家的传统核心地区，或以该国传统核心地区为中心的大部分国土、人口和资源的政府就是对整个国家有效的中央政府并取得该国对外代表权。

在历史的长河中，中国不是指占主体地位的政权和若干个处于弱势或者边缘地位的政权共存的一定地域范围。我们通常说传统中国的统一王朝如秦、汉、晋、隋、唐、宋、元、明、清，实质上只注意到占主体地位的政权，而没有注意到一些通过一定阶层的、伦理的网络联系在一起的边缘政权。如果以现代国际法的"一国一府"作为统一的标准的话，那么我们说的历史上统一王朝没有一个是统一的。所以在此有必要探讨中华世界秩序下的国家统一的标准问题。

一个国家的疆域形势在历史中不断变化，但是，不管这个国家的疆域怎样变化，作为民族起源和文化形成的那个原始地区往往是疆域中最稳定的部分。"中国"这个实体在历史的长河中不断变化和发展，但是始终是围绕一定的轴心旋转和伸缩，其核心和最稳定的部分始终没有被割离。对轴心的把握是把握中华世界秩序下国家统一规律的关键。

"传统中国的统一秩序，来源于一个种族与文化起源的地理中心，这个地理中心位于华北平原中部（中原），即今陕西、河南、河北一带。"[①]中原作为中心地位的形成大约起于西周。西周时代，起源于黄河中游的华夏族及其文化在中原形成了具有同一性的种族文化，周文王以此为基础分封天下建立周朝国家，自此中原成了中华帝国的中心。"中原"的本来含义，即是"中国"；它既是周朝国家的地理范围，又是同一种族文化的地域范围，更重要的还是种族文化的概念范围。在周朝以后的帝国时代的发展中，中原成为帝国的中心，它联系着中华民族与中国文化的本源。因此，中原构成庞大的中华帝国的基础；中原的文化性质，联系着中国的种族与民族精神。[②]

---

① 童中心：《失衡的帝国——长期影响中国发展的历史问题》，贵州人民出版社 2001 年版，第 51 页。

② 同上书，第 59 页。

占据中原地区，是证明王权拥有正统地位的最核心证据。有这样一个正统王权的存在，中华世界秩序下国家统一就有了基础。"历史上不管帝国面临什么样的内外危机或者外族入侵造成的动乱与分裂，或者内部秩序动乱造成的大分裂，只要中原的地位恢复、秩序安定下来，最后终将能够重新恢复统一秩序，如果中原不能安定下来，统一秩序也不能恢复。'逐鹿中原'，由中原重建统一秩序几乎是历朝历代大动乱到秩序恢复的基本原则。历史上，那些失去中原、远离中原的分裂势力和王朝，其政权就不具有合法性，不是正统的王朝。即使是原来建立在中原的正统王朝，只要它们离开中原，偏安一隅，即失去合法性。历史上的偏安王朝，基本上没有一个能建立起统一秩序的。"① 秦国统一是从统一中原开始的，先征服黄河流域的魏、赵、韩、燕等大诸侯国及南方楚国，统一了中原，再以此为基础向南方和北方扩展，最后建立起中国历史上第一个统一帝国。中国历史上几个重大分裂的时期都是占据中原的王朝实现国家统一。

因此"中原"是中华世界秩序的"中轴"。抓住中原，就抓住了整个秩序的"纲领"，纲举目张，占有中原，王权就获得正统地位，便能够获得民心的支持，更大范围的国家统一便顺势而生。

以上论述中归纳出来的中华世界秩序下的国家统一规律可以进一步完善国际法的政府承认与继承理论，并可以为治权尚未统一国家的各政权之间的名分之争提供一个更具有规范性的答案——控制了一个国家的传统核心地区，或以该国传统核心地区为中心的大部分国土、人口和资源的政府就是对整个国家有效的中央政府并有权取得该国对外代表权。

中华人民共和国就是这样的一个政府，中华人民共和国是代表中国的唯一合法政府和一个中国原则一样都是当今国际法秩序的重要规范，两岸中国人在谈判台湾政治地位和国际空间，以及规划未来的一国两制的"一国"时，应当以之为前提和基础。

三、国家实现治权统一政策之法理分析

（一）国家实现治权统一政策的发展

1. 武力解放台湾

1949 年 3 月 15 日，新华社在发表题为《中国人民一定要解放台湾》的时

① 童中心：《失衡的帝国——长期影响中国发展的历史问题》，贵州人民出版社 2001 年版，第 59—64 页。

评中，第一次提出"解放台湾"的口号。1949 年 9 月 29 日《共同纲领》就明确规定：中华人民共和国政府必须将人民解放战争进行到底。解放中国全部领土，完成统一中国的事业。

但是，朝鲜战争的爆发阻碍了台湾的解放。主要原因是美国在台湾问题上出尔反尔，推翻了其关于"中国对台湾享有主权"和"绝不卷入中国内战"的承诺。1950 年 6 月 27 日，杜鲁门总统抛出"台湾地位未定论"，① 派遣第七舰队进驻台湾海峡，以武力阻挠解放台湾。1954 年台美缔结《共同防御条约》客观上增加了解放台湾的军事难度。

2. 和平解放台湾

20 世纪 50 年代后半期，国家开始调整对美对台政策，提出和平解放台湾的主张。为此，国家从两方面开展和平解放台湾的工作：一是敦促美国政府与

---

① 朝鲜战争爆发以前，杜鲁门政府承认台湾是中国的一部分。1949 年 12 月 8 日，国民党当局败退至台湾。杜鲁门总统于 1950 年 1 月 5 日正式就台湾的法律地位问题发表声明，阐述美国对台湾的"脱身政策"。宣称：美国政府在国际关系中向来是守正义的；一切国家不得在中国领土内谋求取得特别权利或特惠；在 1943 年 12 月 1 日的《开罗宣言》中，美国总统、英国首相和中国"主席"曾申明，日本从中国夺去的领土如"福摩萨"应当归还中华民国，美国是 1945 年 7 月 26 日《波茨坦公告》的签字国，为了实现这两项宣言，"福摩萨"已归还给蒋介石委员长，过去四年来美国及其他盟国已承认中国对该岛行使权力；美国目前无意在台湾获得特别权利，或建立军事基地；不拟使用武装部队干预其现在局势；不拟遵循任何足以把美国卷入中国内争中的途径。美国政府也不拟对台湾的"中国"军队供给军事援助或提供意见。参见梅孜：《美台关系重要资料选编》，事实出版社 1996 年版，第 69 页。

同日，艾奇逊举行记者招待会，解释杜鲁门的声明。他说："我们对中国的立场绝不能受到丝毫怀疑或丝毫不会成为问题。在大战期间，美国总统、英国首相及中国主席在开罗一致同意，日本自中国夺去的领土包括福摩萨，应当归还中国。……中国人治理台湾已有四年。美国和任何一个盟国都没有对这一占领的权威性提出疑问。当台湾成为中国的一个省的时候，没有人对此提出过律师的疑问。这是被认为符合过去的承诺的。现在，有些人心目中情况发生了变化，他们认为现在在控制中国大陆的力量是对我们不友好的，因此，我们要说'那我们要等一项和约'。我们在朝鲜并没有等待一项和约。我们在库页岛并没有等待一项和约。对于我们负责托管的那些岛屿，我们也没有等待一项和约。"参见梅孜：美台关系重要资料选编．事实出版社 1996 年版，第 70—75 页。

朝鲜战争爆发以后，杜鲁门政府违背承诺，公开抛出"台湾地位未定论"。1950 年 6 月 25 日，朝鲜战争爆发。6 月 27 日杜鲁门发表声明：共产党部队占领福摩萨，将会直接威胁到太平洋地区的安全以及在该地区执行合法而必要职务的美国部队，该声明宣称"已命令第七舰队阻止对台湾的进攻"。并正式提出："台湾未来地位的决定必须等待太平洋安全的恢复，对日和约的签订或经联合国考虑"。这就是著名的干涉中国内政 6·27 声明。1951 年《旧金山和约》在关于领土问题上只规定日本放弃对台湾及澎湖列岛、南威岛（日语中对我南沙群岛的称谓）及西沙群岛的一切权利、权利根据与要求，而不提上述日本放弃的领土应该归还中国。该和约以一个多边的国际条约形式开了"台湾地位未定论"的先例，为美国插手台湾问题、干涉中国内政制造所谓"法律依据"。

中国谈判。1955 年 4 月"万隆会议"期间，周恩来发表"中国政府愿意同美国政府坐下来谈判"的声明，得到美方的响应，由此促成了中美大使级会谈。二是向台湾当局提出和平解放的倡议。1955 年 5 月周恩来在全国人大常委会第十五次扩大会议上明确宣布："中国人民解放台湾有两种方式，即战争的方式和和平的方式"。这是中国政府第一次提出和平解放台湾的主张。1956 年 9 月，《中国共产党第八次全国代表大会关于报告的决议》明确指出，国家应当争取用和平方式解放我国领土台湾。

这一阶段的国家对台政策，从采取单一的战争方式变为考虑到以战争或和平两种方式解决台湾问题，即由原来的用武力"一定要解放台湾"变为"在可能条件下，争取用和平方式解放台湾"。这在政策上是一个很大的调整。但是这一时期仍采用"解放台湾"的说法。这说明当时实际上还是立足于非和平方式的准备，而且即使实现了和平解放台湾，考虑在台湾实行的也是社会主义制度，并没有突破"一国一制"的模式。

两岸坚持"一个中国"原则，携手抵制美国的"两个中国"的阴谋。1958 年金门炮战期间，美国威逼台湾当局从金门马祖等沿海岛屿撤退，以利其"两个中国"政策的推行，但被台湾当局拒绝。为了维护国家和民族的根本利益，毛主席适时提出"联蒋抵美"的策略，配合台湾当局打击美国"划峡而治"、"两个中国"的图谋。1958 年 10 月 3 日至 13 日中共中央和中国政府连续发布了《关于金门、马祖等沿海岛屿军事斗争的指示》、《告台湾同胞书》、《再告台湾同胞书》、《三告台湾同胞书》等一系列文件。这些文件详尽地阐明了对台新政策，其主要内容是：坚持"一个中国"，反对"两个中国"；国共两党举行谈判，和平解决台湾问题；严格区分台湾问题上的内政与外交的两种不同性质，金门炮战是国共两党内战的继续，而美国侵占台湾，是中美间的问题；自从美帝国主义占据台湾以来，美帝成了国共两党的共同敌人；国共两党还是敌对的，但这种敌对，较之民族矛盾，已经降到第二位；从民族大义出发，停止炮击金门，以利台湾军队固守。

经过 1958 年的金门炮战，海峡两岸领导人在"一个中国"共同利益的基础上，配合默契，台湾军队终未撤出金门，这就挫败了美国"划峡而治"的阴谋。自此，两岸双方的政策都进行了调整，海峡两岸由过去激烈的军事对抗，转为以政治对抗为主、军事对抗为辅的冷战对峙状态。

1960 年周恩来将对台政策归纳为"一纲四目"。"一纲"即台湾必须统一于中国。"四目"为：（1）台湾回归祖国后，除外交必须统一于中央外，所有军政大权、人事安排等悉委于蒋（介石），陈诚、蒋经国亦悉由蒋意重用；（2）所有军政及建设经费不足之数悉由中央拨付（当时台湾每年赤字约 8 亿美元）；（3）台湾的社会改革可以从缓，必候条件成熟并征得蒋之同意后进行；（4）互约不派特务，不做破坏对方团结之举。毛泽东一再表示，台湾当局只要一天守住台湾，不使台湾从中国分裂出去，大陆就不会改变目前的对台关系。①

3. "和平统一、一国两制"的提出

1978 年 12 月，中国共产党十一届三中全会以后，实现了党和国家工作重心的战略转移，即以经济建设为中心。与此同时，国际形势也发生了深刻变化，70 年代末 80 年代初，和平与发展逐渐成为时代的主题，中美关系实现了正常化，从而为提出并确立和平统一台湾问题的方针创造了新的有利条件。在此背景下，以邓小平为核心的第二代领导集体从国家和民族的根本利益出发，在毛泽东、周恩来关于争取和平解放台湾思想的基础上，确立了和平统一的战略方针。

1979 年元旦，全国人大常委会发表《告台湾同胞书》，郑重宣布关于台湾回归祖国、实现国家和平统一的大政方针。它标志着中国政府对台方针政策的重大转变。1979 年 1 月 30 日，邓小平访问美国，在向美国参、众两院议员解释中国对台湾问题的立场时说："我们不再用'解放台湾'这个提法了，只要台湾回归祖国，我们将尊重那里的现实和现行制度。"这是我国领导人第一次公开废止"解放台湾"的说法，标志着中共中央的对台政策已从用武力解决台湾问题转向以和平方式解决台湾问题。1981 年 9 月 30 日，叶剑英对新华社记者发表谈话，阐述了台湾回归祖国、实现和平统一的 9 条方针政策。

1982 年 1 月 11 日邓小平在一次谈话中说："九条方针是以叶剑英名义提出来的，实际上就是'一个国家、两种制度'。"这是邓小平首次提出"一个国家、两种制度"的概念。1983 年 6 月 26 日，邓小平在会见美国西东大学教授杨力宏时，进一步阐述了和平统一的构想（后来被称为"邓六条"）。"邓六条"使"一国两制"构想更加完备、充实，更加具体化、系统化。

1993 年《台湾问题与中国的统一》白皮书、1995 年江泽民发表的《为促进祖国统一大业的完成而继续奋斗》的重要讲话、2000 年中国政府发表的《一个中国原则与台湾问题》白皮书等一系列具有重大历史意义的文件，完整、系统地论述了"和平统一、一国两制"的基本方针。

在台湾问题上，从武力解决到和平统一，从实行"一国一制"到实行

---

① 李仁质：《台湾问题一百问》，台海出版社 2001 年版，第 24—25 页。

"一国两制"，国家在治权统一政策方面实现了根本性的转变。

（二）"和平统一、一国两制"与国际法

1. "和平统一、一国两制"的内涵

中国政府解决台湾问题的基本方针是"和平统一、一国两制"。它包括以下内容：

一个中国。世界上只有一个中国，大陆和台湾同属一个中国，中国的主权和领土完整不容分割。坚持一个中国原则，是发展两岸关系和实现和平统一的基础。

两制并存。在一个中国的前提下，大陆的社会主义制度和台湾的资本主义制度，实行长期共存，共同发展，谁也不吃掉谁。这种考虑主要是基于照顾台湾的现状和台湾同胞的实际利益。这将是统一后的中国国家体制的一大特色和重要创造。

两岸实现统一后，台湾有"三个不变"，即现行社会经济制度不变，生活方式不变，与外国的经济文化关系不变。此外，还有"六个保护"，即私人财产、房屋、土地、企业所有权、合法继承权、外国人投资等，一律受法律保护。

高度自治。统一后，台湾将成为特别行政区。它不同于中国其他一般省区，享有高度的自治权。它拥有在台湾的行政管理权、立法权、独立的司法权和终审权；党、政、军、经、财等事宜都自行管理；可以同外国签订商务、文化等协定，享有一定的外事权；有自己的军队，大陆不派军队也不派行政人员驻台。特别行政区政府和台湾各界的代表人士还可以出任国家政权机构的领导职务，参与全国事务的管理。

和平谈判。通过接触谈判，以和平方式实现国家统一。两岸都是中国人，如果因为中国的主权和领土完整被分裂，兵戎相见，骨肉相残，对两岸的同胞都是极其不幸的。和平统一，有利于全民族的大团结，有利于台湾社会经济的稳定和发展，有利于全中国的振兴和富强。

为结束敌对状态，实现和平统一，两岸应尽早接触谈判。在一个中国的前提下，可以谈正式结束两岸敌对状态问题，可以谈台湾地区在国际上与其身份相适应的经济文化活动空间问题，也可以谈台湾当局的政治地位等问题。

和平统一是国家实现治权统一的根本方针。然而，每一个主权国家都有权采取自己认为必要的一切手段包括军事手段，来维护本国主权和领土的完整。中国在采取何种方式处理本国内部事务的问题上，并无义务对任何外国或图谋分裂中国者作出承诺。

2. "和平统一"体现国际法之和平共处原则

和平共处五项原则的提出是中国对国际法的发展作出的重要贡献之一。和平共处五项原则最初宣布于 1954 年 4 月 29 日中华人民共和国和印度共和国《关于西藏地方和印度之间的通商和航海的协定》①的序文中。序文宣称，两国决心以下列原则为它们的关系的基础：（1）互相尊重领土主权；（2）互不侵犯；（3）互不干涉；（4）平等互惠；（5）和平共处。和平共处五项原则从《联合国宪章》得到直接的启示。《联合国宪章》序言载明联合国人民"彼此以善邻之道，和睦相处"。"和睦相处"就是"和平共处"的意思。和平共处作为思想和政策，是由列宁最先提出的，他认为当用武力或其他种种方式不能消灭新兴的社会主义国家时，唯一的方法就是尊重各国人民自由选择的社会制度并根据国际法的各项原则和平共处。1955 年亚非会议在万隆召开，并通过《亚非会议宣言》②，该《宣言》中列举了著名的万隆十项原则：

（1）尊重人权、联合国宪章的宗旨和原则；

（2）尊重一切国家的主权和领土完整；

（3）承认一切民族的平等，一切大小国家的平等；

（4）不干预或干涉他国内政；

（5）尊重每一个国家按照《联合国宪章》单独或集体地进行自卫的权利；

（6）不使用集体防御的安排来为任何一个大国的特殊利益服务，任何国家不对其他国家施加压力；

（7）不以侵略行为或侵略威胁或使用武力来侵犯任何国家的领土完整或政治独立；

（8）按照《联合国宪章》，通过谈判、调停、仲裁或司法解决等和平方法以及有关方面自己选择的任何其他方法来解决一切国际争端；

（9）促进相互的利益和合作；

（10）尊重正义和国际义务。

《亚非会议宣言》的十项原则发展了和平共处五项原则。和平共处不仅意味着消极地共存，而且也包含着不同社会制度国家合作的思想。和平共处是避免战争的最好方式和手段。各国在和平的环境和条件下，和平地相互来往，处

---

① 中华人民共和国外交部条法司编：《中华人民共和国条约集》（第 3 卷），世界知识出版社，第 1 页。

② 《中华人民共和国对外关系文集》3 卷，第 261—262 页。

理和发展相互间的关系，以促进国与国间的相互了解与合作。如遇争端，应以和平方法解决，而不应诉诸武力或武力威胁，或其他不符合国际法的非和平方式。五项原则不仅适用于不同社会制度国家之间的关系，而且适用于相同社会制度国家之间的关系，为一切国家提供和平相处和在友好条件下合作的基础，从而构成国际法基本原则。

"和平统一、一国两制"把和平共处原则创造性地用于解决一国之内实行不同社会制度的各区域之间的共处和该国的统一问题。邓小平说："根据中国自己的实践，我们提出'一个国家，两种制度'的办法，来解决中国的统一问题，这也是一种和平共处"。"一国两制"在香港的成功实践，证明和平共处的原则"在一个国家处理自己内政问题上，也是一个好办法"。① 在"和平统一、一国两制"方针提出以前，中外历史上的治权尚未统一的"一国"之中实行"两制"的各区之间往往不能和平共处，最后都是诉诸武力以"一制"吃掉另"一制"的方式实现国家的统一。

美国在南北战争以前一直并存着两种社会制度，即北方的资本主义政治经济制度，南方的以种植园主为代表的奴隶制政治经济制度。长期以来两种社会制度之间存在着尖锐的矛盾，当矛盾尖锐到无法调和时，终于爆发了南北战争。战争的结果是以北方新兴的、代表进步力量的资产阶级战胜南方落后的奴隶主阶级而告终，以"一制"吃掉另"一制"的方式实现国家的经济和政治统一。俄国在 1917 年二月革命胜利后也并存两个实行不同的社会经济制度的政权，即资产阶级的"临时政府"和彼得格勒工农兵苏维埃政权。后者最终以武力方式，"一制"吃掉另"一制"，实现俄国的政治经济统一。

就两岸关系而言，可以说在 1979 年以前，双方囿于"汉贼不两立"的思维定式，一直设法以武力"吃掉"对方实现中国的治权统一。1979 年以后中国领导人尊重历史和现状，顺应和平与发展的时代潮流，创造性地把由我国政府首创并身体力行的调整国与国之间关系的和平共处原则应用于解决台湾问题的实践（包括港澳问题），适时提出"和平统一、一国两制"的方针。邓小平同志说："从世界历史来看，有哪个国家制定过我们这么开明的政策？从资本主义历史看，从西方看，有哪个国家这么做过？"②

3. 国家使用武力解决台湾问题符合国际法

在贯彻和平统一方针的过程中，有一个不可回避的问题，即中国对台使用

---

① 《邓小平文选》（3），第 96 页。

② 中共中央文献研究室：《一国两制重要文献选编》，中央文献出版社 1997 年版，第 19 页。

武力是否违反国际法之禁止使用武力或武力威胁原则。如果不违反的话，那么，中国对台用武的国际法依据是什么？回答这一问题，对于驳斥外国干涉势力和"台独"势力对我国政府既定方针的无理指责，以及争取获得国际社会在台湾问题上对我国的理解和支持，都具有重大意义。

（1）国际法之禁止以武力相威胁或使用武力原则。禁止以武力相威胁或使用武力，是一项较新的国际法基本原则。《联合国宪章》是第一个明文规定禁止以武力相威胁或使用武力的国际公约。① 宪章第 2（4）条规定：所有会员国在它们的国际关系中，不得以武力相威胁或使用武力来侵害任何其他国家的领土或政治独立，亦不得以任何其他同联合国宗旨不符的方式以武力相威胁或使用武力。1987 年《加强在国际关系上不使用武力或进行武力威胁原则的效力宣言》更为具体地规定："每个国家都有义务在其国际关系上不进行武力威胁或使用武力……武力威胁或使用武力构成对国际法和《联合国宪章》的违反，应承担国际责任"。该宣言特别强调，"在国际关系上不得进行武力威胁或使用武力的原则，不论各国政治、经济、社会或文化制度或结盟关系，一律适用并有约束力"；"任何性质的考虑都不得作为违反《联合国宪章》进行武力威胁或使用武力的理由"。

从上面的分析可知，禁止以武力相威胁或使用武力原则，禁止的是各会员国在国际关系上使用武力或武力威胁以侵犯其他会员国或任何其他国家的领土和政治独立的行为。这项原则隐含了另一层意思，即禁止以武力相威胁或使用武力原则并不适用于某国在"纯属国内管辖事项"上采取武力措施的情形，如平息暴乱、镇压叛乱、打击分裂势力等。"第 2（4）条明确规定，不使用武力原则只适用于缔约国之间的'国际关系'。这一限定条件旨在排除该条适用于缔约国对其国内发生的动乱而采取措施的武力措施。"②

（2）国家对台动武不违反禁止以武力相威胁或使用武力原则。禁止以武力相威胁或使用武力原则并不适用于国内战争。国家为维护国家领土和主权完整而对分离政权动用武力，国际法并不加以禁止。当今俄罗斯联邦政府针对车臣分裂势力进行军事打击，国际社会并没有质疑俄罗斯联邦政府武力行为的合法性。

显然，该原则不适用于两岸关系。两岸关系仍然是一种内战延续状态。内

---

① 梁西：《国际法》，武汉大学出版社 2000 年版，第 65 页。
② 许光建：《联合国宪章诠释》，山西教育出版社 1999 年版，第 46 页。

战一般分为两种类型：第一，国内同时存在两派或两个以上派别的政治势力，为争夺该国的领土、人口和资源的全面控制权即争夺合法政府地位而展开争夺，也就是为了实现国家治权的统一；第二，一国中央政府为维护主权和领土完整，不得不采取军事措施对存在于国内武装分裂势力进行打击、镇压。无论哪种内战，都属于一国之内政范畴，是一种国内关系，不是国际关系。台湾是中国领土不可分割的一部分，国家对台用武，没有侵害任何国家的领土完整和政治独立。

（3）国家对台动武的国际法依据。国家针对不同的对象对台动武，其所依据的国际法规定是不同的。

针对阻挠国家统一的外国干涉势力采取武力，依据的是主权国家固有的自卫权。[①]

"依据国际习惯法，任何国家都没有义务在另一个国家采取有损于它的受合法保护的利益时保持消极"。"如果一个国家受到攻击，它就有权在必要的情况下使用武力以防卫自己不受攻击，击退进攻者并将进攻者赶出国境"。[②]宪章第51条规定联合国任何会员国受到武力攻击时，在安全理事会采取必要办法，以维持国际和平及安全以前，本宪章不得认为禁止行使单独或集体自卫之自然权利。依宪章有关规定采取的集体强制措施、单独或集体自卫和区域机构采取的强制行动等，不受禁止使用武力或武力威胁原则的限制。[③] 行使自卫权的条件：

第一，自卫必须是而且只能是对已经实际发生的武力攻击进行的反击。首先使用武力攻击他国，即构成对他国的领土完整和政治独立的侵犯，这是被侵犯国得以使用武力予以回击的合法根据。"武力攻击"是联合国会员国行使自卫权的首要条件和唯一的合法理由，任何其他情况下的所谓自卫都是非法的。

第二，自卫权的行使必须遵循"相称性原则"，即武力反击的规模及强度

---

① 自卫权的功能及其重要性在不同的法律体制下是不同的。在个别安全保障体制下，由于缺乏对使用武力法律管制，国家拥有诉诸战争的绝对权利，而且，在相当长的一个时期里，自卫与自助、自保等概念常常是混淆的。当时，自卫的适用范围相当之广，几乎包括了所有的自保行为。故自卫作为使用武力的合法依据除了在道义上具有某种意义外，在法律上并不重要。然而，20世纪以来，随着对国家使用武力的权利的法律限制逐步加强直到最终废止，自卫作为使用武力的合法依据的重要性遂日益突出，以至于其确切的含义及其适用范围的问题已成为当代国际法上的一个十分重要的问题。

② ［英］詹宁斯、瓦茨修订：《奥本海国际法》（第一卷第一分册），中国大百科全书出版社1998年版，第308页。

③ 梁西：《国际法》，武汉大学出版社2000年版，第65页。

应适当。自卫的目的是击退外来的武力攻击，而不得进一步作为实施权利的工具或发展为武力报复。

第三，自卫权只有在安理会采取必要办法，以维持国际和平及安全以前才得以行使。在联合国集体安全保障体制下，自卫只是一种临时的紧急救助办法。虽然当事国得对作为自卫之对象的武力攻击是否已实际发生首先作出自我判断，才能决定自卫的办法或措施，但这种判断在事后必须服从于安理会的判断。当事国已采取的自卫措施能否继续进行，也完全取决于安理会的决定。相对于当事国的判断或措施安理会的判断或采取的措施具有优先的地位。

第四，当事国所采取的自卫措施或办法必须立即向安理会报告。

国家在台湾问题上行使自卫权必然遵循上述条件。"如果出现外国侵占台湾"，表明该外国具有明显的侵略意图，即攻击者使用武力的目的是要侵犯被攻击国的领土完整或政治独立。如果相关外国侵占台湾，它所使用的武力必然是正规的军事行动，而且外国侵占台湾的行为已经实际发生。当出现以上情况时，国家可以依据自卫权针对上述"阻挠中国统一"的外国采取武力措施。

而针对"台独"势力采取武力措施，依据的是独立权和管辖权。

独立权是指国家按照自己的意志处理本国对内对外事务而不受他国的控制和干涉的权利。独立权包括两方面的含义：一是国家有权独立自主地处理其主权范围内的事务；二是国家处理这些事务不受外来的干涉。这两个方面是密切联系的。独立自主要求不受干涉，不受干涉是独立自主应有之义。独立和干涉是互相排斥的，独立要求排除干涉，对他国内政的干涉就是对他国独立的损害。

中国在台湾问题上的独立权表现为国家有权按照自己的意志决定在什么时候选择以什么方式解决台湾问题，对此任何外国都无权干涉。正是基于此，国家并无义务向谁承诺放弃使用武力。如果承诺放弃使用武力，就是"把自己的手脚捆起来"，这不仅不利于和平统一的实现，反而会助长外国干涉势力和"台独"势力的气焰，最终使我们和平统一规划变得不可能。①

管辖权是指国家对其领域内的一切人（享有豁免权者除外）、物、所发生的事件，以及对在其领域外的本国人行使管辖的权利。台湾是中国领土的一部分，把台湾地区的管理当局纳入中国中央政府权力系统中来，使中国中央权威能真正覆盖台湾地区，这就是通常所说的统一台湾的问题，它明显是属于国际

---

① 杨亲华："新世纪对台纲领性文件"，载《两岸关系》2003年第1期。

法规定之内政范畴。"台独"势力企图分裂祖国，阴谋另立所谓"台湾国"，这是一种严重的犯罪行为，对之中国政府可以选择刑罚的方式予以严厉制裁，但是在现今刑罚仍然是鞭长莫及的情况下，当出现"台独"势力"以任何名义把台湾从中国分割出去的重大事变"，中国政府迫不得已只好动用武力进行制止打击，这是中国政府行使管辖职能的具体体现。

　　中国对台动武的国际法依据最终归结为国家拥有主权。主权是国家的根本属性，在国际法上是指国家有独立自主地处理内外事务的权利。《国际法原则宣言》宣布"每一个国家均享有主权之固有权利"，《欧洲关于指导与会员国关系原则的宣言》的首要原则是"与会国将尊重彼此的主权平等和个性以及由主权所固有和包含的一切权利。它们还将尊重彼此自由选择和发展其政治、社会、经济和文化制度的权利以及指定法律和规章的权利"。这里所列举的权利，如平等、独立、领土完整，都是国家的基本权利。国家基本权利包括自卫权、独立权、领土完整权、管辖权、发展权、和平等权等。① 主权原则是国际法的基石。中国政府对台动武是为了维护中国主权和领土的完整，同时遵循和捍卫了国际法的主权原则。

　　(4)《反分裂国家法》与非和平方式的使用。对台用武并不是国家对台政策的主要方面，武力威慑是为了遏制"台独"势力和最终能够实现和平统一。江泽民在1995年1月30日《为促进祖国统一大业的完成而继续奋斗》的重要讲话中强调，"我们坚持用和平的方式，通过谈判实现和平统一；同时我们不能承诺根本不使用武力，如果承诺了这一点，只能使和平统一成为不可能，只能导致最终武力解决问题"②。"和平统一以一个中国原则为前提，不放弃武力正是为了最终不使用武力"。③ 国家绝不承诺放弃使用武力，并不是说国家一定要用武力解决或在任何情况下都使用武力。事实上国家已经向国际社会明确传达了对台动武的情形和对象。

　　1990年9月24日杨尚昆在接见台湾"中国时报"记者时说：现在台湾的地位仍不稳固，存在着被人拿去的危险。所以我们不承诺放弃使用武力，以武力阻止台湾的分裂。这不是要打台湾。台湾是自己的同胞，打自己的同胞有什么意思？我们不承诺放弃使用武力，主要是对外国讲的，是对某些想拿走台湾

---

　　① 国际法学家对国家基本权利的列举是不一致的，但都贯穿了主权平等和独立的精神。周鲠生在其《国际法》中列举独立权、自保权、平等权、管辖权。〔英〕詹宁斯、瓦茨修订的《奥本海国际法》列举了国家在国际法中的地位，包括平等、尊严、独立、属地和属人权、交往、自保、不干涉和管辖权等。〔英〕斯塔克的《国际法》主要列举了管辖权。

　　② 中共中央文献研究室：《一国两制重要文献选编》，中央文献出版社1997年版，第254页。

　　③ 杨亲华："新世纪对台纲领性文件"，载《两岸关系》2003年第1期。

的国家讲的。①

1993 年 8 月 31 日中国政府在《台湾问题和中国的统一》的白皮书中把对台湾的"一国两制"高度概括为"一个中国两制并存高度自治和平谈判",并宣称"和平统一是中国政府既定的方针。然而,每一个主权国家都有权采取自己认为必要的一切手段包括军事手段,来维护本国主权和领土的完整。中国政府在采取何种方式处理本国内部事务的问题上,并无义务对任何外国或图谋分裂中国者作出承诺"②。

2000 年《一个中国原则与台湾问题》白皮书发表,在这一重要文件中中国政府郑重声明:"如果出现台湾被以任何名义从中国分割出去的重大事变,如果出现外国侵占台湾,如果台湾当局无限期地拒绝通过谈判和平解决两岸统一问题,中国政府只能被迫采取一切可能的断然措施,包括使用武力,来维护中国的主权和领土完整,完成中国的统一大业。"③

2005 年通过的《反分裂国家法》第 8 条规定国家对台采取非和平方式的三个条件和前提,那就是如果出现"台独"分裂势力以任何名义、任何方式造成台湾从中国分裂出去的事实,或者发生将会导致台湾从中国分裂出去的重大事变,或者和平统一的可能性完全丧失,国家得采取非和平方式及其他必要措施,捍卫国家主权和领土完整。

通过分析三个条件可知,采取非和平方式是为了反对和遏制"台独"势力,以防台湾从中国分裂出去,"捍卫国家主权和领土完整"。从国际法上分析,国家为了维护国家主权和领土的完整,在下列情况下采取非和平方式是符合国际法的:(1)镇压企图脱离母国另立国家的分裂势力;(2)打击外国侵略者和外来干涉势力。前者是内战,属于内政范畴,《宪章》第 2(4)条规定的禁止使用武力原则不适用于内战,④后者虽然具有国际性质,但是这显然属于禁止使用武力原则中的例外——根据《宪章》第 51 条,当一国受到武力攻击时,该国有权进行单独自卫,或者与其他国家一起组织集体自卫,以反击侵略者,维护本国的主权和领土完整。⑤《反分裂国家法》规定的国家采取非和平方式三种情况没有超出上述主权

---

① 中共中央文献研究室编:《一国两制重要文献选编》,中央文献出版社 1997 年版,第 170 页。

② 中共中央文献研究室编:《一国两制重要文献选编》,中央文献出版社 1997 年版,第 234—236 页。

③ "一个中国原则和台湾问题白皮书",载《人民日报》,2000 年 2 月 22 日第 3 版。

④ 黄瑶:《论禁止使用武力原则——联合国第 2 条第四项法理分析》,北京大学出版社 2003 年版,第 228—246 页。

⑤ 同上书,第 251—252 页。

国家采取非和平方式的权利范围。

　　进一步分析，主权国家还有一项采取非和平方式的权利——在主权和领土完整基础上，国家有权采取非和平方式，与叛乱团体争夺该国领土、人口和资源的全面控制权，争夺合法政府地位，实现国家治权的统一。台湾是中国领土的一部分，把对台湾地区的治理纳入整个国家权力系统中来，使国家权威能真正覆盖台湾地区，这就是通常所说的台湾问题的实质，属于"与叛乱团体争夺该国领土、人口和资源的全面控制权，争夺合法政府地位"的治权统一问题，明显属于国际法规定之内政范畴。因而在统一台湾问题上国家有选择和平或非和平方式的自由。

　　《反分裂国家法》授权国家采取非和平方式的目的在于维护国家主权和领土完整，反对和遏制"台独"势力；并未规定在"与叛乱团体争夺该国领土、人口和资源的全面控制权，争夺合法政府地位"层面上采取非和平方式。可以认为，只要台湾当局承认"九二共识"，在一个中国原则基础上积极推动两岸关系发展，主动消除中国主权和领土可能受到损害的危险，那么国家就没有必要在统一国家治权层面上采取非和平方式。到此，可以得出一个结论，即中国在实现国家治权统一问题上已经接近承诺放弃采取非和平方式，非和平方式只限于反对和遏制"台独"势力，维护国家主权和领土完整。① 也就是国家得采取非和平方式仅限于在国家统一的第一层面，即维护主权和领土完整；而在国家统一的第二层面上，及实现国家治权统一，国家实际上已经承诺不采取非和平方式。在治权统一方面国家主动放弃国际法授予的使用非和平方式的权利，创新了国家实践，体现和促进当代国际法秩序之和平、人本、全人类共同利益等三大价值②，推动了国际法的发展。

　　(三) "一国两制"是实现国家治权统一的最佳模式

　　1. 非"一国两制"模式不适合于两岸统一

　　除"一国两制"外，还有许多"非一国两制"的主张或模式，台湾问题

---

　　① 本报告认为国家应当采取有条件放弃使用非和平方式的清晰战略，即只要台湾当局放弃"台独"路线，承认一个中国原则，有步骤推动两岸关系发展，国家就承诺不动用非和平方式强行统一国家治权。非和平方式的启动主要针对"如果'台独'分裂势力以任何名义、任何方式造成台湾从中国分裂出去的事实，或者发生将会导致台湾从中国分裂出去的重大事变"。有条件放弃使用非和平方式政策可以使国家对台使用武力政策更加明晰，在两岸关系中处于更为主动地位，而且可以在台湾问题上获得更广泛的台湾民众的拥护和国际支持。

　　② 高岚君："中国的和平发展与国际法的价值体系"，载《法学评论》2006 年第 3 期。

专家李家泉根据他掌握的资料统计共有 101 种。① 以下选取几种比较典型的
"非一国两制"模式进行分析。

第一，联邦和邦联模式

邦联是若干完全主权国家根据一个条约而联合成为一个具有自己的机关的
联合体，而这些机关被赋予有对各成员国的而不是对各成员国的公民的一定权
力。各成员国仍然是完全主权国家。邦联即使有，也是非常少②。历史上著名的
邦联有 1580 年至 1795 年的尼德兰，1778 年至 1787 年的美利坚合众国，1815 年
至 1866 年的德意志，1291 年至 1789 年和 1815 年至 1848 年的瑞士及 1806 年至
1813 年的莱茵邦联。1982 年建立塞内冈比亚邦联。1949 年荷兰和印度尼西亚之
间的联合，接近于一个松弛的邦联。最后一个邦联可能是中美共和国，包括三
个主权国家：洪都拉斯、尼加拉瓜、萨尔瓦多，1895—1989 年存续的英联邦虽

---

① 根据李家泉的研究，众多"非一国两制"模式大致可分为以下三类：

一是"一国一制"。标志是主权和治权两者的统一，共 11 种。其中：

属"大陆模式"类 1 种，系台湾部分统派人士提出，主张以大陆的社会主义制度统一台湾。

属"台湾模式"类 10 种，如蒋经国等人提出的"一国两制"，姜敬宽提出的"一制多元"、邵玉
铭提出的"中华民国模式"、杨国枢提出的"台湾发展模式"等，均主张以台湾的资本主义制度代替
大陆的社会主义制度。

二是"两国两制"。标志是主权和治权都分开，共 70 种。虽冠以"一国"，但只是名义的，仍强
调台湾"主权独立"。其中：

属"一国两府"类 24 种，如克莱恩［美］的"两德模式"，沈君山的"一国两治"和"一国两
体"，丘宏达等人的"双体制国家"，奕文的"一国两政"，林钰祥的"一国两府"，李登辉等人的"第
二共和国"等。

属"邦联制"类 13 种，马彬的"中华邦联"，陶百川的"中华共同体"和"中华联合国"，梅可
望的"大中华国协"，魏镛的"多体制国家"等。

属"经济模式"类 18 种，如熊玠的"亚太经济社区"，林邦充的"华人共同市场"，李登辉的
"共同发展经济圈"，李自福的"经济大中国"，郑园的"大中华共同市场"等。

属"文化统一"类 2 种，如余英时等人的"文化统一论"，陈立夫等 34 人的"三民主义文化统一
中国方案"。

属"奥运模式"类 2 种，如翁松燃的"奥运会模式"（又称"一个半中国"），亚洲开发银行理事
会的"亚行模式"。

属"一中一台"类 11 种，如彭明敏的"一个中国、一个台湾"，吴丰山的"台湾分立"，张旭成
的"新加坡模式"，民进党新潮流系的"台湾共和国"，李登辉的"台湾人国家"等。

三是不便分类者 20 种。即虽大体可判断属"非一国两制"，但究竟属"一国一制"还是"两国两
制"，暂还不能或不便明确分类。其中：

属"大陆主体"类的 5 种，如台湾某些统派人士提出的"改良型一国两制"、"新一国两制"、"国
中国模式"、"中国和平统一方案"等。有的虽似"一国两制"而并非"一国两制"。

属"联邦制"的 10 种，如台湾学者姜敬宽提出的"联邦共和制"，陆铿提出的"中华联邦"，美
国华裔学者熊玠提出的"大中华政合国"，大陆学者周洪钧提出的"新联邦制"，日本中岭雄提出的
"中华联邦共和国"，可以是"一国一制"，也可以是"两国两制"，不便于分类。

属"其他类"的 5 种，如胡秋原、王小波等人的"国民议会"，侯立朝的"和平统一中国方案"，
熊玠的"联合政府"等。从其内容判断，均不属"一国一制"，还是"两国两制"，可此也可彼，不便主观地加以区分。参见李家泉：《两岸"双赢"之路——"一国两制"的台湾
模式》，载《中国台湾网》，2001 年 6 月 19 日。

② ［英］詹宁斯、瓦茨修订：《奥本海国际法》（第一卷第一分册），中国大百科出版社 1995 年版，
第 162—163 页。

然有些邦联的特点，但它在法律上既不是联邦国家，也不是邦联，因为它没有一个把各成员国联合在一起的条约，也没有一个在事实上以及为了重要的目的在法律上对各成员国有权力的机关。英联邦事实上是一个由具有共同的来源、历史和法律传统的一些国家组成的联合体或曰共同体。前苏联加盟共和国于1991年组建的独联体实际上一个以国际多边条约为基础的国家间组织。

联邦与邦联的区别在于联邦有统一的宪法，并设有最高权力机关和最高行政机关，对联邦成员和它的人民直接行使权力；按照联邦宪法，划分联邦政府和各成员之间的权限，联邦成员具有一定自主性，联邦内的公民具有一个共同的国籍，联邦成员的公民同时也是联邦公民。联邦国家对于各成员国公民拥有直接管辖的权力，这种权力被18世纪的美国法学家确定为联邦和邦联之间相区别的一个特征。一般来说，由联邦政府统一行使外交权，所以联邦本身构成一个统一的国际法主体，而联邦成员一般不是国际法主体。但是具体到各个联邦国家，其成员单位的国际人格是不一样的。例如，美国，联邦政府集外交权于一身，各州无外交权，也不是国际法主体。但前苏联情况有所不同，根据前苏联1944年修改后的宪法规定，各加盟共和国有对外交往权，其中乌克兰和白俄罗斯还拥有联合国的席位，成为国际法主体。此外联邦德国和瑞士等国，根据其宪法规定，其所属各州可以就某些地方性事务与外国签订协定，即允许成员邦或州拥有一定的外交权。

有学者认为中国和平统一后的联邦制，可综合美国、德国、瑞士和前苏联的优点，例如，在大陆本土，可采用美国的垂直式联邦，允许各省制宪自治，但均有治权而无主权，有外事权而无外交权，也不能成为国际法主体；在港、澳地区，可采用德国和瑞士的联邦模式，作为成员邦的港澳地区政府，除制宪自治外，还可以就某些地方性事务与外国签订协定，可以以中国香港、中国澳门的名义参加一些非官方的国际社会组织，即允许拥有一定的对外交往权，但不能成为国际法主体。在台湾地区，可采用前苏联的带有邦联性质的平行式联邦模式，允许"台湾政府"兼有自治权与主权，拥有军队和对外交往权，可以以中国台北的名义参加国际社会组织，但在行使最高主权时，必须自觉地接受两边政府的共同约定。

也有台湾学者认为联邦不适合于两岸情形。原因可归纳为以下几点：（1）虽然联邦宪法可明文保障各邦的独有权利，台湾若变成大陆十几个省或联邦中的一个，大陆一旦扩大中央职权，台湾地区将事实上丧失大部分的自治权。（2）成立联邦必将取消"中华民国"的国号及目前所拥有的国际人格，其现有武力也将由联邦政府指挥，这些将是台湾当局难以接受的。（3）各成员的体制相近，才宜于组合成联邦制国家。目前，两岸对自由、民主以及人民基本权利等价值观念的差距很大，共组联邦之论恐为时尚早。（4）联邦制中国代表的意义是"中华民国"必须放弃主权国家的地位，可预期仍有一段相当长的时间，台湾地区民众并无信心直接与中国大陆完成政治整合①。

1992 年 11 月 12 日，台湾"总统府国策顾问"陶百川在一个中国政策学术讨论会上提出二元合作联邦的构想。他认为前苏联之所以解体，就是因为联邦政府过分侵占了加盟共和国的权力和利益，两岸规划统一，应以苏联为殷鉴。提出十项想法：

1. 统一后，联邦政府不派军队进驻台湾，也不调走台湾的军队，台湾可向外国购买并自制武器，以维持自卫兵力。

2. 台湾可在一个中国的原则下行使外交权，包括参加国际组织，并与他国签订经济贸易协定和处理领事事务。

3. 统一后，台湾可在保持其经社制度、生活方式和党政军的各项组织。

4. 统一后，台湾将有独立的立法权，在不违背联邦宪法的原则下，可制定自己的法律作为管理台湾的基础。

5. 统一后，台湾将有独立的司法权和司法机关，大陆的法律规章不适用于台湾；台湾的最高法院有最终审判权，不必上诉到联邦最高法院。

6. 统一后，台湾可用青天白日满地红的旗帜，并用中华或中国的称号，如果将来另定新国号和国旗，则应一体使用。

7. 统一后，联邦政府设两院制的联邦国会，它的上院由各省议会选派代表二人组成，下议院则各由人民普选产生。上议院独自享有联邦任命同意权，凡联邦政府派往各省的联邦人员，必须先得该省所派上议员的同意。

8. 统一后的联邦政府设宪法法院，享有联邦及各省法律之审查权，其法官还须得联邦上议院的同意。

9. 联邦与各省如有争执，应以和平方式协调解决，不得使用武力，其争执如涉及宪法或法律者由宪法法院判决之。

10. 各省得经省民直接投票决定退出联邦，但其投票须由联邦政府派员监督。

第二，多体制国家模式②

---

① 丘宏达："以联邦制统一中国的可行性"，载《海峡两岸关系文集》，香港新亚洲出版社 1990 年版，第 236—238 页。

② 多体制国家概念由台湾的国际政治学者魏镛博士提出来该概念形成于 1974—1975 年，作者系统提出则是在 1980 年 10 月在韩国汉城的第六次统一问题国际学术会议中，这项概念一提出，立即引起台湾岛内及国际各方面的回应。1991 年 12 月 13 日南北韩签订的《南北间和解、互不侵犯及交流合作协定书》几乎完全采纳了多体制国家的基本精神与内涵。在该协定书的前言中明白指出：为图谋民族共同的利益与繁荣，认定双方之间的关系不是国与国的关系，而是指向统一过程中之暂时定性形成之特殊关系。双方并同意南与北相互承认与尊重对方之体制及南与北中止在国际舞台之对决与竞争，互相合作，为民族的尊严与利益而共同努力。

　　多体制国家概念被认为是基于第二次世界大战后中国、越南、德国、韩国分裂成社会主义和资本主义两种政治体制的事实而提出的。多体制国家概念认为，从国际法和外交承认的角度来看，目前处于分裂状态的国家内部各体制，事实上都符合国际法规定的国家条件，但由于政治因素影响他国对它们的承认的程度，传统国际法排他性承认原则，使被排斥承认的体制受到极不公平的对待，任何一方均利用其盟友及其在国际上的影响施加压力，以阻止另一方被承认为国家和合法政府，这种外交承认上的排他性往往又是造成对立体制双方进入军事对抗的诱因。针对这种情况，国际法实在应该发展出一种新的法则来处理分裂国家面临的新问题。① 多体制国家有如下特征：

　　1. 一个国家的原则，各个体制原属于一个统一的国家，目前虽然分裂，但双方仍主张国家统一的目标。

　　2. 在一个国家的原则下，分裂的双方互相承认对立的体制为其治下地区和人民的合法政府，拥有主权兼治权，外交上放弃排他性承认，尊重其他国家对分裂国家内的各个政治体制的选择。

　　3. 国家的分裂仍是由于政治体制的差异所致，是一种暂时的现象，两种体制经过良性互动，相互竞赛，最终走向趋同，国家自然统一，从而排除一个国家在国际法下被长久和固定地分裂为两个或更多合法实体的可能性。

　　4. 强调在一个国家原则下，两种制度的和平竞赛有利于统一，从而达到排除武力兼并与永久分裂之目的，借以增进各体制内人民的福祉。

　　有学者认为多体制国家与"一国两制"的都坚持一个国家，后者强调中央对地方的垂直统一模式，前者突出两制为平行对等的原则。所谓平行对等，就是承认两个政治实体皆为其治下地区和人民的合法政府，拥有治权和主权。据此，平行对等原则体现在外交上，便有可能推演出双重承认或交叉承认的结局，这也是与"一国两制"的相异之处。

　　第三，坦桑统一模式②

　　坦桑尼亚联合共和国是一个特殊的联邦制国家。有的专家说它具有某些联邦制国家的特征，但又不符合真正联邦制的模式。它与一般联邦制国家明显的

---

① 丘宏达教授认为多体制国家这种特别的法理和政治性质，在国际关系中为许多国家带来困难和不便。他们必须选择其中一方而完全排斥另一方。这是一种不愉快的选择，尤其在大部分的例子中这种选择是政治压力或利害关系的结果。它在国际法中找不到任何基础，因为不被承认的一方，从国际法的任何角度来看，与被承认的一方同样具有作为国家的资格。认为国际法应发展新的规则来规范多体制国家的现象。

② 温伯友、徐济民等："坦桑联合过程及经验的研究"，载《中国对外关系中的台湾问题》，经济管理出版社2002年版，第399—430页。

不同是：没有像通常的联邦结构那样成立三个政府，即中央政府加上两个成员政府，而仅成立两个政府——联合共和国（即中央）与桑给巴尔政府。大陆部分由中央政府直接治理而不另设政府。

1964 年双方签订的联盟条款确定了联邦制政府和桑给巴尔政府的分权问题。根据该联盟条款规定，以下事务归联合共和国总统管辖：联合共和国宪法和政府；外交；国防；警察；紧急权力；公民身份；移民；对外贸易与借贷；全国性公用事业；所得税、公司税、关税和消费税；港口、民航和邮电。1965年临时宪法中又加了两条：货币、银行与银行管理，外汇与外管理；桑给巴尔公务员、警察和国防经费将在联合政府的预算中支付。

根据以上规定，联合共和国在外交上作了一些调整，原坦噶尼喀和桑给巴尔在联合国都有席位，联合后改由坦桑尼亚联合共和国取代两国，原两国的驻外使馆也相应作了调整；原与桑给巴尔建交的国家在桑所设大使馆降级为领事馆，等等。在国防上，联合共和国总统兼任军队总司令，有权调遣和指挥全国（包括桑给巴尔）武装部队；桑给巴尔人民解放军于 1966 年正式并入坦桑尼亚人民国防军，两地军队在统一指挥下换防，以及到大陆或桑岛训练演习。联合共和国总统有权按规定将有关法律扩大到桑给巴尔或废除桑给巴尔的相应法律，必要时有权在大陆和桑岛宣布紧急状态。全国货币和税制也实行统一。

根据联盟条款和后来的宪法桑给巴尔以联合为条件换取了较大自治权，并在中央机构取得较高地位。

桑给巴尔依法保持单独的行政制度，首脑也称总统；桑给巴尔政府各部长由桑给巴尔总统任命桑岛人担任，中央政府不加干涉。在中央政府中，1977年后的宪法规定，联合共和国总统和副总统由全国选举产生，但不能由大陆或桑给巴尔岛任何一方包揽。如总统是大陆人，副总统就必须是桑给巴尔岛人，如总统是桑给巴尔岛人，副总统必须是大陆人。除总统和副总统之外，还有为数不少的桑给巴尔岛人在历届中央政府中担任部长、副部长及驻外使节等高级职务。

桑给巴尔拥有单独的立法机构。按照宪法规定，桑给巴尔在中央议会——坦桑尼亚国民议会中占有高比例的席位。约 180 个议席中，桑可占 55 席。桑给巴尔还有自己单独的宪法。1979 年宪法规定了三权分立制度。1984 年宪法还规定桑给巴尔可有自己的国歌。

桑给巴尔有单独的司法机构，桑给巴尔最高司法长官高等法院的大法官由桑给巴尔总统任命。坦桑尼亚宪法规定，桑给巴尔高等法院享有与联合共和国高等法院并行的法权。1977 年宪法规定设立的联合共和国特别宪法法庭由联合双方按平等代表权原则组成，其成员一半由中央政府从大陆人士中任命，一半由桑给巴尔政府从桑给巴尔岛人中任命。特别宪法法庭的职责是处理和解决在中央政府和桑给巴尔政府之间因解释和执行联合共和国宪法上出现的争端。

在出入境管理和军务上也拥有较强的自治和独立性。在入境方面，来自大陆的访问者在进入桑给巴尔时需要出示护照、签证或其他官方旅行证件。桑给巴尔海关对来自大陆的产品同样征收关税；在出境方面，桑给巴尔政府在1969年宣布任何娶了桑给巴尔姑娘为妻并要将她带往大陆的人必须偿付桑给巴尔岛为培养她而花费的医疗和教育费。桑给巴尔岛人前往大陆也需要持有出境许可证。在军务上，桑给巴尔军自1966年起成为坦桑尼亚人民国防军的一部分，桑给巴尔军有时也派往大陆，但大陆部队只被允许少量派驻桑给巴尔两大岛之一的奔巴岛，在其主岛——翁古贾岛的几个军事中心都不派驻大陆军队。桑给巴尔军队司令和各级指挥官当然由桑给巴尔人担任。

以上邦联、联邦、多体制国家以及坦桑联合模式有一个共同特点，那就是都没有考虑到台湾是中国的一部分，除了多体制国家模式外，也都没有考虑到两岸实行两种社会制度的现实。邦联是主权国家联合体，在两岸之间适用邦联模式，明显是一种国家分裂模式。目前提出的联邦模式方案有一个共同特点就是虚拟中国，把"一个中国"的中国变成了一个"地理、历史、文化、血缘上的中国"，另一方面台湾被国家化，"允许台湾拥有自治权和主权，拥有军队和对外交往权"，"台湾可向外国购买武器"，这显然背离实行联邦制的初衷。而且在两岸之间采用联邦制，没有考虑到两岸关系是一种特殊的国家治权分裂模式，即有效控制中国大陆地区的中华人民共和国已经取得了中国的对外代表权和中央政府地位，台湾地区在人口和土地面积上与大陆地区存在巨大悬殊，也就是两岸治权分裂是一种严重不对等的分裂模式，在这两个明显一大一小的成员之间组成联邦制缺乏可行性。

多体制国家模式最大的谬误在于把两岸和两德、两韩以及南北越混为一谈。多体制国家似乎充分考虑到两岸实行两种制度的事实，要在两岸之间建立一个包容两制的所谓的多体制国家，但是仔细阅读多体制国家方案，就会发现它实质上要使两岸分裂为像两个德国和南北韩那样的两个国家，是李登辉的"特殊两国论"的老版本。

坦桑联合模式给人最深的印象包括政府体制采取两个政府（中央和桑给巴尔）联合或联盟的形式，而不是三个政府（中央、坦噶尼喀与桑给巴尔）的联邦形式。联合协议和后来的宪法规定，坦噶尼喀和事务由联合共和国政府（中央政府）管理，不另设坦噶尼喀政府。这种精心的安排，有利于坦、桑从联合或联盟最终走向统一。如果设三个政府体制则可能不利于国家统一。还有军队的统一指挥，这是联合的可靠保证。1966年坦、桑两地军队正式合编为坦桑尼亚人民国防军，设大陆和桑给巴尔岛两个司令部，但根据宪法由联合共和国总统兼武装部队总司令统一指挥。更改国名也处心积虑。联合前大陆国名为坦噶尼喀共和国，桑给巴尔岛叫桑给巴尔人民共和国；1964 年联合时定名为坦桑尼亚联合共和国。国名的改动不仅是为了简化或给人以新意，而且具有体现和推进统一、淡化原本是两个国家意识的政治效果。

坦桑联合模式也是一种大陆与海岛之间的联合模式，但它属于国际合并的范畴，因为桑给巴尔是以一个独立共和国的身份参与国际合并过程，所以在合并后，能够取得非常大的自治权，包括保留国名、总统等，而台湾从来就不是一个国家，它的自治权只能在一个中国的大框架下进行设计，显然台湾不可能取得像桑给巴尔在坦桑尼亚共和国中的那样强的独立地位。

上述无论是联邦还是坦桑联合模式，是"一国一制"模式，虽然能够实现国际法要求的主权统一的状态，但是"一国一制"模式脱离中国的实际即两岸长期实行不同的社会、经济制度，因而不适合于两岸统一。邦联和多体制国家模式是"两国两制"，主权和治权都分开，是地地道道的分裂主张，企图把两岸治权分裂的现状固定化、永久化，以达到中国主权分裂、台湾独立的目的。

2. "一国两制"发展了主权的理论与实践

（1）"一国两制"适应了主权的要求。"一国两制"方案可以成功解决一国之内存在两个（或两个以上）实行截然不同的社会制度并各自治理的区域之间的国家治权统一难题。它顺应了国家统一的历史趋势，体现了国家主权的本质和要求。

在中华世界秩序下，"诸夏之领域"总有一个占据中原的正统政权，该正统政权与周围的边缘政权以政治、伦理、文化等为纽带形成一种阶层性的权力网络，从而使"诸夏之领域"大体上是一个统一的国家。以这样的标准来看，秦汉、隋唐、元明清都是统一国家。自秦统一中国之后，中国也曾有几次大的分裂，如魏晋南北朝、五代十国、宋辽西夏金对峙等，但总的来说，统一的时间远远超过分裂的时间，而且到元代统一全中国以后，历史上就再未出现过长期的分裂。到明清两代，统一更成为不可逆转之势。清末以来中国开始以不平等的地位卷入国际社会，在主权和领土完整没有保障的情况下，内部治权不断遭遇分裂，尤其是 20 世纪之后，虽有军阀割据，连年内战，但在名义上，中国仍然是一个统一的国家。

统一始终是中华民族发展的主流，尤其是进入国际社会以后，中国的国家统一获得了国际法上的正当性，受到国际法的支持和保护。两岸的暂时分离并没有改变中国主权和领土完整这一国际法架构，两岸政治、经济等差异不能作为分割中国主权和领土完整和抗拒治权统一的借口。历代王朝国家为了实现和维护地理范围辽阔、民族众多的"诸夏之领域"的统一，采取在中心地带实行郡县制和在边远少数民族地区实行羁縻制相结合的治理政策，使"诸夏之领域"终于能够以一个统一的主权实体身份进入近现代国际社会，可以说现代中国主权的形成和完整凝聚了几千年来中华先民的智慧和艰辛，几千年来追求统一的历史为近代以来中国主权和领土完整奠定了事实和法理基础。

统一的历史造就了现代主权，同时主权必然要求现代国家统一。民族国家的主权本质就是具有对内最高的性质，主权是高于一国领土之内所有世俗权威的权力，它不仅要求主权的覆盖范围即国家领土因国际法的确认而完整不可分割，同时它也不允许该范围内的某一地方权威游离于主权权威之外。为此，主权必然要求把对一国之内所有的人、物和所发生的事的管辖纳入一个拥有最高权威的中央权力机构或系统之中。简而言之，主权要求国家统一，不仅要求领土完整，它还要求国家治权的统一。如果只有领土完整，治权长期不能统一，会造成事实上的"两国"或"两府"，主权和领土的完整性因仅在名义上和法律上存在而变得非常脆弱。就两岸关系来说，1949年以来两岸虽然分离，但长期以来两岸都坚持一个中国，国际社会也承认两岸之间只存在一个主权国家实体，中国主权和领土的完整性并没有因为两岸分离而受到损害。但是国家治权长期得不到统一，主权和领土的完整性处于一种易受损害的状态，主要原因有强国对事实上"两国"或"两府"的承认从而引起整个国际社会态度的改变，从承认治权未统一的国家为"一国"转为承认该国分裂为两国；另一个原因就是某个争夺国家治权的政权在斗争中处于劣势时容易掉头向外，由内争国家治权和合法代表权，转为向外争取主权国家地位。台湾当局由一个追求中国统一的政权蜕变为追求"台独"的政权，充分证明了国家治权长期得不到统一对国家主权和领土完整造成的危害性。

（2）结论："一国两制"是新型的主权模式。最理想的主权模式是主权和治权高度重合的模式，即治权统一于高度集权的中央政府，地方实体缺乏自治权利，显然这种理想模式没有充分考虑台湾地区因为长期分离而发展的在政治经济等方面的独特性，因而不适合解决两岸之间的统一问题；主权和治权彻底分开，两岸分享国家治权，这种分享实质上造成了主权的分割，明显是主权分裂和"台独"模式，有损于国家主权和领土完整。"一国两制"基于现实的考虑，主张在主权统一和领土完整前提下使台湾地区治权相对分开，实行高度自治，这是可避免以上两种极端的主权安排。"一国两制"构想，吸取了王朝国家采取的郡县制和羁縻制相结合的统一经验，把实行单一制的国家权力结构形式和实行复合制的国家权力结构形式巧妙地结合了起来。

"一国两制"的理论和实践表明，固然主权和治权截然分开将导致"国将不国"，但在特定情况下，治权可以和主权相对分开，而不影响主权的统一和完整。在主权统一下使治权相对分开，在特定地区实行高度自治，这是一种全新的主权模式。"一国两制"在解决统一问题上既坚持了原则性即坚持一个中国原则，又照顾了灵活性即在台湾地区实行高度自治。

"一国"① 体现了主权的统一和完整。一个中国原则就是世界上只有一个中国，大陆和台湾同属一个中国，中国的主权和领土完整不容分割。这是发展两岸关系与实现和平统一的基础。中国政府对"一国"进行"模糊化"处理，使统一的基础更为宽阔，更具包容性，既坚持了"世界上只有一个中国"，又采用了台湾当局和人民可以接受的"大陆和台湾同属一个中国"。"说到统一，有一个用什么'统'的问题。照我们的意见，就是用一个国名、一个首都来'统'，其余都可以维持现状不变。"②

"两制"体现行使主权（治权）的灵活性。在台湾地区实行高度自治，台湾保持原有的资本主义制度长期不变；统一后台湾实行高度自治，中央政府不派军队和行政人员驻台③。统一后，台湾将成为特别行政区。它不同于中国其他一般省区，享有高度的自治权。它拥有在台湾的行政管理权、立法权、独立的司法权和终审权；党、政、军、经、财等事宜都自行管理；可以同外国签订商务、文化等协定，享有一定的外事权；有自己的军队，大陆不派军队也不派行政人员驻台。"一国两制"对台湾有四大好处：第一，"台湾可以保持原有的社会制度不变，高度自治"；第二，"台湾同胞的生活方式不变，他们的切身利益得到充分保障，永享太平"；第三，"台湾经济将真正以祖国大陆为腹地，获得广阔的发展空间"；第四，台湾同胞可以同大陆同胞一道，行使管理国家的权利，共享伟大祖国在国际上的尊严和荣誉。

"和平统一、一国两制"主张的提出，表明国家在统一国家治权方面创造了新的历史，为国际和区域和平作出了新的贡献，推动了国际法的发展。中国

---

① 黄嘉树教授在分析一国两制之台湾模式与港澳模式时，认为二者区别有二：一是在港澳模式中，作为谈判对象的英国，葡萄牙政府承认中华人民共和国政府与全中的同一性，而在台湾模式中，台湾当局拒绝承认这种同一性，除非这里所说的"中国"不包括台湾在内；二是港澳地区原本不存在以国家形态运作的权力系统，而在台湾却存在着一个以国家形态运作的权力系统，且台湾多数人民认为它就是"中央系统"。讲两岸统一，说到底就是要把两岸民众分别拥戴的"两府"整合为两岸民众共同拥戴的"一府"，让这"一府"来代表"一国"，这才是"一国两制"中"一国"概念的真实的内涵。这也是"一国两制"要在台湾落实最大的障碍之所在。参见黄嘉树：《从"两府争端"看"一国两制"的发展》，中国台湾网，2002 年 4 月 2 日。

② 中共文献研究室编：《一国两制重要文献选编》，中央文献出版社 1997 年版，第 16 页。

③ "一个中国原则和台湾问题白皮书"，载《人民日报》，2000.2.22.3。

政府主动采取各种和平措施，推动和鼓励两岸关系的发展，更具有历史意义的
是，中国政府把自己在统一国家治权方面的采取非和平手段的自由自限于仅仅
是反对和遏制"台独"势力，维护国家主权和领土完整的范围，默示放弃
"与叛乱团体争夺整个国家控制权，争夺合法政府地位"方面采取非和平方式
的权利。一国两制承继了中央集权与特殊治理的"大一统"传统，是解决一
国内存在两个实行不同社会制度并各自治理的区域的国家治权统一问题的最佳
模式，顺应了中国历来追求统一的历史观，更适应了现代国际法秩序下的国家
主权的本性。

四、构建和平稳定发展的过渡时期两岸关系法律框架，阶段性推进国家治权统一

构建和平稳定发展的过渡时期两岸关系法律框架必须首先解决两岸法律
定位问题。两岸关系要想结束长期的敌对状态，寻求新的突破，就必须进入政
治谈判，而两岸的政治性谈判以定位问题为前提和基础，可以说定位问题上的
分歧是两岸无法进入实质性的政治谈判的主要障碍。然而，定位问题是一个法
律问题，但是由于政治因素尤其是来自台湾当局的政治干扰，使这个法律问题
更像一个政治问题。定位问题因为涉及两岸不同的政治法律制度、对立意识形
态等，也涉及两岸的相互认同及国际社会的承认等方面，对学术界来说它又是
一个十分敏感的问题。定位问题和法律框架的探讨需要在理论与现实之间做到
一种平衡，同时因为国家对台湾的法律定位与台湾当局对两岸的政治定位之间
存在巨大差异，所以这种平衡必然是超高难度的。国家法律对台湾的定位坚持
台湾是中国的一部分，台湾当局只是中国的一个地方当局，两岸开展政治谈
判，可以就台湾的政治地位问题进行谈判，但是对台湾的政治定位脱离不了这
一大的法律范围。反观台湾当局对两岸的定位则政治因素占主导，完全无视国
家法律甚至自己的"宪法"。

（一）台湾当局对两岸政治定位发展变化

1949 年 10 月 1 日中华人民共和国成立，标志着中华民国政府丧失作为中
国的合法代表地位。但是台湾当局，一直沿用 1948 年公布的动员戡乱时期临
时条款，继续认定中国共产党统治区为非法的叛乱团体，并且占据中国在联合
国的代表席位直到 1971 年。

联合国通过 2758 号决议案驱逐出台湾代表，并确认中华人民共和国代表
中国的合法地位。1972 年尼克松访问中国大陆，发表上海公报，中华人民共
和国为中国的唯一合法代表，成为国际社会的普遍共识。台湾当局的"建交"

国数量急剧下降，其所谓代表中国的合法性遭到国际社会的普遍否定。1979年2月中美建交，是中国对台政策转折点，并标志着两岸关系开始转向和缓。国家在两岸定位方面，把台湾当局视为中国的一个地方政府或者说是地方特别行政区。最早对两岸定位，将台湾当局定为一个特区的时间是1979年10月，邓小平接受日本《朝日新闻》访问时透露：中国承认台湾为地方政府，它不但可保有军队及高度自治地位，同时社会制度也可保留，就如同国共第二次合作时期，国民党允许共产党在陕北设立特区。①

更明确地将台湾定为地方政府是1981年9月30日，叶剑英委员长发表的和平统一方针。这个俗称"叶九条"的第三项有下列表述：国家实现统一后，台湾可作为特别行政区，享有高度自治权，亦可保留军队。中央政府不干预台湾地方事务。

台湾当局不顾对岸提出的"和平统一、一国两制"政策，坚持"三不"原则，直到1988年蒋经国去世之后才试图对两岸进行重新政治定位。1991年4月30日，台湾当局终止适用所谓的动员戡乱时期临时条款，大陆政权不再具有叛乱团体的身份。如何定位动员戡乱时期结束以后的大陆政权，当时对台湾当局来说是一个不小的挑战。台湾当局创造性地运用政治实体这一概念，视中共控制的大陆地区为政治实体，称之为大陆当局或中共当局。不过李登辉又补充说，中共如果不放弃对台用武与孤立台湾的做法，那么只能认定它是具有敌意的政治实体。"国统纲领"把两岸定位为大陆与台湾同属中国的领土，互不否定对方为政治实体。

除了政治实体的定位外，还提出"一国两区"的概念。这个名词最早正式见诸台湾官方文件是在1980年7月"行政院"郝柏村院长向"立法院"提出的报告里。② 不过这里的一国明确所指是"中华民国"，而所谓的两区，则是指台湾地区与大陆地区。更明白地说，就是指这两个地区的统治当局。一国两区的定位是说目前中国事实上有两个政府一个在大陆，一个在台湾。

不过，虽然台湾当局承认了大陆政权的"合法性"，但是这也为特殊两国论的提出埋下了伏笔。李登辉上台后就开始强调中华民国在台湾的所谓主权性。李登辉对一个中国进行重新诠释，强调一个政治中国是未来式，非现在式；现在式的中国是包括地理、历史、文化等意义上的中国。为了配合李登辉的"台独"思路，台湾当局对一个中国原则进行多角度的创造性诠释，大致有以下几种提法：

---

① 《文汇报》1979年10月20日第1版。
② 《联合报》1992年2月22日第2版。

1. 单一排斥性的论述：指出一个中国系"中华民国"的说法。

2. 去政治化的论述：一个中国为历史的、文化的、地理的或血缘上的一个中国，不是政治上的一个中国，台湾与大陆都是如此意义下的中国的一部分。

3. 切割时间序列的论述：一个中国是过去式的，也是未来式的，但并非现在式。首先，过去式的表述认为是指 1912 年成立的中华民国；第二，现在式的表述认为自 1949 年起两岸处于暂时分裂分治状态，现在式的一个中国是一个分治的中国。在一个中国、各自表述的两岸共识前提下，不否认对方为对等政治实体；第三，未来式的表述则认为一个中国是指自由、民主、均富统一的新中国。

4. 同时涵盖双方的论述："中华民国"与中华人民共和国都不等于中国，谁也不代表全中国，台湾并不等于中华民国，中华人民共和国也不等于整个中国。一个中国同时包括"中华民国"和中华人民共和国。

5. 互不称代表对方的论述：在中国大陆的中华人民共和国与在台湾的"中华民国"是两个互不隶属的主权国家，谁也不能代表对方，如同现在的韩国与统一前的德国。

6. 内外有别的论述：在两岸关系中，海基会与海协会的对谈，只限于两岸事务，为回避双方意识形态的差异，采用对等政治实体。但在对外关系上，则以"中华民国"的主权国家形态出现，此即在两岸与对外关系上内外有别的不同运用策略。

台湾当局对一个中国作上述多角度的翻新解释，但在正式官方文件方面并未公开表示放弃 1992 年"国统会"《关于"一个中国的"含义》定义，即一个中国即是"中华民国"的说法，且仍然主张"中华民国"主权及于整个中国大陆，只是这种定义在台湾政治人物的口中提及的频率越来越低。

李登辉主政台湾期间为突现台湾的主权性，开始接受双重承认。声称不再在国际社会寻求承认台湾当局为中国之唯一合法政府，但以治权及于台湾的"中华民国"身份寻求其他国家的承认并建立外交关系。① 台湾"陆委会"于 1994 年明白指出：八十年（1991 年）四月三十日，"总统"李登辉宣告动员戡乱时期于五月一日零时终止……这个宣告在两岸关系上……表示"中华民

---

① 台湾当局就参与联合国提出务实三原则：（1）不排除中国未来统一；（2）不挑战中共在联合国之现有席位；（3）两岸分裂分治之情形下，"中华民国"参与联合国系在寻求台湾地区两千一百万人民之基本权利，在联合国中有适当代表，其目的并非寻求代表全中国。《"立法院"公报》，第八十三卷四十一期（下），"参加联合国策略听证会记录"，1994 年 6 月，第 250 页。

国"政府不再在国际上与中共竞争中国代表权。① 有论者认为 1991 年宣告动员戡乱时期终止，代表台湾当局放弃对大陆主权主张，并单方承认中华人民共和国。

1994 年起台湾当局明白表示，台湾进入联合国不排除和中华人民共和国同时为联合国会员国。台湾在外交上的困境使得台湾有一群声音认为坚持一个中国是一种自杀政策，是在国际上为对岸的他人做嫁衣，只有抛弃一个中国另谋出路才能打开属于台湾的一片天。至此，两国论的提出只是时间早晚的问题。

特殊两国论概念肇始于 1994 年《台海两岸关系说明书》："中华民国"（在台湾）是一个独立主权的国家，一个中国只是一个非政治化的概念，即存在于目前的两岸现实之外的概念，两岸的现实政治是：自 1949 年后中国已经完成分裂，两者之间的关系实为非政治化的一个中国原则下的分裂分治的两区（国）关系，也即是特殊国与国的关系。将一个中国原则从现实政治中排除出去，即既非"中华民国"，也非中华人民共和国。按台北的理解，如果有一个中国的话，也只能是一个分治的中国，既然中国是分裂分治的，而"中华民国"又是一个主权独立的国家，对岸也是，两者意思结合来看，两岸的关系自然就变成两个主权独立的国家之间的关系。不过，又由于两岸从历史上、地理上、文化上、血缘上属于一个中国，因此，目前的两岸两国关系即属于特殊的国与国的关系。

《台海两岸关系说明书》完全借鉴两个德国共处期间的理论。把两岸关系等同于两德关系，把两岸在一个中国的框架下实现治权统一的问题等同于两个具有共同历史、文化等特殊联系的主权国家间的合并问题。

《台海两岸关系说明书》发表后，台湾当局开始抛弃一个中国的政治法律性表述，将一个中国非政治化，认为一个中国只是历史上、地理上、文化上、血缘上的概念。从此以后，台湾当局竟然不顾自己的"两岸一中""宪法"，把一个中国看成是与自己无关的中华人民共和国。

两国论所强调的所谓特殊性就在于台湾当局把两岸类比成第二次世界大战后出现的几个分裂国家。1997 年台湾新闻局发表《透视一个中国》说帖，在文中用一个分治的中国取代一个中国概念：中华民国自 1912 年建国以来即为一个主权国家。而自 1949 年中共政权成立起，中国即处于分治的状态。其后由于台北与北京均未统治对方，当然，谁也不能代表全中国，而只能代表各自有效统治的一部分。鉴此，我们认为，与其去说一个中国，不如说一个分治的

---

① 台湾"陆委会"编印：《台海两岸关系说明书》。

中国，就像现在的韩国、过去的德国与越南一样。

李登辉故意混淆两岸统一与两德的"统一"这两个不同的法律问题。他在 1995 年的一次答记者问中说我们必须强调中华民国在台湾是一个主权国家，我们这项原则不能忽略。重要的是我们自己态度要清楚……为了台海安全，两个政府，中国将来是要统一，在这个目标之下，如果没有分裂国家，有何必要统一？① 显然李登辉把两岸统一等同于两德统一，意思是说只有像一个德国分裂为两个德国那样才有国家统一问题。正如前文论述，两个德国的"统一"实质上是国际法上的两个主权国家的国际合并问题。而两岸统一属于在国家领土和主权完整的基础上的治权统一范畴。所以把两德统一混同于两岸统一是别有用心的法律思维混乱。

1996 年 3 月 29 日，李接受亚洲华尔街日报访问时再次表示："中华民国"在台湾的存在与发展是一项事实……已经没有所谓"台湾独立"的问题。我们主张目前"中华民国"的主权与治权只及于台澎金马地区，是实事求是，务实的做法。② 这已经是赤裸裸的两岸两国论了。为了在赤裸裸的两国论上加一点点欺骗性，李登辉在两国论前补上"特殊"两个字。为了显示两岸两国的特殊性，李刻意选择在 1999 年 7 月 9 日接受《德国之声》访问时抛出两国论：1991 年修宪以来，已将两岸关系定位在国家与国家，至少是特殊的国与国关系，而非一个合法政府，一个叛乱团体，或一中央政府，一地方政府的一个中国的内部关系。一切已经真相大白，两岸是两个主权国家，至于所谓特殊性无非是像两德、朝鲜和韩国以及南北越共处期间具有一种从历史上、地理上、文化上、血缘上的共同性。

2000 年台湾民进党上台标志台湾当局对两岸政治定位进入法理"台独"阶段。法理"台独"的"台独"性比特殊两国论更为恶劣张狂，它不仅声称两岸两国，而且连两岸在历史、文化、民族等方面具有的特殊联系和共同性也被否定。

台湾民进党认为台湾问题的本质是"2100 万自由台湾人民所组成的、具有完全之独立国家人格的台湾，在国际社会没有得到应有的尊重与地位"③。它不仅抨击台湾是中国的一部分的立场，也质疑国民党当局"一个中国两个对等政治实体"的两岸关系定位，认为所谓一个中国政策即是自杀政策。

---

① 《中央日报》（国际版），1995 年 4 月 5 日。

② 《中央日报》（国际版），1996 年 3 月 29 日。

③ 台湾民进党："台湾主权宣达书——在'台湾是台湾、中国是中国'的现实基础上重构两岸秩序"，1994 年 8 月 2 日。

1995 年后民进党"台独"理论开始转型，转型的重点在于对台湾法律地位提出重新解释，认为台湾在实质上已经独立，只要维持现状即可确保台湾主权独立，并不需要另行建立新国家，彻底否定民进党以往坚持的激进建设新国家路线。①

"台独"势力认为台湾不需要轰轰烈烈地建国举动，但必须要把压在头上的保留"两岸一中"框架的"中华民国"宪法搬掉，重新制定"台独"新宪法，实现法理"台独"。

陈水扁"5·20"讲话中，用正话反讲的方式描述了法理"台独"的基本路径，他保证在任期之内，不会宣布独立，不会更改国号，不会推动两国论入宪，不会推动改变现状的统独公投，也没有废除"国统纲领"与"国统会"的问题。但是"四不一没有"前面还有一句是"只要中共无意对台动武"，可见他的"四不一没有"是以"大陆无意动武"为前提。"无意动武"四个字并不是指客观军事行动，而是指主观思想意图。中国政府与世界上所有国家政府都一样，无论如何都不可能宣布放弃武力维护国家领土和主权完整的权力。因此，陈水扁在任何情况下都可以说大陆政府主观上有使用武力的意图。"四不一没有"的承诺是陈水扁用正话反讲方式掩饰其"台独"政策的骗局，因此，其内含的法理"台独"步骤也是倒装的，即写在最前面的是最终目标，写在最后面是要先走的一步。我们把"四不一没有"的内容次序颠倒过来，就可以发现陈水扁设计的法理"台独"步骤是先废统，然后新宪公投，修改宪法（即两国论入宪），再后更改国号，最后宣布独立。

2004 年陈水扁连任台湾领导人，在其就职演说中提出了法理"台独"的时间表，即 2008 年 5 月 20 日他要交给台湾人一个合身、合时、合用的新"宪法"。在 2006 年元旦，他再次重申要在余任期间全力推行这一时间表。在中国进入倒计时迎接 2008 年奥运会之后，陈水扁于 2006 年 2 月 27 日正式宣布终止《国统纲领》和"国统会"，实现法理"台独"的第一步。陈水扁废统行动标志着台湾当局已经决定要落实 2008 年 5 月实现"法理独立"的时间表。②

法理"台独"把特殊两国论的"台独"思想推至极端，不仅在思想上撕开把两岸黏合在一起的地理上、文化上、民族上、历史上的"特殊性"，而且在执政实践上推行"去中国化"政策，数典忘祖，妄图割断中华民族的血缘，切断两岸的骨肉联系。2006 年 2 月 27 日终止"国统会"和"国统纲领"，公

---

① 郭正亮：《民进党转型之痛》，天下远见出版股份有限公司 1998 年版，第 297—303 页。

② 马英九在 2006 年 2 月访英时已经明确表达"台独"可以作为一个政治选项的政治立场，即如果台湾人民选择独立，他将尊重人民选择。

然挑衅一个中国原则，严重破坏两岸的和平稳定，具有极大的冒险性、危害性。

以上台湾当局出于自身政治立场对两岸的定位，无论是自封"中国合法代表"、两个对等政治实体、特殊两国或一边一国等都经不起国际法和国内法的检验。

（二）两岸法律定位的理论探讨

两岸法律定位受到政治因素尤其是来自台湾当局的政治干扰而无法进行准确定位使两岸政府对定位问题的认知南辕北辙。台湾当局的定位期望：政治谈判必须先解决两岸定位问题，而解决定位问题又必须先回答"中华民国"的法理存在问题。这两句话是互为因果的，"中华民国"的法理存在是两岸定位的前提，而两岸定位又反过来为"中华民国"的法理存在提供证据。国家认为两岸应坚持一个中国原则，暂时搁置两岸对一个中国的政治含义的理解分歧。两岸三地的学者们试图调和上述对立的定位立场，提出了一些对于两岸都具有启发性的思路和观点。在此选取两种具有典型性的定位思想进行简要介绍并评述。

厦门大学台湾研究院刘国琛教授认为，影响两岸关系的关键有两岸互信问题、两岸定位问题。两岸双方至今各自控制中国境内一定的人口和土地，并分别以中华人民共和国、"中华民国"为"国号"，这种各自定位的现象是内战遗留的问题。尽管如此，中国的主权和领土完整并没有从法的意义上一分为二，两岸同为中国不可分割的组成部分的政治现实并未改变。中华人民共和国也好，"中华民国"也好，在两岸之间是两个对抗性政权的政治符号。由于两个政治符号所涵括的领土主权和人民范围完全重叠，因而不构成两个国家。从1949 年中华人民共和国政府发行的第一套纸币，仍以"中华民国"为标记（1955 年起启用的第二套人民币改称中华人民共和国）即可看出，中华人民共和国和"中华民国"两个符号在特定的范围是可以同时存在的，两者实为同一国家，譬如，人之有别名，名不同而人同。由于内战遗留的两岸敌对关系尚未正式结束，两岸之间的政治关系仍可以相互定位为中国境内两个竞争性政权关系。两岸之间虽然存在"各自为政"的现实，却不同于任何国内法或国际条约保障下的分治或分立关系。只是两个政权之间尚未结束敌对状态，两岸在内政方面尚未建立法律上的管辖与被管辖秩序。[①] 刘教授的观点触及了一个敏感提法：中华人民共和国和"中华民国"两个符号在特定的范围内可以同时

---

① 刘国琛：《试析现阶段两岸关系》，载《台湾研究集刊》2003 年第 2 期。

存在。的确，国际法只承认在横跨台湾海峡两岸的中华大地上只有一个国际人格者，至于这个人格者的名称对于国内不同的政治集团来说可以是不同的。如果考虑到中华人民共和国和"中华民国"只是中国这个国际人格者的名称，台湾当局或许可以更冷静地对待"名"问题，理智地对中国的主权和领土完整这个"实"问题采取坚持和回归立场。

香港学者郑海麟教授认为北京的垂直统一模式（一国两制，中央对地方）不能为台北接受，而台北的平行对等模式亦不能为北京接受。为化解目前两岸关系的紧张，郑教授借用王小波教授的两岸不完全继承理论①，认为在主权完整的一个中国（统一后的中国）之下，海峡两岸俱为非完全继承主权政府的定义，即中华人民共和国政府事实上并未完全继承"中华民国"的主权，而台湾的"中华民国"政府亦没有完全丧失 1949 年以前延续下来的"中华民国"主权。据此，两岸政府的定位应该是对等政治法人，因为两岸政府都是其治下地区和人民的合法代表。另外，政治法人定位具有较大的灵活性，它既可以是拥有国家主权的政府法人代表，也可以是只拥有权利、义务和权力的政治实体的代表。对等政治法人意味着两岸双方都具备完整的政治人格，具有代

① 两岸关于政府继承有不同理解。王铁崖认为：国家继承有完全继承和不完全继承之分，政府继承则截然不同，政府变动不影响国家的统一性，一个国家始终只有一个政府，因此政府继承只有完全继承，而没有不完全继承……在政府继承的场合提出不完全继承的概念是十分错误的。《奥本海国际法》也认为政府继承是不存在全部继承和局部继承之分的。中国政府坚持认为自 1949 年以革命方式推翻国民党南京政权，即完成了在中国境内对中华民国政府的继承。但问题是，国民党政权当年并未被完全推翻或完全消灭，它于 1949 年播迁台北后，一直以中华民国政府的名义存在至今。而且，至 1971 年为止，它作为代表中国的唯一合法政府得到国际社会的普遍承认，即使退出联合国后，直至今天仍与 20 几个国家建立正式的外交关系，这种情况实际上已经超出了传统的国际法关于政府继承的解释范围。因此，台湾当局在一再强调传统国际法政府继承的概念不适用于中华民国。台湾学者王小波在《两岸关系论集》指出：显然中华民国和中华人民共和国是一个国家的政府继承的关系，在联合国的席位和邦交国都是按照国家的政府继承理论在进行的。但是，在实际上，这项中华人民共和国对中华民国政府的继承并没有全部完成，中华民国仍然保留了 20 多个邦交国，原来的中华人民共和国对中华民国政府武力革命的继承由 1979 年宣布和平统一祖国而终止了，这种存留的状况，我们姑且称为不完全的继承或不完全革命。王小波："无条件谈判，有条件统一——论不完全继承与两岸整合"，载《台湾立报》，1992 年 2 月 13 日。中华人民共和国对中华民国政府的未完成的继承，按目前两岸关系的发展，有如下的几种可能：第一，以武力的方式完成这种继承，也即是将台湾问题的解决视为以往内战的延续，这是代价最大的解决方法。第二，以宪法的方式也即是和平方式完成这种继承。这种方式的继承将意味着中华人民共和国政府必须在其有效管辖的境内实现民主宪和全面现代化，以便有足够的能力吸纳海峡对岸的台湾当局和人民。这种方式也就是通常所说的在两岸人民自愿、两岸政府同意基础上实现的自然统一。第三，中华人民共和国政府放弃朝代更替的观念，不再追求完成这种政府继承，与中华民国政府共议统一，共同缔造一个和平统一的新中国，成为真正代表全中国人的唯一合法政府。这种情况，虽然使中华人民共和国对中华民国政府的继承未能完成，但却最符合两岸中国人的利益和福祉。郑海麟：《海峡两岸关系的深层透视》，香港明报出版公司 2000 年版，第 134—137 页。

表所辖地区和人民的尊敬。在国际社会，政治法人意味着拥有政治上的人格，虽然它可能未必是一个完全的、完善的和正常的国际法主体，但它拥有国际法地位是毫无疑问的。

丧失中国代表权的"中华民国"，相对中共来说，则成了与中国主体部分交战的武装对抗者。不过，根据国际法，武装对抗团体也要承担国际法上的义务，也可获得国际社会的承认而成为被动的国际法人。对于这种未消失国际人格的被动国际法人，国际法往往采取承认或默认其在国际交往中的权利和义务等国家行为，这也是为什么在台湾的"中华民国"能在100多个国家设置代表处或代办处的原因。在台湾的"民国"只能是地方政府，它的官方行为原则上被认定为统治行为但不是国家行为，而台湾作为地方政权表现出来的国家形态（行政长官、议员按宪法选举）或国家行为（参加国际组织在外国设置代办处），如果没有被主体政府承认或得不到联合国和大多数国家的承认，便不能成为国际法上的国家，即使有长期的外交行为的积累或长期维持分离状态，也同样具备不了国际法上的国家的综合指标和要件。①

关于两岸的定位问题，郑教授认为在两岸进入实质的政治性谈判之际，最适合，同时也是最有可能被双方接受的应是对等的政治法人的定位②。从理论上讲，是因为两岸政府都是其治下的地区和人民的合法代表，双方分别具备完整的政治人格，而且，政治法人定位具有较大的弹性，它既可以是拥有国家主权的政府的法人代表，也可以作为只拥有权利、义务和公权力的政治实体（包括地方上的事实政府）的法人代表。在国际社会，政治法人意味着拥有政治上的国际人格，这种国际人格无论作为国际法主体的中华人民共和国，还是作为被动国际法人的"中华民国"都同样具有。

就现实的两岸关系来说，对等的政治法人定位最可能为双方所接受。因为，双方代表只要坐下来谈判，便隐含着对等的意义，一旦涉及政治性的谈判，谈判双方的代表自然成为政治法人，否则，政治谈判便显得毫无意义了。因为，如果双方不具备政治法人的地位，则两岸的政治谈判即使谈了，也不具有法律效力，随时可以更改或推翻。以上仅就技术层面分析。从政策层面而言，"江八点"有两点暗含着承认台湾为对等的政治法人：北京希望台北提高双边谈判的层级，这意味着一定程度上承认台湾作为对等的独立的政治实体或法人的含义；北京表示愿意在台湾的国际空间上有所让步，台湾除不能参加像联合国这样的作为主权国家才能加入的国际组织外，可以更多地参加国际社会

---

① 郑海麟：《海峡两岸关系的深层透视》，明报出版公司2000年版，第32页。

② 同上书，第33页。

的活动。事实上，北京并不反对台北具备文化、经济以及其他非政治性的国际法人地位。假如台北能善加利用，结合国际法承认的被动国际法人地位，在不久的将来，一定能向北京争取到政治国际法人的位阶。虽然台湾的未来不一定能争取作为一个完整的国际法主体，但它具备应有的国际地位是毫无疑问的。而且，北京也表示，在两岸统一后，允许台北保留这种国际地位。

基于以上分析，对等政治法人定位极有可能为两岸所接受，因为这种定位有利于促成两岸政治性谈判。两岸政治性谈判一旦促成，建立和平稳定发展的两岸关系则可以期待。

郑海麟教授的政治法人定位源于他对国际法继承理论的独特理解。他认为可以把两岸定位为在一个中国的领土主权原则下分别拥有对内对外事务的主权权利的政府。还认为第二次世界大战后，分裂国家的实践表明，分裂的双方为追求最后的统一，双方都坚持国家的领土主权不可分割，但同时又承认双方政府代表其有效统治下的区域人民行使主权权利是合理合法的。① 郑教授的定位显然没有考虑到两岸分裂是一种特殊的国家治权分裂模式，排除了两岸共同所属的国家存在中央政府或占主体地位的政府，同时在两岸关系上套用了两德共处理论。但是，他提出的主体政治法人和被动政治法人等概念对于两岸定位具有一定启发意义。

（三）两岸关系法律框架的理论探讨

海内外对两岸关系法律框架的设计和探讨，主要集中在通向统一过渡时期的两岸和平共处法律框架问题上，而不是在两岸统一方案上。

自台湾当局在"国统纲领"中提出近程、中程、远程统一规划概念之后，海内外纷纷出台过渡时期的中程方案。

1993 年 3 月 24 日，美国助理国务卿罗斯在威尔逊中心正式提出两岸应签署中程协议，并透露在美国政府内部对"中程协议"已逐渐变成较为明确和详细的政策。② 1998 年 2 月，密执安大学教授李侃如第一次提出中程协议，又称 50 年过渡协议或两岸现状 50 年不变的中程协议（Interim Arrangement）。包括以下方面：（1）同意建立内部安排以管理 50 年内的两岸关系，最后再就订定统一谈判时间表的问题进行谈判。只有在这种双方自愿的情况下，两岸才能走向统一。（2）在过渡期间内，两岸都同意一个中国，但是同时也同意互不否认对方为主权实体，也不套用中央对地方的架构，而是以台湾海峡两岸的关

---

① 郑海麟：《海峡两岸关系的深层透视》，明报出版公司 2000 年版，第 78—80 页。
② 孙哲：《美国国会与台湾问题》，复旦大学出版社 2005 年版，第 18 页。

系来相互规范，否则将危及最终成为统一国家。（3）台湾应明确宣示台湾是中国的一部分，并声明台湾将不进行法律上的独立。（4）中国大陆应明确宣示不对台湾使用武力。（5）双方同意在过渡期间内互不干涉各自的内部事务与外交政策。（6）双方同意定期举行高层政治会谈以减少冲突增进互信，此种会谈应包括几个议题：台湾对外采购武器，可能要与大陆的军事发展程度相结合；互相开放货物与劳务市场，以及相关的贸易投资规定；建立全方位的民间直接交流。（7）同意更改中华人民共和国名称为中国，并更改"中华民国"为中国·台湾或其他类似名称，以降低双方紧张的关系。如此或许有益于发展出能包括双方在内的新词汇，如大中国等。①

前美国国防部助理部长、哈佛大学肯尼迪学院院长约瑟夫·奈提出一项由三部分组成的一揽子计划。一是美国明确表明不承认不保卫并鼓励其他国家不承认"台湾独立"；二是中国在台湾明确放弃"独立"的前提下给予台湾更多的国际生存空间；三是台湾明确放弃"独立"以便加强两岸对话和鼓励两岸更大的投资和更多的人员往来。② 1998 年 3 月发表于《华盛顿邮报》的文章中，奈公开提出所谓"一国三制"的主张，其基本要素仍是"中国不武、台湾不独"的两岸相互保证。双方同意以改国名来进一步降低紧张：PRC 改名为中国，ROC 改名为中国台湾；为了增加这些协议之政治力量，双方必须以国内立法或宪法条款来进行具体化。③

台湾张亚中教授在其著作《两岸统合论》中认为：两岸如果要停止目前的敌对状态，使双方关系正常地发展，除了在政治上需要持续的善意互动，在法律上，一个两岸间过渡性协定或协议应该也是无法避免的。……两岸对于终止敌对状态当然都有期望，台湾方面能够借此使中共放弃武力，两岸和平共处；而大陆方面则希望一旦达成协议，将根据一个中国原则共同承担义务，来确保国家领土主权的完整和不受外来势力的侵犯，共同防止分裂国土的图谋。寻求和平与坚持一个中国于是成为两岸未来在协商结束敌对状态时，必然会面临到的必要的优先期盼与坚持。虽然双方都想结束敌对状态，但是有关的会议总是无法开启。值得争议的，就是中共所说的在一个中国原则的前提下，什么都可以谈，是否包括了对一个中国的含义？……另一项使得台湾处于两难的是，虽然结束敌对状态协议的签订，可代表两岸和平共处，中共不应再使用武力威胁，但是这也有可能表示台湾回到一个中国的框架，这会否给予外界两岸

① 孙哲：《美国国会与台湾问题》，复旦大学出版社 2005 年版，第 83 页。
② 同上书，第 16 页。
③ 同上书，第 17 页。

已经是和平状态的认定，中共是否会以此为理由，要求美国回复到《八一七公报》的规范，尽快停止对台湾的武器输出。这些基本的互信不足，使得两岸的政治性谈判根本无从开启。

另外，两岸将来在签署相关协议时，也必然会碰到一个法律上的问题，即是这个协议的法律性质为何？它是否是内战后两个交战团体所签署的正式文件，并不具有国际法性质；还是在法律意义上与一般两个国家所签订的协定或条约相同的国际法文件；或者是一种兼具国际法与国内法性质分类国家间的一种内部文件，这些问题也许需要进一步的思考。①

对台湾当局来说，理想的中程协议只是一个过渡性的架构，最好不要有明确终局的设计。如果内容含有对终局的设计，是与民进党的基本理念相违背的。国民党可能也只是希望在这个过渡性的中程协议中，最多表达出对追求统一的承诺而已。

张教授认为两岸可以借鉴 1972 年东西德签署《基础条约》，以规范彼此的定位与互动关系性质。内涵有两个重点：一是尊重现状。此原则往往又是最难达成共识的，因为双方争议的现状往往是因为以往的战争冲突形成的，彼此一定是对现状有不同意见，才会无法达成关系正常化的目标，因此在彼此对现状歧义的看法中，找寻到共识，是过渡性协议中最难但也是最重要的条件。另一个是放弃使用武力。对于不使用武力这个问题，在战后已经有高度的共识，两个国家从来没有在国家政策上将武力作为执行国家统一的工具。例如，西德只是在基本法中主张以民族自决的方式来完成德国统一，而非凭借武力。②

郑海麟教授认为两岸法律框架至少必须从三个层面去思考：（一）确定两岸政府已有的法律地位；（二）承认台北政府应有的法律地位；（三）禁止台湾在法律上脱离中国独立。

这三个层面的法律问题，事实上都是现实的两岸关系中不能回避的问题。一、确定两岸已有的法律地位，意味着两岸政府都承认对方为其治下地区和人民的合法代表，拥有在各自有效统治地域行使法律行为的权利和能力（主权权利），据此，两岸都承认一个中国原则。二、承认台北政府应有的法律地位，意味着承认该政府的政治法人资格，这种资格包括：有效统治地域内行使法律行为的权利及能力；在国际上代表其有效统治地域的人民发言的权利，而不是承认其为主权国家，因为"中华民国"政府在国际间行使

① 张亚中：《两岸统合论》，台湾生智文化事业有限公司 2002 年版，第 50 页。
② 同上书，第 73—78 页。

主权实际上是受到一个中国原则的限制的；三、禁止台湾在法律上脱离中国独立，意味着如果台北政府宣布独立，将在法律上丧失在一个中国主权原则下所拥有的主权权利，其作为"中华民国"政府所拥有的一切法律地位也随之丧失，这种涉及侵犯中国主权和领土完整的行为，不只是中国大陆不能容忍，国际社会也难于认同。因此，台湾应清楚认识到法律上脱离中国独立的灾难性后果。

以上三个法律层面，既是国内法的内容，也包含国际法的内容，因此，所谓长期的两岸法律框架，应该是以目前两岸现实中的国内法为基础，在国际法原则指导下发展出来的两岸关系基本法。郑教授认为应包含以下内容：

1. 基本法首先必须达成一种一个中国的各部分不会遭到侵犯的协议，规定两岸的统一必须以和平的方式解决。

2. 两岸皆为一个中国主权原则规范下的具有主权权利的政府，中央对地方的政治架构不适用于两岸关系，但台北必须承认和尊重目前北京政府具有的主权权利与中国主权取得同一性的现实。

3. "台北政府"应明确宣示台湾是中国的一部分，并声明台湾将这种宣示写入"宪法"条款，以便加强该宣示的政治强度和获得法律保证。

4. 北京应明确宣示不对台使用武力，并且将这种宣示写入宪法以便加强该宣示的政治强度和获得法律保证。

5. 政府同意以 50 年为台海统合的过渡时期，双方同意在过渡时期互不否认对方的政治法人地位，互不干涉各自的内部事务和外交政策，各自发展经济，加强两岸互利互助，最后在双方政府同意、两岸人民自愿的情况下走向统一。

6. 两岸政府同意在过渡时期必须举行高层级的政治谈判以便加强沟通、化解敌意、减少冲突、增进互信。包括两岸更改"国号"，相互开放贸易和劳务市场，台湾对外采购武器，近期内建立全面的民间直接交流，最后建立官方的多种交流管道，等等。①

以上关于两岸关系法律框架的理论探讨，在 1999 年李登辉提出两国论和民进党上台之后，都显得"落伍"。虽然各种版本中程协议都坚持台湾问题的和平解决，而且大都倡议台湾不独、大陆不武，都事实上承认台湾的实质性地位，这些都充分照顾台湾当局利益，但是仍然不符合"台独"势力的胃口，因为这些协议都明确提出台湾不独立。

---

① 郑海麟：《两岸和平统一的思维和模式》，海峡出版社 2001 年版，第 40—43 页。

（四）创议和平稳定发展的两岸关系法律框架

无论是两岸定位还是构建两岸和平稳定发展的法律框架，都必须以一个中国原则为基础和前提，同时还要综合考虑两岸分裂作为一种国家治权分裂的特殊性、两岸关系发展的阶段性以及"台独"势力发展的严重危害性等因素。

所谓两岸协商无先决条件是不顾事实和法律的分裂言论。坚持"九二共识"①，是两岸在一个中国原则问题上达成的"共识"，台湾当局只有回到"九二共识"，恢复两岸平等谈判，共商共同关心的重大议题才有可能。

有一种观点认为两岸互信不足是造成对话中断的主要原因。大陆坚持"一个中国"原则，而台湾的底线则是"不能有先决条件"。既然双方不能在既有的谈判基础上达成共识，就应该建立新的谈判基础，各自向国际宣示"不独"与"不武"的态度，再由这个基础谈未来的"一个中国"②。如果没有一个中国原则这个前提，那么两岸谈判和统一都会失去法律基础。而且，以台湾不独、大陆不武为基础，实质上是一个中国原则的另一种表述。因为台湾既然不独立，那么它在当今的国际法秩序下必然属于中国的一部分。

探讨和平稳定发展的两岸关系框架，除了坚持一个中国原则之外，还必须考虑到两岸关系的特殊性。

正如前文所论述，"两岸尚未统一"和一般意义上的"国家尚未统一"相比，具有特殊性。这种特殊性的重要表现之一就是，中华人民共和国政府已经取得了中国绝大部分领土和人口的控制权，并获得了绝大部分的中国对外代表权，中华人民共和国政府已经成为中国主权的行使者和整个中国的中央政府。但是，尽管如此，中华人民共和国政府仍然具有一般的"国家尚未统一"所具备的普遍性——没有完成国家治权统一任务，中华人民共和国的统治权威迄今不能覆盖台湾地区。国家正是考虑到了上述的普遍性，在《反分裂国家法》中明确提出，两岸可以协商谈判"台湾当局的政治地位"和"台湾地区在国际上与其地位相适应的活动空间"。所以传统的中央政府和地方政府、合法政府和叛乱政权的两岸关系的法律定位，明显已经不能适应现实发展。

两岸关系发展的阶段性也是一个必须考虑的因素。两岸关系发展的阶段性在于，两岸在迈向统一的过程中，必然存在一个较长的过渡时期。两岸关系发

---

① 1992 年两会各自口头表述原文：海基会表述——"在海峡两岸共同努力谋求国家统一的过程中，双方虽均坚持一个中国的原则，但对于一个中国的含义，认知各有不同。"；海协会表述——"海峡两岸均坚持一个中国的原则，努力谋求国家统一，但在海峡两岸事务性商谈中，不涉及一个中国的政治含义。"参见中国共产党总书记胡锦涛与亲民党主席宋楚瑜会谈公报（2005.05.12）

② 萧万长：《两岸应建立"不独不武"的谈判新基础》，中国台湾网，2003 年 2 月 26 日。

展到不同阶段，其法律地位的定位及两岸互动法律框架也应该是不同的，不能用以统一为目标的终局设计来规范和约束现状，这样反而不利于统一的进程。"国家统一后，台湾可以实行不同于大陆的制度，高度自治"，可见以"一国两制"为基础定位台湾的法律地位，是在"国家统一后"。可以预见，台湾当局迫于各方面的制约而回归"一个中国原则"之后到国家最终统一，在这之间存在一个较长的两岸和平共处的过渡时期。研究和平稳定发展的两岸关系法律框架正是为过渡时期的到来做好理论上的准备。

铲除法理"台独"的生存空间和危害性，是构建两岸和平稳定法律框架所要达到的近期政策目标。如果法理"台独"仍然是台湾当局的执政目标，那么根本就不可能有和平稳定发展的过渡时期的到来。国家应把遏制法理"台独"作为两岸关系领域的近期目标，两岸和平稳定法律框架的构建和维持作为迈向统一的中期目标，统一则作为将来的长远目标。近期目标服务于中期和远期目标。遏制法理"台独"可以为商谈和平稳定两岸关系法律框架打开通道，为国家统一铲除威胁。遏制"台独"主要依赖于非和平手段，而统一则主要依靠政治、法律等和平手段。但是非和平手段的使用必然对中国和平崛起事业造成巨大的拖累甚至有可能阻止中国的和平崛起。因此，虽然遏制法理"台独"主要靠军事威慑，但是并不能完全不考虑其他的和平方案。武力在后，文攻在前，就能抢占先机。《反分裂国家法》已经走出了法律制独的第一步，出台过渡时期两岸关系法律框架必然会对法理"台独"构成全面制约，为国家的最终统一铺平道路。

考虑到以上各项因素，和平稳定发展的两岸关系法律框架的主要内容应包括以下几点：

1. 在"九二共识"的基础上，两岸如何进行对等定位。"九二共识"坚持中国主权的完整性——世界上只有一个中国，大陆和台湾同属一个中国，中国的主权和领土完整不容分割。这是反"台独"的法理基础。国家绝不允许"台独"分裂势力以任何名义、任何方式把台湾从中国分裂出去。同时"九二共识"具有对一个中国原则的政治分歧的包容性。台湾问题是中国内战的遗留问题。两岸对一个中国的政治含义——两岸由谁代表中国的认定还难以同一，但是两岸同属一个中国——两岸一中是当今国际法秩序下一个重要法律规范，中国的统一事业是在这个前提下实现治权统一的问题，政治含义的分歧，在治权未统一的国家里是一个正常现象，也正好证明该国还存在治权统一的问题。

国家对台湾的定位可以在一国两区的基础上，采取政治法人或政治实体的概念予以模糊定位。在治权尚未统一的国家里，各派政治力量各自控制国土的一部分，形成一国几区，中外历史上都出现过这种现象。就两岸来讲，就是一国两区，一国两区是对目前中国治权尚未统一阶段的治权分立现象的概括。不管承认与否，一国两区是一种事实存在，并不因为不愿意承认它就不存在。既然承认一国两区不可避免，那么对台湾的定位就不能沿用中央对地方的垂直模式。垂直模式会堵死两岸谈判的大门。国家可以用政治法人或政治实体概念定位台湾，因为这两个概念在国际法上意义广泛，一般指代非国家国际法主体。

2. 两岸签订互不侵犯的协定，规定两岸的统一应以和平的方式解决。在过渡期内，两岸和平共处，和平竞争，两岸之间事实上存在各自治理的边界，两岸之间的边界不是国家与国家之间的受国际法保护的疆界，而是治权尚未统一的国家内不同的治理集团之间由于历史、政治、利益及意识形态等因素而形成的治理边界，这种边界在国家治权统一前因没有国际法和国内法的确认而容易受到破坏，使一国领土之内的公民因处于不同的治理集团而生活在不可预期的混乱与惶恐之中。两岸之间的治理边界在两岸分离之后就已经存在，两岸治理边界的独特之处在于1979年以后两岸虽然没有签署停战协议但通过停战行动而达成互不破坏治理边界的默契，几乎类似于互相尊重各自治理边界。两岸进入过渡期后，为了使两岸关系进一步正常化，使经济文化进一步融合，双方有必要以法律的形式确认双方的治理边界不可侵犯的原则，这样可以为双方的互信奠定基础，为未来的治权统一奠定基础。

在这方面可以借鉴《两德基础条约》第3条的规定，两岸在法律框架中作出这样的承诺：两岸完全以和平方式解决双方的争端，并且不以武力相威胁或使用武力。两岸强调，双方尊重两岸之间现有边界直至该边界因未来两岸最终统一而消失。

3. 台湾当局承诺不谋求法理"台独"，明确宣示"台湾是中国的一部分"。同时这种宣示写入台湾"宪法"条款，以便加强此宣示的政治强度和获得法律保障。

4. 关于非和平方式的使用问题。国家可以考虑以法律的形式明确"台湾不独，大陆不武"，以换取台湾当局回归一个中国的轨道，为未来的统一打开一条通道。"台独"派一直在国际社会和台湾岛内妖魔化国家的正当使用武力权利，以骗取国际社会的同情和岛内民众的支持。敢于冒险的"台独"势力正是利用大陆的不承诺放弃武力（但是又没有真正使用武力）的统一政策赚取越来越多的"台独"资本，以至于"台独"成了今日中国和平崛起的最大障碍和国家利益的根本威胁。如果国家在台湾当局放弃"台独"的前提下，明确承诺不以非和平方式强行实现国家统一，必将给"台独"势力给予沉重打击。

"台湾不独，大陆不武"承诺并不违反《反分裂国家法》。《反分裂国家法》已经暗含了"台湾不独，大陆不武"的法理基础。《反分裂国家法》授权国家采取非和平方式的目的在于维护国家主权和领土完整，反对和遏制"台独"势力；并未规定在"与叛乱团体争夺该国领土、人口和资源的全面控制权，争夺合法政府地位"层面上采取非和平方式。可以认为，只要台湾当局承认"九二共识"，在一个中国原则基础上积极推动两岸关系发展，主动消除中国主权和领土可能受到损害的危险，那么国家就没有必要在统一国家治权层面上采取非和平方式。《中国共产党总书记胡锦涛与亲民党主席宋楚瑜会谈公报》中"只要台湾没有朝向'台独'发展的任何可能性，才能有效避免台海军事冲突"① 的表述被认为是大陆首次以文字形式做出"不独就不武"的承诺。② 台湾支持统一的力量也认为两岸和平协议的重点应在四个字"不独不武"。台湾方面宣布放弃"台湾独立"，而大陆方面宣布放弃武力攻台。和平协议的时间可以是三十年、可以是五十年，经由双方磋商作最后决定；让两岸的冲突、一触即发的战争情势得到缓和，另一方面透过未来更长时间区域经贸的整合，逐步解决两岸统一问题。③

"不独不武"还应包括台湾当局承诺对外采购武器与自身发展武力仅限于维持治理和对国家统一不构成威胁等内容。只有这样的"不独不武"才会有利于国家的最终统一。

5. 关于统一的过渡期。在过渡期内，台湾获得一定的自治地位，独立处理相关内政事务。发展两岸经济关系，加强两岸互动，最后在双方同意的基础上走向统一。

6. 关于台湾的国际活动空间安排问题。台湾的国际空间问题与参与联合国：在国际组织与外交关系中，台湾承认中华人民共和国是唯一合法代表，但可享有次级外交权，即一个中国主权共享。台湾方面承认中华人民共和国为国际社会公认的中国的唯一合法代表，台湾驻各国经济文化代表团、代表处及办事处，可享有公使馆、总领事馆、领事馆待遇，作为中国使团的一部分，独立处理台湾相关的外交事务。台湾有权派出代表，作为中国使团的一部分，参加由主权国家参与的国际组织。在台湾参与联合国问题上，可考虑继承联合国创

---

① 中国共产党总书记胡锦涛与亲民党主席宋楚瑜会谈公报（2005.05.12）。

② 有学者认为"两岸一中""不独不武"思想是胡宋会的重大创新，见中国台湾网，2005 年 5 月 12 日。

③ "连战登陆会胡锦涛将表明不独不武签署和议"，载中国台湾网，2005 年 4 月 25 日。

立之初中国代表团涵盖国共代表参与联合国的历史传统，两岸一起组建中国代表团。在联合国的代表团中，代表由大陆派出，台湾方面可指派常任副代表一人，处理台湾当局实际管辖的事务。至于台湾当局要参加的国际多边公约，一律以中国台湾名义参加，其权利义务由台湾自行负责，并向联合国登记，刊登联合国条约汇编，其条约可存放中国名下。台湾有必要缔结的双边条约与协定，一律用中国台湾名义缔结，生效后均依据联合国规定向其登记，刊登联合国条约汇编，并存放于中国名下。

关于台湾的外交权问题两个处理方案：第一，在大陆设有大使馆的国家，允许增设台湾分馆，在台湾分馆只能派公使，不能派大使，否则便成为两个独立主权国家。第二，在所有大陆驻外使、领馆中，作为中国一部分的台湾可单独派出自己的副使、参赞、领事等；可另设办公室，单独处理所在国与台湾的外交事务。

7. 两岸互设办事处，加强协调沟通，待时机成熟时成立国家统一委员会，共议国家统一。台湾在北京设立办事处，处理与大陆政府的相关事宜，也可在其他各省区设立办事处，处理与各省区的相关事务。至于台湾是否派代表参加国家立法机构，领导人是否兼任国家领导职务，皆视台湾方面的意愿而定。至于两岸政府的关系，既不是中央政府与地方政府的关系，也不是并列的两个中央政府关系，而是一个统一的中国下两个统治区域间的对等而不对称的政府与政府间的关系。在迈向统一的过渡期间，海峡两岸政府对外坚持一个中国的原则，对内和平共处、和平协作、和平竞争。留待50年甚至更长时间之后，由后代子孙依据中国社会的新发展、新变化和新经验，成立国家统一委员会，共议统一。

8. 两岸协议规划两岸统一进程。两岸过渡协议应设定两岸统一的进程和步骤，否则是一个永远维持现状的协议，实质上等同于承认"台湾独立"的协议。所以协议应明确双方最终实现统一的法律义务。推进统一的三步骤：

（1）两岸在"九二共识"的基础上，尽快恢复平等协商，推进两岸关系良性健康发展。

（2）终止敌对状态，达成和平过渡协议。建构两岸和平稳定发展的架构，包括建立军事互信机制，避免两岸军事冲突。

（3）在过渡期内促进两岸经济全面交流，建立两岸经济与合作机制。根据两岸经贸论坛共同建议，两岸经济与合作机制包括积极推动两岸直接通航，促进两岸农业交流与合作，加强两岸金融交流，促进两岸经贸发展；积极创造条件，鼓励和支持台湾其他服务业进入大陆市场，积极推动实现大陆居民赴台旅游，促进两岸人员的往来和经济关系发展；共同探讨构建稳定的两岸经济合作机制，扩大和深化两岸经济交流与合作，促进两岸关系发展。①

参 考 文 献

一、中文部分

1. 夏勇：《朝夕问道——政治法律学札》，三联书店 2003 年版。

2. 夏勇：《人权概念起源》，中国政法大学出版社 1992 年版。

3. 吉米·福克尔：《主权的终结——日趋"缩小"和"碎片化"的世界终结》，浙江人民出版社 2000 年版。

4. 莱昂·狄骥著：《公法的变迁法律与国家》，辽海出版社、春风文艺出版社 1999 年版。

5. 张文显：《二十世纪西方法哲学思潮研究》，法律出版社 1996 年版。

7. 凯尔森：《法与国家的一般理论》，中国大百科全书出版社 1996 年版。

8. 潘志平：《民族自决还是民族分裂》，新疆人民出版社 1999 年版。

9. M. J. I. 维尔：《宪政与分权》，三联书店 1997 年版。

10. 邹永贤、俞可平：《现代国家学说》，福建人民出版社 1991 年版。

11. 陈玉刚：《国家与超国家——欧洲一体化理论比较研究》，上海人民出版社 2001 年版。

12. 梁西：《国际法》，武汉大学出版社 2000 年版。

13. 周鲠生：《国际法》，商务印书馆 1976 年版。

14. 曾令良：《欧洲共同体与现代国际法》，武汉大学出版社 1992 年版。

15. 邵沙平、余敏友：《国际法问题与专论》，武汉大学出版社 2002 年版。

16. 丘宏达：《现代国际法》，台湾三民书局 1986 年版。

17. 潘抱存：《中国国际法理论新探索》，法律出版社 1999 年版。

18. 杨泽伟著：《宏观国际法史》，武汉大学出版社 2001 年版。

19. 丁伟、朱榄叶：《当代国际法学理论与实践——国际公法卷》，中国法制出版社 2002 年版。

20. 张文彬：《论私法对国际法的影响》，法律出版社 2001 年版。

21. 姜皇池：《国际法与台湾——历史考察与法律评估》，台湾学林文化事业有限公司 2000 年版。

22. 张亚中：《两岸主权论》，台湾生智文化事业有限公司 1998 年版。

23. 张亚中：《两岸统合论》，台湾生智文化事业有限公司 2002 年版。

24. ［英］劳特派特：《奥本海国际法》（上卷第二分册），商务印书馆 1981 年版。

25. 台湾主权论述资料选编小组：《台湾主权论述资料选编》，台湾"国史馆"2001

---

① 参见 2006 年 4 月 15 日国共两岸经贸论坛共同建议。

年版。

26. 王玉玲：《由两岸关系探讨台湾的统独问题》，台湾桂冠图书出版公司 1996 年版。

27. 黄宗乐、黄昭元等：《两国论与台湾国家定位》，台湾学林文化事业有限公司 1998 年版。

28. 丘宏达：《关于中国领土的国际法问题论集》，台湾商务印书馆 1971 年版。

29. 张士丞：《我国对台湾主权的法理依据》，台湾文物供应社 1971 年版。

30. 丘宏达教授六十五华诞祝寿论文编辑委员会编：《丘宏达教授六十五华诞祝寿论文集》，三民书局 2001 年版。

31. 郑海麟：《海峡两岸关系的深层透视》，明报出版有限公司 2000 年版。

32. ［英］詹宁斯、瓦茨修订：《奥本海国际法》（第一卷第二分册），中国大百科全书出版社 1998 年版。

33. ［英］詹宁斯、瓦茨修订：《奥本海国际法》（第一卷第一分册），中国大百科全书出版社 1995 年版。

34. ［美］汉斯·凯尔逊：《国际法原理》，华夏出版社 1989 年版。

35. ［奥］菲德罗斯：《国际法》，商务印书馆 1981 年第 1 版。

36. ［德］沃尔夫刚：《国际法》，法律出版社 2002 年版。

37. 熊玠：《无政府状态与世界秩序》，浙江人民出版社 2001 年版。

38. 肖蔚云：《一国两制与香港基本法律制度》，北京大学出版社 1990 年版。

39. 胡瑾、宋全成：《欧洲当代一体化思想与实践研究》，山东大学出版社 2002 年版。

40. 约翰·平德：《联盟的大厦——欧洲共同体》，牛津出版社 1998 年版。

41. 梅孜：《美台关系重要资料选编》，时事出版社 1996 年版。

42. 张宪初：《世贸规则与两岸四地经贸法律关系》，商务印书馆 2003 年版。

43. 麦克法考尔、费正清：《剑桥中华人民共和国史》（1966—1982 年），海南出版社 1992 年版。

44. 萧汉森、黄正柏：《德国的分裂、统一与国际关系》，华中师范大学出版社 1998 年版。

45. 王逸舟：《当代国际政治析论》，上海人民出版社 1995 年版。

46. 方连庆、刘金质、王炳元：战后国际关系史（1945—1995 年），北京大学出版社 1997 年版。

47. 丘宏达：《现代国际法参考文件》，三民书局 1970 年版。

48. 丘宏达：《现代国际法参考文件》，三民书局 1996 年版。

49. 丘宏达：《中国与台湾问题的分析与文件汇编》，帕日格公司 1973 年版。

50. 资中筠、何迪：《美台关系四十年 1949—1989》，人民出版社 1991 年版。

51. "中华民国"外交问题研究会印行：《中日外交史资料丛编（八）：金山和约与"中"日和约的关系》，1966 年版。

52. 丘宏达：《现代国际法参考资料》，三民书局 1996 年版。

53. 王铁崖、田如萱：《国际法资料选编》，法律出版社 1993 年版。

54. 石源华：《中华民国外交史》，上海人民出版社 1994 年版。

55. 王绳祖：《国际关系史资料选编》，法律出版社 1988 年版。

56. 刘连第：《中美关系的轨迹——1993—2000 年大事纵览》，时事出版社 2001 年版。

57. 李仁质：《台湾问题一百问》，台海出版社 2001 年版。

58. 中共中央文献研究室：《一国两制重要文献选编》，中央文献出版社 1997 年版。

59. 中华人民共和国外交部条法司：《中华人民共和国多边条约集》，法律出版社 1987 年版。

60. 陶文钊：《美国对华政策文件集（1949—1972 年)》，世界知识出版社 2004 年版。

61. 王夫之：《读通鉴论》，河洛出版社 1976 年版。

62. 林安梧：《中国近现代思想观念史论》，台湾学生书局 1995 年版。

63. 饶宗颐：《中国史学上之正统论》，远东出版社 1996 年版。

二、外文部分

1. Frank P. Morello, *The International Legal Status of Formosa.* The Hague：Martinus Nijhoff, 1966.

2. Starke, *An Introduction to International Law. London*：Butterworths, 1963.

3. John Bassette Moore, *A Digest of International Law.* Washington：Washington, 1969.

4. Richard N. Swift, *International Law .* New York：John Wiley & Son's Inc, 1969.

5. Ian Brownlie, *Principles of public International Law.* Oxford：Clarendon press, 1979.

6. Ian Brownlie, *Principles of Public International Law.* Oxford：Clarendon Press, 1998.

7. Malcolm N. Shaw, *International Law.* Cambridge University Press 1997.

8. Crawford James, *The Creation of States in International Law.* Oxford：Clarendon Press 1979.

9. D. J. Harris, *Case and Materials：On International Law.* London：Sweet & Maxwell, 1979.

10. Wolfgang G. Friedman, *Case and Materials in International Law.* New York：West Publishing Co. , 1969.

11. William W. Bishop, *InternationalLaw：* Case and Materials. 3rd. Bosdon, Little & Brown, 1971.

12. Johnf. Copper, *Taiwan：Nation-State or Province？.* Colorado：West view Press, 1990.

13. Louis Henkin, *International Law , Cases and Materials.* 3 rd. St. Paul. Minn：West Publishing Co. , 1993.

14. Malcolm N. Shaw, *International Law.* Cambridge：Grotius Publications, Ltd. , 1986.

15. Cassese Antonse, *International Law in a Divided World.* Oxford：Clarendon Press 1986.

16. Talmon Stefan, *Recognition of Government in International Law with particular Reference to Government in Exile.* Oxford：Clarendon Press Oxford 1998.

17. Sharma Suryap, *Territorial Acquisition, Disputes and International Law.* Martinus Nijhoff Publishers 1997.

· 中国社会科学院 ［法学博士后论丛］ ·

控辩平等在中国的考量

On the Construction of Equality of Prosecution and Defense in China

博士后姓名　冀祥德

流　动　站　中国社会科学院法学研究所

研 究 方 向　诉讼法学

博士毕业学校、导师　北京大学　汪建成

博 士 后 合 作 导 师　王敏远

研 究 工 作 起 始 时 间　2004 年 9 月

研 究 工 作 期 满 时 间　2006 年 8 月

作 者 简 介

冀祥德，男，汉族，山东省青州市人。法学博士。先后从事过警察、教师、律师职业。曾获北京大学研究生"学术十杰"、"全国优秀教师"和"全国优秀刑事辩护律师"等称号。现就职于中国社会科学院法学研究，任法学系常务副主任、教授。中国行为法学会律师执业行为研究会副会长，中国法学会法学教育研究会常务理事。主要学术著作有《控辩平等论》、《建立中国控辩协商制度研究》、《婚内强奸问题研究》、《司法制度新论》、《中国法学教育现状与发展趋势》等，另主编、合著、参编著作、教材十余部，发表学术论文一百四十余篇。主要研究方向为刑事法学、证据法学、司法制度及法学教育。

控辩平等在中国的考量

冀祥德

　　内容摘要：人类文明前行的足音，必然呼吁人类个体自由度的提高和主体平等地位的确立。控辩平等从内在的权力（利）配置原则上要求，应当具备平等武装和平等保护，其中，平等武装所追求的是一种实质的平等，平等保护所追求的是一种形式的平等；控辩平等从外在的权力（利）行使目的上规范，应当包含平等对抗和平等合作，其中平等对抗是手段和现象，平等合作是目标和本质。从 1979 年的刑事诉讼法到 1996 年的刑事诉讼法，控辩平等原则的基本精神在我国刑事诉讼法律规范中经历了一个从无到有、从少到多的过程。这是政治民主与市场经济的发展对尊重人权和强调人的尊严的必然要求。但是，"国际公认的原则是不得以牺牲司法公正或威胁基本人权为代价来控制犯罪或建立秩序"①。以此检视我国现行刑事诉讼制度，可以发现，控辩平等原则在我国法律制度和司法实践中还只是雏形，其与国际公约和司法准则对控辩平等的要求依然存在较大差距，甚至在某些方面尚未达到控辩平等之最低标准要求。笔者提出了在我国刑事诉讼法之再修改中，以控辩平等原则为基本原则，重构我国控辩关系的体系构想。其中，既包括对诉讼权力（利）的重新配置，又包括对诉讼制度的构建改造。

　　关键词：控辩关系　平等武装　平等保护　平等对抗　平等合作

一、问题的提出

　　因刑事司法运作的失误致使无罪的人被错误地追究刑事责任，是任何一种

---

　　① 《联合国刑事司法准则与中国刑事法制》，陈光中、［加］丹尼尔·普瑞方廷，法律出版社1998 年 4 月版。

刑事司法制度和诉讼模式都难以绝对避免的。正因为此，长期以来人们似乎习惯了接受司法机关办理的错案，甚至乐于相信这只是个别司法人员的"一时疏忽"，是"偶然中之偶然"。但是，最近，从媒体竞相披露的河南胥敬祥案到湖北的佘祥林案以及此前之云南杜培武案件等一系列冤案，事实的真相让我们大吃一惊：我们看到了错案的缘起绝非办案人员的疏忽，更不是偶然中的偶然，而是权利在被肆意侵犯，司法权力被随意滥用，法定程序被置之不顾。

笔者注意到，佘祥林等案均发生在 10 年以前，这些冤案的发生与当时的司法制度是有紧密联系的——刑事司法的重刑倾向十分明显，强调诉讼的打击犯罪功能和社会秩序的稳定，严重忽视了法律的人权保障功能。一是指导刑事诉讼的基本原则是有罪推定。案件发生以后，侦查机关往往以猜定等方式确定犯罪嫌疑人，然后奉行有罪推定的观念对嫌疑人进行严酷的审讯和诱供，犯罪嫌疑人没有申辩的机会和可能，甚至"坦白从宽，抗拒从严"的刑事政策也容易使得他们的申辩招致更大的灾祸。二是刑事审判过于依赖口供。当时的刑事诉讼法关注更多的是证据的证明力，对于证据能力尤其是合法性问题没有给予足够的重视。裁判结果对于口供的依赖使得办案人员致力于获取犯罪嫌疑人的供述，甚至可以不择手段。三是公检法三机关配合有余、制约不足。诉讼模式是流水作业式的，公检法机关可以经常联合办案。案件从侦查、起诉到审判，几乎每个环节都可以违反法律的严格规定，甚至可以从根本上背离司法公正和独立的基本原则。在这样的背景下，个人的权利变得微不足道，刑事辩护几乎没有存在的空间。四是"民愤"、"秩序"使诉讼失去了正义和理性。[①]案件发生以后，公安机关都有着迅速侦破案件以平民愤的压力，必须给案件一个确定的结果才能尽快地恢复被"破坏"的社会秩序，但法律制度并未提供一个合法的疑案处理方式。因而，犯罪嫌疑人一旦进入侦查程序就很难再脱离出去，即使是在证据不足的情况下，公安机关也不敢冒着放纵犯罪的压力撤销案件。在这种情况下，超期羁押、刑讯逼供等侵犯被追诉人权利现象的出现便成为不可避免的事情。

从某种意义上讲，佘祥林等人可以说是幸运的，毕竟他们有了最终得以昭雪的机会。但是我们可以肯定地说，尚未被发现的冤假错案远远不止这些，对于那些无辜的人，我们又能做些什么呢？

刑事司法不仅是实现国家政治统治、维护社会秩序的工具，而且也应当成为公民防范司法擅断、保障个人自由的武器。作为一种社会控制的手段，刑事

---

① "关于'民愤'、'秩序'、'正义'、'理性'与'司法'的关系"，详见冀祥德："民愤的正读"，载《现代法学》2006 年第 1 期。

司法过程本身应当是合法的、规范的，它不仅受到实体法的规制，而且还必须接受程序法和证据法的制约。

2005年3月14日，温家宝总理在"两会"记者招待会上"我们将用制度来保证死刑判决的慎重与公正"的掷地有声的话音犹在耳畔，其实，不仅仅限于死刑，我们必须用制度来保证所有判决的慎重与公正！讯问制度、辩护制度、证人出庭制度、非法证据排除制度、羁押制度、上诉制度、死刑复核制度等，既有实体法层面上的，又有程序法意义上的。另外，笔者还想提醒的是，制度存在的根本性缺失固然是错案发生的至关重要之因素，但是，退一步思考，即使立法已臻法治，制度已然完善，错案就会从此不再发生吗？试想，给赵高一副手铐，给高俅一把法锤，能希冀他抓的是真凶，判的是坏人吗？错案的发生，也许并不仅仅是制度之缺失，司法实务中到底是一些什么样的人在办案？这个问题也必须引起我们的重视。

最近，笔者发现，在山东省某历史文化名城中发生的一起普通刑事案件，竟然同时存在如下发人深省之问题：（1）辩护人使用手铐；（2）检察人员不知道最高人民检察院之规定；（3）侦查人员不懂侦查辨认规则；（4）妻子批捕，丈夫审判；（5）判决书对非法证据谈而不论。

如果一个案件中存在上述问题中的一两个，即已足使人们对案件能否公正判决放心不下。本案中，居然一案同时存在上述问题，人们又将作何思考？第一，无罪推定距离司法实务究竟还有多远？辩护人有自己的手铐，规定辩护律师会见时必须铐起自己的当事人，辩护人作何叹，被告人作何思？古今中外，此可谓先河。第二，程序正义只能是口号？分明是非法证据却不排除，缺乏证据能力的证据在一片责难声中照样转化为定案根据，此显然已经不再是一个司法人员的业务素质问题，而是一个程序理念问题。第三，什么人在办案？检察干警不知道最高人民检察院的重要规定，侦查人员不懂刑事辨认基本规则（据悉该案主办侦察员正是因为办理此案有功而提升为副局长），妻子批捕，丈夫审判，谁能相信这样的人不会办错案？

当然我们的反思不能仅止于此，① 这些不断重复的个案悲剧告诉我们，到了必须吸取教训的时候了！

英国著名政治哲学家培根曾说，一次不公正的判决，其恶果甚至超过十次犯罪。因为犯罪是无视法律——好比污染了水流，而不公正的判决则毁坏法律——好比污染了水源。只有遵守程序公正的最基本要求，刑事司法的权威性

---

① "对冤假错案成因的解读与思考"，详见冀祥德："冤案——不仅仅是制度之缺失"，载《中国律师》2006年第9期。

和公信力才能得以维持。刑事诉讼兼具打击犯罪和保障人权两方面的功能，但是无论何时，维护社会秩序的需要都不能忽视司法正义的需要。

在笔者看来，对于佘祥林等案，目前最重要的已经不是佘祥林的无罪释放和随后的权利救济，而是他是如何从一个无辜者而被法律确定为犯罪者的。对于个中原因，不少学者已有诸多深邃而又切中要害的肯綮之论。但是笔者反对某种社会现象出现后，一种一拥而上的就事论事的单一线形分析，因为这种分析会遮蔽事情原来诸多的真实面目，从而会使得出的结论或许仅仅在狭窄的范围内方可适用，进而会最终使佘祥林、胥敬祥等获得了正义，但是或许以后中国的司法实践中还会出现更多的"佘祥林"、"胥敬祥"。

以佘祥林案件为例，从权力视角之下审视，佘祥林是在一个巨大复杂的权力场域的权力因素的交织下，一步步不可避免地滑入"杀人犯"深渊的。在这些权力中，无论是公、检、法的权力，还是政法委的权力，以及张在玉亲属的"民愤"表达权利，几乎不仅是同质的，而且是同向的。一方面，政法权力①在中国天生的亲和性，使刑事诉讼法所规定权力之制约形同虚设。另一方面，在诉讼场域中，没有一种异质、逆向的权力。权力制衡理论之以权力制约权力、以权利对抗权力、以权利制约权利成为虚无。同时仅有一种权力因素或者几种权力因素，佘祥林不可能被判处严厉的刑罚。在当下，一个刑事案件一旦启动，相关权力因素必然是接踵而来，直至案件终结。

由是观之，解决之道首先必须是建立合理的刑事诉讼权力结构。"应该被读解为一种重新安排惩罚权力的策略"，"改革运动的真正目标，……与其说是确立一种以更公正的原则为基础的新惩罚权利，不如说是建立一种新的惩罚'权力'的结构，使权力分布得更加合理"。②从结构决定功能的理论出发，没有权力制衡的科学合理的结构，就不会有刑事诉讼场域的各个权力的最佳功能的发挥。科学的诉讼权力结构，一方面是诉讼场域中的各个权力都是具有合法性和正当性的权力。另一方面是诉讼场域中的权力的制约和平衡。它要求我国的刑事诉讼场域必须纳入新的权力因素，实现刑事诉讼中国家权力和个人权利的平衡。因为"有权力的人们使用权力一直到遇到有界限的地方才休止"，"一切有权力的人都容易滥用权力"。③因此必须对诉讼场域中的各项权力进行制约，使其达到平衡，这样才可以形成合理科学的诉讼结构。

---

① 笔者使用"政法权力"的概念，系指包含政法委、公、检、法部门之权力，以区别于检、法部门之"司法权力"。

② ［法］福柯著，刘北成、杨远婴译：《规训与惩罚》，三联书店1999年版，第89页。

③ ［法］孟德斯鸠著，张雁琛译：《论法的精神》（上），商务印书馆1985年版，第154、156页。

我国的刑事诉讼中虽然规定了公检法三机关"分工负责，互相配合，互相制约"的原则，但是这是一种打击犯罪的"田径接力式"的线形结构，与法治理念下以审判权为中心、控诉权和辩护权为两造的三角结构相差甚大。笔者认为，问题的关键在于控辩关系扭曲与失衡。可以断言，如果没有一种正常的控辩关系，就不可能构建合理的诉讼结构，就不可能缔造正当科学的法律程序，就绝不可能走近正义的目标。不仅人权保障成为空谈，而且"佘祥林"、"胥敬祥"、"杜培武"等冤假错案还会接踵而至地发生。而构建正常的控辩关系，则须在刑事诉讼法基本原则中植入控辩平等。翻开世界任何一个法治国家的刑事诉讼法史，不难发现，这种判断不仅是先验的，而且是理性的。

控辩平等乃诉讼法治之基本理论与基本理念，无疑应当成为中国现代诉讼法治之理性选择与必然追求。这是因为，在当今中国社会迈向法治国家之进程中，不仅控制犯罪与人权保障应当同时成为刑事法律之终极追求，也不仅公正本位、兼顾效率应当成为现代司法之永恒主题，而且程序优先、实体与程序并重应当成为现代刑事诉讼之价值选择。

控辩平等之立论，源于"平等武装（equality of arms）"理论，既包括控辩双方实体权利与义务上的平等，也包含程序权利与义务上的平等，而且在笔者看来，程序上的权利平等意义会更重大。

笔者研究"控辩平等论"这一论题，意旨主要有二：一为意在推动中国刑事司法改革之进路；一为笔者学术经历与旨趣所使然。研究控辩平等既要研究该理论赖以产生、发展和传播的制度根源及制度背景，也要研究该理论的本体内涵、变化历程及发展趋势，更要研究该理论在中国刑事诉讼中的成功导入。于此，前人虽也有涉及，但尚无系统论证。

中国的司法改革正在或正在考虑如火如荼地进行，在诸多刑事司法制度改革中，控辩平等理论的导入是一条必须贯通其中的理论主线。而当下国人对于控辩平等的解读却并不深刻：一个表征为，控辩平等作为一个"舶来品"，乃西方诉讼法治之产物。在中国的刑事诉讼中，尤其在立法与司法领域，尚无几多人士对此青睐。甚至在此等官员的诉讼意识领域，控辩何以平等？对控辩平等观念持有根深蒂固之"敌意"。另一个表征为，中国控辩平等的鼓吹者，对于控辩平等在我的立论与驻足有着过多的期待和理想。认为控辩平等不仅是控辩双方在庭审程序中的平等，而且在审查起诉程序乃至侦查程序中，也必须全面实现控辩双方权利的平等武装。基于此，笔者之研究，试图将立场确定为立足于中国法治变革之实际：其一为当下之刑事诉讼法再修改之现实；其二为长远之刑事司法法治化之需求。

二、控辩平等原则的产生与演进

刑事诉讼是历史的产物，其发展历程可以说是从"弹劾主义"走向"纠问主义"，再走向"混合主义"。纠问制度深受诟病的原因，主要在于法官独揽追诉审判大权于一身，欠缺监督制衡管道，同时，法官自行侦查追诉，本身就是原告之角色，根本不可能无偏颇之虞，更遑论公正客观之裁判。因此，为杜绝流弊，改革刑事诉讼制度将刑事程序拆解为侦查（追诉）与审判两个阶段，由新创设的检察官主导侦查程序，原来的纠问法官之权力则被削弱为单纯之审判权，在侦查、审判两阶段分离的结构下，侦查结果仅有暂定的效力，案件罪责问题之终局确定，则由审判程序阶段来决定，自此法官被局限于被动消极的角色，刑事程序迈入现代诉讼之轨道。而控辩双方不仅其机会对等，且其地位亦对等。控辩平等原则应运而生。

控辩平等强调的是一种同等对抗、势均力敌的状态，揭示了在刑事诉讼过程中控诉和辩护双方的法律地位及相互关系。显然，控辩平衡这一命题是从属于刑事诉讼模式这一命题的。因此，控辩平衡作为特定的研究命题的产生必然与特定的刑事诉讼模式密切相关。而从刑事诉讼模式的演进历程来看，人类社会自从有了纠纷，就产生了解决纠纷的方式。原始社会最典型的解决纠纷方式就是无序的复仇。当人类文明发展到氏族、部落时代时，根据纠纷性质或主体范围的不同，可以将纠纷分为部族外的纠纷和部族内的纠纷：外部的纠纷一般通过战争解决，而内部的纠纷在双方当事人之间不能自行解决时，由第三者加以裁决。这种由当事人双方和第三者共同解决纠纷的方式就是诉讼模式的雏形。

在诉讼发展史上，不同的历史时期存在不同的刑事诉讼模式；在相同时代，不同地区和国家的诉讼模式也不尽相同。因此，诉讼模式同其他社会制度一样，是动态的、发展的。她从非理性走向理性，从野蛮走向文明。从世界范围看，在漫长的人类社会历史进程中，刑事诉讼模式先后出现了弹劾式、纠问式以及混合式等基本类型。

人类社会早期，主要靠冲突主体的私力救济来解决纠纷。血亲复仇、决斗等残酷而充满血腥味的行为成为社会公认并予以接受的解决冲突的方式。暴力等同于司法，以武力对抗武力，以暴力还击暴力，成为当时解决争端的普遍方法。随着时间的推移，人们渐渐发现这种纠纷解决方式的劣根性，人们不断处于暴力死亡的恐惧和危险中，人的生活"孤独、贫困、卑污、残忍而短寿"。[①]

---

① ［英］霍布斯·利维坦著，黎思复等译：《利维坦》，商务印书馆 1985 年版，第 85 页。

在理性的驱使下，人们不得不最终走到一起，相互达成协议，自愿地服从一个人或一个集体，相信他可以保护自己来抵抗所有其他的人，从而结成了政治国家，作为其中的一个必然的伴生物——用以解决社会冲突的法庭也就出现了。由此，人类跨进了由国家出面来解决刑事冲突的门槛。及至封建社会，统治者们对犯罪的性质发生了认识上的急剧转变，他们不再将犯罪看成仅仅是个人之间的私人冲突，而是意识到一切犯罪从根本上都是危害自身统治的行为，因此，加强国家对犯罪的追究和打击这一职能便成为必然。封建统治者们不仅将追究犯罪的权力从被害人手中收归国家，而且为了更有效地追究犯罪，还把侦查、起诉、审判三种职权交由法官一体行使。作为疯狂追求有效追究犯罪这一结果的代价，刑事诉讼在这一时期完全丧失了保障公民人权和自由这方面的价值。

资产阶级在革命和建立政权的进程中，为了迎合公民憎恶封建专制的心理和追求个人独立自由的愿望、巩固其在大众心目中的领导地位以最终获得人民的支持，顺应历史潮流发展，大肆宣扬一系列"民主"、"自由"、"人权"、"正义"等进步理念，彻底抨击封建国家无限膨胀的权力对个人自由和权利的粗暴干涉，竭力鼓动公民个人充分地享有独立的意志和完全的自由。"个人主义"在这一历史时期发挥到了极致。在刑事诉讼中，便表现为强调作为辩方的公民不仅是诉讼主体，而且拥有与作为控方的国家公诉机关完全相抗衡的力量。控、辩真正成为诉讼中平等的对立方，享有相同的或对等的权利，作为裁判者的法官完全以对等的眼光来看待控辩双方，作为控方的国家机关在刑事诉讼这场博弈中没有任何的优越感，也不享有特权。

其后，随着经济的发展和社会的进步，现代文明越来越偏向对公民个人的人权和自由的关注。刑事诉讼作为国家为追究犯罪、惩罚犯罪而进行的最为严厉的活动，无疑最容易发生侵犯公民人权和自由的情况。随之而来的，现代人的视角也自然地转向了刑事诉讼这一领域。因此，资产阶级所创立的刑事诉讼制度中关于对人权和自由的保障不仅没有没落的迹象，反而在现代各国大有加强和备受重视的趋势。控辩平等作为刑事诉讼文明进步的成果在现代社会中进一步得到了巩固。[①]

在人权保障由低到高、由弱到强的呼声中，保障被追诉人的权利越来越引起国际社会和法治国家的重视，控辩平等无论从理论上还是从立法和司法实践角度都有着不同程度的发展。虽然，这并不是就意味着控辩平等原则从形式上

[①] 谭世贵：《刑事诉讼原理与改革》，法律出版社 2002 年版，第 232 页。

到实质上已经得到普遍性确立。

　　检视国际社会有关人权保障的公约、文件和有关国家的法律制度，一方面反映了国际社会对控辩平等原则的共识，另一方面这些共识也逐渐渗透进各国的法律规定中。尽管各国控辩双方的关系呈现出不同的特点，但其总体趋势是：法律赋予辩方越来越多的权利以防止控方滥用权力，控辩双方的法律地位正在趋向平等，尽管这种平等也许尚需时日才能真正实现。

　　综观两大法系关于控辩平等原则的不同特点，由于政治体制和民主化进程的不同，在确立控辩平等原则过程中的变化不尽相同，但整体趋势却是一致的，即从纠问制下的控辩不平等逐步走向现代诉讼模式下的控辩平等。

　　英美法系控辩平等原则的特点在于：控诉权与审判权真正分开，防止法官专横，保障公正审判；强化被告人权利，加强诉讼中控、辩、审三方的互相牵制，实现控辩平等。可以说，控辩平等是当事人主义诉讼模式的必然要求和集中体现。在英美法系中，控辩双方法律地位的发展趋势是从形式上的平等转向实质上的平等。由于英美国家早期没有确立国家独占追诉权的体制，所以实行了完全的对抗式程序，这种程序与民事诉讼程序采用了相似的理念、原则和规则，整个程序贯穿了"公平竞争"原则，即为确保当事人充分展开指控和辩护活动，任何一方当事人都不得为其对手提供有利的证据，法官也无权使当事人承担类似的诉讼义务，以保障双方的诉讼地位在外观上是完全的平等。这种原则在刑事诉讼程序中的具体表现是：控辩双方保持形式上的平等与对抗，为了获得胜诉结局，双方当事人可以采取任何技术、手段、方式向法官证明自己坚持的观点；为了使对方措手不及，甚至可以出其不意地提出有利于自己一方的主张和证据；在禁止为对方当事人提供有利证据的前提下，当事人拥有一种所谓的"诉讼埋伏权"（powers of ambushing），也正是这种权利常常使诉讼结局出人意料。随着英美国家逐渐确立了国家独占追诉权的体制，控辩双方的力量乃至诉讼地位上的不平等性越来越严重，形式上的平等已经无法掩盖实质的不平等。所以，新的程序正义理念认为：如果法律一味地鼓励双方对抗，那么其中能力较弱的一方事实上就不能充分有效地参与诉讼，他们将永远处于劣势，直至败诉。这样，刑事诉讼无法实现公正。为了克服这种实质的不平等，法律应当允许控辩双方必要时进行适度的"合作"，对较弱的被告一方给予特殊保护。在新的程序正义理论的影响下，英美国家的刑事诉讼程序开始逐渐减少控辩双方不必要的对抗、保证实质平等，如辩护方"先悉权"的确立等。

在大陆法系中，刑事司法改革逐步深入，被告人的诉讼地位逐渐提升，控辩双方的诉讼地位也在逐渐平衡。19 世纪，欧洲刑事司法改革废止了纠问式诉讼模式，被告人从诉讼客体转变为诉讼主体，享有了一系列的诉讼程序保障。随着第二次世界大战的结束，各国相继开展了刑事司法改革运动，由于受到国际上人权保障思潮的影响，在改革运动中充分重视了犯罪嫌疑人、被告人这一弱势群体的人权保障问题，使被告人的诉讼地位进一步提升。[①] 相对于当事人主义诉讼模式，职权主义诉讼模式关于控辩平等的特点在于：提起刑事诉讼后，法官依照职权主宰诉讼进程，诉讼终结与控辩双方意思关系不大。可以说，控辩平等原则在大陆法系中存在一定的缺失。如侦查阶段，侦查机关的权力几乎没有限制，其调查处于秘密状态，其采取的强制措施没有司法审查，不受外界力量监督；犯罪嫌疑人虽然享有获得律师帮助权，但实现这种权利又面临诸多限制。在起诉阶段，审前的实质审查，使法官先入为主对案件有了看法，庭审就容易沦落为形式。在庭审阶段，控审双方易结成同盟，控辩平等难以实现。在证据排除方面，非法证据的排除很不规范，非法证据依然可以大摇大摆地成为定罪的依据。

目前，各国对控辩平等原则的态度依然不尽相同，其对控辩关系的认识和法律规定也有差异。英美国家更倾向于控辩双方平等对抗与合作，法德国家更倾向于限制控方权力保护辩方权利以有利于公正审判。不过，毕竟这些变化的实质依然朝着控辩平等原则确立的方向发展。英美法系从形式上的平等走向实质上的不同，大陆法系从辩方缺乏权利保护走向加强权利保护，这些都是控辩平等原则的实质性体现。

三、控辩平等原则的基本内涵

在笔者看来，控辩平等从内在的权力（利）配置原则上要求，应当具备平等武装和平等保护，其中，平等武装所追求的是一种实质的平等，平等保护所追求的是一种形式的平等；控辩平等从外在的权力（利）行使目的上来看，应当包含平等对抗和平等合作，其中平等对抗是手段和现象，平等合作是目标和本质。

简言之，从本体意义上研析，控辩平等应当含有平等武装、平等保护、平等对抗和平等合作之意。以下分而述之。

---

① 陈瑞华：《刑事审判原理论》，北京大学出版社 1997 年版，第 259—261 页。

（一）平等武装

"平衡方能永葆公正"（A just balance preserves justice）①。而确保平衡的最直接的途径是确认平等武装原则。前已述及，"平等武装（equality of arms）"这一概念，最早为欧洲人权委员会所使用。其后，1972 年举行的第 12 届国际刑法学大会上首次以"平等武装"为题对在刑事诉讼中控辩双方诉讼地位的平衡问题进行了探讨。而现在，"平等武装"一词已被广泛用来描述控辩双方之间对等的程序权利义务关系。平等武装是从立法上对控辩双方之权力以及权利的配置层面而言的，它要求在立法上赋予控辩双方平等的诉讼权利和攻防手段。

1. 平等武装之根据

在现代诉讼制度之下，当事人之间的"平等武装"应当是完全的、真正的，不存在任何例外的平等。但是由于其犯罪者（被追诉人）自身的特性，决定了其是不可能在刑事诉讼中实现的。与民事诉讼相比，刑事诉讼中当事人的地位是不能改变的。被告人可以为自己辩护，但是他在诉讼的特定时刻不可能充当检察官，而在民事诉讼中，提出反诉是完全允许的。此外，如果被告人败诉，将面临被判刑的风险，有时甚至是很严厉的刑罚，而检察官不可能被判刑。刑事诉讼中只有控方才有权对被追诉人施加各种强制措施，只有被追诉人才可能由于未决的审判而被羁押，而被追诉人既不可能对控方采取任何强制措施，也不可能羁押控方。这些例子可以说明刑事诉讼的特性以及参与其中的当事人之间地位上本质的不平等。②

从诉讼的法治理念上讲，控辩平等不应当受到质疑。国家控诉权的出现使得控辩平等观念受到了严重挑战。从根源上看，国家控诉权一方面源于犯罪行为上升为对社会的危害，国家成为实质上的原告；另一方面源于犯罪活动具有极强的隐蔽性与报复性，需要国家依据强大的力量查明犯罪人，采取强有力的控制措施。基于此，在控辩双方的地位上，认为公诉高于辩护的主要理由有二：其一，国家利益高于个人利益的前提决定了代表国家利益的控诉权高于代

---

① *Lat in proverb*, reprinted in W. BENHAM, BOOK OF QUOTATIONS, 6126（1948）.

② E. Muller 指出，对刑事诉讼中的平等概念不能做绝对的理解，否则就会得出荒谬的结论，这一点我完全同意。例如，完全的"平等武装"将意味着，如果允许警察在调查中使用秘密调查员或调查机构，那么被告人也应当可以选择同样的方式，这在现实中是不可想象的。Malgorzata Wasek-Wiaderek, *Principle of "Equality of Arms" in Criminal Procedure Under Article 6 of the European Convention on Human Rights & its Function in Criminal Justice of Selected European Countries*, December 2000 Leuven University Press.

表个人利益的辩护权；其二，控诉方代表国家为了有效发现控制犯罪所必须拥有的庞大资源是被告人个人无法也不可能拥有的。

由国家利益高于个人利益的前提推导出代表国家利益的控诉权高于代表个人利益的辩护权的结论，显然是一个悖论。控辩关系设计是一个程序问题，国家利益与个人利益孰高孰低是一个实体问题。程序设计只考虑如何在排除程序义务人主观随意性和各种外在关系的影响的前提下，实现证据判断、认定事实和适用法律的客观、公正，而不考虑程序义务人背后代表的是谁的利益。而且从另外一个意义讲，如果程序按照义务人代表的利益设计，那么程序法定就变得毫无意义了。除此之外，按照洛克的观点，人们在订立社会契约时，之所以把一部分权力交给社会；由立法机关按照社会利益所要求的程度加以处理，也只是为了用来为他们谋福利和保护他们的生命、自由和财产。社会成立立法机关行使自己的权利，也必须符合这个重大的和主要的目的，否则就叫作超出了公众福利的需求，人民有权进行反抗。国家利益的根本是为了实现个人利益，个人利益是国家利益的具体形式。虽然在某种意义上，国家利益优于个人利益，需要个人利益对国家利益的牺牲，但是国家利益只不过是实现个人利益的手段，国家政治法律的终极目标就是实现个人的幸福安康。

由于控诉方代表国家为了有效发现控制犯罪所必须拥有的庞大资源是被告人个人无法也不可能拥有的，而推定出控诉权高于辩护权则更为荒谬。犯罪活动的隐蔽性与复杂性使得需要赋予控诉机关强有力的司法资源和权力是必要的，基于对犯罪的控制而对犯罪嫌疑人采取强制措施（包括羁押）也是所需的，然而，此均不能成为控诉方高于辩护方的理由。而且，恰恰相反，正是因为行使追诉权的一方是以国家强制力为后盾并掌握巨大司法资源的国家机关，被追诉人处于极端不利的地位，而且往往被羁押，双方力量对比悬殊，所以才需要扩大被追诉人的权利，减少其义务，同时加大控诉方的义务，限制其一定权力，以实现二者的均衡。

从诉讼构造之本原上考察，控诉方诉讼力量具有先天强大的特征，被追诉人诉讼地位具有"先天不足"的特征，控辩力量的先天失衡是从刑事追诉活动"娘胎"里带出来的。这主要是因为：

第一，刑事追诉活动中原始的有罪推定观念，决定了被追诉人诉讼地位的"先天不足"。有罪推定与无罪推定是相对而言的。在贝卡利亚没有提出无罪推定原则之前的漫长岁月中，刑事追诉活动中的有罪推定占据中心和主导地位。被追诉人是刑事诉讼的客体、秘密审、没有辩护权、刑讯逼供合法而制度化、被告人负有举证责任等，无一不是有罪推定的"功勋"。即使在资产阶级革命胜利后，无罪推定原则被写进了宪法、法律甚至联合国文件后的若干时期，人们对有罪推定也仍然是念念不忘。我国 1996 年刑事诉讼法修改前关于无罪推定原则的几次大讨论、修改中关于是否规定无罪推定原则的激烈争论、修改后的刑事诉讼法第 12 条"未经人民法院依法判决，对任何人都不得确定有罪"是否是无罪推定原则的争议，即是例证。① 几千年来，在人们的固有观念中，警察是"无事不登三宝殿"，"为什么不抓别人就抓你"，调查、讯问似乎是证明被追诉人有罪而进行的补充性活动。在这种根深蒂固的有罪推定观念之下，警察抓"小偷"就像"老鹰抓小鸡"一样，被追诉人的诉讼地位谈何平等？

第二，刑事诉讼证明活动的复杂性，决定了控诉方诉讼力量的先天强大。要解决纠纷，就要查明事由，尤其是通过诉讼方式处理纠纷，其诉讼证明过程是一个必然，而这个诉讼证明过程显然具有相当的复杂性，刑事追诉活动的诉讼证明尤其如是。换言之，诉讼纠纷活动的证明过程复杂于一般纠纷解决，刑事诉讼活动的证明过程又复杂于其他诉讼纠纷活动的证明过程。刑事诉讼证明活动必须围绕着犯罪人的行为是否存在，即犯罪嫌疑人与犯罪事实之间的关系这一核心问题而进行，即使是被扭送以及犯罪嫌疑人自首的案件，也必须查明犯罪事实是否存在及其与犯罪嫌疑人之间的关系。相对于民事诉讼、行政诉讼活动而言，民事、行政诉讼证明的核心在于对事实作出评价，明确纠纷双方在同一事实中各自应当承担的责任，进而确定其权利义务关系的分配，而纠纷事实是否存在的证明则相对简单。民事诉讼活动侧重于依据民事实体法的规定明确双方的权利和义务，行政诉讼活动侧重于对具体行政行为的合法性予以审查，而刑事诉讼活动追诉犯罪的复杂性就必然要求控诉方拥有强大的力量，以保证刑事追诉活动的成功。

第三，控制犯罪行为的现实危害性和预防犯罪人的潜在危险性，决定了被追诉人诉讼地位的"先天不足"和控诉方诉讼力量的先天强大的二元现象并

---

① 只要看一下当时国家重要报纸、期刊上登载的一些著名学者的文章的标题，无罪推定原则在中国的道路是何等艰辛即可略见一斑。1957 年 12 月 13 日《光明日报》刊登了吴磊、王华两位学者的文章，题目是驳"无罪推定"论；1958 年《法学》第 1 期刊登了张子培先生的文章，题目是驳资产阶级"无罪推定"原则；1980 年《法学研究》第 4 期刊登了陈光中先生的文章，题目是应当批判地继承无罪推定原则；1982 年《中国社会科学》第 4 期刊登了宁汉林先生的文章，题目是论无罪推定；1983 年《中国社会科学》第 5 期刊登了林欣先生的文章，题目是"无罪推定"还是"无罪假定"；1990 年争鸣第 2 期刊登了沈德咏先生的文章，题目是关于无罪推定原则的新思考；1997 年法论第 3 期刊登了杨安军等的文章，题目是修改后的刑事诉讼法确立了无罪推定原则吗。关于此问题的专论详见王敏远：《刑事司法理论与实践检讨》，中国政法大学出版社 1999 年 10 月第 1 版，第 3—33 页。

存。国家追诉活动的一元目的是为了控制犯罪，二元目的是为了预防犯罪。由于犯罪行为发生后的现实危害性，以及被害方惩罚犯罪的强烈欲望，加之犯罪人继续犯罪、隐匿证据、逃避处罚等潜在危险性的存在，国家追诉机关对犯罪嫌疑人、被告人采取未决羁押措施就有了一系列的正当化理由，而正是控诉方对被追诉方强制措施的使用，直接造成了双方诉讼地位的先天失衡。当今世界多数法治国家对被追诉人的羁押措施是由法官批准决定的，而我国尚由控诉方批准决定对被追诉方采取强制措施，且将被追诉人羁押在侦查机关管辖之拘禁场所，控诉方与被追诉人双方诉讼地位的先天失衡尤为剧之。

通过上述分析，完全可以得出这样一个确定性的结论：纠正和改变控辩力量先天失衡状况的路径唯有刑事诉讼权力（利）和义务的理性配置——平等武装。

2. 平等武装之内容

仅仅从形式意义上看，平等武装并不是现代刑事诉讼的专利。在古代的弹劾式诉讼模式之下，甚至在原始的纠纷解决方式中，就已经有了平等武装的雏形：

"在这一天当中，我既没吃的、喝的，手上也没有骨头、石头、野草，也不会施任何的魔法与巫术……"。正是这样，原告与被告身穿铠甲，手中挥舞着短棒，骑上各自最好的战马向对方冲去，为了各自的生命而搏击。比赛开始于破晓，直到其中的一位被杀而停止。在宣布"胆小鬼"这个象征着耻辱与谩骂的词或等"星星出现在夜空之后"，正义终得到实现，主审法官遂作出适当判决。①

与我们现有体制一样，通过搏击方式进行的原古时期的普通法审判考验其实是一种对抗制的发现事实真相的过程：在搏击过程当中，神父的介入是为确保对作伪证一方进行惩罚。② 一系列刚性规则确保任何一方竞争者都不会拥有相较于另外一方更好的装备优势。任何一方均"身穿铠甲，脚穿红色的便鞋，膝盖以下光腿，头上不戴任何东西，从手至肘皆为裸露，每人均手持一厄尔长

① "胆小鬼"一词意为乞示宽恕，在崇尚骑士精神的时代是为人所看不起的。Jay Sterling Silver, *Equality of Arms and The Adversarial Process: A New Constitutional Right.* Copyright (c) 1990 University of Wisconsin Law School. *Wisconsin Law Review.* July, 1990/August, 1990, p. 19.

② W. 霍兹伍丝著：《英国法史》（1969），第310页。诺曼征服者将这种早期的审判形式引入到盎格鲁—撒克逊（Anglo-Saxon law）司法体系中。（Anglo-Saxon law，是指从6世纪直到诺曼人征服英国（1066）后在英国流行的一批法律。）决斗是一种检验当事人双方或证人诚实与否的一种手段，通常用于重罪及所有权的纠纷上。此种决斗式的审判方式直到十九世纪才正式消失。参见 G. 尼尔森：《决斗型审判》（1890），第31—32页。

的木棍以及一个四角的皮耙子……"①

文明的司法制度最终代替了搏击及其他的严酷考验，但作为原始的搏击审判（trial by battle）补偿特征（redeeming feature）的平等武装原则（the principle of equality of arms）则被保留下来，该项原则要求，在法庭上进行辩论的双方并不要求具有同样的技巧与智力，但从赋予双方形成并陈述各自立场的程序正当性权利而言，双方均须得到平等的武装。对抗制诉讼中的此项公正和效率的根本要求在过去并未能被人们清楚认识。就像我们前面所提到的搏斗双方应当全副武装一样，参与庭审的控辩双方也应具有平等的法律武器（be equally armed for combat）。假如没有的话，司法正义将会是第一个牺牲品。② 当然，这种司法制度是建立在以下这种假设之上的：真相极易通过积极的辩论者之间的较量而得到澄清。

从本原意义上讲，平等武装意味着立法应当为控辩双方提供同等或者对等的攻防手段，这就要求法律赋予控辩双方同等或者对等的诉讼权利和义务，以使控辩双方能够真正平等、有效地参与诉讼，促进纠纷的解决。这种平等性具体表现在，在侦查阶段，侦控方可以调查、收集证据，犯罪嫌疑人及其辩护律师也有权调查、收集对自己有利的证据；在审判阶段，控方有权向法庭提供物证、询问证人、质证，被告人及其辩护律师也有权向法庭出示物证、询问证人、质证。但是，以调查取证权为例，我们到现在也还无法要求为确保控辩平等而专门设置一个以国家资源为保证、以强制力为后盾的为辩护服务的侦查机构（这并非代表将来），所以，就产生了另外一种思维下的平等武装模式——增加控诉方的义务，加大控诉方的控诉难度；扩张被追诉方的权利，减少被追诉方的义务。于是，无罪推定、沉默权、辩护权、证据开示、非法证据排除规则等就产生了，构成了控辩平等的系列配套规则和制度。

无罪推定原则除去对被追诉人人权保障的本体意义以外，无疑加大了控诉方的控诉难度。因为，在无罪推定原则之下，下位原则就是证明责任的控方完全承担和证明标准的"无合理怀疑"（beyond reasonable doubt）以及禁止刑讯逼供。

沉默权是赋予被追诉人的一项消极性防御权利。基于平等武装的要求，既

---

① 棍棒在底部有一挂钩，挂钩要么由动物头角构成，要么由铁器构成，此种棍棒形似战斧，长度超过一厄尔（此为旧时的量布单位，约合三英尺）。参见 F. 梅兰德著：《最后的审判日》。皮耙子则为一皮盾。参见 G. 尼尔森著：《决斗型审判》（1890），第158页。

② Jay Sterling Silver, *Equality of Arms and The Adversarial Process: A New Constitutional Right.* Copyright (c) 1990 University of Wisconsin Law School. *Wisconsin Law Review.* July, 1990/August, 1990, p. 19.

然控诉方享有侦查讯问、调查取证等攻击性权力，那么被追诉人也应当享有与之相对应的防御性权利。"你可以问，但我可以不说"，在口供证据的获取上，就是一种平等武装。

辩护权是与无罪推定和沉默权这种消极防御权利不同的积极性权利。控诉权与辩护权本质上都是一种诉权，即请求法院对纠纷予以裁判的权利。由于被追诉人不同于精通法律的控方，加之人身自由往往受到限制，难以展开有效的证据调查和收集活动，因此被追诉人的辩护权既可以自己行使，又可以聘请律师为其辩护，并且在被追诉人无力聘请的情况下，国家还应当承担为其指定辩护律师之义务。

证据开示是在辩护方收集证据的能力（权利）无法与控诉方匹敌的情况下，为保障平等对抗，而必须赋予辩护方的案件知悉权。当然，在实行卷宗移送主义的国家，辩护方的案情知悉权另有途径保障。在不实行卷宗移送制度的国家，如果也没有证据开示制度，控辩双方的"决斗"只能是"弱肉强食"，绝不可能是平等对抗。证据开示制度或者卷宗移送制度要求控诉方不得利用其国家司法资源优势而不公平地处于审判上的优势地位。

平等武装不仅要实现形式上的平等，还要做到实质上的平等。"一个社会在面对因形式机会与实际机会脱节而导致的问题时，会采取这样一种方法，即以确保基本需要的平等去补充基本权利的平等，而这可能需要赋予社会地位低下的人以应对生活急需之境况的特权"，[①] 或者提高社会地位处于优势的人以实现目的的义务和标准。非法证据排除规则即是通过对控方证据调查手段的限制和约束来平衡控辩双方之间在调查取证能力上的差异。

平等武装不仅适用于审判程序，而且必须适用于审前程序。因为审前程序是审判程序的基础，且审前程序较审判程序被追诉人的诉讼地位更容易受到漠视，控辩双方的力量对比差异更大。

需要指出的是，平等武装既不是一项完美的原则，也不是绝对意义上的给控方"一支卡宾枪"，同时也给辩方"一支卡宾枪"，而是力量的一种相对均衡。美国联邦法院第二巡回法庭在 United States v. Turkish 一案中，已经注意到了平等武装相对性问题。在 Turkish 一案中，控方通过免责授权而获取了证言，但潜在的辩方证人却未能得到此种授权。被告人对此进行上诉，认为此种不平等授权侵犯了其所享有的宪法第 5 条修正案所赋予的权利。在维持原判

---

① ［美］博登海默著，邓正来译：《法理学·法律哲学与法律方法》，中国政法大学出版社 1999 年版，第 557 页。

时，第二巡回法庭声称，"刑事诉讼不同于民事诉讼，它并非是一次对等的诉讼"。① 法院解释说，控辩双方都各有其独特优势，因此互相抵消。例如，一方面，控方拥有广泛的国家调查资源是辩方不可能享有的，另一方面，辩方依据宪法所受到的保护对于控方来说是不可能享有的。② 法院认为，"在刑事调查与刑事审判中，控方与辩方扮演着天然不同的角色，拥有着不同的权力及权利，平等武装并非一项完美的原则。"③

有学者针对 Turkish 一案也认为：没有人会对刑事审判中双方应受到平等对待而持异议。但是那种认为我们现有的刑事审判制度已经能够给予控辩双方平等的观点是站不住脚的。现有的制度虽然是对抗制，但它的运作只是基于这样一种假设：通过承认控辩双方所存在的不同点即可实现公正。④ 依据逻辑及第二巡回法庭的裁决，我们制度中的公正是靠控方所拥有的广泛资源与辩方所享有的宪法性保护之间的总平衡所造就的。要想在每项程序性权利之中为控辩双方寻求平衡，既不可行，也无必要。诚然，控辩双方确实是享有各自的独特优势，且公正的实现也并非完全是依靠整体上的平衡，然而平等武装原则并不是寻求改变此种平衡。例如，如果给控方反对自证其罪的权利很显然是不符合逻辑的，且剥夺被告的此种权利也是不公正的。同时，为每位被告提供一位侦探或是犯罪实验室是不可行的；同样，对控方使用此种资源进行限制也是不能为社会所接受的。然而平等武装权所适用的领域并非是这些与控方享有广泛资源相抗衡而设置的交叉性宪法性权利。相反，它的适用目的在于使双方具有平等的陈述案件的权利。⑤ 所以，任何一种不平衡都将是漫无目的与令人难以忍受的，就像如何打动陪审团、交叉质证、出示证据等，这些程序性权利设置都应当在对抗平衡中得以体现。

(二) 平等保护

从逻辑关系上看，平等武装作为一项立法要求，为实现控辩平等制定了平等的条件，而平等保护作为一项司法原则，为控辩平等的真正实现提供了均等

① United States v. Turkish, 623 F. 2d Q769, 774 (2d Cir. 1980).
② 最高法院一再注意到单方优势的存在及对全面平衡的需要。Lee v. Illinois, 476 U. S. 530, 540 (1986)；Williams v. Florida, 399 U. S. 78, 111—12 (1970)；United States v. Ash, 413 U. S. 300, 309 (1973) 等案件。
③ Turkish, 623 F. 2d at 774—75.
④ Goldwasser, *Limiting a Criminal Defendant's Use of Peremptory Challenges: On Symmetry and the Jury in a Criminal Trial*, 102 HARV. L. REV. 808, 825—26 (1989).
⑤ Jay Sterling Silver, *Equality of Arms and The Adversarial Process: A New Constitutional Right.* Copyright (c) 1990 University of Wisconsin Law School. *Wisconsin Law Review.* July, 1990/August, 1990.

的机会。控辩平等原则在刑事诉讼大厦中之架构，必须依靠立法上之平等武装和司法上之平等辩护的紧密配合与链接。

1. 平等保护之根据

古罗马时期指导诉讼进行的"自然正义"原则主要包含两个方面的内容，其一是指"任何人不得作为自己案件的法官"（memo judex in parte suah），其二是指纠纷解决者"应当听取双方当事人的意见"（audi dHern baml）。在笔者看来，"应当听取双方当事人的意见"就是对平等保护原则的直接阐述。美国学者戈尔丁也指出"纠纷解决者不应有支持或反对某一方的偏见"。[①] 纠纷解决者"应当听取双方当事人的意见"与"纠纷解决者不应有支持或反对某一方的偏见"，是从正反两个方面描述平等保护的要求。由此看见，平等辩护历来是程序公正理念的源泉，也是衡量程序公正性的基本标准。

在刑事诉讼活动中，纠纷的裁判者是适用法律的主体，控辩双方在法律面前的平等实际上在很大程度上是通过控辩双方在纠纷裁判者面前的平等而实现的，这就要求裁判者在诉讼中必须保持客观中立、不偏不倚地对待控辩双方，对控辩双方加以平等的保护。具体而言，裁判者在诉讼中应当尽力抑制自己的偏见，并给予双方平等参与诉讼的机会，对于控辩双方向法庭提供的意见和证据，裁判者应当加以同等的关注和评断，并要在充分考虑控辩双方意见的基础之上作出裁断。[②]

裁判者对控辩双方平等保护的实现，至少需要如下几个方面的保障：

（1）司法独立原则。司法中立是维持刑事诉讼构造、实现诉讼公正、做到平等保护的根本保证。根据联合国《公民权利与政治权利公约》第 14 条第 1 款规定：所有的人在法庭和裁判面前一律平等。在判定对任何人提出的任何刑事指控或确定他在一件诉讼案件中的权利和义务时，人人有资格由一个依法设立的合格的、独立的和无偏倚的法庭进行公正的和公开的审讯。这一规定应当有如下主要内容：

①司法权独立。司法权的设置独立于国家其他权力，由司法机关独立行使，不受任何权力之干涉。卡坡里蒂（Mauro Cappelletti）教授认为："司法独立——尤其独立于行政机关——本身不具有终极的价值；它本身不是一种目的，而只具有一种工具性价值，它的最终目的是确保另一项价值的实现——法

---

① ［美］戈尔丁著，齐海滨译：《法律哲学》，三联出版社 1987 年版，第 240 页。

② 谢佑平、万毅：《刑事诉讼法原则·程序正义的基石》，法律出版社 2002 年版，第 227 页。

官公正而无偏私地解决争端。"① 西蒙·斯特里特（Shimon Shetreet）教授也认为："现代意义上的司法独立概念不仅仅局限于法官的个体独立，即法官的身份独立和实质独立，它还应包括司法机关整体上的独立。同样，司法独立也不仅仅旨在确保法官免受行政机关的压力或立法机关的干涉，它也应包括法院的内部独立，即法官独立于其同事或上级。"②

②法庭独立。即依法设立的法庭应当是独立而无偏倚的。联合国 1985 年通过的《关于司法机关独立的基本原则》第 2 条规定：司法机关应当不偏不倚、以事实为根据并依据法律规定来裁决所受理的案件，而不应有任何约束，也不应为任何直接、间接的不当影响、怂恿、压力、威胁或干涉所左右，不论其来自何方或出于何种理由。

③法官独立。法官独立在平等保护中的意义至少有二：一是法官独立行使裁判权，不受任何方（包括控辩双方）的干涉；二是居间裁判，保持中立，对控辩双方不偏不倚。司法独立仅为法官创造了一个能够依法审理、合理裁判的外部制度环境，而法官独立行使裁判权也仅是对控辩双方平等保护的一个方面。还必须注意到，平等保护要求充分保障法官在控辩双方之间保持中立的态度和地位，避免法官偏向一方而反对另一方。这是因为，法官保持中立地位对于他公正地从事审判活动、彻底摆脱追诉的义务或心理负担是十分必要的。法官的中立地位源于这样一个判断：他与审判结局没有任何利害关系，他没有自己独立的诉讼请求，也无须对诉讼的结局承担任何直接的后果。只有保持这种地位，法官才能避免承担那些与其公正审判职责相背离的诉讼义务，避免控诉职能的集中或混淆，使被告人受到公正的对待。③

（2）公正审判原则。联合国《关于司法机关独立的基本原则》第 6 条规定：司法机关独立的原则授权并要求司法机关确保司法程序公平进行以及各当事方的权利得到尊重。王敏远教授认为，"从最基本的意义上讲，刑事司法程序乃是由法院对控诉方的指控予以查验和裁断，法庭面对的是控诉者和被告人两方。所谓公平，就应是针对法庭所面对的两方而言的。这样来理解公正的程

---

① Mauro Cappelletti, *"Who Watches the Watchmen ? ——A Comprative Study on Judicial Independence"*, in *Judicial Independence*, 1985 by Martinus Nijhoff Publishers.

② Shimon Shetreet, *"Judicial Independence : New Conceptul Dimensions and Contemporary Challenges"*, in *Judicial Independence*, 1985 by Martinus Ni jhoff Publishers.

③ 联合国人权委员会 1988 年关于审判人员陪审员和陪审技术顾问的独立性和律师的独立性的宣言（草案）规定：法官个人应当自由地履行其职责，根据他们对事实的分析和法律的理解公正地裁决其所受理的案件，而不应有任何约束，也不应为任何直接或间接的不当影响、怂恿、压力、威胁或干涉所左右，不论其来自何方或出于何种理由。陈瑞华：《刑事审判原理论》，北京大学出版社 1997 年版，第 243 页。

序，并不意味着公正程序只有在法庭审判中才存在。从外延上看，这种程序应当包括从侦查到起诉和审判的整个刑事司法过程"，"包括辩护权原则、法庭组成的公正性等一系列内容"，王敏远教授认为，一切有利于控辩双方公平参加诉讼的规则，都属于公正程序范围。①

（3）程序均等原则。程序均等原则是对裁判者主观态度的规范。要求在刑事诉讼活动中，裁判者极力避免或者克服自己的先入为主或者偏见，应当具有给予控辩双方同等对待的意识，对控辩双方的询问、举证、质证以及其他有关诉讼活动的意见和建议，给予同等条件、同等机会、同等处理。一方面通过程序均等原则的实现达到保障实体公正的结果，另一方面追求程序均等原则独立于程序结果的内在价值，让控辩双方尤其是辩护方实现"看得见的正义"。

有论者认为，平等保护原则使裁判者（法院）面临着严重的心理冲突。由于作为裁判者的法院和控诉方都是代表国家参与刑事诉讼的国家机构，具有同质性和同构性，加上控侦方查明案件真相的能力较强这一客观事实，法官在审判中往往容易倾向于听取控诉方的意见，对于控诉方提交的证据，法官也更容易采信。而这事实上将造成对被告人的歧视，从而违背了平等保护的基本要求。② 更有甚者，法官内心对于辩护律师的看法也会影响到其能否保持中立地位，进而影响到能否对控辩双方给予平等保护。这种担忧不无道理，美国联邦最高法院对 PERRY V. LEEKE 一案的审理中，关于"接触"禁令的裁判即为例证。③

正如德国学者赫尔曼所言：在开庭审理程序中，尽管从法律角度更加注重实现手段同等性，但由于实际上的原因，特别是由于程序心理学方面的原因，手段同等性原则在这里受到严重限制。④ 由此观之，平等保护要求裁判者在司法活动过程中，必须突破心理上的定式和倾向，努力保持对控辩双方的不偏不倚、客观中立，对控辩双方的意见和证据必须平等关注和评断，否则，控辩之间的平等就无从谈起。

2. 平等保护之内容

"保护"意为"尽力照顾，使不受损害"。⑤ 平等保护意为平等照顾，即

---

① 王敏远：《刑事司法理论与实践检讨》，中国政法大学出版社 1999 年版，第 317—318 页。
② 谢佑平、万毅：《刑事诉讼法原则．程序正义的基石》，法律出版社 2002 年版，第 228 页。
③ 笔者将在下文"平等保护的内容"中详述之。
④ ［德］约阿希姆·赫尔曼著，李昌柯译：《德国刑事诉讼法典》，中国政法大学出版社 1995 年版，"引言"。
⑤ 中国社会科学院语言研究所词典编辑室编：《现代汉语词典 5 版》，商务印书馆 2005 年版，第 47 页。

裁判者在刑事诉讼活动中，对控辩双方做到平等关照，使双方均不受损害。由此看来，笔者认为，刑事诉讼活动中的平等保护至少应当包括诉讼机会平等、诉讼态度平等、诉讼条件平等和诉讼标准平等四项内容。

（1）诉讼机会平等。所谓当事人机会平等系指裁判者应当给予控辩双方参与诉讼的同等时候与时机。原告有此机会，被告亦得有之。例如，在我国台湾地区，刑事诉讼中即建立当事人机会对等原则，如当事人双方均可声请法院指定或移转管辖（台湾"刑事诉讼法"第 11 条）、声请推事回避（刑事诉讼法第 18 条）、向法院声请停止羁押（刑事诉讼法第 110 条）、提起上诉（刑事诉讼法第 344 条第 1 项）及抗告（刑事诉讼法第 403 条第 1 项），等等。此外，在台湾刑事程序制度中还设有特别针对保护被告之规定，以求得控辩双方真正的机会平等。如审判长每调查一证据完毕，应该再询问被告有无意见（刑事诉讼法第 173 条第 1 项）、审判长应告知被告得提出有利之证据（刑事诉讼法第 173 条第 2 项）及审判长于宣示辩论终结前，最后应询问被告有无最后陈述（刑事诉讼法第 290 条）等，这些都是现行刑事诉讼法为贯彻当事人机会平等，保护被告权益所为而规定的。

（2）诉讼态度平等。"态度"是指"人的举止神情"或者"对于事情看法和采取的行动"。[①] 所谓诉讼态度即裁判者在诉讼过程中的举止神情以及对控辩双方诉讼行为的看法和采取的行动。诉讼态度平等要求在刑事诉讼过程中，裁判者对待控诉方、被告人及其辩护人的举止神情，包括语言、动作、气色等，以及要求控诉方、被告人及其辩护人在诉讼活动中的语言、动作、形体规范等，以及对于控辩双方诉讼行为的看法和采取的行动应当保持一致。不能对控诉方和颜悦色，对被告人横眉冷对，对被害人不理不睬。还应当包括裁判者对待控辩双方的证人态度应当相同。我国司法实践中，庭审时给被告人穿特制马甲、剃光头，庭审安全检查和进出法庭对控诉方与辩护人不同对待等都是与平等原则相悖的。

（3）诉讼条件平等。在《现代汉语词典》中，"条件"具有两方面的含义：其一是指"影响事物发生、存在或发展的因素"；其二是指"为某事而提出的要求或定出的标准"。[②] 所谓诉讼条件系指影响诉讼活动发生、存在或发展的因素或者为诉讼活动的进行而提出的要求或定出的标准。在刑事诉讼活动中，诉讼条件平等即指裁判者及其相关部门应当为控辩双方参与诉讼活动提供

---

① 中国社会科学院语言研究所词典编辑室编：《现代汉语词典 5 版》，商务印书馆 2005 年版，第 1320 页。

② 同上书，第 1352 页。

同等的时间和空间条件。如会见时间及会见室、阅卷时间及阅卷室、庭审发言、记录、灯光设置等，均应一视同仁，不能区别对待。控辩双方有权在相同的时间条件和设备条件下举证、质证，控辩双方的证人作证的条件应当相同。

（4）诉讼标准平等。"标准"系指"衡量事物的准则"，或者是指"本身合于准则，可供同类事物比较核对的"。诉讼标准是指裁判者认定诉讼行为、判断诉讼活动、衡量诉讼价值的准则。从该意义上讲，诉讼标准平等即要求在刑事诉讼活动中，裁判者对于控辩双方的所有诉讼行为，主要包括出示的证据以及发表的意见等应当予以同等关注，适用同样标准予以判断。用同一诉讼标准规范、判断控辩双方的诉讼行为。

在平等保护的分析中，必须看到，控辩作为一种典型的矛盾关系，表现出天然攻击与防御的特性：控诉权是积极的，辩护权是消极的；控诉权是主动的，辩护权是被动的；控诉权是自由的，辩护权是继受的。控辩双方进攻与防御的地位天然失衡。

同时，控辩双方攻防矛盾的天然失衡，还进一步表现为可供利用的司法资源的不平等：控方有作为国家机器的警察（侦查机关）作后盾，既可以自由的采取强有力的侦查手段调查收集证据，又可充分使用搜查、扣押、逮捕、羁押等强制措施，而辩护方却只能在有限的条件下收集证据，且没有任何强制力作保障；控方拥有国家充足的财政资源，辩方却仅靠一己之力，等等。

所以，平等武装不是一般意义上的权力（利）配置，而且必须强调对被追诉人的特殊保护，赋予其一系列的"特权"（privileges）或保障，同时相应的给予控诉方一系列的特殊义务或负担。被追诉人"特权"至少包括：赋予被追诉人不受强迫自证其罪的权利；被追诉人有获得充分的时间和便利进行辩护准备，获得有效辩护的权利；被告人及其辩护人对控方证人、鉴定人进行反对询问，对鉴定人陈述的可信性与证明力作出评论的权利；要求法官以强制手段保证自己所要求传唤的证人到庭的权利；要求法庭对本方证人到庭作证的自由和安全予以保障的权利。控方的"特殊义务"至少包括：承担全部举证责任；及时向辩方全面展示证据；不阻碍且无条件地配合辩护权的合法行使。

给予辩方以某种"特权"和控方以某种"特殊义务"表面上似乎会造成一种不平等印象：法官将天平一端倾向被追诉人，并使其处于受保护的优越地位。有学者分析认为，这是为克服控辩双方实质上的地位不平等而采取的措施，即以形式上的不平等换实质上的平等。尤其是当我们注意到检察官地位的公正性、客观性和中立性会有一种不可避免的限度时，加强对被追诉人的特殊保护就更应被视为一种对控辩双方地位的主要平衡手段。尽管检察官地位的中立化和公正化是西方各国刑事诉讼程序的一项共同发展趋势，但在司法实务中，各国检察官几乎都倾向于通过追求对被告人定罪这一结果，证明自己控诉的成功，并以此为自己的事业和前途开辟道路，要求检察官公正客观地从事追诉往往流于一句空话。同时，我们只能要求检察官在追诉犯罪过程中尊重事实真相并维护被告人的人格尊严，使被告人受到公正的定罪，但不能要他放弃追诉这一职责，或削弱其追诉效果。这样，检察官的地位就必然存在一种内在的局限性，他所处的与被告人对立的地位是一种更基本的现实。①

还必须指出，与"平等武装"原则一样，平等保护原则不仅体现在审判阶段，也表现在审前阶段。从国外的做法来看，由于在审前程序中贯彻了司法审查原则，因此，侦查程序实际上是由预审法官来控制的，强制侦查措施的采用必须获得法官的审批，而平等保护原则要求法官在对强制侦查措施特别是羁押措施的采用进行审查时，必须注意在国家控制犯罪的需要和保障被追诉人人权的要求之间保持平衡，对侦控方与被追诉方的利益予以平等的关注。德国学者在评价其本国法律制度时认为，"按照当今德国的法学思想，对于国家权力，必须进行划分和限制，同时对于公民，必须给予他可以要求法院审查的权利；以这种双重方式，使公民不仅在国家权力的强制性措施面前得到保护，而且还在任何的，也就是说，包括国家权力对其权利的非强制性面前得到保护。"② 在我国，审前程序中还没有构建司法审查制度，所以，审前程序中的平等保护还有很长的路要走。对于此问题，笔者将在下文中作专章论述。

（三）平等对抗

与私力纠纷解决、弹劾式诉讼以及纠问式诉讼纠纷解决方式不同的是，现代刑事诉讼程序是在中立法官的主持下，通过控辩双方的平等对抗进行的，刑事诉讼的价值是在控辩双方的平等对抗中实现的：通过控辩双方有秩有序的良性对抗，使得纠纷在受到理性控制、看得见的条件下得到解决。

1. 平等对抗之根据

"要想熟知真相，首先就得对其进行争论"（To become properly acquainted with a truth we must first have…disputed against it）。③ 美国大法官 Eldon 认为，

---

① 陈瑞华：《刑事审判原理论》，北京大学出版社 1997 年版，第 262 页。

② ［德］约阿希姆·赫尔曼著，李昌柯译：《德国刑事诉讼法典》，中国政法大学出版社 1995 年版，"引言"。

③ Novalis, reprinted in Fragments（Carlyle, late eighteenth century）. Novalis was the pseudonym of eighteenth-century German poet Friedrich von Hardenberg.

"通过互问强有力的问题是发现事实真相的最好办法"。① 而公平审判、正当程序和事实发现趋于真确，共同构成平等对抗原则的根据。

（1）公平审判。在现代刑事诉讼中，当事人的诉讼权利除去形式上之参与权利之外，同时包括实质上受到公平、公正且符合法律正义审判之权利。因为在法治国之制度背景下，人民之权利绝对受到尊重，人权若受到侵害，不管该侵害来自何处，国家都应该提供受侵害之人一个获得救济的机会，而此救济机会，必须是合乎公平与正义的。换言之，人民必须有足以维护其权利之机会与手段，且判断其权利是否受到侵害之裁判者，必须是公正、客观且无偏颇的，由此才是公平的审判，其所作出之判决也才能为受裁判对象所信服。否则，将是另一种人权的侵害。

审判公平与否是相对而言的。在纠问制程序下，控诉者兼审判者之职，被追诉人只是程序进行之客体与对象，两造地位并不相等。在该种情形下，控诉方为搜集调查证据需要对被追诉人实施强制处分，而被追诉方并未被赋予任何权利与控诉方相抗衡。追诉方为证明其追诉之发动并无不当，必定一味着重于对被追诉者不利证据之搜集，同时在审判时因早已对被告人存有成见，所以无法客观地进行裁判。现代刑事诉讼程序强调控审职能分离，裁判者居于完全中立之地位，在控辩平等原则之下，构造攻击与防御的刑事程序。控方拥有国家所赋予的强制处分权，被追诉方亦有国家法律所赋予之防御权，双方是在"武器"平等的状态下，进行攻击与防御，中立的裁判者能够慎重地关注争执双方之观点，使双方之主张均能获得相同的重视与评判，符合法治国家之公平审判要求。因此，在该种意义上看，控辩平等对抗是公平审判结果不可或缺的条件，公平审判则是确保控辩平等对抗实现的根据。

（2）正当程序。正当程序或曰"正当法律程序"（Due process of law），是美国宪法规定的公民的基本人权之一②。德国宪法第 19 条第 4 项、第 101 条第 1 项、第 103 条第 1 项及第 104 条等规定，也建构了公民基本人权的程序性保障。我国台湾地区则是在大法官会议释字第三八四号解释确立了正当法律程序在宪法上之地位。③

刑事正当程序意指刑事程序中的侦查、起诉、审判与执行等活动，必须依

---

① Kaufman, *Does the Judge Have a Right to Qualified Counsel?*, 61 A. B. A. J. 569, 569（1975），quoted in United States v. Cronic, 466 U. S. 648, 655（1984）.

② 美国联邦宪法修正案 5 条规定"（联邦政府）不得未经正当法律程序，使（刑事罪犯）丧失生命、自由或财产"第 14 条第 2 项规定。

③ 参见刘宪英："基本权之程序保障功能"，1995 年 7 月私立辅仁大学法律学系硕士论文，第 65 页。

据法律所明定之程序规范进行，而且所有法定程序规定之内容必须公平而正当合理，一方面使国家机关受到程序规范之拘束与限制，而能够透过此等法定程序，得以兼顾发现真实与保障人权，正确无误而公平地行使刑罚权；另一方面则使所有参与刑事程序之诉讼主体彼此间具有"武器对等性"，而能处于平等之地位以参与刑事程序，并使人民得以依据法定程序参与刑事程序，行使宪法所保障之诉讼权，而受到公平之追诉与审判①。正当法律程序的本质是为了防止政府滥用职权，以"正当"的"法律程序"对政府权力加以限制，以保障人民基本权利。刑事诉讼正当法律程序之基本意义在于认为刑事诉讼之目的不仅在于发现真实，而且必须保证以维持正义、公平及不违背国民感情之方法发现真实。所以正当法律程序不仅在于避免处罚无辜，而且更在于维持法的正当程序，以确保人权免于受到侵害②。例如，日本刑事诉讼法第1条规定"准确地适用刑罚法令"，即包含"正当法律程序"之意旨。③

按照正当法律程序的要求，在刑事诉讼程序中，做到发现真实并非刑事诉讼之唯一目的，同时还要保障基本人权和维护人性尊严。而要发现真实则必须遵守正当法律程序，不能以悖于公平与正义的方法，为追诉活动。具体地说，就是一个在公开、公平审判的程序之下，由控辩双方平等对抗。

（3）事实发现趋于真确。英美对抗制诉讼遵循着一条基本原则：真相④往往是通过平等武装的控辩双方强有力的辩论而最终浮出水面的（the truth will most often and most completely emerge through the tension between two equally armed advocates aggressively asserting their strongest positions.）。⑤ 即控辩双方的平等对抗是发现真实最有效的审判方式。而在控辩平等对抗原则之下，则必须通过设有辩护制度赋予犯罪嫌疑人、被告人法律专业上的对等，方可与具有法律知识素养的侦控方相抗衡。但是，在刑事程序中，被追诉人常是被动参与刑

---

① 林山田："论刑事程序原则"，载于台大法学论丛28卷2期，第72页。

② 黄东熊：《刑事诉讼法论》，台湾三民书局1995年版，第20页。

③ 土本武司著，董璠舆、宋英辉译：《日本刑事诉讼法要义》，台湾五南图书公司1997年版，第15—26页。

④ 在美国，长期以来存在着一种争论．即客观真实能否被发现。一些人认为事实争议没必要通过审判来解决，因为最终会有了解真相的人将真相说出来，而真正需要提交法庭解决的事实争议往往是那些极为模糊不清的。B. RUSSELL, An Outline of Intellectual Rubbish, UNPOPULAR ESSAYS 104 (1950).

⑤ See, e. g., Golding, *On the Adversary System and Justice*, *PHILOSOPHICAL LAW* 98, 106（R. Bronaugh ed. 1978）; see also Polk County v. Dodson, 454 U. S. 312, 318（1981）; Herring v. New York, 422 U. S. 853, 862（1975）; Resnick, *The Declining Faith in the Adversary System*, 13 LITIGATION 1, 4 (1986).

事诉讼者。只有赋予被追诉人各种诉讼权利，使得控辩双方平等对抗，各为攻击与防御行为，方才使事实发现趋于真确，并符合公平与正义的要求。

在我国台湾地区，最近十年来，正当法律程序及人权保障，几已成为大法官解释"宪法"之主流，而刑事程序法势必要在该等"宪法"规范下运作，对犯罪事实之发现才具正面之意义，且亦不致使司法背离公平正义①。正如台湾最高法院八十七年台上字第4025号判决书认为，"刑事诉讼之目的，固在发现真实，借以维护社会安全，其手段则应合法纯洁、公平公正，以保障人权。'宪法'第8条、第16条所示应依正当法律程序保障人身自由、贯彻诉讼基本权之行使及受公平审判权力之保障等意旨，正是刑事诉讼法应该遵循之法则"②。而在刑事诉讼程序中控辩平等对抗之原理作用，正是刑事诉讼的法治要求。因为，在某种程度上讲，控辩双方平等对抗是发现事实真相最为理想的手段，其本身也是正当程序的基本要求。

2. 平等对抗之内容

从词义考察，"对抗"是"对立起来相持不下"或"抵抗"之意。③可见，刑事诉讼中的对抗必须是控辩双方在平等武装与平等保护的前提下进行，否则力量上"先天不足"的辩方是无法"抵抗"先天强大的控方，更谈不上"相持不下"了。刑事诉讼程序中的平等对抗主要表现为控诉权与辩护权的对抗，而控诉权与辩护权的对抗是通过控方的攻击（以下通称强制处分权）和辩方的防御（以下通称防御权）来完成的，呈现出"对权力的限制"以及"以权利制约权力"的本质特征。至少包括如下对应关系。

第一，控方的追诉处分权与辩方的辩护权。

第二，控方的强制侦查权与程序法定和司法审查制度。

第三，控方的讯问权与被追诉人的沉默权和律师在场权。

第四，控诉方的逮捕、拘禁权与司法审查制度、保释权。

第五，控方的调查取证权与辩方的调查取证权以及非法证据排除规则。

第六，控方的司法资源使用权与证明责任、证据开示、举证质证规则。

（1）控方之强制处分权

赋予控方以强制处分权，从目的上看，具有刑事诉讼的程序性目的与社会保障的现实性目的之双重性。强制处分权之诉讼程序性目的主要体现在保证被

---

① 曾有田："刑事诉讼法之宪法观"，载《月旦法学杂志》1999年2月45期，第5页。

② 参见台湾最高法院八十七年（1998年）台上字4025号判决书。

③ 中国社会科学院语言研究所词典编辑室编：《现代汉语词典5版》，商务印书馆2005年版，第345页。

追诉人到案、证据保全和保障刑罚执行三个方面；强制处分权之社会保障的现实性目的则包括制止犯罪和预防犯罪两个方面。

有台湾学者指出，关于强制处分权之性质，尤其在侦查程序中，实务与理论之看法似乎有所不同。实务上有认为基于办案之效率性与维护社会安全，在强制处分权力行使时，人民负有忍受之义务，这种容忍之义务绝对不是单纯法定的"阻却违法事由"可以解释的，它是一种公的权力①。而理论之看法，则有认为其本质就是侵害人民自由权利的行为。如果没有严格的条件限制，将使人民在刑事诉讼程序中处于客体的地位，那么刑事程序将停留在纠问制度时代，而不是法治国家的刑事诉讼程序。因此认为对于不当的、过度的、无必要的强制处分行为，是无法构成刑事程序机关强制处分行为的违法阻却。也就是说，即使是依法所谓的"强制处分行为"，仍不是权力行为，而是"阻却违法"的行为。②

对于前述之不同见解，基于平等对抗原则之考量，如果认为强制处分权是公的权力，人民负有忍受之义务，则具有强制处分权之司法者，对人民之权利将有造成严重威胁与侵害之虞。相反，如果认为其是一种"阻却违法事由"的行为，一切的强制行为必须依照法律所明文规定之要件及程序而实施，不但能避免国家机关滥用职权而侵害人民自由，控辩平等的原则亦较能受到保障。

强制处分依对象及处分本身是否具有强制效力，可分为对人之强制处分与对物之强制处分。对人之强制处分包括传唤、拘留、逮捕、羁押等；对物之强制处分包括搜查、扣押、查封等。在法治视野下，控方之强制处分行为必须遵循如下原则：

第一，合法性原则。强制处分带有一定的"预期惩罚"的意味，从宪法的观点看，剥夺公民之自由必须有法律所明文规定之程序，否则即属违法。可见合法性原则支配所有之强制处分行为。

第二，相当性原则。强制处分系法律所赋予对受处分者行使强制力并使其负担义务之制度，虽具有合法性，但因其极易引起对人权的侵犯，故赋予控方行使该权力时，不可不加以相当之限制，以符合比例原则。包括强制处分权之行使不得逾越必要之限度，强制处分无必要时应即撤销，强制处分时应注意受处分人之身体及名誉等。

第三，选择性原则。即对于决定强制处分与否，能不用的则尽量不用；对

---

① 参阅财团法人华冈法学基金会举办、杨建华主持之「检察官强制处分权争议」研讨会（发言摘要），载《月旦法学杂志》1995 年 10 月 6 期，第 9 页。

② 陈志龙：《侦查中强制处分之决定》，载《月旦法学杂志》1995 年 10 月 6 期，第 15 页。

于强制处分种类的使用，先考虑对于被追诉人无负担的强制处分行为，依序才是负担较轻微的、负担较重的和负担最重的。

（2）辩方之防御权。防御权系指在刑事诉讼程序中，被追诉人有权通过沉默、辩解、质证、举证、获得律师帮助等一切可能之法律手段，与控方在程序与实体上予以抗辩的权利。有学者认为，被告方行使之防御权与检察官所行使之公诉权是推动刑事诉讼程序之原动力。①

辩方之防御权可以区分为积极防御权与消极防御权两种。积极防御权包括辩护权（包括获得律师帮助权与自我辩护）、陈述权（包括辩解权）、证据调查请求权、诘问权（包括对证人、鉴定人）、辩论权、回避申请权、救济权等。消极防御权包括沉默权、在庭权、人身自由和财产等不被非法剥夺等权利。

控方基于保全被告、搜集证据以求发现真实，法律特赋予其对被追诉人实施强制处分行为的权力。然而在求得发现真实的背后，却隐藏着对被追诉人专断与恣意的危机。而为使被追诉人在诉讼上受到平等审判之对待，法律有必要赋予一系列防御权利与控诉权相抗衡。其中，令状主义是谋求法院对控方发动强制行为时所进行的司法抑制制度，可以说间接且消极地保护了被追诉人之对等地位。赋予被追诉人沉默权，则可以使得被追诉人享有当事人之地位。给予被追诉人获得律师帮助的权利，可以使被追诉人与控诉方平等对抗。

应当看到，赋予控方以强制处分权是为发现事实、控制犯罪之目的，赋予被追诉人以相当之防御权是为落实人权之保障之目的。为奠定公平审判之基础，求得正确之裁判，以实现刑事诉讼公平正义之目标，国家之强制处分权与被追诉人之防御权必须尽可能地缩小其间之差距。

（四）平等合作

公正和效率是现代社会司法制度的两大价值目标。随着社会的飞速发展，科技的日新月异，进入刑事司法视野的社会矛盾也愈来愈多、愈来愈复杂化。而刑事司法的资源的增长，无论是人力还是物力均具有明显的滞后性。因此刑事司法面临着这样一个必须解决的重大课题：如何在现有的司法资源配置下，有效解决刑事司法视野中日益增多的问题，控制犯罪的恶化，维持社会秩序的基本平衡。此时，效率的价值目标便与刑事司法的价值追求统一起来，即在追

---

① 日本学者高田卓尔认为"防御权是对应检察官之公诉权，公判程序就是检察官公诉权与被告防御权之对立与抗争的场所，因其抗争，而使诉讼程序推行进展"。参见蔡墩铭：《刑事诉讼法论》，台湾五南图书出版公司1999年版，第82页。

求公正的同时，在刑事诉讼程序中引入司法效益观。

控辩平等对抗无疑既有利于实现实体公正，又有利于保证程序公正，同时也有利于保障人权。但是对抗的前提必然是司法资源的大量占用和司法成本的高昂投入，包括辩方（被追诉人）时间、精力、物质的耗费，结果必然是诉讼效率的降低。所以，世界法治国家刑事诉讼中的控辩关系，不断地从控辩平等对抗一步步走向控辩平等合作。

1. 平等合作之根据

通过对现代两种典型意义的刑事诉讼模式分析看，在当事人主义诉讼结构形式中，奉行的是司法竞技（Judicial Sports）理论，刑事诉讼是以控辩双方的高度对抗向前推进的。与职权主义诉讼形式相比较，当事人主义诉讼的这种运行机制导致了两种现象的必然发生：一种现象是诉讼各方（包括国家在内）需要为诉讼投入更多的资源，因为对抗会使每一个案件的处理程序变得冗长和复杂，时间、精力和财力的增加便是不可避免的。另一种现象是使得诉讼的结果更加具有不确定性，控辩双方在诉讼过程所面临的败诉的风险更大。有时，一个律师的精巧辩护完全有可能使得一个本来有罪的被告人被无罪释放。这两种现象的存在都迫切需要一种控辩合作机制的存在，通过这一制度既可以使大量的刑事案件在动用正规的审判程序之前就已经得到解决，有限的司法资源可以投入到更为棘手的案件中，又可以使控辩双方对诉讼结果有着相对确定的心理把握，即同时解决当事人主义诉讼中高投入和高风险的双重难题。从这个意义上讲，控辩平等合作就是为了弱化当事人主义诉讼的过分对抗化和竞技化所带来的弊端。

（1）平等。"平等"是控辩合作的重要内容，刑事诉讼活动是在当事人双方权利对等、义务对等、地位对等的情况下进行的，并且这种平等性要得到对方的认可。平等合作中的"平等"就体现为控辩双方人格和地位的平等，这种平等可以说是对刑事诉讼中的强权和特权的否定。控辩平等为控辩合作提供了主体条件。

①控辩合作中的控方：在两造对抗、当事人主义的诉讼模式之下，公民和国家在诉讼中的地位是平等的，不存在行政关系中的隶属与强制。检察官作为当事人一方参加控辩合作，与律师进行协商谈判的资本就是其手中掌握的广泛的自由裁量权，当一个案件可能负担败诉风险的时候，检察官就可以行使自由裁量权与辩方进行讨价还价，放弃部分控诉，以换取被告人的有罪答辩。由此可见，检察官在控辩合作中类似于民事诉讼中的原告，与被告处于平等的地位，享有一系列的权利处分权。

②控辩合作中的辩方：与检察官的自由裁量权相对应，被告只有在控辩合

作中享有对权利的完全处分权，才能与控方进行平等的合作。被告作为理性的个体，在自己面临被判重罪的情况下，有权选择有罪答辩，从而达到最有利于自己的目的。宪法中确立了被告人与检察官地位的平等；在刑事诉讼中，有证据开示制度保证被告方获得与控方对等的信息，使被告方有能力和控方处于实质上的平等地位；在司法实践中，有发达的辩护人队伍为被告提供合作帮助，不至于使势单力薄、缺乏法律专门知识的被告人无力与检察官抗衡。

（2）自愿。"自愿"是合作得以达成的前提，在控辩合作中被告人作出的有罪答辩必须是出于自愿，否则控辩合作不能成立。在美国，一旦被告对控方的指控作有罪答辩，就意味着被告自动放弃了宪法中规定的三项权利：反对自证其罪的权利、要求陪审团审判的权利和对不利于自己的证人的质证权利。因此，法官在接受有罪答辩前，必须询问被告，确认被告是出于真正的自愿，并且告知被告作出有罪答辩的后果，一旦得知被告的意思表示是非自愿的，法官不得接受有罪答辩。在美国还有一系列的诉讼制度保障被告在作有罪答辩时是出于完全的自愿，而非检察官的威逼利诱，如沉默权的赋予、证据开示和律师辩护等。

（3）合意。控辩合作是建立在相互意见一致的合意基础之上的，每个人只对自己的行为负责，只有在这样的基础上建立起来的关系才对所有当事人有约束力，并导出合作协议必须信守的结论。控辩合作本质上是控辩双方在利益驱动之下与对方达成的一种合意，合意的内容是进行风险的交换，就控方而言，是减轻指控罪名、减少指控罪数及减轻量刑等；就辩方而言，是承认有罪。若是控辩两方达不成合意，那么控辩合作和一般民事合同一样无法成立。传统的正规刑事诉讼是非合意性的，这在我国的刑事诉讼中可见一斑，两方无法就定罪量刑进行讨价还价，更无法将讨价还价的结果交给法官，检察官承担着被告可能被判无罪的风险，被告承担着可能被判重罪重刑的风险，刑事审判的结果对双方来说都是不可预测的。而控辩合作克服了这种传统刑事审判的非合意性，满足了人们追求未来生活确定性、避免冲突的愿望。控辩双方的合意并不是一般意义上的妥协，而是在平等自愿的前提下进行的，其基础还是控辩平等的对抗，只不过这种对抗是私底下的以合作协议的方式完成的。

（4）互利。从制度和功能的角度来说，合作是当事人认为对自己有利，对对方也有利的一种交易，没有这一点，双方当事人无法进入合作关系。由此可见，合作是一种世俗的实用主义的活动。在控辩合作中，互利是促使控辩双方进行合作的动力。在普通的刑事程序中，审判的结果是非赢即输，而通过控辩合作可以使控辩双方达到"双赢"，检察官避免了昂贵诉讼成本之下的无罪判决的风险，节约了司法成本并达到尽快惩罚的目的；被告避免了受到最严重惩罚的风险，也避免了长期羁押的身体痛苦和公之于众的精神痛苦，被害人还可能在合作中获得被告人给予的经济补偿，控辩合作使各方得到了利益，这是一种互利互惠的机制。

（5）诚信。诚信是控辩平等合作的要素之一，控辩合作本身是在当事人合意的基础上建立的，当事人的合意自然导出"约定必须遵守"的规则，而控辩合作反过来又使诚信制度化，使得诚信通过制度化的手段和社会组织手段明确下来，对守信的人给予奖励，对不守信的人给予惩罚。例如，在辩诉交易中控辩双方达成交易协议，被告不得随意撤回答辩，检察官不得随意反悔。根据《美国联邦刑事诉讼规则》第 32 条（d）项规定，只有被告人说明理由，法庭才允许其撤回有罪答辩，其他情形被告人的"违约特权"也让步。作为控诉机关，也要在交易达成以后兑现承诺，被告人与政府有了答辩交易，法庭应该确保被告人获得"应得物"，同时在确定政府是否履约时，可以适用控辩合作的基本原理，即如果被告人履行了协议中的义务，那么政府必须受协议的约束。如果被告人从政府那里得不到充分的回报，那么控辩合作就会存在潜在的不公平。

控辩平等合作在刑事诉讼中的运用有利于贯彻人权的观念和民主的精神。平等合作下的合意使得被追诉人可以和民事诉讼的当事人一样自由处分诉讼权利，被追诉人在某种程度上掌握了自己的命运，而不是被动地成为追诉和审判的客体，通过平等合作解决的案件不会出现诉讼请求被搁置、身体自由被束缚、公开审判下被曝光以及对不确定的审判结果的猜测和惶恐。由此可见，合作观念和对抗思想相比，最大的特点在于其可以为参与者能动性的发挥提供空间，从而实现其主体性，体现对人权的尊重。另一方面，我们通过控辩平等合作还可以看到，在最严肃的刑事诉讼领域内，政府与公民在人格上是平等的，并且这种平等通过协商机制得到实现，这是民主精神高度发达的表现，也对整个诉讼制度乃至公权领域弘扬民主精神起着典范和促进的作用。

2. 平等合作之内容

（1）强制措施之同意行为。强制措施的同意行为是见于一般强制措施适用的司法令状主义，追诉机关为了避免繁琐的程序给追诉犯罪带来的困难，被追诉人为了排除自身的犯罪嫌疑或者避免时间的耗费，同意追诉机关对其有关搜查、扣押、盘查、监听、测谎、身体检查等强制措施的适用，而法律也认可这种经过同意而采取的强制措施。

强制措施的同意行为作为控辩双方在侦查程序中合作的一种形式，从本质上看是控辩双方就强制措施适用的一种合意。被追诉人通过意思表示，表明其愿意接受追诉机关对于自己权利的干预，该种意思表示作为一种权利上的放弃，是通过自愿来支配或者行使自己的权利与自由。在强制措施的同意行为适用比较典型的美国和德国，同意行为的正当化构成必须同时满足以下三个条件：其一，同意者必须具有同意的能力，即具备理性判断的能力、正确认识事物的能力、独立自我决定的能力等，对同意事项的内容、范围、意义、后果有正确的理解与把握，避免因自身能力的缺陷而受到控方权力的侵害；其二，同意者的自愿性，即任何强制措施中的同意行为，都必须是出于自由意志的、自愿的同意，否则就不能援引同意作为干预措施的合法性基础；① 其三，追诉机关必须履行规范的告知程序，保证被追诉人同意行为的自愿性。这主要是从国家诉讼义务的角度，平衡国家追诉机关和被追诉者个人之间的权力（利）落差，避免强制措施的错误风险。在美国，不仅学者主张事前告知（informing or warning）受干预者有拒绝同意的权利，甚至法院也认为警察必须事前告知被搜查人在自愿同意搜查之前有权合法地自由离开（legally free to go）。②如果同意行为未具备上述条件，将会导致同意无效，追诉机关凭借该同意所发动的强制措施，也就相应的不具备合法性和正当性。

"经当事人同意后的搜查"规则是美国控辩平等合作的一种形式。美国的搜查规则实行严格的司法令状主义。搜查必须经过法官的批准，并获得关于搜查的主体、时间、场所和内容的令状。搜查措施中的司法审查制度有效地保护了被搜查人的权利，但是，也在一定程度上影响了及时获取证据、控制犯罪的社会需要。所以，1973 年美国联邦最高法院在舒涅克罗斯诉巴斯达蒙特（Schnekloth v. Bustamonte）一案中确立了"经当事人同意后的搜查"规则。在没有获得司法令状的情况下，只要当事人予以合作，同意搜查，所获取的证据即可不被排除。

（2）暂缓起诉。从某种意义上讲，暂缓起诉从形式上看似乎只是检察官自由裁量权的行使，但其却蕴涵了控辩平等合作的丰富内容。暂缓起诉权是指检察机关对于犯罪嫌疑人，根据其犯罪性质、年龄、处境、危害程度及犯罪情节、悔罪表现等情况，依法认为没有立即追究其刑事责任之必要而作出的暂时不予提起公诉的权利。其内涵是：要求犯罪嫌疑人在一定期限内履行一定义务，如果犯罪嫌疑人在期限内经考察确实履行了规定的义务，检察机关就作出不再予以起诉的决定，诉讼程序终止；如果犯罪嫌疑人在期限内经考察没有履行规定的义务，检察机关就作出提起公诉的决定，依法请求法院进行审判。暂缓起诉制度是起诉与不起诉之间的一种过渡性措施，确立它本身就体现了保障

---

① 林钰雄：《刑事诉讼法（上册）》，台湾学林文化出版公司 2001 年版，第 254 页。
② Ohio v. Robinette，519 U. S. 33（1996）.

犯罪嫌疑人合法权益的精神。对此，本文将在《起诉程序中的控辩平等》一章详论。

（3）辩诉交易。辩诉交易（Plea Bargaining）源于美国。是一种典型意义的控辩平等合作。19 世纪的美国，资本主义经济蓬勃发展，犯罪率出现了惊人的增长，刑事案件成倍上升，案件积压严重。为了在有限的司法资源条件下及时处理这些积案，一些大城市的检察官开始采用与被告人及其辩护人协商和交易的方式结案，例如，以减少指控罪数或者向法官提出降低处刑幅度，与被告人进行交易，促使被告人作有罪答辩从而尽快结案。由于此种方式方便、快捷、能够有效地提高诉讼效率，节省诉讼资源，尽快处理积案，因此，在美国绝大部分州被广泛采用。辩诉交易开始只在一些大城市的刑事司法中使用，处于不公开状态。19 世纪后半期，包含明示辩诉交易内容的案件开始在上诉法院出现。① 直至 1970 年，美国联邦高等法院在 Brady v. U. S〔Brady United States，379，U. S. 742，752—753（1970）〕一案的判决中才正式确认了辩诉交易合法性。② 1971 年，最高法院在对 Santobell v. New York 一案的判决中，再次强调了它的合法性。判决称："如果每一项刑事指控均要经受完整的司法审判，那么州政府和联邦政府需要将其法官的数量和法庭设施增加许多倍"。判决明确指出"辩诉交易是（美国）刑事司法制度的基本组成部分，如果运用得当，它应当受到鼓励。"③ 1974 年 4 月美国修订的《联邦地区法院刑事诉讼规则》以立法的形式确认了辩诉交易在司法制度中的法律地位。笔者研究发现，尽管在美国反对辩诉交易的声音一直不绝于耳，但是，美国司法界目前大多数人却并不倾向于废除这一制度，而是主张在努力抑制其弊端和不断改良中进一步发挥其任何其他制度所无法替代的功能。④ 客观地讲，辩诉交易的理论与实践是在啧啧"骂声"中我行我素、跌跌撞撞地成熟与发展起来的，其由秘密到公开再到合法化的成长历程，完全合乎了达尔文"适者生存"的生物进化理论。可以预见，辩诉交易在美国，还将会在激烈的批评声中日臻合理与完善，并将继续在美国的刑事司法体制中发挥积极作用。

辩诉交易给美国的司法实践带来了极大的"好处"，也引起了英国、意大利、德国、加拿大、日本、俄罗斯、西班牙、爱尔兰等其他国家的兴趣，进而纷纷效仿。

---

① See State v. Richardson，12 S. W. 245（Mo. 1889）；State v. Kring，8 Mo. App. 597（1880）.
② Brady v. United States，379，U. S. 742，752—753（1970）.
③ Santobell v. New York，404. U. S. 25，260（1971）.
④ See Stephen Schulhohofer，*Is Plea Bargaining Inevitable*? 97 Harv. L. Rev. 1037（1984）.

　　英国与美国在辩诉交易所适用的案件范围上相同，轻罪案件和重罪案件都可以适用辩诉交易程序进行处理。但是英国辩诉交易的做法是，检察官只可以与被告人及其辩护律师就减轻指控进行交易，不能对量刑问题交易，量刑的轻与重完全取决于法官。同时辩护律师可以直接与法官进行交易，但检察官应当在场，被告人的有罪答辩可以导致法官将刑期轻判四分之一至三分之一。英国司法实践中的辩诉交易有指控交易、事实交易和答辩交易等交易形式。指控交易包括：第一，当被告人面临两项以上指控并表现出无罪答辩意图时，检察官可能撤销其中一项或几项指控，借以换取被告人作有罪答辩；第二，当被告人面临严重的指控并表现出无罪答辩意图时，检察官可以降低指控，如将故意杀人降为过失杀人、抢劫降为盗窃、强奸降为性骚扰等，借以换取被告人作有罪答辩。事实交易是指在某些案件中，控辩双方达成协议，被告人作有罪答辩，检察官承诺以特定的方式陈述案情，如不提及某个加重情节或不提及他人（如被告人的配偶、子女、朋友）参与犯罪的情况。答辩交易主要是通过量刑折扣等刺激，鼓励被告人作有罪答辩。交易的达成往往是控辩双方律师交换意见的结果。①

　　辩诉交易在意大利的实践发生了较大的变化。在意大利刑事诉讼中，依当事人要求适用刑罚的程序与英美普通法的辩诉交易较为相似，即都是由起诉方、被告方同法官之间对量刑进行的商讨，从而使量刑不仅仅是法官的专有职权；都需要根据当事人提出的要求进行，法官不是根据职权进行；对被告方的刑罚都有一定的减轻。但是，意大利式辩诉交易并非照搬英美辩诉交易程序，而是具有自己的特点。例如，程序适用的范围更加广泛；当事人的请求权更容易行使；法官的作用更加积极；请求涉及的实体内容有所限制等。另外，美国的辩诉交易内容可以涉及定罪和量刑，而意大利的辩诉交易内容只涉及刑罚而不能涉及定罪，只允许控辩双方对施用刑罚进行磋商，不能对指控的罪名进行讨论。

　　德国的刑事诉讼中没有正式的辩诉交易规定，但在实际操作中有协商、协议、谅解，说法不同，但实质一致。与美、意不同的是，这种协商是以程序的结束为目的的。在德国的实践中，逐步形成了以下三种形式：①控辩双方在诉前程序中协商（有时还有法官），被告人承认有罪，检察官不提出起诉书，而使诉讼程序在被告人支付一笔罚金的情况下终止；②控辩双方在诉前程序中协商，被告人认罪，检察官向法官申请发布一项惩罚令，被告人接受该惩罚，从而结束该程序。这种协商可以不经过主审判程序的审理；③控辩双方在主审判

①　See Andrew Ashworth. *The Criminal Process-An Evaluative Study*. Oxford University Press. 1998.

程序或先前的程序步骤中协商，如果被告人被允诺判处轻微的刑罚作为回报，他就承认自己的罪行。经过曲折的发展，协商不仅已在德国的刑事诉讼中建立起来，并且还得到了法律上的承认。

在加拿大，一段时间以来，辩诉交易已成为刑事司法制度中最矛盾也是最难以理解的一部分。1975 年加拿大法律改革委员会评论它是"对于庄重的刑事司法制度而言没有地位的事物"。然而，在关于这种实践极其否定的评论发表后仅十年时间，法律改革委员会 1984 年在其一篇工作报告中将辩诉交易几乎当成了刑事诉讼程序的日常部分，而且到 1989 年，委员会评论"辩诉交易不是内在令人耻辱的实践"，且建议这一实践应变得更加公开和更具有责任性。[①] 与美国的辩诉交易相同的是，加拿大的辩诉交易适用于所有的刑事案件，控辩双方就罪名、罪数和量刑均可交易。加拿大的辩诉交易比美国的辩诉交易更加灵活，控辩双方不仅在案件庭审前可以协商，而且在案件进入开庭程序后，控辩双方均可要求法官暂停审判而交易协商，这一点与德国刑事诉讼中的协商十分相像。在认罪案件的庭审中，加拿大的法官有绝对自主的裁量权，对于控辩双方的协商，法官的最后量刑通常不会超重，并且经常出现法官的量刑判决轻于控辩协商意见的情形。[②] 加拿大的刑事案件只有 5% 左右进入正式的开庭审判程序，95% 的案件是以辩诉交易、代替性惩罚和主控官撤销案件而被处理的。

日本现行之刑事诉讼程序中，虽然没有辩诉交易的规定，但是其刑事诉讼法中规定了简略程序，即法官可以不以开庭之方式审理案件，而是根据检察官提出的案件材料，通过简略命令对被告人处以罚金或者罚款刑罚。需要注意的是日本刑事诉讼中规定的简略程序，其适用的前提条件是被告人作"有罪内容陈述"，并且自愿选择简略程序。据资料显示，日本检察机关起诉处分的案件有 92.6% 请求法院适用简略程序，法院办理的刑事案件 90% 以上适用了简略程序。日本的简略程序适用中，虽然没有定罪与量刑的交易，但辩诉交易的种种好处已经对其产生了深深的诱惑。

---

① ［加］柯特·T. 格雷弗斯、西蒙·N. 维登－琼斯："当前刑事诉讼中存在的问题探讨"，载江礼华、杨诚：《外国刑事诉讼制度探微》，法律出版社 2000 年版，第 238 页。

② 笔者在加拿大安大略省考察访问时，曾经于 2004 年 3 月 25 日下午在省法院旁听了 2 小时的认罪庭开庭审理，在由一名法官主持的认罪庭开庭中，2 小时审理并当庭判决了 9 个罪案。法官的最后判决全部轻于控辩双方的意见。该法官与笔者交谈时说，判决的目的不是为了单纯的惩罚，对于被告人已经认罪悔罪并已经被羁押一段时间的，应当尽量考虑社区矫正和缓刑。该法官先做了 33 年的辩护律师，又做了 13 年的法官。他介绍最多一天可处理 300 余件罪案，这个数字在中国是不可想象的，但加拿大的实际情况是，所谓的罪案，其中诸多是轻罪案件，如偷几片面包、酒后驾车等都构成犯罪。

日本的司法改革中，于 2001 年 6 月提出了司法改革最终意见书，描绘了日本司法改革的基本轮廓，并在政府内阁成立了"司法改革推进部"，具体负责有关司法改革的法律起草工作等。本次司法改革已经决定，通过修改法律，将案件区分为有争案件和无争案件，导入英美法中的有罪答辩制度，引进辩诉交易，简化诉讼程序，实现刑事诉讼的合理化与迅速化。为此，日本政府定于 2004 年国会会期时，向国会提出主要的法律改革提案，如果获得通过，司法改革将会全面展开并在短期内完成。①

俄罗斯联邦国家杜马于 2001 年 11 月 22 日通过了新《俄罗斯联邦刑事诉讼法典》，该法典于 2001 年 12 月 5 日经联邦委员会批准，于 2002 年 7 月 1 日生效。该法典借鉴美国之辩诉交易以及意大利等国家实行简易程序迅速处理刑事案件的经验，规定了三种特别程序：一是因双方和解而终止刑事案件或因积极悔过而终止刑事追究程序，二是和解法官审理案件的程序，三是在刑事被告人同意对他提出的指控时作出法院判决的特别程序，即俄罗斯式辩诉交易程序，或认罪程序。规定辩诉交易适用于对被告人的刑罚不超过 5 年的案件，且刑罚不得超过所实施犯罪法定最高刑种最高刑期或数额的 2/3。

西班牙在 1982 年刑事诉讼法中规定了一种程序，被告人有权通过对检察官的指控表示同意，从而放弃接受审判权。这一程序规定在实践中虽然只起着很小的作用，然而，西班牙在 1988 年却立法考虑予以推广。② 1988 年 12 月通过的西班牙《刑事诉讼法典》，规定检察官在起诉书中请求判处的刑罚为 6 年以下有期徒刑的案件均可适用此程序，并且规定检察官可以对所起诉的被告人请求适用较轻的刑罚。法官也可以承诺对被告人处以较轻的刑罚，目的在于使被告人在法庭审理过程中作有罪答辩。这种以被告人有罪答辩为条件的从轻处罚制度，实际上就是辩诉交易的一种形式。

爱尔兰刑事诉讼活动中实行辩诉交易制度。爱尔兰的辩诉交易限于指控撤诉，且被告人在辩诉交易中有较大的主动性。被告人在收到检察官的起诉状后，如果有多项有罪指控，被告人可以对起诉状中某些指控作有罪答辩，从而取得检察官对于起诉状中其他罪的指控的撤诉。这种指控撤诉，往往是起诉状中那些较严重的罪的指控。在爱尔兰的辩诉交易中，检察官委派的律师参与辩

---

① 参见王云海："日本的刑事司法改革"，载《中国刑事法杂志》2003 年第 2 期。

② Joachim Herrmann. *Models for the reform of Criminal Procedure in Europe：Comparative Remarks on Changes Trial Structure and Europe Alternatives to Plea Bargaining. In Criminal Science in a Global Society：Essays in Honor of Gerhard O. W. Mueller.* 1994 by Fred B. Rothman Co.

诉交易尤其是接受被告人的交易时，必须得到负责人的授权。法官对于被告人自愿的有罪答辩指控通常在惩罚上给予减轻，但是检察官的律师不能向被告人作出任何对于保留的指控可能受到的处刑的保证。为了保证被告人请求采取辩诉交易的自愿性，法官应当极其谨慎地预先对被告人表示他对有罪答辩或定罪情况下适当量刑的态度。[①]

以色列最高法院在 1972 年的巴马特克（Bahmoutzki）案的判例中，确立了辩诉交易制度。处于公共利益的考虑，以色列赋予了检察官尤其是检察长在辩诉交易中充分的自由裁量权，以决定是否对某人或某罪提出指控。[②]

法国在 2004 年 8 月通过的司法改革议案中，正式确立了的辩诉交易的合法性，作为控辩平等合作的一种形式。

我国台湾地区在 1990 年修改刑事诉讼法时，增加了具有明显控辩合作成分的条款。如在简易程序的修改条款中，增加了"被告得向检察官、法官表示愿受科刑之范围"、"检察官得径向法院为具体之求刑"、"法院依检察官、被告人之请求所为之科刑判决不得上诉"等条款。我国澳门地区的刑事诉讼法在刑事诉讼程序中，也允许检察官就被告人的量刑提出交易，控辩双方平等合作。

四、控辩平等在中国的考察

可以说，控辩平等原则的确立关系着现代法治的进程，是现代诉讼法治的重要标志之一。但是，我们必须看到，在控辩关系的对立统一中，找寻控辩双方平等武装与平等保护、平等对抗与平等合作的平衡点，则是一项系统而久远的工程，各国立法变动的空间依然很大，尚需不断地进行理论与实践的探索。毕竟，控辩平等的根基乃是见仁见智的人权。

夏勇教授认为，人权乃当今世界全人类共同的崇高事业，也是全人类通行的普遍法则。尽管权利文化并不完美，权利语言的过度使用，或许会助长利己主义诉求，造就许多忽视社会责任的孤独的权利持有者，并导致政治话语的枯竭，但是，迄今为止，权利制度依然是防治恶行、改善政治的一种理性工具，权利文化依然是维护每个人的尊严与自由、增进社会团结与合作的一个坚实基础。从世界范围来看，尽管不同的文明传统，不同的国家和民族，存在对人权

---

① 汪建成、黄伟明：《欧盟成员国刑事诉讼概论》，中国人民大学出版社 2000 年 3 月 1 版，第 269—270 页。

② Eliahu Harnon: *Plea Bargaining in Isral-The Proper Function of the Prosecution and the Role of the Victime. Isral Law* Review: Volume 31 Nombers 1—3, Winter-Summer 1997.

的不同认识，保护人权的方式和条件也有差异，但是，总的来说，共识多于歧见、合作多于对抗的良好态势已经呈现，尊重和保障人权本身，也成为地球上五方杂处的人类在哲学、伦理、政治、法律等广泛的领域深化交流、增进理解和扩大合作的重要渠道。①

中国作为联合国创始成员国之一，曾经为《世界人权宣言》的起草贡献了她独特的文化精神与智慧。在当今中国，人权理念为传统的仁道文化增添了新的活力与辉彩，人权事业成为无数中华儿女为之奋斗的宏伟志业。尤其是近些年来，尊重和保护人权，不仅成为中国作为一个发展中国家谋求全面、协调和可持续发展的一项指标，而且成为中国政府和民众共同致力于国际发展与合作、促进人类文明和进步的一个方向。②

在全球视角之下，近代以来，随着资产阶级人权观念的兴起，整个刑事诉讼制度的价值目标逐渐由惩罚、控制犯罪转向保障和维护人权，刑事诉讼制度的发展日益呈现出文明化、民主化、科学化的总体趋势。刑事诉讼人权保障价值的重心是犯罪嫌疑人、被告人的人权保障，而犯罪嫌疑人、被告人的人权保障的核心问题是如何确立犯罪嫌疑人、被告人在诉讼中的地位，实现刑事诉讼活动中的控辩平等。

应当客观地看到，1996年，我国对刑事诉讼法进行的修改，就是以加强人权保障为基本指导思想的。而立法变动的重点在于对我国强职权主义的诉讼模式进行了根本性改造，特别是意图通过在庭审阶段引入对抗制因素来增强庭审的公平对抗性，着力塑造一个控辩双方平等对抗的新型诉讼结构。为此，尽管立法上没有直接规定控辩平等原则，但在总则和分则中无疑吸收了诸多控辩平等原则的合理内核。如规定了"未经人民法院依法判决，对任何人都不得确定有罪"，虽然并未出现无罪推定原则核心要求的"假定"或"推定"无罪的表述，但实际上具有在法院依法判决之前，任何人不得被视为有罪公民的含义。确立"疑罪从无"和"有利被告"的审判规则。明确了控方的举证责任，确立了犯罪嫌疑人、被告人在起诉前后的法律地位。扩张了被追诉人获得律师帮助的权利，明确赋予了辩护律师在刑事诉讼中的调查取证权。实行了"半个起诉状一本主义"，控方在审前对法官的影响受到较大程度的规制。限制了法官在庭审中"积极诉讼"的权力，引入了控辩对抗制庭审模式。对刑事裁判文书进行了改革，充分阐述了控辩双方的不同意见，增强了裁判过程与结果之说理性，直接体现了控辩平等的要求，等等。让我们欣喜地看到了控辩平等

① 参见中国人权年刊2003.1卷，北京：社会科学文献出版社2004年版，卷首语。
② 参见中国人权年刊2003.1卷，北京：社会科学文献出版社2004年版，卷首语。

原则在我国刑事诉讼中的雏形。

但是，必须冷静地指出，1996年刑事诉讼法的修改，只是迎合了当时国家司法制度的需求。除去功利性太强、预见性不足等原因之外，缺乏一个贯彻始终的指导思想（如犯罪控制与控辩平等）、对整个刑事诉讼程序的构建没有系统性安排、程序规则设计不具有可操作性、立法技术过于粗糙等，无一不是造成其修改后不到十年即再次被纳入全国人大重大立法变动计划的原因①。有的学者对此尖锐地指出，几乎所有发生在司法实践中的程序性违法现象，都可以在刑事诉讼立法中找到原因。这是因为，刑事诉讼法对于"公检法三机关"的很多诉讼行为都没有建立有效的权力制约机制，使得一些诉讼程序变成带有技术性和手续性的操作规程；大量的诉讼程序规则不具有最起码的可操作性，使得这些程序规则根本就无法得到实施；刑事诉讼法对于侦查权、公诉权和审判权的设计，大量采用授权性立法体例，使得警察、检察官、法官在很多场合下拥有几乎不受限制的自由裁量权；刑事诉讼法对于大多数诉讼程序的设计，没有确立程序性违法的法律后果，使得违法的警察、检察官和法官不会受到任何程序性制裁；刑事诉讼法对于嫌疑人、被告人的诸多权利没有设立司法救济途径，使得那种针对警察违法侦查行为、检察官违法公诉行为的司法审查机制没有建立起来，而上级法院针对下级法院诉讼程序合法性的上诉审查机制也并不完善。②

而从控辩平等的角度检视，控辩失衡还是修改后的刑事诉讼法的显著特征。

第一，并未规定本原意义上的无罪推定原则。主要因为，不受强迫自证其罪的特权（privilege against compulsory self-incrimination）是被追诉人在刑事诉讼各阶段所应享有的一项基本权利，联合国通过的许多国际法律文件均将此项权利确立为被追诉人在受到指控时所应享有的"最低限度保障"，完整意义上的无罪推定原则必须包含着这一特权规则，但是，我国刑事诉讼法并未予以采认。

---

① 2003年10月："十届全国人大常委会将刑事诉讼法之再修改"，列入本届人大常委会五年立法规划。

② 对此，学者认为，提高立法技术、改善立法体例是刑事诉讼法修改过程中亟待解决的问题，立法机关需要减少那些技术性和手续性的规则，增强诉讼程序的可操作性，对警察、检察官和法官的自由裁量权作出进一步的限制，为那些违反法律程序的诉讼行为确立消极的程序性法律后果，并为那些权利受到侵犯的当事人提供有效的司法救济只有在立法技术和立法体例上发生明显的变革，立法机关才能制定出一部能够得到有效实施的刑事诉讼法。参见陈瑞华：《刑事诉讼法的立法技术问题》，载 http：//www.univs.cn/newweb/univs/znufe/law/2005 - 10 - 15/355812.html. 访问日期，2006年7月9日。

第二，控辩双方在刑事诉讼中的地位明显不平等。立法规定了检察监督原则，使得辩方与法官一起，被置于控方的监督之下，刑事诉讼程序丧失了最起码的制度理性。

第三，控辩双方在刑事诉讼中的权力（利）显著不平等。在律师制度发达的西方国家，律师享有调查取证权已成为一种不可动摇的信念，而在我国刑事诉讼中，调查取证权却似乎只能是侦控方的专权，恩赐给辩护律师的一点点权利，还被加上层层"紧箍"。不仅如此，律师会见犯罪嫌疑人，侦查人员有权在场监督，而侦查人员讯问犯罪嫌疑人，律师却不能在场，此与有关保障被追诉人获得有效律师帮助的国际司法文件规定相悖，也与世界大多数国家法律中确定的律师单独会见权和讯问在场权不符。同时，由于我国没有建立证据开示制度，所以辩方对案件的知情权主要通过到人民检察院和人民法院阅卷实现。在阅卷权问题上，控方的阅卷权不受限制是不言而喻的，而辩护律师的阅卷权却面临种种困境，其不对等性显而易见。

第四，被追诉人基本诉讼权利缺失。首先是知悉权的缺失。知悉权是程序公正的最低保证，是被追诉人享有的具有人权属性的一项诉讼权利，也是其行使其他诉讼权利的重要保障。美国学者戈尔丁将程序公正的标准概括为九个方面，其中之一便是"各方当事人都应得到公平机会来对另一方提出的论据和证据作出反应"。① 《布莱克法律辞典》则更是直截了当地说明："程序性正当程序的中心含义是指：任何权益受判决结果影响的当事人都有权获得法庭审判的机会，并且应被告知控诉的性质和理由，合理的告知、获得庭审的机会以及提出主张和辩护等都体现在'程序性正当程序'之中"。应当指出的是，知悉权的实现与告知制度密切相关，在大多数情况下，知悉权的实现以负有告知义务的一方履行告知义务为前提。同时，知悉权与诉讼参与权、听证权、律师阅卷权也有着密切关系，这些权利的设置为被追诉人实现知悉权提供了又一种渠道。但这些制度的确立和程序的设置并不意味着被追诉人就自然而然地享有了知悉权。② 更何况，我国现行刑事诉讼关于被追诉人诉讼参与权、听证权和律师阅卷权的规定，同样严重缺失。

其次是法律援助制度的缺陷。刑事法律援助在使公民获得平等的司法保护，保障当事人依法享有诉讼权利，实现司法公正等方面有着不可或缺的作用，已成为一个国家法制健全、社会文明进步的标志。我国在 20 世纪 90 年代

---

① 这是因为，作为被追诉人而言，其本身不可能享有能与追诉机关相抗衡的侦查调查权，而且，其人身自由往往受到限制，因此，"公平机会"的获取则更是有赖于知悉权的设置。

② 刘梅湘："犯罪嫌疑人知悉权初探"，载《国家检察官学院学报》（12 卷）2004 年第 4 期。

中期开始构建刑事法律援助制度，经过十余年的建设，已经完成立法创建、机构设立、援助落实等多项工作，取得了较好的社会效益。但是由于我国现代意义上的律师制度起步较晚，而刑事诉讼就某种意义而言目前尚处于模式选择与转换过程之中，所以作为二者结合点的刑事法律援助制度无论是在理论上还是实践中均存在不少问题。这些问题直接影响到刑事法律援助基本功能的发挥，进而影响到整个刑事辩护制度功能的实现，已经成为中国刑事诉讼制度发展的瓶颈。如何进一步完善我国刑事法律援助制度，已经成为我们目前亟须解决的问题。

第五，强制措施缺乏监督和制约。在我国现行刑事诉讼制度中，由于法院无法就审判前程序（尤其是侦查程序）的合法性进行同步的司法审查，这些程序往往成为一种由追诉者与被追诉者双方构成的诉讼构造。[①] 这显然有违控辩关系之对等和均衡原则。因为如果规定侦控机关有权不经其他机关批准即可直接对被追诉人实施强制性侦查手段，实际上就如同民事诉讼中的原告直接对被告实施拘留、逮捕、扣押等强制性诉讼手段，控辩之间完全是一种恃强凌弱的支配与被支配、处置与被处置的关系，而毫无平等可言。

第六，没有明确规定非法证据排除规则。我国于 1988 年 9 月被批准成为联合国《禁止酷刑和其他残忍、不人道或有辱人格的待遇或处罚公约》的缔约国，其中第 4 条、第 5 条明确要求：各缔约国在诉讼程序中，不得援引任何已经确定以酷刑取得的口供为证据，要将一切酷刑行为定为刑事犯罪，并规定适当处罚。然而我国立法对非法证据效力的态度却不甚明确，妨碍了控辩平等的实现，具体表现为：其一，法律没有明确规定非法证据排除规则。我国只是否定了以非法方法收集证据的行为，对非法证据的效力问题采取回避态度，对已经以非法方法收集的证据是否采纳未明确规定，这使得此规定形同虚设。其二，司法解释不全面。最高人民法院和最高人民检察院的相关司法解释规定了排除非法获取的言词证据，但是对非法取得的物是否可以采证，以及对于由非法言词证据而获得的衍生证据的效力，司法解释都没有明确的态度。其三，缺少配套制度，即没有能与其他证据规则、其他相关制度配合形成系统的刑事证据规则体系的制度。如对于排除非法证据的举证责任没有明确规定，司法实践中，一旦辩方提出此项主张，就需要承担举证责任，由于侦查活动和起诉活动的专属性，辩护律师往往难以收集到证据予以证明。于是，既然控方非法证据不能被排除，那么控方完全可以凭借其所拥有的强制力通过非法手段获取证据对被告人进行追诉，导致控方的攻击手段和能力被不合法地增强，控辩双方地

① 陈瑞华：《刑事诉讼的前沿问题》，中国人民大学出版社 2000 年版，第 270 页。

位和能力即趋于越来越不平等。

除此之外，现行刑事诉讼法对辩护律师的执业权利缺乏必要保障，使刑事辩护面临艰难的困境。这一点不再赘述。

德国学者罗科信认为，"未来的刑事诉讼法的最主要的任务，就是如何使之更能实践基本法上所规定的社会国家原则"①。我国 2004 年宪法修正案已将"国家尊重和保障人权"写入宪法第 33 条，保障人权必将成为我国本次刑事诉讼立法变动的主要指导思想之一。而在笔者看来，刑事诉讼法再修改过程中，直接体现人权保障的宪法思想的就是控辩平等的实现。

五、控辩平等在我国构建的总体构想

笔者对于控辩平等在我国刑事诉讼制度中构建的总体构想是：其一，将控辩平等原则植入我国刑事诉讼法的基本原则之中，明确规定控辩平等原则是我国刑事诉讼的基本原则；其二，以刑事诉讼法总则中规定的控辩平等原则为主线，重构我国刑事诉讼中的控辩关系，既包括对诉讼权力（利）的重新配置，又包括对诉讼制度的构建改造。

（一）侦查程序中的控辩平等

1. 侦查程序中控辩平等之功能

（1）权力抑制功能。从政治学的角度看，权力是一种关系范畴，是一个人依据自身的需要，影响乃至支配他人的一种强制性力量；从经济学的角度考察，权力是指一个人（一些人）在一定的社会关系中，拥有的支配一定量的社会资源的能力。② 权力具有强制性、等级性、对象性、整合性和目的性，由这些特性所派生出来的扩张性、侵犯性、排他性、诱惑性和腐蚀性也是权力最明显的特征。

作为权力的一种，侦查权具有权力的所有特征，由权力的强制性决定，掌权者在不受制约的情况下，往往会无限地扩张权力，竭力地聚敛权力；权力的无限扩张，必然要打破既定的界限和范围，侵犯其他权力，甚至危及公民权利。换言之，侦查权在行使过程中也会异化，产生与权力最初设计目的相悖的后果。更为重要的是，侦查具有特别的强制力，为了保证在较长时间内能随时找到受审查的个人，侦查机关可以运用搜查、扣押、逮捕等强制性手段。对于犯罪嫌疑人来说，如果经过侦查，最终表明有关其实行犯罪的证据不足，也可

---

① ［德］罗科信著，吴丽琪译：《刑事诉讼法》（24 版），法律出版社 2003 年版，第 15 页。

② 陈荣富：《公共管理学前沿问题研究》，黑龙江人民出版社 2002 年版，第 199 页。

以避免被送交法庭审判。但是，侦查是一种具有严重后果的手段，有时甚至是一个相当长的过程，在这个过程中，如果侦查权被滥用，将会严重侵犯到公民的基本权利，轻至财产权利，重至人身权利。因此，侦查程序成为现代刑事诉讼中公民权利最容易受到非法侵害的阶段。为了防止侦查权的过度异化对公民权利造成的损害，有必要对侦查权加以有效的制约和监控。"只有在平等对抗的诉讼结构中，公共权力的滥用才能被杜绝"。① 通过制度设计，赋予侦查机构的对立方——犯罪嫌疑人以特殊的权利，使其能够与侦查机关最大限度地进行平等对抗，则是对侦查权进行监控、保障被追诉方权利的有效途径。

（2）审判基础功能。"刑事审判是一种由法院代表国家对被告人的刑事责任问题作出最终和权威裁判的活动，它以公诉机关或自诉人向法院提起控诉为前提，在控辩双方与法官三方的共同参与下，通过法庭上的听证和审理活动，由法院作出一项有关指控成立与否的裁决，这一裁决需要以法官在庭审中认定的案件事实以及实体法的有关原则和规则为基础。"② 参与庭审的控辩双方应该具有平等的法律武器，如果没有的话，司法正义将会是第一个牺牲品。由于法官是居中的消极裁判者，他一般不提出事实，尤其是在英美法系国家中，法官不参与收集和调查证据，只是根据控辩双方提出的事实和证据进行裁判，因此，法院的整个审判活动建立在对控辩双方取得的事实和证据的认定基础上。控辩双方能否在刑事审判中进行平等对抗在很大程度上取决于控辩双方在审判前取得事实和证据的能力。而控辩双方取得事实和证据的关键阶段是侦查阶段。控辩双方在力量上的差距主要体现在审判前尤其是国家公权力介入较深的侦查阶段。如果控辩双方在侦查阶段不能实现平等武装、受到平等保护，审判阶段的控辩平等就成为无稽之谈，没有任何基础和意义。刑事诉讼程序是一个有机联系的整体，相应的，控辩平等应该贯穿于刑事诉讼的始终，控辩双方在任何一个阶段的不平等都将使其他阶段控辩之间的力量失衡，从而阻碍司法正义的实现。

（3）正当解纷功能。刑事诉讼最原始的目的在于追究和惩罚犯罪，国家一般设立专门的刑事追诉机构对犯罪进行追诉。但为了避免追诉权被滥用，需要建立必要的制约和监控机制，以审查国家追诉机关追诉犯罪活动的合法性和正当性，从而确保受到国家追诉的人接受公正的裁判，防止无辜的人被不公正、不合理、错误地判刑，最大限度地实现罪刑相适应。刑事审判机制正是基

---

① ［斯］仆思天·儒佩基奇著，王铮、陈华玮译：《从刑事诉讼法治透视反对自证有罪原则》，载《比较法研究》1999 年第 2 期。

② 陈瑞华：《刑事审判原理论》，北京大学出版社 1997 年版，第 7 页。

于这一目的而产生的。"刑事审判的目的在于实现正义的要求，使国家对被告人的定罪或判刑符合刑事实体法的要求，也具备正当性和合理性标准。"① 因此，传统上，只有审判阶段才是对案件进行实体处理的关键阶段。

但是，随着犯罪率的急剧上升，案件积压成为许多国家司法中所面临的重大问题，为了解决这个问题，很多国家不得不将"效率"提升为司法的一个重要目标。法院按照普通程序处理重大复杂案件，对于大量轻微刑事案件，许多国家都规定，侦查机关有权作出处理。在法国，"预审法官面对侦查所得到的结果，如果认为没有必要继续进行已经开始的追诉，则作出不起诉裁定。作出这一裁定，原已经开始侦查而发动的公诉即告停止。不起诉裁定书是具有司法裁判权性质的文书。"② 在美国，联邦和各州广泛采用辩诉交易的结案方式，目前美国联邦和各州均有 90% 的刑事案件是以辩诉交易方式结案的。其中，"在侦查阶段已做辩诉交易的占了一半以上。"③ 近年来有些传统上属于大陆法系的国家和地区也突破以往只有检察机关才有斟酌处分权的做法，规定警察机关对于部分事实清楚、情节简单的案件，也有权作出便宜处理。如日本法律规定，当判明犯罪非常轻微而没有处罚必要时，司法警察有权予以训诫而免于追究。④ 由此可见，侦查阶段是某些案件的实体处理阶段，对犯罪嫌疑人的实体权利有着实质性的影响，犯罪嫌疑人能否与侦查方进行平等对抗直接影响到案件的最终处理结果。

2. 中国侦查程序现状检视：控辩严重失衡

由于受前苏联法制思想的影响，新中国成立后，我国刑事诉讼的价值目标一直定位在"打击敌人，惩罚犯罪"上。这种价值追求反映在立法上，就是一切制度设计都以有效追究犯罪为宗旨；反映在执法与司法上，就是一切活动都以惩罚犯罪分子为目标；反映在侦查程序中，就是赋予侦查机关雄厚的资源和强大的权力，确保侦查机关"刀把子"的地位和作用；相对应的，犯罪嫌疑人则不具有程序主体性地位，只是被追究的客体而已。检视我国的刑事侦查程序，不难发现，整个侦查程序都是由侦查机关绝对主导，作为被国家追诉的对象，犯罪嫌疑人具有必须配合侦查机关活动的义务。换言之，我国侦查程序的最大特点就是，过分强调了侦查机关的权力和犯罪嫌疑人的义务，而严重忽视了侦查机关应有的义务和犯罪嫌疑人应有的权利。无论是在立法还是在司法

---

① 陈瑞华：《刑事审判原理论》，北京大学出版社 1997 年版，第 4 页。

② ［法］卡斯东·斯特法尼等著，罗结珍译：《法国刑事诉讼法精义》（上册），中国政法大学出版社 1998 年版，第 680 页。

③ 陈永生：《侦查程序原理论》，中国人民公安大学出版社 2003 年版，第 5 页。

④ 程味秋：《外国刑事诉讼法概论》，中国政法大学出版社 1994 年版，第 187 页。

实践中，对侦查权的控制和犯罪嫌疑人权利的保护，长期以来几乎近于空白。控辩双方在法律地位上是管理与被管理的关系，而不是原告、被告之间平等的关系；在诉讼力量上是严重失衡，而不是控辩平等。这突出地表现在以下几个方面：

（1）证据取得权严重失衡。侦查机关拥有广泛的调查取证权，而且这种调查取证权是以国家强制力为后盾的：侦查机关不仅可以采取任意性侦查手段，而且可以采取很多具有自由裁量空间的强制侦查手段，如拘留、逮捕、扣押、搜查等力度较强的侦查手段；不仅可以采取一般的侦查手段，而且可以采取包括监听、秘密拍照、卧底、诱饵侦查、测谎检查甚至催眠等在内的特殊侦查手段。与此形成鲜明对比的是，法律没有赋予被追诉方在侦查阶段任何调查取证的权利，被追诉方既不能自行调查，也不能申请侦查机关、法院收集有利于本方的证据，更无权聘请私人侦探协助调查。① 作为控辩双方进行平等对抗的基础，控辩双方之间在调查取证能力上的巨大悬殊，使得侦查阶段乃至整个刑事诉讼阶段的控辩平等丧失了最重要的基础。

（2）侦查权任意独断。我国的侦查机关拥有强大的侦查权，但是，却缺乏相应的对侦查权进行约束和监控的机制：在整个侦查阶段，既缺乏对侦查权行使前的事先预防性控制，又缺乏对侦查权行使过程中的过程性控制，更缺乏对侦查权行使完毕后的事后性监督。在权力行使的地方没有相应的权力监控机制，必然导致权力的滥用和异化，而侦查权的滥用，则必然导致控辩双方原本就不平等的地位更加失衡。

（3）辩方权利保护不足。在侦查阶段，犯罪嫌疑人的权利最容易受到侵害，因此，赋予其必要的权利既是保障人权的需要，又是有效制约侦查权、实现控辩平等的前提条件。但是，在我国侦查程序中，犯罪嫌疑人的一些基本权利如沉默权、辩护权、获得律师帮助权等得不到应有的保护，甚至很多权利尚处于空白或者在实质上处于空白状态。法律不但没有给予

---

①　在我国，私人侦探还是一个被法律禁止的职业。1993 年，公安部在答复工商总局的电话记录中，要求取缔一切以调查为名的私人调查所。同年，公安部发布了关于禁止开设"私人侦探所"性质的民间机构的通知（公通字 199391 号）。通知规定：一、严禁任何单位和个人开办各种形式的"民事事务调查所"、"安全事务调查所"等私人侦探所性质的民间机构；二、对现有"私人侦探所"性质的民间机构要认真清理，会同工商行政管理部门予以取缔禁止以更换名称、变换方式等形式，继续开展类似业务；三、要加强对公安系统内部人员的管理教育，禁止公安机关、武警部队的任何单位（包括公安、武警的院校、协会、学会）和个人（包括离退休人员）组织或参与"私人侦探所"性质的民间机构的工作。虽然目前我国民间仍然存在一些"私人调查机构"，但是，绝大多数私人调查机构几乎都不涉及刑事案件的调查取证工作。

犯罪嫌疑人必要的权利，反而让其承担了太多的本应由侦查机关承担的诸如"如实供述的义务"的责任。而作为犯罪嫌疑人权利的重要维护者——律师的权利在侦察阶段也受到严格的限制，不仅会见权、在场权、调查取证权等严重缺失，律师基本的辩护地位也未确立，从而使得律师维护犯罪嫌疑人权利的作用微乎其微。

关于控辩平等在中国侦查程序中的状况，详见本文第四节"控辩平等在中国的考察"，在此不再赘述。

3. 侦查程序立法瞻望：构建控辩平衡

正像笔者描述的一般，在中国刑事侦查程序中，控辩平等原则已是初见端倪。这在笔者看来，控辩平等在中国刑事侦查程序中的完整构建，不是一个是否可行的概念，而是一个时间迟早的命题。杜培武、佘祥林、胥敬祥等一个个鲜活的案例，已经告诉了人们一个确定性的逻辑规律——重大刑事案件之所以判错，是因为抓错；之所以抓错，是因为权力被滥用，且十有八九是侦查权的滥用，尤其是刑讯逼供。我国政府1986年就签署了联合国《禁止酷刑和其他残忍、不人道或有辱人格的待遇或处罚公约》，1998年签署了《公民权利与政治权利公约》，批准生效已是指日可待，而上述公约的批准，必须要求在我国的刑事侦查程序中，构建起完整的控辩平等机制。

当然，控辩平等我国在侦查程序中的构建必然是一个系统而浩大的工程，需要诸多方面诉讼制度的立法变动以及配套措施的革故鼎新。对此，笔者经过较长时间的思考与论证，现实地认为，当下侦查程序中控辩关系的改良，如果欲"一口吃成个胖子"，直接建立起控辩平等的机制，恐为时过早，且欲速则不达，就如同1996年刑事诉讼法修改中第96条的规定一般，虽然立法上规定了律师在侦查阶段的会见权，但是由于侦查机关侦查人员法律素养与认识水平的差距，司法中的律师会见权受到种种责难，形同虚设。笔者认为，还是应当立足于当下我国控辩关系严重失衡的状况，从培育我国侦查程序中惩罚犯罪与保障人权的理念以及现实需要出发，首先致力于控辩关系的平衡，假以时日，再实现从控辩平衡到控辩平等的转变。就当下而言，要实现侦查程序中的控辩平衡，至少应对我国的刑事诉讼制度，作如下几个方面之完善：

（1）犯罪嫌疑人明示之沉默权。国人对沉默权的呼唤与等待已经多年，从开始的学界、实务界关于沉默权的立与不立之争，到现在由于缺失沉默权的"内外交困"，学界、实务界的认识已经完全达成一致。刑事诉讼法再修改之立法规划启动之时，也是沉默权在我国的刑事司法制度中不能再保持沉默之时。必须深刻地认识到，沉默权是刑事诉讼中人权保障最低限度要求，是犯罪嫌疑人程序性主体地位的最基本体现，是犯罪嫌疑人在侦查程序中的最重要的消极防御武器，也是实现侦查程序中控辩双方平衡的最基本配置。当然，还必须看到，在侦查程序中建立沉默权制度，面临一系列的价值取向和立法技术问题，所以，我们所要做的不仅仅是通过立法简单地赋予犯罪嫌疑人沉默权，还需要解决与沉默权密切相关的一系列的制度安排，例如，真正确立沉默权制度"保障人权"的观念；确立无罪推定原则；加强辩护律师的权利，扩大法律援助的范围；严格规范侦查程序中讯问犯罪嫌疑人的规则和程序；确立严格明确的证据规则；等等。只有切实解决了上述问题，才能使沉默权成为一项具有实质意义的权利，而不仅仅是停留在法律条文上的空洞的权利宣言。

（2）辩方完整之调查取证权。有人批评现行刑事诉讼法的修改是"进一步，退三步"，主要矛头指向的就是辩护制度修改的"非驴非马"，而辩护制度中最受诟病的就是辩方的调查取证权。① 在法治视野中，调查取证权是被追诉方的一项"天然性权利"，没有调查取证权，辩方就丧失了防御的基础。很难想象，在一个辩方没有调查取证权的诉讼制度中，还能够实现控辩平衡，毋宁说控辩平等。

笔者认为，现在不应当继续讨论在侦查程序中是否赋予辩护人调查取证权，② 而是应当考虑赋予辩护人怎样的调查取证权。笔者认为，从我国侦查阶段犯罪嫌疑人的权利保障现状看，应该赋予辩护律师调查取证权，而且这种调查取证权应是全面的、完整的、具有实质性意义的，而不是片面的、象征性的。这里笔者设想的是，不可能赋予辩护方拥有侦控机关一样的具有强制力保障和国家财政、司法资源支持的调查取证权，试图做到控辩双方调查取证权的

---

① 冀祥德："中国刑事辩护的困境与出路"，载《政法论坛》，2004 年第 2 期。

② 究竟应不应当赋予犯罪嫌疑人聘请的律师有调查取证权？在国内有两种观点：一种是绝对否定说，即侦查机关的大部分同志们认为，律师不能享有调查取证权，因为这样做就变成了非侦查人员享有侦查权，会出现二元化侦查的情况，会削弱侦查机关的专有职能；其次，会给顺利进行侦查造成被动。二是相对限制说，即有的侦查机关的同志认为，侦查期间，律师不应向有关单位和个人收集与本案有关的材料，但律师为犯罪嫌疑人代理控告或申诉，就控告或申诉的有关情况调查除外。绝对否定说似乎存在一定的道理。但是有两点需要质疑：首先，侦查程序不仅仅是一种"行政程序"，也带有"司法程序"的性质，侦查活动的参与者不应只有国家专门侦查机关，被控方作为最重要的利害关系人理应作为一个主体有效参与到侦查程序中来，这是实现正义的需要。此外，侦查程序是刑事诉讼程序的一部分，是为起诉犯罪进行准备的，是审判程序的基础。辩护律师参与侦查阶段的调查取证对于发现真实、保证犯罪嫌疑人接受公正审判具有重要的意义。实行二元化侦查的体制在西方国家也广泛存在，例如美国实行的就是二元化侦查体制，不但国家专门机关可以进行专门调查取证工作，而且辩护律师也可以展开独立的调查甚至可以聘请私人侦探进行调查。从这些实行二元化侦查体制的国家的司法实践看，辩护律师进行调查取证并没有削弱侦查机关的专有职能。其次，从辩护律师所进行的侦查活动的性质和掌握的资源来看，辩护律师的调查取证工作不可能会给顺利进行侦查活动造成被动，况且，辩护律师本身不像侦查机关那样拥有强大的公权力，其所进行的调查工作仅限于任意性调查，不会给侦查机关的调查带来侦查人员所想象的那么大的障碍。

绝对平等。但是，应当实现控辩双方调查取证权的相对平衡。首先，应该赋予被追诉方完整的任意调查取证权。对于询问证人、收集物证、书证等，被追诉方均有权自行调查获取。其次，由于被追诉方的资源有限，有些有利于本方的证据被追诉方没有能力去收集，因此，应该赋予被追诉方调查取证请求权以弥补其收集证据能力的不足。在需要采取强制措施才能获得相关证据时，被追诉方有权请求侦查机关或法院调查收集。

（3）侦查阶段规范之辩护制度。辩护制度是否完善直接关系到被追诉人的权利能否得到充分的维护，同时也关系到辩护方能否与控诉方进行平等的对抗。侦查阶段是控辩双方对抗最为激烈的阶段，因此，在这个阶段确立完善的辩护制度对于保障被追诉者的权利、实现平等对抗具有重要意义。

目前，我国侦查阶段的辩护制度非常不完善。更确切地说，我国在刑事侦查程序中就没有辩护制度。笔者认为，从控辩平衡在侦查程序中的要求，结合我国长期以来奉行侦查中心主义的实际情况，考虑刑事诉讼制度从侦查中心主义到审判中心主义的必然转型，建立我国侦查阶段规范的辩护制度，至少应立足如下几个方面：

第一，在侦查阶段建立法律援助制度。目前，我国法律援助制度仅存在于审判阶段，在侦查和起诉阶段犯罪嫌疑人、被告人都没有权利获得法律援助，这对于保障犯罪嫌疑人的权利极为不利。而侦查阶段是被追诉人的权利最容易受到侦查权不法侵害的阶段，因而也是被追诉人最需要律师帮助的阶段。因此，在侦查阶段建立法律援助制度，使犯罪嫌疑人在与侦查方进行对抗的第一个阶段就获得律师的帮助，被追诉方才有可能与控诉方在整个刑事诉讼中进行平等对抗。

第二，赋予辩护律师在侦查程序中必要的诉讼权利。辩护律师在侦查阶段的诉讼权利至少应当包括以下几项：调查取证权、阅卷权、知悉权、会见通信权、在场权。然而，现阶段，我国侦查程序中辩护律师的这一系列权利都没有得到很好的保障，有的甚至在立法中都没有规定。因此，应当从立法上赋予辩护律师这些权利，并在司法实践中给予充分的保护。[①]

第三，将犯罪嫌疑人获得辩护律师帮助的时间提前到第一次讯问之前，防止犯罪嫌疑人的合法权利受到侵害。

第四，修改律师法，对辩护律师的功能角色与辩护制度的功能给予准确定位；建立刑事辩护律师资格准入制度；完善律师自治制度；建立有效辩护考评

---

① "关于我国辩护制度的缺失与完善"，详见冀祥德：《中国刑事辩护本体省思》，载《中国司法》，2005年第5期。

机制。①

　　（4）辩方畅通之救济渠道。"没有救济，就没有权利。"侦查程序中犯罪嫌疑人的权利极易受到侦查权的侵害，因此，必须赋予被追诉方必要的异议和救济权，才能真正保护其权利，也才能有效制约侦查机关的侦查行为。目前我国立法对侦查程序中被追诉方的异议和救济权规定得过于原则和模糊，都不具有司法中的可操作性。例如，《刑事诉讼法》第 14 条第 3 款规定，"诉讼参与人对于审判人员、检察人员和侦查人员侵犯公民诉讼权利和人身侮辱的行为，有权提出控告"。问题是，犯罪嫌疑人身陷囹圄，怎样控告？向谁控告？受理控告的机关不作为怎么办？司法实践中，审判人员、检察人员和侦查人员侵犯公民诉讼权利和人身侮辱的行为屡见不鲜，被追诉人面对上述之法律规定，只能"把被打掉的牙往自己的肚子里吞"。

　　《刑事诉讼法》第 73 条规定，"人民法院、人民检察院和公安机关如果发现对犯罪嫌疑人、被告人采取强制措施不当的，应当及时撤销或者变更"；第 75 条规定，"犯罪嫌疑人、被告人及其法定代理人、近亲属或者犯罪嫌疑人、被告人委托的律师及其他辩护人对于人民法院、人民检察院或者公安机关采取强制措施超过法定期限的，有权要求解除强制措施……"。这一规定有两个问题：第一，犯罪嫌疑人、被告人只能对强制措施超过法定期限的情况申请权利救济，而不能对违法或不当采用强制措施的情况申请救济；第二，人民法院、人民检察院和公安机关应当及时撤销或者变更不当的强制措施，但是，其不撤销、不变更怎么办？受委托的律师及其他辩护人提出要求解除超过法定期限的强制措施申请，向谁提出？有关部门不解除或者不答复怎么办？② 即使仅仅就强制措施超越法定期限的情况而言，嫌疑人只能向决定采取强制措施的公安机关、检察机关提出解除强制措施的申请，被告人也只能向决定采取强制措施的法院提出这种申请。试想一下，作为刑事案件的侦查机关和公诉机关，也作为

---

　　① "关于此问题之专论"，详见冀祥德：《刑事辩护.本体属性有效辩护准入制度——兼论刑事诉讼法修改若干问题》，载《中国司法》，2006 年第 8 期。

　　② 对此，有学者质疑，即使仅仅就强制措施超越法定期限的情况而言，犯罪嫌疑人也只能向决定采取强制措施的公安机关、检察机关提出解除强制措施的申请，被告人也只能向决定采取强制措施的法院提出这种申请。试想，作为刑事案件的侦查机关和公诉机关，也作为直接决定剥夺或者限制嫌疑人人身自由的决定机关，公安机关和检察机关真的能为嫌疑人提供有效的"权利救济"吗？同样，作为采取强制措施的决定者的法院，也未必能为被告人提供有效的司法救济。原因其实很简单，作为强制措施的决定者和审查者，无论是公安机关、检察机关还是法院，都在事实上充当着"自己案件的法官"，也就是对自己作出决定的事项自行加以裁判。参见陈瑞华：《刑事诉讼法的立法技术问题》，载 http：//www.univs.cn/newweb/univs/znufe/law/2005 - 10 - 15/355812.html。访问日期 2006 年 7 月 9 日。

直接决定剥夺或者限制嫌疑人人身自由的决定机关，公安机关和检察机关真的能为嫌疑人提供有效的"权利救济"吗？同样，作为采取强制措施的决定者的法院，也未必能为被告人提供有效的司法救济。原因其实很简单：作为强制措施的决定者和审查者，无论是公安机关、检察机关还是法院，都在事实上充当着"自己案件的法官"，也就是对自己作出决定的事项自行加以裁判。

《刑事诉讼法》第96条规定，"犯罪嫌疑人在被侦查机关第一次讯问后或者采取强制措施之日起，可以聘请律师为其提供法律咨询、代理申诉、控告……"存在问题同前述。

虽然原则上，被追诉方也可以通过国家赔偿的途径取得救济，但是，国家赔偿法所设置的司法赔偿的条件极为苛刻，范围极为有限，大部分被追诉人不可能通过这条途径获得救济。因此，实践中，被追诉人的权利受到侵犯时往往没有提出异议、申请救济的途径。为此，应该从立法上给予被追诉方更详尽、更具有操作性的救济依据，从制度上设置严密的、充分的救济途径，确保被追诉方的合法权利在受到侦查权的不法侵害时能够得到及时的救济。笔者以为，虽然短时期内我们不可能设置像英美国家那样全面、充分的救济制度，但是至少应该在现有条件下为被追诉方设置可行的、有效的救济途径，进一步明确被追诉人认为侦查行为违法时可以向哪些机关提出控告；受理控告的机关应该如何处理控告；由谁来监控受理控告的机关的行为；在哪些情况下被追诉人可以提起申诉或控告，等等。英美国家的上诉复查和申诉复查机制，可以为我国制度的设计提供借鉴。

（5）对侦查权必要之监督控制。前已述及，我国现阶段缺乏对侦查权进行规范与约束的机制，因而才会出现侦查权滥用的情况。对侦查权进行规制最基本的是对侦查权行使的整个过程从始至终进行监控，包括侦查权行使之前的事先预防性监控、侦查权行使过程中的过程性监控以及侦查权行使完毕后的事后性监控。任何一个监控环节的缺少或削弱都会使整个监控体制的监控力度大打折扣。具体来看，应从以下几个方面对侦查权进行监控：

第一，就事先预防性监控而言，首先，应当严格规范侦查措施的选择。选择任何一种侦查措施都要以必要性和相称性作为衡量标准，尤其在强制性措施的选择上，更要严格遵守比例性原则；在运用强制力度较小的侦查措施就能达到诉讼目标时，绝不能用强制力度较大的侦查措施。其次，除了规定选择侦查措施的原则外，应该进一步明确各种侦查措施适用的条件，减小侦查机关自由裁量的空间。再次，对于使用强制力度较大的侦查措施应规定严格的批准程序，例如，在侦查机关欲对犯罪嫌疑人进行逮捕之前，应该先取得法院的批准，对于搜查、扣押、检查等强制措施也应规定严格的批准程序。此外，对于监听、秘密拍照、诱惑侦查等秘密侦查手段，法律也应规定严格的批准程序。当然在紧急情况下，未经法院批准也可以实施这些强制措施，但事后必须尽快提请法院审查。

第二，就过程性监控而言，首先，应该严格规定各种侦查手段行使的程序，并且规定违反这些法定程序的法律后果。其次，应该建立类似于英美国家的复查制度，对于一些严重限制人身自由的强制措施，定期由侦查机关提请特定的机关进行复查或者由特定机关依职权定期复查。

第三，就事后性监控而言，首先，应该赋予被追诉方广泛的异议权和救济权，通过被追诉方行使异议权和救济权来监督侦查权的行使。其次，由国家专门机关对侦查行为进行事后的审查，例如，在起诉阶段、审判阶段都要对侦查阶段侦查机关的侦查行为的合法性进行复查；建立违法性程序法律后果机制，通过非法证据排除规则、诉讼行为无效宣告等机制对违法实施的侦查行为进行制裁，使其承担必要的违法性后果。

（二）起诉程序中的控辩平等

1. 起诉程序中控辩平等之功能

现代社会，在起诉模式上，采取公诉模式起诉犯罪已经成为全世界大多数国家的共识，绝大多数国家采取以公诉为主、自诉为辅的刑事起诉模式，如我国；而法国、美国、日本则干脆完全采取公诉的刑事起诉模式。起诉程序在整个刑事诉讼程序中承上启下，暂缓起诉程序和不起诉程序可以延缓和终止诉讼程序；提起公诉可以启动审判程序进而达成审判结果的作用。因此，起诉程序中贯彻控辩平等原则，合理配置控辩双方的权力（利），构建控辩平等的场域具有十分重要的意义。

（1）强化控辩职能功能。与控告式诉讼模式相比，控审分离诉讼构造的理论基础是权力制衡，其逻辑的起点是以权力制约权力，进而寻求司法公正，防止司法腐败。而在起诉程序中确立控辩平等原则的逻辑起点同样是制约权力，只不过其途径是以权利制约权力，以防止控诉权滥用，进而保障审判权的公正性和合理性。

①控诉职能的强化。法谚云：举证之所在，败诉之所在。证据是控辩双方证明自己主张的依据，运用证据判断是非是文明社会的标志之一。控方在法庭上负有举证责任，巩固证据不使其被辩方攻破，决定了其指控的质量。假如没有与之势均力敌的辩方在时刻寻找控方证据链条的漏洞，控方也就缺乏严谨证据意识的一种外在激励机制。因为，在刑事诉讼中，与其结果最具利益关系的莫过于犯罪嫌疑人、被告人，为了维护自己的权益，辩方一般会不遗余力地确

保自己受到最小限度的刑事处罚或宣告无罪。在控辩平等武装条件下，控方为了确保追诉的成功，就必须在审查起诉阶段全心全意，认真判断犯罪嫌疑人的罪与非罪、罪轻或罪重、证据是否确实充分，慎重作出诉与不诉的决定。控辩平等原则则在控诉方的控诉活动中设置了一双监督的眼睛，使控诉方在权力行使时，除了自我约束之外，还有一股势均力敌的辩方力量在制约其控诉行为，从而促进其控诉的水平。

②辩护职能的强化。在起诉程序中，辩方充分行使权利，一方面固然是防止犯罪嫌疑人、被告人的人权被公权力所侵犯，最重要的是辩方可以争取利用审判前的时间，即起诉程序中的时间，积极阅卷寻求控方指控的缺陷，深入调查取证获取控诉机关尚未得到的可以证明犯罪嫌疑人、被告人无罪或者罪轻的证据。辩方可以利用这段时间为法庭辩护做准备，争取获得良好的辩护效果，维护被告人的权益。可以说，在起诉程序中，是控诉方和辩方锻造武器、积蓄弹药的时期。尤其是在我国刑事诉讼中，只有从审查起诉阶段开始，辩护人才能介入诉讼程序，辩方更应该把握时机，做好审判前的准备。控辩平等原则赋予辩方在起诉程序中享有与控方对等的权利，目的就在于对抗控方在起诉程序中的天然强势地位，避免审判程序中出现一面倒的局面。

（2）保障权力（利）平衡功能。本文在第三节已经论及，权力制衡与人权保障是控辩平等原则的重要理论基础。在起诉程序中，构建控辩平等原则，是以权利制衡权力，使权力与权利保持平衡的根本性保障，也是现代刑事诉讼起诉程序的应有之意。

①防御控诉权。记得王安石先生曾经在《度支副使厅壁题名记》中写道："吏不良，则有法而莫守；法不善，则有财而莫理。"[①] 辩方参与起诉程序最大的意义在于监督和制约控方权力的行使，以免犯罪嫌疑人的人身权利、诉讼权利等受到控诉权的侵犯。控方在起诉程序中的权力主要有审查起诉权、暂缓起诉权、不起诉权、提起公诉权等，这些权力的行使对犯罪嫌疑人、被告人的命运影响深远，所以对其进行规制是必要的。辩方与控方是直接对垒者，来自辩方的监督是最直接的监督，也是最负责任、最有力的监督，他们不仅可以通过维护犯罪嫌疑人、被告人的人身权利和诉讼权利而消极地防御控诉权，还可以通过行使辩护权和调查取证权等一系列权利积极地防御控诉权。

②保障被追诉人人权。法谚云：无保障的权利不是权利。无罪推定原则使犯罪嫌疑人、被告人在审判定罪前处于无罪地位，其人权应当受到重视和保护。虽然，在许多国家，控诉方除了追诉犯罪外，也担负着确保无罪的人不受

---

① 来源：http：//www.elawcn.org/announcemore.asp。

追究的职责。但是，由于公诉人也是社会成员之一，与社会其他成员一样，同样有"自我"与"他人"的人性矛盾，处于具体的社会关系之中，作为犯罪嫌疑人、被告人的对立方，部门权力的本位，使其更注重于对犯罪的控诉，而且就立场而言，也很难做到完全地、积极地为犯罪嫌疑人、被告人的人权考虑。控辩平等原则为在起诉程序中犯罪嫌疑人、被告人人权的保障提供了正当性与可能性的基础。

（3）提高诉讼效率功能。贝卡利亚认为，诉讼本身应该在尽可能短的时间内结束……惩罚犯罪的刑罚越是迅速和及时，就越是公正和有益。[①] 诉讼中的公正与效益是两大重要的主题，此已为共识。美国经济分析法学家波斯纳认为：经济学是对法律进行规范分析的有力工具，在一个资源有限的世界中，效益是公认的法律价值，表明一种行动比另一种更有效，是制定公共政策的一个重要考量因素。20 世纪 80 年代以来，在对付刑事犯罪的刑事诉讼过程中，各国司法机关面临着一个共同的难题：一方面，犯罪数量居高不下，犯罪种类不断增加，但司法机关的人员数量却相对稳定；另一方面，传统的诉讼程序繁琐，效率低下，积压了大量的刑事案件，司法机关不堪重负。[②] 诉讼效率成为各国诉讼制度改革所共同关注的重要问题。

①探求事实真相。控辩平等原则下，控方与辩方法律地位平等，双方可以充分参与诉讼程序，在对抗中能够最大限度地接近案件事实真相，避免错案发生，保证无罪者不被不正当追诉和错误判决、执行。起诉程序中，一旦控辩可以平等，则意味着：一方面，辩方可以充分行使其辩护权等权利，及早发现犯罪事实真相。另一方面，控方将会重视辩方的意见，从而使辩方关于犯罪嫌疑人无罪或罪行轻微等主张得到认可，敦促不起诉决定的作出。这样，控辩双方在审判前就进行了实质性的"辩论"和"质证"，双方对于案件的性质在"争论"中有可能达成一致。换言之，辩方权利在诉讼程序中越早被行使，案件事实真相也就可能越早被揭开，诉讼成本的投入就越少。

②及时分流案件。在审判程序前终结诉讼，无疑会节约诉讼资源，提高诉讼效率。为了减轻对法庭审判的压力，各国纷纷设计新的案件处理方式以分流

---

① ［意］贝卡利亚著，黄风译：《论犯罪与刑罚》，中国大百科全书出版社 1993 年版，第 56 页。

② 以德国为例，一方面德国战后犯罪现象明显呈上升趋势，犯罪嫌疑人已由 60 年代的 100 万上升至 90 年代的 700 万。另一方面犯罪也日趋复杂化，环境犯罪、经济犯罪、跨国犯罪等新的犯罪形式的出现，使调查取证出现很大困难。虽然犯罪形势发生变化，但司法人员的数量在过去 30 年中却处于相对稳定的状态，加之东西德统一以后，德国出现的财政困难，都使得如何既能缩短刑事诉讼程序、减轻司法压力，又能解决犯罪成为德国司法界探讨的一个重要问题。见伦朝平等："刑事案件不起诉制度之研究"，载陈兴良：《刑事法评论》5 卷，中国政法大学出版社 1999 年版，第 420 页。

部分案件。目前，世界各国扩张检察官起诉自由裁量权的趋势，其目的就是分流案件，使一些轻微的犯罪案件省去审判并科以刑罚的程序，同时，给予疑难复杂案件的被追诉人以更多的正当程序和权利保障。控辩平等原则在案件分流过程中，发挥着不可或缺且不可替代的功能。这是因为，权利是需要争取的。通过辩方在起诉阶段的有效辩护权的保障，可以促使控方在裁量中更充分地考虑犯罪嫌疑人的罪名成立与否的各种理由，全面考量犯罪嫌疑人罪重、罪轻的各种情节，使犯罪嫌疑人免受追诉或者受到应有的追诉。另一方面，通过辩护权的依法行使，也会使犯罪嫌疑人对自己的行为予以正确的认识与评价，使犯罪者的认罪心悦诚服。因为，"刑罚可以防止一般邪恶的许多后果，但是刑罚不能铲除邪恶本身"。[1] 犯罪嫌疑人认罪，是铲除邪恶的基础。

③保障辩诉交易。在美国等辩诉交易制度盛行的国家，如果根据传统的诉讼正义观将所有的案件不加区分的交付审判，其结果可能造成刑事审判制度的全面瘫痪。从这个意义上说，"我们之所以能够忍受一种不正义，唯一的正当理由也是需要它来避免一种更大的不正义"[2]。毫无疑问，辩诉交易可以缩减诉讼环节，减少诉讼成本，提高诉讼效率。在诉讼程序中，辩诉交易达成得越早，控辩双方的诉讼成本也就越少。在辩诉交易中，控方是拥有国家司法资源且以强制力为后盾的法律专业人员，被控者则对法律知识知之甚少且往往人身自由受限，如果没有控辩平等原则作辩诉交易的基础，"交易"便成了"强制"。

2. 起诉程序中控辩双方关系之重构

笔者建议我国建立"起诉一本主义"的证据移送方式和庭前准备程序相配套的公诉方式。那么，庭前准备程序就使控辩双方有机会在审判前坐在一起协商沟通。沟通的内容主要包括：何时进行证据开示以及如何开示证据；犯罪嫌疑人是否构成犯罪以及罪之轻重；是否适用简易审判程序或被告人认罪案件的简化审判程序；是否在审前达成辩诉交易等。

（1）建立良性之控辩沟通制度

①我国控辩关系之现状。控辩关系是一种对立统一关系。无论对立抑或统一，控辩双方均需要不断地联系与沟通。控辩对抗主要体现在审判程序中，而在起诉程序中，控辩双方更需要的是沟通与合作。换句话说，正因为在起诉程序中，控辩双方未能进行卓有成效的沟通，或者合作失败，才导致审判程序中的控辩对抗。为此，笔者认为，建立良性的控辩沟通制度是十分必要的。

---

① ［法］孟德斯鸠著，张雁琛译：《论法的精神》（上册），商务印书馆 1985 年版，第 314 页。

② ［美］约翰·罗尔斯著，何怀宏等译：《正义论》，中国社会科学出版社 1998 年版，第 2 页。

我国起诉程序中，控辩双方尚未建立起良性的沟通制度。主要表现有二：

第一，控辩双方的关系不够和谐。就控辩关系而言，由于长期以来"敌我矛盾"观念的影响，基于职业立场的不同而导致控辩关系对立的问题尤为突出。从公安机关到检察机关无不把犯罪嫌疑人当作"犯罪人"，将辩护律师视作法律的"异己分子"。在控辩工作联系中，对律师"横眉冷对"，百般刁难。

第二，控辩沟通流于形式。按照现行法律和司法解释的规定，沟通的内容仅限于控方向辩方进行权利告知、辩护人到控方处阅卷、申请安排会见、申请取保候审和控方听取被告人的意见等。上述沟通多数为表面意义的沟通，有的甚至就是"作秀"而已，控辩双方基于法律的强行规定"不得已而为之"：

其一，听取各诉讼参与人的意见是检察官在审查起诉中与诉讼参与人沟通的重要内容。我国刑事诉讼法第 139 条和人民检察院刑事诉讼规则第 251 条、第 252 条均规定"人民检察院审查案件应当讯问犯罪嫌疑人，听取被害人和犯罪嫌疑人、被害人委托的人的意见"。实践中，之所以听取意见，意在形式上展现检察工作的公正、透明，作为体现追求公平的价值取向的一种手段，并不追求实质上的效果。这是"重实体、轻程序"理念转变中的痕迹。即便如此，有的检察人员却误解或曲解该规定，认为立法规定公诉人应当听取意见的对象只有犯罪嫌疑人、被害人和被害人委托的人，辩护人不在应当征求意见之列，从而堂而皇之地拒绝与辩护人的沟通。

其二，如果公诉人并没有按照规定讯问犯罪嫌疑人，听取被害人和犯罪嫌疑人、被害人委托的人的意见，在现行法律规定中，并没有给予另一方任何救济措施。换言之，就控辩双方而言，控方即使违背此义务，辩方也只能"忍气吞声"，没有任何救济的渠道。

其三，无论是控方还是辩方违反了法律规定的沟通程序，法律没有要求其承担不利的后果。没有保障的权利难以实现，没有制约的义务也没人理会。这种所谓的控辩沟通没有任何制约和保障机制，缺乏可操作性，深受其苦的只能是犯罪嫌疑人。

但是，应当看到，在控辩平等理念的构建和控辩关系的沟通上，我国现行刑事诉讼法还是已经有了进步的。以"公诉人听取意见"为例，这种沟通与1979 年刑事诉讼法所规定的"应当讯问犯罪嫌疑人"相比，进步意义显而易见：讯问犯罪嫌疑人是审查起诉的必经程序，主要作用是可以当面核实犯罪嫌疑人是否犯罪以及犯罪事实和情节，直接听取其对自己行为的辩解理由，有利于全面把握案件，防止冤假错案的发生，同时也有助于及时发现侦查活动中的违法行为。听取犯罪嫌疑人委托人的意见，反映了审查起诉工作不是在封闭、秘密状态下进行的，具有一定的透明度，是诉讼民主的具体体现，有利于充分听取各方意见，准确认定案件事实，维护犯罪嫌疑人的合法权益。这些说明，我国的控辩沟通制度已经开始形成，虽然不尽如人意，也不合法理，但毕竟迈出了可喜的步子。

②建立我国控辩沟通制度之构想。"大道之行也，天下为公，选贤与能，讲信修睦……是故谋闭而不兴，盗窃乱贼而不作，故外户而不闭。是为大同。"① 中国传统的大同观是一种朴素的和谐。映射到刑事诉讼领域，也需要达到一种和谐，控辩和谐即是其中的内容之一。而控辩平等追求的是控辩和谐，这种和谐需要通过控辩合理沟通来实现。所谓"知己知彼"，"兼听则明"，没有沟通，控方只了解被害人的一面之词，听不到辩方的辩解；没有沟通，辩方不知晓控方的指控与证据，根本无从防御；在控辩力量不均衡的情况下，无防御便无法实现对抗，也就无法实现控辩平等。所以，建立完善我国控辩沟通制度是建构控辩平等的重要内容。

在审查起诉中，有学者称检察官的角色就是"法官前的法官"②，即检察官在审查起诉中承担着裁判犯罪嫌疑人是否应该提起公诉追究刑事责任的任务。笔者认同对检察官的这种定位，这与控辩平等原则并不背离。因为，在这个认识中，可以将侦查机关看做两造的一极，将其指控意见看做一方的意见，辩方是两造的另一极，也有充分的机会发表己方的观点，居中的检察官通过听取侦查机关与辩方两方的意见，作出是否起诉的决定。直至检察官通过审查起诉，认可或变更了侦查机关的指控并提起公诉，检察官的身份才转化成了控方的身份，与辩方形成对立局面。从这个意义上来说，在审查起诉程序中，辩方应被给予充分的言论机会，与控方（检察官）进行积极的沟通，以便于检察官明确事实的真相，正确作出起诉与否的决定。

为此，笔者认为建立完善我国刑事诉讼中控辩双方的沟通制度，尚需两个方面的努力：

第一，共建法律职业共同体，改良控辩关系。从宏观的角度看，在我国法律人尚未形成一个法律共同体的社会，不同法律职业者之间存在的隔阂、猜疑、不信任甚至对抗，无法构建起法律职业者之间的和谐关系。控辩双方生

---

① 《礼记·礼运》。
② 陈兴良："从'法官之上的法官'到'法官前的法官'——刑事法治视野中的检察权"，载李贵连：《中外法学文萃——纪念北京大学法学院百年校庆》（上），北京大学出版社 2004 年版，第 706 页。

冷、僵硬甚至心怀敌对的态度不可能实现良好的沟通，必须放平心态，摆正各自的位置，以法律共同体的思想看待控辩关系。检察官、律师以及其他以法律为职业者所构成的法律人共同体以及法律人对这样一个共同体的认同，是形成控辩良性关系的重要条件。法律人共同体的形成需要不同法律职业者之间的相互理解、信任、支持，需要他们之间的相互需要，能够相互荣辱与共，并形成不同法律职业间有机的连通和流动机制。① 尽管国家统一司法考试制度的确立、诉讼制度的不断完善以及法律人文化的不断培植等会为促进中国的法律人共同体的形成提供越来越好的制度基础，但是，就像对法治的信仰一样，法律人共同体的形成需要整个社会生态机制的完整提升，不是几部法律的修改完善可以促成的。

　　第二，完善制度规则，构建良性沟通机制。为此，首先必须明确在审查起诉程序中听取辩护人意见的重要性。采取硬性措施，保证人民检察院审查案件不仅应当听取犯罪嫌疑人、被害人及其委托人的意见，而且必须听取犯罪嫌疑人及其辩护人的意见。在起诉意见书或不起诉决定书中，对辩护人的意见要说明不采纳或采纳的具体理由。其次，设立违反听取辩方意见规定的救济措施和违法性后果承担。笔者设计，可以规定，凡是案件在起诉前未听取辩方意见的，法院一律不予受理。如果系控方违反规定，没有给予犯罪嫌疑人辩解、辩护、发表意见的机会，辩方可以向该检察院、同级法院或者向上一级检察机关提出异议，受理机关应当在合理的期限内予以核查并采取相应的措施进行补救。如果系辩护律师之原因，检察官可以向其所在律师事务所或司法行政机关反映情况，由其责令律师在规定的期限内履行职责，犯罪嫌疑人、被告人也可以拒绝该律师继续辩护。再次，对控辩双方在沟通中，一方有不良言行，违反职业道德和执业纪律的，按照相关规定严肃查处。

---

　　① 目前，我国尚未形成一个这样被法官、检察官、律师等法律职业者共同认可的法律人共同体。国家有《法官法》、《检察官法》、《人民警察法》、《律师法》，与律师比较，法律对法官、检察官和人民警察职责权限的确立和保障更加系统规范，其社会地位更有保障。最高人民法院制定有《法官行为规范（试行）》，对于法官的职业行为也提出了明确的要求。例如，要求法官在庭审中不随意打断代理人、辩护人的陈述，对代理人、辩护人的代理、辩护意见是否采纳都要阐述理由。尽管这些职业操守可以限制法官随意地"运用之妙，存乎一心"，但法官职业道德行为的字里行间，还是让人能够真切地感受到法官面对当事人和律师的"居高临下"。此外，尽管检察机关有人民检察院在刑事诉讼中保障律师依法执业的规定，公安部也正在起草公安机关保障犯罪嫌疑人聘请律师及律师会见犯罪嫌疑人规定，但这些律师权利"保障"规范，均注重单向的内部纪律规范，并不能形成律师和法官、检察官、警察之间的制衡措施和救济手段。因此，不好评说这些"兄弟单位"的规范，是否有利于促进法律人共同体的形成，是否有利于律师职业道德的塑造。参见朱卫国：《法律人共同体的形成是塑造律师职业道德的重要条件》，载中国法学网，最后访问日期 2006 年 6 月 5 日。

（2）建立完善之证据开示制度。建立证据开示制度的基本目的是通过规定证据披露方的一种义务，保障对方的先悉权。先悉权是指庭前对对方证据予以了解掌握的权利，"它使律师可以获得了解对方将使用的某些证据的权利。在多数情况下，先悉权由被告律师行使。根据理论，在庭前准备中，在审判前了解证据是获得公平审判所必需的"。①

①证据开示制度之诉讼价值。在英美对抗制的刑事诉讼中，由于实行起诉状一本主义以及法官的消极的中间仲裁者地位，决定了证据开示殊为必要，否则法庭审判将完全演变成一场纯粹的司法竞技（justice sporting），案件的客观真实难以发现，控辩双方在诉讼中的相互突袭（surprise）不可避免。所以美国学者在论证《联邦刑事诉讼规则》第 16 条时，指出这一规定中确立的证据开示制度主要是基于以下刑事政策：有利于为辩方辩护提供充分的证据信息；有利于控辩双方进行充分的预审准备；有利于避免审判中的相互突袭；有利于节省司法资源；有利于使得案件的诉讼程序变得高效、迅捷。② 在"案卷移送主义"证据移送方式中，只要保证辩方的阅卷权即可，无须设置庭前证据开示。

我国 1996 年修订后的刑事诉讼法使辩方知悉权受到了较大限制，检察院移送起诉时，不再移送诉讼案卷，起诉书只附送证据目录、证人名单和主要证据复印件或者照片，而刑事庭审却采取了主要由控诉方和辩护方举证的所谓控辩式或类似控辩式的诉讼形式。这种改革导致了辩方有权查阅的控方案卷相当狭小，具体而言，在侦查阶段，被告方根本无权查阅侦诉方的案卷；在起诉阶段，也只能查阅诉讼文书、技术鉴定材料等；在审判阶段，相应的只能查阅起诉书及附送的证据目录、证人名单和主要证据复印件或者照片。再加上法律尚未赋予被告方在侦查阶段的调查取证权，即使在起诉和审判阶段，被告方的调查取证仍要突破重重障碍——经过证人甚至提供证言者与检察院的双重许可，凡此种种，导致辩方没有有效的手段获取证据材料和相关信息，在诉讼过程中处于相当被动的地位。所有这些都与引进对抗制的审判方式的初衷大相径庭。要解决这些问题，唯有设立证据开示制度。

汪建成教授认为，证据开示在我国刑事诉讼中的价值主要表现在如下几方面：

---

① ［美］小查尔斯·F. 亨普希尔：《美国刑事诉讼》，中国政法大学教务处 1984 年翻印，第 183 页。

② Charles H. Whitebread, Christopher Slobogin, *Criminal Procedure-An Analysis of Cases And Concepts.* New York: The Foundation Press, Inc. Mineola, 1986, Second Edition, p. 532.

其一，发现案件客观真实，实现诉讼公正的价值。各项诉讼制度设立的一个重要目的就是查明案件事实。证据开示制度的设计者们的内心动因即尽量拉近程序参与者对案件事实的认识同犯罪事实之间的距离。他们试图通过此项制度促进控辩双方充分的信息交流，并以此弱化对抗制审判方式带来的副作用，防止法庭审判变成一场与查明案件事实真相毫不相干的司法竞技对抗。①而在我们这样一个一向以求真求实传统著称的国度里，在引进对抗制审判方式的同时，当然没有理由拒绝接受证据开示制度。

其二，保障被追诉人诉讼权利的价值。在开庭审判前有权了解被指控的事实和证据是"被告人有权获辩护"的宪法性原则的应有之义。我国现行刑事审判中"半个起诉状一本主义"，使得辩方的先悉权大打折扣。证据开示制度，无疑会将这种立法改变而给被告人权利造成的损害降到最低限度。尤其是在我国辩方收集证据的条件和手段远远不及作为控方的检察机关的情况下，依此制度，不仅被告人可以通过其辩护律师，知悉支持起诉的证据，并有针对性地准备辩护。同时，辩护律师还可以了解到检察机关所掌握的有利于被告人的证据，将其转化为支持辩护的理由。没有证据开示，被告人便没有保障辩护权充分行使的手段，控辩双方程序意义上的平等对抗则将成为一句空话。

其三，便于公诉人充分准备庭审的价值。由于证据开示是双向的，公诉人通过证据开示，也可以了解辩护律师所掌握的有利于被告人的证据，尤其是有关被告人不在犯罪现场或有关精神疾病的证据。这样，公诉人也可以有针对性地进行庭审前的准备，以便在法庭上对这些证据进行有力的质证。否则，如果提前对这些证据毫不知晓，辩护律师在法庭上突然出示这些证据，将使公诉人处于十分被动的地位。

其四，保证案件审判质量的价值。由于进行了证据开示，控辩双方都进行了充分的准备，法庭中的质证就能做到有的放矢，证据信息能够在庭审中得到充分的交流，这无疑有利于法庭对案件事实形成正确的判断。也只有这样，真正意义上的对抗式的庭审方式才能得以顺利进行。否则，在审判中，控辩双方要么不积极参与法庭调查，要么通过出示新的证据相互突袭，而法官因为没有高质量的法庭质证，难以对案件事实得出确实的结论，不得不依赖于庭后阅

---

① 美国最高法院法官威廉［布伦南（William Brennan Jr.）］曾直接指出：如果没有广泛的证据开示，审判简直就成了漫无目的的游戏，辩方只有在审判前了解他在审判中必须面对的控方证据以及控方侦查时发现的其他证据来源，才有可能全面整理有助于发现真实的所有证据。Brennan, The Criminal Prosecution: *Sporting Event or Quest for Truth*? Wash. U. L. Q., 1963, pp. 290—292, 转引自汪建成："论我国刑事诉讼中的证据开示制度"，载《法制日报》，1999 年 12 月 5 日理论版。

卷，或者进行调查核实证据的工作。长期下去，法庭审判必将流于形式，回到刑事诉讼法修订前的老路上去。

其五，节省司法资源，提高诉讼效益的价值。证据开示不仅可以使法庭审判不致因为需要调查核实证据而经常进行休庭，以保证法庭审判不间断地进行，而且可以保证案件事实建立在可靠的证据基础之上，被告人服判的可能性增大，不必要的上诉和申诉必将减少。①

②建立我国证据开示制度之构想

在 2003 年，最高人民检察院曾将"完善向律师展示证据和听取意见的工作制度"列入该年度工作计划，最高人民检察院、最高人民法院、司法部也共同制定了《关于刑事公诉案件实行证据展示的若干意见（试行）》，要求各级检察机关积极研究、探索证据交换的模式，实现控辩双方在审判前相互交换证据材料和信息，以提高诉讼效率，促进司法公正。围绕证据开示制度，我国已经开始在一些地方展开试点。然而，各地操作方式不一，诸如开示主体、范围、时间、处理方式都不一致，这些都有待完善我国刑事诉讼制度，进一步予以规范。

笔者认为，作为一种正式的证据开示程序，它应当在审查起诉程序结束前进行。证据的开示应是双向的，而非单向。公诉人有义务应辩护人的请求向辩护方开示可能影响定罪或量刑的一切有利于被告人的证据和有关弹劾性证据，其中主要包括被告人的陈述，被告人的犯罪记录，官方占有、保管、控制的文件、勘验、检查笔录、实验报告以及控方证人的身份和先前陈述。但控方证据开示存在例外，即控方在侦查、起诉案件中所制作的报告以及内部文件、涉及国家秘密和秘密侦查员的身份的证据。辩护律师同时也有义务向公诉方开示相关证据，如辩护律师准备在法庭上用作抗辩理由的证据，如不在犯罪现场、缺乏责任能力、正当防卫、紧急避险等情形。辩护方在公诉方已经开示相应证据的情况下，还应当开示它所占有、保管、控制的书证、物证，但应以辩护律师准备在法庭审理中使用的为限，同时辩护律师有关案件的工作成果亦属于开示的例外。总之，在证据开示中，公诉方拥有对于被告方的天然优势地位，决定了它应当负有证据开示的主要责任。

为了保证控辩双方证据开示的顺利进行，程序法官必须在证据开示中通过行使司法审查权，起到一定的监督、制约作用。具体来说，这种司法审查权应表现在以下两个方面：一是对证据开示本身的司法审查权；二是对证据开示后出现的违法行为的司法审查权。就第一个方面而言，对于经一方申请要求另一

---

① 汪建成："论我国刑事诉讼中的证据开示制度"，载《法制日报》，1999 年 12 月 5 日理论版。

方应当开示的证据，而对方不予开示的，法院可命令其强制开示；对于公诉方和辩护律师没有依法进行开示的证据，不允许在法庭上出示，即使出示也不应认定；对于在法庭审理中，经公诉人和辩护律师申请，可作出延期审理的决定。法院对于证据开示以后出现的违法行为应由法院先行作出审查，确定其行为的性质，若属律师的一般违法行为，应向司法行政管理部门或律师协会提出执业处罚建议；若构成犯罪，则按自诉案件处理。

（3）建立我国之控辩协商制度

①辩诉交易制度之诉讼价值。辩诉交易之于中国刑事诉讼价值主要有两个问题：其一为是否为我国诉讼制度所容；其二为是否属我国诉讼制度所需。在笔者看来，辩诉交易在中国具有可借鉴性，辩诉交易中国化是司法改革之必然，中国目前控制犯罪的司法现状需求辩诉交易，辩诉交易有利于维护司法公正，实现"公正在法律中的第二个含义就是效益"① 的要求，同时，辩诉交易是有效减少诉讼成本的制度设计，有利于保护被害人、保障被告人的合法权益，顺应了对刑事案件迅速处理的国际趋势，是刑事诉讼公正与效率两大价值目标对立统一矛盾运动发展之必然，辩诉交易中国化体现了中国刑事诉讼的价值追求。②

②建立我国控辩协商制度之构想。一般认为，在制度的产生发展上，有两种模式：一是理性的，预构的，未来的；二是经验的，进化的，传统的。对于在中国构建控辩协商这样一个全新的制度而言，完全照搬美国或者其他国家的辩诉交易模式，不仅忽略了中国本土的国情和现状，同时对于社会公众的思想观念也是个剧烈的冲击，其在社会中的可接受性存在很大疑问。因而，想要在中国成功地移植控辩协商制度，应该走上述两种模式的结合之路：首先，作为一种新制度，在最初运行的时候，理性的构建是主要的，也就是说在制度安排上应当经过充分的考虑，详细的论证和周密的设计，而后，在具体的实践中，通过知识的增长和经验的积累，逐渐完善发展控辩协商制度，使其融入并成为中国法律制度的组成部分。

笔者关于中国控辩协商制度之构建，提出应当遵循尊重国情、公正与效率并重、意思自治、循序渐进的原则，从控辩协商的适用范围、控辩协商的主体、控辩协商的内容、控辩协商的程序、控辩协商的监督机制和控辩协商制度

---

① ［美］波斯纳著，蒋兆康译：《法律之经济分析》，商务印书馆1987年版，第18页。
② 关于辩诉交易引进中国刑事诉讼制度的理论与现实考量．详请见冀祥德：《建立中国控辩协商制度研究》，北京大学出版社2006年版，第五章辩诉交易与中国刑事政策及诉讼理论、第六章辩诉交易与中国司法现状。

中被告人的认罪自愿性保障机制等多方面予以构建。① 需特别强调的是，辩诉交易生成的制度基础与文化背景毕竟与东方的中国有着较大的差异，故研究辩诉交易的引进与借鉴，构建中国的控辩协商制度，必须慎而又慎。五年也好，十年也罢，其根本性的问题不在于引进时间之长短，而在于建构质量之高低。从中国国情出发，这个基本原则再老生常谈也必须要谈；公正与效率并重，这个价值追求再难以把握也必须把握。在中国从警察国到法治国的迈进中，遵循循序渐进的一切事物之发展规律，张扬权利本位，尊重个体意愿，是建立中国控辩协商制度的应当坚持的基本方向。

（三）审判程序中的控辩平等

1. 审判程序中控辩平等之功能

龙宗智教授认为，在"等腰"的三角结构中，控辩平等是"题中应有之意"。在具有对抗性的法庭诉讼中，平等意味着公平竞争。因此，控辩平等才能形成一种因均衡而公正的结构。② 控辩双方之间在审判阶段中平等武装、平等对抗、平等合作以及受到平等保护，不仅是控辩平等在侦查阶段和起诉阶段中的直接延伸，更是最终实现诉讼价值的根本需要。

（1）诉讼结构优化功能。刑事诉讼的目的在于追究犯罪和保障人权。为了满足国家追诉犯罪、维护公共利益的要求，刑事诉讼程序必须具有发现事实真相的功能；为了保障人权，刑事诉讼程序又必须具有限制司法权力、保护当事人合法权利的功能。刑事诉讼程序上述两方面的功能对于诉讼结构提出了两方面的基本要求：一、控辩双方之间平等对抗；二、法官居中裁判。由此形成一个以控辩均衡为底边，以法官居中裁判为顶点的"等腰三角结构"图形。这是司法程序正义结构的理想形态，是诉讼的一般结构。③ 这种结构的核心是控辩平等，法官中立既是控辩平等的前提条件，又是控辩平等的内在要求。所以，充分的、富有意义的平等对抗是优化诉讼结构的关键所在。因此，可以说，一方面，控辩平等是刑事诉讼模式进化与发展的法治产物；另一方面，在刑事诉讼模式的演进过程中，控辩平等的理念和实践又对于刑事诉讼模式的演进和诉讼结构的优化起到了积极的促进作用，这在刑事审判程序中表现得尤为突出。正如李心鉴博士所言，"通过赋予控辩双方平等的诉讼权利和设立有关

---

① 关于控辩协商制度的具体构建. 详请见冀祥德：《建立中国控辩协商制度研究》，北京大学出版社 2006 年版，第七章中国控辩协商制度的构建 I——基本原理。

② 龙宗智：《刑事庭审制度研究》，中国政法大学出版社 2001 年版，第 40 页。

③ 马贵翔：《刑事司法程序正义论》，中国检察出版社 2002 年版，第 22—23 页。

的诉讼规则，以确保控辩双方的平等关系，是审判程序构造的核心问题。"①

（2）实体正义保障功能。控辩双方在审判程序中享有平等的诉讼地位是实现实体正义的需要。控辩双方在法庭上平等对抗，各自提出自己的主张及其主张赖以存在的事实和证据，并且进行平等的对抗和辩论，由此为法官创造了一个兼听则明的环境。"实践表明，当富有探索进取精神的诉讼双方面对面直接交锋时，真理就愈有可能被发现，如果所提出来的证据都是恰如其分的，那么，这对于一个公正的陪审团来说，真理就是非常明显不过的了……辩论制的运用可以抵消那种在还没有听完全部事实的情况下就匆忙作出决定的天然倾向。"②"当事者之间的相互作用才是诉讼程序的中心部分这一观念，一般的或者以这样能够最大限度地发现案件真相的理由来说明，或者由当事者接受涉及自己切身利益的处理时必须得到陈述自己意见的机会……"③因此，保证控辩双方在审判程序中享有平等的诉讼地位，进行平等对抗，受到平等的保护，在诉讼条件、诉讼机会和诉讼标准上实现真正的平等，对于发现真相、保证实现相对的实体公正，无疑具有重要的意义。

（3）程序正义保障功能。在审判程序中实现控辩双方的平等也是实现程序正义的基本保证。前面提及，真正的正义是一种程序的正义或沟通的正义。只有在平等对话的环境中，控辩双方才可能展开平等的、理性的对话，才能最终实现一种看得见的、为双方都能接受的正义。几乎所有的程序正义都将控辩平等作为一项重要的因素。在戈尔丁抽象的判断程序正义的九项标准中有五项都是强调控辩双方在法律地位上的平等：纠纷解决者不应有支持或反对某一方的偏见；对各方当事人的意见给予公平的关注；纠纷解决者应听取双方的论据和证据；纠纷解决者只应在一方在场的情况下听取另一方的意见；各方当事人都应得到公平机会来对另一方提出的论据和证据作出反应。美国著名法学家坎贝赖特也认为"平等防御"就是构成公正的诉讼程序的"最基本的最低限度的要求"之一。④

（4）权力制衡功能。审判阶段中的公权力涉及公诉权和审判权。与侦查权一样，公诉权和审判权也具有天然异化的倾向，在缺乏监督机制的环境下，同样会突破权力界限，脱离权力设计的初衷，损害司法公正，甚至侵害被告人

---

① 李心鉴：《刑事诉讼构造论》，中国政法大学出版社 1998 年版，第 260 页。

② ［美］小查尔斯·F. 亨普希尔：《美国刑事诉讼——司法审判》（一册），北京政法学院刑事诉讼法教研室编印，1982 年版，第 112 页。

③ ［日］棚濑孝雄著，王亚新译：《纠纷的解决与审判制度》，中国政法大学出版社 1994 年版，第 123、258—259 页。

④ 转引自陈永生：《侦查程序原理论》，中国人民公安大学出版社 2003 年版，第 299 页。

的合法权利。而且由于审判阶段是案件的实体处理阶段，无论是对于国家的公共利益还是被告人个人的权利和利益都有着重大的影响，因此，在审判程序中有效规范和制约公诉权和审判权的行使显得尤为必要。在刑事审判中使辩护方与控诉方处于平等的诉讼地位不仅能够有效约束和监督公诉权的行使，同时也能够对审判权起到一种监督和制衡的作用。正如王亚新先生所言，"当事者在诉讼程序上享有的权利实际上就是对法官权力的直接限制。对当事者行使诉讼权利的程序保障也就意味着审判过程中法官的创造性作用在程序方面受到严格的制约"。①

（5）人权保障功能。实际上，对国家公权力的制约和对公民权利的保护是相互联系、相互依存的两个问题：限制国家公权力、防止公权力的滥用，不但是维护公共利益的需要，更是保护公民个人权利、防止公权力侵害私权利的需要；反过来，赋予公民个人权利、加强对公民个人权利的保护又会对国家公权力形成制约，起到监督公权力的作用。保护公民个人权利在刑事诉讼中具体表现为赋予被告人程序主体性的地位，使其受到有尊严的对待，而不是将其作为国家追诉犯罪、维护所谓的"公共利益"的工具：既不能以损害个人肢体完整和造成肉体痛苦的手段进行诉讼，又不得以贬损人格的方式进行诉讼。而平等地对待处于同等地位的诉讼当事人则是保障被告人权利和其诉讼主体性地位的基本条件。刑事诉讼立法的历史就是犯罪嫌疑人、被告人权利不断加强的历史，而在这个历史过程中，控辩平等无疑是加强和保护犯罪嫌疑人、被告人权利的重要保障机制。

2. 我国审判程序之改造

如果说，在我国控辩关系的构建中，侦查程序中应现实地构建为控辩平衡，逐步实现控辩平等；起诉程序中平等合作与对抗之间应偏重于构建控辩合作；那么，在审判程序中，控辩关系构建的中心就是平等对抗与平等保护。

（1）我国审判程序之检视。我国 1996 年修订的刑事诉讼法确立了新的审判方式，在保留原来职权主义的庭审模式部分因素的同时，引入了对抗制诉讼的一些技术性因素，如引入了对抗制的证据调查方式，以控辩双方举证代替了法官统揽证据调查；控辩双方在法庭上可以进行辩论、展开对抗等。可以说，我国目前的庭审方式具有当事人主义的某些特征，为辩护方与控诉方进行平等对抗提供了基础性条件。但是，不容忽视的是，由于仍然保留了大量的职权主义诉讼的因素，我国当前的这种庭审模式与当事人主义的诉讼结构还存在着很

---

① 王亚新：《社会变革中的民事诉讼》，中国法制出版社 2001 年版，第 42 页。

大的差别。①

①裁判者中立地位失衡

A. 司法独立之掣肘。我国司法独立的道路还很漫长。剖析其因素主要有：

第一，法院系统不独立。法院内部或党组织机构的力量和党管干部的制度、人民代表大会对个案的监督、检察监督等成为影响法院系统独立的重要因素。

第二，法院内部司法行政化倾向严重。我国法官管理实行等级管理，官阶设置是等级式，类似行政机关上命下从的模式，法官无从独立；审判委员会与上下级法院之间的监督也是导致法院内部各法官无法独立的原因。

第三，缺乏法官职业保障。我国法官的任期无保障，任免、晋升与惩戒等都与立法机关、党委组织息息相关，法官的职业前途常常依赖外部力量。

第四，法官素质堪忧。法官业务素质、道德素质考核形式化；法官遴选、任命有暗箱操作嫌疑；法官培训重理论、轻实践，重学历、轻素质，重应急、轻系统化，缺乏规范化、制度化等。

B. 控审关系的错位。修正后的刑事诉讼法虽然在区分控审职能、界定控审关系上作了很大的努力，但是仍然存在控审职能混淆的问题。例如，防止法官审前预断的机制仍不健全，法官的中立地位没有确立。传统上"先定后审"的弊端仍然存在，实践中依然采用全部卷宗移送的法院、检察院的"大有人在"。一方面，法律并未禁止法官在庭审前了解案情和与公诉人沟通，另一方面，审查公诉的法官和主持审判的法官并没有分开。法官不仅留有一定的庭外调查取证权，而且在法庭调查过程中可以讯问被告人，询问证人、鉴定人等。尤其是当公诉人在庭审中，对证明对象搞不清楚、举出的证据达不到证明标准、该收集的证据没有收集时，法官为了使庭审顺利进行，就会主动介入控辩双方的举证活动，以完成"审判任务"。同时，由于法官因袭的思维定式，使他习惯性地介入到证据调查和辩论中去，从而使倾斜的控辩关系更加倾斜。

②控方权利义务错位

A. 法律监督权导致控辩审三方权力（利）错位。应该说，公诉人在庭审中拥有法律监督权兼有利弊。利在于：一方面，由于公诉人直接与审判法官接触，作为当事人，可以最迅速地察觉审判活动中的违法乱纪行为，以便及时予以纠正，维护程序公正。另一方面，也可以在庭审中更接近事实真相，以便最迅速地作出追诉犯罪的反应，比如作出诉讼变更、提供新证据等，维护实体正义，提高诉讼效益。弊在于：一方面，公诉人既有公诉权，又有法律监督权，

---

①　龙宗智：《刑事庭审制度研究》，中国政法大学出版社 2001 年版，第 120—121 页。

无疑使公诉人享有了运动员和裁判员的双重身份，在庭审中必然影响控辩平等。尽管检察机关的学者们一再强调这种法律监督并不会破坏控辩审的关系，只是为了保障追诉犯罪的成功和社会秩序的恢复。但是瓜田李下，在制度设立上已经存在着不可回避的逻辑问题，公诉人作为一种准司法官所谓的司法权威和公正形象难以维持。另一方面，检察机关一向认为有了法律监督权就有了尚方宝剑，实际上反而成了束缚自己手脚的绳子。真正的法律监督应该有相对超脱的地位和权威。公诉人一方面要实现追诉犯罪，另一方面还要维护整个刑事程序的公正，以两种身份看刑事案件，显然是难以超脱的，就算是公诉人的素质再上一层楼，因为事关自身利益和价值，也不可能超脱，更难以说权威了。

对于审判方来说，法官无法克服心理上的障碍来平等地对待其监督者（检察院）和辩护方；对于辩方来说，辩方也无法克服心理上的障碍与同样作为自己的监督者的控诉方平起平坐；对于作为监督者的控方来说，具有作为监督者的心理优势，便无法平等对待辩方。

B. 非法证据排除规则欠缺。从根本上说，证据规则是为了约束国家专门机关工作人员，以保护人权和司法文明的。[1] 我国刑事诉讼法虽然也零零星星地规定了一些收集证据、运用证据的规则，但是，这些规则都太简单、笼统，而且缺乏保障性的规则，因而不能够有效预防国家公权力在追诉犯罪过程中对犯罪嫌疑人、被告人合法权利的侵害。前面提到，非法证据排除规则是对控辩关系影响最大的一项证据规则，而我国法律中恰恰缺少这项证据规则，从而又少了一个平衡控辩关系的调节器。

③辩方权利缺失

A. 被告人权利之缺失。庭审中有"讯问被告人"环节，对于法官来说，固然可以对被告人进行讯问，但是对于控方来说，如果赋予他讯问被告人的权力无疑增强了其重口供、轻证据的办案惯性。由于被告人享有与控方相同的诉讼权利，接受公诉人讯问就违背了这一原则，使被告人沦为公诉人的工作客体，与控辩平等原则更是相差甚远。

同时，我国法律援助制度不够完善，不能够给被告人提供充分、有效的辩护。由于我国法律援助范围较窄、缺乏必要的物质保障和法律保障等原因，实践中许多被告人实际上并没有得到有效辩护，极大削弱了其与控诉方进行对抗的能力。

B. 辩护人权利之缺失。辩护人权利之缺失除了笔者前已述及的阅卷权、会见权、调查取证权之外，还存在辩护人缺少执业权利保障、举证能力，以及

---

[1]　李心鉴：《刑事诉讼构造论》，中国政法大学出版社 1998 年版，第 173 页。

问证、辩论权利受到限制。

第一，由于辩护律师职业的特殊性，各国一般都规定辩护律师有法庭言论豁免权和拒绝作证权，我国法律在这两方面都还是空白。法庭言论豁免权的缺失使得律师在法庭上的诉讼地位较低，法官可以任意打断律师的辩护。律师在进行辩护时还要时刻担心自己的言行可能给自己带来的不利后果，"泥菩萨过河，自身难保"，何保他人？现行刑事诉讼法非但没有规定律师拒绝作证权，反而通过刑事诉讼法第38条规定律师不得帮助犯罪嫌疑人、被告人隐匿证据，否则会追究其法律责任，由此给律师增加了许多额外的义务，为律师的职业带来了更多的风险。以上对辩护律师权利的种种限制都极大削弱了辩护权，严重违背了控辩平等原则的要求。

第二，不仅调查取证权受到限制而影响到举证权。同时，在问证和辩论机会上，控辩双方不平等。交叉询问制度的基本价值在于保证程序的公正，强调控辩双方诉讼的平等性和手段的对等性，防止程序畸形，创制和实现有利于刑事审判中个体权益维护的特别程序保障。[①] 我国刑事诉讼法和相关的司法解释对于讯问被告人，询问证人、被害人、鉴定人的规定，使我国庭审过程中对人证进行调查的方法具有交叉询问的某些特征，例如，发问以控辩双方为主进行，首先由传唤证人一方询问，然后由诉讼对方进行询问。但是，这种询问机制并不是真正意义上的交叉询问，突出地表现在，控辩双方的问证机会不平等。例如，在讯问被告时，公诉人可以讯问被告，而辩护方欲要讯问被告，则需经审判长的同意，如果审判长不同意，就意味着辩护人丧失了问证的机会。[②] 法庭辩论权的行使也是如此，司法实践中，法庭辩论始于控方、又终于控方的情形屡见不鲜。

（2）我国审判程序之改造

①审判方地位之重塑

审判方客观中立的地位应当予以逐步确立，一方面，要实现司法独立，从各个渠道逐渐改造法院和法官不能独立的现状；另一方面，应当分离控审权力，重构控审关系。

A. 推进司法独立建设。在我国，影响司法独立的一个重要因素就是现有的政治体制，因此，加强司法的独立性必然涉及政治体制的改革，显然，这是一个步履维艰的过程。

---

① 龙宗智：《刑事庭审制度研究》，中国政法大学出版社2001年版，第312页。

② 有关我国交叉询问的特点及存在的问题可进一步参见龙宗智：《刑事庭审制度研究》，中国政法大学出版社2001年版，第305—318页。

　　首先，排除党委机关对法院的不当干涉，重构我国法院的组织体制，使法院高度独立于立法机关、行政机关。其次，应该保证各个法院之间的独立，明确上级法院对下级法院的监督限于通过二审和再审程序进行的监督的基础上，杜绝下级法院向上级法院请示、上级法院作出指导的现象。第三，加强法官个人的独立，逐步取消审判委员会制，真正实现由法官在亲自审理案件的基础上对案件作出裁决。此外，应该进一步弱化法官管理的行政化，取消按行政级别划分法官等级的做法，改变法院内部类似于行政等级管理的模式，淡化法官管理中的行政色彩、长官意志，取消案件审批制，使法官真正能够唯一地服从法律，按照自己的判断去裁决案件等。第四，加强法官的职业保障。应从法律上进一步明确法官职业的不可侵犯性，可以考虑实行法官终身制、不可调换制等；完善法官任免、晋升、调动、惩戒机制，例如，将法官的任免权统一收归中央或者由高级法院对地方法官进行任免；有关法官的晋升、惩戒由一个权威性、中立性较强的机构负责，而且这个机构是完全独立于行政机关和立法机关的；在程序上，有关法官的任免、晋升、惩戒事由必须相对公开进行，保证遴选到素质较高的法官，同时又尽量防止因为晋升、惩戒事由对法官独立的消极影响。此外，应该给予法官能够比较体面、尊严地生活的待遇，使法官能够在充分的物质保障基础上工作。

　　B. 控审关系之重构。重构控审关系，重在两个方面：其一，应加强法官的中立性，在建立证据开示制度的基础上，实行"起诉状一本主义"，防止审判法官审前了解案情，严格限制法官与检察官之间的单方面接触，并规定明确的违法性后果，同时，取消法官庭外调查、庭上讯问被告人、询问证人、鉴定人等带有追诉性质的职能。其次，明确庭审中公诉人的法律地位，规定公诉人就是在法官面前与辩方平等的诉讼当事人。检察官作为控告一方，在承担维护司法正义、实施法律的同时，在法庭上要明确当事人的地位，而不能充当"第二司法官"，更不能成为"法官之上的法官。"

　　②控方权力之规制

　　A. 弱化检察监督权。在我国司法制度改良中，应当考虑弱化直至取消检察院的法律监督职能。从控辩平等的理论实质看，给予控方监督权，尤其是让检察院对法院拥有监督权是妨碍公正审判的重要因素，也正是因为法律给予检察院的这种"特权"，才使得检察官可以在法庭上盛气凌人，甚至"不高兴时"即可"愤然"离庭。所以，只有取消检察院的这种监督职能才能从根本上改善控辩双方诉讼地位不平等的状况。法律监督的权能减弱，实际上是解脱检察官的手脚和卸下其思想包袱。公诉人运用专业知识经过对侦查事实和辩护律师的材料进行审查，经过研究和判断，形成一种"内心自信"，当把刑事案件起诉到法院时，他不必一定要先和法官沟通以保证定罪率，因为尚有法院和辩护人两层力量对案件进行再次审视。其只要依据自己的职业判断完成分内的工作，就履行了自己的职责。具体说来，在立法尚未变动的情况下，可考虑继续弱化公诉人在庭审中的监督职能，直至与辩方的权利相对平衡。公诉人提出的审判异议，是与辩方对等的广义上的法律监督，不能认为其为特殊含义的法律监督。在条件成熟时彻底取消检察机关之法律监督权，明确其诉讼中的当事人地位。

B. 确立非法证据排除规则。非法证据排除规则不仅是约束国家公权力行使的重要手段，而且是平衡控辩双方诉讼地位的重要的调节器。首先从法律上对非法证据排除规则作出明确的规定，排除一切通过非法手段获取的证据，包括言词证据和物证；其次，健全非法证据排除规则的相关制度，例如，明确非法证据的举证责任；赋予被告人不受强迫自证其罪的权利等，从而使非法证据排除规则与其他相关证据规则和制度相互配合，形成一个科学的证据规则系统。

③辩方权利之扩张

A. 扩张被告人的权利。首先，完善与被告人获得律师帮助权有关的制度，如无效辩护制度、法律援助制度等，保障被告人有效辩护权的实现。其次，赋予被告人接受讯问律师在场的权利，取消公诉人在庭审中"讯问被告人"之规定，赋予被告人不受强迫自证其罪特权。

B. 扩张辩护人的权利。前已述及，辩护人的会见权、先悉权、调查取证权当然需要得到扩张，辩护人在庭审中的言论豁免权、举证权和问证权、辩论权也迫切需要得到完善与扩张。我国本次刑事诉讼法之再修改，首先应当考虑赋予辩护律师保障职业安全所必需的法庭言论豁免权和拒绝作证权，使律师能够心无余悸地履行辩护职责，以消除职业陷阱之虞。其次，应当加强辩护人举证的能力，要保障辩护人出庭前的会见权、先悉权和调查取证权，以便其有充分的时间和条件准备辩护。第三，给予控辩双方平等的问证和辩论机会。控辩双方对于任何一方提出的证据，均有权进行问证调查，而且这种询问应当按照交叉询问规则进行，至少在形式上保证控辩双方在询问的次序和机会上均等。法庭辩论阶段，控辩双方的论辩亦应如此。既然辩论权始于控方，按照控辩平等原则的要求，就应当终于辩方。或许其对于实体裁判没有意义，但是不可忽视其对于辩方尤其是被告人以及一般国民之"看得见的正义"之意义。

六、结语

在本原意义上，平等指的是同等情况同等对待，它包括形式的平等和实质的平等两个方面。形式的平等指的是每个人均应受到同等的对待，是一种最基本层次的平等，它反映的是人作为人的一种基本需要，因此属于绝对的平等。但是，人的社会实践是相对复杂的，某些实践活动对作为实践主体的人的主观条件提出了特殊的要求，这就要求依据一定的标准将人划分为不同的范畴和层次，在对属于同一范畴和层次内的人实行同等对待的同时，对属于不同范畴和层次的人则根据不同的标准（如身世、性别、功绩、财产、角色、能力、国籍等）给予相称的对待，即按比例实行差别对待。这种建立在差别对待基础上的平等就是实质的平等。实质的平等是一种具体的平等，而非普遍的平等，是一种按比例的平等而非无差别的平等，是一种相对平等而非绝对平等。① 作为一种社会规范，法律本身具有促进平等实现的功能，"由于所有社会都遵守规则或一般标准，所以通过规范性制度本身的运作，就可以在各地实现某种程度的平等"。② 法律面前的人人平等是形式平等和实质平等的统一。

刑事诉讼程序必须被看做一个整体，自始至终地贯彻平等的原则，仅仅考虑其中一个阶段中程序的公正性是不可能的。③ 对抗制诉讼是查明真相的最理想方式，裁判者必须通过坚持某种程序或确认某些权利来确保控辩双方之间的平衡。至少，对抗制诉讼要想有效运作，就必须使辩护律师平等地为其当事人在法庭上寻求权利救济，平等武装必须得到有效的保障。但是，控辩平等并不意味着控辩双方应具有同样的辩论技巧或经验，也不意味着在宪法所提供的最小帮助以外，控辩双方需要达到某种特定的高度。④

从以搏斗来查明事实真相的骑士精神时代开始，对抗制诉讼已经从单纯的身体竞赛转变为更为理性的查明事实真相过程，但同时也更加要求对被追诉人权利加以有效保护，有效保护的一项基本要求就是对手之间的平等武装（the need for an equality of arms among opponents. ）。美国判例 Perry 一案中初审法官对控辩双方的不同处理则完全违背了平等武装原则，反映了法院对于刑事辩护律师的偏见，此种偏见也最终导致了对刑事诉讼中控辩双方平衡的破坏。法庭的错误分析及事实认定、对判例的曲解都值得我们去注意。法庭由于缺乏对于对抗制诉讼的信任而破坏了控辩平等诉讼模式的公正性及有效性，反过来说明

---

① 谢佑平、万毅：《刑事诉讼法原则. 程序正义的基石》，法律出版社 2002 年版，第 214 页。

② ［美］E. 博登海默著，邓正来译：《法理学. 法哲学与法律方法》，中国政法大学出版社 1999 年年版，第 285 页。

③ Malgorzata Wasek-Wiaderek. *Principle of "Equality of Arms" in Criminal Procedure Under Article 6 of the European Convention on Human Rights & its Function in Criminal Justice of Selected European Countries.* December 2000, Leuven University Press.

④ Langbein, *The German Advantage in Civil Procedure*, 52 U. CHI. L. REV. 823, 843 (1985).

赋予平等武装以宪法性地位的要求也变得越来越迫切。

刑事案件本身具有事关基本人权、案情扑朔迷离、审理周期漫长的明显特点，而为保障处于弱势的被告人能与国家追诉权平等对抗，一方面，刑事司法中规定了沉默权、不得强迫自证其罪、辩护权等充分有利于被告人的制度；另一方面，基于对于国家权力的限制，法律又对控方的取证与指控等作了严格的规范，如排除合理怀疑的刑事证明标准，非法证据排除规则等，控方的权利行使存在一系列的约束羁绊。控方为求得对被告人的追诉，在投入了大量的金钱和精力后，能否达到追诉的成功，还要"摸着石头过河"。另外，还有案件高昂的成本和巨大的司法资源投入，如在刑事诉讼中为揭露、证实、惩罚犯罪和保障人权而由司法机关和诉讼参与人支付的人力和物力，包括当事人聘请律师的支出和担保、通讯、食宿、差旅费用；控方耗费案件的人力、物力和财力；法官、陪审团审理案件所耗费的经费、时间和精力、证人出庭作证的报酬，等等。辩诉交易、诉讼协商、特别程序等"控辩合作"的出现，使得如此诸多的一系列问题都得以迎刃而解。从经济学的角度研究效益观，只有以较低的投入收到较高的产出才是合理的，也才是合乎经济正义的，而高投入低产出则是对资源的浪费，有违于满足最大多数人的最大利益的基本功利原则。

由此观之，平等武装、平等辩护、平等对抗、平等合作，是相辅相成的，共生共长的，密切联系的，缺一不可的，共同构成了控辩平等理论的本体内涵——以消解国家和个人的纠纷为总目标，以控制犯罪和保障人权为基本目的，以实体正义和程序正义为根本要求，以被追诉人受到公正审判为核心，以赋予被追诉人沉默权、辩护权、知情权、上诉权等防御性权利为手段，以确立不得强迫自证其罪原则、无罪推定原则、程序法定原则、禁止双重危险原则、非法证据排除原则为保障，使控辩双方在平等的对抗与合作中和谐发展。

参 考 文 献

一、中文部分

1. 陈光中、〔加〕丹尼尔·普瑞方廷：《联合国刑事司法准则与中国刑事法制》，法律出版社 1998 年版。
2. 谭世贵：《刑事诉讼原理与改革》，法律出版社 2002 年版。
3. 蔡墩铭：《刑事诉讼法论》，台湾五南图书出版公司 1999 年第 3 版。
4. 陈朴生：《刑事诉讼法实务》，台湾各大书局 1998 年再订初版。
5. 国际人权法教程项目组编：《国际人权法教程》，中国政法大学出版社 2002 年版。

6. 孔璋：《中美控诉制度比较研究》，中国检察出版社 2003 年版。

7. 李学军：《美国刑事诉讼规则》，中国检察出版社 2003 年版。

8. 周欣：《欧美日本刑事诉讼——特色制度与改革动态》，中国人民公安大学出版社 2002 年版。

9. 樊崇义：《刑事诉讼法学》，中国政法大学出版社 1996 年版。

10. 孙长永：《探索正当程序——比较刑事诉讼法专论》，中国法制出版社 2005 年版。

11. 谢佑平、万毅：《刑事诉讼法原则．程序正义的基石》，法律出版社 2002 年版。

12. 陈卫东：《刑事诉讼法实施问题调研报告》，中国方正出版社 2001 年版。

13. 田文昌：《刑事辩护学》，群众出版社 2001 年版。

14. 陈永生：《侦察程序原理论》，中国人民公安大学出版社 2003 年版。

15. 周国均、陈卫东：《死刑复核程序专题研究》，中国方正出版社 2006 年版。

16. 陈瑞华：《程序性制裁理论》，中国法制出版社 2005 年版。

17. 王敏远：《刑事司法理论与实践检讨》，中国政法大学出版社 1999 年版。

18. 胡云腾：《存与废——死刑基本理论研究》，中国检察出版社 2000 年版。

19. 黄东熊：《刑事诉讼法论》，台湾三民书局 1995 年版。

20. 林钰雄：《刑事诉讼法》，台湾学林文化出版公司 2001 年版。

21. 汪建成、黄伟明：《欧盟成员国刑事诉讼概论》，中国人民大学出版社 2000 年版。

22. 陈卫东：《刑事诉讼法》，中国人民大学出版社 2004 年版。

23. 左卫民：《在权利话语与权利技术之间——中国司法的新思考》，法律出版社 2002 年版。

24. 熊秋红：《转变中的刑事诉讼法学》，北京大学出版社 2004 年 10 月版。

25. 宋英辉：《刑事审判前程序研究》，中国政法大学出版社 2002 年版。

26. 冀祥德：《建立中国控辩协商制度研究》，北京大学出版社 2006 年版。

27. 龙宗智：《刑事庭审制度研究》，中国政法大学出版社 2001 年版。

28. 马贵翔：《刑事司法程序正义论》，中国检察出版社 2002 年版。

29. 汪建成："论刑事诉讼程序"，载《法学评论》2000 年第 2 期。

30. 朱卫国："法律人共同体的形成是塑造律师职业道德的重要条件"，载于中国法学网。

31. 冀祥德："民愤的正读"，载《现代法学》2006 年第 1 期。

32. 周国均："控、辩平衡与保障律师的诉讼权利"，载《法学研究》1998 年第 1 期。

33. 刘梅湘："犯罪嫌疑人知悉权初探"，载《国家检察官学院学报》2004 年第 4 期。

34. 冀祥德："必须尽快取消刑法第 306 条"，载《中国律师》2004 年第 7 期。

35. 陈永生："刑事诉讼的程序性制裁"，载《现代法学》2004 年第 1 期。

36. 陈兴良："从'法官之上的法官'到'法官前的法官'——刑事法治视野中的检察权"，载于李贵连：《中外法学文萃——纪念北京大学法学院百年校庆》（上），北京大学出版社 2004 年版。

37. 李奋飞：“从‘复印件主义’走向‘起诉状一本主义’——对我国刑事公诉方式改革的一种思考”，载《国家检察官学院学报》2003 年第 2 期。

38. 林山田：“论刑事程序原则”，载《台大法学论丛》第 28 卷第 2 期。

39. 曾有田：“刑事诉讼法之宪法观”，载《月旦法学杂志》1999 年 2 月第 45 期。

40. 财团法人华冈法学基金会举办，杨建华主持之“检察官强制处分权争议”研讨会（发言摘要），载《月旦法学杂志》1995 年 10 月第 6 期。

41. 陈志龙：“侦查中强制处分之决定”，载《月旦法学杂志》1995 年第 6 期。

42. ［加］柯特·T. 格雷弗斯、西蒙·N. 维登—琼斯，“当前刑事诉讼中存在的问题探讨”，载江礼华、杨诚：《外国刑事诉讼制度探微》，北京：法律出版社 2000 年版。

43. 王云海：“日本的刑事司法改革”，载《中国刑事法杂志》2003 年第 2 期。

44. 冀祥德：“构建中国的量刑建议制度”，载《法商研究》2005 年第 4 期。

45. 汪建成：“论我国刑事诉讼中的证据开示制度”，载《法制日报》1999 年 12 月 5 日理论版。

46. 刘本燕：“建立暂缓起诉制度，构建和谐法治社会”，载陈光中、陈卫东：《诉讼法理论与实践》（2005 年卷），方正出版社 2005 年版。

47. 蔡杰、冯亚景：“我国起诉替代措施的理论与实践”，徐静村：“刑事诉讼前沿研究”（第四卷），中国检察出版社 2005 年版。

48. 汪建成、孙远：“论司法的权威与权威的司法”，载《法学评论》2001 年第 4 期。

49. ［加］罗伯特·E. 司各特、威廉姆·J. 斯汤兹：“作为合同的辩诉交易”，载江礼华、杨诚：《外国刑事诉讼制度探微》，法律出版社 2000 年版。

50. 李步云：“论人权的本源”，载《政法论坛》2004 年第 2 期。

51. 汪建成、孙远：“口供规则体系论纲”，载《北京大学学报》2002 年第 2 期。

52. 汪建成：“刑法和刑事诉讼法关系新解”，载陈光中、江伟：《诉讼法论丛》第 3 卷。

53. 冀祥德：“中国刑事辩护本体省思”，载《中国司法》2005 年第 5 期。

54. 冀祥德：“刑事辩护·本体属性有效辩护准入制度——兼论刑事诉讼法修改若干问题”，载《中国司法》2006 年第 8 期。

55. ［法］福柯著，刘北成、杨远婴译：《规训与惩罚》，三联书店 1999 年版。

56. ［法］孟德斯鸠著，张雁琛译：《论法的精神》，商务印书馆 1985 年版。

57. ［德］马克斯·韦伯著，林荣远译：《经济与社会》，商务印书馆 1997 年版。

58. ［美］约翰·肯尼思·加尔布雷思著，陶远华、苏世军译：《权力的分析》，河北人民出版社 1998 年版。

59. ［德］拉德布鲁赫著，米键、朱林译：《法学导论》，中国大百科全书出版社 1997 年版。

60. 《马克思恩格斯选集》第 2、3 卷，人民出版社 1995 年版。

61. ［英］罗吉尔·胡德著，刘仁文译：《死刑的全球考察》，中国人民大学出版社 2005 年版。

62. ［法］卢梭著，何兆武译：《社会契约论》，商务印书馆 2003 年版。

63. ［英］洛克著，叶启芳等译：《政府论》，商务印书馆 1995 年版。

64. ［法］皮埃尔·勒鲁著，王允道译：《论平等》，肖厚德校，商务印书馆 2005 年版。

65. ［法］卢梭著，李常山译：《论人类不平等的起源和基础》，商务印书馆 1962 年版。

66. ［美］罗伯特·达尔著，李柏光、林猛译：《论民主》，商务印书馆 1999 年版。

67. ［法］托克维尔著，董果良译：《论美国的民主》，商务印书馆 1991 年版。

68. ［英］A. J. M. 米尔恩著，夏勇、张志铭译：《人的权利与人的多样性——人权哲学》，中国大百科全书出版社 1995 年版。

69. ［法］卡斯东·斯特法尼等著，罗结珍译：《法国刑事诉讼法精义》，中国政法大学出版社 1998 年版。

70. ［美］梅利曼著，顾培东、禄正平译：《大陆法系》，知识出版社 1984 年版。

71. ［日］土本武司著，董璠舆、宋英辉译：《日本刑事诉讼法要义》，台湾五南图书公司 1997 年版。

72. 卞建林译：《美国联邦刑事诉讼规则和证据规则》，中国政法大学出版社 1996 年版。

73. 迈克·麦考韦利："对抗制的价值和审前刑事诉讼程序"，载《英国法律周刊专辑》，法律出版社 1999 年版。

74. ［日］田口守一著，刘迪、张凌、穆津译：《刑事诉讼法》，法律出版社 2000 年版。

75. ［德］罗科信著，吴丽琪译：《刑事诉讼法》（第 24 版），法律出版社 2003 年版。

76. ［美］戈尔丁著，齐海滨译：《法律哲学》，北京三联出版社 1987 年版。

77. ［美］E. 博登海默著，邓正来译：《法理学·法律哲学与法律方法》，中国政法大学出版社 1999 年版。

78. ［古希腊］亚里士多德著，颜一、秦典华译：《政治学》，中国人民大学出版社 2003 年版。

79. ［德］康德著，苗力田译：《道德形而上学原理》，上海人民出版社 1986 年版。

80. ［日］棚濑孝雄著，王亚新译：《纠纷的解决与审判制度》，中国政法大学出版社 1994 年版。

81. ［斯］卜思天·儒佩基奇著，王铮、泽华玮译："从刑事诉讼法治透视反对自证有罪原则"，载《比较法研究》，1999 年第 2 期。

82. ［美］爱伦·豪切斯特勒·斯黛丽、南希·弗兰克著，陈卫东、徐美君译：《美国刑事法院诉讼程序》，中国人民大学出版社 2002 年版。

83. ［爱尔兰］J. M. 凯利著，王笑红译：《西方法律思想简史》，法律出版社 2002 年版。

84. ［英］丹宁勋爵著，李克强、杨百揆、刘庸安译：《法律的正当程序》，法律出版社 1999 年版。

85. ［日］谷口平安著，王亚新、刘荣军译：《程序的正义与诉讼》（增补本），中国政法大学出版社 2002 年版。

86. ［意］贝卡利亚著，黄风译：《论犯罪与刑罚》，中国大百科全书出版社 1993 年版。

87. 《日本刑事诉讼法典》，宋英辉译，中国政法大学出版社 2000 年版。

88. 黄风译：《意大利刑事诉讼法典》，中国政法大学出版社 1994 年版。

89. 余叔通、谢朝华译：《法国刑事诉讼法典》，中国政法大学出版社 1997 年版。

90. ［德］约阿希姆·赫尔曼著，李昌珂译：《德国刑事诉讼法典》，中国政法大学出版社 1995 年版。

二、外文部分

1. David Konig, *Law and Society in the Puritan Massachusetts：Essex County*，1629—1692. Chapel Hill：University of North Carolina Press，1974.

2. William Guthrie, *Lectures on the Fourteenth Article of Amendment to the Constitution of the United States*.

3. Roland Pennock & John Chapman, *Nomos IX：Equality*，New York ：Atherton Press，1969.

4. Sidney Verba, Steve Kelrnan, *Elites and the Idea of Equality：A Comparison of Japan，Sweden and U. S.* Cambridge：Havard University Press，1987.

5. Baron de Montesquiat, *The Spirit of Law*. New York：The Colonial Press，1900.

6. Ronald Dworkin, *Taking Rights Seriously*. London：Duckworth，1977，p. 227.

7. Ana D. Bostan, *The Right to A Fair Trial：Balancing Safety and Civil Liberties* ，*Cardozo Journal of International and Comparative Law*，Summer，2004.

8. Arpad Erdei, *Introduction：Comparative Comments from the Hungrian Perspective*，Martinus Nijhhoff Publishers，Comparative law Yearbook，1985，Vol. 9.

9. Nowak, Manfred, *UN Covenant on Civil and Political Rights*，CCPR Commentary，N. P. Eegel Publisher，Kehl/Strasbourg/Arlington，1993.

10. Malgorzata Wasek-Wiaderek, *Principle of "Equality of Arms" in Criminal Procedure Under Article 6 of the European Convention on Human Rights & its Function in Criminal Justice of Selected European Countries*，December 2000 Leuven University Press.

11. S. Frankowski, A. Wasek, *Evolution of the polish Criminal Justice System After World War Two-An Overview*，*European Journal of Crime*，*Criminal Law and Criminal Justice*，No. 2/1993.

12. Economic and Social Council：*Civil and Political Rights*，*Including The Questions of Torture and Detention*，*Report of the Working Group on Arbitrary Detention*（Addndum），*Mission to China*，E/CN. 4/2005/6/Add. 4，29 December 2004.

13. M. GRAHAM, *HANDBOOK ON FEDERAL EVIDENCE*，615. 1 at 585（2d ed. 1981）；

see also 1 A. AMSTERDAM, *TRIAL MANUAL FOR THE DEFENSE OF CRIMINAL CASES*, 348 at 1—469 (4th ed. 1984).

14. 3 J. Weinstein & M. Berger, *Weinstein's Evidence*, p. 615 (01) (1988); 3 D. Louisell & C. Mueller, *Federal Evidence*, 595—96 (1979).

15. Jay Sterling Silver, *Equality of Arms and the Adversarial Process: A New Constitutional Right.* Copyright (c) 1990 University of Wisconsin Law School, *Wisconsin Law Review*, July, 1990/August, 1990.

16. Goldwasser, *Limiting a Criminal Defendant's Use of Peremptory Challenges: On Symmetry and the Jury in a Criminal Trial*, 102 HARV. L. REV. 808, 825—26 . 1989.

17. Mireille Delmas-Marty, *The Criminal Process and Human Rights*, Martinus Nijhoff Publishers, 1995.

18. Charles H. Whitebread, Christopher Slobogin, *Criminal Procedure-An Analysis of Cases And Concepts.* New York: The Foundation Press, Inc. Mineola, 1986.

19. Mauro Cappelletti, *Who Watches thd Watchmen ? ——A Comprative Study on Judicial Independence*, in *Judicial Independence.* Martinus Nijhoff Publishers, 1985.

20. Shimon Shetreet, *Judicial Independence : New Conceptul Dimensions and Contemporary Challenges*, in *Judicial Independence.* Martinus Nijhoff Publishers, 1985.

21. Kaufman, *Does the Judge Have a Right to Qualified Counsel?*, 61 A. B. A. J. 569, 569 (1975), quoted in United States v. Cronic, 466 U. S. 648, 655 (1984).

22. Andrew Ashworth, *The Criminal Process-An Evaluative Study.* Oxford University Press, 1998.

· 中国社会科学院 ［法学博士后论丛］ ·

土地发展权研究

——以中国土地发展权制度构建为目标

A Study on the Rights of land Development

——Focus on the Institution of the Rights of land Development in China

博士后姓名　刘国臻

流　动　站　中国社会科学院法学研究所

研 究 方 向　民商法学

博士毕业学校、导师　中山大学　程信和

博 士 后 合 作 导 师　梁慧星

研 究 工 作 起 始 时 间　2004 年 9 月

研 究 工 作 期 满 时 间　2006 年 9 月

作 者 简 介

刘国臻，男，汉族，现年 42 岁，山东省莱阳市人，中国社会科学院法学研究所民商法学博士后，中山大学法学学士、法学硕士、管理学博士。现任中山大学法学院副教授、经济法研究所副所长、房地产法硕士生导师，中国法学会经济法学研究会理事，广州市住房公积金管理委员会委员。著有《房地产法概论》、《房地产法》、《房地产法学》、《论我国土地利用管理制度改革》等著作 10 余部，其中《房地产法概论》获"优秀教材二等奖"，《房地产法学》获"首届中国优秀法律图书奖"。在《中山大学学报》、《现代法学》、《法学评论》、《学术研究》等刊物发表论文 60 余篇，有多篇论文获奖，多篇论文被《新华文摘》、《经济法学·劳动法学》、《农业经济导刊》、《公共行政》、《管理科学》等转介或全文转载。主持或参与国家级、省部级课题 10 余项。研究领域为土地、房产法。

土地发展权研究

——以中国土地发展权制度构建为目标

刘国臻

内容摘要：土地发展权是一项可以与土地所有权分离而单独处分的财产权。该权利直接关系到改变土地用途、提高土地利用集约度以及增加对土地的投入而产生的发展性利益的权利归属和利益分配，是落实土地用途管制、土地利用规划的重要手段。以中国土地发展权制度构建为目标，从阐述国外土地发展权设置和制度模式切入；论述不同的制度模式，其价值取向不同：土地发展权归政府或国家所有的制度模式追求社会公平价值目标，土地发展权归原土地所有权人所有的制度模式更关注效率。从法律性质来看，土地发展权是一项财产权，而不是"政府警察权"。我国设置土地发展权有必要性和可行性。设置土地发展权可弥补我国土地权利体系的不足，解决土地开发利用过程中产生的新问题，物权法应当规定土地发展权。我国设置土地发展权应当坚持公平与效率统一。土地发展权归属：土地使用性质变更产生的发展权归土地所有权人所有；土地使用性质不变，但对原土地增加投入而形成的发展权归土地使用权人所有；土地开发密度提高而产生的发展权归地方政府所有。

关键词：土地   土地开发权   土地发展权   土地权利体系

新世纪中国经济社会发展面临着重大而复杂的土地问题，亟待解决。

自有人类社会以来，有关土地利用的权利设置和制度运行，始终与社会经济发展紧密相连，与国家的兴衰和人民的福祉息息相关。① 改变土地用途、提高土地利用集约度和增加对土地的投入都会产生发展性利益。对土地的发展性利用行为进行法律上的规划，以及通过立法保护土地发展性利用所获得的经济

---

① 王卫国：《中国土地权利研究》，中国政法大学出版社1997年版，第2页。

利益，就产生了土地发展权制度。

随着我国社会主义市场经济体制的建立和不断完善，城市化进程快速推进，改变土地用途、提高土地利用集约度以及增加对土地的投入而凸显的发展性利益越来越引起人们的重视，而我国现行的土地权利体系中还没有设置土地发展权，相关制度也不甚明了。因而探讨土地发展权，特别是以我国土地发展权制度构建为目标的研究很有必要。

一、土地发展权在国外的设置及制度模式

（一）土地发展权在国外的设置

1. 英国

第一次世界大战后，英国基于国家重建和人口增加的压力，加强了城市规划和土地利用管理方面的研究以及法律制度建设工作。相继于 1940 年公布了《关于有计划分散产业和人口的巴罗报告书》，1942 年公布了《关于保护田园部分的斯考特报告书》，1942 年公布了《阿斯瓦特报告》。这三个报告书分别是有关产业、人口、保护田园和土地征用的研究报告，对英国第一次世界大战后的土地利用开发和城市建设法律制度起了很大作用，特别是《阿斯瓦特报告》的许多成果和建议，对英国在土地征用制度方面及新制度的建立方面起了关键作用。

为了解决城市重建和开发所带来的土地征用问题，英国寻求解决的路径。支付征用土地补偿金是任何政府征用土地所必须面临的难题，也是一个必须妥善解决的问题，否则，极易产生社会不公平和巨大的土地开发成本。当政府公布建设项目时，土地拥有者有可能提高地价，而若按提高后的地价支付，显然政府或项目建设者需支付更大的代价，有失公平。

《阿斯瓦特报告》建议设立"改善金（bettermeist）"制度，即当政府采取建设行动使一些人显然得益时，法律应当规定政府向这些人抽一笔特别税作为改善金，而对于因政府建设行动而受损的一些人，政府应支付补偿金。问题在于，很难判断公共行动到底是使人受益还是使人受损。

《阿斯瓦特报告》研究成果认为：对于这种复杂的问题，解决的办法是，社会采取一种非常简单而果断的办法，即尚未开发的土地——也就是全国的农村土地——应该实行国有化，国家应该按某一历史日期的价格为基础，向土地所有者支付补偿金以取得土地。同时，《阿斯瓦特报告》认为：影响地价的重要原因，有流通的期待价值和转移价值两种，在流通的期待价值方面，地主对可能通过开发引起地价上涨寄托希望。由于这种潜在的土地开发设想会使土地

需要量增加，公共利益便受到损失，为此，土地开发应以公共部门为主体，以使流通的期待价值达到公正。在转移价值方面，许可开发建设的土地增值部分，应当吸收回来充当土地减价部分的补偿，因此，土地利用管理不外是让土地价值转移。①

《阿斯瓦特报告》的许多研究成果被英国 1947 年的《城乡规划法》采纳，其中最突出的一点是，实行土地发展权"国有化"，即一切私有土地将来的发展权（亦即土地变更使用类别之权）移转归国家所有，由国家独占。私有土地仍然保持私有，从此，任何私有土地只能保持原有使用类别的占有、使用、收益与处分之权。变更原使用类别之权则为国家所有，由国家独占。私有土地所有人或其他任何人如想变更土地的使用类别，在实行开发之前，必须先向政府购买发展权（土地发展权）。反之，如果政府土地使用计划变更导致私有土地原使用类别变更，从而降低土地的价值时，政府应按地价降低所造成损失的数额予以补偿。土地发展权的价值以变更使用后自然增长的价值计算。②

英国设立土地发展权的目的在于，建立一种对土地开发进行有效控制的机制。1947 年《城乡规划法》实行土地发展权国有化后，英国开发土地的势头立即得到遏制。但由于开发土地要付出巨大成本，土地市场的买卖几乎陷于停顿，随之而来的是土地黑市交易活跃。此后，由于英国工党和保守党关于经济政策的基本观点不同，该制度几经反复，并有所变化。但总的来说，通过设立土地发展权制度，控制土地开发利用，确保因开发而引起的土地自然增值（部分）归公的基本制度未变。③

2. 美国

20 世纪上半叶是美国经济迅猛发展时期。经济的发展、城市化的加快和人口（包括移民）的不断增加，促使不堪重负的城市急剧向外扩张。城市向外扩张，给城市周边的土地的保护（特别是耕地保护）带来了巨大压力，地价快速上升的同时，农地迅速减少。在加利福尼亚州，传统的农用地以每年五万英亩的速度消失，其中大部分集中在以农业经济为主的中部地区。④ 在东南部的佛罗里达州，农用地流失的速度也十分惊人，仅以种植西红柿集中的马纳提县（Manatee County）为例，因新增住宅而流失的农地平均每年约 2000 英

① 李红卫：《城市土地使用与管理》，广东人民出版社 2002 年版，第 4—5 页。

② 柴强：《各国（地区）制度与政策》，北京经济学院出版社 1993 年版，第 107 页。

③ 孙弘：《中国土地发展权研究：土地开发与资源保护的新视角》，中国人民大学出版社 2004 年版，第 46 页。

④ Marin, *Agricultral Land Trust Developmemt or Farmland*, News Letter. Fall 2001. http：//www. malt. org/about/history. html.

亩。在美国，农用地的流失并不是地区性问题，全国各地都面临相同的问题。在流失的农用地中，又以优质农地居多。农用地因城市化、人口急增而迅速减少，由此引起的风景资源、野生动植物、公共健康等问题越来越成为公共关注的话题。

在 20 世纪 20—30 年代，美国政府学习德国土地分区管制办法，强化政府对土地利用的管理，以实现有限土地资源的可持续发展。美国土地利用分区管制的主要内容是：规范土地利用，控制土地利用密度和容积率，控制城市规模的不断扩大。到 20 世纪 70 年代，美国政府（主要是各州及地方政府）逐渐意识到土地分区管制等措施对减少农用地流失，控制城市对郊区农用地蚕食的作用不明显。在采取土地分区管制保护措施较早的新泽西州，尽管全州已经成功保护了 12.4 万英亩农用地，但农用地仍以每年一万英亩的速度减少。马里兰州蒙哥马利县（Montgomery County），在 20 世纪 70 年代，仍然失去了 18%的农用地。农用地的流失不仅仅体现在面积方面，而且体现在农用地越来越被分割成小块土地和优质耕地减少方面，严重阻碍了农业生产的发展。

在土地分区管制的基础上，美国东部一些州自 20 世纪 60 年代以来，仿照英国的做法，创设了土地发展权制度。美国实施土地发展权制度 40 余年来，该制度遍及全美国，并形成了一套行之有效的制度。与英国土地发展权制度不同的是，美国土地发展权制度通过两种形式确立，即土地发展权移转（Transfer of Development Right，简称 TDR）和土地发展权征购（Purchase of Development Right，简称 PDR）。随着可持续发展思想的深入人心，土地发展权制度由最初的保护耕地扩展到生态环境和有历史意义的建筑、界标等保护。

土地发展权移转是土地使用受限制的土地所有人将土地发展权出卖给受让人，土地发展权受让人因此而获得土地发展权并支付对价的行为。受让人将购得的土地发展权与自己拥有的土地发展权叠加，可以进行额外的土地开发。土地发展权移转采用市场机制，目的是保护优质农地、环境脆弱地等地区。

1961 年，杰拉尔德·劳埃德（Gerald Lloyd）首先提出土地发展权移转的思路。美国建立第一个土地发展权移转制度的法律文件是 1968 年《纽约市界标保护法》（Landmark Preservation Law），该法规定具有历史意义的界标禁止改变或拆毁，但允许界标的所有人将界标所在地的土地发展权移转给邻近的土地。[1] 到 1987 年，美国有 50 个社区建立了土地发展权移转制度。到 2003 年

---

① Fulton, William, Jan Mazurek, Rick Pruetz, and Chris Williamson. *TDRs and Other Market-based Land Mechanisms: How They Work and Their Role in Shaping Metropolitan Growth.* The Brookings Institution Center on Urban and Metropolitan Policy. June 2004.

12 月，全美已有 160 个社区建立了土地发展权移转制度。①

土地发展权移转（TDR）制度实施的关键是，划定土地发展权转让区（Sending areas），在被划定的土地发展权转让区内的土地所有人有两种选择：一是不转让土地发展权，只按原区划规定对土地进行使用或有限的开发；二是转让土地发展权，转让土地发展权后的土地已没有土地发展权，土地的具体用途范围被明确下来。土地发展权受让区（Receive areas），是根据规划可进一步进行土地开发的区域。设定土地发展权受让区须符合三个条件：第一，土地发展权受让区可开发的点要多于土地发展权转让区可开发的点；第二，土地发展权受让区的基础设施有容纳更高密度的承受力；第三，土地发展权受让区新增开发密度的规划，必须与州政府的土地规划和经济发展规划相一致。

土地发展权征购，是由美国各州及地方各级政府出资，用公共资金从土地所有者手中购买土地发展权，从而将开发该土地的权利掌握在政府手里。一般而言，政府也不开发。土地所有人将土地发展权出卖后，仍然保留农地继续耕种，但不能改变土地用途，求得更大发展机会的权利，如不能在原土地上修建楼房等。设置土地发展权征购的最初目的在于保护农业用地，特别是城市周边地区的耕地。后来其目的亦呈多样化，包括保护农用地、保护环境和风景资源等。土地发展权征购制度首先于 1974 年发端纽约州，后来马里兰州、马萨诸塞州等也相继建立了土地发展权征购制度。到 2001 年，美国已有 19 个州制定了土地发展权征购制度，并成功地保护了 65 万英亩土地。到 2003 年，全美国共有 23 个州建立了相应的土地发展权征购制度。②

3. 法国

第二次世界大战之后，法国城市化和工业化速度加快，人口增加，导致城市居住环境不良、环境污染和社会分配不公等问题，为解决这些问题，1975 年法国公布了《改革土地政策的法律》，1976 年修改《城市规划法典》。新的土地政策注重有计划地扩大政府保留地，建立土地开发法定上限密度限制制度，引入超额开发负担机制。开发密度提高能产生发展性利益，容积率是开发密度最关键的指标。例如，某城市 A 地块为居住用地，容积率为 1，评估其土地价格为 2000 元/平方米（土地），将其容积率增加 2 倍，用途不变，评估其土地价格为 5000 元/平方米（土地），则该居住用地容积率由 1 变为 3 能带来

---

① Daubenmire, Joe and Thomas W. Blaine. *Purchase of Development Rights*. Ohio State University Fact Sheet, Community Development Department. CDFS-1263—98.

② *Marin Agricultral Land Trust. Development or Farmland? News letter*. Fall 2001. http://www.malt.org/about/history. html. 2005. 10. 18.

3000 元/平方米（土地）的发展性利益。法定上限密度限制制度通过规定建筑权上限密度限制，超过一定密度限制的建筑权属于地方政府所有，土地开发人若超过法定上限密度限制进行建筑，须向政府支付超过上限密度限制部分的代价。上限密度限制指标采用建筑面积与占地面积之比（即容积率），例如，在密度限制为 2.0 的地区，如果在 10000 平方米的土地上建筑不大于 20000 平方米的建筑，无须缴纳负担金；如果建筑面积达到 30000 平方米，按上限密度限制的规定，30000 平方米应占地 30000 ÷ 2 = 15000 平方米，为此，土地开发人应向政府缴纳相当于 15000 - 10000 = 5000 平方米的土地价格，作为购买超过上限密度限制的建筑权的代价。这一制度在刚开始实施时，巴黎市规定的指标是 1 : 1.5，其他地区是 1 : 1。超过限度的建筑须向政府支付代价，以获取建筑权。

法国规定这一制度的目的在于限制开发密度，稳定地价，消除土地所有者之间因规划控制而导致的土地发展权不公。但是，由于开始上限密度限制过低，影响了私人开发积极性，后来，法国政府进一步调整了上限密度限制。

（二）土地发展权设置的意义

1. 理论意义——推进土地权利体系建设

土地权利设置在构建土地利用管理制度中占具极其重要的地位。"土地价值的充分发挥，取决于土地资源的合理配置。土地资源配置的合理化，依赖于各种土地权利的健全和合理流动。"[1] 土地权利体系的种类与形式是随着人类社会的发展和需要而愈加丰富多样的。从土地权利发展的历史来看，20 世纪之前，人类社会土地权利设置的重心在于静态土地权利的规范。

罗马私法在体系结构上分为人法、物法和诉讼法。关于土地权利的设置反映在物法中。物法又称为物权法，它构成了罗马私法的核心。罗马物法设置了 6 种土地权利：①土地所有权；②地役权；③永佃权；④地上权；⑤典当权；⑥抵押权。这 6 种土地权利中土地所有权属自物权，其余 5 种土地权利属于他物权。罗马法对土地权利的设置用图表示如下（见图 4 - 1）：

罗马物权法对世界的影响很大。罗马物权法中的许多原则成为许多国家制定物权法的主要依据。如法国民法以罗马物权法的基本观念为立法者的自觉意志，在土地权利设置上以罗马物权法作为实体内容，在结构上与罗马法一脉相承。

日本土地权利设置虽有 10 种，包括土地所有权、占有权、地上权、永小

---

[1] 王卫国、王广华：《中国土地权利的法制建设》，中国政法大学出版社 2002 年版，第 14 页。

```
                    ┌─────────┐
                    │  物权   │
                    └────┬────┘
           ┌─────────────┴─────────────┐
      ┌────┴────┐                  ┌────┴────┐
      │  自物权 │                  │  他物权 │
      └────┬────┘                  └────┬────┘
           │                 ┌──────────┴──────────┐
      ┌────┴─────┐      ┌────┴────┐           ┌────┴────┐
      │ 土地所有权│      │ 用益物权│           │ 担保物权│
      └──────────┘      └────┬────┘           └────┬────┘
                   ┌─────────┼─────────┐      ┌────┴────┐
              ┌────┴┐   ┌────┴┐   ┌────┴┐  ┌──┴──┐  ┌──┴──┐
              │地役权│   │地上权│   │永佃权│  │抵押权│  │典当权│
              └─────┘   └─────┘   └─────┘  └─────┘  └─────┘
```

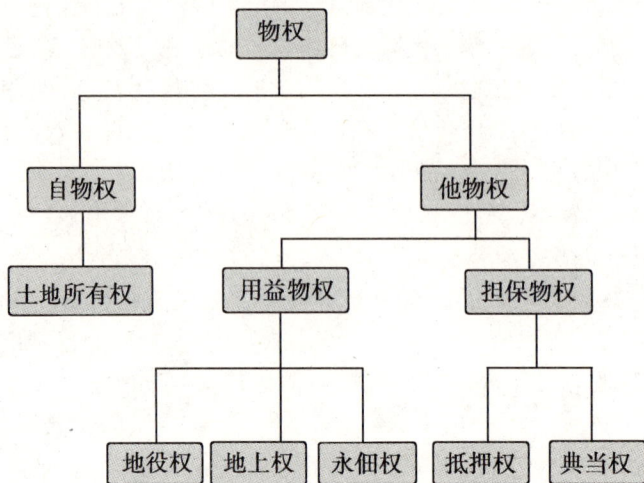

图 4 - 1　罗马法土地权利设置示意图

作权、地役权、留置权、先取特权、质权、抵押权、入会权。但在基本内容上仍然与罗马物权法相一致。日本民法物权编设置的物权用图表示如下（见图 4 - 2）：

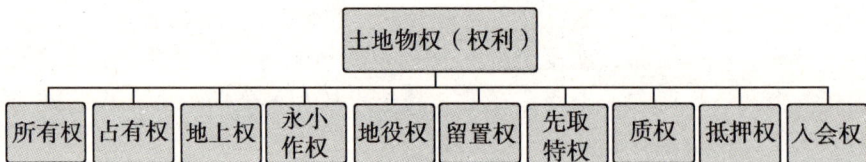

```
                    ┌──────────────────┐
                    │  土地物权（权利）  │
                    └─────────┬────────┘
   ┌───┬───┬───┬───┬───┬───┬───┬───┬───┬───┐
 ┌─┴─┐┌┴─┐┌┴─┐┌┴─┐┌┴─┐┌┴─┐┌┴─┐┌┴┐┌┴──┐┌┴─┐
 │所有││占有││地上││永小││地役││留置││先取││质││抵押││入会│
 │权  ││权 ││权 ││作权││权 ││权 ││特权││权││权 ││权 │
 └───┘└──┘└──┘└──┘└──┘└──┘└──┘└─┘└───┘└──┘
```

图 4 - 2　日本民法物权编土地权利设置示意图

　　台湾在土地上设置的权利，有土地所有权与土地他项权利。土地他项权利包括地上权、永佃权、地役权、抵押权、典权、耕作权 6 种。台湾土地权利设置用图表示如下（见图 4 - 3）：

　　由上可见，无论是罗马法土地权利设置，还是其他国家或地区土地权利设置，虽有所差别，但基本内容一致。"各国民法所定之物权，虽参差不一，但皆大同小异，盖近世物权大都源于罗马法故也"。① 从境外国家或地区的土地权利设置不难看出，20 世纪之前，人类社会物权法对土地权利关注的重心在

────────────────

① 郑玉波：《民法物权》（修订 12 版），台湾三民书局 1988 年版，第 17 页。

土地权利

自物权　　用益物权　　担保物权

所有权　永佃权　地役权　耕作权　地上权　抵押权　典权

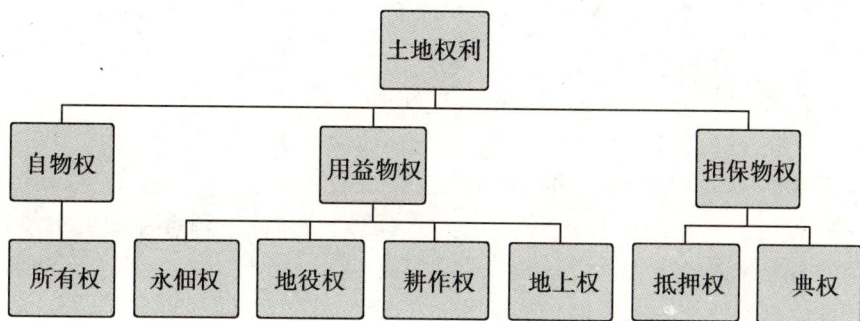

图 4 – 3　台湾土地权利设置示意图

于静态权利设置与保护，还没有认识到动态土地权利设置与保护的重要价值。

20 世纪上半叶，随着城市化进程的迅速发展和人口的不断增加，人类认识到动态土地权利设置与保护的重要性，一些主要资本主义国家开始研究动态土地权利的配置，土地发展权应运而生。土地发展权的基本观念，是发展土地的权利，是一种可以与土地所有权分离而单独处分的财产权。最初，由于土地发展权创设的主要目的在于保护农地，因而土地发展权又称"农地发展权"，即农地变更为城市建设用地的权利。创设土地发展权后，其他一切土地的财产权（所有权）是以目前已经依法取得的权利为限，亦即农地所有权的范围，以已经编定的正常使用的价值为限。至于此后变更农地使用类别的权利则属于发展权。

英国于 1947 年创设土地发展权。1947 年英国《城乡规划法》规定，一切私有土地将来的发展权（土地变更为不同使用类别之权）移转归国家所有，由国家独占，实行所谓"土地发展权国有化"。私有土地仍然保持私有。从此，任何私有土地只能保持原有使用类别的占有、使用、收益和处分之权。变更原使用类别之权则为国家所独占。私有土地所有人或其他任何人如想变更土地的原使用类别，在实行建筑发展之前，必须先向政府"购买发展权"。①

美国于 1968 年和 1974 年分别创设土地发展权移转（TDR）和土地发展权征购（PDR）制度。法国于 1975 年公布《改革土地政策的法律》，新的土地政策提出建立土地开发法定上限密度限制制度，引入超额开发负担机制，这就是被学者们视为土地发展权加以研究的"建筑权"。

土地发展权从土地所有权中分离出来，成为一种新的权利，打破了 20 世纪之前，土地权利设置的重心只关注静态土地权利设置的传统，发展成为在关注土地权利静态设置的同时，亦关注动态土地权利的设置。从理论意义来看，

---

① 柴强：《各国（地区）土地制度与政策》，北京经济学院出版社 1993 年版，第 107 页。

土地发展权的创设，推进了土地权利体系建设，符合土地权利发展的一般规律。

2. 实践意义——解决传统土地权利制度不能解决的现实问题

随着经济社会的不断发展，土地上发生的关系越来越复杂。这些越来越复杂的关系必须借助于创设各种各样的权利来理顺和规范。

20 世纪上半叶，特别是第二次世界大战之后，西方国家由于城市建设、人口或家庭数量增长等原因，城市化速度加快，土地所有权问题（土地的私权）发生剧烈变化，呈现出与第二次世界大战前迥然不同的形态。[1] 最为典型的问题是，由于城市扩展引发的农地保护问题，由于城市建筑密度提高而产生的利益分配问题，由于土地退化引发的土地生态问题，由于土地分配和土地市场建设引发的土地产权问题等。这些问题相互交织、相互影响，而且因国家的不同，其产生原因和表现形式也不完全一样。例如，欧洲城市土地扩张主要是工业化和单身家庭增加引起住宅需求增加所致；美国的城市土地扩张与欧洲相比，还有另外一个不同点，即美国是移民国家，移民数量不断增加也是美国城市土地扩张的原因之一。

从世界范围来看，随着第二次世界大战后经济恢复与初步发展，世界进入一个相对稳定的和平发展时期，各国先后进入了经济恢复、重建与发展的现代历史时期。在新的历史条件下，人口数量增加、城市化和工业化是造成优质农地大量流失的重要原因，这种现象在发达国家尤为明显，不仅减少了优质农地的数量，而且危害了农地的生态环境。据联合国粮农组织的统计，1961—2002 年间，全球工业化国家的农地减少了 0.8 亿公顷。其中，农地减少数量最多的地区集中在西欧、北美等地。

上述土地问题，从表面看是农地数量减少和农地生态环境等问题，实质上反映的是在新的历史条件下土地法律关系如何调整的深层次问题，特别是土地权利体系如何健全的问题。因为，城市化、工业化和人口（或家庭）增加所牵扯的土地利用问题，反映出土地利用利益的多元化问题。这种多元化的利益表明第二次世界大战后的土地问题较之以前的土地问题更加复杂。现代一切土地问题的基础，莫不从土地所有的社会利益与私人利益之对立与调适上予以展开。因此，面对如此多样化的现代土地问题，如仅依赖 19 世纪末叶以来的权利滥用禁止与公共福利理论，或以 18、19 世纪土地所有权的绝对性理念予以回应，显然将不可能且不具有现实适宜性。[2]

---

[1] 奥田昌道等：《物权的重要问题》，有斐阁双书 1975 年版，第 207 页。

[2] 同上书，第 208 页。

第二次世界大战后，土地所有权的绝对性、独占性和完全性与土地利用的社会性之间的矛盾被激发出来。同时，由于城市化、工业化和人口（家庭）数量增加，使不同土地之间的土地利用产生竞争甚至对立。一方面，土地所有权的绝对性、独占性和完全性，要求土地所有权享有至高无上的地位；另一方面，土地的社会化在相应强化。这对土地所有与利用产生深刻影响。如果仅依赖已有土地权利制度根本无法解决现实问题，在这种背景下，英国、美国等国家创设了土地发展权，在很大程度上解决了传统土地权利制度不能解决的现实问题。

（三）土地发展权制度模式

1. 土地发展权归政府或国家所有模式

土地发展权归政府或国家所有，在此种模式下，如果土地所有者需要改变土地用途或增加土地使用集约度，必须先向政府或国家购买土地发展权。英国实行土地私有制，全英国90%左右的土地为私人所有，土地所有者对土地享有永久业权。1947年英国工党政府通过的《城乡规划法》规定，一切私有土地将来的发展权归国家所有，由国家独占，这就是所谓的"土地发展权国有化"。私有土地仍然保持私有。从此之后，私有土地只能保持原有使用类别的占有、使用、收益和处分之权。私有土地所有者或其他任何人如想改变土地用途，必须向政府"购买发展权"。反之，如果政府公布土地使用计划，变更私有土地原使用类别，因而降低土地的价值时，政府应按降低的价值所受损失的金额予以补偿。

法国法定上限密度限制的规定，亦属于这一模式。1975年法国制定了法定上限密度限制，规定超过一定限制的建筑权属于地方政府所有。上限密度限制指标由政府统一规定，超过政府规定上限密度限制的建筑必须向政府支付代价，以获取建筑权。

土地发展权归政府或国家所有模式的最大的特征是，土地发展权的主体与土地所有权的主体分离，土地发展权归政府或国家所有，土地所有者只拥有土地所有权，不拥有土地发展权。

2. 土地发展权归原土地所有权人所有模式

土地发展权归原土地所有权人所有，在此种模式下，要保护农业土地不变更为建设用地，或者为保护环境脆弱地、风景资源，甚至名胜古迹等，政府可以采取事先向土地所有人购买土地发展权，从而使土地发展权掌握在政府手中，土地所有权人无变更土地用途之权；或者通过建立土地发展权移转机制，将保留农地及其环境的社区的土地发展权移转到可进行土地开发的受让社区。

美国是这种模式的代表。在美国，土地发展权归原土地所有权人所有，并通过土地发展权征购制度和土地发展权移转制度确立。

土地发展权征购制度。为了保护农地，防止城市对郊区农地的蚕食，美国各州及地方政府出资，从土地所有者手中购买土地发展权，从而将土地发展权掌握在政府手里，原土地所有者出售发展权后可以继续耕种这块土地，但是不能改变用途，如建设房舍、开设工厂、开辟商店等。一般来说，政府也不开发，继续让农民耕种。如果城市规划已确定改变这块土地的用途，要么农民从政府手里购回发展权，或自己开发，或出售给开发商开发；要么政府向原土地所有者购买这块土地的所有权，成为政府的土地，政府可以自由处置这块土地。

土地发展权移转制度。土地使用受限制的土地所有人将其土地的发展权转让，被转让的土地发展权从转让的土地上移走，但原土地所有权人仍然拥有土地所有权，可以继续耕种这块土地，被转让的土地发展权与受让人现有的土地上的发展权相加，对土地进行深度开发。土地发展权移转制度充分利用市场机制，目的是为了保护优质农地、环境脆弱地等地区。土地发展权移转制度源于集中建筑群的做法。集中建筑群做法是按土地管理法规规定，房地产开发商把开发项目集中建设在社会的一个区域里，这样可以保护社区里有价值的农地、环境脆弱区域或者其他需要保护的土地。

土地发展权征购制度与土地发展权移转制度相比较，前者对保护特定的土地（如现耕种着的土地和土质优良的土地）更为有效，而后者对保护一定面积的土地更能发挥作用。

二、土地发展权的价值取向和法律性质

（一）土地发展权的价值取向

1. 土地发展权归政府或国家所有的价值取向

土地发展权归政府或国家所有从公平观念出发，对所有人都是公平的，防止因无土地或土地的多少及区位的差异而造成不公平。例如，相同位置和土壤的两块农地，价值相等，但其中一块土地若经政府宣布可变更为城市建筑用地，其买卖价格可立即暴涨，较其相邻禁止变更为非农地的土地地价可能高出十倍甚至百倍。就土地所有权人而言，此种幸与不幸或不同的利害关系的形成，完全取决于政府主管机关准许或拒绝其农地变更为非农地的态度。拒绝变更使用，虽未剥夺私人的既得财产权，但准许特定位置的农地变更为非农地使用，使其在顷刻之间可实现巨额暴利，无异于授予少数土地所有权人额外的经

济特权。享有此种特权者，无论是对其土地的投资改良，或改变环境，或改变位置均无任何贡献。因此，私人所受的特殊利益构成不劳而获的暴利。政府授予私人的特权也违反公平正义的原则，丧失公共政策的立场。同时间接地因私人间利害冲突，往往形成地方派系对立，利害关系人与主管官员之间也可能增加串通勾结图利的机会。如果发展权与所有权分割处理，发展权属于政府或国家，就可以从根本上消除土地所有权人彼此之间的不公平。[①] 土地发展权归政府或国家所有是从土地利用具有公共性和社会性出发，追求制度设计的公平价值目标。

土地利用具有公共性。土地利用具有公共性，是基于土地属于公共物品的特性。与私益物品相比较，土地利用公共性可以从以下方面来认识。

首先，公共物品具有非排他性，只要有人供给某一物品，任何人都可以从该物品中受益。土地是自然产生的物，是大自然供给的，难以进行排他。土地景观，无论被看做是"有益之物"，还是"有害之物"，都为其他人所提供，在通常情况下也无法实现排他。土地利用产生"有害之物"，除非付出一定的代价，任何人都不能排除或避免；反之，当土地利用产生"有益之物"，也不可能排除某个人享受这一好处。

其次，公共物品具有使用或消费的共同性。消费的共同性意味着个人使用或享用一项物品并不阻止其他人使用或者享受。当然，任何消费性物品其质和量几乎都是可分的，但是绝大多数共同消费物品只是部分可分的。在一定的供给界限之内，一个人使用一个物品会部分地减少其他人使用和享受该物品。使用每增加一个单位，都会妨碍特定一群使用者中其他人对该物品的使用。比如，道路的使用者增加会使道路变得拥挤，从而耽搁其他人，使其他人不方便。[②]

显然，土地利用中公共物品的提供问题是存在的。直接的如公共道路系统建设、环境保护建设与维护、公益景观的建设与维护、水土流失、土地质量下降、草地严重退化、土地沙漠化、耕地不断被占用等；间接的如土地环境污染、生态系统恶化等。由于公共物品具有如此特性，政府有责任通过公共管理的办法来保证供给。

土地利用具有社会性。土地利用的社会性可从两个方面考查：一是土地利用对社会产生的直接影响。直接影响包括正面的和负面的。正面影响，如通过

① 赵尚朴：《城市土地使用制度研究——欧美亚各国城市土地使用制度探索》，中国城市出版社1996年版，第3页。

② 李玉峰：《中国城市土地财产制度的经济学研究》，中国计划出版社2002年版，第71页。

开垦未利用土地变为农用地，给社会提供了粮食；负面影响，如毁坏城市外围林地建造住宅，造成城市空气质量下降。二是土地利用对社会产生的间接影响。如公共环境的改善，有利于相关产业或行业的发展。

政府通过对土地利用的公共管理，有助于避免土地利用的负面影响。从世界各国看，无论所有制如何，土地所有权归属于谁，在对土地利用管理上都始终以国家为主导。国家对土地利用实行统一管理是各国土地管理的共同特点。土地利用必须符合社会利益①是各国法律的一条通则。其原因在于，土地的利用关系到社会利益。正是基于这样的认识，英、法、德等国把土地政策的核心放在不让土地成为私有财产上，即逐步实现土地公有制。对于仍存的私有土地，采用限制财产权（即私权）的办法，把力量集中用在合理利用的公权方面，逐渐向土地社会化的方向诱导，这些国家的土地政策是比较成功的。地价基本稳定，上涨率不高，靠占用土地谋取暴利的行为没有市场，土地合理利用较容易实现。正因如此，"世界上实行土地私有制的国家，都正在通过土地社会化，逐步向土地公有化转变。"②

2. 土地发展权归原土地所有权人所有的价值取向

土地发展权归原土地所有权人所有，更关注制度设计的效率。实行土地发展权制度之前，土地所有者缺乏保护农地的积极性。20 世纪上半叶，土地用途管制制度是美国土地管理的主要手段，对土地所有者做出严格的规定，但没有补偿或补偿很少，农民缺少保护农地的积极性。土地发展权归原土地所有权人，使这一状况得到改变。土地发展权归原土地所有权人所有，无论土地发展权被政府征购，还是转让给其他市场主体，原土地所有权人都会得到一笔收入，而且原土地所有权人仍然可以继续利用原来的土地。这就大大激发了原土地所有权人的积极性。土地发展权归原土地所有权人，通过市场经济手段，激发土地所有者和土地开发商参与的积极性，而不是靠政府的强制性措施。虽然政府也参与其中，但政府参与的手段也是经济手段。

土地发展权归原土地所有权人还充分发挥了地方政府的积极性。美国土地发展权制度主要通过地方立法规范。有关土地发展权的立法大多集中在县一级，有些州会制定这方面的授权法，更多的州则是以制定土地总体规划和资金划拨方式相配合。这种以地方立法为主的方式，更适合各地方发挥自己的长

---

① 实际生活中，社会利益可以分解为两部分：一是某些不特定的个人的利益；二是许多不特定的个人的共同利益。辛禾："公共利益、公共管理与法制建设——从抗击'非典'谈起"，《经济法制论坛》2003 年第 1 期，第 30—33 页。

② 赵尚朴：《城市研究——欧美亚各国城市土地使用制度探索》，中国城市出版社 1996 年版，第5 页。

处，因地制宜，充分考虑当地的土地情况，从而避免笼统立法带来的无的放矢的弊端。

（二）土地发展权的法律性质

1. 公权与私权的划分及意义

在法律上，有公权与私权之分。公权与私权的提法，最早源于古罗马法学家乌尔比安关于公法与私法的划分。公权是公益方面的权利，或者保护公共利益方面的权力；私权是公民之间或私人团体之间，涉及私人利益方面的权利。这种公私权划分一直被西方政治家、法学家所沿用。我国理论界在几十年前也有过公权私权的说法，后来很少。区分公私权的意义在于确定权利的性质，应从何种角度进行法律规定，采用何种救济方法，以及案件由何种性质的法院或审判庭审理，适用何种程序等。

公权与私权划分的更深层次的意义，可以从法律观念层面剖析。公权观念认为，国家应凌驾于社会和人民之上，国家利益应绝对优先于一切个人利益，一切法律、法规都是国家意志的体现，一切权利、权力都源于国家的授权。一切领域、一切关系都应受国家行政权力的支配，个人的一切行为都须得到国家的许可，国家拥有绝对不受限制的权力。公权观念支配之下的国家行政，强调政府对社会、对人民的"管理"，属于"管制行政"。①

私权观念认为，国家之所以存在，原因在于保护个人的私权，个人的私权神圣不可侵犯，非基于社会公共利益的目的和依据法定程序，不受剥夺和限制。国家公权力的活动范围主要是政治生活领域，民事生活领域实行私法自治原则，即由法律地位平等的当事人协商决定他们之间的权利义务关系，国家原则上不作干预，只在发生纠纷不能通过协商解决时，才由国家司法机关出面裁决。一切法律、法规都是人民意志的体现，国家的权力来自人民的授权。私权观念支配之下的国家行政，强调对社会、对人民的"服务"，属于"服务行政"。②

2. 国外关于土地发展权法律性质的规定

从国外土地发展权的法律规定来看，有的国家规定土地发展权归政府或国家所有，有的国家规定土地发展权归原土地所有权人所有。各国关于土地发展权的不同规定使得学者在归纳总结土地发展权的法律性质上存在很大分歧。这是否可认为土地发展权既可以被设计为一种公权力，也可以被规定为一种私权

---

① 梁慧星："靠什么制约公权力的滥用"，中国民商法律网，2006.1.19。

② 同上。

利呢？回答是否定的。

1947年英国《城乡规划法》规定，一切私有土地将来的发展权移转归国家所有，由国家独占，实行"土地发展权国有化"。法国1975年颁布法律，规定法定上限密度限制。超过法定上限密度限制的"建筑权"属于地方政府所有。建筑开发人若想超过上限密度限制进行建筑，须向政府支付超过密度限制负担款，即购买超过标准的建筑权。美国土地发展权通过土地发展权移转和土地发展权征购两种形式确立，这两种土地发展权的制度设计尽管有一定差别，但都规定土地发展权归原土地所有权人所有。

不难看出，英国土地发展权归政府所有的制度设计和法国超过法定上限密度限制的建筑权归地方政府所有的制度设计，都是将土地发展权作为一项独立权利，从土地所有权中分离出来，换言之，土地发展权是作为一项能够与土地所有权分割处分的财产权利；美国土地发展权归原土地所有者所有的制度安排，将土地发展权规定为土地所有权人所有，但可与土地所有权分割处分，也是一项财产权利。由此可见，英国、法国和美国都是将土地发展权作为一项从土地所有权中分离出来的独立的财产权利。

所不同的是，英国、法国基于土地开发"涨价归功"的理念，将土地发展权收归国有或地方政府所有，私人土地所有权中不再包含未来的土地发展权，私人进行土地开发或提高建筑容积率时须向政府购买土地发展权；美国则允许私人土地所有者按一定规划将其受限的发展权（不能进行实际开发利用的发展权）出售、转移。

3. 土地发展权应当被规定为私权

国外土地发展权制度实施效果。从国外土地发展权制度实施效果来看，将土地发展权设计为一种私权，更为科学。英国实行土地发展权国有化后，虽然使土地开发速度减缓，保护了城市对城市郊区农地的蚕食。但土地市场的买卖几乎完全陷于停顿。迫切需要使用土地的人，大都从黑市获得土地。土地发展权国有化使土地市场发生闭销，阻碍了土地的正常使用。1952年英国保守党执政后废止了这一规定。此后，由于英国工党和保守党经济政策的基本观点不同，该政策几经反复，并有所变化。法国法律规定，超过法定上限密度限制的"建筑权"归地方政府。这一规定实行初期，由于上限容积率水平限制过低，该制度一度受到批评，认为影响了私人开发积极性，后来法国政府将密度（容积率）限制一再调整、逐步放宽。在美国，到2003年已有160个社区建立了土地发展权移转制度，有23个州建立了土地发展权征购制度。土地发展权移转制度和土地发展权征购制度的实施，极大地调动了土地所有者的积极性，不仅对城市郊区的优质农田起到了保护作用，而且随着时间的推移，美国土地发展权制度内容由最初的保护城市郊区的耕地，扩展到生态环境和有历史意义的建筑、界标等保护。美国土地发展权制度的成功经验，被其他国家或地区所借鉴。例如，台湾于 2000 年颁布《都市计划容积转移实施办法》以及《古迹土地容积移转办法》，开始推行类似美国土地发展权移转的土地发展权制度，并取得了成效。从英国、法国和美国土地发展权制度实施效果来看，将土地发展权规定为私权更为科学。

公私权关系发展变化的一般规律。公权与私权是人类社会发展过程中的一对基本范畴。在不同历史时期，公权与私权的实质内容与表现形式各不相同。在古代，从氏族社会脱胎出来的国家政权，是以宗法关系为纽带建立起来的。公权与私权的划分首先是国家、诸侯国以及大小宗族之间权利的划分，是大公与小公之间的权利划分，即相对于国家，诸侯国是私，相对于大宗族，小宗族是私。公权与私权关系上的基本准则是根据宗法制度中绝对尊卑关系产生的。国与家都是以宗法维系的，家与国又是由宗法统一的，所以，只能根据宗法原则确立并维护既定的阶级关系和社会关系。不难看出，古代公权以帝王为权利主体，奉行公权绝对优先的原则。到近代，随着资产阶级民主、自由、人权、平等思想观念的传播，天赋人权的观念成为社会主流思想。公权走上民主化、法制化轨道，法律逐渐成为规范国家权力的工具。不难发现，到近代资本主义时期，公权力逐步被民主化、法制化，私权得到不断彰显、不断扩大。法治化程度越高的国家，越重视私权的保护。

市场经济条件下，私权是基本权利。市场经济条件下，调节的实施靠市场，调节的机制是竞争，调节的手段是利益的激励与约束，调节所需的信息的获取和传输主要是横向的。要对土地利用进行有效管理，就必须发挥市场机制的作用，特别是发挥市场配置资源的基础性作用。从手段角度来说，国家管理手段应排在最后。市场主体自己通过意思自治能够解决的问题，国家不需干预；当事人之间不能解决的，如果能够用社会权利来解决的，那么尽量用社会权利去解决，如通过社会行业组织或者其他组织来解决。只有在以上方式都解决不了的情况下，国家公权力才介入。在这三种权利（权力）即市场主体的私权、社会权利和国家权力之间，应该是市场主体的私权属第一位，社会权利次之，最后才是国家权力。

三、我国设置土地发展权的必要性和可行性

（一）设置土地发展权的必要性

土地发展权是社会经济发展的产物，是土地资源合理配置的重要方式，也

是强化政府调控能力的有效工具，在我国设置土地发展权很有必要。

1. 有利于促进基本人权建设

发展权是一项普遍的、基本的人权。这不仅得到国际社会的确认，我国亦将发展定为国家的"第一要务"。发展权首先是以国际法律层面上的人权形式出现的。1970 年，联合国人权委员会委员长巴·穆巴耶（塞内加尔人）在一篇题为《作为一项人权的发展权》的演讲中，明确地提出了"发展权"的概念。1979 年《关于发展权的决议》以联合国名义认可了发展权；1986 年的《发展权利宣言》将发展权初步确立起来，该《宣言》第 1 条提出："发展权利是一项不可剥夺的人权"。1993 年的《维也纳宣言和行动纲领》重申《发展权利宣言》的精神，使发展权的思想、措施更为全面、系统。我国将发展定为国家的"第一要务"。我国对人权、对发展给予了极大的关注，采取了积极的措施，并已在官方文件中明确使用"人民的生存权和发展权"的特定术语。2004 年我国修改《宪法》明确规定："国家尊重和保障人权"。国务院新闻办公室发布的《2003 年中国人权事业的进展》、《2004 年中国人权事业的进展》的白皮书，第一大题目即是"人民的生存权和发展权"。我国在国际舞台上响亮地提出：要使 21 世纪真正成为"人人享有发展的世纪"。[①]

土地发展权制度建设是促进基本人权的重要举措。"发展权包括两个方面的权利：一为参与权；二为收益权"，"发展权的实质在于对人类社会的经济资源进行合理的配置"，"发展权的客体是指实现发展所需要的资源（条件、机会），以及通过发展所获得的利益"。[②] 土地使用性质变更、土地利用集约度提高，以及对土地增加投入，都会带来发展性利益。对这些发展性利益如何保护，应当上升到基本人权建设的高度来认识，并通过建立相应的法律制度予以规范。西方国家在此方面已作了尝试，并取得了成效，我国至今还没有设置土地发展权。随着社会主义市场经济的不断发展、城市化进程加快，因土地利用而带来的利益分配不均，特别是土地征收涉及的失地农民的发展权问题，越来越成为热点和难点问题，亟待解决。土地发展权制度建设显得越来越重要。

2. 加强耕地保护的需要

"土地发展权创设的主要目的在于保护农地"[③]。如前所述，十分珍惜、合理利用土地和切实保护耕地已成为我国的基本国策。我国基本国情是人口多，

---

① 胡锦涛："促进普遍发展，实现共同繁荣——在联合国成立 60 周年首脑会议发展筹资高级别会议上的讲话"，《人民日报》2005 年 9 月 15 日第 3 版。

② 程信和："经济法基本权利范畴论纲"，《甘肃社会科学》2006 年第 1 期，第 138—146 页。

③ 江平：《中国土地立法研究》（修订 1 版），中国政法大学出版社 1999 年版，第 384 页。

土地少，特别是耕地更少。我们只能依据占世界 7% 的耕地，来解决占世界 22% 的人口温饱问题。① 我国国土总面积 960 万平方公里，约占世界陆地面积的十五分之一，居世界第三位。但由于人口多，人均占有国土面积不到世界人均占有量的三分之一。在我国国土总面积中，不能或者难以利用的沙漠、冰川、戈壁、石山和高寒荒漠又占去相当大一部分。我国的耕地资源有以下几个显著的特点：一是人均占有耕地的数量少。目前，我国耕地的统计数为 18 亿多亩，按统计数计算，我国人均耕地 1.4 亩，不及世界人均耕地的三分之一。在全世界 26 个人口 5000 万以上的国家中，我国人均耕地仅高于日本和孟加拉国，居第 24 位，相当于美国的九分之一，泰国的四分之一，印度、巴基斯坦的二分之一。二是耕地总质量差，生产水平低。我国长江流域及其以南地区，耕地占全国的 38%，水资源却占全国的 80% 以上；淮河流域及其以北地区，水资源不足全国的 20%，而耕地却占全国耕地的 62%。耕地中有灌溉设施的不到 40%，抗自然灾害的能力差。耕地中还有近亿亩坡度在 25 度以上，需逐步退耕还林、还牧。三是耕地退化严重。由于我国许多耕地处于干旱和半干旱地区，受荒漠化影响，这些地区有 40% 的耕地不同程度退化。全国有 30% 左右的耕地不同程度地遭受水土流失的危害。四是耕地后备资源匮乏。我国耕地后备资源还有近 2 亿亩，但大多为质量差、开发难度大的土地。耕地资源状况如此，每年因各项建设占用、农业结构调整以及灾害等还在造成耕地不断减少。与此同时，我国的人口却在不断增长。现阶段粮食生产技术水平没有重大突破的情况下，人增地减的趋势已经成为我国经济社会发展中的一个重大问题。十分珍惜、合理利用每寸土地和切实保护耕地，是关系国计民生、关系国家发展全局和中华民族生存安危的大事，是我国的基本国策。②

　　按照我国土地利用总体规划，1997 年至 2010 年共安排建设占用耕地 2950 万亩，但现实情况是，在 1997 年至 2001 年 5 年间，就已经占用了 1351 万亩，占 45%。不少地方政府和用地单位缺乏节省土地、集约用地的意识，热衷于多占地、多用地，有些地方甚至多占少用，占而不用。有的城镇扩张无度，开发区、大学城、大机关、大广场、大马路等"形象工程"到处都是，占用了大量耕地。有些省份在 20 世纪 90 年代曾出现过"预征"土地的圈地热，先把土地划入开发区，既不给农民补偿，也不进行开发，虽然表面上让农民继续耕地，但政府可随时使用。近十几年来，我国进行了多次土地利用大清查，但违法批地、违法用地、大量占用耕地的问题，仍然未从根本上解决。有关资料

① 王存学、骆友生：《中国农村经济法律基本问题》，法律出版社 1998 年版，第 1 页。
② 卞耀武：《中华人民共和国土地管理法释义》，法律出版社 1998 年版，第 42—43 页。

显示，违法用地平均占新增建设用地总数的 34%，有的地方高达 80% 以上。耕地是我国最为稀缺的资源之一，耕地被大规模占用，又大量被闲置，至少说明占用成本不高，甚至太低，取得土地容易。现在的土地权利设置不利于耕地保护。这种情况继续发展下去，不仅仅增加失地农民数量，造成社会不稳定，而且使"合理利用每寸土地，切实保护耕地"的基本国策很难真正落实。

我国耕地资源的状况和耕地锐减的严峻形势表明，确实需要对土地权利进行新的设置，完善立法，以法律形式确定治本之策，采取十分严格的土地管理，特别是耕地保护措施，改革和完善土管理制度，遵循自然规律、经济规律的要求，调整土地开发利用中形成的关系，遏制在人口继续增加的情况下耕地大量减少的失衡趋势，建立、健全强有力的依法管理土地的秩序。

3. 完善双层经营体制的需要

实行以家庭承包经营为基础、统分结合的双层经营体制，是党在农村的一项基本政策，是我国农村的一项基本经营制度。1993 年国家将这一制度写入《宪法》。《民法通则》、《农业法》、《土地管理法》、《担保法》、《农村土地承包法》以及国务院行政法规、部门规章和地方立法都对土地承包经营权作了规定。其中《宪法》肯定了"以家庭联合承包为主的责任制"这一产生土地承包经营权的经济制度，《民法通则》主要对"土地承包经营权"的概念作出规定，《农业法》主要对集体土地所有权的归属、承包人的权利和义务、集体经济组织应承担的责任作了规定。《土地管理法》主要对土地承包经营期限、承包主体的范围、争议的解决方式作了规定。《农村土地承包法》则从土地承包应当坚持的原则、承包方式、争议解决和法律责任等方面集中规定了土地承包经营权有关内容。国务院行政法规、部门规章针对前述法律过于笼统而缺乏可操作性的方面作了进一步细化，地方立法针对各地具体情况作了有针对性的规定。

但是，从现有立法来看，还缺乏相应制度对土地增加投入而形成的发展性利益予以体现和保护。这必然影响广大农民对承包地增加投入的生产积极性，不利于双层经营体制的健康发展，最终影响农业发展。为了保护和鼓励广大农民的积极性，完善农村基本经营制度，理论界作了不少努力。有的学者提出："以永佃权制度完善农业用地用益物权的立法建议"。[1] 有的学者认为，我国应规定耕作权，即"因耕作或种植而使用国家或集体所有的土地的权利"[2] 有的

---

① 江平：《中国土地立法研究》（修订 1 版），中国政法大学出版社 1999 年版，第 314 页。

② 钱明星："我国物权法的调整范围、内容特点及物权体系"，《中外法学》1997 年第 2 期，第 90 页。

学者认为，我国物权立法中应以农地使用权制度来完善农业用地用益物权制度。① 以上建议都有可取之处。目前双层经营体制最需要解决的是，如何从制度上确保承包户增加对承包土地的投入而形成的权益的保护。土地发展权制度可以很好地解决这一问题。

4. 防止国有资产流失的需要

土地使用性质改变（开发土地）能带来巨大的利益。我国某些地区土地开发极为混乱，无论是按照工业用地的使用性质向国家缴纳有关税费的工厂，还是通过行政划拨方式无偿取得国有土地使用权的政府机关、企业和事业单位，都不同程度地发挥各自的地利优势，兴办各种形式的第三产业，或推倒围墙建筑商业用房出租，或兴办餐饮、旅游、娱乐业等，颇为可观的收入皆归单位的小金库；部分市民将自己临街的私人住房改为商业用房或自营或出租。

更值得注意的是，众多房地产开发商，无论是通过出让方式直接取得国有土地使用权，还是通过征地方式间接获得集体土地使用权，亦不管开发程度如何，都获得开发土地的权利，并没有为此支付一定代价（土地使用权出让金和征地补偿费不是土地发展权的对价）②。关于土地使用性质改变（开发土地）而产生的发展性利益归谁，从国外关于土地发展权制度的模式设计不难看出，土地发展权要么归政府或国家，要么归原土地所有者。总之，土地发展权没有无偿归房地产开发商所有的。由于我国没有土地发展权制度，房地产开发商取得开发一定地块土地的开发权而没有为土地发展权支付代价。在国家垄断土地一级市场的制度下，政府无论是通过出让方式直接出让城镇国有土地使用权给开发商，还是通过向农民集体征地然后出让给开发商，收取的仅仅是年限不等的土地出让金。

2004 年 4 月 28 日《羊城晚报》报道，两年的"富人榜"显示：富人都是扎堆出现！……另一方面，房地产……仍是财富最集中的行业。新"富人榜"显示，过去一年中，财富增长最快的还是房地产业，此行业上榜富人 2003 年的财富增长了 386 亿元；其中 317.4 亿元来自于新发现的 17 位房地产大亨。房地产富人的人均财富达到 15 亿元，比同期榜单的平均水平高出 50%。连续两年上榜的 57 位房地产富人的财富平均值也在一年之内上升了 27.5%。③ 2005 年福布斯和胡润公布的富豪榜排名前 100 位的富豪当中，有 90% 以上的

---

① 陈华彬：《物权法原理》，国家行政学院出版社 1998 年版，第 509—510 页。

② 土地出让金在理论上属一定年限的地租，而不是土地发展权对价；征地补偿费是对农民集体因土地被征收而对农民集体或农民个人造成直接经济损失的补偿，补偿的范围限于对土地的投入和利益。

③ "'新财富'评出中国 500 富豪"，载《羊城晚报》2004 年 4 月 28 日（A17）。

富豪涉足了房地产业。他们挣钱的速度是惊人的，但他们的钱是天上掉下来的吗？或者是企业家通过冒险和创新得来的吗？① 在我看来，他们的钱并不是通过冒险和创新得来的，而在很大程度上是他们获得开发土地时没有对土地发展权支付代价。由于我国没有土地发展权制度，他们（房地产开发商）的钱可算是"天上掉下来的"。

5. 归根结底是经济发展的需要

随着时代发展，人口大量增加，经济日益发达，城市化和工业化迅速推进，对土地的需要猛增，而土地的自然供给是绝对有限的。这样，在现代社会中土地的供需矛盾突出起来，土地用途日益广泛与土地供给稀缺，人口增加与产业发展之间争地，经济利益的驱动挤占耕地与耕地必须保护，土地的开发利用与生态环境的保护、改善，等等，这些矛盾都需要采取有效的方式进行处理，以协调不同社会利益者之间的利益关系，确保公共利益、社会效益、环境效益和个人利益的协调发展。能最有效地、普遍地采用的处理土地开发利用过程中形成的各种利益的方式是法律方式。土地发展权制度就是为了调整土地所有权人、土地使用权人与开发之间的关系而产生的。因此，应当通过制定法律，配置土地发展权，积极地调节处理土地供需矛盾，适应现代社会经济管理土地的要求，推动人们按照可持续发展的战略要求利用土地。因而，土地发展权的设置归根结底是经济发展的需要。

（二）设置土地发展权的可行性

任何一项看似有用而且很有必要的权利，能够成为正式制度，还必须论证它的可行性。设置土地发展权不仅是必要的，而且是可行的。

1. 科学发展观为土地发展权的设置提供理论指导

2003 年 10 月召开的中共十六届三中全会提出了科学发展观，并把它的基本内涵概括为"坚持以人为本，树立全面、协调、可持续的发展观，促进经济社会和人的全面发展"，坚持"统筹城乡发展、统筹区域发展、统筹经济社会发展、统筹人与自然和谐发展、统筹国内发展和对外开放。"从科学发展观的基本内容不难看出，科学发展观是可持续发展观在我国的具体运用，而且又赋予了新的内容。

科学发展观不是无端提出来的，而是具有很强的现实针对性的，是为了应对我国经济社会发展和改革开放新阶段的新情况和为解决新问题而提出来的。改革开放以来，我国在取得举世瞩目的经济增长的同时，也出现了日益严重的

① 曹建海："房地产企业家贡献了什么？"，载《中国土地》2006 年第 4 期，第 23—24 页。

资源、环境和人口问题，经济发展和财富分配的不均衡性日益突出，城乡差距、工农差距、区域差距不断扩大。经济结构不合理和增长方式粗放的问题依然存在；部分行业和地区盲目投资、低水平重复建设、消耗高、浪费资源、污染环境的状况比较严重，能源和交通供求关系紧张，资源约束的矛盾日益突出；经济与社会发展不协调；市场经济秩序仍较混乱。这些问题的出现与可持续发展观产生的时代背景基本一致。在国外，土地发展权是在可持续发展观的指导下，为解决新问题而提出并不断完善的。科学发展观所包含的基本内容——以人为本，全面、协调、可持续发展，"五个统筹"等，都是针对当前我国经济、社会发展中存在的突出问题和矛盾提出来的，蕴涵着深刻的理性思考，充分体现了一种集经济的增长、社会的稳定、贫困的消除、平等的促进、政治的民主、文明的进步等为一体的整体性、系统性发展理念。科学发展观并不仅仅是一个新的提法和新的范畴，也不是简单总结归纳以往关于发展的战略方针，而是上升到更高的科学理论层次，认识、说明和力图解决我国经济社会发展中存在的问题。[①] 因此，科学发展观为土地发展权设置提供理论指导。

2. 符合所有权发展变化的一般规律

土地作为人类赖以生存的不动产，从罗马法开始就形成了一套有关土地所有与利用的法律制度。随着人类社会的演进，土地所有权理论也已经或正在发生一系列变革。"所有权并非一个不变的概念，而是相对于争论中的特定法律程序变化的。"[②] 法律发展史表明，所有权最基本和简单的形态，是个人所有权，即个人对其财产排他地直接支配的权利。所有权具有绝对性、排他性、全面性，准确地说是针对这种个人所有权处于静止状态而言的。当所有物上存在他物权时，所有权的特性便发生了变化，其权能和特征已不再是绝对的、排他的和全面的。当所有人变为复数时，这种个人所有权便成为共有权。法人制度产生以后，所有权又发生了新的突变，创设了法人所有权。原来的个人所有权变为选举、监督法人管理人员之权和按资取得收益权。当一栋楼房被区分为若干个部分时，又产生了建筑物区分所有权。当地下矿藏的开发利用为人们所重视时，采矿权又与土地所有权分离，产生了采矿权。当人们对土地的利用不限于土地表面时，又产生了空间所有权和空间利用权。

总之，个人所有权、共有权、法人所有权、建筑物区分所有权、采矿权、空间所有权和空间利用权，都是所有权在不同历史时期发展变化的结果。所有权发展变化说明，土地权利的设置必须随着社会经济的不断发展而有所变化。

---

① 陈文通等：《科学发展观》，江苏人民出版社 2005 年版，第 6 页。

② 瑞安：《民法导论》，PTY 有限公司，法律书籍公司 1962 年版，第 163 页。

现代的物权法更重视使用权的地位和作用，从所有权发展变化的一般规律来看，设置土地发展权是可行的。

3. 国外经验可资借鉴

关于土地发展权，国外已有经验可供借鉴。

20 世纪中期，英国率先创设土地发展权制度。土地发展权最初的理论源于采矿权可以与土地所有权分离而单独出售。第一次世界大战后，英国基于国土重建的需要，相继展开土地利用、城市规划方面的研究和立法工作。1942年公布《阿斯瓦特报告》。该报告的许多成果和建议被纳入 1947 年英国《城乡规划法》，其中最重要的内容之一是实行土地发展权国有化，强化公法对私有权的限制，强调土地利用的社会性。土地发展权属于国家，由地方政府决定土地利用方案。私人的土地开发必须申请开发许可，经批准同意开发后，应向中央政府缴纳 100% 的开发课征款。在 1947 年英国《城乡规划法》施行以前，土地在市场上自由买卖，土地价格有实际使用状态下的利用价值和预见将来可能发生潜在价值两种价格。城市政府收购土地时一般以自由市场价格为标准，很不合理。1947 年英国《城乡规划法》施行之后，开发利益归国家所有，消除了收购土地时的不合理现象。

在美国，土地发展权制度建设从 1961 年开始，逐渐发展为包括保护农地、保护生态平衡和历史性建筑等为目的的土地法律制度。以土地发展权征购和土地发展权移转为主的土地发展权法律制度已在美国 140 多个区域实行。

1975 年法国政府制定了开发建设土地上限密度限制，对土地所有者在其拥有所有权的土地上进行建设开发的建设权规定一个上限密度，在限度之内可以自由处理，超过一定限度的建筑权归地方政府所有。建筑开发人如果要超过法定上限限度进行建设，就必须向政府购买超过标准的建筑权。

国外经验表明，土地发展权的设置在一定程度上达到保护耕地，保护自然资源，保护生态环境，保护社会公共利益的目的。由于我国长期处于土地的计划管理模式之下，土地管理与利用存在很多弊端。在市场经济条件下，如何有效地利用土地，保护土地所有者及利用者的利益，仍是立法需要解决的问题，土地发展权即是一例。

4. 学者的研究成果为土地发展权的设置提供了参考

20 世纪 90 年代以来，我国学术界加强了对土地发展权的研究，出版或发表了不少论著，如《中国土地发展权研究：土地开发与资源保护的新视角》（孙弘，中国人民大学出版社 2004 年版），从土地开发与资源保护的行政管理角度，比较全面地探讨了土地发展权问题；《中国土地立法研究》（江平，中国政法大学出版社 1999 年版）在第十一章第二节，从土地发展权的含义、西方各国土地发展权比较和在我国设立农地发展权的必要性三个方面探讨了土地发展权问题；《各国（地区）土地制度与政策》（柴强，北京经济学院出版社1993年版）在第五章阐述了英国、美国和法国土地发展权；《非公共利益的征地行为与土地发展权补偿》（黄祖辉、汪辉，《经济研究》2002年第5期），论述了我国城市规划区征地行为对土地发展权侵害的现状，分析土地发展权得不到补偿与土地配置效率、土地开发时机和征地效率之间的关系，提出城市规划内土地发展权补偿的方案；《中国农民集体土地发展权的压抑与抗争》（刘永湘、杨明洪，《中国农村经济》2003年第6期），也提出在我国应该设立土地发展权的建议。

　　国内学者关于土地发展权的研究可概括为以下几个方面：一是国外土地发展权制度的全面介绍与理论总结；二是我国设置土地发展权的必要性论证；三是土地发展权的法权结构和运作机制；四是土地发展权价值构成；五是我国土地发展权归属和具体制度安排。以上研究成果，对普及土地发展权观念，树立土地发展权的思想与意识，进一步深入与系统地探讨土地发展权，建立中国的土地发展权制度与立法等，作了必要的理论探讨和铺垫，具有重要的参考价值。

四、土地发展权在我国土地权利体系中的地位

（一）我国土地权利基本架构

　　土地权利设置在构建土地权利体系中占有极其重要的地位。一块土地，虽然其物质实体只有一个，但其上的权利可以有多种，且多种权利分别具有不同的功能，它们共同构成一个权利群。土地上的权利群存在内部结构问题，由此产生了各种权利互相衔接配合的需要。妥当地设置各种土地权利，恰当地处理它们之间的关系，是物权法的基本要求。

　　在土地权利的建设方面，我国制定了一系列法律法规规范土地权利，具体表现在宪法、法律和行政法规等一系列法律文件中。1982年12月4日通过的《宪法》，规定了新时期国家的根本制度和根本任务，是国家的根本大法，具有最高的法律效力。同时规定了土地实行国家所有和农民集体所有；土地的使用权可以依照法律的规定转让。从根本法上确认了土地所有权和土地使用权。1986年4月12日的《民法通则》，根据《宪法》和我国的实际情况，在第五章第一节"财产所有权和与财产所有权有关的财产权"中规定了土地所有权、土地使用权和农村土地承包经营权等土地权利。1986年6月25日的《土地管理法》，经过1988年12月29日修正、1998年8月29日修订，2004年8月28

日修正已形成为一部崭新的土地法律。之所以说它是一部新的法律，是因为它更新了土地管理制度。《土地管理法》系统规定了土地所有权、土地使用权、农村土地承包经营权等土地权利。1994年7月25日的《城市房地产管理法》，在土地权利方面，主要规定了城镇国有土地使用权。2002年8月29日的《农村土地承包法》，就家庭承包方式发包方和承包方的权利义务、承包的原则和程序、承包期限和承包合同、土地承包经营权的保护、土地承包经营权的流转，以及其他方式的承包等农村土地承包经营权问题作了集中规定。此外，国务院于1991年1月4日公布的《土地管理法实施条例》（1998年12月24日根据修订的《土地管理法》对《土地管理法实施条例》作了修订）、1990年5月19日的《城镇国有土地使用权出让和转让暂行条例》等行政法规，也对土地使用权等土地权利内容作了规定。

在《宪法》统率下，以《土地管理法》为主体，我国土地权利基本形成体系，并正在进一步发展和完善。土地权利的基本架构用图表示如下（见图4-4）：

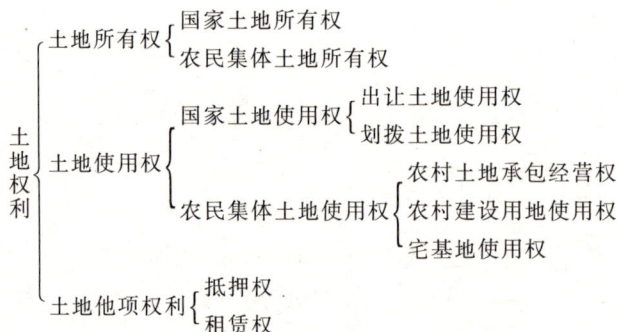

图4-4 我国土地权利基本架构示意图

从上述我国土地权利基本架构不难看出，在我国土地权利体系中，土地所有权居于中心地位，构成土地权利体系制度的基石；其他土地权利都是从所有权中派生出来的，或者是因对所有权和使用权的限制而创设。这种土地权利体系只反映土地利用的静态权利，未能反映土地利用的动态权利。因此，我国配置土地发展权有体系空间。从土地发展权与土地所有权、土地发展权与土地使用权、土地发展权与空间权的关系可以得到进一步证实。

（二）土地发展权与其他土地权利之关系

1. 土地发展权与土地所有权

土地所有权以土地为其标的物，是土地所有人独占性地支配其所有的土地的权利。土地所有权人在法律规定的范围内可以对其所有的土地进行占有、使用、收益和处分，并可以排除他人的干涉。① 我国现行立法对土地所有权主要从以下方面作出规定：

土地所有权的种类。土地所有权由土地所有制决定，是土地所有制在法律上的表现。我国实行土地的社会主义公有制，即全民所有制和劳动群众集体所有制，从而在土地所有权方面，确立了国有土地和农民集体所有土地两种所有权。《宪法》规定，城市的土地属于国家所有；农村和城市郊区的土地，除由法律规定属于国家所有的以外，属于集体所有。《土地管理法》将国家所有的城市土地的范围限定为"城市市区的土地"。《土地管理法实施条例》以列举方式对国有土地范围作了进一步规定。①城市市区的土地；②农村和城市郊区中依法没收、征用、征收、征购、收归国有的土地（依法划定或者确定为集体所有的除外）；③国家未确定为集体所有的土地、草地、山岭、荒地、滩涂、河滩以及其他土地。《宪法》规定，"农村和城市郊区的土地，除由法律规定属于国家所有的以外，属于集体所有；宅基地和自留地、自留山，也属于集体所有。"《民法通则》规定，法律规定为集体所有的土地和森林、山岭、草原、荒地、滩涂等属于劳动群众集体所有。1995 年 3 月 31 日国家土地管理局发布的《确定土地所有权和使用权的若干规定》第三章，对集体土地所有权的范围的确定标准作了具体规定。

土地所有权的主体及代表。国有土地所有权的主体是国家，由国务院代表行使；集体土地所有权的主体是农民集体，包括村农民集体，乡（镇）农民集体和农业集体经济组内的农民集体（生产队）。依法属于农民集体所有的土地，由村集体经济组织或者村民委员会经营、管理；已经分别属于村内两个以上农村集体经济组织的农民集体所有的，由村内各农村经济组织或者村民小组经营、管理；已经属于乡（镇）农民集体所有的，由乡（镇）农村集体经济组织经营、管理。我国对国有土地所有权的限制主要是，法律规定了用地审批与土地收益上缴制度；我国对农民集体土地所有权的限制主要包括土地用途的限制、对土地承包经营期限的限制、禁止闲置耕地的限制、集体建设用地的限制、农用地转用审批的限制。

从我国现行立法对土地所有权规定的内容来看，土地所有权的内容都限于静态的土地利用权利内容，没有动态的土地权利内容规定。虽然国有土地所有权和农民集体土地所有权都有土地用途的审批内容，但这种局限于土地用途的管制只能对土地所有权人行使所有权予以限制，没有赋予土地利用以新的权

---

① 魏振瀛：《民法》，北京大学出版社、高等教育出版社 2000 年版，第 233 页。

利。现代土地权利制度的发展动向，是土地权利制度设置的重心由静态土地权利的规范，发展到动态土地权利的规范。土地发展权便是这种趋势的代表。

在国外，土地发展权与土地所有权的关系，在制度安排上有两种处理模式：一是土地发展权从属于土地所有权，但可以与土地所有权分离而单独转让；二是土地发展权与土地所有权分离归政府或国家所有，由政府或国家专有。上述两种制度安排，价值取向各有不同，第一种模式更注重效率，第二种模式主要考虑公平。但两种制度安排都有一个共同点，即土地发展权与土地所有权分离，成为一种新的土地权利，并且要取得这种土地权利必须付出代价。无论是以美国为代表的土地发展权归原土地所有权人的制度安排，还是以英国为代表的土地发展权归政府或国家（土地发展权国有化）的制度设计，都规定土地发展权与土地所有权分离，土地开发人开发土地，要么向土地所有权人购买土地发展权（如美国），要么向政府（如英国）购买土地发展权。

我国实行土地的社会主义公有制，土地所有权有两种，即全民所有（国有）土地所有权和农民集体土地所有权。在这种土地所有权制度条件下，如何处理土地发展权与土地所有权的关系，即土地发展权的制度安排如何处理，颇值得考虑。如借鉴上述国外第一种模式，我国土地发展权的制度安排是，国有土地的土地发展权归国家，农民集体土地的土地发展权归农民集体，这样就存在两种情况的土地发展权。如借鉴上述国外第二种模式，我国土地发展权的制度安排只存在一种情况，那就是无论国有土地，还是农民集体土地的土地发展权都归国家所有。上述两种不同的制度安排，都要求土地发展权从土地所有权中独立出来。

2. 土地发展权与土地使用权

广义上的土地使用权包括国有土地使用权和农民集体土地使用权。国有土地使用权又分为出让土地使用权和划拨土地使用权。通过出让方式获得的土地使用权是有偿、有期限的，包含一定程度的占有、使用、收益和处分权能，该种土地使用权已经具有独立的物权意义。通过划拨方式取得的土地使用权是无偿的、无期限的，在占有、使用、收益和处分权能方面，与通过出让方式获得的国有土地使用权有很大不同。

农民集体土地使用权包括农村土地承包经营权、农村集体建设用地使用权和宅基地使用权三种形式。这三种形式的土地使用权不仅与国有出让土地使用权和国有划拨土地使用权不同，而且这三种土地使用权之间亦存在很大区别。农村土地承包经营权，是农村土地承包经营权人对其依法承包使用的承包土地享有的占有、使用、收益和流转的权利。随着我国农村土地承包经营权立法的完善，农村土地承包经营权越来越表现出物权化特征。农村集体建设用地使用权，是农村集体投资或农民投资兴办的乡镇企事业、村办企业等使用农村集体土地而形成的土地使用权。农村集体建设用地使用权的流转，已在一些地方设试点。有些地区已有立法予以规范①。宅基地使用权，是农村村民建设住宅使用集体的土地而形成的土地使用权，农村村民一户只能拥有一处宅基地，而且其面积不得超过省、自治区、直辖市规定的标准。

尽管上述五种土地使用权在主体、客体和内容等方面不完全相同，甚至存在相当大的差异。但是，在以下方面具有相同的特征：一是都是从土地所有权中分离出来的，都不同程度地具有一定的物权意义；二是所具有的内容限于静态土地利用权利内容，未涉及动态土地利用权利内容。我国土地使用权的共同特征说明，就土地使用权而言，有设置土地发展权的空间或必要。

我国设置土地发展权，其与以上五种土地使用权关系如何处理，没有国外经验可资借鉴，加之这五种土地使用权，有的种类是我国土地权利制度特有的"物种"（如农村土地承包经营权），有的种类（城镇国有土地使用权）虽然国外已有，但在内容方面又有很大差别。因此，如何在土地使用权上设置土地发展权，是一个很有必要探讨的问题，特别是如何科学地处理好土地发展权与土地使用权的关系问题。我国有些地方在房地产开发（商品房建设）中有按建筑面积收取土地出让金的做法，这在某些方面类似法国建筑权。但有实质性差别：

一是法国明确规定了"建筑权"的标准与内容，我国没有规定；二是法国"建筑权"是一种独立的权利，我国按建筑面积收取土地出让金只是收取土地租金的方式，而不是具有发展权意义的建筑权的代价。土地使用权出让金是受让土地使用权而支付的对价，在理论上是一定年限的地租而不是土地发展权的对价。土地发展权与土地使用权可各自独立而存在。获得土地使用权后，对在拥有土地使用权的土地上进行开发建设或增加投入而形成的权利，也应当给予保护。

3. 土地发展权与空间权

空间权是权利人对地表以下或以上一定空间范围所享有的权利。这种以地表以下或以上一定空间范围为客体而成立的权利，在法律性质上属于不动产。

在传统土地所有权制度理念下，土地所有权效力范围以地表为中心而有上下垂直的支配力。"上达天宇，下及地心"就是这种土地所有权制度的理念。19 世纪末、20 世纪初，城市化进程的加快，土地资源的日趋稀缺，现代土木建筑技术的进步，使得人类占有、使用土地的需要和能力发生了重大变化，改

---

① 《广东省集体建设用地使用权流转管理办法》于 2005 年 10 月 1 日起生效。

变了过去人类占有、使用土地仅限于土地地表的做法，而在土地地表以下或以上一定空间进行土地利用，如兴建空中走廊、地下通道，架设高架桥等，对土地地表以下或以上一定空间的利用，需要从法律上界定权利来源、权利性质，以便调整权利义务关系。在这种前提下，须将土地地表以下或以上一定空间范围，从土地所有权中分离出来，规定其上下范围，并以一定范围为独立支配客体而设定相应权利。这种权利就是空间权。

空间权已被大多数国家立法或判例所确立。随着我国经济的发展和城市化水平的不断提高，空间开发利用日益增多，空间开发利用立法亦取得了一定成绩。如1996年10月29日第八届全国人民代表大会常务委员会通过的《中华人民共和国防空法》，1997年10月27日建设部发布的《城市地下空间开发利用管理条例》（2001年11月2日修改），对城市地下空间的使用、城市地下空间开发利用的主管部门、规划、工程建设、工程管理和罚则等进行了规范。此外，各地也颁布了相应的地方性法规或规章。与我国目前空间开发利用的实践相比，空间开发利用的立法还存在不足，如立法层次低，我国至今没有专门系统的空间开发利用的中央立法；立法内容单调，从已出台的法律文件来看，其内容局限于城市地下空间的防空用途、开发利用管理、规划、工程建设和工程管理，没有涉及或很少涉及空间权属等关键问题。尽管我国空间开发利用立法存在不足，但空间开发已成事实，空间权观念深入人心。

从国外空间权立法来看，空间权已经从土地所有权中分立出来，成为一种独立意义的物权。此种情况反映，土地权利体系的发展，已由注重土地平面利用权利的规范，发展到关注土地立体化开发利用而产生的土地立体利用权利的规范。空间权的产生，解决了土地立体利用而产生的土地空间关系。土地发展权与空间权都反映着近现代土地权利发展的动向，但两者的作用各有不同。土地发展权解决的是土地动态利用而产生的权利义务关系；空间权所解决的是土地立体利用而产生的权利义务关系。因此，土地发展权与空间权是各自独立的。

从上述土地发展权与土地所有权的关系、土地发展权与土地使用权的关系，以及土地发展权与空间权的关系分析中不难发现，土地发展权的设立与我国已设置的土地权利体系中的其他土地权利并不重叠，也不冲突，相反，设置土地发展权弥补了我国现有土地权利体系的不足，解决了土地开发利用过程中产生的新问题，顺应了现代土地权利制度发展的趋势。

（三）物权法应当规定土地发展权

在物权法的起草工作中，全国人大法制工作委员会在以梁慧星教授等专家起草的建议稿基础上，于 2002 年 12 月 23 日提交全国人大常委会审议，形成全国人大《中华人民共和国物权法草案征求意见稿》（以下简称《物权法草案征求意见稿》），这是第一审议，2004 年 10 月经过第二次审议，2005 年 6 月经过第三次审议，2005 年 7 月在媒体公布征求修改意见，2005 年 10 月经过第四次审议。在全国范围内展开了热烈讨论，一部法律草案如此牵动国人的心，史无前例。

经过第四次审议的《物权法草案征求意见稿》凝聚了广大法学工作者，特别是民商法律工作者的心血和智慧。这不仅构建了我国较为完整的不动产物权法律体系，规定了不动产物权的基本原则；在确立物权的一般规定、配置和构建我国物权权利体系的基础上，把不动产物权作为立法的重点。规范了有关不动产物权的各种所有权、用益物权和担保物权，确立了各种不动产物权发生、变更与消灭的基本原则和不动产物权流转保护的原则及制度等。但《物权法草案征求意见稿》没有规定土地发展权。这是否意味着物权法不需要规定土地发展权，或者说，土地发展权不需要在物权法里规定呢？回答是否定的，土地发展权是物权之一种，物权法不能回避。

20 世纪上半叶，特别是第二次世界大战之后，随着城市化进程的迅速发展，土地资源的日益稀缺，土地的作用已不再局限于其自然资源功能的发挥，农用地转为建设用地，或者土地利用集约度的提高，都是对土地的发展性利用。对于这种土地的发展性利用行为进行法律上的规范与保护，以及通过立法规定土地发展性利用所带来的经济利益分配，产生了土地发展权制度。土地发展权也就成为与土地所有权分离而单独处分的财产权。土地发展权的创设，反映了土地权利体系在新的历史条件下新的发展动向，符合土地权利体系发展变化的一般规律。

我国立法虽然还没有明确规定土地发展权，但学者们比较一致的观点是，土地发展权是一项可以与土地所有权分离而单独处分的财产权（物权）。如梁慧星教授认为："土地发展权是一种可与土地所有权分离的独立财产权"。① 江平教授等认为，从我国的国情出发，土地发展权应定位于农地发展权。② 柴强认为，土地发展权的基本观念，是发展土地的权利，是一种可与土地所有权分离而单独处分的财产权。③ 孙弘认为，土地发展权是土地权利体系的组成部分，但它并不是自古就有的，只是到了近代，出于对资源与环境的保护，以及

① 梁慧星：《中国物权法研究》，法律出版社 1996 年版，第 369 页。
② 江平：《中国土地立法研究》（修订 1 版），中国政法大学出版社 1999 年版，第 386 页。
③ 柴强：《各国（地区）土地制度与政策》，北京经济学院出版社 1993 年版，第 105 页。

对土地立体开发进行政府管制的需要被创设出来。① 胡兰玲认为，土地发展权是对土地在利用上进行再开发的权利，即在空间上向纵深方向发展，在使用时变更土地用途之权，它包括空间建筑权和土地开发权。发展权不仅是一种物权，而且是一种与所有权具有相同效力和权能的物权，它可与土地所有权相分离而单独使用和处分。② 李世平认为，土地发展权是将土地变更为不同使用性质的权利，它既可以与土地所有权合为一体由土地所有者支配，也可以由只拥有土地发展权而不拥有土地所有权者支配。③《物权法草案征求意见稿》第 3 条规定："物权的种类和内容，由本法和其他法律规定。"这是物权法定主义原则的直接体现。因此，物权法规定土地发展权亦是物权法定主义原则的要求。

土地发展权作为一项独立的不动产权利形态，其客体却并非独立的物，而是土地开发利用所产生的发展性利益。由此一来，就不得不回答两个问题：一是土地发展权之成立与"一物一权主义"之关系；二是发展利益能否成为权利客体。"一物一权主义"，又称"物权客体特定主义（spezialitätsprinzip）"，是罗马法以来物权法的基本原则。此原则强调，一物之上仅有一个物权，不能同时存在两个物权。所谓"物"，是除人身体外，凡能为人力所支配，并且具有独立性，能满足人类社会生活需要之有体物。非独立的特定物不能成为所有权之客体，独立特定物之一部分也不得成为单独所有权之客体。大陆法系国家大都奉行这一原则。

上述罗马法确立的并被近现代大陆法系国家所奉行的"一物一权主义"，其理由主要是：①对物之所有权完整性的保护，所有权是最完整的物权，具有排他性；②"将物权之内容，以法律予以定型化，以策物权交易安全"。④ 将土地开发利用而产生的发展性利益单独抽象出来，作为一项民事权利客体，是所有权发展变化的必然结果；将土地开发利用而产生的发展性利益单独作为一项独立的民事权利予以保护，并不妨碍土地流转，是调整土地流转所必需的。因此，将开发利用土地而产生的发展性利益作为一项单独民事权利，并不违反"一物一权主义"。

发展性利益可以成为权利客体。20 世纪以来，英、美等国设立了土地发展权，对土地开发利用而产生的发展性利益予以保护。发展性利益可否为物，

---

① 孙弘：《中国土地发展权研究：土地开发与资源保护的新视角》，中国人民公安大学出版社 2004 年版，第 43 页。

② 胡兰玲："土地发展权论"，载《河北法学》2002 年第 2 期，第 143—146 页。

③ 李世平："土地发展权浅说"，载《国土资源科技管理》2002 年第 2 期，第 15 页。

④ 温汶科："建筑物之区分所有权"，载《法学丛刊》第 96 期，第 35 页。

是否可以成为权利客体，是关系到土地发展权能否成立的重要问题，必须予以回答。自罗马法至近代，特别是第二次世界大战之前，人类对于土地的利用和开发是有限的。土地所有权的内容无所不包，土地所有权人可以自由地行使权利，而不受限制。法律有关土地的权利关系亦只关注土地利用静态权利的保护。土地发展权之确立，是人类土地权利保护立法由静态转向动态的必然结果。20 世纪，特别是第二次世界大战之后，西方国家基于国家重建和人口增加的原因，加大了土地开发利用速度。在此情况下，土地开发利用带来的发展性利益被凸显出来。因而，西方国家以土地开发利用而产生的发展性利益为对象进行立法保护，就产生了土地发展权。

五、我国土地发展权归属

（一）土地发展权归属的价值取向

1. 以科学发展观为指导

科学发展观为我们处理效率与公平的关系提供了理论基础。"发展观是关于发展的本质、目的、内涵和要求的总体看法和根本观点。有什么样的发展观，就会有什么样的发展道路、发展模式和发展战略，就会对发展的实践产生根本性、全局性的重大影响。"① 党的十六届三中全会提出了当代中国的发展观——科学发展观。

科学发展观以社会发展的客观必然性为基础，进一步深化了党对社会主义现代化建设规律的认识，这与社会主义社会对效率的追求是一致的。"发展观的第一要义是发展。离开发展，就无所谓发展观。坚持科学发展观，其根本着眼点是要用新的发展思路实现更快更好的发展。发展是硬道理，这是我们必须始终坚持的重要战略思想。中国解决一切问题的关键在于发展。"② 上述关于发展观的认识，是对效率的社会历史功能的充分肯定。科学发展观以人的全面发展为核心，将人的全面发展作为发展的根本目的和标志，这与社会主义社会对公平的追求是一致的。以人为本是对传统发展观的"以物为本"的批判与超越。传统发展观的本质与核心是以物为本，将财富、财富的增长甚至财富的增长速度视为发展的基本尺度。它意识不到发展的前景和过程与发展主体的价值选择密切相关，意识不到发展的真正的价值基础。这就把人变成了实现经济

---

① 夏文斌：《公平、效率与当代社会发展》，北京大学出版社 2006 年版，第 218 页。
② 温家宝："提高认识，统一思想，牢固树立和认真落实科学发展观"，载《人民日报》2004 年 3 月 1 日第 2 版。

增长的工具和手段，从而造成了马克思曾经指出过的人的劳动及人身的异化现象，造成人的畸形的片面的发展，成为马尔库塞描述的单向度的人。社会主义现代化建设，以为人民谋利益为旨归，必然把以人为本作为社会全面、协调、可持续发展的本质，不断满足人民群众日益增长的物质文化需要，切实保障人民群众的经济、政治和文化权益，让发展的成果惠及全体人民。①

2. 国外经验借鉴

公平与效率是设计每一制度必须首先和着重考虑的问题。传统观点认为，土地公有是社会平等、公正的象征，但缺乏应有的效率；土地私有虽然具有效率，但失去社会公平。而实际上，土地公有既可以做到公平，也可以产生效率；弄得不好，既不能体现公平也不能产生效率。土地私有虽然会产生不公平，但这种不公平也可以受到政府的控制；土地私有也未必产生效率，若管理得不好也会导致土地的巨大浪费。

国外关于土地发展权归属存在两种不同的制度设计模式：一是土地发展权同地上权、抵押权一样，归属于原土地所有权人；二是土地发展权自始即为政府或国家所有。这两种不同模式设计的价值取向各有不同。土地发展权归属土地所有权人的模式，主要是基于效率的考虑；土地发展权归属国家或政府的模式，主要是基于社会公平的考虑。土地发展权归属于原土地所有权人所有的模式以美国为代表。在美国，土地发展权是土地所有权的一部分，归土地所有权人所有。经过40余年的发展，美国土地发展权已经形成了一套行之有效的制度，并为越来越多的人所接受。土地发展权归属于国家或政府所有模式以英国为代表。在英国，1947年《城乡规划法》规定，一切私有土地将来的发展权移转归国家所有，由国家独占，实行所谓"土地发展权国有化"。从上述国外土地发展权归属的价值取向不难发现，尽管所有制一样，但土地发展权的价值取向是可以不同的，产生的效果也是不一样的。

3. 坚持公平与效率统一

关于我国土地发展权归属的价值取向，国内学者在论证土地发展权归属时已有所涉及。有的学者主张，土地发展权归国家所有；有的学者认为，土地发展权应当归土地所有者所有。公平与效率虽然是设计每一种制度必须首先和着重考虑的问题，但是公平与效率二者不是非此即彼的关系，而是辩证统一的关系。

效率的提高为公平提供了物质保障。公平作为一种社会价值判断，必须有一定的物质基础作保障，而物质基础有赖于效率的提高，没有效率的提高，没

---

① 夏文斌：《公平、效率与当代社会发展》，北京大学出版社2006年版，第233页。

有生产力的高度发达，真正意义上的公平就失去了根基。可以想象在一个物质基础或生产力严重短缺的社会里，是无法实现社会公平的，顶多只是贫穷的平均主义。在效率影响公平的过程中，我们还可以看到效率原则和公平原则在一定程度上的相通性，市场竞争形成了效率原则，这就内在地要求一种新的价值观念的形成。经济效率的最根本要求就是机会均等，这既是效率原则，也是公平原则。机会均等指的是一种起点和条件的平等，即每一个市场主体都站在同一条起跑线上，公平竞争。从公平的市场竞争意义上说，这就要求和规定每一个市场主体都能够在机会均等的原则上获取生产资料；能够在机会均等的条件下参与市场竞争；每一个市场主体所承担的义务也应当是均等的。也正是因为市场竞争中的机会均等，才能有经济发展的高效率。[①]

公平构成了效率提高的社会保证。效率的提高并不是一个自发的过程，必须依赖一个公平的社会环境和规范约束。这种社会环境和规范约束构成了效率提高的社会保证。市场竞争本身是一个自发追逐效率的过程，这一过程不可避免地会出现一些不公平现象，而这些不公平既会限制市场对效率的追求，又会引起整个社会的不稳定，影响劳动者的积极性。从这个意义上来说，没有社会公平就没有经济的高效率。[②] 公平与效率是我们追求的重要社会目标，更是社会主义社会的本质要求，也是社会主义不同于资本主义的重要特征。在土地发展权制度的构建上，必须兼顾效率与公平两大价值目标，忽视哪一个，都不符合社会主义，应努力实现效率与公平的有机结合。

我国实行土地的社会主义公有制，这为土地发展权归属的制度设计同时满足公平和效率提供了可能和制度保障。在追求公平价值的同时，又要充分考虑效率。坚持公平与效率的统一，是我国土地发展权归属制度设计的根本价值取向。基于此，我国土地发展权归属的制度设计如下：①土地使用性质变更所产生的发展利益而形成的土地发展权归土地所有权人所有；②土地使用性质不变，但对原土地增加投入所产生的发展利益而形成的土地发展权，归土地使用权人所有；③土地用途不变，开发密度变更所产生的发展利益而形成的土地发展权，归地方政府所有。这样的制度设计，既做到了公平，又能使制度产生效率。

（二）土地发展权归土地所有权人所有

土地使用性质变更所产生的发展利益而形成的土地发展权归土地所有权人

---

① 夏文斌：《公平、效率与当代社会发展》，北京大学出版社 2006 年版，序言 2 页。

② 同上书，第 132 页。

所有，具体表现为：国有土地使用性质变更所产生的发展利益而形成的土地发展权归国家；农民集体土地使用性质变更所产生的发展利益而形成的土地发展权归农民集体。此种制度的设计不仅做到公平，而且能产生效率。

我国实行土地的社会主义公有制，在土地所有权制度上只存在国有土地所有权和农民集体土地所有权，不存在国外土地归私人所有的情况，在土地发展权归属问题上，因土地私有产生社会不公的条件不存在。我国两种土地所有权的地域分布有规律性，表现在城市的土地归国家所有，广大农村的土地归农民集体所有。我国《宪法》规定，城市的土地属于国家所有，农村和城市郊区的土地，只有法律规定属于国家者方归国家所有，其他均属于集体所有。《土地管理法》规定，城市市区的土地属于国家所有。农村和城市郊区的土地，除由法律规定属于国家所有以外，属于农民集体所有。《土地管理法实施条例》进一步明晰了国有土地和农民集体所有土地的范围。上述立法内容显示，国有土地与农民集体所有土地，在地域分布上各有不同。不同的地域分布进一步确保了土地发展权归属于土地所有权人不会产生社会不公平。

土地所有权作为民事基本权利，应当得到同等保护。如果土地发展权归属国家，就意味着农民集体失去了土地发展权，而国有土地主体本身就是国家，在土地发展权的归属上并没有实际性差别。不难看出，土地发展权归国家的模式在我国特有国情下，不是确保公平，而是导致农民集体土地发展权丧失，将产生不公平。从土地所有权作为一项基本民事权利来讲，土地发展权归土地所有权人所有，是基本民事权利得到公平保护的法理要求。

土地发展权归属于国家，不仅不能消除现行土地制度的缺陷，反而会进一步放大现行土地制度的缺陷，致使耕地锐减的势头难以得到遏制。当前耕地大量流失的原因之一，是现行制度规定农地统征和国家垄断土地一级市场。这样的制度忽视了农民土地发展权，农用地未经审批擅自改变为建设用地是农民在自身权益长期受压抑下维权的极端表现。如果不改革现行制度，国有土地与农民集体土地不同等的保护，不改变国家垄断土地一级市场的制度安排，将土地发展权归属国家，以求得对现行不合理的制度安排有一个"解释"，不仅不能消除现有土地制度的缺陷，更不会为现行不合理的制度设计找到合理的"解释"，反而，必定会放大现行不合理制度的缺陷。

我国《宪法》第15条规定："国家实行社会主义市场经济。"市场经济是一种开放的经济、有序竞争的经济和法制的经济，市场经济要求市场主体地位平等，法律对各种经济成分和各种主体的所有权给予平等的保护，并赋予其公平竞争环境。我国已经属于市场经济国家，给予国有土地所有权和农民集体土地所有权平等保护，是社会主义市场经济的基本要求。

土地发展权归土地所有权人所有的模式，在给广大农民带来巨大经济利益的同时，必然促使广大农民更加珍惜土地，特别是耕地。正如波斯纳所言："财产权的法律保护就在于产生有效益地利用各种资源的激励。"[①]农民与土地的感情最深。如果土地发展权归农民集体所有，广大农民必然会加倍珍惜这来之不易的权利。土地一级市场的隐形市场将自动消失。国家亦不必花大力气来整顿土地一级市场的隐形市场。仅就不必支出整顿隐形市场的成本而言，对社会、对国家，难道不是效率吗？国家垄断土地一级市场的不合理制度也因此得以纠正。

由于国家是虚拟的，主要是作为政治组织而存在的，而不是作为市场主体设立的，土地发展权作为一项财产权，不应由国家所有。在市场经济条件下，国家的意思表示机制对市场信息反应迟钝。市场信息只有具体的市场主体才能迅速捕捉，并作出反应。计划经济之所以失败，原因就在于国家不可能掌握与经济有关的全部信息。全部信息的假定使计划经济最终被淘汰。如果将土地发展权归国家，也必然会使土地发展权的制度运行产生不了效率。

土地发展权归土地所有权人所有，做到了公权与私权相衔接，既有利于发挥公权力的作用，又有利于私权利的彰显。从表面上看，土地发展权归国家所有，有利于国家通过掌控土地发展权，达到控制农民集体或农民肆意变更土地用途的违法行为，起到保护耕地的作用；其实不然，土地发展权归国家所有意味着由国家独享土地发展权的巨大经济价值，形成的结果是政府与民争利。不仅如此，我国现有制度所规定的土地用途管制制度和土地利用规划制度，与土地发展权归国家的制度功能重叠，其结果是公权力与公权力冲突。

（三）土地发展权归土地使用权人所有

土地使用性质不变，但对土地增加投入所产生的发展利益而形成的土地发展权，归土地使用权人所有，主要包括农用地使用性质不变，土地承包人增加对农用地的投入而形成的农用地发展权和在建设用地上进行建设而形成的建设用地发展权。这样的制度设计既做到公平，又兼顾了效率。

就农村土地而言，我国实行家庭承包经营。家庭承包经营是一种以农民家庭为主体的承包经营，即以家庭人口为依据而进行的"人人有份"的承包，9亿农民人人有份。将土地承包人增加对承包地的投入而形成的发展利益赋予土地发展权加以保护，9亿农民都有份，不会产生社会不公。当然，我国土地承包还存在"其他形式"的承包，"其他形式"的承包仅限于对"四荒"等农

---

① 波斯纳：《法律的经济分析》，中国大百科全书出版社1997年版，第30页。

村土地进行的承包。这种"其他形式"的承包,虽然不是人人有份,但因涉及土地范围有限,影响不大。

就建设用地而言,城市占绝大部分。随着改革开放方针的贯彻实施,我国已建立起比较完善的土地有偿使用制度。土地有偿使用制度的确立,使土地使用权基本通过市场机制获得。对通过有偿途径获得国有土地使用权进行开发建设所产生的发展性利益赋予土地发展权加以保护,是市场公平原则的基本要求。

我国现行立法缺少对土地承包户增加投入而形成的发展性利益的保护。实践中存在承包户不愿增加对承包地的投入,甚至对承包土地进行掠夺式利用,不利于农业的长期稳定发展。将土地发展权赋予土地承包人,有利于激发9亿农民的生产积极性,加大对承包地的投入。

根据1990年《城镇国有土地使用权出让和转让暂行条例》的规定,通过出让方式获得的土地使用权,当土地使用权期限届满后,土地的建筑物等附着物无偿归国家所有。这项规定不利于激励开发商建造高质量的建筑物的积极性,将土地发展权赋予土地使用权人,无疑有利于激励开发商的积极性,建造质量更高的建筑物。

(四) 土地发展权归地方政府所有

开发密度的提高能产生发展性利益,这种情况主要发生在城市市区。

开发密度有三个指标:高度、建筑密度和容积率。建筑高度一般可以用层数来衡量;建筑密度是建筑基底(地表)面积占总地面积百分比,建筑密度越低,空地率越高,空地率较高时,绿地率越高。容积率是一定范围土地上的建筑物建筑面积与土地面积的比率,也可以用一定范围建筑密度与平均建筑层数之积来测算。在开发密度三个应用指标中,容积率最为重要。容积率的高与低对城镇国有土地使用权出让金收取的数额具有决定性影响。所以,有学者称:容积率是土地发展权最核心的内容,或土地发展权的具体表现即是容积率。[①]

容积率已成为城市土地开发利用的一项非常重要的控制性指标。低容积率开发往往意味着具有较高的土地生态环境价值和社会价值,较低经济价值;高容积率能带来个别地块较高的经济价值,较低的土地生态环境价值和社会价值。因此,政府、开发商对容积率指标的倾向是不同的。若将提高容积率而产

---

① 孙弘:《中国土地发展权研究:土地开发与资源保护的新视角》,中国人民大学出版社2004年版,第110页。

生的发展性利益归开发商所有，导致的后果是，开发商为了达到逐利的经济目的，通过各种手段提高容积率，由此一来，不仅可能滋生腐败，而且容积率不合理的提高意味着土地生态环境价值和社会价值的降低，不利于城市的可持续发展。容积率的确定权在地方政府，容积率提高所产生的发展性利益归地方政府所有，对于相同位置的不同地块的开发商来说是公平的。土地位置相同，价值相等，若其中一块土地经地方政府批准提高了容积率，由此带来地价（实际为发展性利益）上涨。就开发商而言，这种价格上涨，是由政府准许产生的，并不是开发商的劳动产生的，如果将容积率提高产生的发展性利益归开发商，无异于授予开发商额外的经济特权，开发商的特殊利益构成不劳而获的暴利。政府授予开发商的特权也违反了公平正义的原则。容积率提高而产生的发展性利益归地方政府可以消除开发商彼此之间的不公平。

城市建设是地方政府的职责。城市建设的好与坏直接与地方政府工作业绩相关。地方政府对容积率的提高与否必然十分重视。不仅要重视容积率提高所带来的经济价值，而且更要关注适当的容积率所产生的生态环境价值和社会价值。

城市土地虽然为国家所有，由国务院代表行使，但由于作为城市土地所有权人的国家，不是一般意义上的民事主体，其意思表示机制不健全，实践中，国有土地所有权采取"国家统一所有，政府分级行使"的模式。特别是在土地使用权出让这一民事法律行为中，国有土地所有权由市、县人民政府行使。鉴于城市国有土地所有权行使的实际状况，容积率提高所产生的发展性利益归地方政府所有可以避免低效率。由于地方政府不仅获得容积率提高而带来的经济利益，同时，又承担着城市建设的重任，利益与责任互相制约的机制本身就是效率的体现。

由此可见，无论土地使用性质变更所产生的发展利益而形成的土地发展权归土地所有权人所有；还是土地使用性质不变，但对原土地增加投入所产生的发展利益而形成的土地发展权，归土地使用权人所有；抑或土地用途不变，开发密度变更所产生的发展利益而形成的土地发展权，归地方政府所有，都既做到了公平，又坚持了效率。

参 考 文 献

一、中文部分

1. 梁慧星：《中国物权法建议稿》，社会科学文献出版社 2000 年版。

2. 孙宪忠：《论物权法》，法律出版社 2001 年版。

3. 陈华彬：《外国物权法》，法律出版社 2001 年版。

4. 刘保玉：《物权体系论——中国物权法上的物权类型设计》，人民法院出版社 2004 年版。

5. 江平：《中国土地立法研究》，中国政法大学出版社 1999 年版。

6. 程信和、刘国臻：《房地产法学》，北京大学出版社 2001 年版。

7. 王卫国、王广华：《中国土地权利的法制建设》，中国政法大学出版社 2002 年版。

8. 郭洁：《土地资源保护与民事立法研究》，法律出版社 2002 年版。

9. 曹建海：《中国城市土地高效利用研究》，经济管理出版社 2002 年版。

10. 柴强：《各国（地区）土地制度与政策》，北京经济学院出版社 1993 年版。

11. 亨利·乔治著，吴良健、王翼龙译：《进步与贫困》，商务印书馆 1995 年版。

12. 孙弘：《中国土地发展权研究：土地开发与资源保护的新视角》，中国人民大学出版社 2004 年版。

13. 陈甦："城市化过程中集体土地的概括国有化"，载《法学研究》2000 年第 3 期。

14. 李世平："土地发展权浅说"，载《国土资源科技管理》2002 年第 2 期。

15. 胡兰玲："土地发展权论"，载《河北法学》2002 年第 3 期。

16. 李晓妹、袭燕燕："美国的土地发展权"，载《国土资源》2003 年第 7 期。

17. 王蓉："从实物形态到价值形态的法律保护——中国土地权利制度的价值变迁"，载《法学评论》2002 年第 2 期。

18. 崔建远："土地上的权利群论纲——我国物权立法应重视土地上权利群的配置与协调"，载《中国法学》1998 年第 2 期。

19. 黄祖辉、汪晖："非公共利益的征地行为与土地发展权补偿"，载《经济研究》2002 年第 5 期。

20. 王群、王万茂："土地发展权与土地利用规划"，载《国土资源》2005 年第 10 期。

21. 沈守愚："论设立农地发展权的理论基础和重要意义"，载《中国土地科学》1998 年第 1 期。

22. 刘永湘、杨明洪："中国农民集体土地发展权的压抑与抗争"，载《中国农村经济》2003 年第 26 期。

23. 刘国臻："中国土地发展权论纲"，载《学术研究》2005 年第 10 期。

24. 许月明："市场经济下我国土地权利的独立性研究"，载《现代法学》1999 年第 1 期。

25. 陈华彬："土地所有权理论之动向"，《民商法论丛》（3）法律出版社 1995 年版。

26. 侯华丽、杜舰："土地发展权与农民权益的维护"，载《农村经济》2005 年第 11 期。

27. 季禾禾等："试论我国农地发展权定位及农民分享实现"，载《经济地理》2005 年第 2 期。

28. 杜业明："现行农村土地发展权制度的不均衡性及其变迁"，载《西北农林科技大学学报》2004 年第 1 期。

29. 戴中亮、杨静秋："农村集体土地发展权的二元主体及其矛盾"，载《南京财经大学学报》2004 年第 5 期。

    30. 张安录:"可转移发展权与农地城市流转控制",载《中国农村观察》2000 年第 2 期。

    31. 朱广新:"土地用途管制制度与土地发展权之比较",载《中外房地产导报》1998 年第 22 期。

    32. *Agriculture and Land-Use: Understanding the Purchase and Transfer of Development Rights*, Conference Summary Report. September 1997.

    33. Ambrose, Brent and John Gonas, *Urban Growth Controls and Affordable Housing: The Case of Lexington, Kentucky*. UK Center for Real Estate Studies, Gatton College of Business and Economics, University Kentucky. January 2003.

    34. Barrows, Richard and Brace A. Prenguber, *Transfer of Development Rights: An Analysis of a New Land Use Policy Tool*. American Journal of Agricultural Economics, November, 1975

    35. Delaware Valley Regional Planning Commission, *Municipal Implementation Tool: Transfer of Development Rights*. August 2004.

    36. Dodds-Weir, Claire and Robert Dykstra, *Approaches to Farmland Preservation: An American Case Study*, Farmland Preservation Research Project, Centre for Land and Water Stewardship, University of Guelph. September 2003.

    37. Edelman, Mark A., *Plain Economic Sense*, Iowa State University Extensions. Extension News Column 354, November 9, 1998.

    38. Foth & Van Dyke, *Planning Report: St. Germain Year 2020 Comprehensive Land Use Plan*, Town of St. Germain, Vilas County, Wisconsin. October, 1999.

    39. Freilich, Leitner & Carlisle and Planning Works, *LLC. Rural Tier Planning Study for Price George's County*, Maryland, December 23, 2003.

    40. Hawkins III, Charles E., *Land Development in America: Reality vs. Politics*, Rock Products, August 1999.

    41. Hayes, Brian, *Transfer of Development Rights as Incentive for Historic Preservation*, The Economics of Heritage: UNESCO Conference on Adaptive Re-use of Historic Properties in Asia and the Pacific, 12 May 1999.

    42. House, Verne, *Working Paper: Purchasing South Carolina Farmers' Development Rights*, February 1998.

    43. McConnell, Virginia and Elizabeth Kopits and Margaret Walls, *How Well Can Markets for Development Rights Work?* Discussion paper 03—08, March 2003.

    44. Michigan Association of Home Builders, *Development Rights Market or Transfer of Developments-They're Still A "Other People's Money" Scheme*, Citizen Review, September 17, 2003.

    45. Morrison, Naomi, *Special Town Meeting to vote on development rights*, The Monument Newspaper, November 18, 2004.

    46. Nickerson, C. J. and Lynch, L., *The Effect of Farmland Preservation Program on Farmland Prices*, American Journal of Agricultural Economics, May 2001. Vol. 83. No. 2.

47. Nickerson, Cynthia, Smart Growth: *Implications for Agriculture in Urban Fringe Areas. Agricultural Outlook*, April 2001: 24—27.

48. Piro, Gary. Smarting Funding: *Purchased Development Rights*, San Diego Earth Time, June 2001.

49. Pruetz, Rick, *Beyond Takings and Givings: Saving Natural Areas, Farmland, and Historic Landmarks* with *Transfer of Development Rights* and *Density Transfer Charges*. Arje Press. 2003.

50. Pruetz, Rick, *Putting Growth In Its Place With Transfer of Development Rights*, *Planning Commissioners Journal*, Summer 1998.

51. Western Governors' Association, Trust for Public Land and national Cattlemen's Beef Association, *Purchase of Development Rights-Conserving Lands*, *Preserving Western Livelihoods*, January 2001.

· 中国社会科学院 ［法学博士后论丛］ ·

通过债法改革归入德国《民法典》的三个判例法制度

On The Three Case Laws Codified into German Civil Code through the Amendment of the Law of Obligations

博士后姓名 　齐晓琨

流 动 站 　中国社会科学院法学研究所

研 究 方 向 　民商法学

博士毕业学校、导师 　德国法兰克福大学　Prof. Gunther Teubner

博 士 后 合 作 导 师 　梁慧星

研 究 工 作 起 始 时 间 　2004 年 9 月

研 究 工 作 期 满 时 间 　2006 年 9 月

作 者 简 介

　　齐晓琨，男，汉族，1969 年 6 月出生于内蒙古包头市，本科毕业于中山大学德语专业，在旅游界从业 2 年后，考入中国政法大学，并于 1996 年获得法学双学士学位，后在江西省高级人民法院和江西华邦律师事务所任职。2000年赴德留学，获得图宾根大学法学硕士（L. L. M.）和法兰克福大学法学博士学位，研究方向为一般人格权，博士论文获得德国三年一度的米歇尔曼奖（Gottfried Michelmann-Preis），并由该奖基金会赞助出版。自 2004 年起，在中国社会科学院法学研究所从事博士后研究工作，研究方向为德国债法改革及其对订立我国民法典的借鉴作用。自 2006 年底，任南京大学法学院副教授。

通过债法改革归入德国
《民法典》的三个判例法制度

齐晓琨

内容摘要：德国 2002 年 1 月 1 日生效的《债法现代化法》对《民法典》的一个重大修改就是对原判例法内容的法典化，其中所涉及的最重要的是缔约责任、交易基础的丧失和积极侵害债权三项制度。由于这三项制度本身的复杂性，新法只是对它们进行了抽象的一般规定。因此，要了解其具体内容，必须深入研究以往的相关判例和学说对这些判例的归类和总结。德国法中的这些经验，可以为我国的民事立法和最高审判机关的司法解释工作提供十分有益的借鉴。

关键词：德国债法改革　判例法　缔约责任　交易基础的丧失　积极侵害债权

一、引言

2002 年 1 月 1 日生效的德国《债法现代化法（Gesetz zur Modernisierung des Schuldrechts）》对德国《民法典》进行了其颁布百年以来最大规模的一次修改。表面上看，这次修改的外因在于贯彻欧盟的三个指导方针①；而更重要的是内因，即当初的立法者的认识错误所导致的《民法典》本身的缺陷，以及它的条文因不能"与时俱进"所产生的滞后性。

---

① （1）1999 年 5 月 25 日的《消费品买卖指导方针（Verbrauchgüterkaufsrichtlinie）》（RiL1999/44/EG），德国必须于 2002 年 1 月 1 日前将其转化为国内法；（2）2000 年 6 月 8 日的《电子商务指导方针（E-Commerce-Richtlinie）》（RiL 2000/31/EG），德国必须于 2002 年 1 月 16 日前将其转化为国内法；（3）2000 年 6 月 29 日的《支付迟延指导方针（Zahlungsverzugsrichtlinie）》（RiL 2000/35/EG），德国必须于 2002 年 8 月 7 日前将其转化为国内法。

　　值得注意的是，债法改革的立法者同时指出，虽然这次条文的修改数量是前所未有的，但是，法律的修改并不会给司法实践造成巨大的震动。这是因为，针对原《民法典》的许多缺陷，以往的判例和学说作了大量填补法律漏洞的工作，在很大程度上，这次修改只是将这些成果进行了法典化。

　　在这一点上，特别要提到的是我们耳熟能详的三个重要的判例法制度，"缔约责任"、"交易基础的丧失"和"积极侵害债权"。

　　在债法改革之前，德国《民法典》对这三项制度并没有进行规定，但是，通过判例和学说，这些制度已经发展得相当成熟，形成了较为完整的理论体系，并作为习惯法，成为德国民法系统中不容忽视的重要组成部分。通过债法改革，它们现在都可以在《民法典》中找到相应的条文依据。但我们在研究这些新条文时，也会发现，其内容都是十分原则性的。以一个中国的法律工作者的角度来看，这些条文抽象得很不具有"可操作性"，连德国本土的法学家也戏称其为"标签立法（Merkzettel-Gesetzgebung）"①。但是，对于德国的法律工作者来说，这种情况并不会对实践和理论研究产生困难。究其原因，就必须对判例在德国法中的作用进行一个简要的说明：

　　在谈到"判例"时，应该强调的是：我国相当多的民法学者对德国民法的认识都有一个误区，即认为它是典型的成文法，而成文法的对立面就是判例法，并进一步认为，研究英美法主要是研究判例，而研究大陆法主要是研究法律条文。

　　这种观点起码对于研究德国民法来说是不恰当的。

　　虽然理论上判例不具有约束力，但在德国的审判实践中，判例实际上起着举足轻重的作用，在司法判决书中，引用以前的判例（特别是最高法院的判例），是说明判决理由所采取的十分常见的方式。德国民法上述三项制度，都是通过判例采纳了学者的意见，最终突破了法律条文的规定而得以确立的。

　　而学说又通过对判例的历史性的归纳和总结，并从中提取出具有普遍性的原则而对现实情况进行分类，从而构建出了这些《民法典》本身内容之外的法律制度的基本框架。特别是其中的所谓"通说"，不但成为各类教科书必不可少的内容，而为德国的法律工作者所必须掌握，而且也会在判决书中的判决理由部分被经常引用。

　　因此，虽然由于上述三项制度现实情况的多样性，以及考虑到预留司法实践继续发展的可能性，德国《民法典》对它们进行规定的新条文相当抽象，

---

① Dauner-Lieb, in: Ernst/Zimmermann (Hrsg), *Zivilrechtswissenschaft und Rechtsreform*, *Zum Diskussionsentwurf eines Schuldrechtsmodernisierungsgesetzes des Bundesministeriums der Justiz*, 2001.

但这些"标签条文"的背后却包含着十分丰富的内容，并且，这些隐性的内容对司法实践和理论研究起着直接的指导作用。

基于这种情况，对于研究德国法的我国学者而言，就决不能仅仅局限于对这些条文表面的了解，而是要全面地了解其深层次的实际含义。而这些深层次的内容，反映了德国法律实务和理论界自《民法典》实施百年以来的经验的总结，这对于我国的民事立法工作以及最高审判机关的司法解释来说，借鉴作用是毋庸置疑的。

鉴于以上原因，本文将从历史的角度，对这三项制度内容在实践和理论上的积淀过程加以介绍，从而使读者对它们能有一个较为翔实的了解。对其中各个问题的解释和说明，本文都以德国本土法学工作者的理论和观点作为依据。对于国内读者不太熟悉的，或者长期以来就被错误理解的理论和概念，特别进行了较为详细的论述。本文中所引用的大量书目，不但是为了支持文中论述的内容，同时，也是为了给读者查阅相关资料提供一个索引。

二、缔约责任（c. i. c. ，culpa in contrahendo = Verschulden beim Vertragsschluß）

缔约责任在当今的德国民法中，具有十分重要的实践意义，但作为一项相对独立的法律制度，在改革前的《民法典》中并没有对其作出明确规定。

早在《民法典》刚刚颁布不久，在学界和司法实践中，人们就意识到了这一法律漏洞的存在。从那时起，学者在研究中，以及法官在判例中，都为填补这一漏洞作了大量努力，并通过划分不同的案例种类，总结出了一些公认的基本理论原则。在 2002 年债法改革之前，虽然在个别问题上还存在分歧，但总的来说，缔约责任在德国民法系统中已形成了一套完整的制度，换句话说，就是已经成为了固定的习惯法。[①]

在新债法中，立法者虽然没有使用"缔约责任（culpa in contrahendo = Verschulden beim Vertragsschluß）"这一表述，但新法 241 条第（2）款和 311 条第（2）款的明确目的，就是使缔约责任这一制度法典化。这些条款对缔约责任并没有作进一步发展，只是使得法典"能够表述出德国债法总则实际的现状"[②]。另一方面，这些条款只是一种一般性条款或称总括性条款（Generalklausel），并未对学说和判例总结出的缔约责任的基本事实要件作具体规定；

---

① Emmerich, Volker, *Das Recht der Leistungsstörungen*, 4. Aufl. 1997, München, S. 36, 37；BGH NJW 1979，1983；AGBG（《一般交易条款规制法》）第 11 条第 7 项。

② Begründung zu § 311, BT-Druck 14/6040, S. 162.

在实践中，它们只能为法官的审判活动提供一个概括性的条文依据。因此，无论是教学、学术研究还是审判实践，都还必须以过去的判例和学术文献为参考和依据①。出于这一原因，本文首先就对缔约责任这一制度的具体内容、发展过程和现状进行较为详细的介绍。在后面论述新法中，将着重介绍新条文编排的位置及其对原判例和学说的总结方法。

（一）发展历史

虽然早在 1794 年颁布的普鲁士《普通国家法（ALR）》第一编第五节的 284 条中，就对缔约责任作了一般性的规定，但在德国法制史上，人们普遍将 19 世纪著名法学家鲁道夫·冯·耶林（Rudolf von Jhering 1818 —1892）作为这一制度的创始人②。1861 年，耶林发表了以《缔约责任—合同无效或未成立时的损失赔偿（Culpa in contrahendo – Schadensersatz bei nichtigen oder nicht zur Perkektion gelangten Vertr? gen）》为题的文章③，在这篇文章中，他以罗马法为基础，认为在协商合同的情况下，当事人相互之间就存在某种义务，违反这种义务，将导致"准合同的责任"。在这里，耶林主要研究了因误解撤销合同、无权代理导致合同无效、签订出售不存在的物品的合同等情况下，应赔偿消极利益损失（ = negatives Interesse，Vertrauensschaden＝信赖损失）的责任。

《民法典》的立法者也注意到了类似的事实情况，并在相应的条文中采纳了耶林的观点。例如，合同一方当事人因在合同订立前的误解（Irrtum）而签订了合同，在合同订立后而行使撤销权时，应赔偿另一方当事人的信赖损失（119 条、122 条）；合同一方当事人通过欺诈（Täuschung）或胁迫（Drohung）的手段签订合同的，另一方当事人也可以行使撤销权（123 条）；无权代理的有关责任（179 条）；故意或者过失签订自始客观不能或违法合同致使合同无效的一方，应赔偿无过错方的信赖损失（原法 306、307、309 条）等。但是，《民法典》的最初的立法者却并未将其作为一项普遍的、产生责任的事实要件加以采用，而是认为，"缔约责任（culpa in contrahendo）"的表述，只适用于一些特殊案件，作为一种普遍性的制度，它在《民法典》的责任体系中找不到相应的位置；至于在上述条文以外的其他具体情况中，是否可以通过缔约责任的理论导引出相应的具体责任，立法者明确指出，这只能留待

---

① Dauner-Lieb/Heide/Lepa/Ring（Hrsg），*Das Neue Schuldrecht*，2002，S. 138，139.

② Larenz，Karl，*Bemerkungen zur Haftung für culpa in contrahendo*，in：Flume（Hrsg.），*Festschrift für Ballerstedt*，1975，397 ff.

③ JherJb. 4（1861），S. 1—112.

于学说和司法实践来解决了①。对比耶林的文章和《民法典》旧的条文，以及
其后学说和判例发展出来的理论，可以看出，虽然旧《民法典》没有完整地
明确采用"缔约责任"的理论，但在具体条文中却基本上涵盖了耶林提到的
可能出现的案情事实。而其后作为一项判例法律制度而发展起来的、当代的
"缔约责任"理论，则大大超出了耶林当年的设想。如果说，当年耶林构建缔
约责任时的出发点，还是合同本身所产生的权利和义务，那么，今天的学说和
判例更多是以"交易中的诚实信用原则（Treue und Glauben 242 条）使得当事
人之间有一种相互信任的关系"作为其最基本的理论依据②。因此，从现实的
角度观察，耶林的主要贡献，是通过"缔约责任（culpa in contrahendo）"这
一表述和理论，为其随后的发展奠定了基础和指明了方向③。

将缔约责任的理论引入司法实践，最初主要是为了克服德国《民法典》
中侵权法的弱点，著名的案例就是 1911 年帝国最高法院的"地毡卷案（Lino-
leumrollen-Fall）"④。

在叙述该案之前，有必要先了解一下德国《民法典》中涉及雇主及雇员
责任的 278 条和 831 条的区别。278 条（所谓履行辅助人的责任，Verschulden
des Erfüllungsgehilfen）规定的实际上是当事人一方的合同责任，即合同一方当
事人，应为他的法定代理人及他为履行合同而使用的辅助人在履行合同过程中
的过错承担责任，这种责任以一个生效的合同为前提，且由合同一方当事人直
接面对另一方合同当事人来承担，换句话说，合同一方当事人并不是因自己的
过错而承担责任，而是在"代人受过"，即无条件地承担由履行辅助人的过错
而产生的责任。而 831 条（为事务辅助人承担责任，Haftung für den Verrich-
tungsgehilfen）规定的是一种侵权责任，这里，事务辅助人（Verrichtungsgehil-
fe）与上述 278 条履行辅助人（Erfüllungsgehilfe）的主要区别在于，事务辅助
人的具体行为或多或少要听从于事务所属人的指示⑤，而履行辅助人的具体行
为可以有更大的自由度，例如，代理人可以以被代理人的名义作出自己的意思
表示。在雇主与雇员的关系上，这种区别意义不大，多数情况下可以合二为

---

① *Motive zum Entwurfe eines BGB für das Deutsche Reich*，Bd. II，Berlin/Leipzig 1898，S. 178 f.

② Gottwald，Peter，*Die Haftung für culpa in contrahendo*，JuS 1982，（877—885）877，878；BGHZ
6，330，333；66，51，54；Larenz，*Schuldrecht* I § 9 I a 1；Michalski，*Lutz*，*Das Rechtsinstitut der "culpa
in contrahendo"*（c. i. c.），Jura 1993（22—30），23.

③ Larenz，Karl，*Bemerkungen zur Haftung für culpa in contrahendo*，in：Flume（Hrsg.），*Festschrift
für Ballerstedt*，1975，397 ff.

④ RGZ 78，239.

⑤ Werther，Frank，*Die Leistungsstörungen im Bürgerlichen Recht*，2. Aufl. 1998，S. 137.

一。831 条与 278 条最关键的区别在于，831 条中涉及的事务所属人要对事务辅助人在执行事务中造成的损失承担责任，这种事务可能是事务所属人自己的事务，也可能是基于事务所属人与他人签订的合同。如果事务辅助人是为了辅助事务所属人履行合同，那么在 831 条中，这种损失往往是指在履行合同过程中，事务辅助人给合同另一方当事人以外的第三人造成的损失，这种情况下，事务所属人与受害人并无合同关系，因此，831 条的事务所属人的责任也相对于 278 条中的合同当事人的责任要轻，这一点体现在 831 条第（1）款第 2 句：如果事务所属人在挑选事务辅助人时，以及他在指示事务辅助人处理事务时，尽到了必要的注意，则他就可以免责（Exkulpation），而由事务辅助人对自己所造成的损失承担责任（从不应让事务所属人对事务辅助人的一切侵权行为都承担责任的角度讲，这一规定本身，无疑是合理的）。可以想象，在实践中，事务所属人在相当多的情况下都可以运用这一免责条款避免承担责任。而根据 278 条，合同一方当事人是替代履行辅助人承担责任，因而他自己也就不存在这种免责的可能性。例如，甲乙双方存在合同关系，丙作为辅助甲执行合同的人而给乙造成的损失，将被当然地视为甲的责任，甲没有可能以上述 831 条第（1）款第 2 句的理由而免责；但如果丙为执行甲的事务时，造成了另外一个与甲没有合同关系的丁的损失，则甲可以根据 831 条第（1）款第 2 句，以自己雇佣丙时对他的工作能力、专业水平等尽到了足够的注意，并且，对丙执行工作尽到了必要的监督为理由，免除自己对丁的赔偿责任。

有了对上述两条款区别的了解，现在让我们再回到"地毯卷案"，其主要案情为：一位顾客到一家商店买地毯，在店员帮助顾客挑选的过程中，两卷竖立的地毯由于店员的触碰而倾倒，并砸伤了该顾客和她的女儿。根据《民法典》823 条、831 条，伤者可以追究商店的侵权责任，而商店以 831 条第（1）款第 2 句为依据提出免责，这时就应当由店员个人承担赔偿损失的责任，但是，店员却没有赔偿的经济能力。

在这一案件中，顾客和商店虽然还没有建立合同关系，但由于顾客是为了与商店订立一项买卖合同而受到了损害，完全适用侵权法的规定而使受害人的利益得不到有效的保护，显然是不合理的。因此该案中，法官没有适用侵权法中关于事务辅助人的 831 条，而是适用了合同法中关于履行辅助人的 278 条，使得商店没有了任何免责的可能性。在该案以及其后类似的案件中①，法官以"随后即将订立的合同的一种事前的效应（eine Art Vorwirkung des sp？teren Vertrages）"为依据，作为应当适用合同责任的理由。但审判实践在其后不久

---

① RGZ 78，239（240）；95，58（60）；103，47（50）.

又不得不放弃这种论证方法，因为，可能并不存在一个内容明确、即将签订的合同（例如，顾客只是进商店看看，还没有明确的购买意图），或者意图订立的合同事实上最终很可能并未订立①。在这种情况下，很难将"合同的事前效应"来作为判决理由，而只能通过承认一种基于准备或开始商谈合同而产生的，根据合同基本原则的，但却是"法定"的，而并非来源于合同内容本身的债务关系来解决类似的问题了②。

用当代法学理论的视角研究该案，可以说将其归入侵权行为更为合适，因为面向公众的经营者有义务保证其经营场所的安全性，如果经营者因过错而违反了这一普遍性的义务而给他人造成损害，那么他就应当承担侵权的法律责任。这种保护和注意的义务（Schutz- und Sorgfaltspflichten）作为一种交易安全义务（Verkehrssicherheitspflicht）的存在，在当代侵权法理论中已经成为共识；损害这种义务不仅可能由于义务人的作为，也可能由于其不作为而发生，并且当出现损害客观事实时，一般即可推定违反义务及主观过错的存在③。例如，如果顾客在商店里踩到一块香蕉皮④或一片菜叶⑤摔倒受伤，即使是香蕉皮或菜叶是在店员刚刚打扫了地板后由其他顾客丢在地板上的，也可推定商店未及时清理地板，从而因过错而违反了这种义务而应当承担侵权责任。在这种情况下，根据当今的法学理论和司法实践，商店很难再如一百年前那样，以831条第（1）款第2句为依据提出免责。

尽管如此，在类似案件中，当代的判例仍然采取了缔约责任的理论作为判决理由，其原因在于，在类似情况中，当事务辅助人造成损害时，侵权法除了给事务所属人提供了免责的可能性外，还有另外三个弱点：⑥

1. 根据823条的规定，只有在过失或故意损害了他人的生命、身体、健康、自由、所有权或其他权利，以及违反了法律的保护性规定而造成损害的，才应当负赔偿义务。这里，需要引起注意的是，德国法上的所有权概念（Eigentum）涉及的是单个的物，而不是物的总和或概括的财产（Vermögen），例如，不能说对一套咖啡具，而只能说对每个杯子、咖啡壶或托盘拥有所有权；不能说对一所工厂，而只能说对工厂的地皮、厂房或每台机器拥有所有

---

① RGZ 107, 357 (362).

② BGHZ 6, 330 (333) = NJW 1952, 1130.

③ Horn, Norbert, Culpa in Contrahendo, JuS 1995, (377—387) 380.

④ BGH NJW 1962, 31.

⑤ BGHZ 66, 51.

⑥ Horn, Norbert, *Culpa in Contrahendo*, JuS 1995, (377—387) 379; Brox, Hans, *Allgemeines Schuldrecht*, 26. Aufl. 1999, München, S. 42.

权。）而如果造成概括的财产（Vermögen）损失时，只有在符合 826 条的前提下，即违反善良公俗而故意造成损失（Sittenwidrige vorsätzliche Schädigung）时，才负赔偿义务。但如果只是由于过失造成概括的财产的损失时，则无法适用侵权法的有关规定。立法者当初之所以这样规定，是为了避免无限扩大因致害行为而赔偿损失的范围①。如果从纯粹的侵权法的角度上讲，823 条及其后各条将保护的范围限制在受害人一定的法益和利益（Rechtsgüter und Interessen），还不失其合理性，那么，当加害人和受害人之间存在某种特殊关系时（特别是合同关系），这些规定就显得有缺陷，而无法使被损害人的财产利益得到合理的保护了。对于这种情况，只能由法官和学者来填补成文法的漏洞了。当出现了概括财产的损失时，在已经存在合同关系，而在合同内容及合同法无法适用的情况下，判例和学说是通过引入"积极侵害债权（positive Forderungsverletzung = pFV 或 positive Vertragsverletzung = pVV）"这一制度，是结合侵权法并类推适用合同法的有关规定来避免侵权法的这一缺陷的；而在合同成立前的情况下，只能通过缔约责任这一制度从而适用合同法中的原则来解决这一问题了。从这个角度上讲，德国法上的缔约责任是与积极侵害债权对称的法律制度，它们是以合同成立这一时间点为分界线的②。

2. 无论在合同责任还是侵权责任中，一般都是以过错为前提的。在违反合同时，原则上是推定违反合同的一方有过错（原法 282 条、285 条），而在侵权法中，则要由受损害的人负举证责任。虽然有举证责任倒置的情况（如危险责任），但侵权责任的基本原则仍然是由受损害的人证明侵权人的过失或故意。在缔约责任的情况下，适用侵权法中举证责任的要求，则显得对受损害人不公平了；而适用合同法的原则，如果造成损害的人要免责，则要由他证明损害并非出于其自己的过错。

3. 根据原时效法的规定［原法 852 条第（1）款］，受损害人在知道受到了损失和侵权人 3 年后，时效届满，而在合同中，虽然在一些情况下适用短期的时效（如原法 196 条、197 条），但一般的情况下适用的却是 30 年的时效期。

在涉及交易中保护和注意义务的案例中，其事实要件基本上都符合侵权行为的要件，之所以缔约责任在这种案件中仍然能够得以发展，就是为了在双方

---

① Medicus, Dieter, *Schuldrecht Besonderer Teil*, 12. Aufl. 2004, Rn. 742, 743.

② Michalski, Lutz, *Das Rechtsinstitut der "culpa in contrahendo"*（c. i. c.）, Jura 1993（22—30）, 22.

有了一种准合同的特殊联系的情况下，避免因适用侵权法而出现的上述四个弱点①。

随着社会经济生活和法学研究的发展，缔约责任制度也不断得到扩展。避免侵权法弱点的作用虽然仍不可忽视，但在许多新的案例情况下，这个作用已变得不明显了。随着适用缔约责任制度的新的案情不断被"发现"，这项制度的内容也越来越丰富，而也正是由于案情的多样性，使得这一制度很难被统一在一个总的事实要件和概括的理论原则之下。即使是新债法也放弃了这种努力，而只是概括地规定，在合同前的情况下，双方当事人之间存在一种债务关系，基于这种债务关系的内容，他们都有注意对方权利、法益和利益的义务［新法241条第（2）款、311条第（2）款］。而确定这种义务具体内容和性质的任务，立法者有意将其交给了以前的判例和学说，并预留了其继续发展的空间②。鉴于学说③在研究缔约责任时，往往是通过各种案情来划分不同的义务种类，本文也采取这种方式，使缔约责任制度的现状能呈现出一个较为清晰的轮廓。

（二）案例分类

第一，保护和注意的义务（Schutz- und Sorgfaltspflichten）。

在双方当事人发生了意图签订合同的接触或联系时，无论最终合同是否签订，都负有对对方的人身及财产保护和注意的义务，这种义务作为一种交易安全义务（Verkehrssicherheitspflicht）目前已得到普遍的公认。正如上文提到的地毯卷案（Linoleumrollen - Fall）④ 以及香蕉皮案⑤和菜叶案⑥，这类案件往往也符合侵权的行为要件。当出现了侵权的事实时，要确定其是否可归类于缔约责任，则要看是否存在签订合同的意图。这个意图并不限于针对某个具体合同

---

① Horn, Norbert, *Culpa in Contrahendo*, JuS 1995, （377—387）379.

② Begründung zu § 311, BT-Druck 14/6040, S. 162.

③ Emmerich, Volker, *Das Recht der Leistungsstörungen*, 4. Aufl. 1997, München, S. 47—76; Brox, Hans, *Allgemeines Schuldrecht*, 26. Aufl. 1999, München, S. 43—44; Schlechtriem, Peter, *Schuldrecht Allgemeiner Teil*, 4. Aufl. 2000, S. 14—17; Gottwald, Peter, *Die Haftung für culpa in contrahendo*, JuS 1982 (877—885), 878—883; Emmerich, Volker, *Zum gegenwärtigen Stand der Lehre von der culpa in contrahendo*, Jura 1987 (561—567), 562—566; Michalski, Lutz, *Das Rechtsinstitut der "culpa in contrahendo"* (c. i. c.), Jura 1993 (22—30), 25—27; Horn, Norbert, *Culpa in Contrahendo*, JuS 1995 (377—387), 379—383.

④ RGZ 78, 239.

⑤ BGH NJW 1962, 31.

⑥ BGHZ 66, 51.

的明确意图，而可能只是一种概括的意向，因此，一个只是在商店随便"逛逛"的顾客也可以受到缔约责任的保护，而一个进商店避寒的流浪汉或一个想穿过商店抄近路的过路人，在商店里受到损害时①，就不能依据缔约责任而只能依据侵权责任提出赔偿请求了。

正如前面谈到的，在这类案件中，运用缔约责任制度可以避免侵权制度的某些弱点，从而公平地保护受损害人的利益。通过下面的案例②，这个问题我们可以看得更清楚：

甲要从乙处购买一部轿车，在甲和乙的雇员丙一同试车时，由于丙的过失，车在一个偏僻的地方抛锚，甲为了回去不得不叫出租车，并为此支付出租车费。在本案中，由于甲所受的损失并未包括在 823 条第（1）款所列举的权利和法益中，也无法找到 823 条第（2）款所称的适合本案的保护性的法律规定，同时，由于乙或丙的行为不符合 826 条的"违反善良风俗而故意造成损失"的前提，因而，甲的财产（Vermögen）损失无法通过侵权法得到赔偿。假如是甲的其他权益（如身体权、健康权）受到损害而即使是能够适用 823 条时，乙仍然可以依据 831 条第（1）款第 2 句，通过证明自己在雇佣丙及监督丙的工作时尽到了足够的注意，来免除自己的责任。而如果运用缔约责任制度，则因为合同法中对损失的赔偿没有 823 条中的限制，且雇主应无例外地为自己的合同辅助人的过错承担责任，则使得甲的利益能够得到公平有效的保护。

有签订合同的意图，并或多或少地将其付诸行动，这个行动本身与当事人意图签订的合同本身的内容没有必然联系，也就是说，与当事人的意思表示没有必然联系，因此，这一行动并非法律行为（Rechtsgeschäft），而只是一个事实行为（Realakt）③，这一特点，就决定了在这类案件中，保护和注意的义务以及违反义务的责任的内容，与当事人意思表示的内容无关，是一种依法产生的义务（这里，虽然在债法改革之前，"法"无明文规定，但已是一种判例和习惯法律制度④），是一种法定之债。有些学者甚至将其视为介于合同之债和侵权之债之间，基于信赖责任（Vertrauenshaftung）而产生债务关系的"第 3条轨迹（dritte Spur）"⑤。因此，在这种类型的案件中，保护和注意的义务

---

① BGHZ 61, 51 (54) = NJW 1976. 712.

② Brox, Hans, *Allgemeines Schuldrecht*, 26. Aufl. 1999, München, S. 42.

③ Wertheimer, Frank, *Die Leistungsstörungen im Bürgerlichen Recht*, 2. Aufl. 1998, S. 134.

④ Emmerich, Volker, *Das Recht der Leistungsstörungen*, 4. Aufl. 1997, München, S. 37.

⑤ Canaris, Claus-Wilhelm, *Ansprüche wegen "positiver Vertrauensverletzung" und "Schutzwirkung für Dritte" bei nichtigen Verträgen*, JZ 1965, 475, 478, 482.

的具体内容，并不取决于意图订立的合同的内容，而要根据双方意图交易时接触的场所和形式、双方的行为方式和企业的组织形式等具体情况来确定①。

但在这种保护和注意的义务涉及第三人时，有些学者有时也用合同内容来加以解释②，例如，一位父亲准备为其家庭租一套房子，在看房时，随行的家庭成员因房主的过失受到伤害。因为房子是准备为整个家庭而租的，因此，虽然其他家庭成员并非合同的一方当事人，缔约责任中的保护和注意的义务也将及于其他家庭成员。这种解释方法在合同成立后无疑是正确的，但在合同前的缔约责任中就不无疑问了。在上述"地毯卷案"中，我们就可以看到这一点：随顾客一起进入商店的顾客的女儿受到了伤害，她同样可以以缔约责任提出赔偿请求；再例如，A、B 两企业正在为一个合同进行协商，A 企业的一名雇员在商谈工作中，因 B 企业的过错而受到了损害。虽然该雇员并非正在商谈的合同的一方当事人，但他也可以以缔约责任理由，向另一方当事人提出赔偿请求。在这里，很难说孩子和雇员与合同具体内容有直接的联系，因而，也就无法用合同内容来解释缔约责任对他们的保护作用。能够具有说服力的解释应该是：之所以缔约责任中的保护和注意的义务能够及于他们，是因为他们与作为商谈中的合同的一方当事人的家长或雇主有着特殊的关系，家长和雇主对他们的人身和财产安全负有一定的责任，因而这种原本针对合同当事人的保护和注意也应涉及他们。这种保护和注意的范围甚至可以扩展到有助于合同一方当事人签订合同的其他人，例如，与合同一方当事人同行去商谈合同的律师或其他专家（合同的具体内容很显然不涉及他们的利益），在另一方当事人的营业场所受到伤害。对他们的赔偿请求，同样可以适用缔约责任的原则③。所以，从这个角度讲，缔约责任中的保护和注意义务的产生，只是基于双方为了一项合同而发生联系和接触这一事实本身，而与合同内容无直接联系。

第二，不无故终止协商合同的义务（Verpflichtung, Vertragsverhandlungen nicht grundlos abzubrechen）。

契约自由（Vertragsfreiheit）的原则，除了积极的契约自由，同样也包含消极的契约自由，也就是说，当事人不但有签订合同的自由和签订什么样内容的合同的自由（当然内容不能违法），他也有不签订合同的自由④。只要合同仍然处于协商阶段，双方之间一般就不存在权利和义务关系。如果最后合同并

---

① Emmerich, Volker, *Das Recht der Leistungsstörungen*, 4. Aufl. 1997, München, S. 19.

② Wertheimer, Frank, *Die Leistungsstörungen im Bürgerlichen Recht*, 2. Aufl. 1998, S. 139.

③ Michalski, Lutz, *Das Rechtsinstitut der "culpa in contrahendo"*（c. i. c.）, Jura 1993（22—30）, 25.

④ Schlechtriem, Peter, *Schuldrecht Allgemeiner Teil*, 4. Aufl. 2000, S. 15.

未签订，即使事先一方或双方对合同的成立寄予了巨大的希望，甚至为准备履行合同花费了巨额支出，原则上讲，这些风险也只能由他们各自承担。契约自由是市场经济正常运转的重要条件，而为了保障契约自由，上述风险就是不可避免的。

但是，根据经济交往中诚实信用的原则，这种自由也并不是无限制的。我们现在通过德国联邦最高普通法院和联邦最高劳动法院的两个案例来说明这一问题：

1. 某镇政府长期以来和一家建设规划企业甲合作开发属于该镇的一片土地，双方的合作一直进行得很顺利。在已经连续完成了多个项目后，该镇通知甲企业，将会在这片土地上开发一个新项目，并会和以往一样，与甲企业签订规划合同。但不久，该镇却和另外一家企业乙签订了合同，该镇长期负责与甲企业联系的代表虽然知道这件事，同时也知道甲正在积极做执行合同的准备工作，却没有及时告知甲不能再与其签订合同的情况。当甲最后知道这种情况时，已经为准备执行预计签订的合同，支出了大笔的费用。法院最后判决，由镇政府赔偿甲的花费①。

2. 一家企业要雇用新的雇员，并在面谈后对一名应征者说，他可以从原工作的地方辞职了，企业肯定会雇用他。这名应征者因此辞掉了原来的工作，但企业后来却没有和他签订雇用合同。联邦最高劳动法院终审判决由企业赔偿因此而给该应征者造成的损失②。

在这两起案件中，终止商谈合同的一方事先的行为，使另一方有充分的理由确信合同的成立；并且前者知道或应该知道后者将为合同的成立采取某些行为，而合同一旦不成立，这些行为将给后者造成损失；同时，前者没有告知后者，对于合同的成立实际上仍然存在不确定的因素。在这种情况下，基于诚实信用原则，后者的信赖利益应该受到保护。特别是第二个案例中，雇主和雇员之间有着特殊的照顾和忠诚的义务，这种义务也应影响到雇用合同签订前双方的行为，因此，应征者对可能成为自己未来雇主的人的信赖应受到特殊保护③。

当然，在现实中，一方可能同时与多方进行合同协商，并且并不告知对方这种情况，在与一方达成共识后，终止与其他各方协商。不加区别地限制这种行为将会从根本上危及意思自治的原则，因此，联邦法院在很多案例中明确地

---

① BGHZ 92, 164.

② BAG NJW 1963, 1843, 1844.

③ Horn, Norbert, *Culpa in Contrahendo*, JuS 1995 (377—387), 381.

指出了这种危险，并在许多判决中①否定了根据缔约责任的损失赔偿。因此，在类似情况下运用缔约责任原则，必须具备严格的前提条件，其关键在于，要根据实际情况评价受到损失的人对另一方的信赖产生的原因，这种信赖是否是合理的，是否应该受到法律的保护；同时也要考虑另一方的行为（包括作为和不作为）是否不当，例如，当他知道对方在为准备合同有巨大花费时，就应该及时提醒对方合同成立的不确定性②。

另外，对终止协商合同一方的义务不应该没有时间上的限制，不可能要求他无限期地等待对方前来签订合同；当经过一段合理的时间而对方对合同的成立不作出积极的反应时，他就有权利终止协商合同而无须承担缔约责任③。

需要提到的是，如果在协商过程中，一方声称将肯定签订合同，在某些情况下，则似乎有理由把这种行为理解为主合同签订之前的一个"前合同"的意思表示，它可被看成是以"签订主合同"为标的的（一般是口头的）要约甚至承诺，从而直接适用合同的有关规定。但实际上，这种意思表示及双方的共识在多数情况下还不具备使一项合同成立的完备的要件。在这种情况下，就只能通过合同前的缔约责任制度来保护参与协商合同的当事人的合理利益了④。

第三，告知和解释的义务（Mitteilungs- und Aufklärungspflichten）。

违反这种义务又可分为：（1）导致合同无效；（2）订立违背另一方当事人意愿的内容的合同有两种情况⑤。

在第（1）种情况下，虽然双方签订了合同，但由于合同不符合法定形式（125 条、126 条）或者违反法律对合同内容的限制［138 条第（1）款］，也可能由于某些特殊的合同没有得到有关机关必要的批准而无效⑥。例如，土地转让合同没有按照规定（313 条）由公证员制作成文件，而只是采用了一般的书面形式；合同格式违反法律（AGBG）对一般交易条款的限制；合同内容违反善良风俗导致无效，等等。

在第（2）种情况下，往往是由于合同一方当事人没有将涉及合同的某些事由告知另一方当事人而导致订立合同，并且假如另一方当事人知道这些事由

---

① BGH NJW 1967, 2199；BHGZ 71, 386；BGH, NJW 1975, 43.

② BGH 71, 386, 396 – 该案中，判决结果虽然否定了运用缔约责任的损害赔偿，但却明确肯定了上述提醒的义务。

③ Emmerich, Volker, *Das Recht der Leistungsstörungen*, 4. Aufl. 1997, München, S. 68.

④ Gottwald, Peter, *Die Haftung für culpa in contrahendo*, JuS 1982 (877—885), 879.

⑤ Brox, Hans, *Allgemeines Schuldrecht*, 26. Aufl. 1999, München, S. 44.

⑥ Gottwald, Peter, *Die Haftung für culpa in contrahendo*, JuS 1982 (877—885), 880.

时，他将不会同意订立这一合同或者不会同意订立具有该内容的这一合同。

对于第（2）种情况，我们可以通过下面联邦最高普通法院的一个案例①先有个感性的了解：一个身处国外的供应商告知进口商可以免除德国的进口关税，在这种情况下，该进口商与其订立了进口合同。但实际上这一信息是错误的，该进口商最后不得不为进口货物缴纳进口关税。因为供应商的错误信息并不属于货物本身的瑕疵［原法 459 条第（2）款］，所以无法适用买卖法的有关规定。法院根据缔约责任原则，判决供应商错误地提供了信息而承担赔偿损失的责任。

类似的情况还大量存在于投机交易（例如，股票购买权、期货交易）、参股经营、提供担保等多种经济往来中。②

在德国法中，合同双方当事人之间并不存在一种普遍的告知和解释的义务；知悉与订立合同的有关法律规定，了解市场信息，调查合同内容所涉及的交易风险往往属于合同各方当事人自己的责任。但是，在实际情况中，对于某些与合同订立及其内容至关重要的信息，往往只有一方知道；在这种情况下，知道的一方就有义务告知对方这些信息③。即使是合同双方所追求的利益是矛盾的，但如果该信息将在很大程度上影响对方的决定，并且该信息根据交易的情况是对方应该了解的，那么知道的一方也应告知对方④。

但对于这种解释和告知的义务的范围，却很难确立一个统一的标准，而要根据具体案情具体分析⑤。首先，要根据合同的具体内容，考察信息对对方当事人的决定的影响程度。例如，在一项长期合同关系中的告知和解释的义务，比短期投机交易中的内容和范围要广。其次，要考察双方当事人对该信息的占有程度的区别。因此，诸如银行和保险公司这类专业化程度很高的当事人，其针对一般顾客告知和解释义务的范围往往大于其他类型的企业。从相反的角度讲，合同一方当事人的义务还取决于另一方当事人在合同涉及领域的知识和经验，面对一个专家的解释和告知的义务和面对一个外行的这种义务显然是不同的。另外，违反告知和解释的义务的必要前提是，负有义务的人知道或者应当知道这些信息，并且知道或者应当知道对方不了解这些信息，而且对方实际上也确实不了解这些信息。在某些情况下，知道信息的一方可能有沉默的权利，

---

① BGHZ 111, 75.

② Emmerich, Volker, *Das Recht der Leistungsstörungen*, 4. Aufl. 1997, München, S. 52—67.

③ BGH NJW 1985, 1769, 1771.

④ BGHZ 114, 90.

⑤ RGZ 103, 47; 111, 233; BGHZ 71, 386 = NJW 1978, 1802; BGH, LM § 133（A）BGB Nr. 24 = NJW 1995, 4547.

但是在另一方向他提出咨询时，他至少不能提供错误的信息①。

第四，第三人的义务。

缔约责任的赔偿责任一般是以合同责任为依据的，因此，赔偿责任人应为意图订立合同或已经订立的合同的当事人。但在某些特殊情况下，仅仅由合同一方当事人承担责任，还不能使蒙受损失的另一方当事人的利益得到充分和合理的保护，这时，合同当事人的代理人、其他参与合同协商的辅助人或其他所谓的事务管理人（Sachverwalter）也可能承担个人的责任②。在这类案例中，正是由于第三人并非合同的一方当事人，因而他们的责任也不来源于合同本身的权利和义务，而是一种缔约责任。

例如，二手车交易的中间商③，如果他向买主承诺旧车的某种特性，而实际上这种特性却不存在，或者掩饰旧车的瑕疵，或者没有提供旧车发生过交通事故的情况，使得合同得以订立，虽然在法律上讲，他只是原车主的代理人而非合同当事人，但判例仍然认为，无论是出于故意还是过失（可能是原车主恶意提供错误信息，而中间商没有查证），他都应该承担基于自己的行为而产生的责任（缔约责任）。在这种情况下，他要与原车主对买主的损失承担连带责任。

再例如，参与合同协商的律师④、经济咨询专家⑤等，如果他们在协商中提供了错误的信息或咨询意见，则有可能承担个人的缔约责任。

这种第三人的责任必须要符合一定的条件，而不应无限制地扩大。根据判例和通说⑥，如果该第三人对合同有着自己的直接经济利益⑦（不是间接的利益，例如，因合同订立而取得佣金不属于这里所说的直接的经济利益⑧），或者由于该第三人的地位、专业知识或与当事人的关系使得合同的当事人对他有一种基于其个人身份的信赖。上述两个前提只要有一个存在，就可能导致第三人的缔约责任。例如，上述二手车交易中间商这类案例就是经常出现的情况。

---

① Emmerich, Volker, *Das Recht der Leistungsstörungen*, 4. Aufl. 1997, München, S. 49, 50.

② Gottwald, Peter, *Die Haftung für culpa in contrahendo*, JuS 1982 (877—885), 883.

③ BGHZ 62, 382 = NJW 1975, 642 = JuS 1975, 462; OLG Düsseldorf, MDR 1979, 56; BGHZ 79, 281 = NJW 1981, 922; BGHZ 87, 303 = NJW 1983, 2192; OLG Oldenburg, NJW 1991, 1187.

④ OLG Frankfurt, NJW 1986, 3091; BGH, LM § 276 BGB Nr. 139 = NJW 1995, 1213.

⑤ BGHZ 56, 81 = NJW 1971, 1308.

⑥ Brox, Hans, *Allgemeines Schuldrecht*, 26. Aufl. 1999, München, S. 45; Schlechtriem, Peter, *Schuldrecht Allgemeiner Teil*, 4. Aufl. 2000, S. 16, 17; Köhler, Helmut, *BGB Schuldrecht I*, 18. Aufl. 2000, S. 97—99; BGH ZIP 1988, 1577; BGHZ 14, 313; 79, 281; 88, 67.

⑦ BGHZ 88, 67, 70.

⑧ BGH NJW 1990, 506.

由于原车主通常只向中间商要求一个固定的价格，至于中间商可以以多少价格卖给买主，则可由中间商自己决定，通俗地说，就是中间商多卖多赚，因而，中间商在这种交易中有自己相对独立的经济利益；另外，买主会由于中间商的专业知识对他个人产生特殊的信任，这类案例也往往符合第二个前提。

（三）归责

违反基于准备或协商合同而产生的义务只属于事实情况，违反这些义务而赔偿损失，还必须有可归责的原因。在这里，原则上应直接适用原法 276 条（原则上故意和过失）、278 条（履行辅助人的过错），并类推适用原法 282 条（不能履行时，债务人负举证责任）①。但如果根据意图订立或已经订立的合同承担较轻的责任时（如赠与合同 521 条、无偿借用合同 599 条中只承担故意和严重过失责任而不承担轻微过失责任，以及 524 条、600 条的规定），这种较轻的责任是否适用于缔约责任，则要根据实际情况来确定：如果是违反了上述案例分类中第一种情况中的普遍的保护和注意的义务，则应仍然适用 276 条的规定；如果是违反了基于合同内容的告知和解释的义务，则应适用基于具体合同性质的归责原则，否则就会出现合同成立前的责任反而大于合同成立后的责任的不合理的情况②。

（四）法律后果

在民事法律关系中，损失赔偿义务人的责任就是恢复赔偿权利人假设没有损害事实出现时应该处于的状态，或以相应的货币进行赔偿（Prinzip der Differenzhypothese ＝差距假设原则③ 249 条），这一原则同样适用于缔约责任。

在案例分类中，违反普遍保护和注意义务的情况下，上述赔偿内容等同于侵权的赔偿内容④，与合同是否最终订立及合同的具体内容没有必然联系，因而很容易掌握。但在违反其他义务的情况下，赔偿的内容就较为复杂了。在此很难设立一

---

① Schlechtriem, Peter, *Schuldrecht Allgemeiner Teil*, 4. Aufl. 2000, S. 20.

② Emmerich, Volker, *Das Recht der Leistungsstörungen*, 4. Aufl. 1997, München, S. 46.

③ 根据这一原则，要对两种利益状态进行比较（Vergleich zweier Güterlage），即发生损失时，先要假设受损者在没有出现致损情况下的状况，然后将这一假设的状况与基于损失而产生的现实状况进行比较，两者的差距就是损失的范围。这种差距既可能因不履行合同而产生，也可能因法定原因而产生，后者最常见的就是侵权行为。消除这种损失的基本原则就是要恢复原自然状态（Naturalrestitution），如恢复原自然状态不可能或不合理时，则要进行"损失替代（Schadensersatz）"，汉语中习惯上称之为"赔偿损失"。而赔偿损失最常见的形式就是以货币赔偿损失（Schadensersatz in Geld），即支付恢复原自然状态所需要的花费。

④ Horn, Norbert, *Culpa in Contrahendo*, JuS 1995 (377—387), 382.

个统一的标准，关键在于，一方当事人的义务在具体情况下应该保护的是对方当事人的什么样的利益，因此，具体的赔偿范围只能由法官一案一议了①。

例如，同样是一方无故终止协商合同或一方责任导致合同无效的情况，可能导致他赔偿另一方为准备合同而支出的花费的责任，也可能导致他赔偿另一方在合同订立或生效时应该得到的利益；同样是一方违反告知和解释的义务订立一个违背对方意愿的合同的情况，可能导致解约，也可能导致在承认合同效力的前提下，由一方赔偿另一方因合同的不利内容所受的损失。这种损失赔偿的利益可能是信赖损失（Vertrauensschaden），也可能是履行利益（Erfüllungsinteresse），可能履行利益本身就包含了信赖利益，也可能受保护的信赖利益超过了履行利益的范围②。因而，在缔约责任中区别损失赔偿的消极利益和积极利益（negatives und positives Interesse）③ 只有助于从理论上分析赔偿的内容，在实践中，这种区别是没有必要的④。

需要提到的是，在合同因为一方的责任不符合法律规定的形式无效时（如房地产买卖要求由公证员作出文件，313条），另一方虽然可以要求对方赔偿履行利益⑤，但却不能要求完善形式而继续执行原合同，否则这就违背了法律设立某些合同法定形式的根本目的⑥；但是，如果另一方订立一个与原合同

---

① Schlechtriem, Peter, *Schuldrecht Allgemeiner* Teil, 4. Aufl. 2000, S. 21.

② Horn, Norbert, *Culpa in Contrahendo*, JuS 1995（377—387），382，383；Emmerich, Volker, *Das Recht der Leistungsstörungen*, 4. Aufl. 1997, München, S. 42—45.

③ 如果债务人与债权人之间已经存在了一个债务，而该债务没有履行，学理上从另外一个角度考虑，将债权人丧失的利益称为履行利益（Erfüllungsinteresse）如果按"差距假设原则"将其具体化，就要先假设债务履行后债权人处于的状态，然后再比较现实中基于该债务未履行债权人处于的状态，两者的差距也就是债权人所丧失的履行利益。履行利益也被称为积极利益（positives Interesse），这是与所谓消极利益（negatives Interesse）相对而言的。所谓"消极利益（Negatives Interesse）"，也就是原法307条的主题词所称的"因信赖合同有效而蒙受的损失"，学理上也称之为信赖利益（Vertrauensinteresse）或信赖损失（Vertrauensschaden）。由于这实际上是一种基于信赖而丧失的利益，所以无论从德语还是从汉语的角度，后一种"信赖损失"的表述更确切且不易引起歧义。这一消极利益是与积极利益（positives Interesse） – 也称履行利益（Erfüllungsinteresse） – 是相对而言的。用第249条对损失赔偿进行一般定义的"差距假设原则（Prinzip der Differenzhypothese）"将其具体化，可将"信赖损失"表述为：假设债权人根本就与合同无关，则他处于某一状态，但实际上，他基于对合同有效性的信赖做出了某些行为，从而处于了另外一种状态；前一种想象的状态与后一种现实状态之间的差距即为信赖损失。在实际情况中，可能包括为了订立合同而支出的费用，例如，通讯费用，还可能包括基于信赖合同有效而支出的其他费用，例如，准备运输合同标的物的支出、为准备后续使用合同标的物的支出，这些支出都因合同的无效而变得没有意义；另外消极利益还可能包括基于信赖合同的成立而失去的赢利，例如，基于确信该合同有效而拒绝了另外一个相同或类似标的的合同，从而失去的可得的赢利。

④ Schlechtriem, Peter, *Schuldrecht Allgemeiner Teil*, 4. Aufl. 2000, S. 21.

⑤ BGH BB 1965, 520；NJW 1965, 812, 814.

⑥ BGHZ 116, 258; Gottwald, Peter, *Die Haftung für culpa in contrahendo*, JuS 1982（877—885），880.

内容相同的、符合法定形式的新合同的价格高于原合同时（如因房地产涨价），他可以要求有责任的一方赔偿合同的差价①。

（五）小结

通过上面的分析，不妨可对缔约责任作如下定义②：

如果某人为准备订立合同（Vertragsanbahnung）与他人发生了联系，那么他就有义务对该他人的法益（Rechtsgüter）和利益（Interessen）给予适当的注意；违反这种注意的义务而造成该他人损害时，他应当“以类似合同的方式（in vertagsähnlicher Weise）”负赔偿损失的责任③。这种基于准备合同（特别是合同协商 Vertragsverhandlung 时）的行为而产生的合同前的义务（vorvertragliche Pflichten），不取决于合同最终是否订立，这种义务的内容应根据合同的种类及内容，准备合同时的情况，对方的期望、知识水平和能力以及义务方对这些期望、知识水平和能力的了解的程度等具体情况来确定。这一制度的设立并非是为了提倡无私的精神，而是为了避免在交易中不公平地严重忽视对方的利益。受到保护的，并非是协商合同当事人一方对另一方盲目的信赖，而是一种合理的信赖（berechtigtes Vertrauen），至于这种信赖是否合理，则要根据具体情况具体分析。

由于原《民法典》中对缔约责任没有规定，债法改革后对其的规定也只是原则性的条款，人们无论是过去、现在还是将来，都只能通过典型案例分析不断总结和完善这一制度的理论和实践，因此，这项制度可以说是德国民法中的一项判例法④。

根据迄今为止的学说和案例，大致可将缔约责任的事实要件分为下列五种情况⑤：（1）在合同准备或协商阶段违反一般的对对方的保护和注意的义务；（2）无故终止协商合同；（3）导致合同无效；（4）违反告知和解释义务，订立违反对方意愿的合同；（5）第三人，特别是所谓事务管理人（Sachwalter）单独的责任。除了第一种情况外，学说往往用“基于特殊情况，当事人一方对另一方的信赖（Vertrauen）而产生的责任”作为缔约责任的理论依据，但信赖这一概念的内容过于抽象而不易掌握，它并不比缔约责任这个概念本身更

---

① Köhler, Helmut, *BGB Schuldrecht I*, 18. Aufl. 2000, S. 91—93.

② Horn, Norbert, *Culpa in Contrahendo*, JuS 1995 (377—387), 378.

③ Medicus, Dieter, *Verschulden bei Vertragsverhandlungen*, in: BMJ (Hrsg.), *Gutachten und Vorschläge zur überarbeitung des Schuldrechts* I, 1981, S. 479—550.

④ Horn, Norbert, *Culpa in Contrahendo*, JuS 1995 (377—387), 387.

⑤ Emmerich, Volker, *Das Recht der Leistungsstörungen*, 4. Aufl. 1997, München, S. 37.

能说明问题①。可以说，它能解释缔约责任的所有问题，也可以说，它什么问题也解释不清楚②，并且在缔约责任中，它只是产生损失的因果关系链条中的一环③，因此，只能根据实际情况，通过确定由于一方当事人抽象的信赖而产生的另一方当事人的具体的义务，来研究缔约责任。

最后，笔者认为有必要对"缔约责任"的文义进行阐释。在研究德国法时，无论是大陆还是台湾的学者都习惯于将拉丁文的"culpa in contrahendo"，也就是德文的"Verschulden beim Vertragsschluß"（Verschulden = 责任、过错，Vertragsschluß = 订立合同）译成"缔约责任"，这种译法由来已久，笔者在此无意改变它。但值得注意的是，汉语"缔约责任"的字面意思很容易让人将其理解为缔结合同这一行为本身以及与合同内容相关的事实所产生的责任，但事实上，"缔约责任"在德国民法中的意义不限于此。在德语中，"bei"（beim = bei dem，dem 为定冠词）是一个表达"在"相关的时间、地点及情况下的含义不十分确定的介词，因此，"Verschulden beim Vertragsschluß"表达的实际上是在与签订合同有关的情况下而产生的一种责任，这种责任，在很多情况下，产生于与协商行为有关，但并非协商行为本身的其他行为（如前往另一方当事人的营业场所、买车前试车），并且这种责任可能与意图签订的合同内容有关，也可能与合同内容没有直接关系，在上文的介绍中，我们已经清楚地看到这一点。从时间上看，这是一种产生于合同成立之前，在符合某些前提条件的情况下，与订立合同有某种关联的责任，是一种"合同前的债务关系（vorvertragliches Schuldverhältnis）"。新债法也正是以时间点作为这一法律制度的重要特征，正如新债法 311 条第（2）款所规定的，这种责任产生于双方开始就合同进行协商（die Aufnahme von Vertragsverhandlungen）、就合同进行准备（die Anbahnung eines Vertrags）或者类似的与交易有关的接触（ähnliche geschäftliche Kontakte）。因此，在谈到德国法的缔约责任时，我们不应仅仅将其理解为"缔约的责任"，而不妨将其理解为"基于合同成立（或不成立）前的行为的、与订立合同有关的、法定的（债法改革后已有法律条文依据了）责任"。

（六）新法对缔约责任的规定

在债法改革中，241 条第（2）款是新增加的内容，该款原文为："债务关系可以按照其内容使任何一方负有顾及另一方的权利、法益和利益的义务。"

① Horn, Norbert, *Culpa in Contrahendo*, JuS 1995（377—387），387.
② Emmerich, Volker, *Das Recht der Leistungsstörungen*, 4. Aufl. 1997, München, S. 38.
③ Schlechtriem, Peter, *Schuldrecht Allgemeiner Teil*, 4. Aufl. 2000, S. 18.

这一款的内容一方面涉及原判例法"积极侵害债权"制度的部分内容（见下文对积极侵害债权的论述），另一方面，就是为了规定缔约责任而作的铺垫。

在新法的311条第（2）款中规定，241条第（2）款所称的义务同样可以产生于双方订立合同之前：（1）产生于合同协商的开始；（2）产生于合同的准备阶段，并且在准备阶段，一方使得另一方有了影响其权利、法益或利益的可能性，或将自己的权利、法益或利益托付给了另一方；（3）产生于类似前面两者的交易上的接触。

随后，311条第（3）款又规定，虽然不必然是合同的当事人，但与合同有某种关系的第三人也可能具有241条第（2）款中的义务，法律特别指出了当第三人使得合同一方当事人产生了对他的信赖，并且很大程度上影响了合同的协商和订立的情况。

对于311条第（2）款和第（3）款的规定，立法说明明确指出，这就是原判例法的缔约责任制度的事实要件的法典化，并且立法者有意采取了抽象的表达方式，这也意味着这一规定也只是一个"标签（Merkzettel）"，立法者无意改变原法施行期间判例和学说所发展出来的缔约制度的原则，并且即使有了这一条规定，这一制度今后的发展和完善仍要依赖判例和学说①。

与在债务关系产生后违反与给付无关的义务一样，缔约责任也可能导致合同前的当事人（或第三人）承担赔偿损失的责任，其依据也仍然是280条第（1）款、282条。在合同前的行为导致合同后无法苛求另一方当事人执行合同的，另一方也可以依据324条行使解约权。较原法而言，在法律后果方面，特别是赔偿消极利益的损失还是积极利益的损失的问题，并没有通过新法设立的条文得以解决，在实践中的由此产生的困难并没有得到任何程度上的减轻，因此，对判例和学说来讲，从法律结果角度研究缔约责任的任务也与旧法施行期间相比没有发生变化②。

三、交易基础的丧失（Wegfall der Geschäftsgerundlage）

（一）产生和发展

交易基础的丧失（Wegfall der Geschäftsgerundlage），更恰当的表达方式应为交易基础的障碍（Störung der Geschäftsgerundlage）③，它实际上包括了

---

① BT-Dr. 14/6040, S. 161, 162.

② Vgl. Westermann（Hrsg），*Das neue Schuldrecht 2002*，S. 88.

③ 新法313条主题词。

交易基础的缺乏（Fehlen）、改变（Änderung）和丧失（Fortfall 或 Wegfall），法理上常用的"交易基础的丧失"的表达方式是一个广义的用法，它包含了上述的三种情况。这一法律制度可以追溯到罗马法中"以同等情况来确定（clausula rebus sic stantibus = Bestimmung der gleichbleibenden Umstände）"的原则，即合同的订立是以一定的现实情况或未来的情况为基础的，合同的不改变也是基于这些情况不发生变化；相反，如果合同订立后，发现现实情况并非如此，或未来的情况发生了变化，而这些情况对合同的订立及其内容是至关重要的，合同就不能按照以前的情况来确定，而要根据实际或变化的情况作相应的调整。这可以视做"契约必须严守（pacta sunt servenda）"原则的一个例外①。在普鲁士《普通国家法（ALR）》中对交易基础的丧失有部分相应的规定②，19 世纪德国法学家 Windscheid 也以"前提条件（Voraussetzung）"为题，对此进行过详细的论证③。

《民法典》最初的立法者虽然在个别条文中也顾及到了这种情况（例如，321 条不安抗辩，528 条、530 条赠与物的返还请求，原法 610 条因借款人经济状况恶化而撤回贷款，779 条和解基础情况的错误），但因担心危及"忠实于合同（Vertagstreue）"的准则，并因此危及普遍的交易安全，因而没有将其作为一个一般性的规定写入债法总则④。这种立法状况是与当时德国以及整个欧洲相对稳定的社会形势相适应的，但随后的第一次世界大战、1918 年的德国革命以及 20 年代初的通货膨胀却改变了这种情况，使得司法实践不得不重新考虑如何调整这种形式的给付障碍⑤，在第一次世界大战后不久的一个判决⑥中，帝国法院是通过参照适用 275 条，以"经济上给付不能（wirtschaftliche Unmöglichkeit）"为理由，来赋予债务人变更或取消合同的权利的。

1921 年，Windscheid 的女婿、法学家 Oertmann 出版了专著《交易基础——一个新概念（Die Geschäftsgrundlage——Ein neuer Begriff）》，使这一问题的讨论在学术界又活跃起来，并最终在德国法上确立了这一概念⑦。与 Windscheid 不同的是，Oertmann 的交易基础并不是以客观的情况变化的本

---

① Köhler, *Die "clausula rebus sic stantibus"*, 1991, S. 23 ff.

② ALR I 5 §§ 377—385.

③ Windscheid, *Die Lehre des römischen Rechts von der Voraussetzung*, 1850; ders., AcP 78 (1892), 161 ff.

④ Mot. Bd. I, S. 249; Bd. II, S. 199, 315, 843; Prot. Bd. II, S. 99.

⑤ Schlechtriem, Peter, *Schuldrecht Allgemeiner Teil*, 4. Aufl. 2000, S. 168.

⑥ RGZ 100, 130.

⑦ Braun, Johann, *Wegfall der Geschäftsgrundlage*, JuS 1979, 694.

身，而是以当事人对（未写入合同的）情况变化的主观认识为出发点，即，交易基础是虽然未订入合同条款，但是是双方当事人在订立合同时共同意识到的现实的或者未来可能发生的、能够根本影响双方当事人的合同意愿的情况，也就是双方当事人的交易行为的事实基础；当这种现实或未来的情况发生了出乎当事人意料的变化时，就会使当事人的权利和义务与订立合同时所能预见到的大相径庭；如果一方当事人这时仍要求按原条款规定执行合同，就可能给另一方造成现实上的不公平。

1922 年，帝国法院第一次依据 Oertmann 的理论，对合同条件的变化以交易基础的丧失为理由作出了判决①。在随后的时间里，判例和学说对这一法律制度不断发展和完善，债法改革之前，它已经成为德国法上一项固定的习惯法。（新法 313 条对其进行规定）

（二）理论基础及案例分类

按照判例②对所谓交易基础的阐释，它是基于双方或一方当事人对某种情况"当前的存在"或"未来的可能出现"的意识，且他们的交易意愿也以此为基础；这种意识必须是在合同订立之时就已经存在的，但却没有被写入合同；如果这种意识只存在于当事人一方，则它必须是能被对方所认识到的，且对方对它没有提出异议。

德国法中的交易基础的丧失是以诚实信用原则（242 条、157 条）为理论依据的，可以成为所谓交易基础的情况，起码就合同的一方当事人来说，对合同的订立是至关重要的，并且他可以正当地要求对方当事人也必须顾及这种情况。假设这种情况不存在或起码一方当事人可以预见它的改变，则合同就根本不会订立或者会以另外的内容订立③。

但这一原则的滥用将会不公平地损害另一方当事人的利益，因此，这种订立合同的基础性的情况的变化必须是重大的变化，以至于达到了不能苛求一方当事人再遵守原合同的程度④。

对于能否"苛求（Zumutbarkeit 或译为可期待）"当事人遵守原合同条文的规定，并不在于当事人是否充分考虑到了某一情况，而在于事实上是否由当事人双方公平地分担了风险。从本质上讲，交易条件丧失的制度也就是要解决

---

① RGZ 103, 332.

② BGHZ 128, 236; BGH NJW 1997, 323.

③ Heinrichs, *Palandt-BGB*, 61. Aufl. 2002, § 242 Rn. 113.

④ Brox, Hans, *Allgemeines Schuldrecht*, 26. Aufl. 1999, München, S. 58.

交易风险分担的问题。

　　各自充分地预见自己所面临的风险，并各自承担这些风险可能给自己带来的不利，这是市场经济对参与者的一项根本的要求。但是经济交往中双方的利益冲突和风险的共同分担是不可避免的，如果双方对此进行了充分的预见和完善的约定，也就不会出现我们这里所提到的交易基础的丧失的问题。但是很多时候，风险（没有认识到某些情况，或预见的情况发生无法预见的变化）的出现完全超出了当事人主观上可以预见的范围，或在客观上背离了事物发展的规律，这时，让一方当事人单独承担风险所带来的不利后果是不公平的。具体地说，这里的问题在于，根据合同文义所确定的风险分担，从客观的角度观察，是否符合当事人的本来的实际意愿；或者事先没有预计到的重大变化，是否使得一方所承担的风险明显地、无正当理由地加重了他的负担。

　　另外，以交易基础的丧失为理由对合同的执行提出异议，只能是在合同订立后至合同履行完毕期间。一旦合同双方已经履行了自己的给付和对待给付义务，一般就不再考虑交易基础的丧失的问题了①。

　　根据意思自治原则，双方当事人在合同中的约定，优先适用于交易基础障碍的制度，因此，如果双方在合同中约定了所附的条件（158条），或一方当事人在一定情况下保留解约权（原法346条），则这些条件和情况不属于这里所称的交易基础（Geschäftsgrundlage），也就是说，交易基础是指对合同的订立及内容有重大影响的、当事人没有约定也无法从合同内容中推定的情况②。

　　在上面"产生和发展"一节中提到了《民法典》对某些情况变化的特殊规定，当可以适用这些规定时，则应该优先适用这些法律的特殊规定，而排除适用交易基础的丧失。另外需要注意的是，119条及以下各条关于因错误而撤销意思表示的有关规定，相对于交易基础的丧失，也应优先适用。但长期以来一直有争议的是：是否双方共同认识错误的情况也应优先适用。根据122条的规定，发生认识错误时，由提出撤销的一方负赔偿损失的责任；但在共同认识错误时，由其中哪一方提出撤销意思表示往往是很偶然的，以这种偶然性来确定责任方，显然是不公平的。因此，判例③认为，119条及以下各条只适用于单方的错误，而如果是双方共同认识错误，则应通过交易基础丧失的原则来解决。

　　在判例和学说中，常常将交易基础分为客观（objektive）交易基础和主观（subjektive）交易基础，以及"大（groβe）"交易基础和"小（kleine）"交易基

---

① BGH NJW 1996, 990, 992, zu Ausnahme z. B. BGHZ 131, 209, 216 f.
② BGHZ 90, 67, 74; BGH NJW 1983, 2034, 2036.
③ BGHZ 25, 390, 392.

础。前面一对概念是为了区分从客观的角度讲交易基础出现了问题（如等值障碍和目标障碍的情况——见下文），还是当事人的对情况的认识发生了偏差（共同意识错误的情况——见下文）。而"大交易基础（große Geschäftsgrundlage）"主要是对灾难性的事件而言的（如自然灾害、战争、严重的经济危机、激烈的政治变革、社会动乱等），除此之外影响有限的事由所涉及的即为"小交易基础"（kleine Geschäftsgrundlage）①，区分后者的原因是因为，涉及"大交易基础"的情况的发生，往往同时触及了双方当事人的权利和义务②。

根据以往的案例及学说，现分述交易基础丧失的几种情况：

第一，经济给付不能（wirtschaftliche Unmöglichkeit）。

要理解所谓"经济给付不能（wirtschaftliche Unmöglichkeit）"首先要将其与"事实不能（faktische Unmöglichkeit 也称实际不能 = praktische Unmöglichkeit）"区别开来。后者指的是，虽然给付并非对任何人都是必然不可能的，但是出现了无法克服的巨大困难，如果没有极其特殊的动机，有理智的人是不会试图去尝试交付给付的③。常被引用的案例，如寻找落入海底的戒指，挖掘一幢摩天大厦地基下的宝藏。这种情况一般都可归入原法 306 条的给付不能。④

当困难还没有达到上述程度，但根据实际情况，给付会给债务人造成超常的困难，根据诚实信用原则，不应再期待他履行给付时，这种没有能力给付（Unerschwinglichkeit）的情况即为所谓"经济给付不能（wirtschaftliche Unmöglichkeit）"⑤。之所以如此称呼它，是因为帝国最高法院⑥最初在类似的情况中，是参照原法 275 条第（1）款对给付不能的规定来判决免除债务人的给付义务的。但后来，判例中的思路逐渐发生了变化，当出现某种情况导致债务人经济给付不能时，法院更多的是倾向于根据交易基础的丧失的原则进行判决⑦，这种思路一直延续到今天⑧。

---

① Schmidt-Räntsch, Jürgen, *Das neue Schuldrecht*, 2002, S. 203.

② Emmerich, Volker, *Das Recht der Leistungsstörungen*, 4. Aufl. 1997, München, S. 345, 346.

③ Emmerich, Volker, *Das Recht der Leistungsstörungen*, 4. Aufl. 1997, München, S. 24.

④ BGH LM § 134 BGB Nr. 107 = NJW 1983, 2873, 2874; Krückmann, AcP 101（107）, 1（60 ff）.

⑤ Emmerich, Volker, *Das Recht der Leistungsstörungen*, 4. Aufl. 1997, München, S. 77, 78.

⑥ RGZ 50, 255, 257; 88, 174, 174 ff.; 92, 322, 324 f.; 95, 41, 44; 99, 258, 259.

⑦ RGZ 103, 3, 5; 103, 328, 331 f.; 106, 7, 9; 168, 65, 73.

⑧ OGHZ 4, 177, 181; BGH LM § 242（Bb）BGB Nr. 12 = MDR 1953, 282 "Bohrhämmer-Urteil"; BGH LM § 242（Bb）BGB Nr. 50 = MDR 1966, 490; LM § 13 GVG Nr. 26 = NJW 1954, 1323; BB 1956, 254; 1964, 863; WM 1972, 656.

但应当引起注意的是，在出现"经济给付不能"时，对通过缩减债务人的义务来减轻他的负担的情况必须进行严格限制，因为与履行义务相联系的经济负担原则上是属于债务人的一般风险，特别是在合同中的义务；并且，从纯技术角度讲，特别是随着科技的发展，大多数给付不能的情况只要有足够的财力都是可以克服的（如上文寻找落入海底的戒指的例子），而在原法中，货币常被视为一种特殊的种类物①，因此根据原法 279 条，债务人对自己拥有足够的货币应付无限责任，换句话说，就是债务人原则上必须承担履行费用的风险（Aufwandsrisiko）②。正是出于这一原因，法院在"经济给付不能"时，对交易基础丧失的适用控制得十分严格，往往是在继续维护原给付义务，可能出现债务人经济上崩溃的危险时，才考虑减轻或免除他的给付义务③。

一个以前的案例④，如果用今天交易基础丧失的原则来分析，就很能说明问题：

一家磨坊生产并销售一种以保密工艺制成的特殊质量的面粉。该磨坊与一用户订立了合同，但合同履行到一半时，磨坊发生大火，烧毁了库存的所有面粉。这时，假如要求磨坊主无条件地继续履行合同，他就要从其他客户那里回购自己生产的面粉。这时，可以认为，双方当事人的交易基础是磨坊只负责提供自己直接生产出来的产品；而通过其他途径履行合同，并且产生了极高成本，从而发生的经济给付困难的风险，根据诚实信用的原则，不应由他承担，因此，应该免除他的给付义务。

第二，等值障碍（Äquivalenzstörung）。

给付和对待给付的价值等量关系是交易中的一项基本原则。虽然不排除当事人对于某一给付赋予特殊的价值标准，但总的来说，价值等量的比例关系是波动于一定范围之内的。但如果合同订立后，事实情况或法律情况发生了巨大变化，导致给付和对待给付的比例关系发生重大扭曲，这就有违于价值等量的普遍公平观念。但不容忽视的是，保证给付和对待给付适当的比例关系，本质上取决于双方当事人的意思自治，因此，只有当等值障碍重大，并且无法预见

---

① BGHZ 28, 123, 128; 83, 293, 300; Fikentscher, Wolfgang, *Schuldrecht*, 9. Aufl. 1997, Berlin, S. 159.

② Emmerich, Volker, *Das Recht der Leistungsstörungen*, 4. Aufl. 1997, München, S. 335.

③ RGZ 101, 272, 273; 163, 91, 96; 166, 40, 48 ff.; OGHZ 1, 62, 70 f.; 1, 386, 394 ff.; BGHZ 17, 317, 327 = NJW 1955, 1187; BGH LM § 242 (Bb) BGB Nr. 50 = MDR 1966, 490; BGH LM § 242 (Bb) BGB Nr. 91 = WM 1978, 322 = JuS 1978, 487 Nr. 6; LM § 284 BGB Nr. 2 = MDR 1953, 26.

④ RGZ 57, 116 对于该案，当时帝国法院是根据给付不能的原理，以经济上的给付不能为理由来判决的，后来的判例即放弃了这种方法，而直接适用交易基础丧失的原则。

时，才能构成交易基础的丧失。

等值障碍这类案例，最初发生在通货膨胀的年代，是由于货币贬值而产生的。但经济发展中一般的货币贬值并不构成交易基础的丧失，这种风险属于交易中的一般风险，是当事人应当预见和承担的。并且，假如整个经济交往中，货币单位数量的支付都与货币的实际价值相联系，将会加速通货膨胀的指数①，因此，德国《货币法（Währungsgesetz）》也规定，合同中如果订有付款数额与货币的购买力相联系的条款，则该合同必须得到合同履行地所在州的中央银行的批准（《货币法》第 3 条，批准的最重要条件是合同的履行期不少于10 年）。但是，如果经济形势处于非常阶段，出现了非正常的剧烈通货膨胀，导致货币购买力急剧下降，这时就有必要考虑是否存在交易基础丧失的问题了。

在德国现代民法史上，帝国最高法院于 1923 年在所谓"织袜纺纱案（Vigogne-Spinnerei-Fall）"中②，第一次针对货币贬值的问题，以交易基础的丧失为理由作出了判决。在该案中，买主与纺纱厂以一定价格订立了一批纺纱的买卖合同，合同订立后到双方约定的第一次付款时间的半年内，帝国马克贬值了80%。法院认为，这种货币贬值导致的给付和对待给付比例关系的重大变化可以作为理由而提出"情况变化的异议（Einwand der veränderten Umstände）"，但同时法院也指出，纺纱厂并不必然具有解约的权利，而是首先应该根据变化的情况调整合同，并尽量保证合同能够得以执行。

这类因货币贬值而造成的等值障碍的案例的原则，尤其对长期合同具有重要意义，特别是对具有扶助性质的合同，如抚养费的支付协议③。根据对弱势群体的保护原则，这类合同适用等值障碍的原则的标准要低于一般的经济合同④（新法 1612a 条对未成年人抚养费的定期调整作了明文规定）。

另外，价值降低的风险不仅可能出现在货币给付之中，而且可能出现在实物给付（Sachleistung）之中。例如，一药剂师因退休，要有偿出让药店的营业地点许可证，合同订立后，法律取消了这种许可证制度，这时，该许可证就变得一文不值了⑤。

价格浮动的风险，原则上应由债务人承担，因为大多数情况下，价格浮动的风险属于市场的一般风险，是他在经济交往中所必须承受的；但等值障碍也

---

① Klunzinger, Eugen, *Einführung in das Bürgerliche Recht*, 8. Aufl. 1998, S. 187.
② RGZ 103, 328.
③ BGHZ 128, 320, 329.
④ Schmidt-Räntsch, Jürgen, *Das neue Schuldrecht*, 2002, S. 203.
⑤ BGH NJW 1960, 91.

可能是由于无法预见的大幅度费用的上涨而发生，以至于超出了客观上能够期待债务人以原价格给付的界限。这种情况可能是基于不可抗力，也可能是产生于不属于债务人风险范围内的事由。例如，甲根据仓储合同在乙的仓库储存小麦，但一场罕见的暴雨毁坏了仓库原本十分坚固的顶棚，乙不得不另外租用他人的仓库来履行自己的仓储义务，这时乙可以要求调整合同与甲分担增加的费用①。又如，业主与建筑公司签订了一个固定价格的房屋建筑合同，但在施工时发现，业主提供的地基性状的说明与实际情况不符，导致建筑费用大幅度上涨②。这时，只有运用交易基础的丧失的原则，适当地调整合同，才能公平地平衡双方的利益。

第三，目的障碍（Zweckstörung）。

目的障碍这类案件首先应与所谓目的达到（Zweckerreichung）和目的丧失（Zweckfortfall）的案件区别开来。在后两者中，目的本身就是合同内容的组成部分，而给付的结果却由于债务人以外的原因而实现或者最终无法实现。例如，搁浅的船只在拖船到来之前因涨潮而脱离困境或者整船发生解体，又如，在医生到来之前病人痊愈或者死亡。在这类案件中，给付从根本上已经不可能，因而应属于由给付不能的规定来解决的问题③。

而目的障碍（Zweckstörung）是指给付本身仍然完全是可能的，但由于事后情况的变化，使得债权人无法实现给付的目的，因而给付这时对他已没有意义。下面是一个经常出现在德国民法教科书中的一个英国的案例（加冕游行案＝Krönungszug-Fall）：为了观看1902年7月26—27日英国国王爱德华七世的加冕游行，许多人租用他人临街房屋的阳台的位置。但在加冕仪式前两天，国王却患了腹膜炎而取消了游行，租用者因此而拒付租金④。又如，（啤酒供应案＝Bierlieferung-Fall⑤）贸易商为了向伊朗出口啤酒，以优惠价格与啤酒厂订立批量供货合同，但在合同订立后不久的1979年，伊朗发生了霍梅尼领导的伊斯兰革命，革命后的一项规定禁止人们消费和在市场上销售含有酒精的饮料，因此，贸易商在伊朗境内的代理商纷纷取消了与贸易商的合同；这时，贸易商可以以交易基础的丧失为理由解除与啤酒厂的供货合同。

---

① BGH NJW-RR 1995, 1117.

② BGH NJW 1969, 233.

③ Emmerich, Volker, *Das Recht der Leistungsstörungen*, 4. Aufl. 1997, München, S. 277—280.

④ Pawlowski, *Allgemeiner Teil des BGB*, 6. Aufl. 2000, S. 278; Zimmermann, AcP 193, S. 121 ff. 141 f.; Heinrichs, *Palandt-BGB*, 61. Aufl. 2002, § 242 Rn. 146; Schlechtriem, Peter, *Schuldrecht Allgemeiner Teil*, 4. Aufl. 2000, S. 166, 167.

⑤ BGH NJW 1984, 1746.

但应引起注意的是，合同一方当事人的目的，从根本上讲是属于他自己的风险范围之内的事由，对于对方当事人来说，这种目的对签订合同来说并无意义，例如，在购物中心租用店面，租户不能以生意不赢利为理由提前解除租用合同①；一位父亲在家具店为女儿订购嫁妆，不能以婚约取消为理由拒绝付款②；因为要观看演出而预定演出当地的宾馆房间，不能因为演出取消无须入住而取消订房合同③；等等。在这种情况下，目的并不能成为交易的基础，因此，一方无法通过合同达到自己的目的，也就谈不上交易基础的丧失。

而合同的目的能成为交易基础时，应该是根据诚实信用的原则能够认为，给付的内容不仅仅局限于简单的交付给付，而是客观地包含了实现这一目的的意图④，以至于如果合同目的无法实现而一方当事人仍然要求另一方必须接受给付时，就出现了前者的行为意图前后矛盾的状况⑤，因此，后者的目的也应该为前者所知道或者应当知道⑥，并且，按照诚实信用的原则来评判，这一目的应当被前者所重视。另外，特别是前者的利益也与该目的的实现有关时，目的无法实现往往可以认为是交易基础丧失。

例如，甲在森林中有一幢长期闲置的木质结构的古屋，乙想将其利用起来以供人们参观，因此与甲订立了购买合同。但由于木屋的所在地属于环境保护区，因而建造周围辅助设施的申请没有被批准，导致乙的目的无法实现。在这里，甲能否出售木屋与乙的目的有直接的关系，甲自己也应当意识到这一点，因此，因申请未获批准使得乙的目的无法实现也就导致了甲乙双方合同的基础条件的丧失⑦。

第四，共同的错误意识（Gemeinsame Fehlvorstellungen）。

这种情况是指，双方当事人在订立合同时，对当前的情况会有某种共同认识，或者对当前情况在未来的变化有共同的估计；这也可能是基于一方的意识，而对方对此不加异议地予以默许。当合同的意愿实际上建立在这种（未被订入合同条款的）意识的基础之上时，它便成为了交易基础。而在合同订立后，如果证明这种共同的意识是错误的，且错误重大以致严重影响了双方的合同意愿，则就出现了交易基础丧失的情况。例如，双方对汇率计算方法的错

---

① BGH NJW 1970, 1313；1978, 2390；1981, 2405.

② LG-Schlewig MDR 1998, 1033.

③ LG-Braunschweig NJW 1976, 570/970.

④ BGHZ 1985, 50, 57.

⑤ Larenz, *Lehrbuch des Schuldrechts*, *Allgemeiner Teil*, 14. Aufl. 1987, §2111.

⑥ BGH NJW-RR 1993, 311.

⑦ Willoweit, JuS 1988, 833, 836 ff.

误适用①；或者，双方忽视了税率已经发生变化，而仍旧使用失效的税率表②。

相对于上面提到的目的障碍的情况，学理上认为这里涉及的是所谓主观交易基础（subjektive Geschäftsgrundlage）的问题③。但事实上，这种情况很多时候包含了上面的另外三种情况。造成所谓主观交易基础和客观交易基础的区别的原因，实际上只是从不同角度出发，对问题进行的观察和论述④。例如，上面的木屋案我们可以解读为：甲乙双方在基于认为可以得到批准并实现乙的目的的意识之下，签订了木屋买卖合同，而后来证明甲和乙的意识是错误的。

（三）法律救济

出现交易基础的改变或丧失时，可能导致整个合同的取消。这种取消是基于一方的形成权，还是一方当事人具有实体法上的、可要求对方认可取消合同的请求权，应由法院依职权来认可，对于这个问题，审判实践和学术研究中都一直存在争议⑤。但无论如何，当交易基础的变化造成一方当事人的严重困难时，如果他的理由正当，他就具有拒绝给付的权利。

但是，取消合同在这种情况下毕竟是法律救济的最后手段（ultima ratio），在有可能时，应尽量只对合同进行相应的调整（Anpassung）。在诉讼程序中，这种调整是通过当事人行使形成权来实现，还是应由法院依职权（von Amts wegen）来确定，一直存在争议⑥。一些学者也建议，在依职权对合同进行调整之前，法院应要求双方当事人先对合同重新进行协商⑦。

（四）新法中的交易基础⑧的障碍（Störung der Geschäftsgrundlage）

在新法中，除了缔约责任和积极侵害债权以外，交易基础丧失是另一个被法典化的判例法制度。新法313条规定了交易基础的改变（Veränderung der

---

① RGZ 105, 406.

② BGH DB 1976, 234.

③ Pawlowski, *Allgemeiner Teil des BGB*, 6. Aufl. 2000, S. 280.

④ Schlechtriem, Peter, *Schuldrecht Allgemeiner Teil*, 4. Aufl. 2000, S. 167.

⑤ Schlechtriem, Peter, *Schuldrecht Allgemeiner Teil*, 4. Aufl. 2000, S. 170.

⑥ Emmerich, Volker, *Das Recht der Leistungsstörungen*, 4. Aufl. 1997, München, S. 354.

⑦ Horn, *Vertragsdauer*, in: *Gutachten und Vorschläge zur Überarbeitung des Schuldrechts*, hrsg von Bundesminister der Justiz, Bd. 1, 1981, S. 551—646; Heinrichs, *Palandt-BGB*, 61. Aufl. 2002, § 242 Rn. 130.

⑧ 陈卫佐将其译为"行为基础"（见《德国〈民法典〉》，陈卫佐译注，法律出版社2004年版，第101页）。

Geschäftsgrundlage）和交易基础的缺乏（Fehlen der Geschäftsgrundlage）及其法律后果①，在这里，新法 313 条的主题词是"交易基础的障碍（Störung der Geschäftsgrundlage）"，而没有沿用以前"交易基础丧失（Wegfall der Geschäftsgrundlage）"的习惯用语，因为从语义上讲，后者只表述了一种动态的变化，而没有将自始就缺乏交易基础的情况包括进来②。

交易基础丧失的理论来源于诚实信用原则，因此，本来新法也可将其与诚实信用的基础性条款 242 条联系起来进行规定，但由于交易基础的丧失主要是存在于合同之中，因此将其归入债法第三章合同之债中现在的位置（313 条）更为合适③。另外，新法中该条的用语也表明，其只适用于合同关系，至于在其他法律行为障碍中，是否可以参照该条的原则免除或调整债务人的义务，立法者有意留给了判例和学说来解决④。

新法 313 条对交易基础的障碍只作了原则性的规定，按照立法者的意愿，该条既无意改变司法现状，也不是要创制一个精确的条款，而"只是复述已经公认的规则"⑤，只是把以往司法案例和学说总结出的基本原则载入了法典。因而，以前判例中给付障碍适用的前提条件，特别是交易条件的丧失作为一种例外情况（研究交易基础的丧失应采取排除法的思考方式，即根据事实要件排除一般的情况，只在特殊的例外情况下适用交易基础的丧失），并没有因为其通过 313 条的法典化发生改变⑥。并且，由于该条只是一个一般性的规定，未来的司法实践仍要根据个案将其具体化，而具体化的依据仍然是以前判例中的原则⑦。所以，本文在前面对原法中交易基础丧失的案例总结同样适合于这一部分的论述。

（五）事实要件

根据 313 条的规定以及以往判例中的原则（见上文对原法交易基础的丧失的论述），可导致取消或调整合同的交易基础的障碍必须同时具备：

1. 当事人订立合同时以某种情况为前提，但该情况事后发生了变化［313条第（1）款］或自始不存在［313 条第（2）款］；

---

① Schlechtriem, Peter, *Schuldrecht Allgemeiner Teil*, 5. Aufl. 2003, S. 207.

② Looschelders, Dirk, *Schuldrecht Allgemeinerteil*, 3. Aufl. 2005, S. 310 Fn. 23.

③ BT-Dr. 14/6040, S. 175; Schmidt-Räntsch, Jürgen, *Das neue Schuldrecht*, 2002, S. 205.

④ Hohloch, *Erman-BGB-Hk*, 11. Aufl. 2004, § 313 Rn. 11.

⑤ BT-Dr. 14/6040, S. 175.

⑥ Dauner-Lieb/Heide/Lepa/Ring (Hrsg.), *Das Neue Schuldrecht*, 2002, S. 146.

⑦ Vollkommer, *Jauernig BGB-Kommentar*, 10. Aufl. 2003, § 313 Rn. 1.

2. 这种情况没有被订立进合同的内容当中（也只有这样才成为所谓交易基础）；

3. 假如当事人预见到该情况将发生变化或知道该情况不存在时，就不会订立合同，或者会以另外的内容订立合同；

4. 顾及个案中的所有情况，特别是约定或法定的风险分担，无法苛求一方当事人再坚持遵守原合同①。

在以前的学说中，有客观交易基础（objektive Geschäftsgrundlage）和主观交易基础（subjektive Geschäftsgrundlage）的区分，但需要引起注意的是，新法313条第（1）款和第（2）款的区别并不在于此②，因为，完全可以参照313条第（2）款，把313条第（1）款解读为当事人"对情况将来的变化的意识是错误的"，这里同样不可避免地包含主观的因素，所以这两款的区别不在于主观和客观（在新法中这样区别也似乎没有必要③），而只在于交易基础的障碍是由于动态还是静态的原因，即在合同订立后，情况是否发生了变化④。但这种分类方法，同样也包含了过去案例和学说中交易基础丧失的各种情况（见上文原法交易基础丧失中的"理论基础及案例分类"）。

另外，如果合同当事人预见到了未来可能发生的变化，则这种风险就要由当事人承担，而不适用311条第（1）款。但在实践中，可能即使是通过解释合同，也无法确定当事人的明确意思。这时，如果当事人的行为不是出于明显的投机或冒险的动机，且发生变化的风险不属于当事人可以控制的范围而不能苛求当事人对情况的变化可以采取防范措施，则也不排除适用交易基础障碍原则的可能性。

（六）法律后果

根据313条第（1）款及第（2）款，出现交易基础障碍时，当事人首先享有在内容上调整合同的请求权（条文表述为 so kann Anpassung des Vertrags verlangt werden = 即可要求调整合同⑤）。其次，当不可能调整合同或无法苛求一方当事人调整合同时，遭受损失的一方有解约权（Rücktritt）；在持续债务

---

① BT-Dr. 14/6040, S. 175.

② Hohloch, *Erman-BGB-Hk*, 11. Aufl. 2004, § 313 Rn. 7, 8.

③ Emmerich, Volker, *Das Recht der Leistungsstörungen*, 5. Aufl. 2003, München, S. 411.

④ Medicus, *Bürgerliches Recht*, 20. Aufl. 2004, S. 108.

⑤ 陈卫佐译为"可以请求合同的改订"，［见《德国〈民法典〉》，陈卫佐译注，法律出版社，2004年，101页313条第（1）款，以及第三目的标题］，但"Anpassung"德文原意是"适应"，而"改订"意味着重新订立合同，因此译为"调整"更为贴切。

关系中他可以通知终止合同（Kündigung）。这里是新法对原判例法的一个重要修正（参见上文原法交易基础的丧失中"法律救济"）。

第一，调整合同的请求权（Anpassungsanspruch）。

新法 313 条赋予了债权人可以要求债务人调整合同的权利。而按照以前的判例，债权人却无法提起这种内容的起诉来保护自己的利益，他只能直接提出要求给付的诉讼请求，而给付诉求作为一个整体往往会被驳回。而要求调整合同的诉求的内容可以十分灵活，只要符合 313 条的前提，它就几乎不存在被全部驳回的可能性。同样，债务人也可以行使这一权利，即他可以要求债权人作出"同意接受被调整的给付"的声明①②。

在以往的案例③中，当出现交易基础丧失的情况时，首先考虑的不是取消合同，而是在维持合同的前提下，尽量考虑双方当事人的利益，对给付和对待给付的内容及范围进行调整。但这种调整是由法院依职权来进行还是通过当事人行使请求权来实现，在过去一直存在争议④。根据过去的判例⑤，当事人需要（也是必须）提出的，只是因交易基础丧失而无法遵守原合同的诉求。如果该诉求成立，法院即可依法对合同进行调整。新法明确地将要求调整合同规定为一种请求权，也就是说，遭受损失的一方必须直接提出调整合同的请求。按照立法者的期望⑥，当事人双方应当先就合同的调整进行协商，但这也绝不是说当事人有重新协商合同的义务⑦，而是可以不经协商直接提起诉讼。

第二，取消合同的请求权。

根据新法 313 条第（3）款，当不可能调整合同或无法苛求当事人调整合同时，可以通过解约（Rücktritt）或通知终止（Kündigung）来取消合同。在这里，只有遭受损失的一方才享有解约和通知终止的权利，并且，这里的"无法苛求"要比 313 条第（1）款更进一层，也就是说，当出现交易基础的障碍无法苛求当事人遵守原合同时，并且在这种情况下又无法苛求当事人调整

① BGHZ 91, 32, 36; BGH NJW 1969, 233; Münchkomm/Roth, § 242 Rn. 651.

② Schultz, Michael, *Leistungsstörungsrecht*, in Westermann（Hrsg）, *Das Schuldrecht2002*, 2002, S. 101.

③ BGHZ 47, 48, 52; 83, 251, 254; 89, 226, 238.

④ Emmerich, Volker, *Das Recht der Leistungsstörungen*, 4. Aufl. 1997, München, S. 354.

⑤ BGHZ 54, 145, 155 = NJW 1970, 2157 = JuS 1971, 103, Nr. 3 "Biesenkate"; BGH LM § 242（Bb）BGB Nr. 34 = NJW 1959, 2203; LM § 242（Ba）BGB Nr. 38 = MDR 1962, 556; LM § 328 BGB Nr. 46 = NJW 1972, 152.

⑥ BT-Dr. 14/6040, S. 176.

⑦ Looschelders, Dirk, *Schuldrecht Allgemeinerteil*, 3. Aufl. 2005, S. 316.

合同，这时，遭受损失的一方才可行使解约权①。因此，和原法一样，在交易基础的障碍出现时，取消合同只是法律救济的最后手段（ultima ratio）②。

四、积极侵害债权（Positive Forderungsverletzung – pFV）

（一）产生和发展

在原《民法典》的债法总则中，履行障碍法的两大支柱为给付不能和迟延，对因不适当地履行义务而发生的违反义务的情况却没有进行普遍的规定。当时的立法者认为，通过给付不能、迟延（包括部分给付不能和部分迟延），以及债法分则中，个别债务关系中的有关无瑕疵担保的规定（如买卖——原法 459、462、463、480 条；租赁——原法 537、538、540 条；承揽——原法 633、634、645 条等），就可以涵盖所有给付障碍的情况③。

但在《民法典》实施不久的 1902 年，德国著名的律师施道波（Samuel Hermann Staub，1856—1904）就在他的一篇文章《积极的损害合同及其法律后果（Die positiven Vertragsverletzungen und ihre Rechtsfolgen)》④ 中指出，《民法典》的规定存在一个巨大的法律漏洞。施道波首先举了两个例子⑤来说明这个漏洞的存在：

1. 买主买来的已经染上病虫害的苹果，传染了他储藏在同一仓库里的其他苹果。如果卖主没有对他出卖的苹果的品质作出许诺，同时没有故意的欺诈行为，则买主就不能要求赔偿损失（原法 463 条），而只能就卖主的苹果要求减少价金或解除合同（原法 462 条）。

2. 财务会计作出了一份错误的财务报表而造成了损失。在劳务合同的有关规定中（原法 611 及其后各条），没有对因不当地履行劳务义务造成的损失作出规定；而根据侵权法，如果该财务会计并非出于违反善良风俗的故意（826 条），而是由于过失，则无法要求他赔偿概括的财产损失（823 条中列举的权利和法益中不包括概括的财产 – Vermögen，见上文缔约责任的"发展历史"中关于侵权法的弱点）。

---

　　① Schultz, Michael, *Leistungsstörungsrecht*, in Westermann（Hrsg), *Das Schuldrecht2002*，2002，S. 102.

　　② Hohloch, *Erman-BGB-Hk*, 11. Aufl. 2004，§ 313 Rn. 44.

　　③ Klunzinger, Eugen, *Einführung in das Bürgerliche Recht*, 8. Aufl. 1998，S. 252；Brox, Hans, *Allgemeines Schuldrecht*, 26. Aufl. 1999，München, S. 168.

　　④ *Festschrift für den XXVI. DJT Berlin* 1902，S. 29 ff.

　　⑤ Schlechtriem, Peter, *Schuldrecht Allgemeiner Teil*, 4. Aufl. 2000，S. 184.

　　施道波指出，在这种情况下，应该类推适用履行不能和债务人迟延的法律后果的有关规定（原法280、286条，在双务合同中原法325、326条），由违反合同义务的人赔偿损失，并可在一定情况下适用解约法的有关规定。在其后帝国最高法院的一个经常被引用的"马饲料案（Pferdefutterfall）"① 中（出卖人出卖的饲料中，因过失含有有毒的蓖麻籽，导致买受人两匹马死亡。），法官完全采纳了施道波的观点。

　　随着实践和法学理论的发展，在判例法填补这一漏洞的过程中，新的案情不断被"发现"，虽然许多人还习惯适用施道波的积极的合同损害（positive Vertragsverletzung – pVV）这一概念，但实际上用积极侵害债权（positive Forderungsverlezung）更为确切，因为被损害的债权不仅仅产生于合同，也完全可能是基于法定之债。另外一个常用的概念是"不当给付（Schlechtleistung）"或"不当履行（Schlechterfüllung）"，一些学者甚至将其作为积极侵害债权的同义词，这同样也容易引起歧义：首先，迟延也可以理解为一种"不当"给付，它是一种仍然可能的或者已经完成的，但在时间上却是不当的给付②；另外，即使将不当给付仅仅限制在积极侵害债权的范畴内，它也无法包含所有情况，因为在由学说和判例总结出的这类案例中，不仅仅涉及给付这一行为本身的义务，很多情况下是由于违反了合同中的保护、说明、忠实等附随义务（Nebenpflichten）而造成了损失，因此，从这个意义上讲，不当履行只是积极侵害债权的情况之一③。本文下文中也正是从这个角度将不当给付作为积极侵害债权的情况之一。而在积极侵害债权这一概念中的"积极"，正是为了区别"消极"的不履行的情况（给付不能、迟延）④，因此，当出现给付不能和迟延时（包括部分给付不能和部分迟延）的情况时，则不属于积极侵害债权的范畴。综上所述，我们可以从技术角度给积极侵害债权作如下定义：积极侵害债权产生的基础首先的是一项可能的给付，并且债务人在时间上正确地履行了债务；但是，以诚实信用原则为标准，债权人得到的给付的品质却与债务关系的内容不相适应，或者债务人违反了根据合同内容本来应该具有的附随义务；当债法分则中有关瑕疵责任的规定无法全面有效地保护义务相对人的正当利益时，即适用债法总则的积极侵害债权的制度⑤。

---

① RGZ 66, 289.

② Fikentscher, Wolfgang, *Schuldrecht*, 9. Aufl. 1997, Berlin, S. 267.

③ Schlechtriem, Peter, *Schuldrecht Allgemeiner Teil*, 4. Aufl. 2000, S. 183; Klunzinger, Eugen, *Einführung in das Bürgerliche Recht*, 8. Aufl. 1998, S. 251, 252.

④ Schlechtriem, Peter, *Schuldrecht Allgemeiner Teil*, 4. Aufl. 2000, S. 183.

⑤ Fikentscher, Wolfgang, *Schuldrecht*, 9. Aufl. 1997, Berlin, S. 267.

正是因为积极侵害债权这一法律制度是用来填补法律漏洞的，所以它在履行障碍法中具有"后援性（Subsidiarität）"，是为了调整"收容性的事实要件（Auffangtatbestand）"，也就是说，当出现了违反债权中的义务而造成损失的情况时，只有在不属于法律条款中有关给付不能、迟延和债法分则中无瑕疵担保的规定所调整的范围之内时，才可适用积极侵害债权①。同时，也正是由于积极侵害债权的这一特点，使得其情况十分复杂而很难将其总结成一个统一的事实要件，因此，在学说中，往往通过总结案例对其进行归类。另外，在上文中已经提到，缔约责任和积极侵害债权都是为了填补法律漏洞而发展起来的判例法律制度，很多情况下，其义务都是基于合同（包括意图订立的合同）这一事实而产生的，因此，在它们当中，有许多违反义务的事实要件十分相似，只不过违反缔约责任中的义务的行为发生在合同前，而违反积极侵害债权中的义务是基于一个已存在的债务关系（往往是合同）。

（二）案例分类

第一，不当给付（Schlechtleistung）。

当违反债务关系中的义务，造成产生于给付标的本身的损失时（例如，质量瑕疵、数量不足、价值不符、服务不到位等），往往可以在债法分则中找到相应的规定。但当债法分则规定不周延或者损失发生在给付标的以外时，即出现所谓附随损失（Begleitschäden）或瑕疵结果损失（Mangelfolgeschäden）②时（例如，上文中的马饲料案③），法律漏洞就显现出来了。当然，不排除在这种情况下适用侵权法的有关规定，但是，当已经存在一个债务关系（特别是合同关系）的情况下，由于侵权法的弱点（见上文缔约责任的"发展历史"中的论述），显然运用积极侵害债权更为合理，也对受损害人的利益的保护更加有利；并且，在这种情况中，很多时候侵权法根本就无法适用（例如，上文中提到的施道波所举的第二个例子）。类似的结果还可能出现在医生的诊疗失误、律师提供咨询或代理诉讼中的失误等情况中。

还有一类情况，虽然给付标的本身没有问题，但是，由于与给付行为紧密相关的行为，甚至是给付行为的一部分，造成的其他损害。例如，不当的容器发生泄漏，造成丙烷气在买受人处发生爆炸；不当的运输方式使电池在收货人

① Schwerdtner, Peter, *Positive Forderungverletzung*, Jura 1980（213—222），215；Klunzinger, Eugen, *Einführung in das Bürgerliche Recht*, 8. Aufl. 1998, S. 252；Brox, Hans, *Allgemeines Schuldrecht*, 26. Aufl. 1999, München, S. 169.

② Schlechtriem, Peter, *Schuldrecht Allgemeiner Teil*, 4. Aufl. 2000, S. 186.

③ RGZ 66, 289.

处造成火灾①；又例如，供油商给加油站供油，因误将 A 型号的汽油注入到 B 型号油的储藏罐，不但使两种不同的油混在了一起，还造成了一些来加油的顾客的车的损害，使得加油站不得不赔偿顾客的损失②。

第二，违反附随义务（Verletzungen von Nebenpflichten）。

1. 告知和解释的义务（Mitteilungs- und Erklärungspflichten）

根据诚实信用原则（157、242 条），即使是合同中没有规定，一方当事人也有主动向对方当事人就某些事由进行正确告知和解释的义务。

例如，汽车修理厂为顾客的汽车更换刹车垫片，发现刹车器里的制动液已经没有了，但却没有提醒顾客，该顾客在开车回家时发生了事故③。这里，修理厂正确履行了更换刹车片的义务，但更换刹车片的目的是为了保证刹车系统的正常使用，当修理厂知悉有实现这一合同目的的其他障碍却没有告知车主时，即违反因该合同而产生的义务。

再例如，银行与储户根据当时的税收情况签订了一个对储户十分有利的储蓄协议，但后来税收政策发生了重大变化，而银行却没有向储户通知和进行解释，储户因没能及时更改储蓄协议而蒙受了税收方面的损失④。

这种告知和解释的义务很难确定一个固定的范围，而要根据合同的目的和内容、双方当事人的知识和能力以及双方对信息知悉程度的区别来确定。一般来讲，这种告知和解释的义务在积极侵害债权中要比缔约责任中重。

2. 保护和注意的义务（Schutz- und Sorgfaltspflicht）

例如，修缮粮仓的工人在工作时抽烟，不小心点燃了粮仓里储存的粮食。虽然这一行为并不属于其执行职务的行为本身的一部分，但却发生在其履行合同的过程中；由于粮仓这个特殊地点，工人工作时，有特殊的注意义务（不抽烟），但他却违反了这种义务，而给当事人的财产造成了损失⑤。

在履行合同的过程中，合同双方当事人都有对对方的人身和财产尽到足够的保护和注意的义务，在上文缔约责任中提到的"地毯卷案"⑥ 的类似的案情假如发生在合同订立之后，则属于这种情况。同时，根据合同保护第三人的原

---

① Klunzinger, Eugen, *Einführung in das Bürgerliche Recht*, 8. Aufl. 1998, S. 253.

② BGH NJW 1989, 2118.

③ Brox, Hans, *Allgemeines Schuldrecht*, 26. Aufl. 1999, München, S. 168.

④ Klunzinger, Eugen, *Einführung in das Bürgerliche Recht*, 8. Aufl. 1998, S. 253.

⑤ Fikentscher, Wolfgang, *Schuldrecht*, 9. Aufl. 1997, Berlin, S. 272；Schünemann, Wolgang B., *Die positive Vertragsverletzung – eine kritische Bestandsaufnahme*, JuS 1987 (1—9), 7.

⑥ RGZ 78, 239.

则，这种义务的相对人也应扩及与合同当事人有密切关系的其他人①。

3. 忠实合同的义务（Pflicht zur Vertragstreue，Royalitätspflicht）

忠实合同的义务要求合同当事人对于未到履行期的合同，避免一切可能影响将来执行合同或可能影响合同目的的行为。

例如，一位顾客向一汽车交易商订购一辆新车，并希望尽快得到该车。交易商承诺在 X 日之前交付。在 X 日前两天，该顾客在偶尔路过交易商处时，看到了这款新车，根据各种情况，这显然就是他订购的那辆车。但这时，交易商正指令其员工将该新车上的一些零件与另一辆同款旧车上的零件对调。顾客当即提出解除合同。在这里，因为还没有到履行期，虽然存在给付不能或迟延的可能性，但此时，这些情况也只能是推测而无法直接适用。但由于交易商严重违反忠实合同的义务，使得顾客丧失了对他的信任，因而不能在这种情况下再苛求顾客遵守合同，因而法院根据积极侵害债权的原则类推适用原债法总则286 条第（2）款迟延的规定，判决顾客可以基于履行利益的丧失而解除合同②。

如果合同一方当事人在合同到期前就郑重宣称将不执行合同时，也属于这种情况。例如，在承揽合同中，定做方提前表示拒绝接受定做物。此时，因合同未届履行期而无法适用迟延的有关规定，但因为定做方违反诚实信用原则将导致合同的无法执行，所以，承揽方在合同未到期之前，即可立即要求定做方支付承揽费用③。这种情况类似于附条件的合同中，一方违反诚实信用原则故意导致条件无法成就。

4. 继后的忠实义务（Nachwirkende Treuepflicht）

继后的忠实义务是指债务人正确地履行了债务本身后（在双务合同中，双方都正确地完成了合同规定的给付义务），但对债权人来说，合同最终目的的实现或穷尽还要经历一个进展阶段（Abwicklungsstadium），这期间，在某些情况下，债务人至少在一段合理的时间之内，仍要通过积极的作为或消极的不作为来保证合同最终目的的实现，从而尽到保护、注意、解释、说明、通知等方面的义务。④

---

① Schwerdtner, Peter, *Positive Forderungsverletzung*, Jura 1980（213—222），216；Emmerich, Volker, *Das Recht der Leistungsstörungen*, 4. Aufl. 1997, München, S. 247.

② BGH NJW 1978, 260.

③ BGH NJW 1990, 3008, 3009；Schlechtriem, Peter, *Schuldrecht Allgemeiner Teil*, 4. Aufl. 2000, S. 189.

④ Emmerich, Volker, *Das Recht der Leistungsstörungen*, 4. Aufl. 1997, München, S. 248, 249；v. Bar, Christian, *"Nachwirkende" Vertragspflichten*, AcP 179, 452—474.

从事实要件上讲，长期劳务合同结束后，接受劳务的一方有义务向提供劳务的一方出具证明，以表明其工作能力（630 条），或常见的、依法的或在合同中约定的、合同执行完毕后的竞业禁止及保守商业秘密等义务，都属于这个范畴。但当法律对此没有具体规定，合同中也没有约定时，根据实际情况，仍可能依据诚实信用原则（157、242 条），从合同中推导出这些义务。保证这些义务的履行也是积极侵害债权制度的任务。

例如，顾客购买完商品后离开经营场所时，因卖主的过失在楼梯上跌倒①（与上文缔约责任中提到的 "香蕉皮案"②、"菜叶案"③ 对应的案例，但时间是在合同履行完毕之后）；租户租用房主的房屋进行经营活动，租期满搬迁后，租户有权利在房门旁挂牌指示新的营业地点，在合理的时间内，房主有容忍这种行为的义务④；出租自己部分房屋给租户作为经营场所的，最起码在一定时期内，不应自己在该房屋相邻的部分，或将该相邻部分租给另外的人，进行与租户的经营活动会发生严重竞争的行为；需要经常更新专用的零部件或消耗品的产品的生产者或经营商，有义务保证在产品出售后的一段时间内，保证零部件或消耗品的供应⑤；建筑设计师正确地完成了设计工作后，在施工时，仍然有义务提供咨询服务和提出建议，以保证施工的顺利实施⑥；一审的代理律师，即使拒绝二审代理，也不能仅仅是提醒当事人立即委托其他律师进行代理以避免耽误上诉期后，就对上诉事宜不再过问，在一般情况下，他仍然有义务在当事人委托其他代理人之前，协助其先提起上诉⑦；等等。

（三）归责和举证责任

和其他履行障碍一样，在积极侵害债权时，原则上应由债务人承担故意和过失的责任（276 条），在分则中个别的减轻责任（例如，赠与合同 521、524 条、无偿借用合同 599、600 条）是否可以参照适用于积极侵害债权，则要根据债务人的违反义务的行为使债权人的什么利益受到了损害，视具体情况而定：如果是基于履行标的本身的价值或其本身的使用利益的损失，则应该适用分则的规定；而在损害了诸如身体、生命、健康、所有权等其他利益时，则仍

---

① *RG LZ（Leipziger Zeitschrift für deutsches Recht*）1929，1463.

② BGH NJW 1962，31.

③ BGHZ 66，51.

④ Klunzinger，Eugen，*Einführung in das Bürgerliche Recht*，8. Aufl. 1998，S. 178.

⑤ Emmerich，Volker，*Das Recht der Leistungsstörungen*，4. Aufl. 1997，München，S. 249.

⑥ BGHZ 71，144 = NJW 1978，1311；BGHZ 92，251，258 = NJW 1985，328.

⑦ BGH LM § 675 BGB Nr. 227 = NJW 1996，842.

应适用总则的规定①。同时，对于债务人的雇员，应适用 278 条关于由债务人承担他所使用的履行辅助人的责任的规定（Verschulden des Erfüllungsgehilfen），而排除了 831 条（对事务辅助人的责任，Haftung für den Verrichtungsgehilfen）第（1）款第 2 句规定的债务人免除责任的可能性（278 条与 831 条的区别见上文缔约责任中"发展历史"一节的有关内容）。

积极侵害债权案件的法律结果应类推适用给付不能和迟延的有关规定（原法 280、286、325、326 条），但原法 282、285 条中规定的，由造成给付不能和迟延的债务人承担举证责任的规则，却不能完全适用于积极侵害债权。因为在由债务人的原因造成的给付不能和迟延中，情况是发生在他所能影响到的范围内，因此，他比债权人更有可能对发生给付不能和迟延的原因进行说明，所以，应由他承担举证不能的风险。但在积极侵害债权的事实要件中，情况却要复杂得多，很多情况下，适用这种举证责任倒置的规则很显然是不公平的。

例如，工人使用雇主的工具和机器，在雇主提供的场所进行工作时造成了雇主的损失，这时就不应要求作为劳务合同债务人的工人，为了免除自己的赔偿责任而证明自己无故意和过失；而应要求作为债权人的雇主，为了能够向工人提出赔偿损失的请求，不但应该证明损失的存在，同时还应证明工人的过错②。

因此，根据判例③，只有在损害发生在债务人负责的范围（不仅仅指空间范围），或他比债权人对该范围明显有更大的影响作用时，才可比照适用原法 282、285 条中举证责任倒置的规则，特别是在运输、旅店业、承揽等类型的合同中④。

（四）法律后果

发生积极侵害债权时，类推适用原法 280 条（对可归责的给付不能的责任）、286 条（迟延损失）作为请求权的基础，但在此，应将其中的不履行的损失赔偿、给付迟延的损失赔偿相应的变为不当履行（广义）的损失赔偿（Schadensersatz wegen wegen Schlechterfüllung），同时，债权人保留适当给付的

---

① Schlechtriem, Peter, *Schuldrecht Allgemeiner Teil*, 4. Aufl. 2000, S. 191.

② Schlechtriem, Peter, *Schuldrecht Allgemeiner Teil*, 4. Aufl. 2000, S. 189.

③ RGZ 148, 148；BGHZ 8, 239；23, 288；27, 236；28, 254.

④ Schünemann, Wolgang B., *Die positive Vertragsverletzung – eine kritische Bestandsaufnahme*, JuS 1987（1—9），9；Schwerdtner, Peter, *Positive Forderungsverletzung*, Jura 1980（213—222），217, 218；Schlechtriem, Peter, *Schuldrecht Allgemeiner Teil*, 4. Aufl. 2000, S. 189；Brox, Hans, *Allgemeines Schuldrecht*, 26. Aufl. 1999, München, S. 171.

请求权。例如，瑕疵给付造成其他损害的，债权人可以要求赔偿损失，同时提出无瑕疵给付的请求。

因为积极侵害债权违反的往往是附随义务，所以，在类推适用原法 325、326 条（双务合同中的给付不能和迟延）时，只有当债权人因债务人违反义务而对整个合同丧失履行利益，或者因违反义务危及合同目的而不应再苛求债权人遵守合同时，债权人才能够提出解除合同（Rücktriit）①，在持续履行的合同（Dauervertrag）中，如租赁合同，可以通知终止合同（Kündigung）②。但与给付不能和迟延不同的是，积极侵害债权时，解除合同不排除债权人提出赔偿损失③。

（五）新法中“违反义务（Pflichtverletzung）”概念的设立及其意义

在原法条文中，将出现给付障碍可以提出赔偿损失的情况分为两种类型，一种是免除了初始给付请求权的给付不能，第二种是首先还保留初始给付请求权的给付迟延。一个涵盖这两种情况的上位的概念在原法的债法总则中并不存在。在 20 世纪初《民法典》颁布不久，人们就认识到，有些给付障碍并不能包括在上述的两种情况之中。判例和学说因此创立了填补法律漏洞的积极侵害债权的学说，并使之逐渐发展成了理论上应属于债法总则部分，与前两者并列的一个重要的习惯法的法律制度。人们似乎可以认为，修改法律时，只需将这一制度的内容补充进原《民法典》的债法总则中，就可以消除条文中的漏洞。但是，实际情况并非如此简单。

因为，在债法分则中，有许多涉及不当给付中赔偿损失的内容的独立的条文〔例如，原法 463 条、480 条第（2）款、538 条第（1）款、635 条等〕，在债法改革之前，它们与积极侵害债权的区分问题就已经相当困难，如何在理论和实践中区别诸如直接损失和间接损失、瑕疵损失和瑕疵结果损失等问题，始终存在着很多争论。如果只是简单地在新法债法总则中补充进积极侵害债权制度的有关条文，就会使法规竞合的问题变得更加复杂。再加上要区别使用不同的时效的问题，将使整个《民法典》变得十分混乱。解决这个问题的途径，只能是设立一个统领性的损失赔偿的事实要件作为请求权的基础，在此之下，再根据具体情况作出特别的规定④。

---

① Brox, Hans, *Allgemeines Schuldrecht*, 26. Aufl. 1999, München, S. 172.
② Schlechtriem, Peter, *Schuldrecht Allgemeiner Teil*, 4. Aufl. 2000, S. 218.
③ Schwerdtner, Peter, *Positive Forderungsverletzung*, Jura 1980 (213—222), 218, 219.
④ Schmidt-Räntsch, Jürgen, *Das neue Schuldrecht*, 2002, S. 106.

在整个债法改革的过程中，对于一个统一的事实要件的用词，是采用"未履行（Nichterfüllung）"还是"违反义务（Pflichtverletzung）"，在参与立法者之间一直存在着争论。由胡博（Huber）提议的"未履行"的概念①参照了已经失效的《国际统一动产买卖法》中的术语，在德国加入的《联合国国际货物销售合同公约》中有着类似的规定［如第45条、第48条、第49条第（1）款a、第61条、第64条第（1）款a］。按照胡博的建议，这里的因"未履行"产生的请求权是指债务人未尽到其产生于债务关系的责任时，债权人可以要求赔偿损失。另一位法学工作者迪德里希森（Diederichsen）所建议的"违反义务"②与胡博的概念只是在用语上不同，实际内容没有本质上的差别③。立法者最终采纳了迪德里希森的建议，主要是基于两个原因④：德国民法在习惯上已经将"未履行（Nichterfüllung）"的范围理解得很窄，是指从数量角度讲的未给付或部分未给付，而把未及时的履行称为"迟延"；而一个用以表述"履行的品质达不到债务关系的要求"的普遍性的概念，在原《民法典》中根本就没有，这种情况也不属于习惯上对未履行的理解，因而扩大传统意义上"未履行"的语义很容易产生误解。另一个方面，债法改革的一个主要动因就是将积极侵害债权纳入《民法典》，而积极侵害债权与积极违反合同在习惯法中是同义语，在国际上，也将违反合同（breach of contract）视为债务人责任的基础。违反义务的表述可以更好地接纳这一动因。

但是，违反义务这一概念同样受到了批评，因为这一概念很容易使人联想到没有履行义务时的过错⑤。因此，立法者在立法理由书中强调，违反义务这一概念指的是客观上未满足债务关系中义务的内容⑥，是客观上不适合债务关系的债权人的行为，而不是要解决该行为是否应归责于债务人的问题⑦。

新法280条规定：

"（1）债务人违反由债务关系所产生的义务时，债权人可以请求赔偿因此而产生的损失。违反义务无须由债务人负责的，不适用前句规定。违反义务不

---

① Huber, in: Bundesminister der Justiz（Hrsg.）, *Gutachten und Vorschl？ ge zur überarbeitung des Schuldrechts*, Bd. I, S. 671, 699.

② Diederichsen, AcP 182（1982）101, 107 ff.

③ Begründung, Allgemeiner Teil, BT-Dr. 14/6040, S. 92; Begründung zur Neufassung der §§ 280—288, BT-Dr. 14/6040, S. 134.

④ Bundesminister der Justiz（Hrsg.）, *Abschlussbericht der Kommission zur überarbeitung des Schuldrechts*, S. 130 ff.

⑤ Dauner-Lieb/Heide/Lepa/Ring（Hrsg.）, *Das Neue Schuldrecht*, 2002, S. 74.

⑥ Begründung zur Neufassung der §§ 280—288, BT-Dr. 14/6040, S. 134.

⑦ Begründung zu § 280 BT-Dr. 14/6040, S. 135.

应由债务人负责的，不适用前句的规定。

（2）只有在第286条的附加前提条件下，债权人才能要求因给付拖延的损失赔偿。

（3）只有在第281条、第282条或者第283条的附加前提条件下，债权人才能要求替代给付的损失赔偿。"

按照立法者的意图，280条中违反义务首先考虑到的是积极侵害债权的情况，同时包括给付不能、拖延（包括迟延）、缔约责任和其中涉及与债务关系有关的第三人的责任［新法311条第（1）款相当于原法305条，其后的第（2）款、第（3）款是专为缔约责任而新加的］的情况①。新法的241条的第（2）款是新加的，其原文为："债务关系可以按照其内容使任何一方负有顾及另一方的权利、法益和利益的义务"。和241条原有的第（1）款（其原文为"债权人有权依据债务关系要求债务人给付。给付也可以是不作为。"）相结合，我们可以得出结论：违反义务概念中的义务，不但包括了债务关系中与给付本身有关的主要义务和附随义务，而且包括与给付本身无关的义务②。

按照立法者的意图③，280条第（1）款设立的目的，就是为了通过法典化，将积极侵害债权中的赔偿损失纳入给付障碍总的系统，因此，虽然同为新法将判例法法典化的制度，但与缔约责任［新法311条第（2）、（3）款］和交易基础的丧失（新法313条）不同，针对积极侵害债权，新法并没有相应的专门条款对其进行规定，也未出现积极侵害债权的这一表达方式，立法者有意识地并未将其作为给付障碍中，拖延（包括迟延）和给付不能之外的第三种事实状态④。作为填补法律漏洞的制度，如果以前将积极侵害债权定义为"除了法律明文规定之外，一切违反债务关系中的义务的情况"，那么，现在去掉该定义前半句的前提，积极侵害债权就成了所有给付障碍形态上位的总的原则。因此，通过设立统一的违反义务的概念而导致的整个给付障碍制度性的变化，使得积极侵害债权的问题依法"自动"得到了解决⑤。

但是，由于"违反义务"这一概念的抽象性，在实践中还必须将其落实到具体的情况，因此它只是一个总的原则，而以前由案例和学说发展起来的积极违反债权中的违反义务的各种具体形态（见上文原法中积极侵害债权的

---

① Begründung zu § 280 BT-Dr. 14/6040, S. 135, 136.
② Begründung zum RegE, BR-Dr. 338/01, S. 202 ff.; Schwab/Witt (Hrsg), *Einführung in das neue Schuldrecht*, 2002, S. 76, 77.
③ Begründung, Allgemeinener Teil, BT-Dr. 14/6040, S. 133 f.
④ Begründung zur Neufassung der §§ 280—288, BT-Dr. 14/6040, S. 133.
⑤ Dauner-Lieb/Heide/Lepa/Ring (Hrsg.), *Das Neue Schuldrecht*, 2002, S. 75.

"案例分类"），在新法实施后，并没有失去它们的示范作用。不同的是，以前的积极侵害债权仅仅是一项判例法制度，而新的法律条文中出现了"违反义务"这一上位概念，这些形式多样的情况在以后的司法实践中已经"有法可依"了。

另外，同样由于"违反义务"含义的抽象性，使它同时具有了很强的包容能力，为以后判例和学说的继续发展，提供了依据，也提供了空间，因此，甚至可以说它本身就是一个用于填补（已经出现的和未来可能出现的）法律漏洞的工具①。

（六）不当给付和违反其他与给付有关的义务

在上文论述原法的判例法律制度时已经提到，原法总则中的给付不能和迟延，以及分则中瑕疵给付的个别条文并不能涵盖所有给付障碍的情况。事实上，债务人虽然给付，但给付不符合他所应当履行的给付的情况，是一种十分常见的给付障碍，新法的条文对此加以了充分考虑。这种"不以负担的方式提供到期给付（die fällige Leistung…nicht wie geschuldet erbringt）"②，在关于赔偿损失的规定中，体现在281条第（1）款第1句第二种情况，在解约的规定中，关于它的相应用语为"提供到期给付与合同不符（Erbringt…eine fällige Leistung…nicht vertragsgemäβ）"［323条第（1）款第二种情况］。但是这些规定仅仅涵盖了判例法中积极侵害债权的部分情况（各种情况见上文原法中的积极侵害债权的"案例分类"），即违反与给付有关的义务的情况。这一结论是通过对给付障碍的法律后果的条文进行系统解释而得出来的。因为282条和324条分别规定的赔偿损失和解约都指向（新法所增加的）241条第（2）款，而该款规定的是，在债务关系中，一方当事人对对方的权利、法益和利益有注意的义务，这与241条第（1）款（即原法241条）规定的"向债务人要求给付（von dem Schuldner eine Leistung zu fordern）"形成鲜明对照，显然指的是与给付无关的义务，因此，排除282条和324条的情况，281条和323条规定的只能是与给付有关的义务了。

就此，新债法给付障碍的法律后果系统实际上是肢解了原判例法中的积极侵害债权制度。

---

① Schultz, Michael, *Leistungsstörungsrecht*, in Westermann（Hrsg），*Das Schuldrecht 2002*，2002，(S. 17—104)，S. 21, 22.

② 陈卫佐将其翻译为"提供的已经到期的给付不像应该提供的那样"（《德国〈民法典〉》，陈卫佐译注，法律出版社，2004年版，第82页281条第（1）款第1句）。

　　在原法积极侵害债权中，学说经常通过区分和归类出违反各种不同义务的方法来分析问题，例如，忠实于合同的义务、附随义务、保护义务、提供信息的义务、合作的义务，等等。但这种分类方法只是为了能够更好地总结判例中积极侵害债权的各种形态，且没有一个固定的标准。而根据改革后的债法，能够从法律中直接导引出来的分类标准，则为相对抽象的"与给付有关的义务"和"与给付无关的义务"，原来的学理分类则被这种两分法的标准重新拆分。这一点，如果以买卖合同法为例，则可以明显地看出来：在原法的买卖合同中，由给付直接造成的瑕疵损失由买卖合同法的条文直接进行了规定，但是瑕疵结果损失、违反其他与给付有关的义务的损失、违反与给付无关的义务造成的损失，则都由积极侵害债权来调整；但在新法的赔偿损失规定之中，将违反其他与给付无关的义务的情况独立了出来（282 条 + 241 条第（2）款、324条 + 241 条第（2）款），而将所有违反与给付有关的义务的情况（瑕疵损失、瑕疵结果损失、违反其他与给付有关的义务而造成的损失）总结在了一起。281 条第（1）款第 1 句第二种情况和 323 条第（1）款第二种的情况完成的就是后一项任务。依据事实状况同时结合新法对分则的修改，就可以看出，新法在 281 条第（1）款第 1 句第二种情况（不以负担的方式提供到期给付）和323 条第（1）款第二种的情况（提供到期给付与合同不符）的事实要件中，实际上都是将两种不同的形态总结在了一起，即不当给付（Schlechtleistung）和违反其他与给付有关的义务（Verlezung sonstiger leistungsbezogener Pflicht-en）。

　　需要指出的是，立法者在这里并无意改变原来法律的状态，并且过于具体的规定也可能阻碍判例对其内容的进一步发展，因此，在新法中，对于各种违反义务的具体事实形态，立法者并没有进行详细规定，有学者形象地批评债法改革的这种方法为"标签立法（Merkzettel-Gesetzgebung）"①。但也正是这种标签，至少使得原来只是判例法的积极侵害债权（缔约责任、交易基础的丧失也为类似情况）在《民法典》中有了条文依据。至于在具体的司法实践和法学研究工作中，对于这些"标签"的具体含义和内容，仍要在过去学说总结的案例中去寻找答案（各种情况见上文原法中的积极侵害债权的"案例分类"）。

　　第一，不当给付。

　　不当给付可以说是违反与给付有关的义务最常见的一种情况。在原法中，

---

　　①　Dauner-Lieb, in: Ernst/Zimmermann (Hrsg), *Zivilrechtswissenschaft und Rechtsreform*, *Zum Diskus-siongsentwurf eines Schuldrechtsmodernisierungsgesetzes des Bundesministeriums der Justiz*, 2001.

相关的给付品质担保的法律规定（Gewährleistungsrechte），如买卖合同法、承揽合同法，都独立于债法总则的一般给付障碍，从而也独立于积极侵害债权制度。但债法分则中个别合同类型的规定并不能涵盖所有债务关系中不当给付的情况，并且，这些特殊规定的适用，经常会在实践中出现问题。

例如，在承揽合同中，只规定了给付本身的瑕疵损失，而没有规定瑕疵结果损失。虽然可以通过扩大解释将瑕疵结果损失也归入给付瑕疵，从而适用债法分则中赔偿损失的规定，但是根据原法638条，瑕疵给付的时效期为短期时效（最短仅为6个月），这对许多瑕疵结果损失来说，显然是不合适的。因此，学说和判例将瑕疵结果损失划分为了所谓"近瑕疵结果损失（naher Mangelfolgeschaden）"和"远瑕疵结果损失（entfernter Mangelfolgeschaden）"（这里的"近"、"远"是针对损失与瑕疵给付联系的紧密程度而言的）。前者适用债法分则中瑕疵给付的赔偿损失的规定，并同时适用相应的短期时效；后者则归入了判例法的积极侵害债权制度，同时也就适用了赔偿损失的一般原则和原法30年的常规时效。类似情况也出现在买卖法中。但是，如何区分"近"、"远"瑕疵结果损失，在学说和判例中始终存在争议。但在新法中281条第（1）款第1句第一种情况和323条第（1）款第一种情况的用语涵盖了不当给付的所有情况，同时，新的买卖合同法437条第2、3项及承揽合同法634条第3、4项都援引适用了债法总则中赔偿损失和解约的有关条文，而没有再作出特别的规定，使得上述"近"、"远"的区分没有了必要。

这里的规定不仅仅包含了债法分则中的不当给付，还包括了原判例法积极侵害债权的不当给付，就此，新法就将各种不当给付的总的事实要件和相应的、能够共同适用的法律后果统一到了债法总则之中。

第二，违反其他与给付有关的义务。

违反与给付有关的义务不仅限于上述不当给付中的给付标的瑕疵责任，还包括其他与给付有关的义务。至于何种义务与给付有关，很难总结成一个抽象的事实要件，而要根据债务关系的具体内容来确定。忠实于给付的义务自然当属与给付有关，即债务人应该避免采取一切危及或有损于给付目的的行为。关于给付标的物正确的使用方法，债务人应告知受领给付的人，这也直接关系到债权人的给付利益。在一些合同的执行过程中，有时需要双方的合作，例如，需要得到官方部门批准的合同，这时，债务人也应尽自己的努力，协助债权人实现目的。与给付有关的义务还可能要求债务人提供必要的信息，例如，当事人聘请律师帮助建立一家企业，那么，即使在合同中没有作出规定，律师也有义务提供该企业有关税收问题的意见，至少也要提供关于这方面的信息。如果他没有提供这种信息，则虽然他没有违反他与当事人劳务合同中的义务（因而不属于不当给付），但却违反了与给付有关的其他义务。但是，如果双方签订的是一个具体的咨询合同，而债务人没有提供作为合同标的的信息，这时他违反的不是与给付有关的其他义务，而是没有履行给付的主义务，这时适用的是281条第（1）款第1句的第一种情况（不给付）而不是第二种情况（给付）。再例如，医生做完手术后，虽然已完成了负担的给付，但是为了保证手术效果，他仍然有义务告知病人术后的注意事项；等等。（更多例子见上文原法中的积极侵害债权的"案例分类"）。

（七）不当给付和违反其他与给付有关的义务法律后果

当出现不当给付时，赔偿损失可能有三种情况：

第一种情况即281条第（1）款第1句结合280条第（1）款所规定的替代给付的损失赔偿，这种情况下，除了特殊情况外（281条第（2）款），债权人提出赔偿损失的请求之前，要为债务人设立适当的给付宽限期，以使得债务人有机会采取重新给付、修复或者其他改善自己给付的方法，以避免损失赔偿这一法律后果（详见上文"2.2.1.3. 替代给付的损失赔偿"），只有当宽限期无结果届满时，债权人才可以要求赔偿损失。

如果债务人不当给付的行为严重地违反了他所应承担义务，则出现了第二种情况，即债权人设定的后续履行宽限期无结果届满后，可以要求替代全部给付的损失赔偿［281条第（1）款第3句］，并应该将已经受领的给付标的返还债务人［281条第（5）款］。需要注意的是，上述两种情况的损失赔偿是不能同时适用的，因为后者就已经包含了前者，因而不能再对前者重复提出要求。例如，买卖标的物出现严重瑕疵（免除出卖人后续履行的情况下），买受人委托他人进行了修理。这时，买受人如果想继续保有该物，则可以以替代给付的损失赔偿为理由，要求出卖人赔偿修理费用。如果买受人想将该瑕疵严重的买受物返还债权人，则可要求替代全部给付的损失赔偿，这时，他就不能再以替代给付的损失赔偿为理由，要求赔偿修理费用了①。

上面两种情况，涉及的都是损害了债权人对给付标的直接的履行利益（Erfüllungsinteresse）所进行的赔偿，但债务人的不当给付往往还会损害超出债权人履行利益以外的其他利益，在这第三种情况下，则可直接适用280条第（1）款要求损害赔偿。例如，买卖合同的买受物②，或者承揽合同的工作成

---

① Westermann, *Das Schuldrecht 2002*, 2002, S. 95.

② BT-Dr. 14/6040, S. 225.

果①的瑕疵造成了合同标的以外的其他财产的损失。因为第三种情况造成的是相对独立于给付标的之外的损失，这种损失并不能通过债务人对原给付的后续履行的措施（重新交付、修复或其他改善原给付的措施）而得以消除，因此，就这种损失赔偿而言，设定后续履行的宽限期是没有意义的。另外，正是因为这种损失赔偿针对的是债权人履行利益以外的利益，因此，当债务人不当给付时，这种赔偿损失的请求权与前面两种情况中的任何一种都可能同时使用。如果债权人没有提起前两种情况的请求权，而只是提起这种赔偿损失的请求权时，并不影响债权人继续要求债务人针对不当的给付进行后续履行②。

对于单纯的违反与给付有关的其他义务来说，债务关系中的给付义务本身并没有发生问题，因而也就不存在替代给付的损失赔偿问题，因而这时也直接适用280条第（1）款，而无须任何其他的附加条件。

无论是不当给付还是违反与给付有关的其他义务，如果违反义务并非不严重［323条第（5）款第2句］，并且债权人无须设定宽限期（323条第（2）款），或者设定的适当宽限期无结果而届满，则债权人可以解约（323第（1）款）。

（八）违反与给付无关的义务

《民法典》债法总则的第一个条款241条开宗明义地规定了由债务关系所产生的义务（Pflichten aus dem Schuldverhältnis），原法的规定是："债权人有权依据债务关系要求债务人给付。给付也可以是不作为。"这次债法改革对这一内容没有进行修改，但却在这一条中增加了第（2）款，即"债务关系可以按照其内容使任何一方负有顾及另一方的权利、法益和利益的义务。"和第（1）款对比，这里的义务显然是指和债务关系中的给付义务无关的其他义务。在给付障碍的法律结果的条款中，282条、324条分别在请求赔偿损失和解约时援引了241条第（2）款，将其作为事实要件，并且新法311条第（2）款、第（4）款还明确规定，241条第（2）款中的义务也存在于合同协商和准备阶段，并在一定条件下及与第三人。后者也就是本文前面已经论述了的缔约责任的内容。而当这种违反与给付无关的义务发生在债务关系成立之后时，其所涉及的问题即为原积极侵害债权的另外一部分内容。

在上文论述原法的判例制度"积极侵害债权"中，很多情况下，债务人给债权人造成的损失并未对债务关系本身造成损害，而是造成了债权人的财

---

① BT-Dr. 14/6040, S. 263.

② *Schulze-BGB-Komm.* 4. Aufl. 2005，§ 280 Rn. 16.

产、人身等的其他损害，这时虽然有可能适用侵权法的规定，但由于侵权法较给付障碍法的弱点（参见缔约责任"发展历史"一节对侵权法弱点的论述，这些弱点同样存在于侵权法与积极侵害债权的比较之中），在双方当事人之间已经存在债务关系的情况下，适用侵权法对受害人就显得不公平了。241 条第（2）款设置的一个重要目的就是为了使得原判例法积极侵害债权制度具有条文依据①。至于这一款中义务的内容，法律并没有作出具体规定，原判例和学说所总结的义务内容在此仍然适用，也就是说，原判例法的积极侵害债权中，除了涉及给付义务和与给付有关的其他义务以外，其他的违反义务的情况均可包含在 241 条第（2）款所称的义务之中（参见上文积极侵害债权中"案例分类"一节，本文在此不再赘述）。

因为新法 280 条第（1）款并未区别债务人违反的是何种义务，因此，当违反 241 条第（2）款中的义务时，债权人即可单独依据 280 条第（1）款而无须任何其他附加条件，要求债务人赔偿由他的违反义务的行为直接造成的损失。而在原法中，债权人只能依据侵权法 831 条或者根据积极侵害债权的判例制度，类推适用原法 280 条（对可归责给付不能的责任）、286 条（迟延损失）作为请求权的基础。如果债务人违反义务的行为导致不可苛求②债权人再继续接受他的给付，则债权人可以依据 282 条结合 280 条第（1）款要求替代给付的损失赔偿。至于何种情况下即为"不可苛求（Unzumutbarkeit）"法律对此并未作出规定，按照以往的案例③，这种情况往往出现在债权人对债务人进行了警告，而仍然发生或继续发生这种违反义务的行为，导致债权人失去了对债务人的信赖。但在特殊情况下，例如，在债务人造成了人身损害的情况下，这种警告也可能是不必要的④。

对于以上两种不同内容的损失赔偿，立法者举例加以了说明：为墙壁装饰作画的画师虽然按照合同的规定正在完成工作，但却在工作中多次过失损坏债权人房屋内的物品，对于这种损失，债权人可以直接单独依据 280 条第（1）款提出赔偿损失。由于多次的损害行为，债权人拒绝了原画师继续工作，并聘请了另外一个画师完成了剩余的工作，且不得不为此多付出报酬，对此，债权人即可依据 282 条结合 280 条第（1）款向原画师提出替代给付的损失赔偿⑤。

---

① Vgl. BT-Dr. 14/7052 zu § 241.

② 陈卫佐将其译为"不可合理期待"（《德国〈民法典〉》，陈卫佐译注，法律出版社，2004 年版，82 页 282 条）。

③ BGH DB 1968，1575；BGH NJW 1978，260.

④ *Erman-BGB-Hk*，11. Aufl. 2004，§ 282 Rn. 4；*Palandt-BGB-Komm.* 64 Aufl. 2005 § 282 Rn. 4.

⑤ BT-Dr. 14/6040，141.

在合同关系中，债务人违反与给付无关的义务的情况下，因同样的"不可苛求"的理由，导致无法再要求债权人继续遵守合同，则债权人也可以依据 324 条提出解约。

从以上的论述，结合上文"不当给付和违反与其他给付有关的义务"一节中的内容，可以看出，原法中积极侵害债权的制度，在新法中，不但在事实要件上，而且在同一事实的法律结果上也被"肢解"，因此，根据新法的条文设置，积极侵害债权制度作为一个整体已不复存在，但原法中学说和判例总结的案件类型，特别是违反其他与给付有关的义务和与给付无关的义务的类型，在实践和法学研究之中仍然具有决定性的指导意义。

另外，对积极侵害债权制度的"肢解"，也同时体现了债法改革中给付障碍条文设计的思路，即不是以事实要件，而是以给付障碍的法律后果为出发点。

参 考 文 献

一、中文

1. 陈卫佐译注：《德国民法典》，法律出版社 2004 年版。

二、德文立法背景资料及法典评注

1. *Motive zum Entwurf eines Bürgerlichen Gesetzbuches*, 5 Bde., Berlin und Leipzig, 1888.

2. Bundesminister der Justiz（Hrsg）, *Gutachten und Vorschläge zur überarbeitung des Schuldrechts*, *Bundesanzeiger-Verlagsgesellschaft Köln*, Bd. 1, 2, 1981; Bd. 3, 1983.

3. Bundesminister der Justiz（Hrsg.）, *Abschlussbericht der Kommission*, *zur überarbeitung des Schuldrechts*, *Bundesanzeiger-Verlagsgesellschaft Köln* 1992（Abschlussbericht）.

4. Bundesminister der Justiz（Hrsg）, *Diskussionsentwurf eines Schuldrechts- modernisierungsgesetzes v. 04. 08. 2000*, *Bundesanzeiger-Verlagsgesellschaft*, *Köln*, 2000.

5. *Begründung der Bundesregierung zum Entwurf eines Gesetzes zur Modernisierung des Schuldrechts*, BT-Dr. 6857 = BR-Dr. 338/01.

6. *Begründung zum Entwurf eines Gesetzes zur Modernisierung des Schuldrechts*, BT-Dr, 14/6040.

7. *Erman-Bürgerliches Gesetzbuch Handkommentar*, Bd. 1, Ashendorff Rechtsverlag Köln, 11. Aufl, 2004.

8. Jauerning/Schleichtriem/ Stürner/ Teichmann/Vollkommer, BGB, Verlag C. H. Beck München, 9. Aufl. 1999, 10. Aufl. 2003 und 11. Aufl, 2004.

9. *Palandt-Bürgerliches Gesetzbuch*, *Kommentar*, , Verlag C. H. Beck München, 61. Aufl. 2002, 63 Aufl. 2004 und 64. Aufl, 2005.

10. Schulze/Dörner/Ebert/Eckert u. a. (Hrsg), *BGB-Handkommentar*, Nomos Verlagsgesellschaft Baden-Baden, 3. Aufl. 2003, 4. Aufl. 2005 (Schulze-BGB-HdKomm).

三、德文专著及期刊文章

1. v. Bar, Christian, *"Nachwirkende" Vertragspflichten*. AcP 179, 452 ff.

2. Braun, Johann, *Wegfall der Geschäftsgrundlage*. JuS 1979, S. 692 ff.

3. Brox, Hans, *Allgemeines Schuldrecht*. Verlag C. H. Beck, München, 26. Aufl. , 1999.

4. Dauner-Lieb/Heide/Lepa/Ring (Hrsg.), *Das Neue Schuldrecht*. C. F. Müller Verlag, Heidelberg, 2002.

5. Diederichsen, *Zur gesetzlichen Neuordnung des Schuldrechts*. AcP 182 (1982) 101 ff.

6. Emmerich, Volker, *Das Recht der Leistungsstörungen*. Verlag C. H. Beck, München, 4. Aufl. , 1997, 5. Aufl. , 2003.

7. Emmerich, Volker, *Zum gegenwärtigen Stand der Lehre von der culpa in contrahendo*. Jura 1987 (561—567), 562 ff.

8. Ernst/Zimmermann (Hrsg), *Zivilrechtswissenschaft und Rechtsreform*, *Zum Diskussionsentwurf eines Schuldrechtsmodernisierungsgesetzes des Bundesminis-teriums der Justiz*. Verlag Mohr Siebeck, Tübingen, 2001.

9. Fikentscher, Wolfgang, *Schuldrecht*. 9. Aufl, Verlag Walter de Gruyter, Berlin, 1997.

10. Horn, Vertragsdauer. *Empfehlt sich eine zusammenfassende Regelung der Sonderprobleme von Dauerverhältnissen und langfristigen Verträgen?*, in: *Gutachten und Vorschläge zur überarbeitung des Schuldrechts*. hrsg von Bundesminister der Justiz, Bd. 1, Bundesanzeiger-Verlagsgesellschaft, Köln 1981, S. 551—646.

11. Klunzinger, Eugen, *Einführung in das Bürgerliche Recht*. Verlag Vahlen, München, 8. Aufl. , 1998.

12. Köhler, Die *"clausula rebus sic stantibus"* als *allgemeiner Rechtsgrundsatz*. Mohr Siebeck Verlag, Tübingen, 1991.

13. Köhler, Helmut, *BGB Schuldrecht I*. Verlag C. H. Beck, München, 18. Aufl. , 2000.

14. Larenz, *Bemerkungen zur Haftung für culpa in contrahendo*. in: Flume (Hrsg.), *Festschrift für Kurt Ballerstedt zum 70*. Geburtstag, Verlag Duncker & Humblot, Berlin 1975, S. 397.

15. Larenz, *Lehrbuch des Schuldrechts*. Bd. I *Allgemeiner Teil*, Verlag C. H. Beck, München, 14. Aufl. , 1987.

16. Larenz, *Schuldrecht I*. Verlag C. H. Beck München, 11. Aufl. , 1999.

17. Looschelders, Dirk, *Schuldrecht*, *Allgemeiner Teil*. Carl Heymanns Verlag Köln, 3. Aufl. , 2005.

18. Medicus, Dieter, *Verschulden bei Vertragsverhandlungen.* in: BMJ（Hrsg.）, *Gutachten und Vorschläge zur überarbeitung des Schuldrechts* I, 1981.

19. Medicus, Dieter, *Grundwissen zum Bürgerlichen Recht.* Carl Heymanns Verlag, Köln 6. Aufl. , 2004.

20. Medicus, Dieter, *Schuldrecht, Besonderer Teil.* Verlag C. H. Beck, München, 12. Aufl. , 2004.

21. Medicus, Dieter, *Bürgerliches Gesetzbuch.* Carl Heymanns Verlag, Köln, 20. Aufl. , 2004.

22. Pawlowski, *Methodenlehre für Juristen.* C. F. Müller Verlag, Heidelberg, 3. Aufl. , 1999.

23. Powlowski, *Allgemeiner Teil des BGB.* C. F. Müller Verlag, Heidelberg, 6. Aufl. , 2000.

24. Schlechtriem, *Schuldrecht Besonderer Teil.* Mohr Siebeck Verlag, Tübingen, 5. Aufl. , 1998.

25. Schlechtriem, Peter, *Schuldrecht Allgemeiner Teil.* Mohr Siebeck Verlag, Tübingen, 4. Aufl. , 2000.

26. Schmidt-Räntsch, Jürgen, *Das neue Schuldrecht.* Carl Heymanns Verlag KG, Köln, 2002.

27. Schünemann, Wolgang B. , *Die positive Vertragsverletzung-eine kritische Bestandsaufnahme.* JuS 1987, 1 ff.

28. Schwerdtner, Peter, Positive Forderungsverletzung. Jura 1980, 213 ff.

29. Werther, Frank, *Die Leistungsstörungen im Bürgerlichen Recht.* Carl Heymanns Verlag KG, Köln, 2. Aufl. , 1998.

30. Westermann（Hrsg）, *Das Schuldrecht2002* . Richard Boorberg Verlag, Stuttgart, 2002.

31. Willoweit, *Störung sekundärer Vertragszwecke.* JuS 1988, 833 ff.

32. Windscheid, *Die Lehre des römischen Rechts von der Voraussetzung.* Düsseldorf 1850, Nachdruck von Verlag Keip, Frankfurt am Main, 1974.

33. Zimmermann, "Heard melodies are sweet, but those unheard are sweeter…" condictio tacita, implied condition und die Fortbildung des europäischen Vertragsrechts, AcP 193, S. 121 ff.

· 中国社会科学院 ［法学博士后论丛］ ·

英美合同法中的
违约解除制度研究

On the Discharge of Contract
Breach in Anglo and American Law

博士后姓名　李先波

流　动　站　中国社会科学院法学研究所

研 究 方 向　民商法学

博士毕业学校、导师　武汉大学　李双元

博 士 后 合 作 导 师　梁慧星

研 究 工 作 起 始 时 间　2003 年 8 月

研 究 工 作 期 满 时 间　2006 年 8 月

作　者　简　介

李先波，男，1963 年生，湖南省慈利县人，湖南师范大学教授、博士生导师、法学院副院长、校学术委员会委员，中国国际私法学会常务理事，中国法学会民法研究会理事，法学博士，长期从事国际民商法、WTO 法和国际私法的教学与研究工作，出版了《合同有效成立比较研究》、《契约法论》、《国际民商法专题研究》、《国际私法和国际民事诉讼专题研究》、《知识经济时代知识产权的国际国内保护》、《国际民商法与中国的法制建设》、《主权·人权·国际组织》以及《WTO 案例选评及对我国的启示》等专著 8 部，主编了《国际法学》和《WTO 专题研究》，在《法学研究》、《中国法学》、《法学评论》等刊物发表论文 50 余篇，其中多篇被《新华文摘》、《人大报刊复印资料》和《全国高校报刊文摘》等转载。目前承担省部级课题 3 项，参加国家级课题 1 项。2002 年获湖南省优秀社科著作三等奖，2003 年被评为湖南师范大学（1999—2002 度）"科研标兵"，2004 年获湖南省优秀社科著作二等奖。

英美合同法中的违约
解除制度研究

李先波

内容摘要：本文是对英美合同法中违约解除制度的理论与实践的探讨。文章运用历史分析、比较研究和实证的分析方法，深入系统地探讨英美违约解除的内涵、违约解除的基本规则、具体形态以及违约后受害人的选择权及救济手段等，旨在揭示英美违约解除的一般规律，为我国对外贸易的发展以及解决我国与英美国家的贸易纠纷提供指南。

全文共分六部分：第一部分探讨英美违约解除的内涵、违约解除与合同解除其他方式的关系以及英美违约解除的一般法则；第二部分探讨什么样的违约构成合同解除以及违约的后果；第三部分分析违约解除的基本形态，即合同因拒绝而解除、因当事人引起的履行不能而导致的解除以及因不履行而导致的合同解除；第四部分探讨违约发生后非违约方享有的确认合同、接受对方毁约的权利，并对其如何走中间途径以及过激反应的风险作了分析；第五部分分析违约解除后的法律救济，重点探讨普通法对损害的救济以及损害赔偿的法理基础；第六部分通过对照我国的有关立法与实践，揭示英美违约解除制度对我国有关立法的进一步完善可资借鉴之处。

关键词：违约解除　法律救济　损害赔偿

一、引言

合同解除是对合同效力的一种非正常终止，作为商务游戏规则的一项重要制度，在现代市场经济生活中具有不可替代的地位和作用，是现代合同法领域的重要研究课题。而在现代经济生活中，借助于强大的经济势力和完善的市场体制，英美国家的一些贸易游戏规则在国际舞台上逐渐占据了主导地位。就合同解除制度而言，英美合同解除特别是违约解除中的一些概念和规则，已被其他一些国家或地区以及相关国际公约或国际立法所采纳。譬如，预期违约、根本违约不仅为许多国家的合同法所采纳，而且为《联合国国际货物销售合同公约》、《国际商事合同通则》以及《欧洲合同法原则》等所采纳①；在构成违约的条件方面，英美国家关于将违约事实作为唯一条件的做法被《联合国国际货物销售合同公约》所采纳。我国现已成为国际贸易大国，作为商务游戏参加者必须熟悉各种游戏规则，知己知彼才能百战不殆。然而，在国际贸易舞台中我们对于自己的重要对手英美国家的一些规则，迄今尚未作系统深入的研究。对于上述英美国家的合同解除制度特别是违约解除制度，国内现有的研究成果大多体现在对预期违约、根本违约等制度的简要介绍方面。这种滞后的研究状况显然难以适应我国对外贸易发展的需要。本文将英美合同中的违约解除制度作为研究对象，运用历史的、比较的和实证的分析方法，深入系统地探讨英美违约解除的内涵、违约解除的基本规则、具体形态以及违约后受害人的选择权及救济手段等，旨在揭示英美违约解除的一般规律，为我国对外贸易的发展以及解决我国与英美国家的贸易纠纷提供指南。

二、英美国家违约解除制度概述

在英美国家有关合同法的立法或论著中，我们常常见到 "Discharge of contract" 一词，其中文译文却有几种不同的表述：有的将其译成 "合同的解除"②，有的则将其译成 "合同的清偿"③。正如科宾所言，"Discharge of contract" 这一术语可能是令人困惑的④。由于英美国家的合同法著述在讨论 "Discharge of contract" 时，大多涉及合同的 "解除（rescission）"、"终止（termination）"、"撤销（cancellation）"，显然不能将 "Discharge of contract"

---

①　《联合国国际货物销售合同公约》第 25 条、《国际商事合同通则》第 7.3.1 条以及《欧洲合同法原则》第 8：103 条虽然使用的称谓不尽相同，但都对根本违约制度作了规定。《联合国国际货物销售合同公约》第 71 条采纳了预期违约制度，并规定了该项制度的内容。

②　［英］A. G. 盖斯特著，张文镇、孙蕴珠、鲍忠汉等译：《英国合同法与案例》，中国大百科全书出版社 1998 年版，第 482 页；徐罡、宋岳、覃宇：《英美合同判例法》，法律出版社 1999 年版，第 148 页；沈达明：《英美合同法引论》，对外经济贸易大学出版社 1997 年版，第 262 页。

③　A. L. 科宾著，王卫国、徐国栋、李浩等译：《科宾论合同》，中国大百科全书出版社 1998 年版，第 489 页

④　同上书。

完全等同于大陆法中的"合同的解除"。实际上在英美法中提到某一合同已经解除（Discharged）时，它通常指该合同所确立的当事人之间的一个或者数个法律关系已经停止存在①。其最为常用的含义是，一方当事人的法律义务已经终止。

美国《合同法第一次重述》（1932）第385条曾列举了20多种合同解除的情况，足见美国合同解除方式的多样性。英美国家的合同法论著在讨论合同解除（discharge of contract）时，也多从协议解除（discharge of contract by agreement）、履行解除（discharge of contract by performance）、违约解除（discharge of contract by breach）和受挫解除（discharge of contract by frustration）等方面进行分析。因此，英美国家使用的是广义的合同解除概念，与合同消灭是同义语②。而违约解除是英美国家合同解除中的最重要方式。

（一）违约解除的内涵

1. 违约的内涵及形态

（1）违约的内涵。违约（Breach of Contract）或违约行为，原本是英美合同法中的专门术语，是一个内容复杂的法律概念。在大陆法系国家，通常将合同视为债法的组成部分，往往采用"不履行"来表述与违约或违约行为相类似的情况③，一般把违约分为不能履行、迟延履行、拒绝履行、不完全履行等几种具体形态④。与大陆法系国家不同，英美法国家的判例和学说一直将合同法视为独立的法律领域，通常使用"违约"的概念，违约行为是针对合同义务而言的。⑤ 依据《牛津法律大词典》的定义，违约是指"由一方当事人不合理拒绝或者不履行合法的和强制性的合同义务，即完全不履行根据合同应负有的任何义务，通常表现为拒绝履行、不履行、迟延履行或不当履行等形式"⑥。《元照英美法词典》也作了与此类似的界定⑦。可见，虽然英美国家普遍使用

---

① See Robert Ralston of the philadephlabar, *discharge of contracts*, Fred B Rothman & Co. Littleton, Colorado 1997, p. 1.

② 周林彬：《比较合同法》，兰州大学出版社1989年版，第323页。

③ 李新天：《违约形态比较研究》，武汉大学出版社2005年版，第2页。

④ 陈鸣："关于合同解除制度的几点思考"，《北京大学学报》（哲学社会科学版），1996年第4期，第1页。

⑤ 吴兴光、龙著华、周新军等：《合同法比较研究》，中山大学出版社2002年版，第252页。

⑥ 戴维、M. 沃克：《牛津法律大词典》，光明日报出版社1988年版，第110页。

⑦ 薛波：《元照英美法词典》，法律出版社2003年版，第173页。

"违约"概念，而大陆法系国家使用"不履行"①，但英美国家合同法中的违约形态与大陆法中的违约形态基本相同。

（2）违约的类型。英美国家根据不同的标准通常对违约进行不同的分类。英国将合同条款区分为条件条款和保证条款②。条件条款指构成合同重要条款的事实或允诺，即合同的主要条款；保证条款即合同的次要条款或随附条款。对其违反通常称之为违反条件条款、违反中间条款和违反保证条款。"与英国法比较，美国法所采取的是比较灵活和实事求是的做法"③，将违约主要划分为轻微违约与重大违约④。轻微违约相当于英国法的违反保证条款；重大违约相当于英国法的违反条件条款⑤。此外，《美国统一商法典》以及一些学者的论著中还使用了"实质违约（substantial breach）"概念，而英国法中的"根本违约"⑥ 概念则没有被美国法所采纳。预期违约⑦与实际违约、部分违约与完全违约（partial breach and total breach）以及毁约性违约等概念则为英美国家共用。

那么，毁约性违约、重大违约、根本违约以及实质性违约之间的关系如何呢？

无论是英美法辞典还是学者的论著都没有对毁约性违约（repudiatory breach）进行明确定义。至于"repudiation"一词，根据《牛津法律大词典》的定义，是指合同一方当事人明示或默示地表示他将不履行合同的行为，它使得合同的另一方当事人有权终止合同，并要求赔偿损害⑧。但在实践中"repudiation"则有多种含义。有时指一方宣称合同不存在的表示；有时指终止合同

---

① 德国著名比较法学者茨威克特认为，"违约"更具弹性，并在多数法系中有此含义，而且最佳地涵盖了债务人承担不履行责任的通常情况，因而比"不履行"更可取。See K. Zweigert & H. Koetz: *An Introduction to Comparative Law* (Volume II: The Institutions of Private Law), Great Britain, North-Holland Publishing Company, 1987, p. 160.

② 由于条件条款和保证条款二分法过于僵硬，后来出现了中间条款，其相对重要性介于条件条款和保证条款之间。

③ 钱益明：《简明商业合同法》，香港万里书店1986年版，第37页。

④ 美国合同法泰斗科宾认为，从来不存在非重大违约。对于任何违约行为都可以成立诉讼；从这个意义上讲，任何违约都是足够地重大。参见［美］A. L. 科宾著，王卫国、徐国栋、李浩等译：《科宾论合同》，中国大百科全书出版社1998年版，第429—430页。

⑤ 岳彩申：《合同法比较研究》，西南财经大学出版社1995年版，第282页。

⑥ 根本违约制度现已为许多国家的合同法所采用，《联合国国际货物销售合同公约》也予以采纳。该《公约》第25条对其作了界定，它要求一项违约必须是可预见地对另一方当事人的合同期待利益造成了实质性的损害。

⑦ 预期违约的完整表述是"由预期毁约而导致的违约"。

⑧ 戴维、M. 沃克：《牛津法律大词典》，法律出版社2003年版，第962页。

（terminate a contract）的通知；判例中常常说试图终止合同是"repudiate a contract"①。不过，在讨论违约问题时，repudiation 通常被用来指所有会带来合同终止权效果的违约。在这个意义上，违反合同中的条件条款（breach of condition）、中间条款（intermediate term）并造成严重后果的情形、到期拒绝履行以及预期违约都可以叫做"repudiatory breachs of contract"。②

关于"repudiation"的形态，英美国家存在如下两种观点：（1）指合同一方当事人在履行期限到来之前以言语或行为明示或默示地表示将拒绝履行合同约定的义务，即"repudiation"仅仅指履行期到来之前的行为。（2）"repudiation"既包括履行期到来之前的行为，亦包括到期后的违约行为③。《美国合同法第二次重述》第 243 条第 2 款即规定了到期后的"repudiation"。与此相对应，形成了关于毁约性违约的两种不同观点：（1）仅仅指合同履行期到来之前的违约；（2）既包括合同履行期到来之前的违约，也包括履行期到来之后的违约，前者可称之为预期毁约（anticipatory repudiation）④，后者为实际毁约。

根本违约（fundamental breach）是发端于英国普通法的一个分析范畴，根本违约之判断最初是根据违约人所违反的合同条款的类型⑤，通常是指合同被根本违反，利益受到损害的一方除了有权提起损害赔偿诉讼之外，还有权终止合同。

毁约性违约和根本违约是两个非常类似的概念。它们产生的渊源、认定的标准以及产生的后果都是极其类似的。毁约性违约产生于英国合同法对条件条款和保证条款的分类，认定是否构成毁约性违约同样是要看违约的后果是否严重。但是，二者之间仍然存在差别，主要体现在如下方面：首先，它们的含义不同。"fundamental"有根本的、基本的、十分重要的、主要的等意思⑥，"repudiate"一词则有抛弃、拒绝接受（权益）、拒绝履行（义务）的意思⑦。因此，"fundamental breach"一词通常被译为根本违约，意思是涉及合同根基的

---

① 葛云松："期前违约规则若干基本概念探源"，《环球法律评论》2003 年秋第 25 期，第 323 页。

② See J. W. Carter, *Breach of contract*, 2nd ed., Sydney: The Law Book Company Ltd., 1992, Sections 702—705.

③ See J. W. Carter, *Breach of contract*, 2nd ed., Sydney: The Law Book Company Ltd., 1992, Sections 701

④ 若表述为"期前毁约"可能更准确些，因国内绝大多数人用"预期违约"，本文亦从众。

⑤ 梁慧星：《民商法论丛》，2000，13，法律出版社 2000 年版，第 86—87 页。

⑥ 霍恩比：《牛津高阶英汉双解词典》（第 4 版），商务印书馆、牛津大学出版社 1997 年版，第 599 页。

⑦ 薛波：《元照英美法词典》，法律出版社 2003 年版，第 1184 页。

性质严重的一种违约，而对于"repudiatory breach"一词杨良宜先生将其译为"毁约"，笔者将其译为毁约性违约，都着重强调违约一方对合同的抛弃和拒绝。其次，构成要件有所不同。根本违约采用的是客观标准，只要客观上达到剥夺当事人所期待的合同利益的后果就构成根本违约，但毁约性违约有时还有一个主观标准①，即当事人的意图。在认定是否构成毁约性违约的问题上，违约方的意思是很重要的判定因素②，而根本违约的构成要件是不考虑违约方的主观意思的，这是二者最主要的区别。再次，二者在具体的违约形态上存在差别。根本违约包括了拒绝履行、不履行、不适当履行、迟延履行、部分履行等几种情形；毁约性违约则通常因拒绝（renunciation）、不可能（impossibility）和不履行（failure to perform）三种情况而发生。③

在英美合同法中，还常常出现"全部违约（total breach）"和"部分违约（partial breach）"两个概念。它们常常被法院在确定受害方可采用的补救方法时使用。从这些用语的形式上看，全部违约是指合同规定的义务一项也没有履行，而部分违约是指没有履行的义务少于合同规定的全部义务。但是，法院的实际做法却不尽相同。全部违约是指违约如此的重大和重要，以致受害当事人有理由认为整个交易已经落空。

轻微违约与重大违约（minor breach and material breach）是美国合同法中对违约进行的最普通的分类。在轻微违约的情况下，尽管要约人的履行有瑕疵，但受约人仍然能从交易中获得实质利益。在发生轻微违约时，利益受到损害的一方可以寻求违约补救，但却不能因此免除其合同项下的义务。重大违约（material breach）又称之为实质性违约，是指不履行不能被免除的合同义务的行为。如果由于要约人的履行有瑕疵，使得受约人不能从交易中获得实质利益，便构成重大违约。在发生重大违约时，利益受到损害的一方得以免除进一步履行合同的义务，并有权提起损害赔偿诉讼。一般来说，故意违反合同被认为是重大违约。当一方从实质上妨碍或阻挠另一方履行合同时，也属于重大违约。《美国合同法第二次重述》第241条指出："判断一方未给付或未提供履行是否为重大违约，需考虑以下因素：（a）受损方在多大程度上被剥夺了他合理期待的利益；（b）受损害方被剥夺的利益得到充分补偿的程度；（c）未履行或提供履行方将被处罚的程度；（d）未履行或提供履行方纠正违约的可

---

① 英国 Anson 教授在 *Anson's law of contract* 一书中认为是否构成毁约性违约与当事人是否恶意或故意无关。See J. Beatson, *Anson's Law of Contract*, 28th ed., Oxford: Oxford University Press, 2002, p. 569.

② See Mersey Steel and Iron Co. v. Naylor, Benzon &Co.

③ See J. Beatson, *Anson's Law of Contract*, 28th ed., Oxford: Oxford University Press, 2002, p. 569.

320 中国社会科学院［法学博士后论丛］·第三卷

能性，考虑到所有情形包括任何合理的担保；（e）未履行或提供履行方的行为符合善意和公平交易的程度。"① 除了要求实质性损害这一要素之外（在美国，估算间接损害是也考虑到这一因素），与美国普通法中的"重大违约"②（material breach）以及《美国统一商法典》中的"实质性违约"（substantial breach）类似。

除了通过具体情形分析违约是否为实质性外，当事人也可在合同中约定什么构成重大违约。

2. 违约解除的内涵

在英美国家的合同法著作中，"违约解除（discharge of contract by breach）"通常指的是无过错方在对方违约时有权行使且实际行使了免除自己合同义务的权利的行为③。合同一方当事人违约，另一方有免除自己进一步履行合同项下他尚未履行的义务的权利，且在对方提供给付时，他还可以被免除受领给付的义务④。这便是英美国家合同因被违反而解除的情形。实际上，"违约解除"这种说法并不完全准确，至少在没有进一步说明的情况下不完全正确。理由是：（1）任何一次违约都是引起诉讼的原因；但并不是每一次违约都会导致合同的解除。因此，在考察违约解除制度时主要应探讨的问题是：由于一方的违约，有权提出损害赔偿请求的另一方是否同时还可以免除自己进一步履行合同的责任。（2）虽然有时候无过错方声称已"宣告合同无效"，或合同因违约而"终止"，但我们应该清楚的是，合同可能既没有自始（ab initio）⑤ 无效，也没有因违约而解除⑥。譬如，一方违反合同，无过错方（在某些情况下是双方当事人）可以免除进一步履行合同主要义务的责任，但同时过错方承担了一项次要义务，即支付一笔金钱以补偿因其不履行给对方造成的损失。（3）无过错方并非一定要选择解除合同——如果合同仍处于待履行

① 于丹翎：《美国合同法》，高等教育出版社 2006 年版，第 414 页。
② 重大违约在美国普通法中主要适用于建筑合同。
③ *Chitty on contracts*, *volume I General principles*, Thomson London Sweet & Maxwell 2004, p. 1378.
④ This principle would appear to apply to lease: see Hussain v. Mehlman (1992) 2 E. G. L. R. 87; Progressive House Pty Ltd. v. Tabali Pty Ltd. (1985) 157 C. L. R. 17; Highway Properties Ltd. v. Kelly, Douglas & Co. (1971) 17 D. L. R. (3d) 710; cf. Total Oil Great Britain Ltd. v. Thompson Garages (Biggin Hill) Ltd. (1972) 1 Q. B. 318. See further Pawlowski (1995) Conv. 379.
⑤ Heyman v. Darwins Ltd. (1942) A. C. 356, 373, 399; Johnson v. Agnew (1980) A. C. 827, 844; Bank of Boston Connecticut v. European Grain and Shipping Ltd. (1989) A. C. 1056, 1098—1099; State Trading Corp. of India Ltd. v. M. Golodetz Ltd. (1989) 2 Lloyd's Rep. 277, 286.
⑥ Photo Production Ltd. v. Securicor Transport Ltd., above (overruling Harbutt's "Plasticine" Ltd. v. Wayne Tank and Pump Co. Ltd. (1970) 1 Q. B. 447).

（executory）的状态，他可以选择继续维持合同的效力，也可以放弃解除合同的权利，接受另一方的瑕疵履行，以示自己甘愿受到损失。

总之，在英美国家，通常情况下，合同因违约而被解除（discharge of contract by breach）根本不是自始撤销。合同的解除只是导致合同尚未履行义务的解除，并不追溯地消除已经产生的合同违约所造成的后果。此种意义上的"合同解除"实际上相当于大陆法系中严格意义上的"合同终止"。

（二）英美国家违约解除的一般法则

在英美国家，并非任何违约都可导致非违约方享有解除合同的权利。那么，何种违约可产生解除合同的权利？解决这个问题的方法有许多种。首先，当事人可在合同中约定某种类型的违约是毁约（repudiation）或者不是；其次，只有在真实违约的后果是可知时才有可能解除合同；第三，最好的方法是考虑特定的法律规则中规定的特定合同义务的归类。在英国法中，常常混合使用上述三种方法。然而，使用第三种方法来寻找法律决定特定违约的后果的情形，无疑是最方便的。[1]

依据违约的时间，违约可以分为履行期间的违约和履行期到来之前的违约。依据违约的严重程度，违约主要分为轻微与重大违约。只有严重违约才能导致非违约方享有解除合同的权利。[2]

在确定违约能否导致合同解除问题上，英国普通法经历了从以所违反的合同条款的性质为依据到以违约后果的严重程度为依据的发展过程。在英国合同法发展的早期，违约被严格区分为违反条件和违反担保两种情形，一般以条款本身的重要性来进行区分。"条件"是英国合同法中的一个重要的术语，可能"涉及整个合同的根基（go to the root of the contract）"。如果该条款很重要、对于合同整体而言意义重大，那么它属于"条件条款"[3]，反之则属于"保证条款"。将条款分为条件和保证，表明特定违约的实际结果并不是构成毁约性违约的决定性因素。构成"条件"之条款，对它的任何违反都将属于毁约，而不论其违约后果是否能轻易弥补，或者是否造成非违约方足够的损失，非违约方都可以采取解除合同的救济措施。如果违反保证条款，则不管损失有多大，

---

[1] See Richard Stone, *The Modern Law of Contract*, Cavendish publishing Limited London, 2002, p. 416.

[2] 如前所述，美国合同法中的"重大违约"与英国法中的"根本违约"是两个类似的概念，毁约性违约无疑属于严重违约的情形，为英美国家所共同使用。

[3] 违反条件条款即根本违约，对方当事人享有解除合同或者要求继续履行合同的选择权。在当今英国法中，根本违约既包括条件条款也包括了违反中间条款。

受害方也无权终止合同。但由于"这种过于机械的分类，不仅不合理，而且妨碍贸易的发展"①。法院在处理大量的合同纠纷时发现，一些违约形式既不符合违反条件又难以称之为违反担保。因此，在目前英国的司法实践中，法院通过判决，已承认所谓"中间条款"②。随着实践的发展，后来一些学者提出了应以违反义务是否给受害人造成履行艰难的后果为标准来划分两种条款。这实质上等于以履行艰难的后果作为合同解除的条件，即当一方违约后果严重时，另一方可以解除合同。③

英国法对违约形式的基本划分之所以导致理论及实践上的分歧与困难，首先在于违反条件与违反担保在司法实践中缺乏明确、规范的判断标准，造成了立法与司法的脱节。其次是这种"违约二元论"与德国法中的"履行违反二元论"一样难以概括现实生活中不断出现的新的违约形式，以至于为解决现实问题的需要，法院最终采纳了以违约的后果是否具有严重性作为合同解除的事由的理论，而这正体现了立法的滞后性与社会生活的无限发展性之间的矛盾，因而中间条款的出现确属必然。而中间条款的出现表明英国判定违约解除的依据最终走上了结果主义。

在美国，以后果是否严重为标准，违约被划分为重大违约（material breach）和轻微违约（minor breach）。当一方违约致使另一方订立合同的主要目的难以实现时，为重大违约。终止合同的前提是对方当事人严重违约。如果受损害方选择终止合同，法律认为受损害方视违约为"完全违约"（total breach）；如果受损害方无权终止合同或者选择不终止合同，法律则认为受损害方视违约为"部分违约"（partial breach）④。值得注意的是，即使一方行为已构成重大违约，美国法院在许多情况下并不允许受害方直接解除合同，而是要求其给违约方一个自行补救的机会。法院在决定应当给违约方多长时间进行自行补救时，要考虑各种相关因素。根据《美国合同法第二次重述》第237条之规定，其重要因素之一是，违约方的迟延将在多大程度上剥夺受害方有权期望从该交易中获得的期待利益。另一与之相对的因素是，允许受害方即时解除合同会给违约方造成多大的损失。法院的最终决定应当是权衡这两种因素的结果⑤。无数判例表明，当一方迟延履行时，除非这种迟延履行已与合同的性质及当事人的特别约定相

---

① 廖进球：《国际商法》，山西经济出版社1994年版，第63页。

② 廖进球：《国际商法》，山西经济出版社1994年版，第63页；所谓"中间条款"是指其重要性介于条件条款与保证条款之间的条款。

③ 王利明："论根本违约与合同解除的关系"，中国法学1995年第3期。

④ 徐罡、宋岳、覃宇：《英美合同判例法》，法律出版社1999年版，第119页。

⑤ 王军：《美国合同法》，对外经济贸易大学出版社2004年版，第324页。

违背，否则，另一方应在给予违约方一个合理的宽限期后才能行使解除权。当然，并非在所有违约情况下都应首先给违约方一个自行补救的机会，如果违约方没有能力进行补救（违约方以故意或过失的行为造成合同不能履行）或者不愿自行补救（明确表示将不履行），受害方可即时解除合同。美国是判例法国家，以上只是典型的解除合同的情况，对于其他大量的违约行为，是否应当解除合同则由法院按照重大违约理论作出判定。美国学者与判例之所以有如此认识，理由在于，当一方违约时，另一方解除合同会使违约方完全丧失对其违约进行自行补救的机会，因而常常导致对违约方严厉惩罚的后果；而避免对违约方施加惩罚是美国法在确定救济手段时的基本政策①。同时，解除合同等于使业已达成的交易中途流产，对社会经济的发展不利。

在合同履行期到来之前合同一方当事人表示届时将不履行合同，在英美法中，这种言行称为"提前毁约"，由此而导致的违约称之为"期前违约（anticipatory repudiation）"②。按此理论，在合同履行到来之前，如一方无正当理由而明确肯定地向另一方表示其将不履行合同（即明示毁约），另一方可即时解除合同；或者一方在履行期到来之前有确切的证据证明另一方将不履行合同而又不愿意为此提供保证时（即默示毁约），也可以解除合同。当然，对于"合理期限"以及受害方有无事先通知义务的问题仍存在争议，但这并不影响赋予守约方以法定解除权。

三、毁约性违约及违约的效力

从违约的程度而言，除非违约构成了毁约性违约，合同方可被解除或终止，否则合同仍将有效，双方当事人必须继续履行他们的义务。毁约性违约允许非违约方将合同视为被抛弃或拒绝，因此，毁约性违约导致非违约方解除合同或终止合同（discharge or terminate the contract）。但实际上这两种表述均不准确，因为违约发生后，合同的基本义务并没有自动终止；即使基本义务终止了，合同中的次要义务在违约发生后依然存在。

（一）毁约性违约（repudiatory breach）

1. 毁约性违约的内涵

毁约性违约（repudiatory breach），有的学者译为"毁约"③，Jill Poople 在

---

① 王军：《美国合同法》，对外经济贸易大学出版社 2004 年版，第 329 页。

② 国内学者一般将其译为"预期违约"。

③ 杨良宜：《国际商务游戏规则——英国合约法》，中国政法大学出版社 2000 年版，第 526 页。

其合同法一书中对其作了如下解释：就违约的程度而言，除非违约构成了毁约性违约，合同将被解除或终止，否则合同仍将有效，双方当事人必须继续履行他们的义务。毁约性违约允许非违约方将合同视为被拒绝。Jill Poople 认为这种稍显烦琐的表达是对毁约性违约最准确的表达方式①。而英国学者 Anson 对毁约性违约作了如下解释：一方当事人可以基于下述三种情况之一解除自己继续履行合同的责任：（1）另一方当事人拒绝（renounce）履行合同义务；（2）另一方当事人由于自身的行为使得其不可能（impossible）履行合同义务；（3）另一方当事人不履行（fail to perform）其所作的承诺。当事人出现上述任何一种情况都构成毁约性违约。很显然，Jill Poople 是从违约程度的角度来对毁约性违约进行定义的，而 Anson 则从违约的具体形态的角度对毁约性违约予以定义。

在英国早期的贸易中，事无大小，去"拒绝"都会构成毁约②。过错方认为不履行合同义务相对来说不重要或事实上真的不重要，对是否构成毁约不具相关性。但晚近的司法实践表明：只有拒绝合同中的重要部分才会构成毁约。Buckley 大法官指出："构成毁约的违约是：违约使受损方被剥夺了他根据合同有权期待得到的利益"。关于如何判断被违反合同义务的重要性，通常认为：被违反的合同的义务必须是合同的实质性条款（essential term），或合同的基本条款（fundamental terms），或者必须触动合同的根基（go to the root of the contract）。而 Buckley 大法官则提出了如下判断标准：当一项违约或多项违约发生时，违约的后果是否使得受损方继续履行合同是不公平的（unfair），而应该享受损害赔偿救济？如果回答是肯定的，则毁约已经发生。③

一般来说，只有当预期违约的后果满足了实质不履行（substantial failure in performance）的要求时，才构成毁约，受损方才有权废止合同。

2. 毁约性违约的形态

根据其发生的时间是在履行期到来之前还是之后，毁约性违约可以分为预期违约和实际违约两种形态；若根据其发生的原因来区分，毁约性违约则可以分为因拒绝而导致的毁约性违约、因不能履行而导致的毁约性违约以及因完全或实质不履行而导致的毁约性违约。这三种形态将在第三部分讨论，这里只简要讨论预期违约和实际违约两种形态。

其一，预期违约（anticipatory breach）。

---

① Jill Poole, Contract Law (6th), Blackstone Press Limited, 1996, p. 229.

② 杨良宜：《国际商务游戏规则——英国合约法》，中国政法大学出版社 2000 年版，第 560 页。

③ Decro-Wall International SA v. Practioners in Marketing Ltd. (1971) I WLR 361.

　　如前所述，毁约性违约中违约主要包括因拒绝而毁约、因不能履行而毁约以及因完全或实质不履行而毁约。第一、第二种违约既可能发生在履行的过程中，也可能发生在合同在将来才完全有效的时候，只有第三种完全发生在履行期到来之后。这就表明，除了完全或实质不履行而毁约外，因拒绝而毁约、因不能履行而毁约都可能包含预期违约的情形。此种类型的预期违约笔者将在讨论违约解除的具体形态时详细讨论，这里仅仅从宏观上探讨预期违约的内涵、来源及其理论基础等。

　　人们通常认为，违约只包括合同约定的履行期限到来后的不履行和瑕疵履行（包括迟延履行）。但是，如果一方在履行期限到来之前就直接表示或以其行动表明将不履行合同或者将不当地履行合同，在这种情况下，就要适用特殊的规则。或者说，至少一般的规则在适用这种特殊的情况时应有所不同。这种情况在英美国家被称为"anticipatory breach"（国内一般将其译成"预期违约"，也有少数学者将其译成"提前违约"①、"提前毁约"②、"先期违约"③以及"期前违约"④ 等。其意思一般认为与"anticipatory repudiation"相同⑤）。

　　"anticipatory breach"的字面含义是"可以预见其发生的违约行为"。但是，在履行期限到来之前预期违约（anticipatory breach）本身仅仅是一种不履行的意图的表达，而并不是实际的不履行⑥。因此，该字面含义有误导性⑦，"anticipatory breach"的真正意思是"预先毁约导致的违约（breach by anticipatory repudiation）"⑧，具体而言，是指在履行期限到来之前，义务人以言辞、行为明确而清楚地表明其将拒绝履行义务的意图，则这些言行是对合同的拒绝，另一方当事人可据此视合同已被终止。在 Yukong Line of Korea v. Rendcburg Inrestments Corporation of Liberia 案中，Moore-Bick 法官接受了这样

　　① 沈达明：《英美合同法引论》，对外经济贸易大学出版社1997年版，第265页。
　　② 徐罡、宋岳、覃宇：《英美合同判例法》，法律出版社1999年版，第153页。
　　③ ［美］A. L. 科宾著，王卫国、徐国栋、李浩等译：《科宾论合同》，中国大百科全书出版社1998年版，第445页。
　　④ 葛云松："期前违约规则若干基本概念探源"，《环球法律评论》，2003年秋第25期，第323页。
　　⑤ 薛波：《元照英美法词典》，法律出版社2003年版，第79页。
　　⑥ See Jill Poole, *Contract law* (6th), published by Blackstone Press Limited Aldine Place London, pp. 247—248.
　　⑦ See M. P. Furmston, Cheshire, Fifoot and Furmston's Law of Contract, 13th ed., London: Butterworth, 1996, p. 551; J. Beatson, Anson's Law of contract, 27th ed., Oxford: Oxford University Press, 1998, p. 543; (1971) 1 Q. B. 164 at 196.
　　⑧ See Farnsworth, *Contracts* (fourth edition), Aspen Publishers, p. 581.

的原则①：一方在履行期限届满前拒绝履行合同本身并不能算做违约，但是它给予另一方即受损害方将其视为预先的违约而因此得以立即解除合同的权利。

预期违约（anticipatory breach）② 起源于 19 世纪中叶的美国和英国的普通法，其标志性的案件是 Hochster v. de la tour 案③。该案中，原告与被告签订了一份雇佣合同，原告从 1852 年 6 月 1 日起作为被告的旅游向导。但是，同年 5 月 11 日被告就通知原告不需要他做向导了。原告立即以被告违约提起诉讼。被告辩称：原告无权要求赔偿，除非原告能证明从履行开始的那天原告已做好服务的准备并且愿意履行合同中的义务。法院没有支持被告的辩解，而认为原告可以自由地选择：既可以等合同履行期到来，但前提是自己愿意及准备履行合同；也可以立即主张对方毁约，这样同时履行（concurrent）的合同义务就被免除。支持这个规则的主要理由是：原告得知合同被对方拒绝时可以避免因准备履行该合同而作出的无谓的开支，这样对双方都更有利。

很明显，法院认为获得赔偿的权利是建立在拒绝履行这个事实基础上的，而不是建立在任何想象的"加速"合同的履行期限的基础上。Campbell CJ 法官解释说，这一判决基于这样的一项默示条款而作出，即，从合同订立到合同履行期到来的这段时间，任何一方都不会做出与所创造的合同关系不符的行为而给对方造成损失。从而创立了在履行期间到来之前以预期违约为理由起诉的权利④。后来的许多判例都证实了这一规则。例如，即使一方的履行取决于一个可能永远都无法实现（materialise）的条件（即偶然性极大），预先毁约都会使对方有权立即要求补偿（an immediate remedy）⑤。然而，可以肯定的是，既然这种履行取决于极偶然的条件，实现的机会很小，那么，一方毁约不至于剥夺另一方（非违约方）对合同履行的合理期待，因此，非违约方也就得不

---

① See Yukong Line of Korea v. Rendcburg Inrestments Corporation of Liberia Lloyd's Rep（1996）pp. 604、607.

② Arthur Corbin uses the term "anticipatory breach" instead of "anticipatory repudiation." See Arthur Litton Corbin, *Corbin on Contracts* 1053, 1964. p. 309. Corbin notes that the parties never promised to abstain from repudiating. Thus anticipatory breach in Corbin's terminology refers to the duty to render the performance that the parties bargained for, rather than the non-existent duty not to repudiate the contract. 即：Arthur Corbin 使用了"预期违约"而非"预期毁约"一词。见 Arthur Litton Corbin.《科宾论合同》，1964 年版，第 309 页，Corbin 注意到当事方从未承诺放弃毁约这一权利。因此，预期违约在 Corbin 的术语中是指当事方所预见的履行某义务，而非不存在的非毁约性的义务。

③ 118 Eng. Rep. 922（Q. B. 1853）.

④ Upon a contract to do an act on a future day, a renunciation of the contract by one party dispenses with a condition to be performed in the meantime by the other, there seems no reason for requiring that other to wait till the day arrives before seeking his remedy by action.

⑤ cf. Frost v. Knight（1872）LR 7 Ex 111.

到任何补偿①。在 Frost v. Knight 一案②中，ockburn CJ 也指出，预期违约使合同不能有效地存在，当然应当给予无过错方及时的赔偿。

预期违约的早期研究者批评了他的逻辑。根据英美国家传统的合同法理论，合同通常被视为对履行的一个承诺。这些承诺不能被违反，直到合同的真正履行期间的到来③。因此，直到履行期届至之前，并不存在任何的法定义务。尽管预期违约学说在理论上存在争论，但它已经在英美国家的合同法中牢固地确立了自身的地位。迄今，预期违约多发生在销售合同纠纷中。在美国，各州在司法实践中对预期违约的处理不尽一致，有的认为当事人可在对方表示预期违约的意图之日提起违约之诉，有的则要求须至合同确定的履行之日才能开始诉讼④。值得注意的是，允许当事人在对方表示预期违约的意图之后立即起诉意味着迅速止争息纷，鼓励双方放弃原合同和另订新合同，这不仅可以减轻受害方的损失，也减少了违约方的赔偿数额。

预期违约的学说实际上基于如下理念：合同的任何一方都不能损害另一方所预见的期待利益。一次违约并没有自动地损害主要的合同利益，所以合同仍然要履行⑤。先履行合同的权利通常拥有它自己的市场价值，这种价值是由其将来履行的价值所决定的，并根据履行不能的可能性而减少。尽管存在这种理论上的市场价值，但在事实上，预期违约极有可能减少全部或部分的合同权利。

表达预期违约的拒绝履行的方式可以是言辞，也可以是行动。如果立约人向受约人作出他无意或无力履行合同的明确陈述，这就构成拒绝履行并将发生预期违约的效果，除非该立约人对他的陈述有某种正当理由。同样地，如果立约人实施使合同履行成为不可能的任何自愿行为，这也足以构成预期违约。⑥

产生预期违约的言辞或者行为必须是清楚的、不含糊的和绝对的。《美国

---

① See The Miheis Angelos（1971）1 Q. B. 164.

② （1872）LR 7 Exch 111.

③ See Janice C. Vyn, Comment, *Anticipatory Repudiation Under the Uniform Commercial Code*: *Interpretation*, *Analysis*, *and Problems*, 30 Sw. L. J. 601. 602（1976）（"Since the absolute duty to perform has not yet arisen according to the contract's terms, in a strict sense no breach has occurred."）.

④ 薛波：《元照英美法词典》，法律出版社 2003 年版，第 79 页。

⑤ See 5 Corbin, supra note 116, at 313. According to Corbin. remedial rights are substituted for the primary right to full performance, so the power to earn full payment vanishes. See id. Completion of performance would cause economic waste; besides, the remedies are the pecuniary equivalent of full performance of the contract.

⑥ ［美］A. L. 科宾著，王卫国、徐国栋、李浩等译：《科宾论合同》，中国大百科全书出版社 1998 年版，第 446 页。

合同法第二次重述》第 250（a）条即规定："预期违约"中的"违约"应当是一方当事人表示不愿或不能履行合同义务的相当明确的声明。若一方当事人仅仅表达对自己是否要履行合同的疑虑则不构成预期违约。考虑到这些严格的条件，预期违约是非典型的。甚至当一方当事人打算在履行期间到来之前不履行合同，他通常会拒绝使之变得清楚的、不含糊的或者绝对的，以达到预期违约的目的①。因此，预期违约的案件要求一些独特的事实，这些事实设计了买方和卖方的一般的行为。根据普通法，有理由相信另一方当事人已经构成预期违约了的一方当事人是处于困难的和不舒服的地位的，这种地位是指要预测法院是否将确认预期违约。如果该当事人中止履行并被认为是错误的，法院将确认他是首先违反合同的人②。因此，在英美国家，确认是否存在预期违约是"一名律师不得不做出的最为困难的和最具有潜在的危险的决定"。③

　　预期违约的严格条件以及判定预期违约的风险导致美国合同法发展出了关于预期违约的特殊规定。《美国统一商法典》第 2—609 条（要求充分的履约保证的权利）规定：（1）买卖合同双方当事人都有义务使对方获得适当履行的期待不受损害。如果一方当事人就对方当事人的债务履行有合理的理由陷于不安，则可以书面请求对方提供充分的保障。如果在商业上合理，并可以在获得充分保障之前就尚未从对方获得对待给付的履行义务中止履行。（2）如果双方当事人均为商人，陷于不安之理由是否合理以及提供的履约保障是否充分当根据商业标准决定之。（3）受害方受领对方当事人交付的不适当的标的物或者价款的事实，不影响其请求对方就将来的履行提供充分保障的权利。（4）在收到受害方的合法请求后，如果在最长不超过 30 日的合理期限内没有对债务的适当履行提供在具体案件的事实下程度充分的保障，则该不作为构成对合同的履行拒绝。根据上述规定，如果对方违约，而受害方无法判定对方的违约是否构成预期违约时，可以要求对方提供及时履行的充分保证，而在获得此保证之前，受损方可以中止其履行及任何履约准备。

　　预期违约人可以在受害人作出反应之前反悔，如果违约是用语言表达的，违约人可以书面或口头通知受害人收回"违约（retraction）"；如果预期违约是用行为体现的，违约人必须纠正行为，并且让受害人知道。根据普通法，如果预期违约人及时适当地废止了违约（nullification of repudiation），那么，当

---

　　① They may wheedle or whine or threaten of cajole, do all sorts of distasteful things, but rarely will they voluntarily put themselves in the posture of wrongdoer any earlier than is absolutely necessary.

　　② See Gregory S. Crespi, *The Adequate Assurances Doctrine After U. C. C.* 2—609.

　　③ John R. Trentacosta, *Performance and Breach of Contracts Under U. C. C. Article 2*, 74 Mich. B. J. 548, 549 (1995).

初的违约言行就不算违约。

《美国统一商法典》第 2—610 条也提供了针对合同履行前违约的救济①。当预期违约发生时，买方可以撤销合同，收回已付给卖方的价款，并试图获得补偿价款和市场价格之间的差价②。但是，如果受损失方并没有解除合同，没有就他的地位作出重大的变更，或者没有告诉违约方他把违约方的违约视为合同的终止，那么，违约方可能撤销他的违约意思表示，并重新恢复合同。《美国统一商法典》通过第 2—609 条提出了与预期违约行为相联系的风险，第 2—609 条允许一方当事人在处于不安全的状态时，可以要求获得足够的担保。

其二，实际违约。

如前所述，毁约性违约则通常因拒绝履行（renunciation）、履行不能（impossibility）以及不履行（failure to perform）而发生。在拒绝履行（renunciation）和履行不能（impossibility）的情况下，既可发生预期违约，也可发生实际违约，而在不履行的情况下，则只能发生实际违约。合同履行中的拒绝履行、履行不能以及不履行都属于毁约性违约中的实际违约。

若在合同履行期届至后，在英国，一方当事人违反"条件条款"或根本违约，即构成毁约性违约；在美国，一方当事人重大违约或实质性违约，即构成毁约性违约。迄今，英美合同法多以违约后果的严重性为标准来判定实际违约是否构成毁约性违约。

3. 几种特殊类型的毁约性违约

关于毁约性违约，有如下三种特殊的情况值得考虑：（1）关于在一定的（较长）期限内提供服务的合同，在何种情况下才会被认为是"毁约性违约（repudiatory breach）"呢？（2）在合同分期分批履行的情况下，如果只有一小部分的分批履行义务被违反，这种违约又具有什么样的效力呢？（3）如果违反合同的后果没有影响到合同的实际履行，但却影响到合同所能创造的商业价值，这种违约又具有什么样的效力呢③？下面我们将逐个讨论。

（1）长期合同（long term contracts）。长期合同被违反的效力问题是由英国上诉法院在 Rice v. Great Yarmouth Borough Council（大雅毛斯市议会）一案④中率先提出来的。该案争议涉及一项履行期为四年的长期合同，在这四年中，Rice 为大雅毛斯市议会提供康乐设施管理及其场地维护的服务。但合同才履

---

① See U. C. C. 2—610.

② See U. C. C. 2—610, 2—711.

③ Richard Stone, *The Modern Law of Contract*, Cavendish publishing Limited London, 2002, p. 422.

④ (2000) *The Times*, 30 June.

行了 7 个月，议会便声称对方违反合同，意欲终止该合同。上诉法院认为，合同条款并没有授权议会对对方的每一次违约都可以提出终止合同。这意味着，对这种提供公共服务的长期合同而言，法院应该考虑，当事人的何种违约行为方构成"一个毁约性违约（a repudiatory breach）"。虽然此种长期合同与租船合同（charter parties）和建筑合同有一些相似之处，但上诉法院无法找到直接的判断根据。一种可以接受的观点是：通过考查承包商 Rice 在整整一年内履行合同的情况，判断市议会是否因此而被剥夺了其在这一年中基于合同期待得到的所有利益。在建筑合同的履行中，不仅已经发生的违约行为本身是构成最终违反合同的相关因素，而且其累积的结果也关系到当事人最终是否有权取消合同。在承包商数次违约的情况下，法院就可以考虑：多次违约累积的结果是否使市议会有理由相信，承包商会继续提供这种不达标（sub-standard）的履行，从而剥夺了市议会"在那一年中所合理期待利益的实质性部分。"①

考虑到一项合同的某些方面是如此重要，以至于一方当事人可以认为另一方当事人对该部分合同的违反足够使其有权提出终止（termination）合同——在 Rice v. Great Yarmouth Borough Council 一案中，市议会即打算通过这种途径终止合同，但审理该案的法官最终认定，市议会无权终止合同，一些学者认为这样处理是比较合适的②。这种处理方法充分考虑了可能造成毁约性违约的重要的实质性因素，将抽象的毁约予以量化便于操作，有利于司法公正。

该案表明，对于一项长期合同来说，判断何为"毁约性违约"不是一件容易的事，应慎重对待。在该案中，上诉法院倾向于认为，一方因另一方违约被剥夺的利益至少占整个合同利益的 25%（即 4 年中的一年的履行合同的结果）才有可能构成"毁约性违约"（另一个相关因素是特别重要的合同条款被违反）。法院作出这样的决定是有道理的，但也产生了一个弊端，那就是：当事人很难确定因相对人的违约行为给自己的利益造成的损害究竟到了一个什么样的程度，即自己是否以及何时有权声称对方的行为构成"毁约性违约"。这种方法虽然有利于法官判案，却加大了受害方当事人判断受害程度的难度，于受害方不公。

（2）分期分批履行的合同（installment contracts）。对于一个分期分批履行的合同来说，其中一期的履行义务被违反是否就构成"毁约性违约"？如果答

---

① Cf Decro-wall International SAV. Practioners in Marketing Ltd. (1971) 2 All ER 216 – 对于一项继续性合同（continuing contract）来说，一方经常性的迟延付款不构成"毁约性违约"，因为迟延付款给对方造成的损害完全可以通过支付额外的利息来补偿。

② See Richard Stone, *The Modern Law of Contract*, Cavendish publishing Limited London, 2002, p. 422.

案是肯定的，那么一旦某一期的履行义务被违反，合同马上就可以被终止，余下的分期义务也随之消灭；如果答案是否定的，即未违反合同的一方愿意维护合同的效力，允许合同继续存在，则某一期的履行义务被违反并不导致合同因"抛弃"而被终止。

分批交货的货物买卖合同是包含可分义务（severable obligation）的合同。在这类合同中，每批货物的价款也是单独支付的。在 Regent OHG Aisestadt v. Francesco of fermyn Street Ltd. 案①中，合同规定卖方分批交货，共提供62套西装。在交付了几批货物后，买方发现其中的一批货物有瑕疵（少一套西装）。买方声称：少了一套西装不能适用"法律不计较琐事"（Deminimis non curat lex）原则，对方的此次违约是对整个合同的抛弃，即构成了毁约性违约。Mustill 法官拒绝了买方的请求，理由是：供货的义务是可分的，每批货物的交付都可以独立进行。因此，违反一次分期交付的义务不构成毁约，因而也不会赋予非违约方终止合同的权利。②

一言以蔽之，对于"毁约"的认定标准与程度的判断直接决定了分期分批履行合同等特殊合同的解除情形，因而有必要将毁约的认定标准予以确定化。在英美国家的司法实践中，对于毁约的认定主要取决于当事人当初在合同中是如何约定的。英国1979年《货物买卖法》第31条第2款对此予以了确认。该款规定，在一方当事人提供瑕疵履行或者拒绝接受履行的情况下，……应当根据合同条款及案件的关联事实来判断：某一次违约是否导致整个合同因"拒绝履行"而被违反；或者由于某一次违约只是违反了一项可分的（severable）合同义务，因此，未违反合同的一方只享有主张赔偿的权利而无权将整个合同视为被拒绝来处理。

英国1979年《货物买卖法》的上述规定在 Maple Flock Co. Ltd. v. Universal Furniture Products（Wemblery）Ltd. 一案中得到了适用。③ 根据该案所涉及合同的规定，卖方须分批出售100吨碎的软质材料给买方。在卖方先期交付的20批货物当中，有一批（即第16批）的质量有问题。上诉法院认为，既然卖方的违约行为只涉及一批货物（只有1.5吨），因此，不构成"毁约性违约"。然而，在另一案件，即 RA Mumro ECo. Ltd. v. Meyer 一案④中，卖方须向买方提供1500吨肉和骨粉，分12批交货，每批125吨。在卖方提供了768吨货物

①　See Regent OHG Aisestadt v. Francesco of fermyn Street Ltd. （1981）3 ALL ER 327.

②　cf. Jackson v. Rotax Motor and Cycle Co. （1910）2 KB 937.

③　（1934）1KB 148.

④　（1930）2KB 312.

以后，买方发现全部的货物都掺了假，根本达不到合同规定的质量要求。因此，法院认定，卖方的行为已经构成"毁约性违约"，买方有权终止合同。由此可见，英国的判例在判断是否构成"毁约性违约"时，不仅要考虑合同的条款，而且还必须考虑案件的具体情况。

关于违反分期分批合同的情况，合同被违反的比例（proportion）不是唯一的相关因素。英国上议院关于 Mersey Steel and Iron Co. v. Naylor, Benzon ECo. 一案①的判决即说明了这一点。该案中，根据合同规定，卖方为买方提供 5000 吨铁，分 5 个月提供，每月提供 1000 吨；买方收到装船单据后 3 天内付款。卖方提供的第一批货物不够 1000 吨，但足额提供了第二批货物。在付款期将至的时候，卖方被申请结束营业，买方（接受了有误的法律咨询）因此拒绝付款，卖方意图将此视为"毁约性违约"。上议院注意到，买方曾暗示只要相关的法律问题得以解决，他愿意继续履行付款的义务。因此，买方拒绝付款的行为不构成"毁约性违约"，卖方无权终止合同。这样看来，在分期分批合同的履行过程中，与某次违约有关的事实（关联事实）也影响着"违反合同"性质的最终认定。此案表明，在认定是否构成"毁约性违约"的问题上，违约方的意思和违约的原因是很重要的相关因素。

总之，对于毁约的认定是一个复杂的过程，需综合违约的比例、关联事实、违约方的意思以及违约的原因等因素予以全面考虑，方能正确地认定是否构成毁约性违约。

（3）商业损害（Commercial destruction）。许多"毁约性违约"的案件都是由于当事人的作为或者不作为引起的。不作为引起合同项下的义务没有得到完全履行的情况主要表现在：货物不符合合同所作的说明（description），或者质量不符合合同的要求；所欠货款迟延支付或者根本不支付。在所有这些情况下，未违反合同的一方当事人都被剥夺了其有权期待得到的合同利益。然而，关于"毁约性违约"的情况还有一种可能，即一方当事人已经履行了其所负的主要合同义务，但合同却因为某些次要义务的违反而被终止。理由是，虽然次要义务的违反不影响当事人继续履行合同，但从非违约方的商业利益角度来考虑，这种违约是不可接受的。一个典型的例子是"空中广告公司诉巴彻勒豌豆（Aerial Advertising Co. v. Batchelor's Peas）"一案②。该案中，根据合同的规定，空中广告公司为巴彻勒豌豆在一架白天飞行的航班上悬挂广告条幅。每天该航班的飞行员都应当重新审查其飞行计划（包括悬挂广告条幅），但有

---

① （1882）9 App Cas 434.

② （1938）2 All ER 788.

一天他没有这么做。当他驾驶飞机飞过 Salford 上空时，发现底下的广场上聚集了很多人，于是，他向人群展示其悬挂的广告标语："吃巴彻勒豌豆！"。但不巧的是，当天是 11 月 11 日——"一战停战纪念日"，广场上的人们正在进行传统的两分钟默哀仪式，飞行员此举招致了大家对"巴彻勒豌豆"的批评。因此，法官裁定：从商业上来说，当事人继续履行合同已完全没有理由。这样，飞行员因没有重新审查当天的飞行计划而导致的违约就使得"巴彻勒豌豆"有权主张该合同"因拒绝履行而被抛弃（treat the contract as repudiated）"。该案从违约后果的角度进一步理清了毁约性违约的范围，即当违约造成重大的不可消除的后果时（如本案中的商业损害），即使是次要义务的违反亦可能导致毁约性违约。①

（4）违反整体义务。一些合同往往只涉及非常简单的交换。例如，一个消费者在商店交易涉及以钱换物，除了暗含的质量条件外没有别的合同条款。在这样的合同中，假定这些条件具有同时履行的特点，则一方履行其所有的义务是另一方履行义务的必要条件。任何一方违反其义务都会破坏交易的进行，非违约方也就可以行使终止合同的权利。

然而，许多合同并非只涉及简单的交易。工业机器的赊销条款、长期需求合同、建设工程合同以及其他合同，均涉及双方复杂的合同义务。这种复杂性导致了格式合同的出现，而合同的格式化虽然给人们带来了许多便利，但同时也给人们带来了一系列相应的麻烦。不过，在复杂合同中，有一点仍然是肯定的，即任何违约都会破坏交易的进行，交易双方的所有义务互为对方履行的必要条件。在这种情况下，所有义务被当做"整体"看待，违反整体义务将构成毁约性违约。②

此外，在许多复杂的商业合同中，违反某一个重要的条款可能不会损毁整个交易的根基。合同中的这些义务可称为"可分割的义务"（或可分的义务），因此，违反这种义务不会赋予非违约方终止合同的权利。但是，在这种情况下，非违约方不但有权要求损害赔偿，而且可以不用履行自己合同项下的附属义务（即该义务的履行以对方应履行而未履行的义务为条件）。不过，在这种情况下，也可能因为违约方违反了一系列可分的义务而产生一个累积效果，最终导致对整个合同的毁约性违约如 Alexander Corfield v. Divid Grant 案③。在

---

① See Richard Stone, *The Modern Law of Contract*, Cavendish publishing Limited London, 2002, pp. 423—424.

② See Jill poole, *Contract law*, 6th ed., Oxford: Oxford University Press, pp. 242—243.

③ Alexander Corfield v. Divid Grant (1992) s 9, BLR (102).

Rice（T/A The Garden Guardian） v. Great Yarmouth Borough Council 案①中，康乐设施服务长期合同的履行过程中出现了许多反反复复的违约行为，而其中的任何一个违约都不属于毁约性违约。上诉法院认为，确定是否构成毁约性违约的正确方法是看合同履行一年后（四年合同期），市议会是否从实质上被剥夺了在这一阶段可以期待得到的合同利益。有些合同条款可能是非常重要的，以至于法院可以认为，任何无法使对方实现合同利益的违约都足以使对方合理地终止合同。如果违约方已经发生的违约的累积效果不足以使对方合理地终止合同，则法院需要根据违约方已经发生的违约进行推断，违约方是否会继续提供这种不达标的履行（sub-standard），以证明非违约方终止合同的合理性。

①整体义务（entire obligation）。整体义务的典型例子是 Cutter v. Powell 案②。一个海员被雇佣为从牙买加到英格兰这次航行的副船长。完成这次航海任务之后，他将一次性（a lump sum）获得一笔酬金。单就这次航行来说，报酬似乎大大超过了正常的标准。不幸的是，在到达英格兰之前，该海员死了。他的妻子请求获得与他死前的服务时间成比例的合理报酬。然而，法院拒绝了她的请求。Kenyon CJ 法官认为这个合同是"一种保险合同（a kind of insurance）"，该海员获得报酬的权利"要么是全部，要么没有"。法院认为，由于合同当事人对报酬的支付已经有了明确的约定，因此，该海员的遗孀不能想当然地基于'按照服务计酬（quantum meruit）'原则来请求支付酬金。Ashhurst 法官则指出："这是一个书面合同，它是一个整体，因为被告的承诺以原告履行义务为前提条件，所以，原告必须履行全部的义务才能获得合同约定的权利。"

因此，没有完全正确地履行义务的结果可能会导致违约而剥夺他获得报酬的权利。正是这个原因，英国法院常常不愿意把某种义务当做整体义务看待。尽管如此，某些种类的合同通常还是由整体义务构成，特别是国内建筑或其他类似服务的大宗合同③。在这些案例中，整体义务的优点是，它为确保工程的完成提供了一个强有力的手段，原因是在工程完成之前，是不需要支付工资的。

②同一合同中的整体义务和可分义务（entire and severable obligation in the same contract）。英美国家的法院有时虽然提到整体合同或可分合同，但是，应该注意的是，所谓整体合同或可分合同实际上指的是整体义务或可分义务，

---

① Rice（T/A The Garden Guardian）v. Great Yarmouth Borough Council 2000. The times, 26 July.

② See Cutter v. Powell（1975）6 TR 320.

③ e. g. , Bolton v. Mahadeva（1972）1 WLR 1009.

而不是指合同本身是一个整体或可以分开。一个合同很可能是由整体义务和可分义务共同组成。例如，虽然 Cutler v. Powell 一案①是整体合同的典型案例，但是，法庭关于整体义务性质的分析并不表明在此次航程中履行大副职责的死者每一次轻微的违约均将赋予雇主拒绝支付他工资的权利②。又如，在货物买卖合同中，一般的规则是：卖方按合同规定的数量交付货物属于整体义务，超过数量或者数量不足均会赋予买方拒收货物和拒绝付款的权利。但是，该规则不适用于分批交货的合同。如果某一批货物数量不足，买方无权拒收其他批次的货物。此外，质量义务不属于整体义务的范畴。

③避免"整体义务"规则（avoiding the "entire obligation" rule）。除了通过把义务分为可分的义务这种明显避免整体义务规则的手段外，还存在其他两种方式可以使违约方获得一些报酬（尽管这种报酬不能与合同所规定的他应得的报酬相匹配），其前提条件是违约方已履行的义务给非违约方带来了实质性的利益。

在一方违反整体合同的情况下，如果非违约方"接受（accept）"违约方已经完成的履行，并且决定保留该履行给他带来的利益，那么违约方就可以获得与他所实际履行的义务相对应的合理报酬。"接受"在这里并不意味着非违约方不会把这种违约当作毁约性违约，它仅仅意味着，虽然非违约方把对方违反整体义务的行为视作终止原合同，但非违约方同时希望保留所获得的利益及愿意为此利益付出相应的对价。换句话说，虽然一方违反整体义务可能会导致原合同的解除，但由于非违约方接受了取得的利益，为此他应付出合理的对价，这样就相当于产生了一个新的合同③。这一规则在 Sumpter v. Hedges 案④中得到了说明。原告建筑方与被告订立合同，约定原告在被告的土地上建两幢房屋，可一次性获得一笔 565 英镑的酬金。工程完成一半后，建筑方放弃了工程。被告实际上给他支付了一笔款项，但不是其工作的全部酬金。被告用原告剩下的材料，完成了该工程。一审中，原告获得了被告完成余下工作所使用的材料之费用的补偿，但没有获得其已着手做但未完成的工作的报酬。在上诉审中，一审判决得到了支持。Collins 大法官指出："虽然原告拒绝履行合同，但由于被告接受了他已完成的那部分工作，因此，原告可以推断他们之间存在一个新的合同（即默示合同），基于'按照

① Cutler v. Powell (1795) 6 TR 320.
② Per Somervell LJ in Hoening v. Isaacs (1952) 2 ALL ER 176.
③ See Jill poole, *Contract law*, 6th ed., Oxford: Oxford University Press, p. 245.
④ See Sumpter v. Hedges (1898) 1 Q. B. 673.

服务计酬'原则，被告应当支付其所获得的利益的对价。但是，适用该规则的前提是，被告可以选择接受或不接受原告已经完成的工作。"因此，违约方是否可以请求支付与其服务相应的报酬，就取决于他是否能够合理地主张双方之间产生了一个默示的新合同。如果非违约方在是否接受这种利益的问题上没有选择的自由，那么违约方不能主张这种新合同的存在。在该案中，作为违约方的原告在被告的土地上留下了一幢只建了一半的房子，被告不能自由地选择是否接受该利益——因为总不能要他把房子拆除，或者以其他任何有意义的方式向原告"返还"原物。因此，建筑方不能追索（recover）他已为的部分履行。然而，剩下的建筑材料尚未融入到房子中，原本可以返还给原告，在这种情况下，被告可以选择保留这些建筑材料。所以，建筑方有权获得与该建筑材料价值相应的价款。

在 Bolton v. Mahadeva 案[1]中，原告曾同意为被告安装中央暖气以获得 560 英镑的报酬。后来发现中央暖气有一些缺陷，原因是原告为了省去要多耗费的 174 英镑，并没有将暖气安装好。该案结果表明，虽然原告让被告获得了 386 英镑的净利益，但自己却没有获得任何工作报酬。

把义务划分为整体义务的主要价值在于，它使合同一方掌握了强有力手段来确保义务的履行，这种手段就是拒付报酬。如果这种可能性被排除，那将给许多人的利益造成损害。同时，由于绝大多数复杂的建筑合同是分阶段履行和分期付款的，因此，义务是可分的。大部分涉及整体义务的合同发生在建筑者和家庭消费者之间。因而，整体义务尽管曾一度被认为是侵犯社会弱者权利的，[2] 但现在却可能具有保护消费者利益的目的。

"整体义务"规则的严格性也可以通过实质履行的原则（doctrine of substantial performance）加以避免，即使履行没有完成或有瑕疵（违约）。但是，如果未完成的义务或瑕疵与合同规定的具体义务差距较小，那么法院可能会援引实质履行原则。法院的处理结果是阻止非违约方将此违约当作毁约性违约，尽管非违约方仍可能被赋予就任何违约行为所引起的损害求偿权。

在 Hoening v. Isaacs 案[3]中，原告为了获得 750 英镑的酬金同意为被告装修公寓。虽然分期酬金已获得，但是完成工作后，尚有 350 英镑未支付。被告声称原告不能获得这笔酬金，因为这是一个"整体合同"，而原告的工艺有缺陷，存在违约。法院查明，原告确实存在工艺上的缺陷，但

---

① Bolton v. Mahadeva (1972) 1 WLR 1009.

② cf. Cutler v. Powell (1795) 6 TR 320.

③ See Hoening v. Isaacs (1952) 2 ALL ER 176.

这些缺陷总共不超过 55 英镑的价值。在这种情况下，上诉法院不愿意判决支持原告不能获得更多报酬的权利。这一微小的违约不会导致被告不按合同支付酬金而获得巨大的意外之财。因此，法院认为原告已实质履行了合同，能够获得减除缺陷损失之后的报酬。很显然，这个判决结果并不是忽略了原告的违约，而只是限制违约所产生的损害赔偿的结果，从而限制被告以违约为借口不履行支付义务。

虽然实质履行原则有效地缓减了"整体义务"规则所产生的效果，但是，必须意识到只有在与合同基本义务相比是轻微违约的情况下才能适用。例如，在 Bolton v. Mahadeva 案中，由于违约情况过于严重，法院在审理中没有适用实质履行原则。① 这说明英美合同法中的整体义务规则在司法适用中仍将居于主导地位，实质履行作为缓和整体义务规则可能造成不利后果的产物，其适用有着严格的限制，从而最有效地实现了衡平与正义。

由上观之，实质履行原则和中间条款的分类之间有许多相似之处，违约的结果均取决于违约的严重程度。这种相似性绝不是巧合。在 Hoenig v. Isaacs 案中，Somervell 大法官把实质履行原则追根溯源到了 Lord Mansfield 对 Boone v. Eyre 案②的判决。在 The Hansa Nord 案中，Denning MR 法官将中间条款追根溯源得到了同一判决。③

（二）违约的效力（effect of breach）

如果一个合同被全部或部分违反，违约方将可能面对他所损害的当事方提起的损害赔偿之诉。尽管一方违约通常赋予受损方对违约方提起诉讼的权利，然而，合同中规定的非违约方的履行义务却不一定能免除。违约是否构成义务的免除取决于合同的特征及违约的性质④。英美国家将合同视为允诺，而在现实生活中允诺可能是无条件的，也可能是附条件的，违反不同类型的允诺将产生不同的结果。

1. 违反无条件允诺的效力

如果一方当事人无条件承诺履行合同中己方的义务，且不以对方的履行为条件，那么，他方违约将使前者有权提起损害赔偿之诉，但不会解除前者的履行义务。当双方承诺均为无条件，即不互为条件时，在一方违反其承诺时，他

---

① See Bolton v. Mahadeva (1972) 1 WLR 1009.

② Boone v. Eyre (1779) 1 H B1 273; 126 ER 160.

③ See Hansa Nord (1976) Q. B. 44.

④ See Robert Ralston of the philadephlabar, *discharge of contracts*, Fred B. Rothman & Co. Littleton, Colorado 1997, p. 37.

方可对其提起诉讼而无须证明自己已履行了承诺①。当然，被告亦无抗诉权，即无权主张原告未能履行协议中的相关义务。1649 年英国对 Ware v. Chappel 案的判决即说明了这一点。

如今，对于违反无条件允诺所导致的后果与当时这些案例被判定时大同小异。然而，值得注意的是，自 17 世纪后英美国家判定是否为无条件允诺的规则已经发生了改变，而且那些之前被认为是无条件的允诺如今也不会被这样解释。当一方允诺构成他方允诺的整体因素时，如无相反意思存在，这些允诺将被视为互相依存。②

那些决定允诺是否为无条件的规则是解释性规则，它们并不完全属于违约的主题。

2. 违反附条件的允诺的效力

合同可能包含这样的条款，即基于某一特定事件的发生而免除履行义务。一方履行其承诺可能以他方同时履行承诺为条件；或者一方履行其义务是基于他方首先履行义务为条件。因此，条件可分为解除条件、同时履行条件以及先决条件。

（1）解除条件。一合同可能包含如下条款，即基于某行为的发生或事件的出现，双方当事人关系即行终止。因此，在承运合同中总会有着明示或暗示的条款，表明如果承运人因不可抗力未能履行其承诺，他将被解除义务。

（2）同时履行条件。同时履行条件是指一方当事人将与他方当事人同时履行承诺。实际上，一方履行承诺很可能先于他方。那时，此类条件可以被称为先决条件。尽管双方承诺不能同时履行，但每方当事人应该在约定时间履行。因此，如果一方当事人未能在约定时间履行，另一方可免除履行其承诺的义务。然而，除非他已履行或准备履行协议中自己的承诺，他不得对违约方提起诉讼。在对违反附同时履行条件的合同的一方当事人提出诉讼时，原告常常须证明他已履行或准备履行自己的承诺。此类条件的常见例子出现在货物销售中③。货物销售的待执行协议中的一般规则是，卖方的义务是提供货物，买方的义务是交付货款，从互为先决条件的特征上来看，两者又是同时履行条件。在 Morton v. Lamb 案中④，原告诉被告未依协议提供玉米，其协议中约定从销

① See Robert Ralston of the philadephlabar, *discharge of contracts*, Fred B. Rothman &Co. Littleton, Colorado 1997，p. 38.

② Morton v. Lamb, 7 T. R. 130；2Pars. on Cont. 529n.

③ See Robert Ralston of the philadephlabar, *discharge of contracts*, Fred B. Rothman &Co. Littleton, Colorado 1997，p. 42.

④ 7 T. R. 125.

售之日起一个月内被告应把玉米运送至一指定地点。原告证明他准备接受玉米，但被告并未提供。在审判中原告胜诉。被告则提议裁决应予中止，因为未能证明原告已向他交付玉米的价款或原告准备到货付款。法院支持了这项理由，满足了被告的要求。大法官 Kenyon 指出："一方提供玉米以及另一方交付货款应在同时进行，由于原告未证明他准备就玉米支付货款，所以他不能对被告就未提供玉米提起诉讼。"①

（3）先决条件。"先决条件"条款常用于严格意义中，意思是一种陈述或承诺，它的不真实或未满足将导致合同的解除②。按严格意义上讲，先决条件的违反将导致合同的解除，然而，如果这种条件被赋予更宽泛的意义时，合同的解除将取决于违约的性质。

如果一方当事人履行其承诺是基于他方先前的履行，除非承诺的履行被受约人阻挠，后者在没有证明自己已履行或准备履行承诺的情况下，不得对前者提起违约之诉。假如应首先履行承诺方完全没有履行其承诺，那么他方义务则被免除。③

如果违约是在如下情形下发生，即基于一个公平的合理的合同解释，双方当事人已经将这种情形看做对合同的存续很重要，或他们已明确表示应是重要部分的时候，这种情形将免除受约方的义务。当无明确约定，某一条款构成合同的基础，以至于违反该条款将破坏合同主要目的时，该条款被认为具有重要性。例如，在 Poussard v. Spiers④ 案中，一个在一部新歌剧中担纲女主角的歌手未能在首映及早期演出时登台，这涉及合同的根本，并由此免除了他方的义务。⑤

如果双方当事人明确表示某一特定条款之不履行对他们合同的存续至关重要，那么，对那一条款的违反将起到义务免除的作用。当事人可能认为一些明显不甚重要的事项很重要。或者，他们可能认为某些明显很重要以及看上去是先决条件的事项的履行并不是很重要，而且如果他们充分表明这样的意愿，那么，该条件将不会成为一个先决条件。⑥

有时会出现一方允诺的履行是基于合同中他方承诺的完全履行的情况。如

---

① See Gazley v. Price, 16 Jone. 267; Swan v. Drury, 22 Pick. 485; Benj. on Sales, §592., where many cases are collected in the notes.

② Anson, ＊294.

③ People v. Glann, 70 Ⅲ. 232.

④ L. R. 1 Q. B. D 410.

⑤ And See Spalading v. Rosa, 71 N. Y. 40.

⑥ Blackburn, J., in Bettini v. Gye, L. R. 1 Q. B. D. 187, infra.

果这是双方的意愿，那么，立约人必须完整地履行合同中己方的义务才能从另一方获得相应的履行，且部分违约将使受约方的履行义务免除。这方面典型的案例是前述 Cutter v. Powell① 一案。在该案例中，身处牙买加的被告给未立遗嘱的已死亡者 T. Cutter 立下凭据，其内容是：“在我的代表，船长 Parry 到达利物浦十天后，我答应付给 T. Cutter 先生 30 块金币，条件是他在该船上从即时到利物浦港期间持续地担任副手，金斯顿，1793 年 7 月 31 日。”答应给付的金额多过一个副手的一般报酬。船只于 8 月 2 日起航，10 月 9 日抵达利物浦港。Cutter 坚守岗位直到 9 月 20 日死去。这里，无论基于明示合同或基于支付合理报酬原则，未立遗嘱死亡者的继承人都不能获得赔偿。Grose 大法官认为协议具有决定性，就合同而言，被告仅在 Cutter 于整个航行中持续履行职责时才同意付给他报酬。后者要么得到 30 个金币，要么什么都没有。因此应公正地认为，当事人自己也明白如整个义务被履行，对方将获得约定数额的金币，而且，对方要在整个航行中一直在船上工作，否则，他将一无所获。②

但假设受约人只获得整个合同的部分履行，在一些情况下，他仍可能被立约人基于一个默示契约而提起诉讼，要求他偿付他所获履行部分的合理价值。③

值得注意的是，如果一方之履行为先决条件，但有被他方行为阻碍实现时，他的继续履行义务将被免除，并且可基于支付合理报酬原则获得损害赔偿，或者当他证明他已准备且打算履行承诺然而出于被告的行为未实现时可就合同提起诉讼。④

当当事人被认为他对违约视为不甚重要，且能在损害赔偿中得到补偿时，受损方继续履行合同的义务将不会被免除，他应如同未发生违约情形一样，继续履行其义务，他所遭受的任何损失均可在损害赔偿中寻求补偿。

不构成合同根本条件的另一个例子是对于已销售货物的保证。保证是用明示或默示的方式，属于合同内容的一方当事人所承担的部分事项。尽管是属于合同的内容，但该事项只是合同中明示内容的附属部分。⑤ 出于对保证事项的

---

① 6 T. R. 320；s. c. 2 Sm. L. C. ＊1.

② See also Harris v. Ligget, 1 W. & S. 301；Martin v. Shoenberger, 8 Id. 367；Hartley v. Decker, 89 Pa. St. 470；Behn v. Burness, 3 B. &S. (113 E. C. L. R) 751, and n.；Leonard v. Dyer, 26 Conn. 177.

③ See 2 Pars. On Conts. ＊532 n. （i）；and notes to Cutter v. Powell, 2 Sm. L. C. (8th Am. ed.) ＊1.

④ Hall v. Rupley, 10 Pa. St. 231；Moulton v. Trask, 9 Met. 577；Hoagland v. Moore, 2 Blackf. (Ind.) 167；Woolner v. Hill, 93 N. Y. 576；United State v. Behan, 110 U. S. 339.

⑤ Lord Abinger C. B. , in Chanter v. Hopkins, 4 M. &W. 404.

违反，买方可对卖方提起损害赔偿之诉，而不能返还货物。如果某人将马卖给另一人，并保证它为良驹。得到马的买方如发现它并非良驹时，除非在合同中有一明确条文给予特权，否则不得返还此马。他唯一的补救办法是因保证事项的违反而提起损害赔偿之诉①，或者如果他还未付价款，那么他可以等到被诉交付货款时，用其违约证明对价之违反以减轻损害。②

　　如果对某一不甚重要的条款的违反使整个合同的目的不能实现，那么，它同样能起到解除合同的效果。同理，对一个表面上可让一方当事人解除合同的条款的违反，如果该方当事人获得了合同的实质履行，那么，它不得被用来解除合同。在 Carter v. Scangill③ 一案中，作为报纸发行商的原告将其公司出售给被告，且在考虑到公司被证明每周可实现 7 英镑的纯利润后，被告同意分期付给原告总计 400 英镑。被告接手公司后转售，原告就分期付款方式提起诉讼，而被告提出辩解，认为公司未被证明每周可获 7 英镑的纯利润。法院认为，假设合同并没有被执行，这将是一个好的抗辩理由④。然而，被告已获得这个对价的实质内容，他不得再以此来进行抗辩。在典型的 Boone v. Eyre⑤ 案中，原告立约向被告表明想连同奴隶一起变卖在西 Indies 农场的意愿。对价为 500 英镑，并按其在世期间每年支付 160 英镑的年金。此案中存在的违约是未支付年金。被告辩称，原告在订立合同时未依法取得农场奴隶的所有权，故原告无权进行意思表示。法院认为辩护理由不成立。Mansfield 勋爵注意到，如果辩护理由成立，则任何一个不属于原告财产的奴隶将造成合同废止。⑥

　　然而，为了把合同解除权真正转化成提起损害赔偿的诉权，受约人有必要获得对价的实质部分。如果立约人余下的履行构成合同的基础，受约人尽管已获部分履行，仍可拒绝合同⑦。Ellen v. Topp⑧ 一案为我们很好地说明了这个规则。在该案中，师傅负责教会徒弟从事拍卖、估价以及谷物经销三个行业，徒弟则提供五年服务。三年过后，师傅未教会谷物经销，徒弟也因此不再为师傅服务，师傅则基于学徒合同对徒弟提起诉讼，并主

① Kase v. John, 10 Watts 109; note to Chandelor v. Lopus, 1 Sm. L. C. (8th Am. ed.) 353.

② 1 Sm. L. C.. (8th Am. ed.) 343.

③ L. R. 10 Q. B. 564.

④ See also observations of Wolliams, J., in Behn v. Burness, 3 B. &S. (113 E. C. L. R) 755; and of Parke B., in Graves v. Legg, 9 Ex. 716—17.

⑤ 1 H. Blk. 273n.

⑥ See Pust v. Dowie, 32 L. J. Q. B. 179; 2 Pars. on Conts. *530 and n.

⑦ See Robert Ralston of the philadephlabar, *discharge of contracts*, Fred B. Rothman &Co. Littleton, Colorado 1997, p. 51.

⑧ 6 Ex. 424.

张尽管一开始负责教其如何经营谷物生意可能是一种先决条件，然而当学徒从三年的指导中获益后他已经获得了对价的实质部分，并因此陷入自己要求损害赔偿的反诉中。但法庭认为他不能获赔。Pollock 大法官说："一个合同的成立因追溯事由而不同，以完成某些事项为先决条件时，受约人之后接受了部分履行的行为证明它已经成立。"然而，提及 Boone v. Eyre①一案，他则继续进行了说明：如果原告对奴隶没有合法权利，被告可能会反对接受转让或并拒绝付款。但这不是对这一规则效力的否定。不能认为这一规则可适用于任何类似案件中，即原告之合同履行只形成部分对价，且剩余部分则已由被告所掌握。那个剩余部分须是合同的实质部分。且如果在 Boone v. Eyre 一案中，只有两三个奴隶被转卖及转让的意图并未表示，我们不会认为，原告本应可以按照整个合约所约定价款获赔，而对被告就未作出意思表示提出损害赔偿。对这一特别的服务合同，我们认为教学这一相对义务肯定是一个先决条件，而且我们对拍卖师、估价师以及谷物经销三个行业不能作出区分，来判断其中一个比其他更应是合同的实质部分。

当一个合同是可分的，则意味着，当由一方履行义务形成几个明显独立的条款时，由另一方支付之价款与每个条款相对应②。当一方违反任一条款时，问题则会显现出来，是否另一方可据此以解除整个合同，还是继续履行合同，并且对他因违约而可能遭受的任何损害通过损害赔偿之诉来获得补偿。当然，双方也可以在他们的合同中加入一条，如果任一方未能履行任一部分义务，另一方可视合同已被解除。只有在没有此类明示条款时，才会出现我们正考虑的问题。

在英格兰，晚近的判例所确立的规则是，对可分合同任意部分的违反都将使受损方有提起诉讼的权利，但受损方不享有免除履行合同剩余部分义务的权利，除非这种违约等同于拒绝履行合同剩余部分或具有整体上破坏合同目的的特征。

在 Simpson v. Crippin 一案中，被告同意提供给原告 6000—至 8000 吨煤炭，12 个月内每月以相同数量从被告各煤矿送至原告货车上。第一个月，原告派车收到了 1058 吨煤，尔后，被告通知原告他们想终止合同，原告不同意，而被告却拒绝再供煤。法庭认为，原告在第一个月收取少于约定数量的煤形成了违约，但此种违约并未赋予被告解除合同的权利。

---

① 1 H. Blk. 273 n.

② Pars. on Conts. *517.

　　在 Freeth v. Burr 一案中，被告约定卖给原告 250 吨钢渣，半数在两周内交付，余下的在 4 周内交清。每批货到 14 日后以全额现金交付货款。最开始的 125 吨钢渣用了近 6 个月来交付，原告拒绝付款，并要求补偿他们不得不寻找其他钢源而受到的损失。然而，他们仍敦促发出第二批货，于是被告将拒付货款视为原告违反合同约定，同样拒绝再提供钢材。法庭认为，仅仅拒绝支付第一批货物之货款并不当然地能使被告有权视合同已被解除，而且原告有权就违约提出损害赔偿。Coleridge 勋爵大法官①说："在此类案件中，问题在于一方是否因他方的行为而脱离合同，值得考虑的实质部分是一方的行为够不够形成解除并拒绝履行合同的默示的条件。一旦作为合同整体标的的一部分物品未能提交，违约方即宣告放弃己方合约中所有的义务。这便是英国惯例。"②

　　在这方面，美国最高法院已拒绝按英国案例审案。不过，问题随之而来，并在 Norrington v. Wright③ 一案中被加以充分讨论。该案中的合同内容为：销售 5000 吨废旧 T 形钢轨，运货频率为每月 1000 吨，从 1880 年 2 月开始，整批货物于同年 8 月前完全提交。2 月份运抵了 400 吨货物，3 月份则有 885 吨，4 月份船载量超出了 1000 吨，在接下来的月份中则又少于这个数量。2 月份所载货物业已运抵并付讫，但买方（被告方）在得知 2、3、4 月中运送的货物数量后拒绝继续接受货物，这样，原告对被告因未按合同约定接受钢材余额而提起诉讼。初审法院认为他们不能获赔但又表示他们认为此处疑点颇多，并希望该案可被移交至美国最高法院。经上诉至最高法院，该案被维持原判。Gray 大法官在表达法庭意见时说："原告不按合同约定，在 2 月份装载 1000 吨，3 月份装载 1000 吨，而在 2 月份只装载了 400 吨，以及在 3 月份装载了 885 吨，考虑到首批两次运货的情况，他已构成未履行己方义务，这使得被告有权放弃整个合同，前提是他们明确且合理地主张解除合同的权利。"这个案例可在美

---

　　① At pp. 213, 214.

　　② See on this subject Hoare v. Rennie, 5 H. &N. 19 (1859); Jonassohn v. Young, 4 B. &S. 296 (1863); Simpson v. Crippin, L. R. 8 Q. B. 14 (1872); Roper v. Jonson, L. R 8 C. p. 167 (1873); Ex. parte Chalmers, L. R. 8 Ch. 289 (1873); Freeth v. Burr, L. R. 9 C. p. 208 (1874), supra; Bloomer v. Berbstein, Id. 588 (1874); Morgan v. Bain, L. R. 10 C. p. 15 (1874); Brandt v. Lawrence, L. R. 1 Q. B. D. 334 (1876); Reuter v. Sala, L. R. 4 C. P. D. 239 (1879); Honck v. Muller, L. R. 7 Q. B. D. 103 (1881); and Mersey Steel Co. v. Naylor, L. R. 9 Q. B. D. 648 (1882); Aff'd. in H. L., L. R. 9 App. Cas. 434 (1884), where the rule, as stated by Lord Coleridge, in Freeth v. Burr (supra), is quoted with approval by Earl Selborne, L. C., at p. 438.

　　③ 21 Amer. L. Reg. N. S. 395; Aff 'd. by S. C. of U. S., No. 13, Term, 1885, 42 Legal Int. (Philada.) 466.

国法院用来解决这类事件的法律问题。在此判决以前，许多美国法院均遵照了英国规则。①

3. 双方违约（both parties in breach）的效力

当双方当事人互相声称对方违约，且任何一方对合同的违反都使对方有权终止合同时，英美法特别强调违约产生的先后顺序。假如，当事人 A 违反了合同，他的违约导致相对方 B 跟着违约，假定两种都是预期违约，则 A 的违约就使得当事人 B 有权终止合同。如果 B 接受预期违约，行使终止合同的权利，那么，随后的不履行就不构成违反合同②。如果出现下列情况：即 B 不接受 A 的预期违约，自己却于随后毁约，问题就比较麻烦。在这种情况下，A 能接受对方的违约并终止合同吗？或者由于 A 先前预期违反了合同，因此他不能行使终止合同的权利吗？一般认为，B（未接受对方预期违约）选择确认合同使得双方的基本合同义务保持不变（remain unchanged），③ 合同就为了 A 和 B 的利益而继续存在，因此，A 能自由决定终止履行合同。在 State Trading Corp. of India v.④ M. Golodetz Ltd. 一案⑤中，Kerr 大法官这样说道："如果 A 有权基于 B 非法预期违约而终止合同，A 也的确行使了终止合同的权利，那么他就没有给 B 以机会去指出自己过去也违反了合同，不管他先前的违约是何种性质。A 的违约为 B 所利用必须同时满足以下两个条件：（1）当 A 声称 B 预期违约并打算解除合同时，A 自己的违约仍在继续；（2）A 持续性的违约具有某种性质，以至于 A 无权主张 B 已经预期违约。也就是说，B 可以提出：A 正在违反的合同义务系 B 履行合同的先决条件，因此，A 无权接受 B 的预期

---

① See article on the Rescission of Divisible Contracts, 15 Amer. Law Rev. 623; and Mr. Landreth's note to the case of Norrington v. Wright, 21 Am. Law Reg. N. S. 398—408, where the cases, both English and American, are collected and reviewed.

② Suport for such a separate principle can be gleaned from dicta of the Court of Appeal in Panchaud Frere SA v. Etablissements Gneral Grain Co. (1970) 1 Lloyd's Rep. 53, 57, 59 but the proposition that some "separate doctrine" can be derived from Panchaud Frere alone has since been decisively rejected by the Count of Appeal: Glencore Grain Rotterdam BV v. Lebanese Organisation for International Commerce (1997) 4 All E. R. 514, 528, 530. Inter 支持该原则的理据可见上诉法院 1970 年 Panchaud Frere SA 诉 Etablissements Gneral Grain Co. 一案，但是其前提是某些"独立原则"仅源于 Panchaud Frere，而 Panchaud Frere 已被上诉法院在 Glencore Grain Rotterdam BV v. Lebanese Organisation for International Commerce 一案中被否决。105a Northern foods Plc v. Focal Foods Ltd. (2003) 2 Lloyd's Rep. 728, 748—750.

③ Heyman v. Darwins Ltd. (1942) A. C. 356, 361; Fercometal S. A. R. L. v. Mediterranean Shipping Co. SA (1989) A. C. 788.

④ 5 E. & B. 714

⑤ (1989) 2 Lloyd's Rep. 277. See further Treitel (1990) 106 L. Q. R. 185, 188—190.

违约解除合同。"①

这样看来，如果 A 不履行的合同义务不是 B 履行合同的先决条件，则 A 违反合同的事实就不应当妨碍其基于 B 的违约而行使终止合同的权利。

此外，关于双方同时违反合同是否导致合同解除的问题，有一种权威的观点认为：任何一方都无权终止合同的履行②。譬如，当事人双方达成协议，承诺将他们之间的争议提交仲裁解决。然而，争议发生后相当长的一段时间，双方都没有按照该仲裁条款启动仲裁程序，因此，双方都持续性地违反了合同（仲裁），结果是："任何一方都不得基于对方的违约而使自己有权利用仲裁条款来终止履行自己基本的合同义务"③。虽然在无过错方愿意并准备履行合同的情况下构成毁约性违约的一方当事人无权强制执行合同，但一方预期违约之事实并不会使他无权接受另一方的预期违约。如上所述，在毁约性违约被接受之前，合同双方的基本义务保持不变，因此，认为任何一方都有权接受对方的预期违约这一观点无疑更符合英国法律的基本原则。④

四、违约解除的基本形式

一般而言，在英美法上，合同之一方当事人可因下列三种行为方式之一而导致违约：（1）拒绝承担合同中约定的义务和责任（renunciation）；（2）无法履行所作的承诺（impossibility），即用其自身的行为使履行其义务成为不可能；（3）全部或部分未能实现他所担保的事项（failure to perform）。这三类行为方式即当事人违约的基本形式⑤。在这三种违约形式中，第一、第二种违约既可能发生在履行的过程中，也可能发生在合同在将来才完全有效的时候，而第三种则只能发生在合同履行之时或履行期间。第一、第二种违约以及第三种中的全部不履行均可导致合同的解除，而第三种中的部分不履行若要产生合同解除的后果，则这种不履行一定得从根本上影响到合同的履行，否则不会导致合同的解除。⑥

（一）合同因被拒绝（renunciation）履行而解除

英国学者 Anson 指出，拒绝履行是指一方当事人表示其不继续履行合同的

---

① （1989）2 Lloyd's Rep. 277. See further Treitel（1990）106 L. Q. R. 185，p. 286.

② Bremer Vulkan Schiffbau und Maschinenfabrik v. South India Shipping Corp. Ltd. （1981）A. C.. 909；Paal Wilson & Co. A/S v. Partenreederei Hannah Blumenthal（1983）1 A. C. 854.

③ Bremer Vulkan Schiffbau und Maschinenfabrik v. South India Shipping Corp. Ltd. （1981）A. C909，987—988. B. B.

④ （1989）2 Lloyd's Rep. 277. See further Treitel（1990）106 L. Q. R. 185，188—190.

⑤ 此处的三种情形也就是 Anson 所指的毁约性违约的三种形态。

⑥ See *Chitty on contracts*，*volume I General principles*，Thomson London Sweet & Maxwell 2004，p. 1380.

意图。① 当事人既可以通过言语明确表示拒绝履行的意图，也可以通过行为表示拒绝履行的意图。实际上，拒绝履行合同包括如下两种情况：（1）合同当事人以语言或行为表示不履行合同义务的意图；（2）合同当事人明确宣布不能或以后不能履行一些基本的合同义务②。拒绝的时间可以在履行前也可以在履行时③。一方明确表示拒绝履行，对方自然获得解除合同的权利。④

1. 通过行为表示拒绝履行

当事人的行为是否表明了拒绝履行合同的意图，关键在于"拒绝履行方的行为是否能让一个有合理理性的人得出他不打算履行合同的结论"⑤。无论是作为还是不作为，只要当事人的行为暗示了其拒绝履行的意图，受损方都有权基于上述一种或两种毁约理由解除合同。⑥ 不过，如果受损方基于拒绝履行而解除合同，则必须有合理的理由认为对方拒绝再受合同约束。

2. 拒绝履行的意图的确定

Freeth v. Burr 案强调了拒绝履行意图的重要性⑦。在该案中，卖方和买方约定分批交付钢材，但买方未支付一批钢材的货款，因为他错误地认为自己有权扣留货款以抵消卖方未交付前一批钢材给他造成的损失。法院判决卖方不能基于买方拒绝履行而解除合同。Keating 法官认为⑧："一方解除合同不能仅仅基于对方拒绝履行或不履行其本应履行的合同义务，还需证明他有绝对拒绝履行的意图。"

然而，如果当事人通过语言或行为明确表示拒绝履行，则即使该当事人是基于对合同的善意解释不履行合同，也使得另一方当事人有权解除合同。⑨ 例

---

① See J. Beatson, *Anson's Law of Contract*, 28th ed., Oxford: Oxford University Press, 2002, p. 570.

② See also Martin v. Stout (1925) A. C. 359; Brinkibon Ltd. v. Stahag Stahl und Stahlwar-enhandelge-sellschaft mbH (1980) 2 Lloyd's Rep 556; affirmed (1983) 2 A. C. 34 (place of renunciation) j.

③ Where the renunciation takes place before the time fixed for performance, it is known as an anticipatory breach.

④ Freeth v. Burr (1874) L. R 6 C. p. 208, 214; Thompson v. Corroon (1992) 42 W. I. R. 157.

⑤ 参见 Universal Cargo Carries Co. v. Citati 案，Devlin 法官的陈述，第 436 页。另参见 1922 年 Forslind v. Becheley Crundall 案 S. C. （H. L.）173；1982 年 The Hermosa 案 1 Lloyd's Rep. 570；1995 年 Nottingham Building Society v. Eurodynamics plc. 案 F. S. R. 605 第 611—612 页。

⑥ 参见 1884 年 Mersey Steel and Iron Co. v. Naylor, Benzon Co. 案 9App. Cas. 434，第 441 页（拒绝履行）和第 444 页（不履行）。

⑦ 1987 年 Aktion Maritime Corpn. of Liberia v. S. Kasmas εBrothers Ltd. 案中所适用的 1874 L. R. 9C. p. 208, 1 Lloyd Rep. 283，第 306 页。另参见 1997 年 Mitsubushi Heavy Industries Ltd. v. Gulf Bank K. S. C. 案，1 Lloyd's Rep. 343，第 350 页，第 354 页。

⑧ 参见 Aktion Maritime Corpn. of Liberia v. S. Kasmas εBrothers Ltd. 案第 214 页。

⑨ 见 1979 年 Federal Commerce Navigation Co. v. Molena Alpha Inc. 案 A. C. 757；1998 年 The Woodroffe School 案 2 I. C. R. 184。

如，买卖双方签订合同分批交货，并约定用现金分期付款，但后来买方却要求通过信用证支付所有将来的货款，则卖方可以拒绝交付将来的货物。①

3. 履行期届满前的拒绝履行：预期违约

如前所述，拒绝履行既可发生于合同履行期届满前，也可发生于合同履行过程中。尚未履行的合同的双方当事人除了可以在履行期届至时履行合同，还可以享有其他权利。他们既可以将合同关系仅仅维持到履行期届满，也可以在履行期届满时依约履行合同义务。

在履行期到来之前一方当事人拒绝履行的事实本身并非导致合同终止，但这种"预期违约"使得相对方有权选择解除合同并立即请求损害赔偿。合同生效从订立合同时起算，而不是从履行期届至时起算。

预期违约原则有利于无过错方及时主张自己的权利，将损失降低到最低。如果等到实际违约发生，损失将大大增加。值得注意的是，预期违约方的拒绝履行一旦被对方接受②，则不可撤回，即使预期违约方在合同最初约定的时间内提供履行，或者非违约方的情况并没有受到预期违约方拒绝履行的影响，情况也是如此。

但是，受约人也可以不接受对方的拒绝履行而坚持继续履行合同。一旦他作出如此选择，则失去了基于预期违约而解除合同或请求损害赔偿的权利。合同继续有效，对双方当事人而言利弊参半。如果随后发生的其他事项使得合同被解除，则要约人（其先前的拒绝履行未被接受）可以从此合同解除中受益。

尽管"预期违约"的原则很富实用性，但"预期违约"的说法本身容易引起误解。这种说法似乎表明，提起违约之诉的原因出现在将来某一确定的合同履行期——这一诉因在一定程度上可以为无过错方所预见。然而，上述提到的案例清楚地表明，一方拒绝履行本身就构成预期违约；一旦预期违约被接受，无过错方有权立即诉请赔偿其所损失的合同权利的实际价值，但同时负有减轻损失的义务。③

（1）预期违约与拒绝履行合同的关系。所谓"拒绝履行（renunciation）"往往是针对将来履约的责任，这便构成预期违约（Anticipatory breach）。当一方当事人显示了不打算继续履行合同的意图时，就构成"拒绝履行（renunciation）"。如果当事人明确地、绝对地表示自己拒绝履行，他的毁约意图当然是

---

① 见 1831 年 Withers v. Reynolds 案 2 B. &Ad. 882。

② 见 1863 年 Xenos v. Danube, etc, Ry. 13 C. B. N. S. 824；参见 Aegnoussiotis Shipping Cpn. of Monrovia v. A/S Kristian Jebsens Rederi of Bergen（1977）1 Lloyd'sRep. 268.

③ The Mihalis Angelos（1971）1 Q. B. 164.

很明显的。但当事人拒绝履行的意图也可通过其行为显示出来。而要判断当事人的行为是否显示了毁约的意图主要是看毁约方的行为是否让一个有合理理性的人认为他不打算履行合同义务。如果毁约方拒绝履行的意图非常明显，那么，另一方当事人可以据此认定对方不再打算受合约约束。

（2）预期违约的后果。合同一方履约期限到来之前，如果明确表示他将违反合同或他的行为足以使人相信他不打算履行合同①，便构成"预期违约"②。在一方预期违约的情况下，无过错方有如下两种途径可以选择：①马上接受过错方对合同的拒绝③，以解除自己进一步履行合同的义务，然后起诉要求损害赔偿④；②等到履行期限到来之时再起诉。然而，假如预期违约的状态持续存在⑤，一般来说，无过错方催促过错方履行的事实并不排除他后来选择终止合同的权利，只要违约状态持续到合同终止时刻。⑥

在履行期限到来之前一方宣布自己不打算履行其承诺，对方可以解除合同⑦，并可立即对前者提起违约之诉，他无须将此诉讼延至履行期限届满之时。这就是前文所述的预期违约。也许会有人反驳道：一份合同在履行期限届满前是不可能被违反的，因为直到那时，受约人才被赋予诉讼的权利，因此，他也不会因拒绝履行而受损。应该指出的是，合同关系自合同缔结之时即已开始，而非固定为履行的那一时刻。每方当事人都有权使这种关系延续到合同被履行。

值得注意的是，如果一方当事人不是明确地拒绝履行或宣布不能履行，对方当事人欲解除合同，就必须确定过错方的行为能否使自己相信他一定不会履

---

① Forslind v. Becheley-Crundall, 1922 S. C. （HL） 173; Universal Cargo Carriers Corp. v. Citati (1957) 2 Q. B. 401; affirmed in part (1957) 1 W. L. R. 979 and reversed in part (1958) 2 Q. B. 254; Greenaway Harrison Ltd. v. Wiles (1994) I. R. L. R. 380 Stocznia Gdanska SA v. Latvian Shipping Co. (2001) 1 Lloyd's Rep. 537, 563; Proctor & Gamble Ltd. v. Carrier Holdings Ltd. (2003) EWHC 83 (TCC); (2003) B. L. R. 255, at (35).

② For a criticism of this expression , see Bradley v. H. Newsom Sons & Co. (1919) A. C. 16, 53; Dawson (1981) C. L. 83; Mustill, Butterworth Lectures 1989—1990, p. 1.

③ 无过错方接受预期违约在法律上产生如下效果：（1）本人不必履行合同项下的义务；（2）可以对违约方起诉索赔；（3）如果违约方在合同期限届临时表示愿意履行合同，无过错方有权拒绝。

④ See above, para. 24—013.

⑤ Not all anticipatory breaches are of a continuing nature: see, for example, Howard v. Pickford Tllo Co. Ltd. (1951) 1 K. B. 417.

⑥ Stocznia Gdanska SA v. Latvian Shipping Co. (2002) EWCA Civ 889; (2002) 2 Lloyd's Rep. 436 at (94) — (100).

⑦ Anchor Line Ltd. v. Eurogulf Shiping Co. Ltd. (1987) 2 Lloyd's Rep. 351; The Munster (1982) 1 Lloyud's Rep. 370; Texaco Ltd. v. Eurogulf Shipping Co. Ltd. (1987) 2 Lloyd's Rep. 541.

行义务①。也就是说，拒绝履行合同需要行为证明。

还有一种可能是，违约方打算履行合同，但以一种本质上与其合同义务不相适的方式履行②；或者虽然违约方愿意履行合同，但前提是对方得遵守既有合同并没规定的某些条件③。在上述情况下，也产生合同已经被拒绝的效果④。但是，并非每一个不打算履行或不能履行合同某部分的意思表示就一定会导致合同的拒绝。

在某些情况下，还可能出现一方当事人在合同部分履行之后拒绝继续履行的现象。在 Cort v. Ambergate 铁路公司一案⑤中，原告同意以在特定时间运送定量货物的方式向被告提供 3900 吨铁路枕木。在原告依约运送了 1787 吨后，由于不再需要枕木，被告便通知原告停止供货。原告便停止制作枕木且依约向被告提起诉讼。法庭也认为原告有权进行追偿。这种情况在我国合同法中一般作为不完全履行处理。非违约方有权针对不完全履行造成的损害要求赔偿。但是，如果该合同属于分批分期履行的合同或继续性合同，而且违约造成了非违约方的期待利益的损失，并使随后的履行失去意义，那么，非违约方理应享有合同解除权。⑥

在美国马萨诸塞州，在履行期限届满前拒绝合同被认为并不构成违约⑦。但是，在履行期限届满后甚至当依合同条款该合同在将来得以继续时完全拒绝履行则构成违约⑧。不过，非违约方并不一定将拒绝履行视做违约。如果乐意的话，他可能将拒绝履行视为无效行为。但在那种情形下，为了他方以及自身的利益，他将使合同得以存续。如果违约方在非违约方选择将它视为违约之前

---

①　Universal Cargo Carriers Corp. v. Citati (1957) 2 O.B. 401, 436; affirmed in part (1957) 1 W.L.R. 979 and reversed in part (1958) 2 Q.B. 254. See also Morgan v. Bain (1874) L.R. 10C. p. 15; Bloomer v. Bernstein (1874) L.R. 9 C. p. 588; Forslind v. Becheley-Crundall, 1972, S.C. (HL) 173; Maple Flock Co. v. Universal Furniture Products (Wembley) Ltd. (1934) 1 K.B. 148, 157; Laws v. London Chronicle (Indicator Newspapers) Ltd. (1959) 1 W.L.R. 698; Chilean Nitrate Sale Corp. v. Marine Transportation Co. Ltd. (1982) 1 Lloyd's Rep. 570, 580; Re Olympia & York Canary Wharf Ltd. (No. 2) (1993) B.C.C. 159, 168; Nottingham Building Society v. Eurodynamics ply (1995) F.S.R. 605, 611—612. cf.

②　Ross T. Smyth & Co. v. Bailey, Son & Co. (1940) 3 All E.R. 60, 72; Federal Commerce & Navigation Co. Ltd. v. Molena Alpha Inc. (1979) A.C 757.

③　B.V. Oliehandel Jongkind v. Coastal International Ltd. (1983) 2 Lloyd's Rep. 463.

④　Withers v. Reynolds (1831) 2 B. & Ad. 882; Booth v. Bowron (1892) 8 T.L.R. 641.

⑤　17 Q.B. 127.

⑥　See Robert Ralston of the philadephlabar, *discharge of contracts*, Fred B. Rothman &Co. Littleton, Colorado 1997, p. 33.

⑦　Daniels v. Newton, 114 Mass. 74.

⑧　Parker v. Russell, 133 Mass. 74.

把自己不愿履行的通知撤回，受约人则无权将合同视为已被违反；且双方当事人将处在该通知从未给出时的同样地位①。因此，如果非违约方不将拒绝履行视为违约且坚持合同仍将继续生效的话，这可能导致违约方能利用任何不可预测的情形来为他拒绝履行合同进行辩护。Avery v. Bowden 一案②即说明了这一点。

合同的拒绝必须是明确表达的（Unequivocal）③。尤其是在当事人关于合同的解释（construction of a contract）发生争议的时候，法院一般不会认为，一方由于错误解释了合同条款而导致其错误表述了自己履行合同的意图会构成预期违约④。同样，法院也不会认为，一方误解了与合同有关的事实⑤与法律⑥会构成预期违约。

另一方面，一般说来，被指控预期违约的一方不得辩解说自己是根据诚信原则行事的（act in good faith）⑦。关于后一种观点，由于法院一般不愿意认定"根据诚信原则行事但误解了合同的一方预期违反了合同"，因此，法院需要

---

① Frost v. Knight, L. R. 7 Ex. 112, 113; Nilson v. Morse, 52 Wis. 240; McClure, 98Pa. St 541; Howard v. Daly, 61 N. Y. 375.

② (1855) 5 E. & B. 714; (1856) 6 E. & B. 953.

③ Spettabile Consorzio Veneziana di Armamento di Navigazione v. Northumberland Shipbuiding Co. Ltd. (1919) 121 L. T. 628, 634J, 635J; Woodar Investment Developmetn Ltd. v. Wimpey Construction UK Ltd. (1980) 1 W. L. R. 277, 287, 288; Anchor Line Ltd. v. Keith Rowell Ltd. (1980) 2 Lloyd's Rep. 351, 353; Thompson v. Corroon (1993) 42 W. I. R. 157; Nottingham Building Society v. Eurodynamics plc (1995) F. S. R. 605; Jaks (UK) Ltd. v. Cera Investment Bank SA (1998) 2 Lloyd's Rep. 89, 92—93. This proposition applies to words and conduct said to demonstrate that a party is persisting in an earlier repudiation as well as to the earlier repudiation itself (Safehaven Investments Inc. v. Springbok Ltd. (1996) 71 P. & C. R. 59, 69). See also Warinco A. G. v. Samor SpA (1979) 1 Lloyd's Rep. 450; Metro Meat Ltd. v. Fares Rural Co. Pty Ltd. (1985) 2 Lloyd's Rep. 13; Sanko Steamship Co. Ltd. v. Eacom Timber Sales Ltd. (1987) 1 Lloyd's Rep. 360, 361; Thompson v. Corroon (1993) 42 W. I. R. 157.

④ James Shaffer Ltd. v. Findlay Durham & Brodie (1953) 1 W. L. R. 106; Sweet & Maxwell Ltd. v. Universal News Services Ltd. (1964) 2 Q. B. 699; Woodar Investment Development Ltd. v. Wimpey Construction UK Ltd., above; Telfair Shipping Corp. v. Athos Shipping Co. SA (1983) 1 Lloyd's Rep. 127; The Design Company v. Eilzabeth King, unreported, July 7, 1992m, CA; Vaswani v. Italian Motors (Sales and Services) Ltd. (1996) 1 W. L. R. 270; Mitsubishi Heavy Industries Ltd. v. Gulf Bank K. S. C. (1997) 1 Lloyd's Rep. 343, 354; Orion Finance Ltd. v. Heritable Finance Ltd., unreported, Court of Appeal, March 10, 1997.

⑤ Kent v. Godts (1855) 26 L. T. (o. s.) 88; Peter Dumenil & Co. Ltd. v. James Ruddin Ltd., above; Alfred C. Toepfer v. Peter Cremer (1975) 2 Lloyd's Rep. 118.

⑥ Freeth v. Burr (1874) L. r. 9 C. p. 208, 214; Mersey Steel & Iron Co. v. Naylor Benzon & Co. (1884) 9 App. Cas. 434. Contrast Federal Commerce & Navigation Co. Ltd. v. Molena Alpha Inc.

⑦ Federal Commerce & Navigation Co. Ltd. v. Molena Alpha Inc. (1979) A. C. 757.

尽力调和该观点与其自身传统观点之间的冲突①，而这样做是很不容易的。

（3）预期违约的接受与拒绝。非违约方可以选择接受对方的违约。Hochster v. De La Tour 一案为非违约方确立了"第一种选择"方法②。如前所述，在该案中，合同履行期到来之前，雇主解除了 Hochster（导游）的工作，于是该导游立即把雇主告上法庭，要求赔偿——法院认为他有权这么做。另外，在 Johnstone v. Milling 一案中③，法官 Esher M. R 对预期违约的影响作了如下阐述：合同被拒绝，或者换句话说，在履行期到来之前一方当事人完全拒绝履行本身并不等于违反合同，但可能会使对方认为其废除了合同，并因此而立即行使诉权。假如一方打算通过事先拒绝履行的方式来毁约时，另一方可以当场立即宣布废除合同……非违约方可通过提起诉讼、请求终止合同的方式来接受相对方对合同的废除，但旨在要求损害（由过错方拒绝履行合同导致）赔偿而提起的诉讼除外。④

很显然，在因拒绝履行合同而产生预期违约的案件中，诉因（cause of action）不是指向未来的违约而是指向目前的拒绝履行合同行为（renunciation）本身⑤。那种认为最后的诉因（eventual cause of action）就是预期违约的诉因的观点是不正确的⑥。因此，如果一方将另一方预期违约接受为解除合同，违约方就不能在合同原定时间内再提供给付⑦。虽然在预期违

---

① In particular, the decisions of the House of Lords in Woodar Investment Development Ltd. v. Wimpey Construction UK Ltd. (1980) 1 W. L. R. 277 and Federal Commerce & Navigation Co. Ltd. v. Molena Alpha Inc. (1979) A. C. 757 are not at all easy to reconcile.

② (1853) 2 E. & B. 678; Xenos v. Danube, etc., Ry (1863) 13 C.·B. (N. S.) 825; Frost v. Knight (1872) L. R. 7Ex. 111; Dominion Coal Co. Ltd. v. Dominion Iron and Steel Co. Ltd. (1909) 25 T. L. R. 309; The Mihalis Angelos (1971) 1 Q. B. 164.

③ (1886) 16 Q. B. D. 460. For the measure of damages, see Roper v. Johnson (1873) L. R. 8. C. p. 167; Melachrino v. Nickoll and Knight (1920) 1 K. B. 693; Millett v. Van Heek & Co. (1921) 2 K. B. 369; Wright v. Dean (1948)) Ch. 686; Sudan Import Co. LTD v. Societe Cenerale de Compensationm (1958) 1 Lloyd's Rep. 310; Garnac Grain Co. Inc. v. H. M. F. Faure and Fairclough Ltd. (1966) 1 Q. B. 650 (on appeal (1968) A. C. 1130); The Mihalis Angelos, above; Tai Hing Cotton Mill Ltd. v. Kamsing Knitting Factory (1979) A. C. 91; Chiemgauer Membran Und Zeltbau GmbH v. The New Millennium Experience Co. Ltd., *The Times*, January 16 2001; and Vol. II, paras 43—408 et seq. paras 43—421 et seq.

④ At 467. The proposition that a renunciation of the contract before the time for performance has arrived does not amount to a breach until it has been acted kupon or adopted has been criticized on the ground that it is inconsistent kwith Hochster v. De la Tour (1853) 2 E. & B. 678 and because whether or not there is a breach must depend on what the promisor does and not on what the promise does rary Issues in Commerical Law: *Essays in Honour of A. G. G.* uest pp. 175, 178—182.

⑤ The Mihalis Angelos, above; Moschi v. Lep Air Services Ltd. (1973) A. C. 331, 356.

⑥ cf. Frost v. Knight (1872) L. R. 7Ex. 111, 114.

⑦ X enos v. Danube, etc Ry, above.

约的情况下，无过错方合同权利是未来的、不确定的（contingent），但可立即主张损害赔偿。①

如果非违约方接受对方的预期违约，则可免除自己进一步履行合同的义务。在任何针对过错方提起的诉讼中，非违约方都无须证明在合同被拒绝履行时自己已经准备好或愿意按照合同规定履行合同等事项②。

在预期违约的情况下，非违约方为维护自己和对方的利益，可以拒绝接受对方的违约③，而使合同继续有效。但这么做的后果是，非违约方将因此而受到合同项下所有的责任与义务的约束。换言之，尽管违约方先前存在拒绝履行合同的行为，但由于非违约方坚持使其完全履行合同项下的义务，这使得违约方有机会利用嗣后发生的情况证明他先前拒绝完全履行该合同是正确的。

4. 合同履行过程中的拒绝履行：实际违约

在合同履行过程中，如果一方当事人通过言语或行为无条件拒绝履行其合同义务，则另一方当事人可以立即终止履行自己的合同义务，要求解除合同，并提起损害赔偿诉讼。如果合同是不可分的，一旦被拒绝履行，另一方有权解除合同。而对于一个可分割的合同，如果违约方只拒绝履行合同中可分割的部分，则只能要求赔偿，而不能解除合同。

在确定一方的行为是否已构成拒绝履行合同时，无须区分什么是预期违约和什么是履行期到来之后的违约④。在合同履行之前，当债务人（promisor）的行为足以使人相信在履行期到来之时他不打算履行合同义务时，债权人（promisee）就可将其视为拒绝履行合同，并进而起诉要求赔偿。无过错方不必等到履行期到来，因为只有当一方拒绝合同，另一方接受对方对合同的拒绝

---

① Frost v. Knight, above; Synge v. Synge (1894) 1 Q. B. 466.

② Braithwaite v. Foreign Hardwood Co. LTD (1905) 2 K. B. 543, 551, 554; Cooper, Ewing & Co. Ltd. v. Hamel and Horley Ltd. (1922) 12 Ll. L. Rep. 466, 590, 593; Tayloy v. Oakes Roncoroni & Co. (1922) 38 T. l. r. 349, 517; British and Beningtons Ltd. v. North Western Cachar Tea Co. Tea Co. Ltd. (1923) A. C. 48. 66; Continental Contractors Ltd. v. Medway Oil and Storage Co. Ltd. (1925) 23 Ll. L. Rep. 55. 124, 128, 132; Rightside Property Ltd. v. Gray (1975) Ch. 72, 82; Gill & Duffus SA v. Berger & Co. Inc. , above.

③ Michael v. HART& Co. (1902) 1K. b 482; Braithwaite v. C Foreign Hardwood Co. Ltd. (1905) 2 K. B. 543; Sinason-Teicher Inter-American Grain Corp. v. Oilcakes and Oilseeds Trading Co. Ltd. (1954) 1 W. L. R 935, 944.

④ Thorpe v. Fasey (1949) Ch. 649, 661; Universal Cargo Carries Corp. v. Citati (1957) 2 Q. B. 401, 438. The distinction between an anticipatory breach and an actual breach may have significant implications for limitation purposes: Proctor & Gamble Ltd. v. Carrier Holdings Ltd. (2003) EWHC 83 (TSCC); (2003) B. L. R. 255.

时，才必然会在法律上产生预期违约的效果，无过错方才能立即提起损害赔偿诉讼。①

一方当事人在合同履行过程中（如分期分批销售货物的情形）拒绝履行合同所适用的法律类似于预期违约适用的法律。例如，买方接受一些货物后，拒绝接受其余的货物，卖方就不用再生产和交付其余的货物，可以立即起诉要求赔偿损失。②

总之，预期违约和实际违约对于毁约性违约的处理是相似的，其主要区别体现在违约的时间不同，二者相互补充。

（二）由一方当事人引起的履行不能（Impossibility Created By One Party）而导致的合同解除

在普通法上，因合同履行不能（Impossibility）而免除当事人履行义务的情形主要有如下三种：（1）因政府行为造成的不可能；（2）因当事人死亡或丧失履行能力造成的不可能；（3）因合同标的物灭失造成的不可能。三种情形中只有（2）与违约解除有关。履行不能既可能出现在合同履行期届至之前，也可能出现在合同履行过程中。

1. 与违约有关的履行不能

一方当事人因自己的作为或不作为③，导致自己不能履行一些基本的合同义务时，便构成与违约有关的履行不能（Impossibility），对方当事人有权解除合同④。一方当事人履行不能不一定是因为该方当事人"承担了某些彼此不一致（inconsistent）的合同义务，除非这些'不一致'的合同义务彼此的确存在尖锐的冲突，以至于该方当事人没有能力来履行"⑤。履行不能与是否故意无关。"导致一方当事人陷入履行不能的境地的原因有：该方当事人主观上故意作为，使自己无力履行合同；或由于该方当事人作为或不作为，出现了某些客

---

① Universal Cargo Carriers Corp. v. Citati, above, at 438. The position is otherwise where the mode of anticipatory breach in issue is impossibility created by the act or default of one party. In such case it is much more difficult to establish that the breach is inevitable, abpoint which was recognized by Devlin J. in Citati at 437.

② Withers v. Reynolds (1831) 2 B. & Ad. 882; Cort v. Ambergate, etc., Ry (1851) 17 Q. B. 127.

③ See also above, paras 23-059-23-062.

④ Sir Anthony Main's Case (1596) 5 Co. Rep. 21a; Bodwell v. Parsons (1808) 10 East 359; Am ory v. Brodrick (1822) 5 B. & A. 712; Short v. Stone (1846) 8 Q. B. . 358; Caines v. Smith (1846) 15 M. & W. 189; O'Neil v. Armstrong (1895) 2 Q. B. 418; Ogdens Ltd. v. Nelson (1905) A. C. 109; Measures Bros Ltd. v. Measures (1910) 2 Ch. 48; British and Beningtons Ltd. v. North Western Cachar Tea Co. Ltd. (1923) A. C. 48, 72. See slso the cases cited in para. 24—030, n. 172, below.

⑤ cf. Frost v. Knight (1872) L. R. 7Ex. 111, 114.

观事实，使得其不能履行全部合同义务或不能履行一些基本的合同义务"①。因此，如果某人承诺向另一人转让一件家具，但在他转让前，另一债权人（a judgment creditor）根据法院判决并通过执行程序获得该家具并把它卖了。在这种情况下，卖方不能履行虽非因其自身故意行为而引起，但还是产生了违约的效力②。在这里，实际包括着因主观原因以及因客观原因而产生的履行不能。这与大陆法系合同法中的主观不能以及客观不能相类似。

如果由于一方当事人的行为或者不行为导致不能继续履行合同义务，尽管该当事人既没有以口头的方式也没有以行为的方式作出拒绝履行的意思表示，另一方当事人仍然可以解除合同。③

2. 履行期届至前的履行不能：预期违约

如果在合同履行期届至前，要约人的行为或不行为使得合同履行不能，其后果相当于要约人拒绝履行合同。但预期违约不是专门用来惩罚故意违约者的鞭子，无能、办事拖拉或者不走运都不能被赦免。预期违约并不限于特定的违约类型，故意违约、过失违约抑或其他违约均可；事实上预期违约包括所有可能发生的违约类型。④ 当一方出现履行不能时，受损方可以立即提起诉讼。

3. 履行过程中的履行不能

在合同履行过程中，因一方当事人的行为或不行为导致合同不能完全履行，受损方同样有权解除合同。违约解除不仅适用于一方当事人自己没有能力履行合同的情形，也适用于一方妨碍另一方履行合同的情形⑤。合同双方当事人有义务互相合作以确保合同履行，但这并不意味着一方可以被迫为某种根据合同的正确解释不需要为的行为，或者为某种他事实上不能为的行为。⑥ 不过，英美法院通常认为：任何一方当事人都有义务尽一切必要的努力以确保合

---

① Smith's Leading Cases (13th ed. , 1929), Vol. II. p. 40, cited by Devlin J. in Universal Cargo Carriers Corp. v. Citati (1957) 2 Q. B. 401, 441.

② Keys v. Harwood (1846) 2 C. B. 905; Powell v. Marshall, Parkes & Co. （1899）1 Q. B. 710 (bankruptcy); cf. Re Agra Bank (1867) L. R. 5Eq. 160; Jennings' Trustees v. King (1952) Ch. 899.

③ See J. Beatson, *Anson's Law of Contract*, 28th ed. , Oxford: Oxford University Press, 2002, p. 574.

④ (1957) 2 Q. B. 401 (aff'd in part (1957) 1 W. L. R. 979 and revs'd in part (1958) 2 Q. B. 254). See also Sanko Steamship Co. Ltd. v. Eacom Timber Sales Ltd. (1987) 1 Lloyd's Rep. 487 at p. 438.

⑤ See also Ogdens Ltd. v. Nelson (1905) A. C. 109. Cf. Bremer Vulkan v. South India Shipping Co. (1981) A. C. 909 (both parties in breach).

⑥ North Sea Energy Holding N. V. v. Petroleum Authority of Thailand (1999) 1 Lloyd's Rep. 483, at p. 492.

同履行。① 假如卖方需要取得许可证才能出口货物，而买方未能向卖方提供办理许可证的相关信息，则买方不能起诉卖方没有交付货物。② 在某些情况下，如果合同因受到受约人阻碍而未能履行，则合同被视为已履行，要约人可以请求支付全部报酬或价款。③ 但由于没有违约方的协助合同不能履行，要约人在大多数情况下只得请求违约损害赔偿。④

4. 履行不能（Impossibility）与拒绝履行合同（Renunciation）

"履行不能（impossibility）"与拒绝履行中的"不能履行（inability to perform）"有相似之处。譬如，某人将租约在身的船舶卖给新船东，另一方既可主张"履行不能"，亦可主张"拒绝履行"，主张拒绝履行的好处在于：非违约方指证违约方无意或无能力履约只需根据当时的情况，无须受以后可能发生的事情验证约束；而主张"不可能"履行的好处在于他可以当时不知情但事后发生的情况来作支持。但拒绝履行中的"不能履行"与"不可能履行"是两个不同的概念，其主要区别在于：前者的判定须以非违约方所掌握的事实为依据，而不论这种不能履行的情况事后一直至应该履行时是否有所改变；而后者的判定即对方是否真正不可能履行，就须以当时及以后发生的所有事实为准。⑤

如果一方当事人由于自己的行为导致履行不能，无过错方通常主张对方拒绝了合同而不是履行不能，因为拒绝合同更容易证明。⑥ 如果无过错方欲主张对方履行不能，那么，他就必须证明由于对方的过错使得合同"实际上"（in fact）不能履行。⑦

当事人何时拥有"明确的终止合同的权利"往往具有不可预见性。如果一方当事人由于自己的作为或者不作为，在将来某一时间不能履行自己合同项下的义务，而且，该合同又包含一条明确的规定，即在一定情况下赋予无过错

---

① Stirling v. Maitland (1864) 5 B. & S. 840, at p. 825; Southern Foundries (1936) Ltd. v. Shirlaw (1940) A. C. 701; The Unique Mariner (No 2) (1979) 1 Lloyd's Rep. 37. cf. Rhodes v. Forwood (1876) 1 App. Cas. 256; Luxor (Eastbourne) Ltd. v. Cooper (1941) A. C. 108. See BATESON (1960) J. B. L. 187; Burrows (1968) 31 M. L. R. 390.

② Kyprianou v. Cyprus Textiles Ltd. (1985) 2 Lloyd's Rep. 60.

③ Mackay v. Dick (1881) 6 App. Cas. 256. See also Metro Meat Ltd. v. Fares Rural Co. Pty. Ltd. (1985) 2 Lloyd's Rep. 13.

④ Colley v. Overseas Exports (1921) 3 K. B. 302. Contrast White and Carter (Councils) Ltd. v. McGregor (1962) A. C. 413 (ante, p. 566) where no co-operation necessary.

⑤ 杨良宜：《国际商务游戏规则——英国合约法》，中国政法大学出版社 2000 年版，第 529 页。

⑥ Universal Cargo Carriters Corp. v. Ciktati, above, at 437; Sanko Steamship Co. Ltd. v. Eacom Timber Sales Ltd. (1987) 1 Lloyud's Rep. 487, 492.

⑦ See below, para. 24—030, n. 174.

方终止合同的权利，那么，无过错方必须得证明自己终止合同的正确性。如果无过错方依据合同的明确规定终止合同，那么，无过错方必须遵守相关授权条款的要求。然而，如果无过错方基于一方当事人在将来某一时间不能履行合同义务而主张终止合同，则必须证明违约方履行不能与其基本的合同义务有关。为了获得终止合同的权利，无过错方必须证明他有权基于此一理由或彼一理由终止合同。如果不能证明他有权基于上述任一理由终止合同，他就无权终止合同。在英美国家，法律不支持非违约方（无过错方）综合上述两项理由以适用预期违约的原则来达到终止合同的目的。从这一点上来说，终止合同的权利是不可预期的。①

对于履行不能与合同受挫（ Impossibility and frustration） 这两种不同情况，英国法院往往适用类似的规则来确定一方不作为是否导致另一方履行不能，以及是否由于合同受挫导致合同双方互相解除合同义务。②

在履行期限届满前，拒绝履行合同等同于违约且赋予受损方立即提起诉讼的权利。立约人如因自身行为使合同处于自己的履行能力之外，这时，当一人致使他不能履行承诺将被看成是等于通知另一方他将不再遵守合同，这便构成违约。

（三）因不履行（Failure of Performance）而导致的合同解除

在某些情况下，当事人通常既可基于对方全部不履行而解除合同，又可基于部分不履行而解除合同。但一方不履行并非一定导致另一方享有解除合同的权利，这其中有不少复杂的事实和法律问题。为了确定一方不履行是否使对方有权解除合同，在英国，法院通常考虑以下问题：承诺是否具有独立性、合同义务是"整体"（entire）义务还是"可分"（divisible）义务、被违反的条款

---

① Afovos Shipping Co. SA v. Pagnan & Filli (1983) 1 W. L. R 195. This, it is suggested, is the correct interpretation of Lord Diplock's statement (at 203) that the doctrine of anticipatory breach by conduct which disables a party to a contract from performing one of his primary obligations under the contract has no application to a breach of punctual payment of hire clause in a time charterparty of a ship. In so far as Lord Diplock suggested that the doctrine of anticipatory breach applies only to fundamental breaches , his reasoning cannot be supported: see Gventer Treitel: *The law of Contract* , 11th edition , Sweet and Maxwell Ltd. 2003pp. 860—862 and J. W. Carter, *Breach of contract*, 2nd ed. , Sydney：The Law Book Company Ltd. , 1992 paras 744A AND 744B.

② Trade and Transport Inc. v. Iino Kaiun Kaisha Ltd. (1973) 1 W. L. R. 210, 221j, citing Davis Contractors Ltd. v. Fareham U. D. C. (1956) A. C. 696 (above, para. 23—048); Tsakiroglou & Co. Ltd. v. Fareham U. D. C. (1956) A. C. 696 (above, para. 23—048); Tsakiroglou & Co. Ltd. v. Noblee Thorl (1962) A. C. 93 (above, para, 23—046) and The Eugenia (1964) 2 Q. B. 226 (above, para. 24—043) . See also below, para. 24—046.

是否是条件条款以及违约是否触及"合同的根基"。

1. 不履行独立性承诺与合同解除

在确定一方不履行是否使对方有权解除合同时，首先我们有必要弄清楚构成合同的允诺之间的关系。允诺要么具有独立性（independent），要么具有附属性（dependent）①。如果一方当事人允诺履行的合同义务是无条件的（absolute），完全不依赖于合同另一方的履行，那么，该承诺就具有独立性；如果一方当事人允诺履行的合同义务取决于合同另一方的实际履行或愿意履行，那么，允诺就具有附属性②。允诺到底具有独立性还是附属性，取决于合同双方在合同中的意思表示以及公众对某一特定问题的常识，其中，当事人的意思表示具有优先的效力。③

在某些情况下，还会出现相互独立的允诺（Independent mutual promises）。如上所述，相互独立的允诺的履行原本相互之间不存在互相影响。但有一项例外，即当一方所作的允诺以另一方为受益人时，该允诺不履行就使得另一方享有得到相应的补偿的权利。然而，任何一方都不得因另一方不履行其独立允诺而解除合同。

在某些情况下，双方当事人所承担的合同义务相互独立，一方不能因另一方不履行而主张解除自己合同项下的义务。也就是说，每一方都可以要求另一方履行合同义务，即使他自己还未履行。例如，在租赁合同中，承租人支付租金的义务与房东修缮房屋的义务是相互独立的，承租人不能以房东没有修缮房屋为由拒绝支付租金。④ 在通常情况下，双方当事人所承担的合同义务是相互依赖的（interdependent）。

2. 不履行整体义务与合同解除

在判定不履行是否导致合同解除时，有时还需确定违反合同义务的性质是"整体"（entire）义务还是"可分"（divisible）义务。

正如前文所指出的，如果一方当事人的义务取决于另一方义务的完全履行，则这种义务就是"整体"义务。根据实际履行（substantial performance）原则，如果 A 承诺为 B 做一件裙子，约定只要裙子完工 B 就付款，那么一旦

---

① Pordage v. Cole (1669) 1 Wms. Saund. 319；Guy-Pell v. Foster (1930) 2 Ch. 169.

② Cited with approval in Denmark Productions Ltd. v. Boscobel Productions Ltd. (1969) 1 Q. B. 699, 733.

③ Stavers v. Curling (1836) 3 Bing. N. C. 355, 368. cf. Ritchie v. Atkinson (1808) 10 East 295, 306；Huntoon Co. v. Kolynos (1930) 1 Ch. 528, 558, 559 (where the test is stated in the same terms as the distinction between a condition and a warrantyL).

④ Taylor v. Webb (1937) 2 K. B. 283.

A 没有完全履行就会解除 B 支付价款的义务，至于 A 为何没能完全履行则不具有实质意义。A 没能完全履行的原因可能是故意撤销合同，疏忽大意的行为或不作为，或者仅仅是发生了某种不幸——最后一种情形如上文提到的 Cutter v. Powell 案①。

然而，整体义务是例外情形而不是一般规则。大部分双务合同义务是"可分"义务，即违反一项或多项义务并不必然导致合同解除。对于可分义务来说，一方未适当地履行合同义务赋予另一方诉请损害赔偿的权利，而不一定赋予另一方解除合同的权利。

3. 不履行条件条款与合同解除

19 世纪末的英国，无论学术界还是实务界都很流行将合同条款区分为"条件（conditions）"（任何对此类条款的违反都会使无过错方有权拒绝进一步履行合同并提出解除合同）和"保证（warranties）"（对此类条款的违反仅使无过错方有权获得损害赔偿）。

不履行（Failure of performance）通常构成对"条件"的违反（breach of condition）。一方不履行任何一项条件，都会使无过错方有权解除进一步履行合同的义务。

当不履行的条款不是"条件"条款而是"中间"条款（an "intermediate" term）时，或许无过错方仍可解除合同。但在这种情况下，法院必须注意从违约的性质与后果（nature and consequences）方面来考虑，以确定无过错方是否能够享有解除合同的权利。

如果合同义务属于可分而非整体义务，则为了确定一方不履行是否使对方有权解除合同，法庭必须考虑被违反的特定条款是否为合同的条件条款。历史上，无过错方是否可以选择解除合同取决于违约方未履行的条款是否合同的"先决条件"（condition precedent）。②

4. 不履行合同基本条款与合同解除

在不履行合同而导致的违约中，有时需要分析违约是否触及"合同的根基"（the root of the contract）。根本违约（Fundamental breach）是一种严重违约行为。英国的"根本违约"（或称作"违反了合同的基本条款"）制度为法院限制免责条款（exemption clause）的适用提供了有力武器。根据该制度，任

---

① (1795) 6 Term R. 320, ante, p. 510.

② Pordage v. Cole (1669) 1 Wms. Saund. 319; Kingston v. Preston (1773) 2 Doug. 689, at p. 691. The history of the expression is expounded in Cehave N. V. v. Bremer Handelsgesellschaft (1976) Q. B. 44, at pp. 57, 72; United Scientific Holdings Ltd. v. Burnley B. C. (1978) A. C. 904, at p. 927. See also Hurst v. Bryk (2000) 2 W. L. R 740, per Lord Millett at p. 750

何一方当事人都不得约定免除或有限地承担其违反基本合同义务所应当承担的责任。跟其他违反合同（导致合同解除）的情形相比，违反基本条款的后果更彻底（a "total breach"）①。

如果被违反的条款不是条件条款，而是中间条款，那么无过错方是否可以选择解除合同取决于违约的性质和违约的后果。

总之，确定一方违约是否使另一方享有解除权取决于这样一个问题的答案，即，违约是否触及到合同的根基，以至于受损方有权主张："我失去了我期待从该合同中所获得的全部利益；继续履行合同不能弥补先前的违约造成的损失。"②

5. 故意违约与合同解除

一方不履行是否因故意所致也是判断另一方是否有权解除合同的一个相关因素③，因为它关系到过错方对未来履行的态度，且经常被视为过错方放弃合同的证据④。但是，"故意违约"并不是一个独立的范畴。Wilberforce 法官曾经说过："某些故意违约通过适当的赔偿就可解决……，为故意违约制定一项特殊规则不仅没有必要也会使人误入歧途。"⑤

债务是否是可分的问题也直接影响到非违约方的合同解除权。一般来说，一方不履行的合同义务只有涉及到合同的基础才会导致另一方合理解除合同。但该原则有一项例外，即：只有当过错方不履行其全部合同义务（即将全部合同义务视为一个整体）时，相对方才有权解除合同⑥。

---

① Suisse Atlantique Societe d'Armement Maritime SA v. N. V. Rotterdamsche Kolen Centrale. (1967) 1 A. C. 361, 431.

② Alkok v. Grymek (1966) 56 D. L. R. (2d) 393 (Canada).

③ Suisse Atlantique Societe d' Armement Maritime SA v. N. V. Rotterdamsche Kolen Centrale (1967) 1 A. C. 361, 394, 414, 415, 429; Rubicon Computer Systems Ltd. v. United Paints Ltd. (2000) 2 T. C. L. R. 453. The fact that the breach is "covert" may also be a relevant factor. Northern Foods plc v. Focal Foods Ltd. (2003) 2 Lloyd's Rep. 728, 747.

④ For the coincidence between renunciation and failure of performance, see Mersey Steel and Iron Co. v. Naylor, Benzon & Co. (1884) 9 App. Cas. 434, 441, 444.

⑤ Ebbw Vale Steel, Iron and Coal Co. v. Blaina Iron and Tinplate Co. (1901) 6 Com. Cas. 35; Eshelby v. Federated European Bank Ltd. (1932) 1 K. B. 423; Bolton v. Mahadeva (1972) 1 W. L. R. 1009.

⑥ H. Dakin & Co. Ltd. v. Lee (1916) 1 K. B. 566; Hoenig v. Isaacs (1952) 2 All E. R. 176; Williams v. Roffey Bros & Nicholls (Contractors) Ltd. (1991) 1 Q. B. 1, 8—10. cf. Vigers v. Cook (1919) 2 K. B. 475; Eshelby v. Federated European Bolton v. Mahadeva, above; Bolton v. Mahadeva, above. cf. Beck (1975) 38 M. L. R. 413. See also above, kparas 21 – 032 – 21 – 033, where the existence of a doctrine of substantial performance is doubted.

6. "违约受挫" 与合同受挫的后果

还应注意的是，"违约受挫" 与合同受挫的后果是有区别的。本文使用了相似的措辞来描述如下一种合同解除的情形，即：合同履行受到严重的妨碍以至于其目的根本无法实现，无过错方合理解除合同或合同自动解除①。然而，必须注意区别 "违约受挫（Frustration by breach）" 与前面提到的合同受挫（frustration）原则。合同受挫原则指的是：因不可预见情况致使合同签订后不能得到履行，因而对承诺人给予宽恕的原则；合同因违约而受挫指的是：由于一方当事人的作为或者不作为，致使合同不能得到履行；但真正的合同受挫并非因任何一方当事人的错误引起②。而且，在合同因违约而受挫时，无过错方可以选择确认合同继续有效；但在真正的合同受挫的情况下，合同自动无效，不能由一方当事人确认其效力。③

五、违约发生后非违约方的选择

违约将导致一系列的后果。无过错方有权要求履行合同、要求赔偿、终止合同以及综合运用这些权利。无过错方接受毁约必须是清楚的、不含糊的④；一旦选择确认合同继续有效或终止合同，那么该决定就是不可撤销的。⑤ 但是，如果在无过错方选择确认合同继续有效的情况下，另一方原有的毁约行为持续存在或出现了新的毁约行为，则无过错方重新享有选择权。

如果违约方作出了接受毁约以终止合同的选择，那么，它仅仅意味着双方将来的合同义务被免除了，合同本身仍旧存在——在对非违约方的损失进行评估时，仍得依据合同条款进行。例如，合同的免责条款和损害赔偿条款是估算违约方所受损失的依据。

---

① Jackson v. Union Marine Insurance Co. Ltd. （1874）L. R. 10 C. p. 125, 145, 147; Trade and Transport Inc. v. Iino Kaiun Kaisha Ltd. （1973）1 W. L. R. 210, 221; Nitrate Corp. of Chile Ltd. v. Pansuiza Compania de Navegacion SA （1980）1 Lloyd's Rep. 638, 648; affirmed sub nom. Chilean Nitrate Sale & Corp. v. Marine Transportation Co. Ltd. （1982）1 Lloyd's Rep. 570.

② For consideration of "mixed causes," see Nitrate Corp. of Chile Ltd. v. Pansuiza Compania de Navegacion SA.

③ Hirji Mulji v. Cheong Yue SS. Co. Ltd. （1926）A. C. 497, 509. cf. B. P. Exploration Co. （Libya）Ltd. v. Hunt（No. 2）（1979）1 W. L. R. 783; affirmed （1983）2 A. C. 352（waiver）j.

④ Vitol S. A. Norelf Ltd. （1996）A. C. 800, per Lord Steyn at 810 – 11. See also Heyman v. Darwins Lts. （1942）A. C. 356, at p. 361; Northwest Holt Group Administration Ltd. v. Harrison （1985）I. C. R. 668; Bliss v. South East Thames Regional Health Authority （1987）I. C. R. 700, at pp. 716—17; State Trading Corporation of India Ltd. v. M. Golodetz Ltd. （1989）2 Lloyd's Rep. 277 at p. 286.

⑤ Motor Oil Hellas （Corinth）Refineries S. A. v. Shipping Corparation of India （The Kanchenjunga）（1990）1 Lloyd'Rep. 391 per Lord Goff at p. 398; Peyman v. Lanjani （1985）Ch. 457.

与终止合同相对应的选择是非违约方肯定合同继续有效。这种选择要求双方当事人继续履行合同中所剩下的应当履行的义务。无论非违约方决定终止合同还是继续履行合同，违约方均将负有赔偿对方损失的次要义务。

（一）确认合同

一方当事人毁约时，非违约方有权选择继续履行合同或接受毁约而解除合同。若他选择继续履行合同，则通常的说法是他"确认（affirmation）"了合同①，在这种情况下合同仍然完全有效。

确认合同行为是一种自愿的行为，它要求当事人知情。传统的观点一般认为：当事人在确认合同时仅需知道导致其有权确认或终止合同的事实（但有些先例认为当事人不知情时也能确认合同）②。晚近英国法院的判决则认为：只有当当事人既了解其有权确认或终止合同的事实也知道自己享有选择权时，法庭才能认定该方当事人作出了某种选择③。但是，在某些情况下，即使无过错方对违约根本不知情，法庭也判决他被剥夺了解除合同的权利。此外，如果无过错方的行为使过错方相信他将不行使解除合同的权利，那么无过错方将被禁止行使这一权利。

1. 确认合同的概念及其构成要件

非违约方选择确认合同时必须清楚地知道：哪些事实使得他或她有权接受对方的毁约性违约以终止合同，以及在对方毁约性违约时，他有权在确认合同与解除合同之间做出选择。认定非违约方（无过错方）"已确认合同"的条件是：第一，他已经知晓对方违约的事实④；第二，他知道自己有权在维持合同

① Suisse Atlantique Societe d'Armement Maritime SA v. N. V. Rotterdamsche Kolen Centrale (1967) 1 A. C. 361, 398; Peyman v. Lanjani (1985) Ch. 457.

② Matthews v. Smallwood (1910) 1 Ch. 777 at p. 786; Kammins Ballrooms Co. Ltd. v. Zenith Invesments (Torquay) Ltd. (1971) A. C. 850, at pp. 877—8, 883.

③ See J. Beatson, *Anson's Law of Contract*, 28th ed., Oxford: Oxford University Press, 2002, pp. 567—568.

④ Matthews v. Smallwood (1910) 1 Ch. 777, 786; U. G. S. Finance Ltd. v. National Mortgage Bank of Greece (1964) 1 Lloyd's Rep. 446, 450; Suisse Atlantique Societe d'Armement Maritime SA v. N. V. Rotterdamsche Kolen Centrale, above, at 426; Panchanud Freres SA v. Etablissements General Grain Co. (1970) 1 Lloyd's Rep. 53, 57; Kammins Ballrooms Co. Ltd. v. Zenith Investments (Torquay) Ltd. (1971) A. C. 850; Peyman v. Lanjani, above; Yukong Line Ltd. of Korea v. Rendsberg Inverstments Corp. of Liberia (1996) 2 Lloyd's Rep. 604, 607.

的效力与解除合同之间做出选择①；然后，他的确做出了某些明确表达而令人不容置疑的（unequivocal）② 行为，从这些行为可以推断出：尽管对方已经预期违反了合同，他还是打算继续履行合同；或者他不打算行使自己享有的解除合同的权利③。这就表明，一方严重违约，对方便享有了继续履行合同或者解除合同的选择权，当事人慎重地进行选择，可以最大限度地维护自身的利益。

选择确认合同意味着合同双方所有的义务都仍然存在。因此，无过错方对合同的确认必须是对合同全面的确认，而不能只确认合同的一部分而否认另一部分，因为这样做将被认为是签订了一个新的合同。④

确认合同必须是明确的、绝对的、全面的和作为的，而不作为的方式不能够视为确认了合同，这是由于违约救济的选择与当事人利益密切相关，故必须以明示方式为之，而我国合同法对非违约方的救济选择的意思表示似乎缺乏明确的规定。

非违约方必须明确地选择确认合同并表明自己愿意继续履行合同。在 Yukong Line Ltd. of Korea v. Rendsburg Investments Corporation of Liberia 一案⑤中，非违约方对对方毁约（a repudiatory breach）的反应是"完全不能接受"，"强烈要求"对方"兑现其合同承诺"及"确保义务的履行"。但法院认为，非违约方的这些措辞并不能充分地表明他打算继续履行合同。Moore-Bick 法官指出：在对方拒绝履行合同时，无过错方的第一反应往往是要求对方改变主意，接受并履

---

① Kendall v. Hamilton (1879) 4 App. Cas. 504, 542; Peyman v. Lanjani, above. cf. Sea Calm Shipping Co. SA v. Chantiers Navals de L'Esterel (1986) 2 Lloyd's Rep. 294; Motor Oil Hellas (Corinth) Refineries SA v. Shipping Corp. of India (1990) 1 Lloyd's Tep. 391, 398 where the issue was noted but not resolved; Yukong Line Ltd. of Korea v. Rendsberg Investment Corp. of Liberia (1996) 2 Lloyd's Rep. 604, 607.

② China National Foreign Trade Transportation Corp. v. Evolgia Shipping Co. SA of Panama (1979) 1 W. L. R. 1018; Peyman v. Lanjani, above.

③ Pust v. Dowie (1863) 5 B. & S. 33; Bentsen v. Taylor, Sons & Co. (1893) 2 Q. B. 274; Matthews v. Smallwood, above;; Hain SS. Co. Ltd. v. Tate & Lyle Ltd. (1936) 41 Com. Cas. 350, 355, 363; Temple SS. Co. v. Sovfracht (1945) 79 Ll. L. Rep. 1, 11; Chandris v. Isbrandtsen Moller Inc. (1951) 1 K. B. 240; Denmark Productions Ltd. v. Boscobel Production Ltd. (1969) 1 Q. B. 699, 731; Suisse Atlantique Societe d'Armement Maritime SA v. N. V. Rotterdamsche Kolen Centrale, above; Sea Calm Shipping Co. SA v. Chantiers Navals de L'Esterel, above; Motor Oil Hellas (Corinth) Refineries SA v. Shipping Corp. of India, above at 398; Laing Management Ltd. v. Aegon Insurance Co. (UK) Ltd. (1998) 86 Build L. R. 70, 108 (although the conclusion that the contract remained alive for the benefit of both parties does not sit easily with the fact that the plaintiffs had expressly relied upon an express power to terminate contained in the contract).

④ Suisse Atlantique Societe d'Armement Maritime SA v. N. V. Rotterdamsche Kolen Centrale, above, at 398. See also Johnstone v. Milling (1886) 13 Q. B. D. 460.

⑤ Yukong Line Ltd. of Korea v. Rendsburg Investments Corporation of Liberia (1996) 2 Lloyd's Rep 604.

行合同义务——这本是最自然的反应，法院不应该对此予以阻止。应该注意的是，无过错方的这种反应并不能充分地表明其不可撤销地确认了合同。

确认一经作出即不可撤销（affirmation irrevocable）。一旦无过错方选择了确认合同，且这一意图已经为对方所知，那么这一选择就不可撤销。① 过错方不必证明自己对无过错方的确认产生了信赖利益，也不必证明因无过错方改变主意致使自己的利益受到损害。②因此，无过错方既然已经确认了合同的效力，就不能在随后又改变主意，以达到重新利用对方先前的违约使自己解除合同的目的。③然而，如果对方执意要违反合同，则虽然无过错方一直催促其履行合同义务，但仍然有权于随后的某个时间行使解除合同的权利。④ 在这种情况下，无过错方并非撤销了确认合同的选择，重新基于对方先前的违约终止合同，而是"在确认合同的效力之后，基于对方继续违约（continuing repudiation）的行为而终止合同。"⑤ 同样，在无过错方确认合同之后，合同继续履行的过程中，如果对方再次违约，无过错方还是有权解除合同。⑥ 而合同期限届满之日的不履行，对于非违约方而言，又可以产生一个是终止还是确认这个预

---

① Hain Steamship Co. Ltd. v. Tate & Lyle Ltd. （1936）41 Com. Cas. 350，355；Peyman v. Lanjani（1985）Ch. 457；Motor Oil Hellas（Corinth）Refineries SA v. Shipping Corp. of India，above；Yukong Line Ltd. of Korea v. Rendsberg Insurance Co. （UK）Ltd. （1998）86 Build L. R. 70，108. However，Affirmation may not be irrevocable in the case of an anticipatory breach of contract. In the case of an anticipatory breach，it has been argued that the innocent party ought to be entitled to go back upon his affirmation unless there has been some change of position by the party in breach in reliance upon the affirmation which would be prejudiced by the change of mind by the innocent party（see Treitel（1998）114 L. Q. R. 22 and Gventer Treitel：*The law of Contract*，11th edition，Sweet and Maxwell Ltd. 2003，pp. 864—865，a view which gains some supoort in principle from Thomas J. in Stocznia Gdannska SA v. Latvian Shipping Co. （2001）1 Lloyd's Rep. 537，566）and from Rix L. J. on appeal to the Court of Appeal，（2002）2 Lloyd's Rep. 436 at（97）—（99）.

② Edm. J. M. Mertens & Co. P. V. B. A. v. Veevoeder Import Export Vimex BV（1979）2 Lloyd's Rep. 372，384；Telfair Shipping Corp. v. Athos Shipping Co. SA（1981）2 Lloyd's Rep. 74，87—88；affirmed（1983）1 Lloyd's Rep. 127；Peter Cremer v. Granaria B. V. （1981）2 Lloyd's Rep. 583，589；Peyman v. Lanjani，above，at pp. 493，500；Sea Calm Shipping Co. SA v. Chantiers Navals de l'Esterel SA（1986）2 Lloyd's Rep. 294，298；Motor Oil Hellas（Corinth）Refineries SA v. Shipping Corp. of India，above，at 398；Yukong Line Ltd. of Korea v. Rendsberg Investments Corp. of Liberia（1996）2 Lloyd's rep. 604，607.

③ Bentsen v. taylor Sons & Co. （1893）2 Q. B. 274.

④ Tai Hing Cotton Mill Ltd. v. Kamsing Knitting Factory（1979）A. C. 91；Johnson v. Agnew（1980）A. C. 367；Stocznia Gdanska SA v. Latvian Shipping Co. （2002）EWCA Civ 889；（2002）2 Lloyd's Rep. 436 at（94）—（100）.

⑤ Safehaven Investment Inc v. Springbok Ltd. （1996）71 P. & C. R. 59，68；Stocznia gdanska SA v. Latvian Shipping Co. （2002）EWCA Civ 889；（2002）2 Lloyd's Rep. 436 at（40）and（96）.

⑥ Segal Secuities Ltd. v. Thoseby（1963）1 Q. B. 887（lease）；Yukong Line Ltd. of Korea v. Rendsberg Investments Corp. of Liberia（1996）2 Lloyd's Rep. 604，607.

期违约的新的选择机会。

应该注意的是，在有些情况下，尽管无过错方并不知道对方违约的事实，也不知道法律赋予他的选择权，但也可能被剥夺解除合同的权利。英国《1979 年货物销售法》第 11.4 节就列举了这样一种情况：在特定的情况下，虽然买方对对方违约并不知情，但由于接受了货物，买方即被剥夺了拒绝受领货物以及解除合同的权利。①

2. 确认合同的效力（effect of affirmation）

当一方违约时，无过错方虽然没有选择解除合同而选择确认合同继续有效，但他并没有放弃请求违约损害赔偿的权利②。放弃解除合同权之后，无过错方仍可坚持要求对方继续受到合同的约束，自己也可开始履行合同项下已届履行期的义务。③ 在 White and Carter（Councils）Ltd. v. McGregor 一案④中，上诉人（appellant）是一名广告商，被上诉人是一个车库所有人（garage proprietor）。他们曾经达成协议，前者为后者的车库做三年的广告宣传。但订约当天被上诉人就表示自己不会履行合同，并要求取消合同，而上诉人非但不同意取消合同而且履行了自己所承诺的合同义务。然后上诉人向法院提起诉讼，请求对方支付全部合同价款。上议院以三分之二的多数判决支持了上诉人的请求。本案中，上诉人（无过错方）当初选择了使合同继续有效，因此得以履行合同（complete the contract）且最后有权请求支付合同价款⑤。然而，此案判决也招致了一些人的批评，认为该案判决鼓励了造成浪费的、不必要的合同履行。很显然，这些批评多是从特定救济（specific remedies）方面考虑的。在这

---

① Wallis Son & Well v. Pratt and Haynes（1910）2 K. B. 1003，1015（decision reversed（1911）A. C. 394）；Peyman v. Lanjani（1985）Ch. 457. See *Benjamin's Sale of Goods*，6th ed.，2002，para. 12—038.

② Bentsen v. Tayor，Sons & Co. （1893）2 Q. B. 274；Hain SS. Co. Ltd. v. Tate & Lyle Ltd. （1936）41 Com. Cas. 350，363；Chandris v. Isbrandtsen Moller Co. Inc. （1951）1 K. B. 240，248；Suisse Atlantique Societe d'Armement Maritime SA v. N. V. Rotterdamsche Kolen Centrale（1967）1 A. C. 361，395.

③ Heyman v. darwins Ltd. （1942）A. C. 356，361.

④ （1962）A. C. 413. See also Tredegar Iron and Coal Co. Ltd. v. Hawthorn Bros & Co. （1902）18 T. L. R. 716；International Correspondence Schools v. Ayres（1912）106 L. t. 845；Anglo-African Shipping Co. of New York Inc. v. Mortner（1962）1 Lloyd's Rep. 81，94；Decro-Wall International SA v. Practitioners in Marketing Ltd. （1971）1 W. L. R. 373；Gator Shipping Corp. v. Trans-Asiatic Oil Ltd. SA（1978）2 Lloyd's Rep. 357；Asamea Oil Corp. Ltd. v. Sea Oil and General Corp. （1979）89 D. L. R. （3d）1，26.

⑤ Goodhart（1962）78 L. Q. R，263；Frumston（1962）25 M. L. R. 364；Scott（1962）Camb. L. J. 12. cf. Nienaber（1962）Camb. L. J. 213；Gventer Treitel，*The law of Contract*，11th edition，Sweet and Maxwell Ltd. 2003，pp. 1016—1019.

种情况下原告只能诉请损害赔偿，只要损害赔偿能够充分弥补原告遭受的所有损失。Reid 法官则认为，"如果能够证明无过错方无正当利益（legitimate interest）——经济上的利益或其他利益——而坚持履行合同（而非主张损害赔偿）"，则他不得被获准履行合同然后请求支付价款①。而且，如果无过错方没有相对方的合作就无法履行合同，则他唯一能够采取的补救措施就只有提起损害赔偿诉讼，而不是提起请求支付价款的诉讼②。因此，被非法解雇（wrongful dismissed）的雇员一般只能起诉要求损害赔偿③而不能要求支付他的工资或薪水④。然而，值得注意的是，非违约方只能诉请损害赔偿并不意味着违约发生时，他就必须解除合同并提起损害赔偿诉讼。⑤

如果无过错方选择使合同继续有效，则合同的继续存在对过错方和他本人都有利⑥。过错方有权继续履行合同，且可能利用随后发生的事实免除⑦或减

----

① （1962）A. C. 413，431. This idictum was applied or approved in Attica Sea Carriers Corp. v. Ferrostaal Poseldon Bulk Reederei GmbH（1976）1 Lloyd's Rep. 250，255；Gator Shipping Corp. v. Trans-Asiatic Oil Ltd. SA（1978）2 Lloyd's Rep. 357，372—374；Clea Shipping Corp. v. Bulk Oil International Ltd.（1983）2 Lloyd's Rep. 645；Stocznia Gdanska SA v. Latvian Shipping Co.（1995）2 Lloyd's Rep. 592，600—602（Clarke J.）；（1996）2 Lloyd's Rep. 132，138—139，CA.（It was unnecessary for the House of Lords in Stocznia Gdanska to consider this point on appeal（（1998）1 W. L. R. 574，581；Ocean Marine Navigation Ltd. v. Koch Carbon Inc.（The "Dynamic"）（2003）EWHC 1936（Comm.）；（2003）2 Lloyd's Rep. 693 at（23）；Ministry of Sound（Ireland）Ltd. v. World Online Ltd.（2003）EWHC 2178（Ch.）at（64）—（66）））.

② （1962）A. C. 413，430，432，439；Finelli v. Dee（1968）67 D. L. R.（2d）293；Denmark Productions Ltd. v. Boscobel Productions Ltd.（1969）1 Q. B. 699；Hounslow LBC v. Twickenham Garden Developments Ltd.（1971）Ch. 233，251—254；Attica Sea Carriers Corp. v. Ferrostaal Poseidon Bulk Reederel GmbH，above，at 256；Telephone Rentals v. Brugess Salmon（1987）5 C. L. 52；Ministry of Sound（Ireland）Ltd. v. WordOnline Ltd.（2003）EWHC 2178（Ch.）at（49）—（61）.

③ In the absence of special circumstances the liability of an employer in damages for wrongful dismissal does not extend beyond the notice period which the employer could lawfully have given under the contract：Boyo v. Lambeth London borough Council（1994）I. C. R. 727.

④ Denmark Productions Ltd. v. Boscobel Productions Ltd.，above；cf. Boyo v. Lambeth London borough Council（1994）I. C. R. 727，747 where Staughton L. J. inclined to the view that the wrongfully dismissed employee should be able to sue for his wages. See Vol. II，paras 39 - 193 - 39 - 194.

⑤ See *contracts of employment*，vol. II. para. 39. See also Heymans v. Darwins Ltd.（1942）A. C. 356，371.

⑥ Frost v. Knight（1872）L. R. 7 Exch. 111，112；Suisse Atlantique Societe d'Armement Maritime SA v. N. V. rotterdamsche Kolen Centrale（1967）1 A. C. 361，395，419，437—438；Fercometal S. A. R. L. v. Mediterranean Shipping Co. SA（1989）A. C. 788.

⑦ Frost v. Knight，above，at 112；Avery v. Bowden（1855）5 E. & B. 714；（1856）6 E. & B. 953（below，para. 24—024）；Heyman v. Darwins Ltd.（1942）A. C. 356，361；Fercometal S. A. R. L. v. Mediterranean Shipping Co. SA，above（below，para. 24—025）.

轻（diminish）① 其所负的合同责任。但是，这里存在如下一个问题：如果无过错方在随后合同履行期届至时不履行或不能履行其基本合同义务，过错方是否可以以之作为自己履行合同的抗辩？

然而，虽然无过错方接受了对方的毁约性违约，但在如下三种特定的情况下无过错方仍然可以免除自己一项或多项合同义务的履行：（1）预期违约方通过语言或行动向无过错方表示，他不再要求后者履行某项特定的合同义务；无过错方基于对对方意思表示的信赖，真的没有履行该项合同义务。在这种情况下，如果预期违约方又主张无过错方仍然应该受到该项合同义务的约束，则违反了禁止翻供的原则②。（2）由于预期违约方的违约，使得无过错方未能履行其合同义务，则前者不能因为后者不履行而减少或免除自己的合同责任③。（3）预期违约方要求对方以一种不同于合同规定的方式履行合同义务，且后者真的试图按其要求履行合同义务，则预期违约方不能由于对方未依照原合同履行义务而主张自己免责④。这些都是禁止翻供原则的体现，体现了诚实信用原则在合同法中的积极作用。

3. 确认合同的风险

非违约方选择确认合同之后，在合同期限届满之前这段时间内同样要承担一些危险，因为在早期拒绝之后，这段时间可能严重影响非违约方的地位和赔偿费。如果非违约方确实遇到了这些危险，那么他（她）在这段时间内是否还有进一步的解除合同的机会就很难说。

如果合同在确认后到履行期限届满这段时间内受挫，那么该挫折有可能使合同解除，而非违约方也将失去因违约获得赔偿的权利。

无理或不当拒绝对方毁约将会导致什么样的后果呢？当一方拒绝履行合同时，虽然原本可以提出一个适当的理由，却由于当时不知道该事实的存在而没有提出，相反，他给出了一个错误的或不适当的（wrong or inadequate）理由或根本就没有给出理由，但他仍然可以证明其拒绝履行的合理性——这在英美

---

① Leigh v. Paterson (1818) 8 Taunt. 540；Brown v. Muller (1872) L. R. 7 Ex. 319；Tredegar Iron and coal Co. Ltd. v. Hawthorn Bros & Co. (1902) 18 T. L. R. 716；Tai Hing Cotton Mill Ltd. v. Kamsing Knitting Factory (1979) A. C. 91, 104.

② Fercometal S. A. R. L v. Mediterranean Shipping Co. SA, above, at 805—806. Estoppel could also arise if the repudiating party represents that he will not exercise a right conferred on him by the contract：ibid. A wider role for estoppel was acknowledged by Brennan J. in foran v. Wight (1989) 168 C. L. R. 385, 421—422.

③ Bulk Oil (Zug) AG v. Sun International Ltd. (1984) 1 Lloyd's Rep. 531.

④ B. V. Oliehandel Jonglarid v. Coastal International Ltd. (1983) 2 Lloyd's Rep. 463.

国家是一个被广泛接受的原则。①因此，当雇员基于其被非法解雇而提起诉讼时，雇主可以基于后来得到（但解雇时已存在）的证据证明其解雇行为的合理性。② 然而，该原则的适用也存在许多例外。首先，"尽管存在一个未被考虑的理由可以证明当事人拒绝履行的合理性"，③ 但如果当事人在拒绝履行时，该事实并未确定（specify），则不得基于此理由证明其拒绝履行的合理性。其次，由于弃权或禁止翻供（waiver or estoppel）原则的作用，当事人拒绝履行时未确定的事实也不得用来证明其拒绝履行的合理性。④ 再次，如果一方当事人被认为接受了对方交付的货物，则不能再证明其拒绝履行的合理性。⑤ 虽然允许当事人重新提出一个理由证明自己当初拒绝履行的合理性是不公平的（unjust），但也不必专门为此提出一个与众不同的原则（如所谓的"不成熟原则"之类）。

---

① Ridgway v. Hungerford Market Co. (1835) 3 A. & E. 171, 177, 178, 180; Baillie v. Kell (1838) 4 Bing N. C. 638; Boston Deep Sea Fishing and Ice Co. v. Ansell (1888) 39 Ch. D. 339, 352, 364; Taylor v. Oakes Roncoroni & Co. (1922) 127, 269; British & Beninglons Ltd. v. N. W. Cachar tea Co. (1923) A. C. 48, 71; Etablissements Chainbaux S. A. R. L. v. Harbormaster Ltd. (1955) 1 Lloyd's Rep. 303, 314; Universal Cargo Carriers Corp. v. Citati (1957) 2 Q. B. 401, 443, 445; affirmed in part Productions Ltd. (1969) 1 Q. B. 699, 722, 732; The Mihalis Angelos (1971) 1 Q. B. 164, 195, 200, 204; Cyril Leonard & Co. v. Simo Securities Trust (1972) 1 W. L. R. 80, 85, 87, 89; Scandinavian Tranding Co. A/B v. Zodiac Petroleum SA (1981) 1 Lloyd's Rep 81, 90; State Trading Corp. of India Ltd. v. M. Golodetz Ltd. (1989) 2 Lloyd's Rep. 182; Sheffield v. Conrad (1988) 22 Con. L. R. 108. The latter case demonstrates that there are limints to the willingness of the courts to speculate about the reactin of the innocent party to the breach of which he was unaware.

② Ridgway v. Hungerford Market Co. (above); Baillie v. Kell (above); Boston Deep Sea Fishing and Ice Co. v. Ansell (above); Cyril Leonard & Co. v. Simo Securities Trust (above). See also Vol. II, para. 39—183. The rule does not apply in case of unfair dismissal; Earl v. Slater & Wheeler (Airline) Ltd. (1973) 1 W. L. R. 51; W. Devis & Son Ltd. v. Atkins (1977) A. C. 931; cf. Polky v. A. E. Dayton Services Ltd. (1988) A. C. 344; vol. II, para. 39—218.

③ Heisler v. Anglo-Dal Ltd. (1954) 1 W. L. R. 1273, 1278; Andre et Cie v. Cook Industries Inc. (1987) 2 Lloyd's Rep. 463, 468—469; Glencore Grain Rotterdam BV v. Lebanese Organisation for International Commerce (1997) 4 All E. R. 514, 526—527. but it would appear that the point must be one which could have been taken at the time.

④ To invoke waiver or estoppel it is, however, necessary to show that there was an unequivocal representation made by one party, by conduct or otherwise. Which was acted upon by the other. It may not be easy to establish the existence of such an unequivocal representation; Glencore Grain Rotterdam BV v. Lebanese Organisaton for International Commerce (1997) 4 All E. R. 514, 27, 530.

⑤ This has been held to be the true interpretation of the difficult case of Panchard Freres SA v. Etablissements General Grain Co. (1970) 1 Lloyd's Rep. 53; see B. P. Exploration Co. (Libya) Ltd. v. Hunt (1979) 1 W. L. R. 783, 811 and Glencore Grain Rotterdam BV v. Lebanese Organisation for International Commerce (1997) 4 All E. R. 514, 528.

4. 确认合同权的限制

非违约方选择确认合同的权利并非绝对的权利，而常常受到一些限制。在 White & Carter（Councils）Ltd. v. McGregor 一案中，原告（上诉方）与被告达成一项协议：原告为被告即将提供给当地政府的废物箱做广告。[①] 在协议签订的当天，被告就拒绝了该协议，但原告已经开始履行合同，并且履行了整整三年。于是，原告要求被告支付报酬。上议院（以三比二的多数）认为，原告有权获得其履行合同的报酬，而不必寻找一种替代废物箱的广告业务来减少自己的损失。

但英国上议院做出的上述补偿判决因为涉及浪费问题而引发了争议。为了对 White & Carter 案所确立的补偿范围进行限制，法院在后来的判决中都采纳了 Reid 法官的意见。Reid 法官认为，如果当事人除了诉请损害赔偿外，并不具有继续履行合同的正当利益——无论是经济上的利益抑或其他利益，就没有确认合同的一般权利。

在 White & Carter v. McGregor 案中，Reid 法官也对补偿的限制问题进行了进一步的讨论。他认为，补偿的限制问题只是对非违约方主张合同报酬的能力的限制，而不是对其（在对方预先毁约后）确认合同能力的限制。这种限制要求：确认合同的一方必须能够在没有违约方的合作下继续履行合同，这样他（她）才能够主张合同报酬（否则他只能要求损害赔偿）。在一个货物买卖合同中，只有当货物的所有权从卖方转移到买方后，前者才能主张报酬。1979 年英国《货物买卖法》第 17 节和第 18 节对此进行了规定。如果买卖合同的标的物是特定物，所有权立即转移到买方——所谓特定物是"在合同订立时就确认和同意了的"。然而，如果买卖合同的标的物在合同订立时没有确定，或者只是通过产品说明确定的期货，则直到货物经买方认可"绝对符合合同"之后，才转移所有权。

（二）接受对方毁约（acceptance of repudiation）

只有当一方毁约被他方接受时合同才能解除，正如英国大法官 Asquith 所言，"不被接受的毁约就如同写在水里的文书"[②]。但是，这并不表示未被接受

---

① See White & Carter（Councils）Ltd v. McGregor（1962）AC 413.

② Howard v. Pickford Tool Co. Ltd. （1951）1 K. B. 417, at p.421. 参见 Fercometal S. A. R. L. v. Mediterranean Shipping Co. S. A. （1989）A. C. 788 at p. 800；State Trading Corporation of India Ltd. v. M. Golodetz Ltd. （1989）2 Lloyd's Rep. 277 at p. 285.

的毁约将不产生任何效果。面对过错方提起的诉讼①，准备且愿意履行雇佣合同②的无过错方可以利用未被接受的毁约为自己辩护。此外，虽然雇佣合同被毁约时无须接受就能产生解除合同的效果的观点在英国尚存在争议③，但英国法院一般认为，雇员被非法解雇后享有的损害赔偿权不能一直持续到雇主能合法终止合同的时候。④

1. 非违约方选择将毁约作为终止合同处理（the election to treat the repudiatory breach as terminating the contract）

除非非违约方选择终止合同，否则合同继续存在。但问题是，应如何确定非违约方是否已经接受对方的毁约以及行使了终止合同的权利呢？"接受"的标准是什么？终止合同权的行使只能以明示方式作出。这一立场与大陆法系国家的有关规定相一致，即要求法律行为的意思表示必须确定。但上诉法院的判决后来被上议院所推翻⑤，同时，此案的仲裁裁决得以恢复。

在特殊情况下，可能出现缔约当事人双方同时违约的情形。如果双方同时违约，那么我们不能基于任何一方的不作为做出有关终止合同还是确认合同的推断。除非一方接受另一方的毁约性违约，否则双方的合同义务都不会因同时违约而受到影响。值得注意的是，这种情况下的接受无疑应该以明确的方式表达出来。

但是，非违约方因接受对方不再继续履约的通知而享有的选择权并不是完全没有限制的，即不能随便选择。从已有的法院判决可以看出，当对方预先毁约时，非违约方似乎也必须区分被违反的条款是条件条款、保证条款抑或中间条款。

2. 接受毁约的效力

如果非违约方在对方拒绝履行之后终止合同，那么很明显从那时起他（她）可以要求赔偿费，不需要等到合同履行期的到来。然而，非违约方至合同终止之日起有义务减轻违约方的损失。⑥

如果无过错方决定接受毁约，那么他所有尚未履行的合同义务就得以解除。同样，过错方尚未履行的主要的合同义务（primary obligation）也得以解

---

① Peter Turnbull εCo. Pty. Ltd. v. Mundus Trading Co. （Australasia）Pty. Ltd. （1954）90 C. L. R. 235, at pp. 245, 251.

② Fercometal S. A. R. L. v. Mediterranean Shipping Co. S. A. （The Simona）（1989）A. C. 788.

③ Gunton v. Richmond L. B. C. （1980）I. C. R. 755.

④ Boyo v. Lambeth London Borough Council （1994）I. C. R. 727.

⑤ （1996）AC 800.

⑥ Hochster v. De la Tour （1853）IE（B 678）.

除。然而，对过错方来说，支付违约损害赔偿的次要义务（secondary obliga-
tion）代替了主要合同义务。①

3. 接受毁约应注意的事项

（1）接受毁约一般应清楚、明确。当一方预期违反合同或违反待履行
（executory）的合同时，如果无过错方希望免除自己的合同责任就必须"接受
预期违约"。② 接受预期违约无须采取特定的形式，③ 通常只需把终止合同的决
定告知过错方就行。④ 然而，无过错方对预期违约的接受也可以通过其行为推
断出来——"（无过错方）公开的不容置疑的行为与合同的继续存在明显不相
符合……则无须再向对方为明确的意思表示（manifestation of intent）。"⑤ 除非
预期违约被接受，否则合同继续存在，因为"未被接受的预期违约只是水中
的令状（writ in water）"。⑥ 无过错方对预期违约的接受必须是清楚的、明确
的，⑦ 不作为（inactivity）或默认（acquiescence）一般不被认为是接受预期

---

① See J. Beatson, *Anson's Law of Contract*, 28th ed., Oxford: Oxford University Press, 2002, p. 568.

② Heyman v. Darwins Ltd. (1942) A. C. 356, 361. The appropriateness of the word "acceptance" has, however, been questioned, Smith, *"Anticipatory Breach of Contract"* in Lomnicka and Morse (eds.) *Contemporary Issues in Commercial Law*, *Essays in Honour of A. G.* Guest pp. 175, 184—188.

③ Vitol SA v. Norelf Ltd. (1996) A. C.

④ Heyman v. Darwins Ltd. (1942) A. C. 356, 361; The Mihalis Angelos (1971) 1 Q. B. 164, 204. The innocent party need not personally, or by an agent, notify the repudiating party of his election to treat the contract as at an end. It is sufficient that the fact of the election is brought to the attention of the repudiating party, for example, by notification by an unauthorized broker or by another intermediary may be sufficient: Vitol SA v. Norelf Ltd. (1996) A. C. 800, 811.

⑤ State Trading Corp. of India Ltd. v. M. Golodetz Ltd. (1989) 2 Lloyd's Rep. 277, 286; Holland v. Wiltshire (1954) 90 C. L. R. 409, 416. See also Dawson (1981) C. L. J. 83, 103. cf. Vitol SA v. Norelf Ltd. (The Santa Clara) (1993) 2 Lloyd's Rep. 301, 304 where Phillips J. preferred to leave open the question whether "an innocent party can accept an anticipatory repudiation by conduct which is not communicated to the party in anticipatory breach."

⑥ Howard v. Pickford tool Co. (1951) 1 K. B. 417, 421. See also Cranleigh Precision Engineering Ltd. v. Bryant (1965) 1 W. L. R. 1293; Thomas Marshall (Exports) Ltd. v. Guinle (1979) Ch. 227; Gunton v. Richmond-on Thames LBC (1981) Ch. 448; London Transport Executive v. Clarke (1981) L. C. R. 355; State Trading Corp. of India Ltd. v. M. Golodetz Ltd. (1989) 2 Lloyd's Rep. 277, 285. Boyo v. Lambeth London borough Council (1994) I. C. R. 727 (although it should be noted that the court was rather reluctant to follow Gunton; see in particular the judgment of Staughton L. J. (at 747). cf. Savage v. Sainsbury Ltd. (1981) I. C. R. 1; and see Vol. II. para. 39—186 (contracts of employment).

⑦ Harrison v. Northwest Holt Group Administration (1985) I. C. R. 668; Boyo v. Lambeth London borough Council (1994) I. C. R. 727; Vitol SA v. Norelf Ltd. (1996) A. C. 800; Holland v. Glendale Industries Ltd. (1998) I. C. R. 493.

违约①。但是，在特定的情况下，无过错方长时间不作表示却足以构成对预期违约的接受——这完全取决于"特定的合同关系及特定的案件事实"②。法律要求无过错方必须"清楚明确（clearly and unequivocally）"地接受毁约性违约的意思可能是：只有当无过错方未实施与违约方有关的某一行为（如上述雇员不来上班）时，他的沉默或不作为才被认为是"清楚明确"地接受了预期违约。如果无过错方的沉默或不作为与违约方无关，则这种沉默或不作为不构成对预期违约的"明确接受"③。一旦预期违约被接受，则不能撤回④。毁约性违约被接受以后，如果双方再继续履行合同，则他们的权利将受到新合同的约束（虽然前后合同条款完全一样）。⑤

（2）接受毁约需要通知。如果无过错方将违约视为毁约，则只有通知另一方才能生效。⑥ 然而，这一规则也存在争论。正如 Nourse 大法官所说：⑦ 一个选择，不论结果如何，选择者如果没有将意思表现出来，将不符合法律的要求。沉默或不作为在大多数情况下等于确认合同，而不是对毁约的接受。这种做法与大陆法的要求相一致，即除少数例外情形外，作为是意思表示的唯一标志。

如果在对方毁约后无过错方不再履行合同中的义务，这是否构成对毁约的接受呢？英国上诉法院认为不是。不再履行相当于无过错方误解了其合同项下的权利，犹豫不决，或者甚至漫不经心。然而，上议院反对上诉法院的观点，而认为构成了对毁约的接受。不履行义务在法律上是否构成对毁约的接受取决于特定的合同关系和案件的特定情况。Steyn 法官提出了如下三条适合毁约的原则：①当一方毁约，受侵害方有权选择接受毁约或者确认合同。②对违约的接受不需要特定的形式，通知不是构成接受所必需的，只要其意思或行为足以明确地使违约方明白其已经终止合同。③受侵害方无须亲自通知，可以委托他

①　Denmark Productions Ltd. v. Boscobel Productions Ltd. （1969）1 Q. B. 699, 732; State Trading Corp. of India Ltd. v. M. Golodetz Ltd. （1989）2 Lloyd's Rep. 277, 286; Lefevre v. White （1990）1 Lloyd's rep. 569, 574, 576.

②　Vitol SA v. Norelf Ltd. （1996）A. C. 800, 811.

③　Jaks（UK）Ltd. v. Cera Investment bank SA（1998）2 Lloyd's Rep. 89, 96（where the party alleged to be in breach was the bank under a letter of credit but the inactivity related to the non-performance of the contract of sale）.

④　Scarf v. Jardine（1882）7 App. Cas 345, 361; Motor Oil Hellas（Corinth）Refineries SA v. Shipping Corp. of India, above, at 398. cf. Vold（1926）5 Texas L. Rev. 9.

⑤　Aegnoussiotis shipping Corp. of Monrovia v. A/S Kristian Jebsens Rederi of Bergen（1977）1 Lloyd's Rep. 268, 276.

⑥　《欧洲合同法原则》第9：303 条建议终止的通知应当在"合理的时间内"作出。

⑦　（1996）Q. B. 108, p. 116.

人通知违约方其选择终止合同。

（3）接受的风险。如果法院未将某一行为认定为毁约，那么，当事人将该行为视为毁约是有风险的。接受毁约一方最好根据合同采取行动，然后另一方才需要作出违约损害赔偿。

无过错方在另一方违约时解除合同，事实上即表明如下三种状况：①他将不履行合同中明显的义务；②他将不期望对方履行合同中的显著义务，如果对方提供履行也将被拒绝接受；③如果对方违约，非违约方将可寻求经济赔偿。①

根据美国法院的判决，合同当事人不能滥用履约中止权。非违约方行使这种权利的前提是对方的违约属于"重大违约（material）"，而非"轻微违约（minor）"。如果合同一方在另一方轻微违约时就中止了自己一方的履行，这种不当的中止本身就是违约行为。②

一般说来，非违约方对因违约所遭受的损失有权从违约方获得补偿。这是因为不履行合同规定的基本义务会引起赔偿损失或支付违约代价之类的次要义务③。但是，应当注意的是，获得赔偿的权利可能会由于合同中的豁免条款而被排除或打折扣，或者由于某种特定履行能够弥补违约而使损害赔偿情况发生改变。这样，支付损害赔偿或违约代价的次要义务会根据违约的具体情况而有所不同。

一方违约不履行义务的结果很大程度上取决于所违约不履行的义务的性质以及双方所应履行的义务是否具有一致性。

如果一方或双方当事人不履行合同规定的义务，通常应承担对由于违反合同所蒙受损失或损害的另一方当事人给付赔偿金的义务，而不必然产生合同解除的后果。只有在某些情况下，即一方违反合同使得无过错方有权认为自己免除了可能仍要他履行的那种义务的场合，才可能导致合同的解除。

英美国家通常将根本违约作为法定解除权发生的原因，并在司法实践中逐渐形成了解决这个问题的诸多方法，其基本方法是：首先应当看双方当事人是否已在合同中约定何为根本违约；其次是只有在存在真正违约的情况下才有可能构成根本违约。

在美国合同法中，受害方终止履行的前提是违约方"重大违约（material breach）"。一方的违约行为不能令受害方立即解除合同。这是因为美国的合同

---

① 在某些情况下，损害将得不到追偿。

② 王军：《美国合同法》，对外经济贸易大学出版社 2004 年版，第 314 页。

③ see Lord Diplock in Photo Production Ltd. v. Securicor Transport Ltd. (1950) A (827)

法出于对合同双方合理的期待利益以及维护交易稳定的考虑，不允许一方以微不足道的违约为借口来避开原本该履行的合同义务，而致使另一方的权益受损。受损害方固然有权中止履行合同，但条件是对方严重违约，而非无关紧要的违约行为；受损害方当事人也有权终止合同，但不可以匆忙地滥用权利，而应给违约方弥补过失的时间。①

在很多情况下可以认为，违约足够严重达到所谓的"毁约（repudiation）"的程度的话，将导致合同自动终结，而不论双方当事人的意愿如何②。然而，目前英国占主流的观点是：违约只允许无过错方在终止合同与继续履行合同二者之间进行选择（实际上，终止合同的权利是非违约方自救的一种手段），无过错方要么选择终止合同，要么确认合同（可能提起损害赔偿）。

整个合同自始被撤销的情况下，法律的主要功能是使双方当事人得以恢复合同订立前的地位，并不涉及对违约本身的救济。但因欺诈或非故意的错误陈述而导致的损害可获得赔偿。而这种损害赔偿请求不是基于合同所创设的义务：无过错方当事人不是要求过错方赔偿没有履行其承诺导致的损害，而是要求过错方赔偿由于误导而对他所造成的损失。③

（4）主张合同解除时没有理由或理由不充分。当一方当事人拒绝继续履行合同时没有理由或理由错误或不充分，但正好在那时另一当事人（即使该当事人不知情）违约为他的拒绝履行提供了一个很好的理由，则拒绝履行方仍然可以合法解除合同。例如，如果雇主解雇雇员时没有任何理由，但随后发现雇员在解雇前存在不诚实的过错，这种过错使得雇主有权解雇该雇员，则雇主的解雇行为可以被认为是正确的。

4. 非违约方接受毁约，终止合同权利的丧失（loss of the right to accept the repudiatory breach as terminating the contract）

在特定的情形下，法院之所以援引禁止翻供原则阻止非违约方行使终止合同的权利，是因为违约方的利益受到了损害④。在 Peymam v. Lanjani 一案中，May 大法官援引了澳大利亚 Coastal Estates Pty Ltd. v. Melevende 一案判决中的如下一段话：（在对方违约时）如果非违约方不知道自己有废止合同的权利，那么虽然他的某些行为表面上似乎与确认合同的意思有关，但他的行为并非因此就真的产生了确认合同的效力。除非，不承认他的行为产生了确认合同的效

---

① 徐罡、宋岳、覃宇：《英美合同判例法》，法律出版社 1999 年版，第 149 页。

② See for example，Lord Denning's judgment in the Court of Appeal.

③ P. S 阿狄亚著，赵旭东、何帅领、邓晓霞译：《合同法导论》（第 5 版），法律出版社 2002 年版，第 424 页。

④ See Jill poole，*Contract law*，6th. ed.，Oxford：Oxford University Press，p. 231.

力对对方来说是不利的，即损害了对方的利益……这属于禁止翻供原则的一种，因为在这种特定的情况下，非违约方的行为使得对方相信他有意继续履行合同，即对方已经对非违约方（通过行为进行）的"陈述"产生了信赖利益。本案也从反面论证了前面所谈到的解除合同的权利应以明示方式作出的观点。

（三）中间途径（a middle ground）

在一方预期违反合同时，无过错方的选择是：要么继续维持合同的效力（"确认"合同），要么终止合同（接受对方毁约），只能择其一而行之，不存在"中间途径"或"第三种选择（third choice）。"① "除非违约方合理通知对方：他能再一次履行且愿意履行（once again able and willing to perform），否则，无过错方除了选择确认合同或接受预期违约以免除自己进一步履行的合同义务以外，的确没有第三种选择。"② 但是，英国一些学者认为，完全否定中间途径的存在也可能过于极端。③ 因为在一方违约后，无过错方实际上有一段时间可以考虑：是确认合同还是终止合同——这可以说是一条中间的道路。在 Stocznia Gdanska SA v. Latvian shipping Company（No. 2）④ 一案中，RixL. 法官对此进行了充分的阐述，他指出："依我看，在接受预期违约与确认合同之间当然有中间途径，即无过错方决定怎样做的那段时间。如果他长期不作决定，到了一定的时间法律就会将其保持沉默的行为视做确认合同的效力；如果在一段较短的时间内他使合同保持原状，同时保留因对方继续违约而解除合同的权利，那么实际上他还未作出选择。只要合同继续存在，非违约方就可能冒着这样的风险，即对方的预期违约（只有被非违约方接受才会产生合同解除的效果）可能会被另一意外事件所影响，如合同受挫或非违约方随后自己违约，这样他原本可以享有的一些合同权利就会受到损害；非违约方还可能要冒的风险是，预期违约的一方可能恢复合同的履行，以至于非违约方无法继续保留（接受先前的预期违约）终止合同的权利。"

非违约方用来作决定的时间究竟有多长，在很大程度上取决于案件的具体事实。这段时间可能不会很长，因为在太长的时间里没有任何举动会被视为已

---

① Bentsen v. Taylor（1893）2 Q. B. 274, 279; Fercometal S. A. R. L. v. Mediterranean Shipping Co. SA（1989）A. C. 788, 799—801; Motor Oil Hllas（Corinth）Refineries SA v. Shipping Corp. of India（1990）1 Lloyd's rep. 391, 398—399.

② Fercometal S. A. R. L. v. Mediterranean Shipping Co. SA（1989）A. C. 788, 801.

③ See *Chitty on contracts*, *volume I General principles*, Thomson London Sweet & Maxwell 2004.

④ （2002）EWCA Civ 889;（2002）2 Lloyd's Rep. 436; Astea（UK）Ltd. v. Time Group Ltd.（2003）EWHC 725（TCC）;（2003）All E. R.（D.）212（Apr）.

经确认了合同①。另外，非违约方合同项下的义务何时到期也影响着其作决定的时间长短。由于合同在未因违约而被终止之前仍然有效，因此，没有选择终止合同的无过错方仍得履行他所负的合同义务，除非对方的违约阻止了无过错方义务的到期。②

（四）过激反应的风险（the risk of over-reaction）

在对方违约时，非违约方如果想将此违约视为预期违约，必须三思而后行。因为如果错误地判断对方毁约，那么，他一旦选择解除双方义务可能导致自身的预期违约。③

Moore-Bick 法官在 Yukong Line Ltd. v. Rendsburg Investments Corporation 案④中，提出了一种所谓"常识"（common sense）的方法。根据这种方法，当一方违约的情形不明确，且有可能导致毁约的后果时，如果非违约方首先确认对方的精确意图（precise intention），那么，他作为非违约方的法律权利就不会受到不利影响，因为确认对方的意图并不等于将对方的违约视为毁约或选择确认合同。因此，在对方违约时，非违约方的一个重要义务就是要确认对方的真实意图，这是其行使选择权的前提。

六、英美违约解除制度对完善我国立法之启示

（一）英美国家违约解除制度简要评析

在英美法中，违约（Breach of Contract）或违约行为是一个专门术语，其中英美国家的判例和学说将违约或违约行为看做是针对合同义务来说的。违约或违约行为是指因一方当事人没有合法根据拒绝或不履行合法的、强制性的合同义务即拒绝履行、不履行、迟延履行或不当履行合同义务的行为。不论当事人有无主观过错，违约行为是构成违约的唯一要件。

在英美国家的违约解除制度中，合同的解除只是导致合同尚未履行的义务的解除，而并不溯及既往地消除已经产生的、因违约所造成的后果，这有别于

---

① cf. W. E. Cox Toner (International) Ltd. v. Crook (1981) I. R. L. R. 443, 446 ("he is not bound to elect within a reasonable time or any other time"). See also the line of cases in which it has been held that mere delay by itself does not constitute affirmation (n. 23 below).

② See Gventer Treitel: *The law of Contract*, 11th edition, Sweet and Maxwell Ltd. 2003, pp. 855—856 and also paras 24—036 and 24—037.

③ Cf. Federal Commerce and Navigation Ltd. v. Molena Alpha Inc. (1979) AC. 757.

④ Yukong Line Ltd. v. Rendsburg Investments Corporation (1996) 2 Lloyd's Rep 604.

大陆法系国家的立法与实践。在大陆法系国家，合同解除制度一般溯及到合同成立，即消灭其合同的效力，其缔结的合同自始不存在，尚未履行的债务归于消灭，已经给付的，则发生恢复原状的请求权。①

英美国家的违约解除制度具有如下显著的特征：制度的系统化；规定明确、详细；平衡双方当事人利益。

1. 制度的系统化

从整体上看，英美违约解除制度的最大特点是制度的系统化。通过判例和立法，英美违约解除制度对于何种性质的违约才能形成合同解除权、违约的效力、违约解除的基本形式、违约发生后非违约方的选择权以及违约救济措施等方面形成了一套系统、完整的制度。

英国最早是通过将合同条款区分为"条件"与"担保"的方法来判定合同解除权的。违反条件即构成毁约性违约，非违约方可以因此解除合同，而违反担保，则非违约方只能请求损害赔偿，无权解除合同。这种方法的优点在于它的确定性，使当事人或法院较容易判定违约是否导致合同解除，从而使缔约当事人找到维护自身合法利益的最佳途径。但是，这一分类要求违反合同的后果在合同被违反之前就要确定。如果一个条款是一项条件，那么，无论违反合同的性质和后果多么轻微，无过错方当事人都可以将整个合同基于违约而撤销；如果条款是保证，这一结果将不会发生。这种做法显然难以保证公正公平。后来，英国法又在二者之间加上了一项"中间条款"。但是，随着合同条款日趋复杂，一些条款难以简单地被归入"条件条款"或"担保条款"中，中间条款亦显牵强。因此，英国晚近的司法实践抛弃了依据违反合同条款的性质来确定当事人享有合同解除权的方法，转而依据违约行为的后果的严重性来确定当事人是否可以解除合同。如果违约行为严重到足以构成毁约性违约，则合同可被解除或终止，否则合同仍将有效，双方当事人仍然必须继续履行他们的义务。预期违约（anticipatory breach 又称之为"先期违约"或"期前违约"）是英美合同法上特有的制度②，其目的在于解决合同生效后至履行期届临前发生的履行合同的问题。预期违约救济制度的设立，有效地减少了实际违约所造成的损失，避免了社会资源的人为浪费，并对平衡合同当事人的利益具有重要意义。英美法系国家合同法大都规定了预期违约制度，其中尤以《美

---

① 《德国民法典》第 346 条明确规定合同解除具有溯及力。法国虽无明文立法，但在理论上和实践中一般认为合同解除具有溯及力，不过，受客观情形限制不能恢复原状的连续给付合同的解除属于例外情形。《日本民法典》在合同总论中也规定了合同解除具有溯及力，而在具体合同中则对连续合同，如租赁、雇佣等合同，明确规定了解除不具有溯及力。

② 隋彭生：《买卖合同法》，中国检察出版社 1997 年版，第 276 页。

国统一商法典》的规定最为完备①。预期违约包括明示预期违约和默示预期违约。明示预期违约仅适用于一种行为，即一方以口头或书面形式明确表示他方将不履行合同义务；而默示预期违约则是对一方以自己的行为表明不履行合同义务的情形加以调整，其独有的救济措施是受害方中止履行，要求对方提供履约担保。

根本违约是从英国普通法上发展出来的一种重要制度，后来相继被《联合国国际货物销售合同公约》、《国际商事合同通则》、《欧洲合同法原则》所采纳，可见其影响力之大。根本违约将合同后果与合同目的的实现结合起来作为确定违约严重性的依据，从而为确定解除合同的要件以及限定法定解除权的行使打下基础，而且在一方违约后通过根本违约制度限制法定解除权的行使，这对于鼓励交易、维护市场的秩序和安全等也具有相当重要的意义。此外，英美国家对合同条款的类型化处理，即将合同条款区分为条件条款、保证条款与中间条款，将其适用于不同的违约类型，也是其合同解除制度系统化的表现。

英美违约解除制度基于判例法灵活性的特点，将商业社会发展所产生的问题通过判例予以解决，彰显了公平与正义，并促进了其成文法的日趋完善。

2. 规定明确、详细

法律作为指引人们行为的规范，应当尽可能作出明确具体的规定。英美违约解除制度设计十分严谨，规定明确、详细。在英美国家；违约被区分为重大违约和一般违约、预期违约与实际违约，为了便于判断，英国早期合同法将合同条款区分为条件条款和担保条款，后来又出现了中间条款，在晚近的实践中则以违约后果的严重程度为标准来判断当事人的违约是否构成根本违约。不仅设计了一方违约情形下的各种制度，而且设计了双方违约情形下的处理方法。在一方违约情形下，不仅规定了非违约方的选择权，而且对于走中间路线以及各种风险的承担都予以了设计。其违约解除制度不仅为非违约方提供了有效的救济手段，而且也对违约方的利益予以了考虑。譬如，即使一方的行为构成了重大违约，美国法院在许多情况下也不允许非违约方立即解除合同，要求其给违约方一个自行矫正错误的机会。但为了保护非违约方的利益，而在违约方故意或过失行为造成合同履行不能以及违约方明确表示不履行等情形下，非违约方无须给违约方自行补救的机会，可以直接解除合同。关于违约的效力问题，既有违反无条件的允诺的效力制度，也有违反附条件的允诺的效力制度。就违约解除的基本形式方面，明确区分了合同因被拒绝履行而解除、由一方当事人引起的履行不能而导致的合同的解除以及因不履行而导致的合同解除三种情

---

① 刘凯湘：“论《合同法》预期违约制度适用范围上的缺陷”，载《法学杂志》2000 年第 1 期。

形，对于这三种情形的又分别规定了具体制度。譬如，对于因不履行而导致的合同解除，详细区分了不履行独立性承诺、不履行整体义务、不履行条件条款等情形。对违约发生后非违约方的选择途径则详细具体地规定了确认合同、接受对方毁约以及中间途径三种方式。

3. 注重平衡双方当事人利益

这在英美国家的合同解除权的行使以及违约救济措施等方面得到了充分的体现。譬如，英美国家将违约分为毁约性违约和一般违约，规定只有毁约性违约才使非违约方享有合同解除权，而对于非毁约性违约，非违约方只能要求损害赔偿。在合同解除方面，守约方在一定条件下可以行使合同解除权，但在解除合同之前，受害方要给予违约方进行自行补救的机会[①]。又如，在违约救济方面，规定以赔偿损失为原则、以实际履行为例外，在损害赔偿金足以补偿受害人的损失时，不要求违约方实际履行，此外，为了避免守约方滥用权利，也基于对违约方的公平，在损害赔偿方面也作出了一系列的限制原则：间接原则、可预见性原则、情势变更原则等。这些规定既保护了非违约方的利益，也考虑到对违约方利益的维护。

在美国合同法中，是否构成重大违约是决定非违约方可否行使合同解除权的关键。一般而言，当一方的违约行为致合同的主要目的难以实现时，该违约行为便构成了重大违约。同时，美国法院通常将违约在多大程度上剥夺了受害方可以从交易中的获得的预期利益作为关键因素加以考虑。但是，在保护受害方的前提下，基于维护违约方当事人利益的目的，在许多情况下，即使构成重大违约，美国法院也不允许受害方直接解除合同，而是要求给予违约方进行自行补救的机会[②]。此外，如果金钱赔偿足以使受害方得到适当的救济，法院也不允许受害方解除合同。

美国的违约解除制度，不仅考虑了违约方违约的后果，而且还考虑了合同解除的后果，不仅维护了守约方的利益，同时也考虑到了对违约方合法利益的维护，从而在当事人之间找到了一个较为理想的平衡点。

一般而言，每一种制度在其产生、发展过程中有着自身的一些优点，同时也不可避免地存在着一定的不足，英美法系国家的违约解除制度也不例外。在合同违约解除的归责原则上，英美国家的合同立法采用了严格责任原则。在严格责任原则下，只要不存在免责事由，违约行为本身就可以使违约方承担责

---

① 参见王军编著：《美国合同法》，中国政法大学出版社 1996 年版，第 323 页。
② 同上。

任。① 因此，英美国家合同立法采用严格责任原则的做法较之采用过错责任原则更有利于维护守约一方的利益，增强当事人的责任心，而且其违约行为和免责事由的客观性较之主观上的过错责任原则也更有利于降低诉讼成本。在违约救济上，英美国家的合同法更强调其补偿性。对于实际履行，它只是衡平法上的一种救济方式，仅仅作为一种补充救济的方式的例外情形而存在，而首要的违约救济仍是损害赔偿。虽然目前许多法院对实际履行的适用呈日益灵活放宽的趋势②，但损害赔偿的主导地位却没有动摇。

（二）我国有关违约解除制度的立法

我国的违约解除制度主要体现在《合同法》第 94 条、第 108 条、第 68、第 69 条等之中，主要对违约解除的事由、违约后当事人的合同解除权、违约救济等方面作了较为详细的规定。

1. 违约解除的事由

在违约解除事由方面，我国《合同法》第 94 条规定：".....；（二）在履行期限届满之前，当事人一方明确表示或者以自己的行为表明不履行主要债务；（三）当事人一方迟延履行主要债务，经催告后在合理期限内仍未履行；（四）当事人一方迟延履行债务或者有其他违约行为致使不能实现合同目的；.....".从上述规定来看，我国合同立法制度采用了列举和概括的方式对预期违约与实际违约作了规定，并将着眼点确定在违约致使不能实现合同目的上，这些无论在总体上还是在制度层面都可算是一项成功的创举。

我国合同法上虽然没有英美法上预期违约的称谓，但《合同法》第 94 条规定的"在履行期限届满之前，当事人一方明确表示或者以自己的行为表明不履行主要债务"的内容即借鉴了英美法上的预期违约制度，但该条规定又不完全等同于英美法上的预期违约。英美法上的预期违约并不包括履行期已到来但尚未届满期间的行为，而我国的预期违约则包含了履行期尚未到来，或履行期虽已到来但尚未届满的情形。在违约程度上，当事人的预期违约必须构成重大违约，《合同法》第 94 条规定的当事人表示不履约必须是重大的违约行为，该行为无论是明示还是默示都将使合同根本没有履行，或使合同目的根本无法实现，因而赋予另一方当事人解除权以解除合同。

实际违约是一方当事人实际违反合同义务或不履行合同的行为。依据违约程度，实际违约可分为一般违约和严重违约。至于何谓"严重违约"，根据

---

① 徐杰："合同法中的违约责任制度"，载《中国法学》1999 年第 3 期，第 13—36 页。

② 同上。

《合同法》第94条的规定，主要包括"在履行期限届满前，明确表示或以行为表明不履行主要债务"或"迟延履行债务或其他致使不能实现合同目的"的违约行为。因此，我国的重大违约制度实际上与英美法中的根本违约（毁约性违约）制度相似。一般违约是指违约方的行为并没有使合同目的不能实现，一方当事人仍能履行合同以实现合同目的。在我国《合同法》中，根本违约（毁约性违约）被作为非违约方解除合同的一项重要的事由加以明确。例如，我国《合同法》规定，当事人一方迟延履行债务或者有其他违约行为致使不能实现合同目的，对方当事人可以不经催告解除合同①。我国合同法没有设置"中间"条款，也没有区分"条件"和"担保"两类合同条款，而且法律术语中存在的"条件"和"担保"两类合同条款其含义与英国法上的"条件"和"担保"也截然不同②。在守约一方的催告上，英美国家判例认为"在法律没有对其进行规定的情况下，若一项条款被认为是条件，则其须基于当事人的合意而订立，而不是由非违约一方通过催告或其他方式将保证条款上升为条件条款而使守约一方因此获得合同解除权"③。与此相反，我国《合同法》规定在违约方构成一般违约时，守约方虽不能直接解除合同，但其可以催告的方式限定违约方在合理期限内履行，若违约方仍没有履行合同义务，则守约方将因此获得合同解除权。

2. 违约后当事人的合同解除权

我国的合同解除权可分为约定解除权和法定解除权，约定解除权是指当事人一方的合同解除权来自当事人双方在合同中的约定，法定解除权则是指当事人一方的合同解除权来自法律的规定而非当事人约定。在我国，当事人是否享有合同解除权主要取决于违约行为对非违约一方的影响大小。如果违约行为对非违约一方的影响很大以致其合同目的不能实现时，则非违约方有权解除合同；反之，如果违约行为对非违约方的影响较小，则非违约方无权解除合同。在发生预期违约和根本违约的情况下，一方违约后，另一方即非违约方享有法定解除权。同样，一方当事人迟延履行合同主要债务并经催告于合理期限仍未履行的，非违约方有权解除合同，如果一方迟延履行致使合同目的不能实现，则非违约方可不经催告而径直解除合同。在解除权行使的限制上，对于约定解除权的行使，在违约方采取补救措施后对于非违约方是否仍享有合同解除权，我国合同法未对此作有明确规定，我国一些台湾学者倾向于认为在违约方采取

---

① 《中华人民共和国合同法》第94条第四项。
② 韩世远："根本违约论"，载《吉林大学社会科学学报》1999年第4期。
③ See Re Olympia & York Canary Wharf Ltd. (No.2) (1993) BCC 159

补救措施后非违约方如果没有接受该补救，则其仍享有合同解除权①。此外，我国《合同法》规定的合同解除权的行使主要通过诚实信用原则予以解决；而且，我国《合同法》还对因一方根本违约（毁约性违约）而产生的合同解除权也进行了必要的限制。②

3. 违约救济

对于违约责任，我国《合同法》设有专章进行了规定。在我国合同法上，违约责任是指合同当事人不履行合同义务或者履行合同义务不符合约定时，依法产生的法律责任③。违约责任具有财产性、补偿性和惩罚性的特征，同时也具有自身一些特殊的性质：它是因当事人不履行合同债务产生的，可以由双方当事人在法律允许的范围内约定，原则上由违约方向对方承担④的一种民事责任。我国《合同法》围绕"不履行合同义务或履行合同义务不符合约定"的条文，具体规定了强制履行、赔偿损失、违约金等责任方式，同时也规定了金钱债务的不履行、非金钱债务的不履行、瑕疵履行的责任方式。

在损害赔偿上，我国合同法规定了三种主要的赔偿方式即：约定赔偿、一般法定赔偿和特别法定赔偿。约定赔偿是指依当事人的意思而定的损害赔偿，一般法定赔偿是指依法律的一般规定而定的损害赔偿，而特别法定赔偿则是指由法律基于特殊的立法政策而特别规定的损害赔偿。例如，《合同法》第114条第1款关于"当事人可以约定一方违约时应当根据违约情况向对方支付一定数额的违约金，也可以约定因违约产生的损失赔偿额的计算方法"的规定即是约定赔偿；第113条第1款关于"当事人一方不履行合同义务或者履行合同义务不符合约定，给对方造成损失的，损失赔偿额应当相当于因违约所造成的损失，包括合同履行后可以获得的利益，但不得超过违反合同一方订立合同时预见到或应当预见到的因违反合同可能造成的损失"的规定即是一般损害赔偿；而第113条第2款关于"经营者对消费者提供商品或者服务有欺诈行为的，依照《中华人民共和国消费者权益保护法》的规定承担损害赔偿责任"的规定即是特别法定赔偿。

在强制履行的适用上，我国《合同法》第110条明文规定了不适用强制履行的三种情形即：不能履行、债务的标的不适于强制履行或者履行费用过

---

① 参见史尚宽：《债法总论》，中国政法大学出版社2000年版，第542页。

② 《中华人民共和国合同法》第39、40条。

③ 崔建远主编：《合同法》（修订本），法律出版社2000年版，第245页。

④ 随着近代工商业的发展，民事活动范围的不断扩大，出现了违约方向特定的第三人承担违约责任的特殊情形，例如，货运合同中运输人向收货人承担赔偿责任的情形即说明了这一点。

高、债权人在合理期限内未要求履行。此外，我国学说解释还认为在法律明文规定不适用强制履行而责令违约方只承担违约金责任或赔偿损失责任，以及在因不可归责于当事人双方的原因致使合同履行实在困难，如果实际履行则显失公平时也不适用强制履行的情形。

在违约金责任的承担上，虽然学界对是否采纳惩罚性违约金见解不一，但我国《合同法》却接受了以赔偿性违约金为原则，以惩罚性赔偿金为例外的观点。一般来说，违约金是惩罚性的还是赔偿性的取决于当事人的具体约定，在当事人没有具体约定或未明确约定其为惩罚性赔偿金时，则判定为赔偿性违约金。如果违约金数额过高或过低，则可允许法律进行调整。但是，对于违约金与定金的并罚，我国《合同法》第 116 条[①]予以否定。然而，这种规定过于绝对。事实上，违约金与定金是否并罚既取决于定金的种类和性质，同时也受制于违约金的性质和完全赔偿原则。[②]

（三）英美违约解除制度对完善我国相关制度的借鉴

由上观之，我国合同相关立法在立法技术、手段上借鉴、吸收了英美法中违约解除制度的一些内容，但与英美国家的违约解除制度相比却又具有自己的一些独特之处，二者无论在形式还是内容上均存在较大的差别，而且我国的违约解除制度仍存在一些有待完善之处和争议颇多的地方，下面就英美国家违约解除制度中对完善我国有关立法可资借鉴之处作一探讨。

1. 关于何种性质的违约可以导致合同解除

如前所述，英美国家的合同违约解除制度设计得相当严谨。在违约与合同解除的关系方面，确立了以毁约性违约（repudiatory breach of contract）为种概念（类似的概念有重大违约、根本违约、实质性违约等）的系统制度，只有在毁约性违约的情形下，非违约方才享有解除合同的权利。

我国《合同法》第 94 条之（二）、（四）款的规定[③]虽然没有明确使用"根本违约"概念，但实质上确立了我国的根本违约制度[④]。根据该条的规定，

---

① 该条规定：当事人既约定违约金，又约定定金的，一方违约时，对方可以选择适用违约金或者定金条款。

② 崔建远主编：《合同法》（修订本），法律出版社 2000 年版，第 322 页。

③ 《合同法》第 94 条之（二）规定：在履行期限届满之前，当事人一方明确表示或者以自己的行为表明不履行主要债务的，当事人可以解除合同。该条之（四）规定：当事人一方迟延履行债务或者有其他违约行为致使不能实现合同目的的，当事人可以解除合同。

④ 伍治良："根本违约判定标准功能之回归研究"，载《法律科学》2002 年第 3 期，第 127 页；李湘赣："合同解除制度研究"，（硕士学位论文），第 28 页。

在根本违约的构成上，我国采用了从违约的后果是否"致使不能实现合同目的"的客观判断标准①，而排除了带有主观因素的可预见原则的使用。这一判断标准相对于英美国家的立法而言更客观、更宽松，避免了主观标准的苛刻、复杂以及难以操作的弊端，有利于维护守约方的利益。但不足的是，将复杂的问题简单化，一刀切，难免有失公允，导致判决不公，特别是可能有损违约方的利益。况且，只是采用列举的办法规定了非违约方可以行使解除权的几种情形。这种立法模式便于操作，但难以穷尽实践中的问题，无法适应社会发展的需要。我国应借鉴英美国家对违约解除制度作出系统的规定，确立判断合同解除权构成的普遍性概念。鉴于我国已有的立法，我国应明确确立根本违约制度。在根本违约构成上，应借鉴《联合国国际货物销售合同公约》的做法，增加"损害的可预见性"标准。

在英美国家的合同立法中，根本违约（毁约性违约）是指义务人违反合同中重要的、根本性的条款即条件条款而构成的违约，受害人据此可以诉请赔偿，并有权要求解除合同的一种制度，它是英美法关于违约解除制度中一项特有的重要的制度。一般地，根本违约（毁约性违约）的构成必须满足以下条件：一为存在一方当事人违反合同的事实，二为其后果使受害人蒙受损害，三为其结果的可预见性。总体上，根本违约（毁约性违约）将合同后果与合同目的实现结合起来作为确定违约严重性的依据，而且在一方违约后通过根本违约制度限制法定解除权的行使，有效地鼓励了当事人的交易、维护了市场的秩序和安全。而且，英美国家对合同条款的类型化处理，即将合同条款区分为条件、保证与中间条款，适用于不同的违约类型，乃是其合同违约解除制度系统化的表现。

在违约程度上，当事人的预期违约必须构成重大违约。不过，何谓"重大违约"，根据《合同法》第94条的规定，我国采用的是不履行或迟延履行"主要债务"或"致使不能实现合同目的"的行为。没有出现像英美法上"毁约性违约"之类的种概念。

2. 关于违约解除事由

在英美国家，违约解除的具体形式包括合同因被拒绝履行而解除、由一方当事人引起的履行不能而导致的解除以及因不履行而导致的合同解除三种形式。预期违约体现在前两种形式中，而实际违约在上述三种形式中都可能发生。而我国《合同法》第94条关于违约解除具体事由的规定，主要列举了可

---

① 较之于1985年《涉外经济合同法》第29条所使用的是否"严重影响订立合同所期望的经济利益"而言，该表述更为准确。

以解除合同的三种具体情形，这种做法虽然具有明确具体、便于操作的优点，但在理论上却不严谨，在实践上也未能穷尽合同应当解除的一切事宜。

我国合同法上虽然没有英美法上预期违约的称谓，但《合同法》第 94 条规定的"在履行期限届满之前，当事人一方明确表示或者以自己的行为表明不履行主要债务"的内容即借鉴了英美法上的预期违约制度。值得注意的是，该条之（三）的规定又不完全等同于英美法上的预期违约。有的学者认为这项规定的情况属于拒绝履行[①]。然而，这种说法也值得商榷。因为英美合同法中的拒绝履行却不受履行期限到来与否的限制，它既可以发生在履行期限到来之前（即预期违约），又可以发生在履行期到来之后（即实际违约）。实际上，英美法允许非违约方在履行期到来之前起诉违约方，即表明其预期违约并不包括履行期已到来但尚未届满的情形；而我国的预期违约则包含了履行期尚未到来以及履行期虽已到来但尚未届满的情形，实属"中国特色"。

英美法中的预期违约包括明示预期违约和默示预期违约。明示预期违约仅适用于一种行为，即一方以口头或书面形式明确表示他方将不履行合同义务；而默示预期违约则是对一方以自己的行为表明不履行合同义务的情形加以调整，其独有的救济措施是：受害方中止履行，要求对方提供履约担保。在我国，我国《合同法》借鉴了英美法中的预期违约制度，在第 108 条规定了明示预期违约。但与英美国家合同法不同，我国《合同法》在规定预期违约时只规定了明示预期违约，而且规定明示预期违约适用于"一方明确表示不履行合同义务"和"一方以自己的行为表明不履行合同义务"的行为，从而造成了预期违约行为认定上的困难以及不安抗辩权适用上的混乱[②]。值得一提的是，我国合同法并没有专门规定默示预期违约制度，而是以不安抗辩权制度代替默示预期违约，这不能不说是我国立法的一种缺陷，因为二者是不同的两种制度，均有其各自的适用对象和范围；二者虽在一定程度上出现一些适用范围的重叠，但默示预期违约制度的作用却是不能为不安抗辩权制度所代替的。我国立法将属于英美法系的预期违约和属于大陆法系的不安抗辩权一起规定，体现了立法者的勇气与创新精神，但同时也留下了如何在逻辑上区分两种制度，从而合理地构建我国的合同解除制度，这是值得我们进一步思考的。而且，我国《合同法》只规定了在预期违约的情况下，守约一方有权解除合同，而没

---

① 参见崔建远主编：《合同法》，法律出版社 2000 年版，第 203 页；谢怀拭等著：《合同法原理》，法律出版社 2000 年版，第 249 页；张俊浩主编：《民法学原理》，中国政法大学出版社·2000 年版，第 764 页。

② 参见刘凯湘："论《合同法》预期违约制度适用范围上的缺陷"，载《法学杂志》2000 年第 1 期。

有规定守约一方不行使合同解除权时怎样处理当事人的权利义务，因而留下了漏洞。

还应指出的是，关于预期违约制度，我国《合同法》的有关规定并不完全等同于英美法上的预期违约。英美法上的预期违约并不包括履行期已到来，但尚未届满；而我国的预期违约则包含了履行期尚未到来，或履行期虽已到来但尚未届满的情形。在违约程度上，当事人的预期违约必须构成重大违约，即本条规定的当事人表示不履约必须是重大的违约行为，该行为无论是明示还是默示都将使合同根本没有履行，或使合同目的根本无法实现，因而赋予另一方当事人解除权解除合同。而且，在守约一方不解除合同时，我国合同法对怎样处理当事人之间的权利义务关系未予明确。

我国《合同法》中的违约解除制度整体上仍很不完善。我国《合同法》吸收了根本违约制度，对促进交易、限制解除权的滥用起到了一定的作用，但是，其在整体上仍沿袭了大陆法的做法，而没有将可预见性作为根本违约（毁约性违约）的构成要件，这有悖于国际社会的普遍做法。而且，我国《合同法》也没有设置合同解除前要求预期违约一方提供履约保证的前置程序，作为根本违约（毁约性违约）的抽象判定标准，适用上法官具有较大的自由裁量权，在当前法官整体素质不高的情况下，容易导致法官自由裁量权的滥用。

在预期违约上，我国立法应进一步借鉴英美法系国家的立法经验，对默示预期违约作出专门规定，以取消不安抗辩权制度，将"一方以自己的行为表明不履行义务"纳入其适用范围。由于《合同法》第108条仅规定了一方当事人在对方以明示或默示的方式不履行合同义务时享有的权利义务，对违约方的权利义务没有规定，而实践中又经常出现违约方是否有在合同履行期届满前又要求按原合同继续履行的权利以及有何义务的问题，因此《合同法》应对预期违约方的该种权利进行规定。具体来说，明示预期违约的违约方在对方当事人没有作出解除合同决定之前，且没有根本损害对方基于合同能够得到的利益的条件下可享有撤回其明示预期违约意思表示的权利，而且在其不撤回明示预期违约的意思表示时其也可以向对方履行。同样，默示预期违约的违约方在及时提供充分保证后有权要求对方履行合同，并在提供了充分保证后及时履行合同义务；在当事人自己实际上不能按期履行合同时，其无权就对方的预期违约请求赔偿。在合同解除权的行使上，对享有合同解除权的当事人在不行使或不及时行使解除权时使其丧失该权利，违约方的预期违约行为视为未发生，合同仍须履行。

在实际违约的立法方面，英美国家既区分了毁约性违约和非毁约性违约、一般违约和严重违约，又将毁约性违约区分为三种不同形式，规定具体全面。而我国《合同法》第94条列举了几种具体情形，但很不全面。因此，我国有必要借鉴英美国家的做法，对实际违约作进一步的区分。

3. 关于违约后当事人的合同解除权

英美法上，在当事人一方构成毁约性违约时，对方当事人可行使解除权，使合同关系向将来消灭。在合同履行到来之前，一方无正当理由而明确肯定地向另一方表示其将不履行合同（即明示毁约），另一方可即时行使合同解除权以解除合同；如果一方在履行期限到来之前有确切的证据证明另一方将不履行合同而又不愿意为此提供保证时（即默示毁约），该方当事人也可以行使合同解除权而解除合同。虽然英美法对于"合理期限"以及受害方有无事先通知义务的问题的看法仍存在争议，但这并不影响赋予守约一方以法定解除权。在英国法早期，守约一方能否享有并行使合同解除权，取决于违反的合同条款性质是否为"条件"条款。后来则取决于违约后果的严重程度。在美国法中，非违约方可否行使合同解除权主要取决于违约是否构成重大违约。然而，为了维护违约方当事人的利益，即使在构成重大违约的情况下，美国法院在许多情况下也不允许受害方直接解除合同，而是要求给予违约方进行自行补救的机会；当金钱赔偿足以使受害方得到适当的救济时，法院则不允许受害方解除合同。

在我国《合同法》中，当事人是否享有合同解除权不是取决于违反"条件"条款或"担保"条款，而是取决于违约行为对非违约一方的影响大小。如果违约行为对非违约一方的影响很大以致其合同目的不能实现时，则非违约方有权解除合同；反之，如果违约行为对非违约方的影响较小，则非违约方无权解除合同。可见，我国合同法的相关规定与美国法的规定是基本相似的，即均以违约行为对非违约一方的影响程度为判断标准。此外，在解除权行使的限制上，对于约定解除权的行使，英美国家一般允许缔约双方自由约定，法律对其不加限制，但消费合同除外。此外，在英国法中，解除权人行使解除权并不要求必须是合理的（reasonable），其不受合理解约的限制，但却受到"合法利益（legitimate interest）"的限制。然而，在我国《合同法》中，合同解除权的行使则主要通过诚实信用原则来予以解决。而且，我国合同法还对因一方根本违约（毁约性违约）而产生的合同解除权也进行了必要的限制。①

4. 关于违约的法律后果

在英美国家的违约解除制度中，通常意义上的合同解除只是导致合同尚未

---

① 例如，我国《合同法》第39、40条既对合同解除权条款进行了规制。

履行义务的解除，并不溯及既往地消除已经产生的合同违约所造成的后果，这与大陆法系国家的立法与实践是不同的。在大陆法系国家，合同解除的法律后果一般溯及至合同成立之时，即因解除合同使合同如同自始不存在一样不发生效力；当事人尚未履行的债务归于消灭，已经给付的，则发生恢复原状的请求权①。在我国，合同因当事人违约解除后，尚未履行的合同部分终止履行，已经履行的合同部分根据履行情况和合同性质，非违约方可以要求恢复原状或采取其他救济措施，并有权请求赔偿损失。例如，我国《合同法》第 97 条即对此作了规定。

参 考 文 献

一、中文类

（一）著作

1. ［英］A. G. 盖斯特著，张文镇、孙蕴珠、鲍忠汉、张英煌译：《英国合同法与案例》，北京：中国大百科全书出版社 1998 年版。

2. 徐罡、宋岳、覃宇：《英美合同判例法》，法律出版社 1999 年版。

3. 沈达明：《英美合同法引论》，对外经济贸易大学出版社 1997 年版。

4. ［美］A. L. 科宾著，王卫国、徐国栋、李浩等译：《科宾论合同》，中国大百科全书出版社 1998 年版。

5. 周林彬：《比较合同法》，兰州大学出版社 1989 年版。

6. 李新天：《违约形态比较研究》，武汉大学出版社 2005 年版。

7. 吴兴光、龙著华、周新军等：《合同法比较研究》，中山大学出版社 2002 年版。

8. 戴维.M. 沃克：《牛津法律大词典》，光明日报出版社 1988 年版。

9. 薛波：《元照英美法词典》，法律出版社 2003 年版。

10. 钱益明：《简明商业合同法》，香港万里书店 1986 年版。

11. 岳彩申：《合同法比较研究》，西南财经大学出版社 1995 年版。

12. 于丹翎：《美国合同法》，高等教育出版社 2006 年版。

13. 梁慧星：《民商法论丛》，2000，13，法律出版社 2000 年版。

14. 霍恩比：《牛津高阶英汉双解词典》（第 4 版），商务印书馆、牛津大学出版社

---

① 《德国民法典》第 346 条明确规定合同解除具有溯及力。法国虽无明文立法，但在理论上和实践中一般认为合同解除具有溯及力，不过，受客观情形限制不能恢复原状的连续给付合同的解除属于例外情形。日本民法典在合同总论中也规定了合同解除具有溯及力，而在具体合同中则对连续合同，如租赁、雇佣等合同，明确规定了解除不具有溯及力。

1997 年版。

15. P. S 阿狄亚著，赵旭东、何帅领、邓晓霞译：《合同法导论》（第 5 版），法律出版社 2002 年版。

16. 王军：《美国合同法》，对外经济贸易大学出版社 2004 年版。

17. 王利明、崔建远：《合同法新论·总则》（修订版），中国政法大学出版社 2000 年版。

18. 王利明：《违约责任论》，中国政法大学出版社 2003 年版。

19. 杨良宜：《国际商务游戏规则——英国合约法》，中国政法大学出版社 2000 年版。

20. 廖进球：《国际商法》，山西经济出版社 1994 年版。

21. ［英］埃万·麦肯雅克：《契约法》（第 4 版），法律出版社 2003 年版。

22. 韩世远译："欧洲合同法原则"，《民商法论丛》，1999 年版，第 12 期。

23. 理查德·波斯那著，蒋兆康等译：《法律的经济分析》，中国大百科全书出版社 1997 年版。

24. 李永军：《合同法》，法律出版社 2004 年版。

25. ［英］阿蒂亚著，程正康等译：《合同法概论》，法律出版社 1982 年版。

26. 王军：《美国合同法判例选评》，中国政法大学出版社 1995 年版。

27. ［美］罗伯特·考特第著，张军等译：《法和经济学》，上海人民出版社 1994 年版。

28. 李永军：《合同法原理》，中国公安大学出版社 1999 年版。

29. 隋朋生：《买卖合同法》，中国检察出版社 1997 年版。

30. 崔建远：《合同法》（第 2 版），法律出版社 2000 年版。

31. 何宝玉：《英国合同法》，中国政法大学出版社 1999 年版。

（二）论文

1. 陈鸣："关于合同解除制度的几点思考"，载《北京大学学报》（哲学社会科学版）1996 年第 4 期。

2. 葛云松："期前违约规则若干基本概念探源"，载《环球法律评论》2003 年第 25 期。

3. 王利明："论根本违约与合同解除的关系"，载《中国法学》1995 年第 3 期。

4. 徐杰："合同法中的违约责任制度"，载《中国法学》1999 年第 3 期。

5. 刘凯湘："论《合同法》预期违约制度适用范围上的缺陷"，载《法学杂志》2000 年第 1 期。

6. 韩世远："根本违约论"，载《吉林大学社会科学学报》1999 年第 4 期。

7. 汪张林，杜凯："论合同解除权的行使"，载《西南政法大学学报》2005 年第 1 期。

8. 彭庆伟："浅论合同法定解除权的行使"，载《法学评论》2005 年第 6 期。

9. 伍治良："根本违约判定标准功能之回归研究—兼评我国合同法相关规定之不足"，载《法律科学》2002 年第 3 期。

10. 伍治良："根本违约判定标准功能之回归研究"，载《法律科学》2002 年第 3 期。

11. 王利明："完善我国违约责任制度十论"，http//：www. jcrb. com/zyw/nl/ca9834. htm，2004 年 6 月 10 日查阅。

12. L. L. 富勒、小威·R. 帕迪尤著，韩世远译："合同损害赔偿中的信赖利益"，载《民商法论丛》1997 年第 7 期。

二、英文类

（一）著作

1. Robert Ralston of the philadephlabar, *discharge of contracts*, Colorado ：Fred B Rothman &Co. Littleton，1997.

2. K. Zweigert & H. Koetz, *An Introduction to Comparative Law*（Volume II：The Institutions of Private Law），Great Britain：North-Holland Publishing Company，1987.

3. J. W. Carter. *Breach of contract*, 2nd ed. Sydney：The Law Book Company Ltd. ，1992.

4. J. Beatson. *Anson's Law of Contract*, 28th ed. Oxford：Oxford University Press，2002.

5. *Chitty on contracts*, volume I *General principles*, Thomson London Sweet & Maxwell，2004.

6. Jill Poole, *Contract Law*（6th）. Blackstone Press Limited，1996.

7. E. Allan Farnsworth, *Contracts*, New York：Aspen Law & Business，1982.

8. Richard Stone, *The Modern Law of Contract*, Cavendish publishing Limited London，2002.

9. Gventer Treitel, *The Law of Contract*, . 11th edition. Sweet and Maxwell Ltd. ，2003.

10. *Benjamin's Sale of Goods*, 6th ed. ，2002.

11. H. G. Beale, W D Bishop & M P Furmston, *Contract cases & materials*, 4th edition. Butterworth，2001.

12. Harris, Campbell and Halson, *Remedies in Contract and Tort*, Butter worths Tolley，2002.

13. S. Wheeler & J. Shaw, *Contract Law*, Clarendon Press Oxford，1995.

14. John Tillitson, *Contract Law in Perspective*, Butter worths ，1981.

15. Barry Nicholas, *The French Law of Contract*, 2nd ed. Clarendon Press Oxford，1992.

16. Donala Harris and Dennis Tallon, *Contract Law*, Clarenden Press Oxford，1991.

17. James J. White and Robert S. Summers, *Uniform Commercial Code*, 5th Edition. St. Paul, Minn, West Group，1995.

18. Max Young, *Case & Material sin Contract Law*, Pitman Publishing，1997.

19. Donald Harris and Denis Tallon, *Contract Law Today*, Anglo-French Comparisons，1989.

20. Michael H. Whincup, *Contract Law and Practice*, the English System and Continent Comparisons，1992.

21. *M. P. Furmston, Cheshire, Fifoot and Furmston's Law of Contract*, 13th ed. ，London：

Butterworth, 1996.

　　（二）论文

　　1. John R. Trentacosta, *Performance and Breach of Contracts Under U. C. C. Article 2*, 74 Mich. B. J. 548, 549. 1995.

　　2. *Article on the Rescission of Divisible Contracts*. 15 *Amer. Law Rev.* 623.

　　3. R. J. Robertson, Jr., *The Right to Demand Adequate Assurance of Due Performance: Uniform Commercial Code Section2 —609 and Restatement (second) of Contracts Section* 251, 38 Drake L. Rev. 305. 1988—1989. .

　　4. Rice (t/a Garden Guardian) v. Great Yarmouth Borough Council. *The Times*, Jul 26. 2000.

　　5. Alan G. Dowling, *A right to Adequate Assurance of Performance in all Transactions: U. C. C.2 —609 beyond Sales of Goods*, 48South California Law Review 1358. 1975.

　　6. Samuel Stojor, *Some Problems of Anticipatory Breach*. 9 MULR 355. 1974.

　　7. J. W. Carter, *The Embiricos Principle and the Law of Anticipatory Breach*. 47 MLR 422. 1984.

　　8. W. bishop, The *Contract-Tort Boundary and the Economies of Insurance*.

12J. Leg. St. 241. 1983.

　　9. Jay M. Feiman, *Promissory Estoppel and Judicial Method*. Harv. L. Rev. 1997.

　　10. Charles Fried, *Contract as Promise: A Theory of Contractual Obligation*.

Harvard University Press, 1981.

　　11. Jay M. Feinman, *The Significance of Contract Theory*. 58 U. Cin L. Rev. 1283, 1301—02. 1990.

　　12. Lon L. Fuller & William R. Perdue Jr. *The Reliance Interest in Contract Damages*. 46 Yale L. J. 52. 1936.

　　13. Lon L. Fuller, *Consideration and Form*. 41 COLUM. L. REV. 799. 1941.

　　14. Richard E. Speidel, *An Essay on the Reported Death and Continued Vitality of Contract*. 27 Stan. L. Rev. 1161. 1975.

· 中国社会科学院 ［法学博士后论丛］ ·

现代商人法发展趋势研究

A Study on the Trend of Modern Lex Mercatoria

博士后姓名　郑远民

流　动　站　中国社会科学院法学研究所

研 究 方 向　民商法学

博士毕业学校、导师　武汉大学　李双元

博 士 后 合 作 导 师　梁慧星

研 究 工 作 起 始 时 间　2004 年 9 月

研 究 工 作 期 满 时 间　2006 年 9 月

作 者 简 介

郑远民，男，1966 年 6 月生，湖南省新宁县人。1999 年 6 月毕业于武汉大学并获法学博士学位。现任湖南师范大学法学院教授、硕士生导师，国际法系主任，湖南省"百人工程"学者，中国社会科学院法学研究所民商法博士后研究人员，《时代法学》副主编。兼任中国国际私法学会理事，中国国际经济法学会理事，上海仲裁委员会仲裁员，长沙仲裁委员会仲裁员。主要学术成果有《现代商人法研究》（法律出版社 2001 年）、《国际反恐怖法》（法律出版社 2005 年）、《现代商人法理论的提出及其对我国的影响》（《法学评论》2002 年）、《试论国际破产法律制度的统一化运动》（《中国法学》2001 年）、《试论现代商人法与国际商事仲裁制度的完善与发展》（《中国国际私法与比较法年刊》2000 年）、《联合国宪章与新世纪国际法律框架的构筑和完善》（《光明日报》1999 年）、《关于建立国际民商新秩序的法律思考——国际私法基本功能的深层考察》（《法学研究》1997 年）。获奖成果主要有《国际民商新秩序的理论建构》（湖南省哲学社会科学优秀成果二等奖 2004 年）、《现代商人法研究》（湖南省哲学社会科学优秀成果四等奖 2004 年）等。主要研究领域为国际贸易法、商法与网络法。

现代商人法发展趋势研究

郑远民

内容摘要：随着市场经济全球化趋势的不断增强，国际商事关系得到了迅猛的发展，与之相适应，调整这种跨国性商事关系的现代商人法获得了长足的发展，并呈现出新的发展趋势。本研究报告运用比较分析方法、案例分析方法以及文献研究方法，对现代商人法的发展趋势问题进行比较深入和细致的研究。

全文共分三部分。第一部分剖析了现代商人法的现状，探讨了现代商人法的法律含义、现代商人法相关概念的厘定、现代商人法的适用及其存在的问题。第二部分详细探讨了现代商人法在不同法律领域的新发展，如现代商人法在国际商事合同法、国际劳工法以及电子商务法等领域的新发展，揭示了现代商人法向不同法律部门渗透、融合与发展的新趋势。第三部分探讨了现代商人法的统一化、法典化趋势，分析了现代商人法理论的体系化、系统化趋势，并着重探讨了现代商人法的法典化进程，进而认为，现代商人法正在逐渐成为调整国际商事关系的"自治性"、"综合性"的法律部门，并呈现出多样化的发展趋势。

关键词：商人法　现代商人法　国际商事合同法　国际商事仲裁法
　　　　　法典化

一、现代商人法的现状剖析

（一）现代商人法理论的提出及其法律含义

现代商人法是指商人们在长期的国际商事关系中创造出来的用以调整他们之间商事关系的法律规范的总称。现代商人法是英国著名国际贸易法学家

Schmitthoff 教授针对国际贸易领域的法律变革和发展，于 1954 年提出来的。他认为现代商人法是由商人们在与各主权国家无利害关系的领域（即国家允许"私法自治"的商业领域）中发展起来的自治性的跨国法，① 其渊源主要包括国际立法（包括国际公约与国际统一示范法）与国际商事惯例。之后，Schmitthoff 教授于 1957 年在一次演讲时指出："我们正在开始重新发现商人法的国际性，各地商人法的总趋势是摆脱国内法的限制，朝着普遍性和国际性概念的国际贸易法的方向发展"。② 随后 Goldštajn 也指出："尽管世界各国的政治、经济和法律制度不同，新的商人法却在国际贸易领域迅速发展着。现在是承认独立于国内法制度的商人自治法的时候了。"③ 至此，现代商人法理论正式产生。

关于现代商人法的法律含义问题，学者们仁者见仁，智者见智，归纳起来主要有以下几种观点：（1）现代商人法理论的创始人 Schmitthoff 教授认为，现代商人法是在任意性的商业领域内，由商人们创造出来适用于调整跨国性商事关系的统一法。（2）法国学者 Goldman 认为现代商人法是国际经济关系中的特有法律，包括跨国性实体规则、习惯和惯例、合同、一般法律原则等。④（3）德国学者 Julian Lea 认为现代商人法是用来调整国际贸易中并非由某国内法规范的事项并主要由仲裁员加以适用的非国内的或跨国的商法。⑤（4）前南斯拉夫学者 Goldštajn 认为，现代商人法是在国际贸易领域内迅速发展起来的独立于国内法律制度的商业自治法。⑥（5）美国学者 Keith Highet 认为，现代商人法是"处于发展中的跨国商法或国际商法"，它能够被裁决的作出者——法官或仲裁员——确定裁决的内容而作为法律规范的一种渊源所适用的原则。⑦（6）中国台湾学者柯泽东认为，现代商人法（他将 New Lex Mercatoria 译为"国际贸易习惯法"）因具备作为法律规范的三个构

① Schmitthoff, *The Unification of the Law of Trade*, J. Bus. L., 1968. 109 p.
② 这里所谓的"商法"是实际意义上的"商人法"。见程家瑞编：《国际贸易法文选》，中国大百科全书出版社 1996 年版，第 148 页。
③ Goldštajn, *The New Mercatoria*, 1961, J. Bus. L., 12 p.
④ Goldman, *Case Note Commercial Court Paris*, March 24. 1957. Clunet, 1958. 1012 p；Goldman, B. Case Note Court of Appeal Paris. April 10, 1957, Clunet 1958. 1014 p.
⑤ Julian Lea, *The Case for the Publication of Arbitration Awards*, In：Schultsz and van den Berg (ers), 1982. 231 p.
⑥ Aleksandar Goldstajin, *The New Law Merchant Reconsidered*, In：Pabricius, ed., Law and International Trade, Frankfurt, 1973：171 p.
⑦ Keith Highet, *The Enigma of the Lex Mercatoria*, In：Carbonneau, ed., Lex Mercatoria and Arbitration, New York, 1990：100—107.

成要件而成为调整国际商业贸易关系的"尚未臻完全的法律体制"。① （7）
中国内地学者徐国建认为，现代商人法是一种在国际贸易交往中逐渐自发形
成的，到目前为止仍未完善的，以国际贸易惯例、一般法律原则和一般交易
条件等形式体现出来的独立于国际公法与国内法之外的，支配国际贸易合同
当事人权利义务的法律。② 可见，对于现代商人法的界定问题，学者们是从
不同的角度，以不同的方式来讨论的。这些界定包括"跨国法"、"国际合
同法"、"国际商人法"和"国际贸易法"等。综观上述各国学者对现代商
人法的定义，我们可以看出，尽管他们的措辞各不相同，但也可从中概括出
一些共同之处。这表现为：（1）承认现代商人法是在国际商事贸易领域中
经由商人们自己创制或认可而发展起来的法律规范；（2）承认现代商人法
是相对独立于国内法体系的法律部门；（3）承认现代商人法是一个"任意
性"和"自治性"的法律部门。

参考学者们的上述定义，结合对现代商人法理论的理解，我认为现代商人
法是指商人们在长期的国际商事实践中逐渐自发创造的，以国际商事关系为调
整对象的，被商人社会普遍承认的，相对独立于国内法的"民间性"、"自治
性"、"综合性"的法律规范的总称。当然，毋庸讳言的是，现代商人法作为
一个完整严密的法律部门还没有最终形成。

现代商人法理论的提出，立即引起了法学界的很大反响，具有重要的学术
价值和现实意义。这集中表现在以下几个方面：（1）重新发现了商人法的价
值，把商人理念和商业精神融注到法律之中，体现了商人们注重"成本"、追
求"效率"的价值取向和追求。（2）现代商人法理论的提出为国际商事争议
的解决提供了一种新的法律途径。③（3）现代商人法理论丰富了"跨国商法"
理论，拓展了国际民商法律的范围和视野，为构筑新的国际商事法律秩序奠定
了理论基础。（4）现代商人法理论的发展体现和顺应了法律趋同化和统一化
的世界潮流，为国际商事法律制度的国际统一提供了良好的素材和经验。
（5）现代商人法理论的提出，在我国也具有重要的应用价值。第一，为后
WTO 时代完善我国的对外经贸法律秩序提供一种新的理论指导；第二，为我
国适用国际商事习惯法提供理论和实际的指导，并对完善我国相关法律规范具

---

① 柯泽东："国际贸易习惯法与国际贸易"，载《法治学刊》1996 年第 1、2、3 期。

② 徐国建："现代商人法论"，载《中国社会科学》1993 年第 2 期。

③ Klaus Peter Berger, Holger Dubberstein, Sascha Lehmann & Viktoria Petzold, *The Central Enquiry on the Use of Transnational Law in International Contract Law and Arbitration: Background, Procedure, and Selected Results*, paper presented at the Central conference on 'The Practice of Transnational Law, Muenster, Section I, 2000, 4: 2—3.

有重要的借鉴价值；第三，为立法和司法实践部门适用商人习惯规则提供理论支持。

同时，现代商人法理论的产生，在理论和司法实务界也产生了重大的影响。这表现在如下几个方面：（1）随着市场经济全球化趋势的不断增强，跨国商事关系日趋复杂，调整国际商事关系的国内法规范不可避免地出现种种缺陷，现代商人法理论的提出，突破了传统国际商事法律的局限性，开创了构筑国际民商法律新秩序的新纪元，对国际贸易法、国际商法乃至国内法的发展都具有重要的价值和意义。（2）影响和改变了传统国内法对商人习惯规则的态度。许多国家通过立法明确规定现代商人法的法律效力，甚至把现代商人法规则直接纳入到国内法体系之中，反过来对国内法产生积极的影响。① （3）现代商人法理论的提出影响了人们对于国际商事法律秩序的态度，过去，人们从制定法的视角出发，过分重视国家法的重要性，现代商人法理论拓展了人们有关法律的观念。（4）现代商人法理论对司法实践产生了重大的影响，特别是在国际商事仲裁中，现代商人法已经得到了大量的运用，适应了商人们追求效率的现实需要，对国际商事争议解决制度产生了一定的影响。② （5）现代商人法理论的提出，对国际合同法、国际劳工法、电子商务法、国际贸易法等产生了一定的影响，并在这些领域中获得了新的发展。

总之，现代商人法理论的提出突破了传统的法学理论，为构筑一个相对独立于国家制定法的"民间性"、"任意性""自治性"的，不同于传统法律体系的法律部门奠定了良好的基础。

（二）现代商人法的适用及其存在的问题

随着商品经济和国际贸易关系的发展，单纯依靠国内法来调整国际商事关系的缺陷愈来愈明显，于是学者们开始提出了各种摆脱国内法桎梏的学说和理论。如"万国商法理论"（Commercial Law of Nations）③、"自治合同理论"（Self regulatory Contract）④、"跨国商法理论"（Transnatiotal Commercial Law），

---

① Thayer, *Comparative Law and the Law Merchant*, Brooklyn L. Rev. , 1936, 6: 139.

② Michael Joachim Bonell, The UNIDROIT Principles of International Commercial Contracts Prepared by the Institute for the Unification of Private Law (UNIDROIT) . in: Center for Transnational Law ed. , *Transnational Law in Commercial Legal Practice*, 1999: 112p.

③ F. A.. Mann, *Reflections on a Commercial Law of Nations in British*, *Yearbook of International Law*, 1957. 27 p.

④ Schmitthoff, *Export Trade: The Law and Practice of T International trade*, 1980. 51—53; Kahn. P. , *La vente commercial Internationale*, Paris. 1961, 366p.

等等，其中 Schmitthoff 教授提出的 "现代商人法理论"（Theory of The Modern Law Merchant）① 最具影响，并在国内和国际的司法实践中得到了广泛的应用。

1. 现代商人法的适用条件

由于现代商人法是一种由商人们自己创造的 "民间性"、"自治性" 法律，没有国家暴力机器作为后盾，故而从国内法的角度来看，它的适用肯定有一定的局限性，需要满足一定的条件才能予以适用。至于必须符合哪些条件才能得到适用这一问题，学术界和实务界的观点颇有分歧。我认为，现代商人法在如下条件下可以得到适用：

（1）当事人经意思自治原则选择了现代商人法。从现代商人法产生的历史过程来看，这一 "自治性" 的法律规则之所以得以存在并成为国际商业社会所普遍承认和遵守的法理基础在于当事人的 "意思自治" 原则。根据这一原则，当事人有权经协商一致选择处理他们之间国际商事争议的法律规则。无疑，当事人有权选择任何规则来支配他们的合同并据以解决他们之间已经发生或者将要发生的争议。随着商品经济的迅猛发展，国际商事关系日趋复杂，国内法的缺陷逐渐凸现出来，因此，商人们往往宁愿选择由他们自己所创造的规则来调整他们之间的商事关系。可见，商人们可以协议选择现代商人法的适用。值得注意的是，在某些场合，即使未经当事人协议选择，现代商人法也能适用。这种场合主要包括默示推定适用和国内法强制适用。

（2）国内法规定适用现代商人法。现代商人法作为调整国际商事关系的一种不同于国家制定法的法律工具，是非常有用的，故而有些国家的法律规定，对某些跨国性商事关系，得直接适用现代商人法的有关规定，如西班牙和伊拉克的法律就是这样规定的。② 综观世界各国的立法与实践，作出这种规定的国家很少。更多的是有些国家的法律规定在符合一定条件下才适用现代商人法规则。如《瑞士民法典》第 1 条规定："法无明文规定者，得适用惯例"，我国《民法通则》第八章第 142 条规定："涉外民事关系的法律适用，依照本章的规定确定。中华人民共和国缔结或者参加的国际条约同中华人民共和国的民事法律有不同规定的适用国际条约的规定，但中华人民共和国声明保留的条款除外。""中华人民共和国法律和中华人民共和国缔结或者参加的国际条约

---

① Yves Dezalay & Bryant G. Garth, *Dealing in Virtue: International Commercial Arbitration and the Construction of a Transnational Legal Order* (1996), in: JH Dalhuisen, *Legal Orders and Their Manifestation: The Operation of the International Commercial and Financial Legal Order and Its Lex Mercatoria*, Berkeley J. Int'l L., 2006. 29: 241.

② 郑远民：《现代商人法研究》，法律出版社 2001 年版，第 272 页。

没有规定的，可以适用国际惯例。"

（3）公共秩序保留。"公共秩序保留"（reservation of public order），英美法中也称做"公共政策"（public policy），是指法院在依自己的冲突规范本应适用某一外国法作准据法时，因其适用的结果与法院国的国家主权、重大利益、基本政策、基本道德观念或法律的基本原则相抵触，以及在应请求承认与执行外国判决或仲裁裁决时如予以承认和执行的结果也会出现这种抵触，从而可以拒绝或排除适用该外国法和拒绝加以承认和执行的一种保留制度。① 在现代商人法的适用问题上，如果违背公共秩序，国内就得以此为由排除现代商人法的适用。不过，对于现代商人法的适用是否必须以不违背公共秩序为先决条件，各国学者的意见是很不相同的。对此，我国的立法是持肯定态度的。在我看来，现代商人法是在长期的国际商事关系中逐渐形成的世界通行做法，得到了国际社会和商人们的普遍认同，而且世界上绝大多数国家的立法几乎均未见有以公共秩序为由排除现代商人法适用的规定，因此，在国际商事关系中不得以公共秩序保留为由排除现代商人法的适用。②

2. 现代商人法的适用途径

现代商人法作为调整国际商事关系的法律规则，其适用方式和途径归纳起来主要有：（1）当事人选择适用现代商人法。包括明示选择与默示选择。明示选择是指商人在他们的商事合同中明确选择现代商人法作为支配他们之间合同的准据法。如1980年《联合国国际货物销售合同公约》就明确规定采用这种方法，其第9条第1款规定："双方当事人业已同意的任何惯例和他们之间确立的任何习惯做法，对双方当事人均有拘束力"。③ 默示选择是指在当事人未作明示选择的情况下依一定事实认定当事人已默示同意一种选择方式。这种方式在国际商事仲裁中经常运用。④ （2）强制适用现代商人法。这是指根据国内法或国际条约的规定，对商人们之间的国际商事合同关系直接适用现代商人法规则，这种强制性的方式只有在符合法律规定的条件下才能适用。实践中这种强制性的方式和途径可分为无条件的强制适用方式和有条件的强制适用方

---

① 李双元：《国际私法学》，北京大学出版社2000年版，第226页。

② 我国以公共秩序限制现代商人法适用的规定，"与我们现在收集到的30多个外国冲突法立法例相对照，实属见到的唯一一例"。见李双元主编：《中国与国际私法统一化进程》，武汉大学出版社1993年版，第123页。

③ 该条在措辞上使用"同意"一词，可以理解为，允许当事人用口头方式、书面方式或者其他方式进行选择，但必须是双方协商一致和明示的。

④ 在实践中，可以看做是默示选择的情况主要有：第一，当事人没有明确规定合同的准据法；第二，当事人协议将合同提交国际商事仲裁；第三，当事人授权仲裁庭公正裁决他们之间的争议。

式。前者如根据西班牙和伊拉克的法律规定，西班牙的一切进口交易和伊拉克的所有进出口交易，都必须受《国际贸易术语解释通则》的约束。后者如根据我国有关法律的规定，只有我国法律和我国缔结或参加的国际条约没有规定的，才可以适用现代商人法。（3）参照适用现代商人法。这是指处理国际商事关系时，不管所适用的准据法是国内法还是国际法，都应当考虑有关的现代商人法规则。① 这是因为现代商人法是在国际商事实践中逐渐产生的"自治性"规则，最适应国际商事关系发展的需要。这也正是现代商人法的生命力之所在。

3. 现代商人法适用中的冲突及其解决

由于在国际商事领域中，现代商人法还未发展到完全取代（实际上在有国家存在的历史时期内也不可能真正取代）各国国内法的程度，因此，在同一国际商事合同的法律适用上，就可能会出现现代商人法适用上的矛盾和冲突。这种冲突主要是指现代商人法与国内法的冲突，也包括与国际性立法中的非现代商人法规范之间的冲突；同时，由于现代商人法规则体系复杂，不同现代商人法规则也可能会产生冲突，不仅如此，即使是同一现代商人法规则，也可能因解释不同而发生冲突。例如对 CIF 贸易术语，国际商会的《国际贸易术语解释通则》、国际法协会的《华沙—牛津规则》以及《美国对外贸易定义》等都作了规定，但这些规定之间是存在差异的。这样，这些解释文本在适用中的冲突便难以避免。

同时，随着国际商事关系的不断发展，商人、国际商事组织、国家对现代商人法规则本身也经常进行修订，如《国际贸易术语解释通则》前后就已经进行了五次修订。然而由于其现代商人法的"任意性"特质，商人们在国际商事关系中可以合意选择旧版本，这样，新旧版本同时并存，新版本并不当然地否定旧版本，实践中就可能导致同一解释文本的新旧版本之间的冲突。因此，对于这种现代商人法适用上的冲突问题，有人将它与国际条约和国内法之间的冲突称为不同平面的冲突，而将现代商人法不同解释文本之间和不同版本之间的冲突称为同一平面的冲突，这两种不同的冲突交织而成一种"立体化"冲突。②

纵观国际商事法律实践中对现代商人法适用的冲突问题的解决，主要有以

---

① 如 1961 年《欧洲国际商事仲裁公约》第 7 条第 1 款就规定，无论适用当事人指定的法律还是仲裁员自己确定的准据法，"仲裁员都应考虑到合同条款和贸易惯例"。

② 李双元：《国际民商新秩序的理论建构—国际私法的重新定位与功能转换》，武汉大学出版社 1998 年版，第 393 页。

下几种途径：

（1）适用"意思自治"原则。所谓"意思自治"原则有广义与狭义之分。广义的"意思自治"是指法律关系的主体有权在法律规定的范围内自主地处分自己的民事权利，换言之，是指只要法律没有强制性或禁止性的规范，法律关系的主体可以按照自己的意志来进行民事法律行为，经协商一致可以自由地处分当事人之间的权利和义务。狭义的"意思自治"是特指国际私法上的"意思自治"，是指在国际民商事关系中，当事人经协商一致可以选择处分他们之间法律关系的准据法。目前，当事人"意思自治"原则已经成为确定国际民商事案件准据法的基本原则。这一原则对解决现代商人法适用中的冲突也具有重要作用，它能够决定现代商人法以及有关国内法和国际条约的适用与否及其适用顺序。当事人可以在合同中约定适用特定现代商人法或者某国国内法；对特定现代商人法，当事人也可协议采用某一种解释文本；对同一种解释文本，当事人还可协议采用某一版本。对该方法的采用，有关国际、国内立法中都有规定。如1990年《国际贸易术语解释通则》在其"引言"中就规定，"今后愿意采用本通则的商人们应在合同中明确规定受《1990年通则》之约束"。1980年《联合国国际货物销售合同公约》也规定，"双方当事人可以不适用本公约，或在第12条的条件下，减损本公约的任何规定或改变其效力"。而一旦发生冲突，就需要解决所要适用的法律问题，对此，《国际货物买卖统一法》规定："除当事人另有约定外，凡本法与惯例有抵触时，优先适用惯例（现代商人法）"。① 但值得注意的是，当事人对该款所规定的惯例优于统一法的顺序，也可以约定予以改变。我国《民法通则》、《海商法》、《票据法》以及《民用航空法》都允许当事人选择处理合同争议的法律。② 但是，我国法律对是否允许当事人选择现代商人法则无明确的规定，按照条文的字意，是不允许适用现代商人法的，不过实践中对当事人选择现代商人法一般都予以承认。

（2）直接规定不同种类规范的适用顺序。这是解决现代商人法适用上的冲突的直接方法。这种方法在有些国际公约和国内立法中都有规定，它直接规定了其本身与现代商人法冲突时的适用顺序。

（3）分割法。在国际商事合同领域，由于现代商人法以及世界各国的国内立法都不可能涵盖相关领域的全部法律问题，从而就可能需要借助其他种类的规范来弥补本身的缺漏。因此，在解决现代商人法适用上的冲突问题时，分

---

① 《国际货物买卖统一法》（1964年）第9条第2款。

② 《民法通则》第145条第1款、《海商法》第269条、《票据法》第96条以及《民用航空法》的第184、190条。

割法不失为一种行之有效的方法。

5. 现代商人法适用中的不确定性问题

现代商人法作为调整国际商事关系的法律规则，其"自治性"、"灵活性"得到了商人们的肯定，并成为其广泛适用于国际商事关系中的主要原因。但值得注意的是，它的许多规则比较抽象，也一直没有形成结构完整而严谨的逻辑体系，适用时表现出来的不确定性越来越明显，作为法律规则的可预测性受到了严重的影响。在司法实践中，一些国家有时不愿意承认与执行依现代商人法作出的外国法院的判决或仲裁裁决，原因之一可能在于"现代商人法本身内容的不确定性"。[①]

一直以来，现代商人法的不确定性问题就受到了学界的广泛关注。一些学者注意到，"法官或仲裁员在审理案件时可能会融入自己的个人观点和看法，甚至可能滥用'自由裁量权'将其他规则纳入到现代商人法的范畴，从而使得裁决结果难以预料"。[②] "直接适用现代商人法并非完美无缺，它存在不确定性和不可预见的缺陷，完全依赖仲裁员的主观判断，特别是依据这种方法确定实体法时，赋予仲裁员过多的自由裁量权，其结果很可能导致相同或类似的案情在不同的国家的法院或仲裁庭审理会得出不同的结论"。[③]

现代商人法的这种不确定性主要表现在它的渊源和内容上。现代商人法作为商人们在长期的商事实践中逐渐创造出来的法律规则，经过了漫长的历史发展过程，积淀了许许多多的法律文化传统，其渊源和规则内容日显丰富和庞杂，以至于"要穷尽地列举'商人法'的所有内容几乎是不可能的"。[④] 确实，现代商人法的渊源除了大家公认的一些形式以外，尚有很多形式仍然是不确定的，有争议的。比如，示范法是否构成现代商人法的渊源和内容，学者的意见就很不统一，有些学者认为示范法是现代商人法的组成部分，有些学者则反对这种观点。另一方面，即使是已经公认为现代商人法渊源的规则本身的内涵和外延，也存在不确定的地方。这特别是在未经编纂的商人法规则上体现得更为明显。

由于这种不确定性的存在，处理国际商事案件的法官或仲裁员即使不受任

① Mauro Rubino-Sammartano, *International Arbitration Law and Practice*, Citic Publishing House, 2003. 422p.

② Mauro Rubino-Sammartano, *International Arbitration Law and Practice*, Citic Publishing House, 2003. 440p.

③ 李圣敬：《国际经贸仲裁法实务》，吉林人民出版社 2003 年版，第 314 页。

④ Ole Lando, *The Lex Mercatoria in International Commercial Arbitration*, Int'l & Comp. L. Q., 1985, 34：749p.

何机构的干涉，也难免会掺入自己的观点或喜好，按照自己的理解来适用现代商人法中的具体规则，从而造成判决或仲裁裁决结果的不一致或无法预测。另一方面，当事人为了达到适用现代商人法的目的，也可能会采用各种各样的表述来表明他们选择现代商人法的意图，例如"国际商事法的一般原则"、"公认的一般法律原则"等。① 因此，在国际商事关系中适用现代商人法，必须注意其不确定性的问题，以妥善地解决当事人之间的法律争议。

二、现代商人法在不同法律领域的新发展

（一）现代商人法在国际商事合同法中的新发展

合同，亦称契约，是指双方当事人为设立、变更或消灭某种权利义务关系而达成的一致协议。国际商事合同是指调整国际商事关系的协议，是国际商事流转的纽带和桥梁。在一般意义上，国际商事关系也就是国际商事合同关系。国际商事合同法是调整商人们之间的国际商事关系的重要法律部门。它是随国际商事关系的发展而不断发展的。它的发展促进了现代商人法的系统化和体系化，相应的，现代商人法理论也反过来对它的一些原则、规则与制度的形成和发展产生了深远的影响。②

1. 当事人意思自治原则与现代商人法、合同法的发展

随着商品经济的发展，贸易活动逐渐打破了地域的界线，介入了外国因素，于是一项合同就成为国际合同。③ 因世界各国的立法传统、文化背景和具体国情不同，有关合同的法律规定不可避免地会出现歧异、矛盾或冲突，这就必然涉及法律适用问题。在国际商事关系中，商人们的权利义务主要是由合同确定的，因此合同准据法的确定往往成为解决当事人之间国际商事争议的最关键的问题。由于涉外合同的法律适用问题非常复杂，比如：（1）合同是缔约人自由意志的表现，很不容易判断它究竟与哪个国家或者地区相关联；（2）合同种类繁多，很难用一个统一的冲突规则来确定不同种类的合同的准据法；（3）涉外合同中包含的联结因素也可能非常复杂，要判定哪一个国家

---

① David W, *Rivkin. Enforceability of Arbitral Awards Based on Lex Mercatoria*, Arb. Int'l, 1993, 9: 67p.

② Iain Ramsay, *Commentary the Politics of Commercial.* Wis. L. Rev. , 2001, 1: 565p.

③ 关于对合同中介入"外国"因素的理解，学界的观点是各不相同的，世界各国的立法规定也各异。如英国 1977 年《不公平合同条款法》（Unfair Contract Terms Act）第 26 条的规定，如果两个同国籍人，即使在外国缔结了一个纯粹是由他们双方在国内履行的合同，后来因发生争议而在国内法院涉讼，任何国家也不会将其视为涉外合同。

或者地区的法律与合同有最密切的联系是颇费思量的，等等。为了解决这一问题，不管是国际私法、现代商人法还是合同法本身，都一直试图在原则、规则和制度方面有所突破。

纵观世界各国有关涉外合同法律适用问题的解决方法，其中贯穿了几种相互对立的理论与方法。包括"分割论"与"统一论"的对立、"主观论"与"客观论"的结合。① 归纳起来，国际商事合同准据法的选择方法大概经过了如下三个发展过程。第一个阶段以"客观论"为基础，主张合同的准据法应当以空间联结点为因素来确定，通常情况下依缔约地法来确定合同的准据法。在这一阶段，"跨国性"商事交易还不太发达，商事关系也相对简单，商人法对合同准据法选择方法的影响还很少。这种以缔约地来确定合同的准据法的做法，在某种程度上也反映了中世纪"属地主义"的影响。在这一阶段，我们需要注意的是，中世纪民族国家的制定法是很不发达的，特别表现在调整商事关系方面更是缺漏多多，因而实际上，商人们通常适用他们自己在长期的商事实践中创造的习惯规则和惯例。② 商人们在适用商人习惯法时，往往并没有适用"属地法"的冲突规则，而是直接适用有关的商人法规则，更令人惊异的是，商人们不仅自己创造了法律，还设立了自己的"行商法院"，一旦发生争议，就将争议递交给"行商法院"审理。③ 商人的这种伟大的创造力不得不令人惊叹！因此，在这一历史时期，商人法与冲突法的发展是并行的，商人法采取的是一种直接适用的法的方法来解决商事关系中的合同争议。这一阶段到法国的杜摩兰提出"意思自治"后仍在相当长的历史时期内占据统治地位。

第二阶段以"意思自治原则"为主，强调依照国际商事关系中的当事人的主观意愿来决定合同准据法。当事人"意思自治原则"是法国著名学者杜摩兰在 16 世纪提出来的一种学说，之后又得到胡伯等学者的大力支持。反映了市场经济"契约自由"原则的要求，并最终得到许多国家制定法的认可。④

"意思自治原则"的确定，对商人法的发展产生了重大影响。事实上，商人法本身就是商人们"意思自治"的结果。而该原则的提出，多多少少也是

---

① "主观论"主张把合同的法律适用应依照当事人的意思自治来确定，"客观论"主张应依客观的联结因素来决定合同的准据法。见李双元：《国际私法学》，北京大学出版社 2000 年版，第 329—331 页。

② Mary Elizabeth Besyor, Jane Fair Bestor, *Lex mercatoria and Legal Pluralism: A Late Thirteenth Century Treatise and Its Afterlife.* Edwards Brothers, Ann Arbor, Michigan, ISBN 1 – 893606 – 12 – 0, 1998: 113—130.

③ Charles Donahue, Jr. *The Empirical and Theoretical Underpinnings of the Law Merchant: Medieval and Early Modern Lex mercatoria: An Attempt at the probatio diabolica.* Chi. J. Int'l L., 2004, 21（5）: 21.

④ 当事人"意思自治原则"直到 1856 年《意大利民法典》颁布，才得以明确规定。

商人法理论影响的结果。依照自罗马法以来形成的规则，既然允许当事人通过缔结合同的方式为自己立法，也应该允许当事人选择适用于他们之间的法律关系的准据法，这种理念是国际私法上"意思自治原则"产生的法理基础。"意思自治原则"对国际商事关系的法律调整具有十分重要的价值和意义，可以说开创了国际私法的新纪元。

第三阶段是以合同自体法（Proper law）为代表的采用更为灵活的冲突规则来确定合同准据法的阶段。在这一历史阶段，尽管当事人的自主选择仍被认为是一种最普遍适用的合同准据法选择方法，但由于国际商事关系的迅猛发展，国际商事合同关系的性质和特征，以及合同的种类更趋复杂多样，各国对不同性质合同所采取的政策也有所不同，于是在法律选择上需要进一步向多样化和灵活化的方向发展。合同自体法方法主要解决当事人在没有依照"意思自治"选择应适用的立法时，他们之间的商事关系应该适用什么法律的问题。① 现行的国际私法针对这种情况，提出了"最密切联系原则"以及"特征履行"等学说，作为"意思自治原则"的补充。这两个学说的提出，丰富了国际私法准据法的选择方式，促进了国际商事关系的发展。

"意思自治原则"（Autonomy of will）是法国学者杜摩兰为克服传统冲突规则过于僵硬的缺陷而提出来的，主张在国际商事合同关系中适用当事人自己选择适用的法律。这种学说在1804年的《法国民法典》"契约自由"原则中得到反映，后来被1865年的《意大利民法典》所吸纳。② 在司法实践中，这一原则在 Robinson *v.* Bland 案中，为 Mansfield 所采纳，并成为英国判例法中的重要原则。在美国，Marshall 法官于 Wayman *v.* Sourtbard 案中也援引了该原则。到目前，它已经成为世界各国一致接受的合同准据法选择的基本原则。

2. 《欧洲合同法原则》与现代商人法

随着国际经济一体化趋势的不断增强，国际商事合同关系愈渐频繁而复杂，而世界各国合同法之间的差异严重地阻碍了国际商事关系的发展，于是一些商事团体、跨国性经济组织开始尝试合同法的统一化工作。③ 欧共体是其中

---

① Mario J. A. Oyarzabal, *Jurisdiction Over International Electronic Contracts*: A *View on Inter-American*, *Mercosur*, *And Argentine Rules.* Temp. Int'l & Comp. L. J., 2005, 19: 87p.

② 这一主张先前受到很多学者的反对，认为当事人之间的协议要具有决定选择适用法律的效力，首先还必须解决用什么法律来赋予这种协议本身以效力的问题。反对者还认为，意思自治理论在这里给予了私人以一种通常只能由立法来实现的权力。

③ Thomas J. Stipanowich, *Contract and Conflict Management.* Wis. L. Rev., 2001, 12: 831p.

最具代表性的区域性组织，其所制定的《欧洲合同法原则》具有十分重要的价值和意义，推动了现代商人法的发展。①

《欧洲合同法原则》由三部分组成。第一部分主要规定一般问题（如适用范围、性质、相关概念的定义、交易过程中的一般义务，以及合同履行的种类、不履行、不履行时救济手段等）。② 第二部分涉及如下内容：合同的订立、代理权限、合同的生效、合同的解释以及合同的内容和效力。③ 第三部分涉及多方当事人（多方债务人和多方债权人）、债权转让、债务承担和合同转让、抵消、时效、复利等内容。值得注意的是，该原则是在个人的动议下由欧共体成立的"欧洲合同法原则委员会"负责起草的，委员会的成员全部来自欧共体的成员国。起草工作最早得到了欧共体委员会的资助，后来得到了德国"莱布尼茨（Lebniz）项目"以及商人、公共团体和协会的资助。

《欧洲合同法原则》作为任意法性质的法律规则，是国际经济全球化影响的结果。④ 它不仅体现和反映了当代国际社会市场经济发展的内在客观要求，同时也推动了现代商人法的统一化和法典化进程。从另一角度看，也是现代商人法渗透到国际商事合同法中的一个例证。虽然从它的形式来看，该原则受到了美国《合同法重述》和《统一商法典》的启示，但从实质内容来看，以著名学者 Lando 为首的委员会一直努力探究欧盟所有成员国合同法的共同内核，⑤ 并试图探求跨国统一商法的发展规律。有学者称《欧洲合同法原则》为"当代欧洲商人法"的具体表现形式。⑥ 《欧洲合同法原则》起草的目的在于试图消除欧洲成员国之间的法律障碍，使得在欧洲的任何地方都可以适用该原则，但要注意的是，《欧洲合同法原则》并非强制性的区域性国际条约，而是

---

① Dr. Mel Kenny, *Globalization*, *Interlegality and Europeanized Contract Law*. Penn St. Int'l L. Rev., 2003, 21: 569p.

② 第一部分包括 59 条，历时 7 年（1985—1992 年）。See: Virginia Tent. *Principles of European Contract Law*: Parts I and II. Ole Lando and Hugh Beale ed., Colum. J. Eur. L., 2000, 6: 395p.

③ 第二部分包括 73 条，历时 3 年（1992—1995 年）。See: Ole Lando, Hugh Beale ed. *Principles of European Contract Law*. Part II, Cambridge, Massachusetts: Kluwer Law International, 2000.

④ Larry A. DiMatteo, *Contract Talk*: *Reviewing the Historical and Practical Significance of the Principles of European Contract Law*. Harv. Int'l L. J., 2002, 43: 569p.

⑤ 甚而有学者把《欧洲合同法原则》起草委员会称为"Lando"委员会。See: Larry A. DiMatteo, *Reviewing the Historical and Practical Significance of the Principles of European Contract Law*. Harv. Int'l L. J., 2002, 43: 569p.

⑥ Antoni Vaquer, *Tender of Performance*, *Mora Creditoris and the Common? Principles of European Contract Law*. Tul. Eur. & Civ. L. F., 2002, 17: 83p.

"任意性"的法律规则，这种"任意性"使该"原则"成为一种表面上看起来有点尴尬，实际上却是一种更显灵活的可供"示范"的法律规范。另外，《欧洲合同法原则》允许国际商事合同关系中的当事人通过约定选择适用该"原则"，① 这一规定符合商人们追求"自由"、"效率"的现实要求。被认为是沟通民法法系和普通法系的典范并成为欧洲法律统一化的至关重要的第一步。之后，Bar 教授在此基础上创建了"欧洲民法典研究小组"（Study Group European Civil Code），试图制订统一的民法典。

从内容上看，《欧洲合同法原则》体现了现代商人法在合同法领域的渗透和发展。这表现在如下几个方面：（1）"原则"明确规定现代商人法可以适用于国际商事合同关系。"原则"规定，当事人各方应受业已同意的任何惯例和其他已建立的任何习惯性做法的约束。在特定的有关贸易中的合同当事人，应受为其广泛知悉并惯常遵守的惯例的约束，除非该惯例的适用为不合理。② 可见，"原则"对现代商人法持鼓励和肯定的态度。（2）"原则"第一章第二节规定了一般义务，其中规定当事人在国际商事合同关系中应当遵守诚实信用与公平交易原则，要求每一方当事人均应履行诚实信用与公平交易的义务，并不得排除或限制此项义务。同时还规定了每一方当事人均有与对方当事人合作的义务。诚实信用与公平交易原则是现代商人法的基本原则，体现了商人们"公平"、"效率"的价值追求，是作为现代商人法起源的商人法时代就一直信奉的原则和规则。"原则"规定这一原则同现代商人法所信仰的理念和精神相吻合，符合国际经济全球化趋势下法律的发展规律。③ （3）在合同当事人没有选择适用"原则"所指的现代商人法规则时，"原则"规定合理性原则。所谓合理性原则是指通情达理的人处于合同双方当事人的地位时按照诚实信用行事的情况。特别是在评价合同的性质和目的时根据合同的具体情况应当作出的反应，同行的或贸易惯例和习惯性做法也应予以考虑。④ 这一规定说明，"原则"不仅规定当事人可以在他们之间的合同中选择现代商人法规则，而且可以在当

---

① 此种约定在仲裁中意味着对冲突法的选择，在诉讼中意味着选择了直接适用的实体法。See：Dionysios P. Flambouras，*The Doctrines of Impossibility of Performance And Clausula Rebus Sic Stantibus in the 1980 Convention on Contracts for the International Sale of Goods and the Principles of European Contract Law.* Comparative Analysisspace Int'l L. Rev.，2001，13：261p.

② 《欧洲合同法原则》第1.105条。

③ Klaus Peter Berger，*International Commercial Arbitration：Renegotiation and Adaptation of International Investment Contracts：The Role of Contract Drafters and Arbitrators.* Vand. J. Transnat'l L.，2003，36：1347p.

④ 《欧洲合同法原则》第1.302条。

事人没有选择现代商人法时，合同争议的解决得充分考虑贸易惯例和习惯做法。① 此外，在解释合同时，也需要考虑双方当事人之间业已存在的习惯性做法和惯例。此外，"原则"的许多规则、内容明显地受到现代商人法的影响，比如，"原则"第三章中，有关代理人的权限问题，其中"未披露身份的本人"、"利益冲突"、"分代理"等，第四章有关效力问题，其中"事实或法律的错误"、"信息传递中的不准确"、"合同的调整"、"欺诈过度的利益或不公平的好处"、"未经过专门谈判而形成的合同不公平条款"等，很明显有些规则来源于商人习惯做法与惯例，至少深受其影响。可见，现代商人法对国际商事合同法的统一化运动影响很大。事实上，《欧洲合同法原则》在一定程度上已经成为现代商人法的有机组成部分。②

3.《国际商事合同通则》与现代商人法

《国际商事合同通则》（以下简称《通则》）是由国际统一私法协会（UNIDROIT）于 1994 通过的适用于国际商事领域的法律规范，自其公布以来在国际商事领域取得了巨大的成功。由于《通则》不是国际公约，属于不具有当然拘束力的"软法性质"的法律规则，③ 因此，对《通则》的接受和认可将在很大程度上依赖于《通则》本身的权威性。④ 为此，随着国际商事实践的不断发展，国际统一私法协会于 1997 年便开始着手对《通则》进行修订。并成立了专门的工作小组。⑤ 此外，值得一提的是，在本次《通则》修订过程中，理事会首次邀请了一些国际组织和仲裁机构的代表作为观察员参加工作小组的会议。⑥

---

① Symeon C. Symeonides, Civil *Law*, *Procedure*, *and Private International Law*: *Contracts Subject to Non-State Norms*. Am. J. Comp. L., 2006, 54: 209p.

② Dionysios P. Flambouras, *The Doctrines of Impossibility of Performance and Clausula Rebus Sic Stantibus in the 1980 Convention on Contracts for the International Sale of Goods and the Principles of European Contract Law*. Comparative Analysisspace Int'l L. Rev., 2001, 13: 261p.

③ 这里所说的"软法"就是类似于现代商人法规则的法律规范。See: Ole Lando, *CISG and Its Followers*: *A Proposal to Adopt Some International Principles of Contract Law*. Am. J. Comp. L., 2005, 53: 379p.

④ 国际统一私法协会理事会在《通则》1994 的引言中指出"在将《国际统一私法协会国际商事合同通则》提供给国际法律界和国际商业界之时，理事会清楚地意识到《通则》并不是一项立即产生约束力的法律文件，因此，对《通则》的接受和认可将在很大程度上依赖于《通则》本身具有说服力的权威"。

⑤ 但作为例外，新版本唯一修改的条文是第 2、8（2）条，把它从第二章移至第一章成为第 1、12 条，用于处理当事人规定的时间的计算。

⑥ 这些国际机构包括：联合国国际贸易法委员会、国际商会、国际仲裁委员会以及瑞士仲裁协会，等等。

　　从性质上看，《通则》不是国际条约，不具有强制性，完全是由合同当事人自愿选择适用，或由有关国家在制订国内立法或缔结国际条约时，作为其法律文件的范本或者是作为国际统一法律文件及国内法的解释或补充。《通则》亦非典型的国际贸易惯例，典型的国际贸易惯例是在长期的国际贸易交往中，为了便利与这种贸易的进行，各行业均制定有自己的标准合同、标准合同条款以及一般交易条件，他们中所确定的一些国际贸易原则、规则长期以来为本行业的参与者所普遍遵守并因而对本行业的参与者具有约束力。实质上，《通则》不过是以国际重述的形式详尽阐述合同法普遍通行的原则，是一些从事私法国际统一的国际组织，试图在世界范围内或在特定地区范围内以类似于国内立法的形式，通过制定供有关国家一致采用，但不具有国际条约的约束力的"另一类统一法"。① 这些由国际商事实践中总结升华的最新法律原则具有科学性、合理性、实用性，并克服了 1994 年《通则》内容以及性质方面的局限性，使《通则》调整范围逐步加大，在国际层面上更大的范围内统一了合同法。② 从其性质上看，它既可以被称为示范法、统一规则，也可被称为国际惯例。国际商事合同关系中的当事人可以选择它作为合同的准据法，作为解释合同、补充合同、处理合同纠纷的法律依据。此外，当合同的适用法律不足以解决当事人之间的争议时，法院或仲裁庭可以把它的相关条文视为法律的一般原则或现代商人法规则，作为对当事人的意思自治以及适用法律的补充作用。③

　　毫无疑问，随着时间的推移和商品经济的发展，《通则》尚需进一步完善和补充，但是就目前而言，《通则》所制定的法律原则是比较全面的，在今后一段时期内仍将是适用的。此外，鉴于《通则》在国际社会被广泛接受，它必将对各国的商事立法产生积极的影响。促使各国国内合同法律制度随着社会需要的发展，在国际交往日益发达的基础上，逐步相互吸收，相互渗透，从而趋于接近甚至趋于一致。其具体表现为在国内法律的创制和运作过程中，越来越多的涵纳国际社会的普遍实践与国际惯例，并积极参与国际法律统一的活动。④ 可以预言，由于《通则》的科学性、合理性、实用性及其规范的全面

---

　　① 李双元：《国际私法学》，法律出版社 2000 年版，第 107 页。

　　② Philip J. Mc Connaughay, *The Scope of Autonomy in International Contracts and Its Relation to Economic Regulation and Development.* Colum. J. Transnat'l L. 2001（39）：595p.

　　③ Richard Devlin, *Breach of Contract？：The New Economy，Access To Justice And The Ethical Responsibilities Of The Legal Profession.* Dalhousie L. J.，2002（25）：335p.

　　④ 李双元："再谈法律的趋同化问题"，见李双元：《国际法与比较法论丛》（第四辑），中国方正出版社 2002 年版，第 631 页。

性，在国际商事实践中，将为越来越多的人所认识和接受，其具体规定和法律原则也必将越来越多地为各国的商事立法所采纳，促使世界各国的合同法更加协调、一致和统一，并将进一步推进现代商人法的发展。①

（二）现代商人法在国际劳工法中的新发展

1. 国际商事关系中的劳工标准问题

国际商事关系中的劳工标准问题在中世纪一直未受到应有的重视，随着国际经济一体化进程的加快，这一问题逐渐受到人们的关注，乃至成为 21 世纪的焦点问题。②

对于何谓"劳工标准"，世界各国的立法以及国际劳工组织并没有给出一个权威的定义。即使对于它的名称，学界也未统一。③ 一般来说，"劳工标准"蕴涵伦理道德和经济效益两个方面的内容。前者包括诸如劳动者的权利（如结社自由权、罢工权）、人格尊严（如禁止强迫劳动等）、禁止劳动歧视（如男女同工同酬、禁止就业歧视）、禁止童工劳动、工作条件（如工作环境要符合健康安全的标准）等有关人权方面的问题，后者包括与贸易相关的社会福利待遇标准（如最低工资标准）。

国际劳工组织成立以来，一直致力于确定国际劳工标准，先后制定了上百个条约，涉及内容广泛，从总体原则到具体制度都有所涉及。然而，由于国际劳工组织缺乏有效的执行机构，世界各国对条约的态度又各有不同，条约的强制性和执行力却非常有限。④ 同时，发达国家与发展中国家的矛盾也严重影响到国际劳工标准的制定和实施。

与此同时，在国际商事关系中，由于劳工标准问题涉及商人们的切身利益，因此也引起了商人们的密切关注。事实上，在国际劳工标准问题上，国际商事关系中一直存在一些习惯做法和惯例。随着市场经济一体化趋势的不断增强，国际劳工法领域逐渐出现了一些现代商人法性质的法律规则。其中表现得

---

① Anthony J. McMahon, *Differentiating between Internal and External Gaps in the U. N. Convention on Contracts for the International Sale of Goods.* Colum. J. Transnat'l L. ，2006，44：992p.

② Adelle Blackett, *Globalization, Accountability, and the Future of Administrative Law：Global Governance, Legal Pluralism and the Decentered State：A Labor Law Critique of Codes of Corporate Conduct.* Ind. J. Global Leg. Stud. 2001，8：401.

③ 如："核心劳工标准"、"人权——社会条款"、"贸易——社会条款"、"贸易——劳工标准"、"人权社会标准"、"社会进步条款"、"贸易——社会联系"、"贸易——劳工标准联系"，等等。

④ Peer Zumbansen, *Globalization and the New Politics of Labor：The Parallel Worlds of Corporate Governance and Labor Law.* Ind. J. Global Leg. Stud. 2006，13：261.

最为突出的是 SA8000（企业社会责任标准）。① SA8000 是由美国民间性机构依据《国际劳工组织宪章》、《联合国宪章》、《世界人权宣言》等国际条约制定的，内容主要涉及童工、强迫性劳动、工时报酬、工资水平等问题，是一个供独立第三方认证体系使用的统一的、可供核查的社会责任标准。SA8000 不是国际条约，也不是国内法，它表现为由商业行会推行实施的"自治性"、"民间性"规则，是一种涉及企业社会责任的"道德性"的标准，但一旦为商人们接受，就具有一定的法律拘束力。对于不符合这一标准的产品，将不得进入市场进行销售，换言之，未获得认证的企业，将取消其市场准入的资格。② 它体现为一种由商人们在长期的商事实践中所创造的，逐渐得到商业社会承认和接受的一种自治性的法律规则。这种自治性规则的产生在很大程度上避免了国际劳工组织所面临的困难和问题。当然，SA8000 同样也有自身发展的问题，由于世界各国对其法律性质和地位的认识不同，SA8000 的发展必将经历一个漫长的曲折的发展过程。③

国际劳工组织（International Labor Organization，简称 ILO）成立于 1919年，后成为联合国负责劳工事务的专门机构。国际劳工组织是联合国中唯一具有三方（政府、雇主和工人）代表性结构的机构，总部设在瑞士的日内瓦。国际劳工组织的宗旨是，通过劳工立法和开展合作，促进社会正义，维护世界持久和平。国际劳工组织的主要机构是国际劳工大会、理事会和国际劳工局。此外，其地区会议和产业委员会也是重要的辅助机构。④ 国际劳工组织的诞生，推动了劳工法的国际化进程。到目前为止，国际劳工组织已经通过了 200个左右的公约和 200 多个建议书。在国际劳工立法中，最重要的是国际劳工标准方面的立法。这些立法几乎都是成员国三方代表参加制订并通过的，反映了商人和劳工的意志和利益，体现出了现代商人法的特色。国际劳工标准的确立，有助于推动各国的劳工立法，维护劳工的基本权利和改善劳工的劳动与生活条件，也有利于维护正常的国际民商事秩序。⑤

---

① 截至 2004 年 2 月，全世界共有 36 个国家的 300 家组织或企业获得了认证的证书。而且这一数据还有可能成倍增长。

② Thomas R. French, *Technology and Legal Practice Symposium Issue*: *Internet Resources for Researching International and Foreign Law*. Syracuse L. Rev. , 2002, 52: 1167.

③ Norbert Reich, A *European Contract Law*: *Ghost or Host for Integration?* Wis. Int'l L. J. , 2006, 24（Spring）: 425.

④ 国际劳工组织是联合国历史最悠久、地位很重要的一个专门机构。经过 80 多年的发展变化，工作和活动范围不断扩大，成员国日益增多。

⑤ Elisa Westfield, *Resolving Conflict in the 21st Century Global Workplace*: The *Role for Alternative Dispute Resolution*. Rutgers L. Rev. , 2002, 54: 1221.

但我们需要注意的是，国际劳工组织的立法仍然存在不少的问题，这表现在：（1）公约的普遍性不够。尽管在国际劳工组织的努力下，制定了大量的国际条约，但在这些条约中，得到 100 个以上成员国同意的只有少数几个，大部分都只有半数国家同意，甚至有一些还只有几个国家同意接受。（2）公约的执行力有限。从国际劳工组织成立时起，其公约的执行力主要依靠成员国的自觉和国际劳工组织的道德谴责，强制性和执行力有所欠缺。（3）公约制定过程中的政治色彩越来越浓。世界各国基于其本国政治、经济利益的考虑，在国际劳工标准问题上很难达成一致，从而使国际劳工的立法活动很难取得突破性的进展。（4）政府、雇主和工人的三方会谈往往只有政府才真正有发言权，这影响了立法的质量和公正。

国际劳工立法的发展与经济全球化是密切相关的。当前，随着经济全球化和贸易自由化的发展，国际贸易中的关税壁垒虽然已经大幅降低，配额与许可证等非关税壁垒措施的使用范围也逐渐缩小，而技术、环保、知识产权、社会责任等新的贸易保护主义形式正日益成为各国高度重视的贸易保护措施与竞争手段。[1]"企业的社会责任运动"正成为国际商事关系发展中的新问题和新趋势。[2]但"企业的社会责任运动"本身却是一把双刃剑，利用得好不仅有利于企业发展，还可以为整个国际社会创造良好的竞争环境，但是如果其规则制定不符合甚至背离法律的基本原则，违背商业精神和理念，将可能沦为少数国家的贸易保护手段，影响甚至破坏正常的贸易秩序。

国际劳工法的统一化运动由来已久，从其发展历程来看，大致可分为三个阶段：第一个阶段，从 19 世纪初到 19 世纪下半叶，主要是资本主义国家中的一些进步的知识分子、政治家、企业家针对劳工保护的思想启蒙运动，以及在此基础之上的一些民间团体和所提出的进步主张；第二阶段，从 19 世纪末到 20 世纪初，是国际劳工立法的萌芽阶段，是指民间团体或国际组织所进行的初步的立法活动；第三阶段，从 1919 年国际劳工组织成立至今。[3] 国际劳工组织的诞生开创了劳工统一立法的新纪元。在它的积极组织与推动下，国际劳工统一立法工作取得了突出的成效。现已制定了几百个公约和建议书。其中重要的有《国际劳动宪章》及《费城宣言》。这些公约所涉及的内容包括基本人权、就业、社会政策、劳动管理、劳资关系、工作条件、社会保障等方面。其

---

[1] JH Dalhuisen, *Legal Orders and Their Manifestation*: *The Operation of the International Commercial and Financial Legal Order and Its Lex Mercatoria.* Berkeley J. Int'l L., 2006, 24：129.

[2] Peter A. Joy, *Learning From Practice*: *Evolution Of Aba Standards Relating To Externships*: *Steps In The Right Direction*? Clinical L. Rev., 2004, 10：681.

[3] 马特：《WTO 与中国劳工法律制度的规避》，中国城市出版社 2001 年版，第 108—109 页。

中既有综合性的公约，也有针对特定人群和行业制定的专门公约。从一定角度看，国际劳工组织所拟定的公约与建议书已经初步形成了一套比较完整的、立法目的明确的国际劳工法典。①

实际上，对于国际劳工标准问题，世界贸易组织（WTO）也非常关注。②但要注意的是，劳工与贸易问题在 WTO 内部的发展并非一帆风顺，毕竟劳工问题涉及广泛的社会利益，受许多政治、经济因素的制约，而 WTO 只是一个贸易自由化的多边体制，并非全面促进经济、社会和人权发展的一体化集团，其对劳工问题的关注只能局限在一定的范围内。③ 1999 年西雅图会议以后，各国都认识到了国际贸易关系中有关劳工标准问题的严重性。在 2000 年 2 月召开的联合国贸易与发展会议第十届大会上，发展中国家对劳工标准达成了重要共识，试图通过努力建立"公平、公正、安全"和非歧视性的多边贸易体制。

与此同时，跨国公司也尝试通过努力，建立一整套国际劳工标准。④ 随着经济全球化的深入发展，越来越多的跨国公司和企业意识到"企业的社会责任"之重要性。⑤ 为此，许多企业开始自觉制定企业内部规则，揭开了"生产守则运动"的序幕。"生产守则运动"是一场要求跨国公司在国际商事关系中担负其社会责任的运动，其核心内容都是以国际劳工组织的"核心劳工标准"为基础。企业执行生产守则就等于在企业内部实施劳工标准，从而充分体现了对劳工权益的保护。"企业生产守则运动"的发展经历了两个阶段，即"企业内部生产守则阶段"和"企业外部生产守则阶段"。内部生产守则的制定源于跨国公司对于市场和消费者的一种应对策略，同时也是为了提升自身的企业形象，增强竞争力。这类生产守则通常由发达国家的大型跨国公司自发制定、解释、实施，属于"自治法"。⑥ 随着市场经济的一体化程度的不断提高，这种

① Adelle Blackett, *Globalization, Accountability, and the Future of Administrative Law: Global Governance, Legal Pluralism and the Decentered State: A Labor Law Critique of Codes of Corporate Conduct.* Ind. J. Global Leg. Stud. 2001, 8: 301.

② 从 WTO 的宗旨和目标来看，"提高生活水平"和"保障充分就业"是 WTO 调整劳工问题的法律依据。

③ Claire R. Kelly, *Power, Linkage and Accommodation:* The WTO *as an International Actor and Its Influence on Other Actors and Regimes.* Berkeley J. Int'l L., 2006, 24: 79.

④ 跨国公司源于 1863 年美国的 Singer 缝纫机公司，至今已有 140 多年的历史，进入 20 世纪 90 年代后，跨国公司已经成为推动经济全球化的重要力量，对世界经济、政治和社会生活的发展具有重要的影响。

⑤ David Weissbrodt and Muria Kruger, *Current Development: Norms on the Responsibilities of Transnational Corporations and Other Business Enterprises with Regard to Human Rights.* A. J. I. L., 2003, 97: 901.

⑥ 跨国公司内部生产守则的最大弊病在于没有有效的监督机制，其执行的有效性值得怀疑，很可能沦为跨国公司面对消费者和投资国政府的公关工具。

跨国公司的"内部法律"逐步被以"社会约束"为特征的"外部生产守则"
所代替，如英国的"道德贸易基本守则"（Ethical Trading Initiative Bade
Code），欧洲的"洁净衣服运动"（CCC）发起的"成衣业公平贸易约章"
(the Fair Trade Charter for Garments) 等。这些规则相对于"内部规则"而言，
其规则执行的公开性与公正性大为增强。①

以跨国公司为首制定的各种规则虽然已经相对成熟，能够体现公平、公正
与公开的特征，但这些规则种类繁多，实践中实施起来会出现很多问题。比
如，跨国公司一方面要推广本公司的社会责任守则，另一方面，它还要遵守行
业性的、地区性的、全国性的乃至全球性的守则，以应对不同的竞争需要。这
就在客观上迫切希望建立一个通用于全球的统一的社会责任标准，以提高社会
责任审核的透明度和公信力，并避免因重复审核所造成的资源浪费。此外，企
业制定的这些守则都出于企业自身的利益考虑，很难能够真正反映劳工的合法
权益。加之企业或者企业组织内部力量的有限性，使规则的统一性及普遍性受
到较大影响。总之，这些守则尽管同传统的企业内部守则相比要完善一些，但
在强制力、普遍性以及权威性方面仍不能满足国际商事关系发展的需要。②

我们知道，全球化的发展趋势是不可逆转的，因此有必要统一国际劳工标
准。对此，从1919年国际劳工组织成立起，就一直试图统一国际劳工立法，
但终因种种原因，不论是国际组织、各国政府、民间组织还是跨国公司，在具
体规则的制定上都面临着这样和那样的考验和困境。然而自从SA8000出现以
后，情况似乎出现了一些转机。③

2. SA8000 与国际劳工法

随着国际经济全球化趋势的不断加强，贸易与劳工标准问题之间的矛盾更
显突出。④ 而不管是国际劳工组织还是世界贸易组织，它们在制订国际统一劳
工法时，都要面临非常复杂的国际社会环境，面临这样那样的种种困难，致使
立法进程缓慢，不能适应国际商事关系发展的需要，因此迫切需要寻求另一种
途径来弥补这一缺陷。⑤ 而SA8000规则的产生和发展，正迎合了这一发展趋
势的要求。

① John F. Molloy, *Conference Report: Miami Conference Summary of Presentations.* Ariz. J. Int'l & Comp. Law, 2003, 20: 47.

② Matthew W. Finkin, *International Governance and Domestic Convergence in Labor Law as Seen from the American Midwest.* Ind. L. J. 2001, 76: 143.

③ Jenny S. Martinez, *Towards an International Judicial System.* Stan. L. Rev., 2003, 56: 429.

④ Virginia A. Leary, *The WTO and The Social Clause: Post-Singapore.* Eur. J. Int'l L. 1997, 11: 112.

⑤ Virginia A. Leary, *The WTO and The Social Clause: Post-Singapore.* Eur. J. Int'l, L. 1997, 11.121.

SA8000（Social Accountability 8000，企业社会责任标准）是根据国际劳工组织宪章（ILO 宪章）、联合国儿童权利公约、联合国宪章、世界人权宣言等国际性立法而制定的，以保护全球劳动环境和劳工权利等为主要内容的管理认证体系。该体系已经在欧美等国推行并对世界各国企业的生产和经营产生了巨大的影响。它最早是由美国的社会责任国际协会（Social Accountability International，简称 SAI）制定的。① SA8000 标准与 ISO9000 质量认证系统及 ISO14000 环境认证系统一样，是一个可用于第三方认证的国际标准，目的在于推行该认证标准来改善劳工的工作条件，以维护劳工的合法权益。SA8000 在制订其最低统一的劳工标准时，不论其宗旨还是目的都明确地体现了商业精神与理念的要求，并同商人追求利润的目的相契合，试图建立、维持良好的企业形象，并承担一定的社会责任。② 众所周知，SA8000 产生也可以溯源于商人（特别是跨国公司）的自发与自律行为。全球经济一体化的主要推动者跨国公司刚刚发展时，充分利用其在世界范围的资源流动和全球化的生产，引进了许多灵活多变的劳工雇佣机制，从而以低成本生产在国际竞争中获得了快速的发展，却极大地损害了广大劳工的合法权益。这些问题被频繁揭发出来后，引起了人们对跨国公司中劳工权益的关注。③ 迫使跨国公司为维护自身企业形象而建立起自己的"内部"守则，承担起包括劳工权益保护在内的"社会责任"。并自发对这些守则进行解释、实施和监督。如 1991 年美国服装制造商 Levi-Strass 因在极其恶劣的工作条件下滥用年轻女工的行为曝光后，为挽回公司良好的社会形象而拟定了公司社会责任守则（又称生产守则），这也许是世界上第一个企业社会责任守则。这以后许多大型的跨国公司纷纷为自己的企业制定守则，如迪斯尼、沃尔玛、阿迪达斯、耐克，等等。这些企业为维护劳工权益的自发行为在很大程度上缓解了紧张的劳资关系，并为公众所接纳。但是这种内部守则缺乏统一公正的程序与外界监督，作用有限。有鉴于此，国际社会为创立一个有广泛约束力的企业社会责任标准，进行了大量的工作，从涉及劳工权益保护最主要的行业开始，先后制定了一些"外部"守则，如英国的

---

① SAI 由来自 11 个国家的 20 个大型商业机构、非政府组织、工会、人权及儿童组织、学术团体、会计师事务所及认证机构组成。SAI 在纽约召开的第一次会议上就提出了标准草案，最初名为 SA2000，最终定名为 SA8000 社会责任国际标准，并在 1997 年 10 月公开发布。2001 年 12 月 12 日，经过 18 个月的公开咨询和深入研究，SAI 发表了 SA8000 标准第一个修订版，即 SA8000：2001

② Luka Tadic-Colic, *International Arbitration: On-line Mediation: Evolution and Perspectives*. Croat. Arbit. Yearb., 2005, 12: 247.

③ 跨国公司损害劳工权益的丑行被揭发以后，受到了来自各界的猛烈批判，特别是西方国家的消费者、非政府组织、工会组织、学生组织等不断发起对跨国公司的批评，这一社会运动与国际劳工运动、消费者运动、环保运动和女权运动扭结在一起。

"道德贸易基本守则"（Ethical Trading Initiative Bade Code），欧洲的"洁净衣服运动"（CCC）发起的"成衣业公平贸易约章"（the Fair Trade Charter for Garments），等等。但需要注意的是，这些种类繁多的规定虽然加强了对企业"内部"守则的监督力度，但各自为政的守则使企业在众多标准中往往无所适从，① 并可能使得劳工标准越发模糊而缺乏预见性，从而不利于形成统一的国际劳工标准。在此情况下，1997 年，由美国的经济优先权委员会认可机构 CE-PAA（Council on Economics Priorities Accreditation Agency，后于 2001 年更名为社会责任国际 SAI）组织相关部门制定了 SA8000：2001。SA8000 一经出台，便被誉为企业"走向世界的第三张门票"。它形成了一套全新的国际统一的劳工标准，在国际社会发挥着重要的作用。② 它的产生和发展经历了从个别调整发展为一般调整的过程，从发展态势来看，SA8000 必然有一个从习惯演变为习惯法再发展成为成文法的过程，并将以现代商人法规则的形式来调整国际商事关系中的劳工关系。③

从法理上看，法的"权威性"和"强制性"并非仅源自国家，真正的权威性来自于"民间"，来自于"社会大众"，这种"社会合意"正是商人法产生的真正根源。④ 确实，法与非法的区别不在于是否有国家强制机关的介入，而在于是否有"规范性"和"强制力"。从广义的角度来看，一种社会规范只要有强制手段的保证，就可能由此而产生一种法律秩序，而执行强制手段的既可以是国家机器，也可以是专门组织起来的社会机构甚或个人。⑤ 基于这样的分析，我们应该可以肯定，源于跨国公司守则运动而产生的 SA8000 也具有现代商人法规则同样的"强制性"，因为它能够通过利用对企业销售市场的控制来执行规则，而这种"强制性"并非源于"国家"，而是源于"商人自己"，源于商人对商业利益的追求。这种经济与商业信誉因素形成的制约力，能够使企业迫于其所造成的直接或间接的社会影响而自觉地遵守这些规则。⑥

---

① 据 ILO 统计，这样的守则已经超过 400 种。

② 据现有资料的分析，SA8000 在全球和中国今年通过认证的机构数量都会与历年的总和相当，还有翻番的可能。

③ Matthew W. Finkin, *International Governance and Domestic Convergence in Labor Law as Seen from the American Midwest.* Ind. L. J. 2001，76：143.

④ Todd Weiler, *NAFTA Article 1105 and the Principles of International Economic Law.* Colum. J. Transnat'l L.，2003，42：35.

⑤ 李楯：《法律社会学》，中国政法大学出版社 1999 年版，第 86 页。

⑥ Sean D. Murphy, *Essay in Honor of Oscar Schachter：Taking Multinational Corporate Codes of Conduct to the Next Level.* Colum. J. Transnat'l L.，2005，43：389.

　　SA8000 的制定机构 SAI，由 11 个国家的 20 个大型商业机构、非政府组织、工会及儿童组织、学术团体、会计师事务所和认证机构的专家和商人代表组成。SAI 在制订具体规则内容时，认真参考了国际劳工组织制定的有关国际公约，以及联合国制定的人权公约的内容，并考虑到世界各国之间在文化传统、具体国情方面的差异，从而基本上满足了现代社会统一劳工标准的需要，具备了国际"权威性"，这种"权威"不是源自国家的权力，而是源于商人的共同意志。SA8000 的这种"自治性"、"民间性"的特征，避免了国际组织、国家，特别是国际劳工组织所面临的劳工问题与政治问题纠缠不清的尴尬，极大地推动了国际劳工标准统一化的进程。①

　　SA8000 企业社会责任标准的宗旨是为了保护人类基本权益，以树立国际统一劳工标准为前提，借助国际劳工组织（ILO）关于禁止强迫劳动、结社自由的有关公约及其他相关准则、人类权益的全球声明和联合国关于儿童权益的公约的内容，规定了企业必须承担的社会责任。它通过一套适用于全球的规范体系，使各个行业的生产经营都符合劳工权益保护和工作安全等最低要求，消除不同国家和地区处理劳工权益问题时所出现的不协调现象，促进了国际劳工立法的趋同化与统一化进程。SA8000 推行的最低标准集中关注了人的生存权与发展权这类最基本的人权内容。具体包括禁止使用童工、禁止强迫性劳动、确保职工的健康与安全、确保工人结社自由与集体谈判的权利、禁止歧视、禁止惩罚性措施、一周工时不得超过 48 小时、每周加班时间不得超过 12 小时、工资报酬充足以及管理部门应确保所有的要求有效执行。同时，该认证标准还从微观方面强调了其可操作性和适用性，将对女工、童工等弱势群体的保护落到实处。它不仅适用于发达国家，也适用于发展中国家，不仅适用于各类工商企业，也适用于公共机构，将有效地促进国际劳工标准统一化的发展。

　　可以说，SA8000 产生的时间虽然不长，却迅速在世界许多国家范围内适用，而且这一趋势将在跨国公司以及商人们的积极推动下继续增强。SA8000 规则自产生以来就得到迅速发展，并受到国际社会的广泛接受的根本原因，应该说是基于它的"商人法"性质。我们知道，SA8000 是由美国的经济优先权委员会认可机构 CEPAA（Council on Economics Priorities Accreditation Agency，后于 2001 年更名为社会责任国际 SAI）制定并推行的。该组织属于美国民间

　　①　Thomas Lundmark, *Free Speech Meets Free Enterprise in the United States and Germany.* Ind. Int'l & Comp. L. Rev., 2001, 11: 289.

商业组织，不是正式的国家立法机构，但其制定的 SA8000 却是根据国际组织的相关规定以及历年来许多跨国公司的实践经验总结而成。可以说，SA8000 是 SAI 根据商人们长期积累的习惯而总结出来的一套劳工标准，属于商人法则的一部分，是商业发展到关注人自身这一更高阶段的表现和产物。① 而 SA8000 具有的商人法所特有的"灵活性"特点，使其适用更加简便，更加灵活，更容易适应商事活动的各种状况，不像某些国际组织的统一立法，一旦得到国内法的认可就必须无条件执行，使得很多国家为了避免僵硬的统一标准给国内市场带来的不利影响而放弃对某些立法的认可，造成很多国际立法影响极为有限。实际上，当前劳工立法出现停滞不前的主要原因就在于劳工法所面临的复杂的国际国内社会环境，从这一角度看，国际劳工立法的趋同化与统一化进程仅仅依靠传统的立法模式是颇难推进的。SA8000 可以避免这类缺陷而改变这一立法进程。因为具有商人法特性的 SA8000 是商人们在自治原则下发展起来的，更易为国际商业社会所接受与执行。

4. SA8000 的发展趋势

国际劳工立法的发展与国际劳工组织的成立与发展密不可分。国际劳工组织的成立，在国际劳工立法史上具有里程碑式的意义。在国际劳工组织的第一届会议上即通过了六个公约和六个建议书，之后每年都要通过一些公约与建议书。虽然这一立法工作因第二次世界大战而被迫中断，但联合国成立后，国际劳工组织即成为联合国的专门机构之一，很快就恢复了制定公约的工作。到目前为止，其所制定的公约与建议书涉及了劳工法的方方面面，可以说已经构成了一个相对完整的国际劳工法体系，并被有些学者称为"国际劳工法典"。② 然而，由于国际劳工组织自身的局限性，其所制定的公约虽然遵循"三方性原则"，但实际上起主导作用的是政府与企业雇主，劳工的权益很难得到真正的保护。此外，公约还缺乏实际的监督与执行力度，这无疑会影响其法律权威，使公约的内容难以在国际商事关系中贯彻实施。③ 从公约的内容来看，其中有关国际劳工待遇标准的规定，忽略了发达国家与发展中国家的发展水平差异，而且常常因为国家利益的冲突而使有关规则难以出台。基于以上这些原因，国际劳工法的统一化进程在人权越来越受关注的背景下却处于艰难的

---

① Deborah M. Weissman, *The Political Economy of Violence*: *Toward an Understanding of the Gender-Based Murders of Ciudad Juarez.* N. C. J. Int'l L. & Com. Reg. , 2005, 30: 795.

② Matthew W. Finkin, *International Governance and Domestic Convergence in Labor Law as Seen from the American Midwest.* Ind. L. J. 2001, 76: 143.

③ Deborah M. Weissman, *The Political Economy of Violence*: *Toward an Understanding of the Gender-Based Murders of Ciudad Juarez.* N. C. J. Int'l L. & Com. Reg. , 2005, 30: 795.

境地。

而以商人法形式发展着的 SA8000 与国际组织的立法则不同，它缓和了国家之间、各利益团体之间以及企业主与劳工之间的矛盾，在贸易与劳工问题方面确定了最低标准，提出了基本要求，并在国际社会得到了广泛的运用。但这并不等于说 SA8000 是完美无缺的，作为正在形成中的商人法规则，仍有待于进一步发展，以适应国际商事关系发展的需要。

众所周知，国际劳工立法的根本目的之一就是要统一各国劳工待遇标准。当然，我们应该注意到，由于世界各国的法律传统与具体国情不同，要想实现国际劳工法的完全统一在短时期内是不可能的，也是不现实的。而要追求世界各国劳工法的协调与一致则可能是更为明智的态度和做法。这就是国际劳工法的趋同化。[①] 国际劳工法的趋同并不否认各国法律之间的差异性，并在此基础上更好地统一有关法律规则。

在统一劳工立法的过程中，就是否应该关注劳工利益的问题已基本达成共识，但就是否应该在国际范围内解决此问题，以及国际社会能否平等地解决这一问题则仍有争论。而 SA8000 这一"商人法"性质的规则确乎是解决这一问题的最佳选择，它可以更加灵活地处理和解决当前日趋复杂的国际劳工立法的统一化问题。[②] 实际上，从现有的推行情况与实施效果来看，也确实推动了国际劳工法的统一。但我们仍然要注意完善其规则体系，以使其更有利于推进国际劳工法的统一。（1）坚持平衡各方当事人的利益，进一步完善相关立法规则的具体内容。（2）坚持 SA8000 规则本身的"自治性"、"灵活性"特征，并密切关注实践对其的反应。（3）增强 SA8000 规则的权威性和可执行性。SA8000 作为现代商人法规则，对其法律性质问题，学界一直是有争论的。由于在现实社会中，传统的法律概念仍居主导地位，因而在 SA8000 未来的发展过程中，增强其权威性和可执行性就成为当务之急。

虽然 SA8000 已经对国际劳工立法产生了巨大的影响，但其法律性仍有不少争议，目前国际上已经形成了以发达国家和发展中国家为主的两大阵营。发达国家认为，SA8000 不属于贸易壁垒，而是作为一种"社会良知对资本权力的制约"力量，对调整国际劳工关系具有重要的意义。易于在国际商业社会推行。

---

① "所谓法律的趋同化，乃指不同国家的法律，随着社会需要的发展，在国际交往日益发达的基础上，逐渐相互吸收，相互渗透，从而趋于接近甚至趋于一致的现象，其表现是在国内法律的创制和动作过程中，越来越多地涵纳国际社会的普遍实践与国际惯例，并积极参与国际法律统一的活动等等。"见李双元：《市场经济与当代国际私法趋同化问题研究》，武汉大学出版社1994年版，第3页。

② Deborah M. Weissman, *The Political Economy of Violence: Toward an Understanding of the Gender-Based Murders of Ciudad Juarez.* N. C. J. Int'l L. & Com. Reg., 2005, 30: 795.

实际上，在西方发达国家政府的认同和推动下，SA8000 获得了迅速的发展，并在发展中国家，如印尼、泰国、中国、越南等国家得到承认和运用。①

SA8000 虽然不是商人组织设立的，其所关心的核心问题——劳工待遇问题，也并非传统的商人法规则的内容，但是，SA8000 在全球一体化进程的影响下，由商人们参与制定出来，并成为调整商事活动中有关劳工问题的法律规则，尽管这一规则不具有国家法的强制性，但却具备一定的法律效力。② 这是因为，虽然制定 SA8000 规则的组织并不是国家政府机关，而是一个由美国政府支持的多边的民间组织，该组织通过联合跨国公司、民间机构、独立研究机构等多方参与的形式，就企业的社会责任、劳工最低待遇标准等问题制定统一的规则，由各国企业采用。该规则无论从其宗旨、目的还是具体的内容来说，都体现为一个保护劳工权益的法律文件。其核心是维护劳工待遇的最低标准，保护劳工的最基本权益，与此同时，也调整企业的利益关系。③ 因此，SA8000 构成现代商人法性质的法律规则，对国际商事关系起着重要的调整作用。事实上，SA8000 自产生以来，在短短的几年时间里，就引起了许多国家，不同企业和不同行业对劳工待遇问题的重视与完善。④ 在国际经济一体化和市场经济全球化的今天，企业的社会责任，尤其是跨国公司的社会责任，日益成为国际经济发展的重要问题，SA8000 以"自治性"法律规则的方式制定出全球的标准，对国际劳工法的统一具有十分重要的意义和价值。⑤

总之，SA8000 是 SAI 组织根据国际众多组织与协议关于劳工待遇及人权问题的规定而制定的"民间性"法律规则，主要协调企业经营过程中的劳资关系。它是商人"自治"的结果，便于平衡各方利益，⑥ 其目标是为所有国家、所有行业的所有公司订立一种通用标准，减少企业生产守则认证的成本，从而确保制造商的生产模式符合统一标准并最终保障劳工得到合理待遇和理想

① George Sayen, *Arbitration, Conciliation, and the Islamic Legal Tradition in Saudi Arabia*. U. Pa. J. Int'l Econ. L. , 2003, 24: 905.

② Adelle Blackett, *Globalization, Accountability, and the Future of Administrative Law: Global Governance, Legal Pluralism and the Decentered State: A Labor Law Critique of Codes of Corporate Conduct*. Ind. J. Global Leg. Stud. 2001, 8: 361.

③ David Nelken, *Signaling Conformity: Changing Norms in Japan and China Culture, International Norms, And Legal Change in East Asia*. Mich. J. Int'l L. , 2006, 27: 933.

④ David Weissbrodt and Muria Kruger, *Current Development: Norms on the Responsibilities of Transnational Corporations and Other Business Enterprises with Regard to Human Rights*. A. J. I. L. , 2003, 97: 901.

⑤ Todd Weiler, *NAFTA Article 1105 and the Principles of International Economic Law*. Colum. J. Transnat'l L. , 2003, 42: 35.

⑥ Claire Moore Dickerson, *Transnational Codes of Conduct Through Dialogue: Leveling the Playing Field for Developing-Country Workers*. Fla. L. Rev. , 2001, 53: 611.

的工作环境。

SA8000 的出现，是现代商人法理论在国际劳工法领域渗透和发展的结果，是商人"自治"行为的结果，表现为商人们（特别是跨国公司）根据自己的需要，在国际组织还不能利用"社会条款"、"体面劳动"等概念来约束国际劳工立法行为时创造出来的适应国际商事关系发展需要的"任意性"、"民间性"法律规则。尽管它的法律效力比一般的国内法规则要弱，但却是真实而有效的。随着国际经济全球化趋势的不断增强，国际劳工法领域内的商人规则将不断涌现，并朝着系统化、法典化的方向发展。

（三）现代商人法在电子商务领域的新发展

1. 电子商务与电子商务法

电子商务（E-Commerce），是指通过电子（计算机）信息网络等手段进行的商务活动。美国国家标准局（National Institute of Standards and Technology, NIST）将电子商务定义为，由电子数据交换（Electronic Data Interchange, EDI）所衍生出来的其他形态数据或交易，并包含以下内容：（1）运用电子通信方式从事商品与服务的任何活动，诸如存货、交易、广告、通信、支付等。（2）以数字数据传输为基础的任何商业交易方式，这些数字数据包括文字、声音及虚拟影像等。（3）电子式的商业交易服务。[①] 随着信息技术的发展，电子商务的内涵和外延也在不断充实和扩展，并不断被赋予新的含义，开拓出更广阔的应用空间。[②] 同传统商务活动相比，电子商务极大地提高了效益和效率。具有降低交易成本、减少库存、缩短生产周期、增加商机、减轻物资的依赖、减少中间环节等优势。现在，电子商务已经成为国民经济和社会信息化的重要组成部分。

电子商务的发展经过了以下几个阶段：[③]（1）黄页型（yellow page），通过互联网提供企业或产品的黄页，以取代传统传播介质，以便捷、低廉取胜。（2）广告型（pamphlet）。（3）销售型（sale），包括 B2C（Business-to-Consumer），B2B（Business-to Business）等，是一种通过网络方式和手段营运的新型销售方式，具有传统销售方式不可能具备的优势。（4）整合型（integrated）。随着计算机网络技术的迅猛发展，服务器系统管理软件功能愈渐强大，

[①] Shukri Wakid, John Barkley, Mark Skall, *Object Retrieval and Access Management in Electronic Commerce*. http://www.itl.nist.gov/div897/staff/barkley/ecpaper/ecpaper.htm. （访问日期：1999.3.26）.

[②] Jane K. Winn, Symposium: *Spyware: The Latest Cyber-Regulatory Challenge: Contracting Spyware by Contract*. Berkeley Tech. L. J., 2005, 20: 1345p.

[③] http://www.itxf.com.cn/business/index1.asp. （访问日期：2006.1.3）

越来越多的企业基于节约成本、提高效率的考虑，在产品宣传、销售，招商引资，售后服务，技术支持等方面，都借助于网络平台，使电子商务真正成为企业的一个应用平台，成为企业生存和发展的一种方式。（5）在线生产在线消费（Produce Online & Consume Online，简称POCO）。①

电子商务这种新型的商业模式，对传统商业模式的冲击是革命性的：它的发展使商人与公司、企业纷纷抛弃传统的销售渠道和贸易模式、抛弃集中式存货仓库，甚至抛弃传统的企业宣传模式和管理模式，而成为"虚拟"的企业，能够以最低成本在全球范围内进行商业活动。从发展趋势看，作为以电子方式进行交易，提供服务的新型商业运行机制的电子商务，必将不断地向纵深化、专业化、国际化方向发展。②

随着计算机信息网络技术的不断发展，电子商务得到了蓬勃的发展，相应的，它所带来的法律问题也越来越多，其中最核心的问题体现在两个方面：一是电子商务的合法化问题，包括传统法律体制如何与电子商务相协调、相容纳的问题；二是如何制订新的法律来规范和调整电子商务中的一些特殊问题，如通信安全问题，网络责任问题等。③电子商务法就是这样一个新兴的用于解决电子商务活动中出现的一些特殊问题的法律部门。至于电子商务法的界定，学界存在两种观点：一种是广义说。认为所有调整电子商务活动的法律规范均可以称为电子商务法。另一种是狭义说。狭义的电子商务法是指调整以数据电讯为交易手段而形成的因交易形式所引起的商事关系的规范体系。④其主要内容包括电子签名、电子认证、安全标准以及电子商务中当事人的权利义务等，以解决电子商务交易的操作规程问题，这些规范很多属于技术性的规范，性质上可以认定属于现代商人法的范畴，是现代商人法向电子商务法领域渗透的表现。

2. 电子商务的法律冲突与法律选择

电子商务的跨国性不可避免地会带来法律选择问题。对此，学者们提出了两种完全相反的解决方案：一是针对这种新型的"网络法律关系"，由各国通

---

① 也有学者认为电子商务可分为如下几个阶段：（1）1970年代的银行间采用的电子资金转换技术；（2）1970年—1980年的电子信息技术的电子商务时代；（3）以在线服务的形式提供消费者的需求，或知识信息的分享；（4）Internet上的全球信息网（World Wide Web，WWW），因其在应用程序和使用上的便利性有突破性的进展，为电子商务的发展创设了良好的发展平台。

② Lenden Webb, *International BBB Ratings a la eBay: A Proposal for an Improved Online Better Business Bureau to Facilitate International Business Transactions.* Cal. W. Int'l L. J., 2004, 35: 127p.

③ 于志宏、吕国民："电子商务中的法律适用问题探析"，广东商学院法学院，2002年第6期，第80—85页。

④ 张楚："关于电子商务立法的环顾与设想"，《法律科学》2001年第1期，第31—40页。

过国内立法、判例，以及国际条约、公约制定"网络空间法"，专门适用于发生在网络空间中的案件。① 二是继续采用传统的冲突法方法，将电子商务案件通过个案识别归入到传统的法律体系之中，分别适用不同的法律来解决其法律冲突问题。② 对于第一种方案，由于网络空间是由物理空间延伸、衍生而成的，它所体现的仍然是人类社会的标准。因而要形成一个全新的法律部门，在没有足够充分的全球范围的相关立法和司法实践之前，是不现实的甚至是不可能的，因此，我认为彻底抛弃传统冲突法的观点和做法是不可取的。我们需要做的工作主要是如何完善现有的冲突法制度，使其适应电子商务的发展需要。③

从传统的法律层面来分析，电子商务的法律适用问题确实可以采取分割处理的方法。④ 如把电子商务关系分为电子商务合同关系、电子商务侵权关系、电子商务物权关系，等等，分别按照传统的国际私法方法来确定其准据法。但由于电子商务天然的跨国性质，以及它所包含的因技术原因而造成的一些特殊问题，这种通过传统方法而确定的准据法，除了运用当事人意思自治原则以及最密切联系原则以外，往往不能反映出电子商务的特殊性质，也不能客观公正地解决电子商务当事人的权利义务。即使是运用最密切联系原则，适用中因电子商务中"虚拟"因素的存在，也必然会出现传统法律中所不能解决的问题。如"虚拟服务器"的地址与特定的个案有最密切联系，传统的法律可能就无法解决这一问题。⑤

纵观目前国际上很多有关电子商务法的立法，大体上均沿袭了传统的法律选择方法。如《欧洲 EDI 示范协议》、⑥《南非示范交换协议》、⑦《英国标准EDI 协议》、⑧《美国贸易伙伴 EDI 示范协议》⑨ 等，都赋予了当事人协议选择法律的自由。但值得注意的是，这些立法中的规定不像传统国际私法中那样，

---

① Christina L. Kunz et al. , *Browse-Wrap Agreements*: *Validity of Implied Assent in Electronic Form Agreements*, 59 Bus. Law. 279 (2003) (reporting findings of the ABA Working Group on Electronic Contracting Practices).

② 郑成思：《知识产权文丛》（第一卷），中国政法大学出版社 1999 年版，第 274 页。

③ 吕国民：《国际贸易中 EDI 法律问题研究》，法律出版社 2001 年版，第 198—222 页。

④ 在没有形成国际统一适用的电子商务法以前，也只能采取这种实用主义的分割方法。

⑤ Norbert Reich, *Protection of Consumers' Economic Interests by EC Contract Law*: *Some Follow-up Remarks*, Sydney L. Rev. , 2006, 28：37p.

⑥《欧洲 EDI 示范协议》第 13 条。

⑦《南非示范交换协议》第 7 条。

⑧《英国标准 EDI 协议》第 15 条第 2 款。

⑨《美国贸易伙伴 EDI 示范协议》第 4 条第 4 款。

对当事人的选择作出严格的限制，而是规定当事人可以选择任何法律制度作为该法律关系的准据法，即使被选择的法律与该电子商务法律关系没有任何联系。

在电子商务法中，电子单证应该说是最普通的法律术语。这在一般学者的眼中，它是指以电子方式存在的单证，至于其具体内容，则往往忽略不管了。实际上，在现实的法律实践中，我们必须指向电子单证所蕴涵的权利义务内容。而这一问题，我们现在所说的电子商务法是不能回答的。或者说，它必须结合其他法律规则才能回答。我们知道，海商法上的运输单证等，来源于商人们在长期的商事实践中逐渐创造的商人法规则。① 从这一角度看，现代商人法是电子商务法最基本的元素。也因此，商人们在处理电子商务争议时，往往宁愿选择现代商人法规则，而不愿选择内国法。② 在电子商务活动中，当事人选择现代商人法来调整他们之间的商事关系，一是用以明确彼此间的权利义务，二是一旦发生纠纷，据以解决争议。值得注意的是，商人们选择现代商人法作为他们之间的电子商务关系的准据法，并不意味着他们从根本上排除电子商务法的适用，实际上，他们希望存在一种完备的电子商务规则来调整他们之间的电子商务关系，但由于各国的电子商务立法还存在这样那样的问题，很不完善，甚至还存在各式各样的缺漏，因此，商人们宁愿选择从传统的商事关系中发展而来的现代商人法规则来处理他们之间存在的法律问题。③

尽管在电子商务的法律适用问题上，传统的当事人意思自治原则已经成为确定电子商务准据法的首要原则，但在当事人没有达成一致选择的场合，如何确定准据法，各国国内法以及国际条约的处理方法存在很大的差异，但基本观点主要是适用国内法的有关规定。这是很难适应电子商务发展的客观需要的，在实践中也可能缺乏操作性，也可能由此损害当事人的合法利益。④ 因此，这种方法遭到了很多学者的批判。如美国学者帕斯特（Paster）提出了所谓的"网络空间立法和法律适用体制"的理论。根据该理论，Internet 用户应将制定和选择规则的权力委托给相应的 ISP，由 ISP 选择适用哪一国的法律或制定何

---

① William Tetley, *The General Maritime Law - The Lex Maritima* (*With a Brief Reference to the Ius Commune in Arbitration Law and the Conflict of Laws*). Syracuse J. Int'l L. & Com., 1994, 20: 105—107.

② Dan Hunter, *Cyberspace as Place and the Tragedy of the Digital Anticommons.* Calif. L. Rev., 2003, 91, 3: 439p.

③ Norbert Reich, *Protection of Consumers' Economic Interests by EC Contract Law: Some Follow-up Remarks.* Sydney L. Rev., 2006, 28: 37.

④ David LeBron, *Attaining U. S. Effectively Connected Income in the Aftermath of the American Jobs Creation Act of 2004 and Its Aim to Repeal Extraterritorial Income Exclusion.* Akron Tax J., 2006, 21: 101p.

种规范。对于网络用户或者消费者来说，选择了 ISP 就意味着选择了法律，这同最初的选择权取决于 Internet 用户自身完全不同。① 我们知道，在电子商务案件中，最容易确定的就是当事人属于哪一个 ISP 的用户，而该 ISP 选择的法律已在其与用户的协议中载明。所以，针对具体的电子商务案件，即使依照国际私法上的最密切联系原则，其所应适用的准据法也是经由双方的 ISP 所指向的特定国家或地区的法律。但 ISP 终究只是提供技术的中间服务商，很少涉及甚至根本不涉及电子商务的实质内容，因此，完全将电子商务的法律适用问题之解决寄托在 ISP 之上绝对是行不通的。② 但该理论中有一点是特别值得注意的，即 Internet 用户将制定规则的权力委托给相应的 ISP。这里所称的制定规则，毫无疑问，不是从国家法层面来讲的，而是指商人们自己的造法，是商人们在长期的商事实践中根据自己的意志和利益而进行的立法。他们所制定出来的规则不是国家法，而是现代商人法性质的规则。不仅如此，即使在 ISP 选择法律的场合，除了有强制性的规定以外，ISP 服务商也往往宁愿选择不属于任何国家法律体系的现代商人法规则来处理他们之间的电子商务关系。从这一角度看，现代商人法已经成为电子商务准据法选择的一个新的趋势。这一趋势已经得到越来越多司法和仲裁判例的支持。③

3.《电子商务示范法》的现代商人法性质

随着计算机信息技术和国际互联网的迅猛发展，国际商业活动中使用电子或网络手段进行交易的现象呈加速度增长，这就需要考虑像 EDI 这种以非书面电文形式传递具有法律意义信息的效力与确定性问题，因此国际社会一直以来便采取各种努力，试图缔结一份具有国际影响力的关于电子商务的法律文件。这种努力在下列国际立法文件的制订和修订中充分地体现了出来。如1990 年国际商会修订《国际贸易术语解释规则》时指出："修订的主要原因是为了贸易术语适应 EDI 目前频繁运用的需要……使用 EDI 单证，确保买方具有如同其收到卖方提单一样的法律地位是至关重要的"。④ 联合国也针对这种情况，制定了《联合国行政、商业、运输电子数据交换规则》 （UN/EDI-

① 吕国民：《国际贸易中 EDI 法律问题研究》，法律出版社 2001 年版，第 198—242 页。

② Louis U. Gasparini, *The Internet and Personal Jurisdiction*: *Traditional Jurisprudence for The Twenty-First Century Under the New York Cplr.* Alb. L. J. Sci. & Tech. , 2001, 12: 191p.

③ Juenger, *The lex mercatoria and Private International Law. Uniform Law Review*, 2001, 1: 171—178; Benedicte Fauvarque-Cosson, *Comparative Law and Conflict of Laws*: *Allies or Enemies? New Perspectives on an Old Couple*, Summer, Am. J. Comp. L. , 2001, 49: 407p.

④ Clayton P. Gillette, *Harmony and Stasis in Trade Usages for International Sales.* Va. J. Int'l L. , 1999, 39: 707p.

FACT）等一系列规则，国际海事委员会甚至专门成立了一个电子提单专题委员会，并制定了《电子提单规则》。

到 1996 年，联合国贸易法委员会经过反复努力，终于制定并在联合国大会上通过了《电子商务示范法》。① 该法作为迄今为止第一部有关 EDI 问题的示范法，具有里程碑式的价值和意义，对世界各国的国内电子商务立法产生了重大而深远的影响。如新加坡、韩国以及我国香港地区的相关立法都照搬了该法的结构和体系以及相关概念的定义。兹对《电子商务示范法》的主要内容作一简要的介绍。

《电子商务示范法》共分为两部分，第一部分涉及电子商务总的方面，共3 章 15 条，第二部分只有 1 章 2 条，它涉及货物运输中使用的电子商业。

（1）适用范围。"本法适用于在商业活动方面使用的以一项数据电文为形式的任何种类的信息"。② 包括以电子、网络技术为基础和平台的各种通信手段生成、储存或传递信息的情况，而不限于某种特定的手段或形式。该法还专门对"商业"一词作了扩大的解释，认为不论契约性或非契约性的一切具有商业性质的活动所引起的各种关系或事项均属于"商业"的范畴。③

（2）相关概念的界定。在本章第 2 条中，该法对"数据电文"、"收件人"、"电子数据交换（EDI）"、"发端人"、"收件人"、"中间人"、"信息系统"等术语均进行了界定。如依照该法的规定，"数据电文"是指经由电子手段、光学手段或类似手段生成、储存或传递的信息，这些手段包括但不限于电子数据交换（EDI）、电子邮件、电报、电传、传真；"电子数据交换（EDI）"是指电子计算机之间使用某种标准来规定信息结构的信息电子传输，等等。

（3）数据电文的效力与形式。数据电文的法律效力问题，一直以来是理论与实务界关注的焦点问题。对此，该法规定，不得仅仅以某项信息采用数据电文形式为理由而否认其法律效力、有效性或可执行性。④ 在形式方面，若法

---

① 实际上，早在 1991 年，联合国国际贸易法委员会下属的国际支付工作组就开始负责制定一部世界性的 EDI 统一法。1993 年，该工作组在维也纳召开第 26 届大会，会议全面审议了世界上第一部 EDI 统一法草案《电子数据交换及贸易数据通信手段有关法律方面的统一规则草案》。由于不同法系的法律不可能很快协调完备，为适应各国对 EDI 统一法的迫切要求，统一法采取了灵活的"示范法（model law）"形式。

② 《电子商务示范法》第 1 章第 1 条。

③ 依照《电子商务示范法》的解释，商业性质的关系包括但不限于下列交易：供应或交换货物或服务的任何贸易交易、分销协议、商业代表或代理、租赁、工厂建造、咨询、工程设计、许可贸易、投资、融资、银行业务、保险、开发协议或特许、合营或其他形式的工业或商业合作，空中、海上、铁路或公路的客、货运输。

④ 《电子商务示范法》第 5 条。

律要求相关法律文件（信息）须采用书面形式，或规定了不采用书面的法律后果，那么只要一项数据电文①所含信息可以调取以备日后查用，即满足了法律规定的形式要求，对当事人即构成拘束力。因为电子商务所产生的非纸质的数据电文与传统的书面文件相差很大，② 因而对其法律效力问题，一直是颇有争议的。针对这种情况，国际贸易法委员会在《电子商务示范法》中扩大了对"书面"一词的理解，认为电子数据也属于书面形式的范畴。且进而把这一方法上升为"功能等同原则"，认为一种信息不管以何种载体传送，只要具备书面形式的功能，即可视为书面形式，而不论它是"纸"还是"电子数据"。由此可见，示范法对数据电文的最基本的要求是，信息能够被人所感知，并能证明其存在。③

（4）签字。该法规定了只要符合下列两种情况，数据电文就满足签字的基本法律要求。④ 即数据电文的发端人或收件人使用了一种既能鉴定身份，又能表明认可数据电文内含信息的方法，并且所用方法或者技术是可靠的，也是适当的。

（5）原件。⑤ 对于"原件"问题，该法运用"功能等同"原则对此进行了重新界定。因为数据电文的收件人所收到的总是"原件"的副本。如果把数据电文的"原件"理解为信息固定于其上的媒介物，则根本不可能存在任何数据电文的"原件"，认为作为数据电文原件信息的"原件"，必须保持信息的完整性，除加上背书及在通常传递、储存和显示中所发生的任何变动外，有关信息不能有任何改变。

（6）合同的订立、有效性和对数据电文的承认。⑥ 该法规定，除非当事人另有协议，合同各方可通过数据电文的要约和承诺的方式来缔结合同，并不得仅仅以使用了数据电文为理由而否认该合同的有效性或可执行性。并且规定发端人和收件人应承认以数据电文形式作出的单方面声明或陈述的法律效力。⑦

（7）数据电文的归属。在实践中，商人们通常通过对数据电文进行编码、加密、认证等手段来确保数据电文的真实性、完整性与不可修改性，

---

① 对当事人而言，该项数据电文具有一定的法律上的效果。

② 传统的书面文件包括书面的合同、协议和各种书面单据如发票、收据等，它们是由有形的纸张和文字表现出来，具有有形物的特点。如文件可以被阅读，可以用笔签字证明合法有效。

③ John C. Reitz, *Computers and Law*: *E-Government*. m. J. Comp. L. , 2006, 54: 733p.

④ 《电子商务示范法》第 7 条。

⑤ 《电子商务示范法》第 8 条。

⑥ 《电子商务示范法》第 11 条。

⑦ 《电子商务示范法》第 12 条。

以防止假冒或欺诈等事件发生。对此，该法规定；一项数据电文，如果是由发端人自己发送或由有权代表发端人行事的人发送的，或由发端人设计程序或他人代为设计程序的一个自动运作的信息系统发送的，即为该发端人的数据电文。①

（8）发出和收到数据电文的时间与地点。在电子商务往来中，确定一项数据电文发出和收到的时间与地点是十分重要的。对此，该法规定，② 数据电文发出时间应以该数据电文进入发端人所控制的某一系统的时间为准，若该数据电文不是从指定的信息系统发出，则以收件人检索到该数据电文的时间为收到时间，发端人与收件人另有约定的除外。至于数据电文的收发地点，一般情况下，应将发端人设有营业地的地点视为其发出地点，而将收件人设有营业地的地点视为收到地点。如果发端人或收件人有一个以上营业地的，应以对基础交易具有最密切关系的营业地为准，③ 如无任何基础交易，则以其主要的营业地为准，若没有营业地，则以其惯常居住地为准来确定收发数据电文的地点。

（9）解释。示范法第三章专门就《电子商务示范法》的解释问题作出了规定。依照该法的规定，各国及商事团体或商人应依照诚实信用，以及有利于促进电子商务法的统一适用的原则来解释《电子商务示范法》，同时充分考虑电子商务法的国际渊源问题。这里所谓的"国际渊源"，按照笔者的理解，应该是以一种开放式的、发展的眼光来理解电子商务法的法律渊源，其中包括现代商人法规范。事实上，现代商人法规则在电子商务法的发展过程中，一直扮演着非常重要的角色。④ 此外，该法规定，各国以及电子商务合同的当事人有权根据自己的需要对《电子商务示范法》中的"电子商务"进行自主性的解释，但这种自主性的解释不适用第二章的有关规定。

《电子商务示范法》是联合国国际贸易法委员会为适应电子商务迅速发展的客观需要，针对世界各国有关电子商务法立法的空白或缺漏，特别是电子商务的天然"跨国性"所要求的全球规则的协调和统一的现实要求，在对最初由商人们和技术专家所拟定的电子商务标准或规范进行大量调查研究的基础上，制定出来的供各国进行有关电子商务立法作参考的法律范本。这一范本凝结了商人、技术专家和法律人的智慧，体现和反映了商人理念与商业精神，且

① 《电子商务示范法》第 13 条。

② 《电子商务示范法》第 15 条。

③ Brian D. Boone, *Why A "Targeting" Approach To Personal Jurisdiction In The E-Commerce Context Makes Sense Internationally*, Emory Int'l L. Rev., 2006, 20: 241.

④ 国际商会对《国际贸易术语解释通则》的修订，一方面反映出电子商务对现代商人法规则的影响，同时也说明现代商人法在调整电子商务关系中的重要性。

得到了电子商务界以及世界各国的广泛认同，构成了具有现代商人法性质的法律规则，对世界各国的电子商务立法产生了深远的影响。①

随着网络技术的飞速发展，电子商务逐渐成为当代社会信息产业新的增长点。网络交易、网络咨询服务、网上银行、网上证券交易、网上保险销售、网上外汇交易等电子商务越来越多，对传统的商业模式造成了强烈的冲击，这种通过电子、网络技术等方法、方式和平台所缔结的电子商务关系，产生了诸如电子合同、电子数据交换、电子认证、电子签名等诸多法律问题。这意味着传统的法律已经越来越不适应电子商务发展的现实需要，并成为束缚跨国性电子商务的羁绊。② 联合国国际贸易法委员会制定的《电子商务示范法》正是解决这一矛盾的统一法，虽然，它既不是国际条约，也不构成实体意义的国际惯例，仅仅是起到示范作用，但却有助于有关国家完善、健全其相关法律制度，并给全球化的电子商务创造一个尽可能统一的、良好的法律环境。

总之，《电子商务示范法》确定了电子商务法的基本框架，这表现在它不仅针对电子商务发展中出现的特殊问题作出了具体的制度设计，而且通过立法确定并促进了电子商务法的一般原则。这些原则包括：（1）在各国之间促进电子商务的发展；（2）促进鼓励使用新信息技术，并确定功能等同原则；（3）促进法律的统一；（4）支持商业惯例。同时，《电子商务示范法》结构上所呈现出来的"开放式"、"网络状"特征，也给予了世界各国在电子商务法立法很好的启示。如在我国，黄进教授牵头主持起草的《中华人民共和国电子商务法示范法》就借鉴了该法的做法，采取"火车头带车厢"的方式。③

通过对《电子商务示范法》性质和特征的考察，我们可以知道，联合国国际贸易法委员会在制订《电子商务示范法》时，考虑到各国在电子商务立法问题上不同的态度和立场，就采取了这样一种灵活的变通的"示范法"方式，以引导、促进各国有关电子商务法的立法。这种方式，实际上是一种明智的选择。在结果上，虽然未能制定出对缔约方具有法律拘束力的国际公约，但这种示范法的方式，以其无与伦比的权威性，反而起到了国际公约所不可能起到的效果。实际上，《电子商务示范法》所确定的原则和制度，对世界各国电

---

① Stephen E. Blythe, *The Tiger On The Peninsula Is Digitized：Korean E-Commerce Law As A Driving Force In The World's Most Computer-Savvy Nation*. Hous. J. Int'l L，2006，28：573p.

② 传统的法律体系无法解决电子商务的特殊法律问题，而单纯地依靠一般法理或一般法律原则来解决这些问题显然是行不通的。

③ 《中华人民共和国电子商务法（示范法）》课题组："中华人民共和国电子商务法（示范法）"，《法学评论》2004 年第 4 期，第 83—96 页。

子商务法的立法产生了深远的影响。其本身也构成了《国际商事合同通则》性质的习惯法规则，成为现代商人法的渊源，体现了现代商人法的新发展。这种发展，集中体现在国际组织有意识有目的的立法，适应了电子商务发展的客观需要，反映了从事电子商务活动的商人们的意志和利益，体现了商人理念和精神。

4. 现代商人法与电子商务法立法的国际化、统一化趋势

随着全球电子商务的快速发展，相应的，其立法进程也在不断地加快，乃至成为举世瞩目的立法重点。众所周知，电子商务法立法的核心，主要围绕电子签章、电子合同、电子记录以及有关电子商务的标准等方面展开。从 1995 年美国犹他州颁布《数字签名法》至今，已有近 100 个国家、组织和地区颁布了与电子商务相关的立法，其中最负影响的包括：联合国贸易法委员会 1996 年的《电子商务示范法》和 2000 年的《电子签名统一规则》、经合组织（OECD）的《全球电子商务行动计划》（1998）、欧盟的《关于内部市场中与电子商务有关的若干法律问题的指令》和《电子签名统一框架指令》、德国 1997 年的《信息与通用服务法》、新加坡 1998 年的《电子交易法》、美国 2000 年的《国际与国内商务电子签章法》等。归纳起来，主要体现出如下的走势：（1）快速与灵活。从美国犹他州出台《数字签名法》至今，在短短几年的时间里，已有近 100 个国家、国际组织和地区制定了有关电子商务的法律法规或草案，无论是英国、美国与德国，还是新加坡、马来西亚和中国，对此反应都极为迅速。更值得一提的是联合国贸易法委员会，其所制定的《电子商务示范法》更起到了引导与表率的作用。（2）趋同与统一。为顺应"无国界"、"自治性"的电子商务高速发展的客观要求，各国在进行电子商务立法时，必然要考虑电子商务不同于传统商务活动的特征，尤其是"国际性"的特征，考虑所制定的电子商务法的兼容性、协调性问题。① 正如联合国贸易法委员会在其《电子签名统一规则指南》中所指出的："电子商务内在的国际性要求建立统一的法律体系，而目前各国分别立法的现状可能会产生阻碍其发展的危险"。（3）综合与具体。从发展的角度看，电子商务立法必须走出目前这种只注重电子商务中有关特殊性问题如电子签章、电子认证等的法律效力问题的狭隘圈子，融合现代商人法中有关传统商事关系的规则，以及国内法与国际条约中的有关规定，综合多方面的立法，构建电子商务法的完整、具体、可操作性的体系。

电子商务是建立在"自由的"、"无国界"的网络空间的基础上，从法理

---

① 这种兼容性和协调性的要求造就了电子商务立法中先有国际条约后有国内法的奇特现象。

层面看，理应遵从一种由"自我调控"所形成的法律秩序。[①] 这种法律秩序的构建，更多地凭借的是人们特别是商人们的理性和理念，以及商人们追逐"利润"与"效率"的精神。而起源于中世纪的商人法规则则直接构成这一法律体制的基本元素。这可以从以下几个方面反映出来：（1）电子商务作为一种新的商业模式，并没有也不可能完全脱离传统的商事活动，而在传统的商事活动中，商人法作为调整这类法律关系的法律规则，长期以来扮演着重要的角色。（2）大多数电子商务活动只是传统的商务活动的网络化或电子化而已，剥离了其网络化、电子化的特征以后，剩下的实质意义上的当事人之间的权利义务内容与传统的商务活动相比，没有太大的差异，因此，现代商人法仍然可作为法律手段来加以运用。[②]（3）现代商人法理论本身在电子商务法领域内得到了延伸和发展，[③] 并得到了国际商事仲裁判例的支持。

美国著名学者 Larry Cramer 曾说："我们的法律无法预想到网络世界"。实在是真知灼见。在电子商务蓬勃发展的今天，究竟是针对电子商务的需求制定一整套具体、详尽而不同于传统法律的特别法规则，以使相关法律事务得到及时、有效、适当的处理，还是维持法律的稳定性和可靠性，以避免每当新的法律关系出现时，即需制定不同的法律，造成立法上的困难。[④] 二者之间的价值很难评判。但我们不得不注意这样的现实：计算机网络技术的发展，已经使传统的法律在适用到电子商务案件时发生了困难。[⑤] 因此，制定一种新的法律规则就显得很有必要。

同时，我们也要考虑到，网络世界尽管是有人类以来可谓最不可思议的变化，但毕竟是人类自己创造的，人类的理性、理念仍在其中，法律文化、传统的影响也仍在发挥作用。换言之，网络世界，具体来说就是电子商务世界，从来就不是一个没有规则或规范或者无法可管的世界。事实上，在网络活动中，在电子商务实践中，早已发展出一种规范他们及其活动的"网络习惯法"规则与"网络礼仪"[⑥]，这种规则已经得到各种商业

[①]　当然，网络社会的"自治"不可能理想化地实现，它仍然需要法律的介入。这里所指的"自我调控"，强调的是网络社会应注重发挥网络"草根法"（现代商人法）的作用。

[②]　Jack M. Graves, *Party Autonomy in Choice of Commercial Law: The Failure of Revised U. C. C.1 — 301 and a Proposal for Broader Reform.* Seton Hall L. Rev. , 2005, 36：59p.

[③]　Paul Schiff Berman, *Conflict of Laws, Globalization, and Cosmopolitan Pluralism.* Wayne L. Rev. , 2005, 51：1105p.

[④]　张瑞星：《Internet 法律问题上线》，永然文化出版股份有限公司 1997 年版，第 29—31 页。

[⑤]　Symposium Participants, *Symposium-Responding to the Legal Obstacles to Electronic Commerce in Latin America: General Questionnaire.* Ariz. J. Int'l & Comp. Law, 2000, 17：23p.

[⑥]　如发送垃圾邮件被认定为不道德的，并可能遭受报复性的打击。

团体、网络组织和商人们的广泛认同，成为调整网络社会和电子商务活动
的有力的法律武器。

从已经发生且经过法院或者仲裁机构处理的电子商务案例来看，绝大多数
是适用了传统的国内法或国际条约、惯例来确定当事人的实体权利义务的。这
说明现实世界的法律并非完全不能适用于网络空间或规范网络社会的电子商务
行为。① 虽然传统的法律碍于现实的和物理的因素，不可能真正跟上网络和电
子商务发展的速度，但这种情况却恰恰说明现实世界的人们选择利用目前固有
的法律规则来调整"日行三千里"的电子商务关系是一种明智而理性的选择。
因为虽然某些法律规范适用于网络与电子商务也许只能发挥非常有限的规范效
果，但相对于网络与电子商务社会自身的"自发性"规范而言，具体的法律
规范可以弥补"网络习惯法"之不足。而更为重要的是，网络与电子商务领
域能够获得国家制定法强制力的支持，则无疑为电子商务中商人们自己创造的
规则的正当性提供了有力的依据。②

如 1990 年国际商会修订《国际贸易术语解释规则》时指出："修订的主
要原因是为了贸易术语适应 EDI 目前频繁运用的需要……使用 EDI 单证，确
保买方具有如同其收到卖方提单一样的法律地位是至关重要的"。③ 联合国也
针对这种情况，制定了《联合国行政、商业、运输电子数据交换规则》（UN/
EDIFACT）等一系列规则，国际海事委员会甚至专门成立了一个电子提单专
题委员会，并制定了《电子提单规则》。

在电子商务法的立法过程中，一般学者总是过多地注意到通过制定国家法
的方式来建构电子商务法律秩序，然而，正是由于电子商务本身所具有的
"无国界性"、"开放性"、"自治性"和"技术性"的特征，单纯地依靠国家
来制定国内法或者国际条约、公约，是肯定不能完全满足电子商务发展的客观
需要的。实际上，国家制定法也很难或者说不可能随着电子商务的快速发展而
不断地更新和修改，以至于置法律的稳定性于不顾。同时，我们还应该特别注
意电子商务的"技术性"特征。电子商务的技术性在法律上无疑也有所要求
和反映。事实上，人类社会的规范主要有三种：道德规范、技术规范和法律规

---

① Gregory Hunt, *In A Digital Age*, *The Musical Revolution Will Be Digitalized*. Alb. L. J. Sci. & Tech.,
2000, 11: 181p.

② Jacques de Werra, *Moving beyond the Conflict between Freedom of Contract and Copyright Policies*: *In
Search of a New Global Policy for On-Line Information Licensing Transactions*: *A Comparative Analysis Between
U. S. Law and European Law*. Colum. J. L. & Arts, 2003, 25: 239p.

③ Clayton P. Gillette, *Harmony and Stasis in Trade Usages for International Sales*. Va. J. Int'l L., 1999,
39: 707p.

范，这三者之间是可以相互转化的。过去，人们对于道德的法律化和法律的道德化问题关注得多一点，对于技术的法律化或者法律的技术化问题关注得少一些。在电子商务时代，技术性的规范和标准是非常重要的。在法律的发展史上，道德规范的法律化往往是享有立法权的国家或有关机构追求某种道德秩序的法律化的结果，而技术规范的法律化则要经过更漫长的过程，它往往是民间力量推动的结果，是"生产力"这个人类社会最基本的"魔力"推动的结果。而这体现在法律文化史上，往往体现在作为"民间法"代表的"商人习惯法"身上。由此我们可以说，电子商务的"技术性"要求，恰好符合现代商人法的某些性质。在电子商务的实践中我们也可以发现，商人们确定和形成电子商务标准和技术的过程，实际上就是现代商人法规则的创造过程。① 比如说，在过去相当长的一段时间内，EDI 这种以电子数据交易为核心的标准在商人们以及各国政府、国际组织的努力下，已经确定并在很多国家已经法律化了，成为公认的电子商务的技术性规范，这一规范的形成，经过了行业标准、习惯、示范法到法律的全部过程。

在这一过程中，有学者注意到 EDI 与电子商务法甚至现代商人法的统一化问题。② 在他们看来，EDI 的出现和进一步发展，将促成现代商人法的统一：（1）EDI 呈加速发展的势态，在国际贸易中扮演了愈来愈重要的角色。现行的国际贸易中有关数据交换的标准必将为 EDI 的国际标准所替代。（2）EDI 的标准化程度将促成电子商务法的国际化和统一化进程。EDI 从其诞生的时候起就着手其标准的制订和推广。1975 年，TDCC 发表了第一个 EDI 标准，开始了美国运输业的信息电子交换方法的使用。1979 年美国国家标准研究院（American National Standard Institute）开始从事跨行业使用的 EDI 标准的开发。1980 年美国运输业在海、陆、空的货运公司与承运公司之间采用 TDCC 标准。与此同时，开发国际 EDI 标准的工作开始了。德国、英国、澳大利亚、加拿大、新加坡等国家和地区都纷纷制定自己的 EDI 标准。由于这些标准互不统一，无法进行国际的 EDI 运行。为此，美国与欧洲的同行们联合研究国际标准，并最终在联合国的支持下，在国际标准组织（ISO）与联合国经济委员会具体负责下，制定出了EDI 国际标准，并广泛运用于国际贸易实践和电子商务之中，得到了全球

---

① Gavin R. Skene, *International Law And Technology*: *International Law and Technology ArticleThe Extraterritorial Operation of Australian E-Commerce Legislation.* Tul. J. Int'l & Comp. L. , 2005, 13：219p.

② Lora M. Jennings, *Finding Legal Certainty for E-Commerce*: Traditional *Personal Jurisdiction Analysis and the Scope of the Zippo Sliding Scale.* Washburn L. J. , 2005, 44：381p.

绝大多数国家的认可。从而使国际贸易法、电子商务法在 EDI 法律问题上得到了统一。这种统一对电子商务法的统一具有很好的示范效果。也显示了其发展方向。

但随着信息技术的飞速发展，电子商务从过去那种注重货物贸易发展到开始关注服务贸易和技术贸易。并在电子商务的标准方面，有了根本的变革和创新。比如，在咨询服务领域，SOA 架构的标准问题，就一直受到电子商务界的高度关注。SOA 架构从技术的角度看，并不是新的发明或创造，只不过是把非常复杂的系统通过标准的方式整合起来，利用一种公开的标准、公开的界面、公开的技术规则，实现资源的共享，得到最大的经济效益。这一标准化的过程，也就是一个造法过程，是一个技术性规范的法律化过程。从一定角度看，也是现代商人法规则的形成过程。

透过这样的分析，我们可以发现，其实在电子商务领域，即使是技术性的标准，也是会随着技术本身的发展而不断变化的，因此就立法而言，我们必须要尊重商人们为制定标准而付出的努力，作为一个国家而言，应积极推动并参与有关电子商务标准的制定，并在法律上确认商人们的这种造法的"自治性"权力。[①] 应该说，只有当国家法同民间法——"网络现代商人法"协调一致的时候，电子商务法才有光辉灿烂的明天。

由此可见，在新发展的电子商务领域中，适用现代商人法的倾向已经逐渐显现出来，它的适用反映了当今互联网经济发展的趋势。因为按照传统的冲突法理论，如果出现当事人没有选择法律的场合，"最密切联系"的法律按照客观的联结因素很难确定。[②] 因此，当今国际社会对电子合同适用法选择的趋向是：首先，必须尊重当事人意思自治原则。如果当事人在电子合同中约定了争议所应当适用的法律，法院或仲裁庭就应该按照当事人的约定适用。当然，当事人的选择也不是毫无限制的，"如果根据意思自治原则或最密切联系原则所确定适用的法律规则会导致回避适用，比如更高标准的产品责任、消费者保护法这类'直接适用的法'，违反了公共秩序，该裁决通常会得不到承认与执行"。[③] 其次，考虑适用现代商人法规则。比如适用《电子商务示范法》、《网上交易诚实信用指南（IGFC）》等正在形成中的现代商人法规则。由于现代商人法规则经过了长期的实践和总结，又因本身的"非地域性"特征，在电子

---

① Lora M. Jennings, *Finding Legal Certainty for E-Commerce: Traditional Personal Jurisdiction Analysis and the Scope of the Zippo Sliding Scale.* Washburn L. J. , 2005, 44: 381p.

② Mario J. A. Oyarzabal, *International Electronic Contracts: A Note on Argentine Choice of Law Rules* U. Miami Inter-Am. L. Rev. , 2004, 35: 499p.

③ 李双元、王海浪：《电子商务法若干问题研究》，北京大学出版社 2003 年版，第 400 页。

商务法中的适用必定会越来越普遍。①

三、现代商人法的统一化、法典化趋势

(一) 全球化对现代商人法的影响

经济全球化 (Economic globalization)，是指随着经济和技术的进步而引起的全球范围内以资本、技术、资源、劳动力等各种生产要素的自由流动为特征的世界经济的整合过程。② 它是当今世界经济发展的重要趋势。从历史的角度看，经济全球化这一概念可以追溯到 20 世纪 80 年代，甚至可以追溯到几百年前欧洲殖民主义者的世界性扩张。③ 需要注意的是，目前世界各国对经济全球化问题的关注和讨论，与殖民时期相比是截然不同的，现在人们更多的是关注因技术和贸易的迅猛发展而导致的全球经济的整合所带来的后果和影响。④ 确实，经济全球化给人类社会带来了根本性的变化，一方面，全球化有利于资源的自由流动，从而会促进生产力水平的提高和人们生活的改善，特别是给发展中国家提供了良好的发展机遇；另一方面，全球化会引起不同国家的文化、价值取向等的冲撞，因而可能会引发新的世界矛盾、冲突甚至战争。⑤

经济全球化对法制的影响也是巨大的。由于世界各国法律的文化、传统不同，具体国情各异，因而法律的歧义、矛盾和冲突在所难免，这在经济全球化之前可以相安无事，随着国际经济一体化进程的加快，这种法律的冲突将成为一个严重的问题，甚至影响到一国乃至全球经济的发展。⑥ 因此，在经济全球化的过程中，世界各国有必要检讨自己国家的法律制度，并积极参与国际立法活动，以确保国家的法律制度能够同世界上多数国家的法律制度相协调，从而适应经济全球化的要求。对发展中国家而言，如何在经济全球化之际完善其国

---

① Joseph D. Mattera, The *U. S. District Court for the Southern District of New York's Application and Inter-pretation of The Scope Of The Cisg*. Pace Int'l L. Rev., 2004, 16：165p.

② Paul Schiff Berman, *From International Law to Law and Globalization*. Colum. J. Transnat'l L., 2005, 43：485p.

③ Alfredo Fuentes-Hernandez, *Globalization and Legal Education in Latin America*：*Issues for Law and Development in the 21 st Century*. Penn St. Int'l L. Rev., 2002, 21：39.

④ Mel Kenny, *Globalization*, *Interlegality and Europeanized Contract Law*. Penn St. Int'l L. Rev., 2003, 21：569.

⑤ Alfred C. Aman, *Globalization*, *Democracy and Domestic Law*：*Globalization*, *Democracy*, *and the Need for a New Administrative Law*. Ind. J. Global Leg. Stud., 2003, 10：125p.

⑥ Ugo Mattei, *Globalization and Empire*：*A Theory of Imperial Law*：*A Study on U. S. Hegemony and the Latin Resistance*. Ind. J. Global Leg. Stud., 2003, 10：383p.

内民商、经济法律制度，充分利用贸易、投资和金融资本流动所带来的好处，是在全球化过程中所面临的最严峻的挑战。①

从国际视角来看，经济全球化的发展使世界经济成为一个统一的大市场，需要一整套相互协调、内在体系结构严谨的法律体系来保驾护航，以最大限度地降低交易成本、提高效率，这在客观上就必然引起法律的趋同化和统一化。面对经济全球化对世界各国法律制度全方位的冲击与影响，一些西方学者提出了"法律全球化"的理论。认为"全球化的法律"来自"不受任何国家控制的经济和政治势力"，是"超国家的"、"独立于国家之外的"。② 在我国，也有人持法律全球化的观点，认为"法律全球化就是全球分散的法律体系走向全球法律一体化的运动中，全球范围内的法律整合为一个法律体系的过程，而且这一运动过程的结果将产生真正的全球法或世界法。"③ 不可否认，经济全球化下各国法律制度之间的借鉴与移植已经成为了比较普遍的现象，但经济全球化并不会必然导致法律的全球化。因为法律从来就是"国家的"，所谓"不受任何国家控制"、"私政府制定"的"全球化法律"，都是在"国家法"的基础上而言的。脱离开国家，也就无所谓"全球化法律"。④ 全球化进程必然导致文明的多元化、经济的一体化、法律的趋同化。所谓法律的趋同化，是指不同国家的法律，随着社会需要的发展，在国际交往日益发达的基础上，逐渐相互吸收，相互渗透，从而趋于接近甚至一致的现象。在国内法律的创制和运作过程中，法律趋同化主要表现为越来越多地涵纳国际社会的普遍实践与国际惯例；在国际法律的创制和运作过程中，主要表现为积极参与国际法律统一的活动和接受或加入已有的国际造法条约。当今世界各国的法律制度之间，随着国际经济技术合作与交流的不断扩大和国际间法律文化的相互传播，无论在广度和深度上都在不断加强的法律的这种趋同化走势已变得越来越显著。这种现象的产生绝不是偶然的，它既有深刻的社会的、经济的、政治的因素影响，也是法律自身发展演变的必然要求。法律的趋同化与法律的统一运动有着十分密切的关系。从一定角度看，法律的统一化运动引起并加速了法律的趋同化进程。在法律的趋同化和统一化的过程中，世界各国需要遵守国际社会本位原则。所谓国际社会本位原则，主要是指在 21 世纪，国际法将进一步深入到某些传统上纯为国内法调整的社会关系中去，一国的法律遵循某些国际社会公认

---

① Paul Schiff Berman, *The Globalization of Jurisdiction.* U. Pa. L. Rev., 2002, 151: 311p.

② Paul Schiff Berman, *The Globalization of Jurisdiction.* U. Pa. L. Rev., 2002, 151: 311p.

③ 周永坤："全球化与法学思维方式的革命"，《法学》1999 年第 11 期，第 32—36 页。

④ Alfred C. Aman, Jr. New Forms of Governance: *Ceding Publis Power To Private Actors: Globalization, Democracy, and the Need for a New Administrative Law.* UCLA L. Rev. 2002, 49: 1687p.

的准则成为客观要求，个人以至国家为民事法律行为或行使民事权利，都应考虑到不损害国际社会共同的利益。[1]

从一定角度看，现代商人法的产生是全球化的结果。现代商人法不像其他领域的法律，它是由商人们在长期的国际商事关系中逐渐创造出来的，用于调整他们之间关系的法律规则。[2]现代商人法是在中世纪商人法的基础上发展起来的，在某种程度上说，它是中世纪商人法的"复活"或"再现"。早在19世纪20年代末，法国学者 E. Lambert 就开始注意到国际贸易不仅为国内法与国内法院所管辖，有关商业团体通过结合一般条款、贸易惯例及仲裁，在某种意义上已经制定了他们自己的法律。在他看来，在市场经济力量的推动下，这种法律已经有效地实现了特定贸易与行业层面上的法律的统一，而且还将导致更普遍的法律统一化。[3]他在自己的论述中，虽然没有正式使用"现代商人法"的概念，但这一"国际共同法"理论却为现代商人理论的产生和发展奠定了基础。随着国际政治、经济格局的剧变和社会生产力与科学技术的迅猛发展，国际商事法律关系越来越复杂，经济全球化的趋势不断增强，以致国内法律体制在调控这种跨国性的商事交易时，愈来愈感到捉襟见肘，从而在客观上就要求重新建立和完善一种新的国际商事法律秩序，以保障从事国际商事交易的当事人的合法利益，维护国际商事关系的正常运转。于是，商人们为使其所从事的国际商事活动摆脱国内法的禁锢，就呼吁、提倡并通过自己的商事实践来推动一种带有"自治"性质的新法律的产生。正是在这种经济全球化趋势的影响和推动下，中世纪的"商人法"重新焕发出"青春和活力"，演化为"新商人法"——现代商人法，并成为调整国际商事关系的重要法律武器。后来，著名国际贸易法学家 Schmitthoff 教授针对这一法律变革的现实，从理论上阐述了"现代商人法"（Modern Lex Mercatoria）理论。认为现代商人法是由国际商业界在与各主权国家无利害关系的领域（即国家允许私法自治的任意性规范领域）中发展起来的"自治性"的跨国法。[4]并着重指出了其主要渊源包括国际立法（包括国际公约与国际统一示范法）与国际商事惯例。这种新的发展趋势使调整国际性商事关系的法律逐渐摆脱了国内法的桎梏，而朝着国际法律协调一致和统一的方向发展。应该说，现代商人法理论的产生和发展是多

① 李双元：《走向21世纪的国际私法：国际私法与法律的趋同化》，法律出版社1999年版，第201—455页。

② Charles Donahue, Jr. *The Empirical and Theoretical Underpinnings of the Law Merchant: Medieval and Early Modern Lex mercatoria: An Attempt at the probatio diabolica.* Chi. J. Int'l L., 2004, 5: 21p.

③ Filip De Ly, *International Business Law and Lex Mercatoria.* North Holland, 1992. 208 p.

④ Schmitthof, *Commercial Law in a Changing Economic Climate.* 1982. 225 p.

种因素交互驱动的结果。

首先，第二次世界大战以后，世界各国的政治、经济体制发生了重大的变化，世界经济的市场化和市场经济的一体化趋势不断增强，这为现代商人法的发展创造了先决条件。① 而国内法在调整因国际经济全球化而引起的新的国际民商事关系时，表现出种种不适用性，其法律制度方面的缺陷和缺漏逐渐成为一国经济发展的严重障碍。这就促使从事国际商事交易的商人们出于自身利益的考虑，迫切希望有一种新的法律制度来调整他们之间的法律关系，这就促使了现代商人法的产生，并成为推动现代商人法发展的原动力。其次，全世界范围内国际贸易原则及其技术的一致性，也对现代商人法的发展产生了重大的影响。而国际商事仲裁机构运用现代商人法来解决提交其仲裁的国际商事争议的实践，也在客观上促进了现代商人法的发展。最后，商人们为避免适用国内冲突规范来调整他们之间的国际商事关系的实践也是推动现代商人法产生和发展的主观能动力。②

总之，国际经济全球化引起了国际商事法律领域的变革和创新，现代商人法正是这一法律变革的产物和表现。不仅如此，在这一全球化的过程中，现代商人法也获得了长足的发展。

（二）现代商人法的统一化运动

现代商人法理论是在商人法理论的基础上发展起来的。所谓商人法，是指由商人们自己在他们的商事实践中创造出来并逐渐得到国际社会承认的"自治性"的法律。在西方法律传统中，商人法是一个相对独立的法律部门，③ 它主要调整不同国家之间的商事关系。从历史渊源来看，它肇始于古罗马时代的习惯规则。商人法在调整跨国性商事关系中，具有"自治性"、"便捷性"、"民间性"的特征，符合商人们追求"效率"、"自治"的价值取向，与国家

---

① Nathan Oman, *Corporations and Autonomy Theories of Contract*：*A Critique of the New Lex Mercatoria*. Denv. U. L. Rev. , 2005, 83：101p.

② Medwig, *The New Law Merchant*：*Legal Rhetoric and commercial Reality*. 24, *Law and Policy in international Business*, 1993, p. 589; Stoecker, Christoph W. O. *The Lex Mercatoria*：*To What Extent does it Exist?* J. Int. Arb. , 1990, 1：101p.

③ 对"商人法"是否构成一个法律体系的问题，学术界是颇有争议的。见黄进、胡永庆："现代商人法论—历史与趋势"，《比较法研究》，1997 年第 2 期；徐国建："现代商人法论"，《中国社会科学》，1993 年第 2 期，第 38—49 页；单文华："国际贸易惯例基本理论问题研究"，见梁慧星主编：《民商法论丛》（第 7 卷），法律出版社 1997 年版；Harold J. Berman, *Law and Revolution*：*The Formation of the Western Legal Tradition*, Harvard University Press, 1983. 37—278; Thomas E. Carbonneau, *Lex Mercatoria and Arbitration*：*A Discussion of the New Merchant*. New York. 1990。

法相比，在更多的场合，商人们更愿意选择它来解决他们之间存在的跨国性商事争议。现代商人法正是秉承着商人法的这些优点，随着国际经济全球化趋势的不断增强而产生的。在某种程度上说，它是中世纪商人法的"复活"。是商人们为适应国际经济全球化和市场经济一体化的发展要求，而逐渐创造的商人"自治法"规则的总称。①

现代商人法在本质上同商人法一样，属于"民间性"的"任意法"规范，理论的系统性与体系化程度不高，甚至有学者认为现代商人法是"不知为何物"的规则。② 随着时代的进步，特别是商品经济和市场经济的发展，现代商人法在国际商事关系中运用得越来越多，学者们开始关注这一新的法律规则，并对此进行了大量的研究，试图构建现代商人法的理论体系。正是在这些敏锐而负有社会责任感的学者们的努力下，国际组织以及主权国家也逐步加入到这一行列中来，对现代商人法的理论问题进行了深入的研究并取得了突破性的成果。应该说，对于现代商人法的法律性，世界各国以及国际商业界已经达成了一致的看法。但对于现代商人法是否构成一个独立的法律体系，学术界的看法还多少有些存疑。这固然是由于现代商人法本身的"任意性"、"模糊性"和"不确定性"决定的，也可能受到学术界对于构成一个"法律体系"所必须具备哪些要素，如概念和术语、原则和规则、程序和制度等，没有一致看法的影响。确实，如果我们明确现代商人法构成一个独立的法律体系，那么，我们就必须弄清楚它作为一个相对独立的法律部门或法律体系中的规则的客观性、一般性和普遍性的程度究竟如何。如果说商人法确实具有"模糊性"，那么应该怎样把它从其他的法律体系中区别开来呢？尽管有学者认为法律的修订已越来越不注重稳定性、可预测性和确定性，③ 但作为一个独立的或者说相对独立的法律部门，其体系结构必须是确定的。我认为，现代商人法是一个"自治性"、"边缘性"和"综合性"的法律体系或法律部门。它的调整对象为国际商事关系，其中不仅仅限于以民商事主体身份出现并参与国际商事活动的国家政府相互之间、国际组织相互之间以及国家政府与国际组织之间的商事关系，而且包括大量的分属于不同国家的个人之间、法人之间、个人与法人之间以及他们与异国政府或国际组织之间的各种商事关系。涉及调整跨国性商事关系的各种法律规范，因此，它并不属于单一的国际公法范畴，也不单纯是国际公法

---

① Marc Ancel, *From the Unification of Law to its Harmonization.* Tul. L. Rev. , 1976, 51: 108p.

② Celia Wasserstein Fassberg, *The Empirical and Theoretical Underpinnings of the Law Merchant: Lex Mercatoria-Hoist with Its Own Petard?* Chi. J. Int'l L. , 2004, 5: 67p.

③ Glmore, *Commercial Law in the United States: Its Codification and Other , Misadventures.* in: J. Ziegel &W. Foster, ed. Aspects of Comparative Commercial Law. 1969. 450 p.

的分支，同时，它也不是国内法，因为国内法是由国家权力机关制定和颁布的，而现代商人法是在商事交易实践的基础上形成和发展起来的，后又经国际组织与国际商事团体编纂成文，它完全独立于国内法。因此，可以说，不管是现代商人法的内涵还是外延，从其产生之时起，就突破了国际公法单一门类或单一学科的局限，而扩及于或涉及国际私法、国际经济法和国际商法等，形成了一个"自治性"、"边缘性"和"综合性"的法律部门。它的内容主要包括商人们在长期的商事实践中创造的习惯性规则，但不仅仅局限于此，它还包括那些已经被吸纳到国内法、国际条约、协定中去的商人习惯规则和惯例，甚至还包括体现商人理念和精神的"一般法律原则"等。① 因此，现代商人法是一个体系庞大的法律部门。

　　从体系方面看，现代商人法尚不像民法、刑法、国际私法那样，已经构成严密科学的理论体系。严格地说，现代商人法的体系还正在形成之中。这是因为，首先，现代商人法是从中世纪商人法发展而来的新兴的法律部门，其理论、学说以及内容尚没有最后定型，学界对现代商人法的性质、渊源、法律效力等问题尚存在不同的看法。其次，现代商人法的内容庞杂繁难，涉及"跨国性"商事交易的方方面面，许多领域中的现代商人法还正在形成之中。其所涉及的理论问题正处在不断的发展变化之中，因此，要完全阐释现代商人法的体系结构是很困难的，甚至在一定程度上是不可能的。诚然，从 Schmitthoff 最早提出现代商人法理论到现在，也已经有 50 多年了。② 若从它的起源商人法算起，则有几百年甚至上千的历史了，经过这么长时期的历史的风风雨雨，如果还说现代商人法是一个不成熟的法律部门，好像无论如何也有点说不过去。确实，现代商人法在其发展过程中，表现出了它的"任意性"、"模糊性"和"不确定性"，以至于使人们对它的认识也"模糊"起来，不知道它究竟为何物了。但现代商人法产生和发展几十年来，受到学界广泛关注以及在国际商事关系中得到大量运用的事实，说明了它是一个有着理论依归，规则明晰、内容确定的法律部门，其内在的逻辑体系必然是存在的，问题是我们如何去理解，如何去阐释，如何去不断地完善。

　　在我看来，对部门法来说，是否存在比较完整的理论体系对于一种充分的法律规则而言，乃是必不可少的前提。现代商人法在它的发展过程中，已经逐渐形成了自己独特的理论体系。尽管这一体系有一个不断发展变化的过程，但确实存在，并已经成为现代商人法作为一个相对独立的法律部门的前提和基

---

① 郑远民：《现代商人法研究》，法律出版社 2001 年版，第 45—84 页。

② Schmitthoff, *The Unification of the Law of International Trade*. J. Bus. L. , 1968, 105：106p.

础。现代商人法理论体系的构建需要学者、商人以及国家、国际组织的共同努力。目前，现代商人法的理论体系包含如下理论、原则和制度，并包含不同层次的规则体系。

（1）现代商人法的基本理论问题。内容涉及现代商人法的法律内涵、性质、渊源、法律效力；现代商人法所涉及的法律范畴，比如商人法、商事习惯、惯例、习惯做法、标准格式合同、商人程序法等；现代商人法的基本制度，比如现代商人法中所包含的基本原则和制度，比如"意思自治"、"一般法律原则"、"情势变迁"、"约定信守"等。

（2）为国际条约、国内法等所吸纳、借鉴并成为其表现形式的商人习惯规则。如《联合国国际货物销售合同公约》、《罗马公约》等，这类规则随着国际经济全球化趋势的不断增强，正在逐渐增多，且由于其具有强制执行力，在国际商事关系中的运用愈来愈多，发挥着越来越重要的作用。

（3）国际组织、国际商业团体制定的示范法以及示范法性质的规章。如《国际商事合同通则》、《欧洲统一合同法原则》、《电子商务示范法》，等等，随着国际经济全球化的不断发展，为适应跨国性商事关系发展的需要，商人们有目的的、主动的立法活动日益增多，这在实践中主要体现为委托或授权国际组织、商业团体进行立法，也表现为一些国际组织或者国际商业团体主动地，有计划、有目的地针对国际商事关系出现的新问题而进行立法。由于这些立法体现和反映了商业发展的客观需要，并能够在立法过程中，对相关问题进行深入细致的调查研究，征求商人们的意见和看法，且最终的目的是用于调整国际商事关系，因而属于现代商人法中的"任意性"规范，属于现代商人法理论体系构成的有机组成部分。①

（4）国际组织、国际商业团体、学术团体对商人习惯法规则的编纂。如《国际贸易术语解释通则》、《信用证国际惯例》等，这类规则因"成文化"而提供了其确定性，得到了国际社会的普遍认同，并成为调整国际商事关系的主要法律规则。

（5）商人们在国际商事实践中创造的规则或者习惯做法。从严格意义上看，这些规则由于其事实上的"任意性"、"模糊性"、"不确定性"，使得其适用性大为降低。但仍不失为现代商人法中最有活力的一个组成部分，往往成为国际惯例、示范法乃至国际条约的源泉。

---

① Caslav Pejovic, The *Identity of Carrier Problem Under Time Charters*: Diversity *Despite Unification of Law*. J. Mar. L. & Com. , 2000, 31: 379p.

　　上述对于现代商人法理论体系的解读可能是很不成熟的，这固然是由于受"实用主义"法学观念的影响，也由于现代商人法本身的复杂性使然。令人欣慰的是，目前学术界对此问题虽然看法各异，但有一点是达成了共识的，这即是：现代商人法是一个相对独立的"自治性"、"综合性"的法律部门，有自己独特的理论体系。①

　　现代商人法作为调整国际商事关系的"跨国"性法律规则，本身即具有"国际性"，其法律规则的统一应该是应有之义。但是，世界各国、各地区的商事实践毕竟有所区别，不同的商人、商事组织在自己的商事实践中的经验肯定有所区别，其基于不同文化、制度和传统的具体商事行为方式也肯定不同，因此，其在长期的、反复的商事实践中所创造的规则也必然会出现歧义、矛盾和冲突。② 基于这样的分析，现代商人法的统一化问题就提上了议事日程。事实上，随着国际经济全球化的不断深化，世界已经成为一个统一的"大市场"，在这个"大市场"里，如果交易双方当事人所信奉的商人法规则不同，就可能使交易受到影响。由此可见，市场经济一体化趋势的不断增强，在客观上要求统一现代商人法规则。③

　　现代商人法的统一化趋势是随着商品经济与世界市场的统一化而逐渐出现的。其原因主要有：（1）国际商事关系的飞快发展，使得商人们之间的商事交易关系愈来愈复杂，而调整国际商事关系的国际法与国内法规则存在种种缺陷，故而适用商人法规则的情况越来越多，这就在客观上要求适用一种"自治性"、"统一性"的法律规则来调整这种日益兴盛的法律关系。（2）现代商人法在发展过程中，由于各国、各地区之间的贸易差异，彼此之间的商事习惯、惯例以及习惯做法存在一定的差异，甚至可能发生冲突，如美国的商人习惯法同法国的商人习惯法在合同的权利义务等方面就存在不同的规定，关于违约救济的方法和手段也可能规定各异，因此必须在这些不同的规则中寻求协调和统一，只有这样才能更好地调整国际商事关系。④ 不仅如此，在一些"成文化"的现代商人法汇编或编纂中，不同国际组织、国际商业团体所制定的文本，对同一规则内

---

　　① Djakhongir Saidov, *Methods of Limiting Damages Under the Vienna Convention on Contracts for the International Sale of Goods*, Pace Int'l L. Rev., 2002, 14：307p.

　　② Dionysios P. Flambouras, The *Doctrines of Impossibility 0f Performance and Clausula Rebus Sic Stantibus in the 1980 Convention on Contracts for the International Sale of Goods and the Principles of European Contract Law-A Comparative Analysis.* Pace Int'l L. Rev., 2001, 13：261p.

　　③ Ole Land, *Salient Features of the Principles of European Contract Law：A Comparison With The UCC.* Pace Int'l L. Rev., 2001, 13：339p.

　　④ George Sayen, *Arbitration, Conciliation, and the Islamic Legal Tradition in Saudi Arabia.* U. Pa. J. Int'l Econ. L., 2003, 24：905p.

容的规定可能不同，即使是统一国际组织或者国际商业团体所制定的文本，其不同版本之间的规定也可能不同，而这些版本可能因当事人的选择不同而都具有法律效力，对于同一版本中的某一项规定，也可能因解释不同而对当事人实体权利义务产生影响。（3）现代商人法本身的体系性也要求现代商人法规则必须是明确的、统一的。这是现代商人法统一化运动的内在动因。

现代商人法的统一化运动是同法律的趋同化趋势密切结合在一起的，是法律趋同化的具体表现。具体来说，现代商人法的统一化包括现代商人法理论的统一和实体规则的统一。在理论方面，现代商人法的统一是指，世界各国有关现代商人法的理论基本上是一致的，当然我们并不是因此而反对学术的讨论和理论的争鸣。这里所说的统一是指世界各国有关现代商人法的理论在广泛讨论、争鸣的基础上逐渐达成共识的一种过程。应该说，随着生产力水平的提高和科学技术的进步，不同国家、不同国际组织和商业团体、不同商人、不同学者、律师、法官、仲裁员有关现代商人法理论的认识基本上达成了共识：现代商人法是调整国际商事关系的"自治性"、"任意性"、"民间性"的有用的法律工具。在实体规则方面，现代商人法的统一表现在：（1）全球范围内商人们有意识、有目的的立法活动逐渐增多，如《国际商事合同通则》的修订，《电子商务示范法》的制定等，在很多具体领域内统一了现代商人法的原则、规则，使现代商人法在统一化进程中迈出了一大步；（2）现代商人法的编纂活动越来越多，如国际商会对《国际贸易术语解释通则》的前后六次修订等，[①] 对现代商人法统一起到了直接对示范效应；（3）现代商人法规则被纳入到国内法与国际条约中的步伐在逐渐加快，如《联合国国际货物销售合同公约》、《商标法新加坡条约》等，以强制法的方式统一了现代商人法。

（三）现代商人法的法典化运动

随着国际商事关系的发展，现代商人法的立法问题愈显突出起来，因为单纯地依赖商人们在长期的商事实践中经过反复实践来创造法律规则，显然已经无法适应商事关系追求"效率"的特征，而且现在技术进步，也可能使单个的商人分散式地立法变得不太现实和不太可能。因此，在现代商人法立法过程中，不得不改变传统的造法方式，采取一种复合型的立法模式，允许国际组织、国家、国际商业团体加入到现代商人法的立法之中，以促进现代商人法的

---

① 国际商会（ICC）于 1936 年首次公布了《国际贸易术语解释通则》，名为 Incoterms，主要用于跨国境的货物销售交付。此后分别于 1953 年、1967 年、1976 年、1980 年、1990 年和 2000 年进行了补充和修订。

统一化和国际化进程，推动现代商人法的发展。① 通过对现代商人法的造法过程进行考察，我们不得不承认，对现代商人法立法机制的分析，不得不涉及现代商人法的性质及其法律特征。我们知道，每个国家的法律制度都由两种规则构成：不能由当事人变更的强制性规则和根据当事人的自治意思选择适用的规则。某项规则究竟是强制性的还是选择性的，取决于各国对该规则所具有的利益。如果是公共利益所要求，该项规则就是强制性的。② 而如果国家与某项规则没有利害关系，则留给当事人自行确定他们之间的法律规则。这就属于选择性规则的范围。现代商人法属于"任意性"和"选择性"的法律规范，在内容上主要由国际立法和国际商事惯例组成。这里，"国际立法"的提法可能并不准确，尽管它简明扼要地表达了是通过国际条约与示范法的方式采纳统一规则。众所周知，现代商人法在最后的层面上，仍然要经受国家的接纳或认可。③ 这些国际公约可以采纳一些纳入各国国内法时不得排除适用的规范性规则，或采用示范法的方式供有关国家采纳。如果试图对国际上适用的规则作出有约束力的规定，则采用国际公约并把它纳入国内法。这是实现国际统一措施的唯一方法。概括起来说，国际立法主要是通过两种方式来进行的：（1）由几个国家共同通过一项多边国际公约；（2）制定一项可以由每一个国家单方面采用的示范法。如《海牙提单规则》，该规则于 1968 年被修订为《布鲁塞尔议定书》即《海牙—维斯比规则》。这是国际法典化成功的一例。《海牙提单规则》最初的文本及其后来的修订本已被约 80 个国家采纳。示范法的例证是 1964 年海牙国际私法会议制定的两个国际货物买卖统一法、罗马统一私法协会于 1994 年制定并于 2004 年修订的《国际商事合同通则》以及联合国国际贸易法委员会指定的《电子商务示范法》。

1. 现代商人法的立法机构

致力于现代商人法的统一的组织和机构中既有政府间国际组织，也有非政府间国际组织。④ 政府间国际组织如罗马国际统一私法协会、海牙国际私法会议、经济互助委员会、国际贸易法委员会等。非政府国际组织或机构如国际商

---

① James M. Hosking, *The Third Party Non-Signatory's Ability to Compel International Commercial Arbitration: Doing Justice Without Destroying Consen.* Pepp. Disp. Resol. L. J. , 2004, 4: 469p.

② Ethan J. Leib, *On Collaboration, Organizations, and Conciliation in the General Theory of Contract.* Quinnipiac L. Rev. , 2005, 24: 1p.

③ 法律对于商人们来说，毕竟属于一种第三者的力量，它最终需要借助国家的强制力来保证实施。

④ 立法组织在现代商人法的法典化和统一化过程中发挥着核心作用。这些组织可分为两种：政府间组织和非政府间组织。前者由国家组成并由国家提供资金；后者主要由国际商业界和国际法学家们创立。

会、安特卫普国际商事委员会和伦敦国际协会。上述每一个国际组织或机构都有其特定的宗旨和成员方资格。在这些国际组织或机构当中，罗马统一私法协会主要致力于起草公约和示范法，该组织在国际经济贸易领域享有很高的声誉。海牙国际私法会议的主要任务是制定旨在解决法律冲突的公约，并在该领域取得了很大成果。国际商会是国际经贸领域中的重要国际组织。它所属的国家委员会遍及几十个市场经济国家，该组织对现代商人法的制定发挥了十分重要的作用。它制定的《跟单信用证统一惯例》，是唯一得到全球公认的规则；它制定的《国际贸易术语解释通则》及其附设的仲裁院，都得到广泛的应用。国际海事委员会和国际法协会也制定了一些有价值的公约，但它们的权威性和影响力有限。①

（1）联合国国际贸易法委员会（UNCITRAL）。联合国国际贸易法委员会根据 1966 年 12 月 20 日联合国大会一致通过的决议设立。联合国国际贸易法委员会的宗旨是"进一步积极协调和统一国际贸易法"。为此，委员会应积极协调从事该领域工作的各组织的活动鼓励他们之间进行合作，促进世界各国尽可能广泛地参加现行国际公约和更加广泛地采纳现行的统一法和示范法。委员会还将把主要的精力用于准备并通过新的国际公约、示范法和统一法，促进法典的编纂和更加广泛地采用国际贸易术语、惯例和习惯性做法。联合国国际贸易法委员会的工作卓有成效。其最重要的出版物《国际贸易法律条约与文件汇编》和《年鉴》产生了重大影响。联合国国际贸易法委员会至今已制定了如下的文献：①《联合国国际贸易法委员会仲裁规则》，1976 年由联合国批准。该规则规定了国际商事仲裁的制度，适用于当事人书面同意按该规则解决他们之间的争议的场合，受到国际商业界的欢迎。②《海上货物运输公约》，1978 年由联合国在汉堡通过。公约试图取代有关提单的《海牙—维斯比规则》，公约较之后者运用更加广泛，包括较多的平衡承运人与托运人之间的利益的规定。③《国际货物买卖合同公约》，1980 年由联合国通过，目的在于代替 1964 年两个海牙国际货物买卖合同统一法公约。人们希望该公约将比两个统一法公约得到更加广泛的采纳。④联合国国际贸易法委员会还制定了《国际汇票和本票公约草案》，并将其作为示范法。

（2）国际统一私法协会（International Institute for Unification Trade Law）。该组织是根据 1926 年通过的多边条约设立的，它是由意大利政府发起成立的

_____

① 对于加入上述两个国际组织的所限定的必须属于相同经济体制或位于同一地区的国家等方面的限制，过去曾有助于国际组织对贸易问题提出可行的解决方案，但自 60 年代初期以来已明显地表明，随着国际合作要求的增加，这些组织所实行的孤立主义和缺乏相互间的协调的做法已经不合时宜。

旨在统一和协调不同国家或不同国家集团之间私法规则的国际组织。该组织成立以来，一直致力于私法领域实体法的统一工作。内容涉及国际货物买卖、国际货物运输、国际商事仲裁等许多方面。它主持起草了许多国际公约和示范法，其中最重要的是起草了《国际货物买卖统一法公约》和《国际货物买卖合同形式统一法公约》，这两个公约是 1980 年联合国国际贸易法委员会制定的《联合国国际货物买卖合同公约》的前奏。两个海牙公约的起草工作持续了 30 多年，许多知名法学家都参加了这项工作。国际统一私法协会目前正在致力于《国际贸易法典》的制定，这一重要工作的目的在于对国际商业合同法进行整理与编纂。此外，该组织还在起草一些专门性的公约，主要涉及租赁、管理、仓储、汽车修理合同，以及各种形式的运物法。

（3）海牙国际私法会议（Hague Conference on Private International Law）。海牙国际私法会议是目前国际上最主要的统一国际私法（主要是冲突法）的常设的政府间国际组织。自 1893 年第一届海牙国际私法会议召开到 1951 年第七届海牙国际私法会议通过《海牙国际私法会议章程》为止，海牙国际私法会议从性质上还不能称之为国际组织，实际上是一种临时性的国际会议。海牙会议的活动不仅仅局限于国际商法还扩大到家庭法与继承法。在商法领域它促成了 1955 年 6 月《国际货物买卖适用法律公约》的签署。该公约规定，除非合同当事人之间另有约定，卖方惯常居住地所在国的法律应为买卖合同的适用法律。授予该公约以国内法效力的国家有比利时、丹麦、芬兰、法国、意大利、挪威和瑞典。

（4）国际商会（ICC）。在非政府间的立法机构中，国际商会无疑是最为重要和最为成功的一个。它成立于 1919 年，旨在"促进世界范围内的国际贸易"，是一个由参与国际贸易事务的公司以及它们的本国组织所缔结的一个民间性国际组织。目前，它的会员共有 7164 个，分布于 114 个国家。是一个名副其实的世界商业组织，是联合国经济及社会理事会的咨询机构。国际商会公布了众多成文的国际贸易惯例。这里仅列举其中 3 个最重要的规则：①《国际贸易术语解释通则》（2000 年）。该通则综合了 1936 年最初公布的文本，以及后来分别于 1953 年，1967 年、1976 年、1980 年和 1990 年公布的文本，对包括出口贸易中使用的用于确定交货条件、价格支付及买卖合同双方当事人的权利义务的主要贸易术语进行了解释。这些贸易术语只有被当事人在合同中采纳时才得以适用。②《跟单信用证统一惯例》。这个文件准确地规定了签发和使用跟单信用证的适用规则。跟单信用证是国际贸易中应用最为普遍的支付方式，170 多个国家的银行都根据该项惯例经营信用证业务。因此，《跟单信用证统一惯例》已成为世界性的法律。③《托收统一规则》。托收安排也是出口贸易中的一种选择性的支付方式。该规则同样为各国银行普遍适用。

（5）国际海事委员会（IMC）。国际海事委员会于1896年成立。它是当今唯一专门致力于在全球范围内统一海事私法的国际组织。国际海事委员会成功地促成了一些国际海事法公约，尤其对促使海牙提单规则的普遍采用，做了大量的工作。

（6）国际法协会（ILA）。国际法协会成立于1873年。它的宗旨是研究、解释和发展国际法，包括公法与私法、研究比较法，为法律冲突的解决和法律的统一提出建议，以及促进国际间的相互了解。国际法协会由个人会员和团体会员组成。1962年，该会在世界各地的许多具有不同经济制度的国家设有分支机构。国际法协会的主要贡献是制定了《约克·安特卫普共同海损理算规则》（1974年），还与其他组织一起合作起草了海牙提单规则。

总之，就现代商人法作为一种"自治性"的法律制度而言，已经取得了众多的成果。有关国际海上、航空和陆上运输的法律已接近完全统一。在银行法方面，通过《跟单信用证统一惯例》和《托收统一规则》已达到相当广泛的统一。只是在国际货物买卖方面还有些落后。《国际货物买卖统一法公约》尚未得到广泛采用，《联合国国际货物买卖合同公约》也尚未经受更严格的考验。在电子商务法领域，国际贸易法委员会制订的《电子商务示范法》，对全球电子商务的发展具有十分重要的意义，为电子商务的全球立法奠定了基本的框架。

2. 现代商人法的法典化趋势

现代商人法作为建构在中世纪商人法基础上的"自治性"、"综合性"的法律部门，其立法上的特点主要是立法主体的"非国家性"。① 这在商人法时代，主要是商人们自己，后来，随着国际商事关系的迅猛发展和国际经济全球化趋势的不断增强，其立法主体逐渐多元化了，除了商人们自己以外，还有商事团体、国际组织乃至国家。在现代商人法的发展过程中，鉴于其"模糊性"、"不确定性"的缺陷，学者、商人以及商事团体，还有国家、国际组织一直尝试对现代商人法进行编纂，并掀起了一次又一次的法典化运动，取得了令人瞩目的成果，极大地推动了现代商人法的发展。

现代商人法的法典化包括现代商人法的编纂和制订。编纂是指对现存的商人法规则进行整理，剔除那些过时的规则，把现代商人法所属的习惯性的原则、规则和规章制度编成系统化的法典。它包括两个层面的含义：一是把现有的现代商人法原则、规则和规章制度加以法典化；二是按照法典化形式把所有

---

① William W. Park, *Emerging Dilemmas in International Economic Arbitration*: *Private Disputes and the Public Good*: *Explaining Arbitration law.* Am. U. Int'l L. Rev. , 2005, 20: 903p.

的原则和规则进行法律上的整理，形成新法律，并促进其发展。在现代商人法的法典化过程中，真正意义上的法律创制是比较少的，更多的是法律的汇编或编纂。① 这表现为如下几个特点：（1）现行成文的现代商人法规则都是非政府间的国际组织（如国际商会、国际法协会、国际贸易法委员会和国际海事委员会等）编纂的。（2）现代商人法规则的编纂目的在于为特定的国际商业交易提供一套统一的规则，以供从事国际商事活动的商人们使用。如《国际贸易术语解释通则》规定，"《国际贸易术语解释通则》的目的是为国际贸易中最普遍使用的贸易术语提供一套解释的国际规则，以避免因各国不同解释而出现的不确定性，或者至少在相当程度上减少这种不确定性"。② 《跟单信用证统一惯例（500）》、《华沙—牛津规则》、《美国对外贸易定义》等，也都在其前言中作了类似的规定。（3）现代商人法的创制主要是指由国际组织、国际商事团体有计划、有目的地制定示范法性质的规则。如《国际商事合同通则》、《电子商务示范法》，等等。

现代商人法符合经济全球化理念，能够有效地促进国际商事仲裁立法统一化进程。在全球化环境下，现代商人法必须形成一个独立的法律部门，才能真正有效地调整国际经济贸易关系。事实上，有些国家已经在现代商人法的统一化、体系化方面取得了较大成功，最典型的是美国的《统一商法典》，它是美国统一商法运动的结晶，也是现代商人法形成体系的一个典范。20世纪80年代以来，在传统商人法领域，将成熟的不成文惯例整理统一并"法典化"，是现代商人法施展影响的主要方式。在信息时代的今天，新经济的浪潮席卷全球，制定新规则并影响国内立法，成为现代商人法发展的亮点。在全球化高度发展的未来，现代商人法形成完整的法典，成为一个独立的法律体系将是现代商人法最终的目标。

在现代商人法立法的统一化和法典化进程中，也有很多现代商人法规则被纳入到许多国家的国内立法之中，成为国内法的一部分。③ 这些现代商人法原则和规则，如当事人意思自治原则、合同信守原则和诚实信用原则等，对于协调和统一各国的法律发挥着重要的作用。一方面，这些现代商人法规则通过转化为国内法的一部分，得到了各国法律的认可，从而进一步巩固了现代商人法

---

① Symeon C. Symeonides, *Civil Law*, *Procedure*, *and Private International Law*: *Contracts Subject to Non-State Norms*. Am. J. Comp. L., 2006, 54: 209p.

② 《国际贸易术语解释通则》（1990）引言第1条。

③ 例如，前捷克斯洛伐克的1963年《国际贸易法典》和南斯拉夫的《贸易一般惯例》，就是将国际商会的《国际贸易术语解释通则》的内容引入了国内立法之中。见施米托夫著，赵秀文译：《国际贸易法文选》，中国大百科全书出版社1993年版，第45页。

在国际商事领域中的地位；另一方面，一国的立法机关在制定或修改有关调整国际商事关系的法律和法规时，必然会考虑到国际社会的一般做法，从而与国际接轨，现代商人法的法典化趋势也将在这种融合中不断加强。

　　概括起来说，现代商人法的立法统一化和法典化主要经历了三个阶段。第一阶段开始于 20 世纪 70 年代。此时，有关现代商人法方面的各种造法组织的活动开始活跃。如国际统一私法协会在准备制定一项国际贸易法典，国际商会也一直从事关于国际贸易惯例的解释与适用的研究。在国际贸易统一法的运动中，这是明显的重点转移。第二个阶段，开始于 20 世纪 90 年代，以《国际商事合同通则》、《电子商务示范法》等国际商事示范法为代表的立法统一化运动。第三阶段将试图起草一项世界性的现代商人法法典。这并非天方夜谭，实现这一目标也不是乌托邦式的幻想。① 实践中已有这类例子。如《美国统一商法典》的制定和实施。我们知道，这最初始于学术界的冒险行为，但当它被美国 50 个州中的 49 个州的立法机关采纳时，就已成为现实。不仅如此，实际上，将要形成的法典中所必须要包括的许多问题已经或正在实现统一。如果将国际统一私法协会的国际贸易法典的项目与国际商事会的贸易惯例制度结合在一起，加上《联合国国际货物买卖合同公约》、国际商会的《跟单信用证统一惯例》和《托收统一规则》，再加上《联合国汉堡海上货物运输规则》和《联合国国际贸易法委员会仲裁规则》、《国际商事合同通则》、《电子商务示范法》等，就已经奠定了世界性的现代商人法典的基础。以此为基础，需要将这些分散的统一法编纂成为符合逻辑的整体作品，再把现有的统一法补充进去，如拟议中的国际汇票和本票统一法、国际运输代理与仓储合同规则，以及其他有关的内容。这些把各种统一法的文件统一起来的任务将由联合国国际贸易法委员会承担。一旦此项任务完成，在国际经贸法律领域中将拥有它所需要的在全世界范围内普遍适用的跨国性的现代商人法法典。当然，这一点有些过于理想主义，但应该说是现代商人法发展的应然状态。②

四、结论

　　现代商人法作为调整国际商事关系的一个新兴的法律部门，起源于中世纪的商人们，是商人们在长期的国际商事实践中逐渐创造出来的，以国际商事关系为调整对象的，具有一定法律效力的相对独立于国内法的"民间性"、"任

---

① Schmitthoff, The *Unification of the Law of Trade*. J. Bus. L. , 1968, 11：66p.

② JH Dalhuisen, *Legal Orders and Their Manifestation*：*The Operation of the International Commercial and Financial Legal Order and Its Lex Mercatoria*. Berkeley J. Int'l L. , 2006, 24：129p.

意性"、"自治性"的法律规范的总称。现代商人法理论是著名的国际贸易法学家 Schmitthoff 教授针对国际经济全球化背景下国际贸易关系出现的法律障碍而提出的，它对于克服传统的、机械的、僵硬的国内法规则的缺陷，具有十分重要的价值和意义。这一理论一经提出，在学术界即引起强烈的反响，并对世界各国的立法和实践产生了深远的影响。虽然学者们对这一理论的看法和意见一直未能统一，甚至存在激烈的争论，但它在实践中的运用却愈来愈多，愈来愈广泛，其法律效力已经逐渐得到了越来越多的国内法的承认。可以说，现代商人法正在逐渐成为调整国际商事关系的相对独立的"自治性"、"综合性"的法律部门。

随着国际经济全球化趋势的不断增强，现代商人法获得了长足的发展，对国际商业社会产生的影响越来越大。它不仅在国际贸易领域得到积极的适用，而且涉及合同法、劳工法、电子商务法、公司法以及证券法等领域。在国际商事合同法领域，《欧洲合同法原则》、《国际商事合同通则》、《联合国国际货物销售合同公约》的制定，纳入了现代商人法的理念、原则和规则，体现了现代商人法追求"灵活"、"效率"的价值取向，促进了国际商事合同法的发展，而反过来，国际商事合同法的统一化运动，也推动了现代商人法本身的发展。在国际劳工法领域，SA8000 作为"正在形成中的现代商人法规则"，对与贸易有关的生产企业等的劳工标准的形成、公司企业的国际社会责任制度之构建，具有里程碑式的意义。尽管 SA8000 作为现代商人法规则在具体适用上还有待进一步完善，但它无疑拓展了现代商人法的领域和范围，代表了现代商人法的最新发展。在电子商务法领域，现代商人法的渗透、融合也是富有代表意义的。《电子商务示范法》、《网上交易诚实信用指南》（IGFC）等正在形成中的现代商人法规则的出现，尽管目前尚不具备国际条约那样的法律效力，但它们对世界各国国内法的影响以及世界范围内电子商务法律框架的构建，也具有重要的作用。此外，公司法领域中关于公司的组织形态、内部机构、股份发行与转让、上市公司等方面，都逐渐出现为各国国内立法普遍认可和采纳的现代商人法规则。这表示现代商人法的适用已不仅局限于国际贸易领域而开始朝多元化方向发展。①

概括起来说，现代商人法在当代的发展主要呈现出如下的特征和趋势：

（1）在国际经济全球化和市场经济一体化趋势不断增强的今天，现代商

---

① Rafael Gely, *Distilling The Essence Of Contract Terms: An Anti-Antiformalist Approach To Contract And Employment Law.* Fla. L. Rev., 2001, 53: 669p.

人法的适用能够有效地消除国际商事交往领域中的差异，实现商人们追求"效率"的价值目标。

（2）现代商人法是一个尚未完全独立的"自治性"法律规范体系，虽然还存在内容不确定、体系不完整等方面的缺陷，但作为生命力旺盛的新兴法律部门，现代商人法已得到大多数国家的认同并在国际商事争议解决程序中得到了广泛的运用。

（3）现代商人法理论的体系化和立法的法典化趋势正在不断增强。现代商人法的立法统一化和法典化主要经历了两个阶段。第一阶段开始于20世纪70年代。此时，有关现代商人法方面的各种造法组织的活动开始活跃。如国际统一私法协会在准备制订一项国际贸易法典，国际商会也一直从事关于国际贸易惯例的解释与适用的研究。在国际贸易统一法的运动中，这是明显的重点转移。第二个阶段，开始于20世纪90年代，以《国际商事合同通则》、《电子商务示范法》等国际商事示范法为代表的立法统一化运动。随着国际商事关系的不断发展，现代商人法的未来发展趋势应该是世界范围内现代商人法规则的实体统一。这并非天方夜谭，实现这一目标也不是梦幻般的理想。[①] 实际上，现代商人法中的许多实体规则已经或正在实现全球范围内的统一。如果我们将国际统一私法协会的国际贸易法典的项目与国际商会的贸易惯例结合在一起，加上《联合国国际货物买卖合同公约》、《跟单信用证统一惯例》和《托收统一规则》，再加上《联合国汉堡海上货物运输规则》和《联合国国际贸易法委员会仲裁规则》、《国际商事合同通则》、《电子商务示范法》等，已经可以看出统一的世界性现代商人法的雏形。当然，要真正实现现代商人法规则的全球统一，短时期内是不可能完成的，甚至有点过于理想主义，但应该说这是现代商人法发展的应然状态。

参 考 文 献

一、中文文献

1. 柯泽东："国际贸易习惯法与国际贸易"，载《法治学刊》1976年第1—3期。

2. 徐国建："现代商人法论"，载《中国社会科学》1993年第2期，第76—102页。

3. 单文华："国际贸易惯例基本理论问题研究"，载梁慧星主编：《民商法论丛》第7卷，法律出版社1997年版，第583—716页。

---

① Schmitthoff, *The Unification of the Law of Trade*. J. Bus. L. , 1968, 11：66p.

4. 韩健：《现代国际商事仲裁法的理论与实践》，法律出版社 1993 年版，第 247 页。

5. 贺小平、邱海洋、田洪昌："商人习惯法在商法发展中的地位和作用"，载《科学·经济·社会》1997 年第 15（2）期，第 76—80 页。

6. 黄进、胡水庆："现代商人法论——历史和趋势"，载《比较法研究》1997 年第 2 期，第 146—160 页。

7. 车英："国际私法中法律选择方法的最新走向"，载《平原大学学报》1999 年第 16（1）期，第 30—33 页。

8. 李功："商人精神与商法"，载王保树主编：《商事法论集》第 2 卷，法律出版社 1997 年版，第 2—3 页。

9. 王保树："商事法的理念与理念上的商事法"，载王保树主编：《商事法论集》第 1 卷，法律出版社 1997 年版，第 2 页。

10. 李功国："商人精神与商法"，载王保树主编：《商事法论集》第 2 卷，法律出版社 1997 年版，第 6 页。

11. 刘清波：《商事法》，中国台湾商务印书馆 1986 年版，第 13 页。

12. 《中华人民共和国电子商务法（示范法）》课题组："中华人民共和国电子商务法（示范法）"，载《法学评论》2004 年第 4 期，第 83—96 页。

13. 董安生：《中国商法总论》，吉林人民出版社 1994 年版，第 75—76 页。

14. 徐学鹿等："论商法的调整对象"，载《商法研究》2001 年第 4 期，第 38 页。

15. 徐显明："法理学教程"，中国政法大学出版社 1994 年版，第 205 页。

16. 冯大同：《国际商法》，中国人民大学出版社 1994 年 2 月版，第 4 页。

17. ［英］戴维·M. 沃克：《牛津法律大词典》，光明日报出版社 1988 年版，第 524 页。

18. 韩健：《现代国际商事仲裁法的理论与实践》，法律出版社 1993 年版，第 247 页。

19. ［法］米歇尔·维拉利："国际商事法—第三种法律秩序的理论探讨"，载《法学译丛》1986 年第 6 期，第 67—71 页。

20. 郑远民：《现代商人法研究》，法律出版社 2001 年版，第 272 页。

21. 高菲：《中国海事仲裁的理论与实践》，中国人民大学出版社 1998 年版，第 311 页。

22. 李圣敬：《国际经贸仲裁法实务》，吉林人民出版社 2003 年版，第 314 页。

23. 李双元：《国际法与比较法论丛》第四辑，中国方正出版社 2002 年版，第 631 页。

24. 李双元、王海浪：《电子商务法若干问题研究》，北京大学出版社 2003 年版，第 400 页。

25. 李双元："关于我国国际民事管辖问题的思考"，载中国国际私法研究会编：《海峡两岸法律冲突及海事法律冲突问题研究》，山东大学出版社 1999 年版，第 211 页。

26. 李双元、张茂、杜剑："中国法律趋同化问题之研究"，载《武汉大学学报》1994 年第 3 期，第 3—8 页。

27. 李双元：《走向 21 世纪的国际私法：国际私法与法律的趋同化》，法律出版社 1999 年版，第 201—455 页。

28. 李圣敬：《国际经贸仲裁法实务》，吉林人民出版社 2003 年版，第 314 页。

29. 李玉泉：《国际民事诉讼与国际商事仲裁》，武汉大学出版社 1994 年版，第 279 页。

30. 于志宏、吕国民："电子商务中的法律适用问题探析"，载《广东商学院法学报》2002 年第 6 期，第 80—85 页。

31. 张楚："关于电子商务立法的环顾与设想"，载《法律科学》，2001 年第 1 期，第 31—40 页。

32. 吕国民：《国际贸易中 EDI 法律问题研究》，法律出版社 2001 年版，第 198—222 页。

33. 郭玉军、徐卫连："论国际贸易中应收款转让的法律问题"，载《中国国际私法与比较法年刊》第五卷，法律出版社 2002 年版，第 201 页。

34. 商务部条约司编译：《国际商事合同通则》，法律出版社 2004 年版，第 597—599 页。

35. 万以娴：《电子商务之法律问题》，法律出版社 2001 年版，第 181 页。

36. 张瑞星：《Internet 法律问题上线》，永然文化出版股份有限公司 1997 年版，第 29—31 页。

37. 周仪：《电子商务法律及案例》，中国国际广播出版社 2001 年版，第 1—132 页。

38. 邓正来：《美国冲突法流派》，法律出版社 1987 年版，第 29 页。

39. 赵秀文：《国际商事仲裁及其适用法律研究》，北京大学出版社 2002 年版，第 183 页。

40. 韩德培：《中国冲突法研究》，武汉大学出版社 1993 年版，第 32 页。

41. 梁慧星：《民商法论丛》（1—35），法律出版社。

二、西文文献

1. A. Redfern, M. Hurter, *Law and Practice of International Commercial Arbitration*. 1986, 13—16.

2. Abul F. M. Maniruzzaman, *The Lex Mercatoria and International Contracts: A Challenge for International Commercial Arbitration?* Am. U. Int'l L. Rev., 1999, 14. 657p.

3. Adelle Blackett, *Globalization, Accountability, and the Future of Administrative Law: Global Governance, Legal Pluralism and the Decentered State: A Labor Law Critique of Codes of Corporate Conduct.* Ind. J. Global Leg. Stud. 2001, 8: 401.

4. Alfredo Fuentes-Hernandez, *Globalization and Legal Education in Latin America: Issues for Law and Development in the 21st Century.* Penn St. Int'l L. Rev., 2002, 21: 39.

5. Andrew Colvin, *The Rules of Challenge, Appeal and Enforcement of Arbitration With Some Reflections on Public Policy.* Croat. Arbit. Yearb., 2005, 12: 203p.

6. Anthony J. McMahon, *Differentiating between Internal and External Gaps in the U. N. Con-*

vention on Contracts for the International Sale of Goods. Colum. J. Transnat'l L. , 2006, 44: 992p.

7. Antoni Vaquer, *Tender of Performance*, *Mora Creditoris and the（Common?）Principles of European Contract Law.* Tul. Eur. & Civ. L. F. , 2002, 17: 83p.

8. Arthur I. Rosett, *The UNIDROIT Principles of International Commercial Contracts: A New Approach to International Commercial Contracts.* Am. J. Comp. L. , 1998, 46: 347—352.

9. Autumn Smith, *You Can't Judge Me: Mental Capacity Challenges to Arbitration Provisions.* Baylor L. Rev. , 2004, 56: 1051p.

10. Berger, *Concerning the uncertainties of applying choice-of-law rules to international commercial transactions.* 1998. 9—12.

11. Berman, *Law and Revolution: The Formation of the Western Legal Tradition.* Harvard University Press, 1983.

12. Berman, *The Uniform Law on International Sale of Goods: A Constructive Critique.* Law & Contemp. Probs. , 1956, 30: 326.

13. Berman, *Toward an Integrative Jurisprudence: Politics, Morality, History. Calif.* L. Rev. , 1988, 76: 779p.

14. Bernardo M. Cremades, *The Impact of International Arbitration on the Development of Business Law.* Am. J. Comp. L. 1983, 31: 526—531.

15. Celia Wasserstein Fassberg, *The Empirical and Theoretical Underpinnings of the Law Merchant: Lex Mercatoria-Hoist with Its Own Petard?* Chi. J. Int'l L. , 200, 5: 67p.

16. Charles Donahue, Jr. *The Empirical and Theoretical Underpinnings of the Law Merchant: Medieval and Early Modern Lex mercatoria: An Attempt at the probatio diabolica.* Chi. J. Int'l L. , 2004, 21 (5): 21.

17. Christopher R. Drahozal, *Civil Law, Procedure, And Private International Law: New Experiences of International Arbitration in the United States.* Am. J. Comp. L. , 2006, 54: 233p.

18. Claire R. Kelly, *Power, Linkage and Accommodation: The WTO as an International Actor and Its Influence on Other Actors and Regimes.* Berkeley J. Int'l L. , 2006, 24: 79.

19. Clayton P. Gillette, *Harmony and Stasis in Trade Usages for International Sales.* Va. J. Int'l L. , 1999, 39: 707p.

20. Cornil, *The ECE General Conditions of Sale and Standard Forms of Contract drawn up by the United Nationa Economic Commission for Europe.* J. Bus. L. , 1961. 113 p.

21. Dalhuisen, *Legal Orders and Their Manifestation: The Operation of the International Commercial and Financial Legal Order and Its Lex Mercatoria.* Berkeley J. Int'l L. , 2006, 24: 129p.

22. Dan Hunter, *Cyberspace as Place and the Tragedy of the Digital Anticommons.* Calif. L. Rev. , 2003, 91, 3: 439p.

23. Dalhuisen, *Legal Orders and Their Manifestation: The Operation of the International Commercial and Financial Legal Order and Its Lex Mercatoria.* Berkeley J. Int'l L. , 2006. 29: 241.

24. David S. Clark, *American Participation in the Development of the International Academy of*

Comparative Law and Its First Two Hague Congresses. Am. J. Comp. L. , 2006, 54: 1p.

25. David LeBron, *Attaining U. S. Effectively Connected Income in the Aftermath of the American Jobs Creation Act of 2004 and Its Aim to Repeal Extraterritorial Income Exclusion.* Akron Tax J. , 2006, 21: 101p.

26. David W. Rivkin, *Enforceability of Arbitral Awards Based on Lex Mercatoria.* Arb. Int'l, 1993, 9: 67p.

27. Elisa Westfield, *Resolving Conflict in the 21st Century Global Workplace: The Role for Alternative Dispute Resolution.* Rutgers L. Rev. 2002, 54: 1221p.

28. Emily Albrink Hartigan, *Globalization in a Fallen World: Redeeming Dust.* Miss. C. L. Rev. , 2003, 22: 215p.

29. Ethan J. Leib. *On Collaboration, Organizations, and Conciliation in the General Theory of Contract.* Quinnipiac L. Rev. , 2005, 24: 1p.

30. Erika Arban, *International Trade and Commercial Law for The Twenty-First Century;* Ll. M. Note: *The Doctrine of Strict Compliance in Tthe Italian Legal System.* Ariz. J. Int'l & Comp. Law, 2005, 23: 77p.

31. Fabien Gelinas, *Arbitration and the Challenge of Globalization.* J. Int'l Arb. 2000, 17 (4): 122p.

32. Fabrizio Marrella, *Choice of Law in Third-Millennium Arbitrations: The Relevance of the UNIDROIT Principles of International Commercial Contracts.* Vand. J. Transnat'l L. , 2003, 36: 1137.

33. Fabrizio Marrella, *Emerging Dilemmas in International Economic Arbitration: Unity and Diversity in International Arbitration: The Case of Maritime Arbitration.* Am. U. Int'l L. Rev. , 2005, 20: 1055p.

34. Fauvarque-Cosson, *A U. S. federal district court enforced an arbitral award that invoked the UNIDROIT Principles notwithstanding a choice-of-law clause that provided for the application of Iranian law.* In: *A New Approach to International Commercial Contracts.* 1999, 95: 114;

35. Fauvarque-Cosson, *Comparative Law and Conflict of Laws: Allies or Enemies? New Perspectives on an Old Couple.* Am. J. Comp. L. , 2001, 49: 407p.

36. Filip De Ly, *International Business Law and Lex Mercatoria.* North Holland, 1992. 208p.

37. George Sayen, *Arbitration, Conciliation, and the Islamic Legal Tradition in Saudi Arabia.* U. Pa. J. Int'l Econ. L. , 2003, 24: 905p.

38. Glmore, *Commercial Law in the United States: Its Codification and Other, Misadventures.* in: J. Ziegel &W. Foster, ed. *Aspects of Comparative Commercial Law.* 1969. 450 p.

39. Gold? tajn. *The New Law Merchant.* J. Bus. L. , 1961, 12: 44p.

40. Gregory Hunt, *In A Digital Age, The Musical Revolution Will Be Digitalized.* Alb. L. J. Sci. & Tech. , 2000, 11: 181p.

41. Guillermo Aguilar Alvarez, William W. Park, *The New Face of Investment Arbitration.*

Yale J. Int'l L. , 2003, 28 (Summer)：365.

42. Highert, *The Enigima of the Lex Mercatoria.* In：Carboneau ed. , *Lex Meratorias and Arbiration*, 1990. 108p.

43. Honnold, *The Uniform Law for the International Sale of Goods The Hague Convention of 1964* , Law & Contemp. Probs. 1965, 30：326p.

44. Hrvoje, *Arbitration Agreement in the Practice of the Permanent Arbitration Court at the Croatian Chamber of Economy.* Croat. Arbit. Yearb. , 2005, 12：45p.

45. James P. George, *False Conflicts and Faulty Analyses：Judicial Misuse of Governmental Interests in the Second Restatement of Conflict of Laws.* Rev. Litig. , 2004 (23)：489p.

46. Jones, *An Inquiry into the History of the Adjudication of Mercantile Disputes in Great Britain and the United States.* U. Chi. L. Rew. , 1958, 25：440—445.

47. Juenger, *The Inter-American Convention on the law Applicable to International Contracts：Some Highlights and Comparisons.* Am. J. Comp. L. , 1994, 42：111p.

48. John C. Reitz, *Computers and Law：E-Government.* m. J. Comp. L. , 2006, 54：733p.

49. Jane K. Winn, Symposium：*Spyware：The Latest Cyber- Regulatory Challenge：Contracting Spyware by Contract.* Berkeley Tech. L. J. , 2005, 20：1345p.

50. Keith Highet, *The Enigma of the Lex Mercatoria.* New York, 1990：100—107.

51. Kevin C. Stemp, *Solving Problems Facing International Law Today：A Comparative Analysis of the "Battle of the Forms"* . Transnat'l L. & Contemp. Probs. , 2005, 15：243p.

52. Khan, *Unification of the Law of International Sale of Goods：Issues and Importance.* Indian J. Int'l L. 1972, 12：15p.

53. Klaus Peter Berger, Holger Dubberstein, Sascha Lehmann & Viktoria Petzold, *The Central Enquiry on the Use of Transnational Law in International Contract Law and Arbitration：Background, Procedure, and Selected Results*, paper presented at the Central conference on 'The Practice of Transnational Law.

54. Le Lando, CISG and Its Followers：*A Proposal to Adopt Some International Principles of Contract Law.* Am. J. Comp. L. , 2005, 53：379p.

55. Mann, *Private Arbitration and Public Policy.* Civ. Jus. Q. , 1985, 22：265—266.

56. Marc Blessing, *The New International Arbitration Law in Switzerland：A Significant Step towards Liberalism.* J. Int'l Arb. , 1988, 5：122p.

57. Marc Ancel, *From the Unification of Law to its Harmonization.* Tul. L. Rev. , 1976, 51：108p.

58. Priedrich K. Juenger, *Choice of Law and Multistate Justice.* Martinus Nijhoff, 1992. 44—46.

59. Philippe Fouchard, Emmanuel Gaillard, Berthold Goldman, *on International Commercial Arbitration.* Citic Publishing House, 2004. 946p.

60. Philip J. Mc Connaughay, *The Scope of Autonomy in International Contracts and Its Rela-*

tion to Economic Regulation and Development. Colum. J. Transnat'l L. 2001 (39): 595p.

61. Rodrigo Novoa, *A Comparative Law Study: Chilean Law and the United Nations Convention on Contracts for the International Sale of Goods* (CISG). Ariz. J. Int'l & Comp. Law, 2005, 22: 583p.

62. Rt. Hon. Sir Michael Kerr, *"Equity" Arbitration, in England Amer.* Rev. Int'l Arb'n, 1991, 2: 378p.

· 中国社会科学院 ［法学博士后论丛］ ·

商标法律制度前沿问题研究

Some Frontier Issues in Trademark Law

博士后姓名　　王　翔

流　动　站　　中国社会科学院法学研究所

研　究　方　向　　宪法学

博士毕业学校、导师　　北京大学　　肖蔚云

博士后合作导师　　李明德　　张庆福

研究工作起始时间　　2004 年 9 月

研究工作期满时间　　2006 年 9 月

作 者 简 介

    王　翔，男，1964 年 7 月生，国家工商行政管理总局法规司工作人员。1983 年 9 月至 1987 年 7 月于西南政法学院法律系读本科。1990 年 9 月至 1993 年 7 月于北京大学法律系读硕士研究生。1999 年 9 月至 2003 年 7 月于北京大学法学院读博士研究生。2003 年 9 月至 2006 年 7 月于中国社会科学院法学所博士后流动站学习。1987 年 7 月至 1990 年 9 月在湖北省经济管理干部学院工作。1997 年 7 月至今在国家工商行政管理局工作。

商标法律制度前沿
问题研究

王　翔

内容摘要：随着商品经济的发展和商标功能的不断演进，商标的商业价值日益受到人们的重视。我国的"十一五规划纲要"中也多次提到创建"知名品牌"、保护"自主品牌"的重要性。然而，商标的本质是什么，为什么要对商标进行保护，以及如何对商标进行科学的保护，却是亦老亦新的话题。本文试图站在国际层面上分析问题，对我国商标法的修改以及各项具体制度的完善提出一些具有针对性的建议。

论文的第一部分是总论，主要阐述了商标法律制度的本质、国际视野中的商标法律制度及其发展趋势，以及我国商标法修改应坚持的基本原则。第二部分为驰名商标的内在价值和战略保护，具体分析了驰名商标的扩大化保护、未注册驰名商标的法律保护等问题。第三部分为地理标志的法律保护，讨论了地理标志的基本价值及其国际保护历程、世界上通行的法律保护模式以及我国的选择等问题。第四部分为网络环境下的商标保护问题，分析了网络环境条件下完善商标保护的挑战性及其解决途径。第五部分为商标权利冲突及协调，分析探讨了商标权利冲突的原因及对策。

本论文在写作过程中主要采用了价值分析、历史分析、比较研究等方法。希望通过本文的分析，使读者明白商标法律制度的本质理念和商标保护的内在规律。

关键词：商标　商标法　商标权　驰名商标　地理标志

一、总论

（一）引言

研究商标法律制度的前沿问题，不能不研究商标法律制度的本质、考察世界主要国家的商标法律制度和商标国际保护的发展历程、回顾和分析我国商标法律制度的过去和现状、分析商标法律制度的整体发展趋势和我国商标法律制度的现实社会经济背景，以及探讨我国商标法的发展趋向。

根据以上指导思想，总论部分主要包括了以下三个主要内容。首先，从商标法的几项主要理论谈起，分析了商标法的本质。在得出关于商标法律制度的本质特征之后，从国际视野考察了世界商标法律制度的发展演变。总论的第三部分是商标法律制度的发展趋势和我国商标法律制度的修改和完善应坚持的几项基本原则。

（二）商标法律制度的本质——从商标法的几项理论谈起

1. 商标的显著性理论及其启示

（1）商标显著性理论。显著性是商标法的核心概念，亦称做商标的区别性或识别性（distinctive character or distinctiveness）。TRIPS 协定第 15 条第 1 项就是以显著性作为可注册商标的基础的。所谓商标的显著性，就是指特定的标示与特定的商品或服务存在着固定的联系，并将该商品与其他商品区别开来的显著特征。[①] 简单地说，就是能够起到区别作用的本质特性。商标的显著性是商标权的灵魂，"一个商标如果丧失了其独特性，那它就不再是一个有效的标志而沦为一个随便可以使用的标志。商标一旦成为普通标志，其独特性也就丢失。"[②] 它不仅直接决定商标是否能够注册，而且还决定了商标权利范围的大小。正因为如此，显著性作为商标是否能够注册的关键，在各国商标法中都得到了普遍的承认。在商标显著性理论中必然要涉及"第二含义"问题，这是对商标的基本分类当中获得显著性的进一步深入，也是商标在市场上经过数百年的发展的必然结果。在商标法上，第二含义是确定商标是否具有显著性或区别性的重要概念。所谓的第二含义就是指"一个地名或者描述性（叙述性）词汇，在某企业生产的商品上作为商标使用的一段时间后，产生了原义之外的

---

① 孔祥俊著：《WTO 知识产权协定及其国内使用》，法律出版社 2002 年版，第 145 页。
② ［美］富兰克·奥普顿等著，陈中绳等译：《美国的商标和商标法》，载《政法论坛》1999 年第 1 期。

含义，用户看到这个词，就会自然地把它和某种商品或服务联系起来，于是它作为商标就具有了识别性"。①

（2）商标显著性理论的启示。商标的显著性理论的核心就是构成商标的固有显著性和获得显著性。商标的显著性，决定了商标的区别性；这种区别性通过商业使用又在消费者中间产生了联想功能和品牌忠诚；这种品牌忠诚又为商标间的良性竞争创造了条件。而贯穿这整个过程的核心是商标与特定商品或服务间的固有联系。所以，商标法律制度的基础是确认商标的显著性，其目的就是保证商标的区别性功能以及表彰性功能等，其核心就是保护商标与特定商品或服务之间的固有联系。商标法律制度对"显著性"的关注，构成了商标法律制度整体逻辑的基础。

2. 商标权取得的基础理论及其启示

（1）商标权取得的基础理论。各国对商标进行保护多是通过保护商标权的方式进行的。然而，世界各个国家和地区对商标权的取得方式的规定因法律传统不同而不同。概括起来，目前商标权的产生途径不外乎有三种立法例，一是使用取得商标权，即使用原则；二是注册取得商标权，即注册原则；三是使用和注册都可取得商标权，即并行原则。

使用原则是指对商标进行保护是基于商标使用这个事实，没有对商标的使用就不拥有任何权利，如果双方对商标都进行过使用，商标权利属于最先使用者。

所谓注册原则，是指商标权必须经注册才能产生，使用不产生商标权；当使用商标与注册商标发生冲突时，注册商标优先。注册原则是为克服单一使用原则的种种弊端而登上历史舞台的。注册原则是法律秩序稳定性、商标权利确定性以及效率原则的必然要求。与使用原则相比，注册原则最大的优点是其带来的稳定性、可预测性和权利的扩大保护。

由于单一的使用原则和单一的注册原则都有其弊端，因此使用原则和注册原则有相互借鉴和融合的趋势，使用原则和注册原则可以共存于一个国家的法律制度之中。英国与德国即为典型。

（2）商标权取得理论的启示。商标保护既是一个理论问题，又是一个实践问题。这种问题的双面性决定商标保护模式的不同选择和整体发展趋势。从理论的、抽象的角度着眼，商标是一种商业性的区别标记，商业使用是商标的生命所在，相应的，商标使用理应作为商标权取得的基础。然而，随着商品经

---

① ［美］阿瑟·R.米勒、迈克尔·H.戴维斯著，周林等译：《知识产权法概要》，中国社会科学出版社1997年版。

济的不断发展，通过商标使用获得商标权保护的方式越发暴露出其严重问题。所以，注册原则应运而生，通过商标注册获得商标权，具有很强的公示效果。注册原则逐渐发展成为现代社会大多数国家商标权产生方式的主流选择。当然，有一利必生一弊，商标权通过注册取得的模式在成为当今世界的主流趋势的同时，其本身也有一些难以克服的问题，这又需要以使用原则作为补充。

3. 商标淡化理论及其启示

（1）商标淡化理论。淡化，英文为 dilution，原意为稀释。商标淡化，简单而言，指商标的显著性及商标的内在价值因他人的使用而被冲淡。"淡化是一种不同于传统侵权的侵害。即使没有混淆，商标的活力仍可能因他人的使用而受损。这也正是商标淡化的本质所在。混淆产生直接的损害，淡化则是一种感染，如果任其发展，最后必然会破坏商标的广告价值。"①

美国的法学家斯科特最早对商标淡化理论作系统阐述。1927 年，他于《哈佛法学评论》上发表了《商标保护的理论基础》一文，该文指出："在所有这些案件中，必须结合商标的功能，才能测算真正的损害。这种损害表现在，由于被使用在非竞争的商品上，商标或名称在公众心目中的形象和影响逐渐削弱或降低。商标越是显著或独特，给公众的印象就越深，防止该商标与其特定商品之间的联系被削弱或消失的需要就越强烈"②。

其实，淡化理论是指将他人的驰名商标使用在非相同、非类似、非竞争、非混淆的商品、服务或其他领域上的一种特殊侵权行为；该行为主要表现为弱化、丑化、退化以及将该商标用于企业名称以及使用于域名等行为；它对驰名商标的识别性、表彰性造成了侵害。"淡化理论无论是从确立之目的还是从实际运用的效果来看，都主要是为了禁止他人未经许可在非类似商品上使用驰名商标的行为。"③

（2）商标淡化理论的启示。商标是一种无形财产，商标与特定商品或服务之间的联系也是一种无形的"存在"，正是这种无形财产、无形的"存在"，促使商标在现代经济生活中发挥重大作用，构成了商标法律制度的核心内容。由于商标与特定商品服务间的固有联系存在着不同的程度和效果，商标的无形价值有高有低，商标侵权制度才逐渐开始关注商标的淡化，尤其是驰名商标的反淡化保护。区别于传统的商标侵权制度，商标的反淡化保护关注"商标吸引力"的减弱。商标吸引力的减弱如果是其他商业主体"搭便车"的结果，

---

① *House Report on the Federal Dilution Act of 1995*，H. R. 104—374，p. 3.

② Frank L. Schechter，*The Rational Basis of Trademark Protection*，60 TMR 334.（1970.3）

③ 陈静梅："淡化理论和对驰名商标的扩大保护"，载《现代法学》1997 年第 5 期，第 69 页。

那么对于这种行为导致商标的淡化，法律就应追究相应主体的责任，从而维护商标所有人的合法权益。由此可见，商标的"无形性"并不是一个统一不变的范畴，源于商标所有人经营商标时的不同努力及由此决定的商标的吸引力和美誉度的不同，它有着丰富的内涵。正是基于这种丰富的内涵，才有了对驰名商标的反淡化保护或扩大化保护。

4. 商标权用尽理论及其启示

（1）商标权用尽理论。权利穷竭原则反映在商标权领域中具有特定的含义，即商标权产品如经包括商标权所有人和被许可人在内的商标权主体以合法的方式销售或转让，主体对该特定产品上的商标权即告穷竭，无权禁止他人在市场上再行销售该产品或直接使用。① 由于服务标记保护的标的不是普通的商品而是劳务，劳务提供以后，劳务的受益人自然不能利用服务标记进行提供劳务的活动，因此，本部分所称商标特指商品商标。商标权的穷竭是随着商品经济的发展和经济全球化趋势加强而发生的。目前许多国家的商标法都存在商标权利穷竭内容的规定。商标权权利穷竭原则的提出，主要目的便是防止权利人过度的垄断，而在尊重权利人应得利益的前提下，协调权利人和社会公众之间的利益，从而既保障权利人一定范围的专有促进其创造的积极性的同时，又有利于社会经济的繁荣和发展。

（2）商标权用尽理论的启示。商标权利用尽或穷竭是商标法律制度中能够体现社会本位的最为典型的制度之一。商标权的授予，像专利权的授予一样实际上是确认了一种"法定垄断权"，即商标权人可以根据自己的意志安排一定程度上垄断该商标的使用。然而，商标的功能发挥是有特定领域的，商标权的保护也不是无止境的，超出特定范围一味强调商标权的保护，会损害正常社会经济秩序，如自由贸易和有效竞争，正所谓"过犹不及"。所以，为平衡商标权人利益和社会公共利益间的关系，商标法中引入了"权利用尽或穷竭"的制度，对商标权人的权利做出了一定的限制。所以，从这方面理论和内容来看，商标法不像传统财产法那样，过于强调权利的"本位属性"，而是在将商标权定位为一种民事权利、定位于一种私权的基础上，关注商标权的社会属性，平衡商标权与社会其他权利的冲突和协调，维护正常的社会经济秩序。

5. 反向假冒理论及其启示

（1）反向假冒理论。反向假冒理论是在假冒侵权的理论之上发展起来的。假冒侵权原来属于英国普通法中的违法行为。假冒是行为人非法将他人的商标使用在自己生产的与他人相同或相近的商品上。但相反的情况发生时，即行为

---

① 吴汉东：《知识产权基本问题研究》，中国人民大学出版社 2005 年版，第 591 页。

人称他人生产的产品是自己生产的，并贴附上自己的商标投入市场进行销售，这就构成了商标反向假冒。在美国，如果发生了反向假冒，权利人可以依据各州的普通法或者依据联邦商标法提起诉讼。① 美国的众多判例推动了反向假冒理论的不断发展。

所谓商标反向假冒是指商标反向假冒行为人擅自替换或去除他人贴附在商品上的商标，再将该商品投入市场，向公众隐瞒商品的真正生产者并对商品来源作虚假表述的行为。根据行为方式的不同，商标反向假冒可分为显性和隐性两种。不论是显性还是隐性商标反向假冒，都反映了商标反向假冒的根本特征：对商品来源的虚假表述。根据销售方式的不同，商标反向假冒可分为转售型商标反向假冒和复制型商标反向假冒。转售型商标反向假冒是指行为人将他人的商品冒充为自己或第三人制造、销售的商品而予以转售。复制型商标反向假冒是指复制他人的商品予以销售。

（2）反向假冒理论的启示。商标的反向假冒制度再次印证了商标法律制度的核心是保护商标与特定商品或服务间的联系。商标法对商标与商品间联系的保护，始于商标权的获得，终于商标权的救济。侵权行为的共同特点是人为地打破商标与特定商品或服务间固有的、真实的联系，要么利用商标所代表的商誉，要么利用商标背后良好的商品质量，搭商标拥有人诚信信用之便车。由于人为地打破了商标与特定商品或服务之间的联系，商标侵权限制了或歪曲了商标权人的商标使用行为，造成了商标区别功能丧失、表彰功能缺位，欺骗和误导了消费者，侵犯了消费者的知悉真情权；同时，就商标权人而言，由于不能获取商誉，从而影响商标权人所应享有的商标权益的实现；更严重的是破坏了商标权的激励功能，扰乱了市场竞争秩序，不利于企业间的品牌竞争和品牌战略，危害到市场经济的健康发展和国际经济交往的深入开展。

6. 商标法律制度的本质

通过以上对商标法律制度中几个主要理论问题的回顾和分析，我们可以从以下几个方面来从整体上把握商标法的本质或理念。

首先，商标法律制度的逻辑基础在于对商标"显著性"的关注。商标的显著性是商标权获得和维持的基础，无论实行注册制的国家，还是实行"使用取得"的国家，都少不了对商标显著性的关注，并进而都要求商标权人要通过商业使用增强商标的显著性。在一定程度上讲，商标显著性越强，其商标权的保护范围就越大，驰名商标的反淡化保护就是典型的表现。

---

① 李明德："美国商标法中的侵权与救济"，载郑成思主编、李明德副主编：《知识产权文丛》(10)，2004 年版，第 25 页。

其次，商标法律制度的逻辑起点是贯穿商标保护整个过程的"商标与特定商品或服务间的固有联系"。商标法律制度的基础是确认商标的显著性，其目的就是保证商标的区别性功能以及表彰性功能等，其核心就是保护商标与特定商品或服务之间的固有联系。商标侵权制度也是围绕这种固有联系展开的，构成商标侵权的重要原因之一就在于侵权人打破了商标与特定商品或服务间的固有联系，妨碍了商标权人商标专有权的实现。

再者，商标权本质上是一种区别于传统财产权的私权。之所以说商标权是一种私权，是因为商标权由于商标权人使用或申请取得，商标权行使以商标权人意思自治为基础，商标权救济也主要是以商标权人的主张为前提。同时，商标权又不同于传统的民事权利或私权，商标权与国家意志关系密切。商标作为一种信息标志的无形财产具有"公共产品"的特性，而正是这种特性与商标作为私权的天性相违背，所以有必要通过国家意志的介入，通过法律（或政府主管机关）授权或许可其使用者享有商标专有权，并经过法定程序进行注册公告后公示社会，使商标使用者享有法律上的"占有使用之排他权"，从而克服商标"公共产品"的特性对商标使用者创造商业信用的行为激励不足的问题。

另外，商标法律制度还体现出了很强的社会属性。商标权利用尽或穷竭是商标法律制度中能够体现社会本位的最为典型的制度之一。为平衡商标权人利益和社会公共利益间的关系，商标法中引入了"权利用尽或穷竭"的制度，对商标权人的权利作出了一定的限制。同时商标法律制度的社会属性还体现在"合理使用制度"、"商业使用要求"、"不与在先权利相冲突"等基于社会公共利益对商标权作出的种种限制。另外，实际上，商标权的社会价值早超出了私人利益的范畴，商标权"由仅涉及公民、法人享有的民事权利，逐渐转化为一种与国民经济的发展密不可分的具有公权因素的私权"[1]。

（三）国际视野中的商标法律制度

1. 世界主要国家的商标法律制度

（1）法国。法国是世界上最早制定和实施商标法律制度的国家之一。法国于 1803 年制定了《关于工厂制造场和作坊的法律》，是关于商标保护的最早法律。然而，一般认为，法国于 1857 年制定的《关于以使用原则和不审查原则为内容的制造标记和商标的法律》是世界上第一部具有现代意义的商标

---

① 冯晓青、杨利华等著：《知识产权法热点问题研究》，中国人民公安大学出版社 2005 年版，第 9—11 页。

法。1964 年，法国商标制度作了重大修改。后来，法国在 1992 年颁布的《法国知识产权法典》中将商标制度作为其一个重要组成部分。

法国采用了申请注册制，商标权由注册产生，申请注册才成为权利产生的依据。关于商标权的内容和限制，法国商标法规定注册赋予商标所有人的商标专用权限定在其所指定的商品和服务范围内。商标权可以全部或部分转让，且这种转让可以独立于正在使用该商标或正在让他人使用该商标的企业。而且，任何商标权的转让或抵押，以及商标的变更必须以书面形式在商标国家注册簿中备案。商标权的限制方面，法国商标法明确规定了商标权耗尽制度和商标有效使用制度。另外，法国商标法规定了几种典型的商标侵权行为。

（2）英国。英国的商标法虽然晚于法国，但其内容较当时的法国商标法先进。在英国，有关商标的保护最早采取判例法，从 19 世纪开始，英国陆续制定了一些成文法，其中有 1862 年的《商品标记法》、1885 年的《商标注册法》。1905 年，该国又通过了新的商标法。现行法律包括于 1994 年 10 月 31 日生效的《1994 商标法案》，以及分别于 1996 年和 1998 年修改过的《1994 商标条例》。欧共体商标在英国有效并受到保护。

在英国，商标权取得原则是注册取得。商标注册申请人资格和注册程序为：任何使用或善意打算使用商标的个人或组织都可以申请商标注册。在英国，有关商标注册的程序十分完备先进。为保证商标注册的质量，英国商标法还规定了注册商标的无效宣告制度。关于商标权的内容和限制，英国商标法规定注册商标与其他个人财产或动产一样可以转让，可以连带或不连带商誉一起转让。正在申请过程中的商标也可转让。关于商标权的限制，英国商标法规定了合理使用制度。同时，还规定了"商业使用要求"和"在先权制度"。同时关于商标侵权行为及其法律责任，英国商标法规定的商标侵权行为不仅在于规定了直接侵权行为，而且规定了间接侵权行为，尤为突出的是，淡化他人商标的行为也被作为侵权行为对待。英国商标法规定了民事救济手段，包括停止侵害、禁令、赔偿损失等。

（3）美国。美国是一个实行判例法的国家，法院判例在美国处理商标纠纷及商标法的发展中起到了较为重要的作用。同时，美国国会也制定了一些与商标注册和保护有关的成文法规。美国于 1870 年制定了《联邦商标条例》，同年 8 月又补充了对侵犯商标权的行为适用刑事制裁的规定，但该法后被联邦最高法院判决违反宪法而予以废除，代替它的是 1881 年的新商标法。1946 年，又制定了《兰哈姆法》，并于 1988 年作了新的修订。

在当今世界上，商标权的取得制度上存在着注册主义与使用主义两种立法模式，前者是主流。美国则正是少数采取使用主义立法模式的国家之一。同时，美国还建立了联邦商标注册制度。在美国商业中已使用商标的人可申请商标注册；美国的商标注册分为主簿、辅簿两种。美国商标注册的有效期不统一。对于商标权的转让，美国商标法规定，商标转让只能和该商标所代表的商业信誉一起转让。但近年来，人们的观念已发生了变化。美国商标法律对注册商标规定了严格的撤销制度。关于商标侵权救济，美国商标法规定了直接侵权行为和间接侵权行为。判断商标侵权的标准是"混淆的可能性"，只有证明了存在混淆的可能性，才能要求被告承担侵权责任。

（4）德国。现行的德国商标法最初制定于 1968 年，经 1979 年和 1987 年两次修改。1979 年修改是增加了保护服务商标的规定。新的商标法于 1995 年 1 月 1 日生效，并于 1996 年 7 月 24 日进行了修改。德国现行商标法的全称是《商标和其他标志保护法（商标法）》。目前，德国是《保护工业产权巴黎公约》、《商标国际注册马德里协定》、《商标注册用商品和服务国际分类尼斯协定》和世界知识产权组织的成员国，并于 1995 年 12 月 20 日认可了《马德里协定议定书》，该议定书于 1996 年 4 月 1 日在德国境内生效。

德国原为一个只承认注册取得商标权的国家，但是后来，法院承认了在市场上带来声誉的使用也具有同样的效力，后又被立法所吸收。关于商标注册制度，德国专利商标局一贯对可以注册的商标严格审查并且全面保护在先注册人的权利。后注册的商标如果混淆或淡化了在先注册商标及其显著性，权利人可通过撤销程序撤销该注册。申请人在审查的过程中，可以提出"分割声明"，对其声明中提到的商品或服务上的申请进行分割，从而分割商标申请。原申请的申请日继续适用于已分割申请的每一部分。和其他大多数国家一样，德国商标法也要求商标自注册之日起五年内应当使用，五年未使用的商标将被撤销。同时，德国商标法还规定了注册商标不能侵害在先权利。德国商标法也规定了合理使用制度和商标权用尽制度。关于商标侵权救济，德国商标法规定了与英国商标法基本相同的直接侵权行为和间接侵权行为，都将商标淡化行为纳入侵权行为的范畴。

2. 商标国际保护的历史进程

商标国际保护的历史进程，以《保护工业产权巴黎公约》为起点，以世界贸易组织（WTO）的《与贸易有关的知识产权协定》（TRIPS 协定）为最新成果，其发展沿革可分为三个基本阶段。

（1）初级阶段，从 19 世纪末开始。这一阶段以《保护工业产权巴黎公约》为代表，出现了很多至今仍然起着重要作用的国际公约，规定了国际商标法的基本原则，奠定了国际商标法律制度的基础。代表性的成果有《保护工业产权巴黎公约》和《商标国际注册马德里协定》。

（2）发展阶段，20 世纪中期以后。这个时期以世界知识产权组织的建立和发挥作用为重要标志，修改、签订了为数众多的有关商标的国际条约，到"TRIPS 协定"签订之前结束。是商标法律制度国际化的重要发展阶段。这一时期的主要成果就是世界知识产权组织（WIPO）成立，商标国际分类有关公约的制定，商标国际注册有关公约的完善，以及其他与商标有关的国际公约的制定。

（3）完善阶段，20 世纪末以后。1994 年 4 月 15 日，乌拉圭回合谈判结束，世界贸易组织成立。作为最终法律的一部分，知识产权首次被纳入国际贸易体制，被人认为"迎来了知识产权全球保护的新纪元"的《与贸易有关的知识产权协定》（即《TRIPS 协定》），作为 WTO 调整知识产权关系最基本的法律文件，"将知识产权的地域性的突破推进到了一个前所未有的新高度"。就商标法律制度而言，《TRIPS 协定》规定了各成员国的最低保护标准，同以往的国际条约相比，提高了商标国际保护水平，最大限度地统一了国际商标保护制度，是商标法律制度国际化的最新成就和里程碑。这一阶段的进展主要体现在以下几个方面：首先，表现在完善了商标国际规则的具体内容。其次，提高了国际商标权的保护标准。还有就是增强了商标国际标准的权威性。

3. 我国商标法律制度的历史和现状

我国商标的使用和管理的起源比较早，有文字记载的始于唐代。北宋时期济南功夫针铺的"白兔"商标被认为是中国最早出现的较为规范的商标。中华人民共和国成立之后，政府十分重视商标立法和商标管理工作。1982 年 8 月 23 日通过了中华人民共和国成立之后的第一部商标法——《中华人民共和国商标法》。从此，中国的商标制度进入了一个新纪元。2001 年我国对商标法再一次进行了修订。为配合商标法的实施，2002 年国务院颁布了《商标法实施条例》。另外，国家工商总局还制定出台了《驰名商标认定和保护规定》和《集体商标、证明商标的注册和管理办法》。至此，我国已形成了关于商标保护的完备法律制度，为实施名牌战略、发展市场经济奠定了坚实的制度基础。同时，为了适应对外开放的需要，为了与国际惯例相一致，我国于 1980 年参加了联合国世界知识产权组织，1988 年参加了《保护工业产权巴黎公约》和该公约组成的保护工业产权国际联盟，1989 年参加了《商标国际注册马德里协定》，1990 年发布了《商标印刷管理办法》，并且我国还于 1988 年采取了国际商品分类表。这一系列做法，为实现我国商标法律制度同国际法律制度的全面接轨奠定了坚实的基础。

在我国，可以作为商标注册的标志构成要素是文字、图形、字母、数字、三维标志、颜色组合以及上述要素的任何组合。注册时只接受商品商标、服务商标和集体商标、证明商标的注册申请，气味商标、音响商标等非常规性商标不能在中国注册。商标权的产生基于商标注册，并且商标注册实行申请在先和使用在先相结合的原则。当然对于尚未注册的驰名商标，也可基于其"驰名"的事实和法律的特殊保护规定，保护商标所有人的合法权益。

我国商标法中的商标注册程序制度也非常完善。商标注册程序具体可分为以下几个步骤：形式审查；实质审查；商标异议；核准注册；注册商标无效的补正程序；注册商标争议程序。通过这些完备的程序制度规范，可以预防、纠正不当商标注册，保证商标注册质量，维护商标所有人的商标专用权，保障消费者合法利益，促进市场经济的健康发展。

关于商标权的内容，我国《商标法》在静态上不仅从正面规定了商标专用权的范围，还从反面规定了商标权人禁止权的内容。在我国，法律并未强调商标必须与商誉或营业一起转让，但要求商标转让时，在同一种或类似的商品或服务上注册的相同或者近似的商标必须一并转让，以避免消费者产生误认。至于商标的使用许可，我国商标法规定得比较概括。

对于商标权的救济，我国实行由行政和司法处理相结合的双轨制。这种商标侵权救济机制既符合效率原则，又能与国际上通行的司法审查做法接轨。

（四）商标法的发展趋势和我国商标法的完善

1. 商标法律制度的发展趋势

21 世纪之初，或是基于维护商标权人利益的动因，或是出于保护消费者利益的考虑，或是为了促进本国经济的发展，或是这些因素的综合使得各国的商标法律制度都发生了很明显的变化。在这些变化中，我们可以体会出商标法律制度发展的以下几种发展趋势。

（1）商标法保护范围的不断扩大趋势。这种保护范围的扩大趋势主要表现在如下两个方面：一个方面表现在商标权的客体范围不断扩大；另一方面则是商标权的效力范围不断扩大。

（2）商标使用与商标注册、商标权维持之间关系的淡化趋势。商标使用就是对商标具有合法权利的人将符合法定种类的商标通过以不同载体为商业目的的使用。商标使用是商标的本质要求，唯有通过使用，准确地说是通过商业使用，才能建立和维持商标与特定商品或服务的固定联系，实现商标的本身价值。但是，随着商标法律制度的不断完善，商标使用与商标权取得、维持间的联系有所松动。

（3）商标法律制度的国际化趋势更加明显。商标国际保护的不断发展带动并促进了各国商标法律制度的国际化进程。这些国际化趋势体现在商标法律制度的方方面面，从立法方式到注册制度，从具体要素到法律行为，在国际上都出现了相对一致性。

（4）商标权保护与相关权利保护的冲突渐趋严重。商标权的地位随着社会经济的不断发展而日益凸显出其重要性。正是商标权的扩大化趋势，导致了商标权与一系列相关权利的冲突，并且这些冲突随商标权地位的进一步提升而渐趋激烈。较为典型的冲突体现在与企业商号权的关系，与网络域名的关系以及与公平竞争和自由贸易的关系上。

（5）商标侵权的制裁措施日益严重。现代社会经济条件下，商标——尤其是著名商标或驰名商标——作为一笔巨大的无形财产，在给企业带丰厚利润的同时，必然招致日益猖獗的商标侵权行为。这些侵权行为严重损害了商标权人和消费者的利益，破坏了社会经济秩序。为对付这种局面，加强对企业知识产权的保护力度，努力营造公平竞争的市场环境，各国政府纷纷加大了对商标侵权的打击力度。一方面，拓宽了打击商标侵权行为的范围。另一方面，丰富了对当事人的救济措施。

2. 我国商标法的修改和完善

我国现行《商标法》于 1982 年制定，1983 年实施，并分别于 1993 年和 2001 年进行了两次修订。现如今，适应商标法律制度国际发展的趋势，结合我国社会经济现状和商标法治的实际情况有必要在审查周期、确权程序、保护力度以及有效与国际接轨等方面对现行商标法进行全面修改。市场经济客观要求强化商标的法律保护，商标的法律保护又不可避免地要尊重商标权的私权属性，尊重商标权人的意思自由。同时，商标的非物质性和"公共产品"的特性又必然要求权力与权利的安排体现个体利益与公共利益的和谐，在坚持商标权"私权本位"的前提下，积极关注商标权的"社会效用"。在这种理念的指导下，笔者认为，我国现行商标法的修改应当坚持以下几项基本原则，即权利本位原则，平衡协调原则，国际合作原则，司法审查原则。

（1）权利本位原则。"私权性是知识产权的基本属性，是知识产权与所有权所具有的共同属性。知识产权作为知识财产私有的权利形态，得到法律的严格保护，也受到法律的必要限制。这是由知识产权的立法宗旨所决定的，并通过法律平衡与调整的制度设计而完成。上述情形没有也不应该改变知识产权的私权属性。"① 商标权作为一种基本的传统知识产权，权利的私权性是对其进行法律保护的基本理念，也是各国商标法律制度存在的合理性基础。具体到商

---

① 吴汉东："关于知识产权私权属性的再认识——兼评'知识产权公权化'理论"，载《社会科学》2005 年第 10 期。

标法的修改，立法首先应当充分维护商标权人的应得权益，根据商标的法定构成要件审核注册符合条件的商标，并将商标权获得过程中的各种争议都尽可能地纳入司法审查的范畴；其次，在不违背社会公共利益的条件下，要充分尊重商标权人正当行使其商标权的意志自由；再者，权利本位原则还要求完善商标民事侵权制度，引入商标淡化的规定，扩大商标权的保护范围，加大对商标权的保护力度。

（2）平衡协调原则。平衡协调原则就是要求在审视个体利益和公共利益正当性的基础上，协调权力与权利的配置，并最终达到个体利益与社会利益的平衡。商标权作为一种私权，在坚持权利本位的同时，还必须符合一定政策目标和社会公共利益。这种平衡协调原则在商标法中可以放在这样几个阶段和范畴来体现。就阶段而言，商标权的产生、行使和救济，要平衡商标权同其他权利和社会公共利益的平衡。就范畴而言，要在考证社会经济生活的现实需要的基础上平衡商标权的保护与限制。另外，要在商标国际保护水平和我国现实国情之间寻求一种平衡，既遵循国际惯例，又符合国内实际；在对商标权进行限制的过程中，也要注意"反限制"；在保护模式方面实行"双轨制"，既凸显行政保护的高效率与便捷，又要确保司法作为公平正义的最后屏障；平衡商标权与诸多他项民事权利的冲突；等等。总而言之，平衡协调原则要求以个体利益和社会利益为基点，以权力和权利为视角，平衡协调商标法律的制度设计和具体运作。

（3）国际合作原则。国际合作原则是指我国政府要在商标保护方面密切与其他国家或国际组织之间的对话与合作，努力将本国的商标保护水平提高到国际先进水平，并突破商标保护的地域性限制，加强我国注册商标的国际保护力度。政府有必要通过双边对话或多边对话，积极参与商标国际保护规则的制定，努力维护我们发展中国家商标保护的切实利益。当然，"知识产权的国际保护，首先是指参加了知识产权国际公约或缔结了知识产权双边条约的国家，如何以国家的'公'行为（如立法等）去履行自己参加或缔结的国际条约义务。这首先是要使本国国内法至少达到'国际条约的最低要求'"[①]。所以，国际合作原则要求我们的商标法修改必须对我们参加或缔结的国际条约义务作出回应。例如，世界知识产权组织的外交会议于 2006 年 3 月通过了修订后的《商标法条约》。作为回应，我国现行商标法的修改有必要修改现行商标法中不符合条约原则内容，增加我国商标国际注册的管理性和服务性规范。

（4）司法审查原则。"司法审查是现代民主国家普遍设立的一项重要法律

---

① 郑成思：《知识产权论》，法律出版社 1998 年版，第 429 页。

制度，是国家通过司法机关对其他国家机关行使国家权力的活动进行审查监督，纠正违法活动，并对因其给公民法人权益造成的损害给予相应补救的法律制度"。就我国而言，"司法审查是指人民法院对具体行政行为的合法性进行审查的国家司法活动"。① 在商标法律制度中，由于国家行政权在商标权的产生、行使和救济的过程中一直存在，对商标权本身具有直接的影响，从规范行政权力，保障基本权利的角度考虑，有必要对商标法实践中的诸多具体行政行为进行司法审查。司法审查符合国际上商标保护的习惯做法和要求。完善商标司法审查制度，具体而言，要明确司法机关审查的对象和范围，是审查行政行为本身的合法性，还是对行政行为的合法性和合理性都进行审查；是以行政诉讼的方式审查，还是以民事诉讼的方式审查；司法机关司法意见或司法判决的效力如何；等等。

（五）结　语

商标法律制度对"显著性"的关注，构成了商标法律制度整体逻辑的基础，其目的就是为了保证商标的区别性功能以及表彰性功能。商标的显著性是商标权获得和维持的基础。商标法律制度的核心是保护商标与特定商品或服务之间的固有联系，无论这种联系是良性的还是恶性的。商标权是一种私权，"私权属性"构成了商标权的本质属性，所以商标法律制度理应坚持商标权的"权利本位"。同时，商标权又不同于传统的民事权利或私权，商标权中的国家意志体现于商标权的产生、行使和救济的各个阶段。另外，商标法律制度还体现出了很强的社会属性。

通过考察国际视野中的商标法律制度，我们不难发现商标法律制度的几大发展趋势：商标法的保护范围有不断扩大的趋势；商标使用与商标注册、商标权维持之间的关系有淡化的趋势；商标法律制度的国际化趋势更加明显；商标权保护与相关权利保护的冲突渐趋严重；对商标侵权行为的制裁力度有强化的趋势。随着市场经济逐渐成熟，市场竞争已从产品的竞争越来越多地表现为品牌的竞争。虽然中国的企业进入了品牌经营时代，但国内企业在一定程度上忽视了商标法体系下的"商标安全"或"商标风险"，加大了国内企业开拓国际市场的成本和风险。为适应商标法律制度国际发展的趋势，结合我国社会经济现状和商标法治的实际情况有必要在审查周期、确权程序、保护力度以及有效与国际接轨等方面对现行商标法进行全面修改。在修改的过程中应当把握好商标权的"权利本位"以及个体利益与社会利益间的平衡，坚持以下几项基本

---

① 罗豪才主编：《行政法学》，北京大学出版社 2001 年版，第 277 页。

原则：权利本位原则；平衡协调原则；国际合作原则；司法审查原则。

二、驰名商标的内在价值及战略保护

（一）引言

驰名商标作为一种无形资产，具有巨大的商业价值和社会价值，在市场经济条件下占据着举足轻重的地位。基于驰名商标重要的经济意义，保护驰名商标，实施名牌战略也是各国政府的重要职能之一。而在驰名商标的内在价值日渐受到注重的同时，各种侵害驰名商标权的行为也随之出现，故对驰名商标的保护问题也越发值得关注。驰名商标的扩大保护问题尤其是反淡化保护也逐渐为人们所关注。如何给予驰名商标必要的保护以充分发挥其内在价值，在经济日益发展的今天有着重大的现实意义。

本部分集中探讨驰名商标的基本理论和认定标准、驰名商标的战略保护情况、驰名商标的扩大化保护、未注册驰名商标的法律保护以及我国驰名商标的域外保护等关于驰名商标的核心问题，试图在论文第一部分的基础上对驰名商标的内在价值形成全面的认识，并深化对驰名商标战略化保护的理解，旨在对我国驰名商标法律制度的完善有所借鉴意义。

（二）驰名商标基本理论及认定标准

1. 驰名商标的内涵及法律特征

（1）内涵。尽管驰名商标（well-known trademark）已成为当代商标制度的重要内涵之一，但人们却很难看到一个关于"驰名商标"的标准定义。我国《商标法》虽然规定了驰名商标扩大化保护的相关规定，却也未提及驰名商标的概念。而根据《驰名商标认定和保护规定》的规定："驰名商标是指在中国为相关公众广为知晓并享有较高声誉的商标。相关公众包括与使用商标所标示的某类商品或者服务有关的消费者，生产前述商品或者提供服务的其他经营者以及经销渠道中所涉及的销售者和相关人员等"。其实，"驰名商标并不是商标法上的一种特殊商标，而是法律为所有商标提供的一种可能的特别保护"。① 驰名商标之称首创于 1883 年《保护工业产权巴黎公约》。

（2）法律特征。驰名商标有其特有的专属独占性特征，主要表现为以下几个方面：

首先是超越地域范围的垄断权。这是指驰名商标的独占权，不是一般法律

---

① 唐广良、董炳和：《知识产权的国际保护》，知识产权出版社 2002 年版，第 359 页。

意义的商标专用权，而是超越本国范围，在世界各国（至少是巴黎公约成员国）都得到保护的垄断权。

其次是跨越种类的特别保护权。驰名商标享有超越商品、服务种类保护的特权，可将权利扩大到与所注册商品或服务不相同、不类似的商品或服务上。

再者即超越先申请原则的注册权。对驰名商标而言，他人虽申请在先，也不准注册；即或他人经申请已获准注册，驰名商标所有人也有权在一定期限内请求撤销该注册商标。

还有严格限制的转让权和许可权。包括中国在内的世界上多数国家的商标法都规定注册商标可以转让和许可他人使用。注册商标的转让，是商标专用权在两个人之间的转移，转让人与被转让人应共同向商标局提出转让申请，经商标局核准公告才属有效。

最后是突破传统的在先权。[①]《商标法》第31条规定："申请商标注册不得损害他人现有的在先权利。"同样，其他权利也不得损害他人现有驰名商标的在先权利。如商号、专利等权利就不能损害驰名商标专用权。同时，根据《最高人民法院关于审理涉及计算机网络域名民事纠纷案件适用法律若干问题的解释》，驰名商标的反淡化保护也扩展到了网络域名这样的虚拟世界。而对于传统商标权的保护则不及于企业名称和网络域名。

2. 驰名商标的认定标准

驰名商标的认定是驰名商标保护的基础。对驰名商标的认定标准各国法律的规定不尽相同，但大体都考虑相关公众的知晓程度、广告宣传、商标的历史及注册范围、商标的经济价值以及商品或服务的销售量和使用范围等各种因素。

具体而言要考虑这些因素：相关公众对该商标的知晓程度；该商标使用的持续时间，商标使用的持续时间是认定驰名商标时需要考虑的另一个重要因素；该商标的任何宣传工作的持续时间、程度和地理范围；该商标作为驰名商标受保护的记录。在该商标作为驰名商标受保护的记录中，该商标由商标主管机关认定为驰名商标的范围是特别值得注意的因素；该商标驰名的其他因素。本规定属于富有弹性的兜底条款。需要考虑的其他因素如"该商标的任何注册或任何注册申请的期限和地理范围，以反映使用或认识该商标的程度"和"与该商标相关的价值"。

---

① 吴永才："驰名商标的认定和保护"，载《中华商标》2003年第7期。

（三）驰名商标的战略保护

1. 驰名商标战略保护的必要性

首先，驰名商标是巨额无形资产。驰名商标是商标权人的经营素质、技术创新、管理水平、营销技能、竞争能力等综合实力的标志。在当今激烈的市场竞争中，谁拥有了驰名商标，谁的经济就能以惊人的速度发展，这是一个无可争议的事实。

其次，驰名商标是企业在商战中的锐利武器。现代市场经济的发展使国际和国内市场的竞争越来越激烈，企业要想在激烈的商战中取得胜利，就要运用各种武器，驰名商标是商战中的一种锐利武器。它具有有效的市场推销功能，以及市场占领功能和企业扩张功能，因而成为影响企业竞争力的有效武器。

再者，驰名商标也是保护企业和国家经济利益的有力武器。一个企业创立自己的名牌就意味着巨额利润的获得，因此在激烈的世界商战中必须注意对自己的保护。一些外商采用在本国抢注他人名牌商标的办法，形成贸易壁垒，排斥别国商品进入本国。同时，驰名商标的多少，也标志国家在国际市场上的竞争能力，显示国家的国力和地位。2006 年 4 月，根据世界品牌实验室（World Brand Lab）独家编制的 2006 年度（第三届）《世界品牌 500 强》，从品牌数量的国家分布看，美国占据 500 强中 245 席，占据 49%。法国以 46 个品牌占总榜的 9.2%，位居第二。日本以 44 个品牌占据总榜的 8.8% 的席位排名第三。[1]

2. 驰名商标的国际保护现状

（1）保护工业产权巴黎公约。驰名商标之称自 1883 年《巴黎公约》首创，在 1925 年海牙修订版中对其保护已有专门规定，后于 1934 年伦敦修正版、1958 年里斯本修正版及 1967 年斯德哥尔摩修正版均有所补充。

（2）与贸易有关的知识产权协议（TRIPS）。TRIPS 在《巴黎公约》有关规定的基础上对驰名商标的保护有所扩大。在其第 16 条中规定：扩大公约对驰名商标特殊保护的适用范围，延及驰名服务商标。扩大公约对驰名商标的特殊保护范围，禁止在不类似的商品或服务上使用与驰名商标相同或近似的标识。对于商标驰名与否的判断，TRIPS 规定应"以相关大众的认识范围"为准。[2]

---

① 参见"世界品牌排名联想等六大中国品牌入选"，来源于 www. chinesewh. com/www/show. asp? Id = 1258 20K 2006-7-30.

② 郑成思：《世界贸易组织与贸易有关的知识产权》，中国人民大学出版社 1996 年版。

（3）共同体商标法。欧共体对驰名商标的保护规范最早见于 1988 年正式提出的《会员国商标法第二次整合准则》。1993 年 12 月 20 日，经讨论达 30 年之久的《共同体商标法》终于出台，1996 年 1 月 10 日正式受理会员国商标注册申请。该法第 8 条"拒绝注册的相对理由"中，重申了《巴黎公约》保护驰名商标的原则，并作出了补充规定。

3. 完善驰名商标战略保护的法律构想

（1）我国驰名商标保护中存在的问题。自改革开放以来，中国在驰名商标保护问题上取得了巨大的成就。但是，由于我们起步较晚，加之中国的特殊国情，在驰名商标保护问题上我们还存在着一系列亟待改进的地方。这突出地表现在以下三个方面：

第一，从立法的角度来看，就驰名商标扩大保护制度本身的完善性来考虑，关于驰名商标的"法律效力位阶"的规定还很不完善，比如缺乏驰名商标的定义的规定，不利于实践当中驰名商标的认定并会影响执法和司法的统一。

第二，从执法的角度来看，行政执法力度不够，从而造成驰名商标侵权行为屡禁不止。形成这种局面的原因主要是：一方面，工商行政管理机关在查处商标侵权案件时的职权太小；另一方面，对侵犯驰名商标权的有关当事人经济处罚力度不够。

第三，企业商标意识淡漠，造成了我国驰名商标在国外被抢注的事件屡屡发生。很多企业意识不到国际注册的意义，产品已经创出了知名度，但商标却还未注册，从而在产品销往国外时难以得到有效的法律保护。

（2）完善驰名商标保护的法律构想。第一，要规范驰名商标的认定。驰名商标的法律地位在于其是否经法律程序确认。在发生商标争议或侵权纠纷时，再根据权利人的申请，由法院（或国家商标局、商标评审委员会）结合实际予以确认。①

第二，要加强行政执法机构建设。对驰名商标的日常管理要通过驰名商标注册人的举报、消费者对假冒伪劣产品的投诉、驰名商标保护组织的信息通报等予以加强，特别是要通过工商行政管理部门在平时的商标管理工作中宣传《商标法》、指导企业商标工作、纠正违法行为等来体现。

第三，要建立联合商标注册制度。

第四，将驰名商标的保护范围扩大到企业名称和网络域名上。

第五，禁止淡化驰名商标，扩大注册商标尤其是驰名商标的效力范围。

---

①　黄晖：《驰名商标和著名商标的法律保护》，法律出版社 2001 年版。

第六，让未注册驰名商标与已注册驰名商标享有同等法律保护。对驰名商标的保护则不以注册为前提，对未注册的驰名商标按使用原则予以保护。作为《巴黎公约》的成员国，我国有义务对公约规定的驰名商标包括未注册驰名商标，在以后的驰名商标法律制度修订时，在现有规定基础上应作更加明确、详细的规定，予以特别保护。

我国已经加入世界贸易组织（WTO），WTO 的统一规则本身就是不同法域下的法律理念、价值、规则的融合，从这一意义上说，知识产权"入世"，就是知识产权法律的"入世"。我们只有不断地探索和完善我国的驰名商标保护的法律体系，不断地与国际接轨，顺应国际社会的潮流趋势，加大对驰名商标的特殊保护，才能反过来促使我国的企业有动力，有良好的法律环境创造出更多的民族知名品牌，促进经济的健康发展，增强在国际市场上的竞争力。

（四）驰名商标的扩大保护

1. 驰名商标扩大保护的基本理论

（1）驰名商标扩大保护的意义。驰名商标的特殊保护之所以能够引起国家的重视和广泛的国际合作，源于经济全球化条件下驰名商标在现代经济生活中的重要作用。对其进行扩大保护具有重大意义。

首先，是由驰名商标本身的特点所决定的。驰名商标凝结着巨大的商业价值，其受侵害的可能性和严重性都比普通商标要大，往往成为不法经营者侵权行为的最大牺牲品；其次，是为了激励企业争创驰名商标，进行品牌经营和参与激烈的国际市场竞争的需要；再者，是保护消费者合法权益，促进公平竞争的需要，是建立良好市场竞争秩序的必要保证；最后，对驰名商标进行特殊保护是中国在入世后必须履行的义务。

（2）驰名商标扩大保护的理论依据。对于驰名商标的扩大保护，也就是将对该商标的保护延及非类似的商品（或服务）。在传统的商标法理论中，商标权人只能禁止他人在相同或类似商品上使用与其商标相同或近似的商标。对此有三种理论认识[1]：第一，商标吸引力淡化说；第二，来源地混淆说；第三，无谓竞争说。

基于不同的理论来源，对驰名商标的扩大保护也产生了不同的情况，具体可分为相对保护主义和绝对保护主义。相对保护主义以 TRIPS 协议的规定为代表，它以冲淡说和混淆说作为理论基础。它着重强调非类似商品与商标的某种联系而在消费者当中产生的不良影响。目前各国多采用这种保护方式。绝对

---

[1] 徐晓红："论驰名商标的法律保护"，载《经济师》2004 年第 7 期。

保护主义则是将保护范围扩展到所有商品与服务，目前这种保护方式并不多见，只限于极少数超级驰名商标。其实，从更广意义上理解驰名商标的扩大保护，除了将保护范围扩大到不同或不相类似的商品或服务之外，还应扩大到企业的名称、网络域名等。

2. 扩大保护的范围及内涵

驰名商标的扩大保护从狭义上来看，仅指将驰名商标的保护范围扩展到不相同和不相类似的商品或服务；而从广义上看，除此之外还包括保护对象范围的扩大；禁止他人注册和使用与驰名商标相同或类似的企业名称；禁止他人注册和使用与驰名商标相同或类似的网络域名等。具体而言广义上扩大保护应包括如下内容：

第一，扩大了保护对象的范围。驰名商标的保护对象不限于注册商标，而是扩大到未注册商标。第二，驰名商标保护范围从相同或近似商品、服务扩大到非类似商品、服务上。普通商标专用权在商标法是核准注册的商标和核定使用的商品为保护范围。第三，禁止将他人的驰名商标用作厂商名称、商品包装或装潢等商业标记或者注册为域名。第四，其他扩大保护。如撤销权上对时间限制的突破、将相同或近似的商标使用在对驰名商标的信誉可能发生损害的商品或服务上以及将驰名商标用作商品或服务的通用名称，从而使其失去显著性。

这些扩大保护措施都是消极意义上的扩大保护，属禁止性规范。而要切实、有效地保护驰名商标权利人的合法权益，除以上这些消极性措施外，还要有积极性的保护措施，"防患于未然"。

3. 扩大保护与建立驰名商标的防护性注册制度

（1）联合商标。联合商标是指驰名商标权人在相同的商品或服务上注册几个近似的商标，或在类似的商品或服务上注册几个相同或近似的商标。驰名商标权人依法注册联合商标的目的不是为了自己真正使用，而在于扩大驰名商标权的范围，以积极的手段防止他人影射、伪冒、淡化驰名商标。

关于联合商标的作用和目的，从商标注册人的角度看，联合商标的作用，主要体现在防止他人利用近似商标对其商品或者服务进行仿冒和影射，对其商业信誉进行不正当的利用；从政府的角度看，则体现在通过允许联合商标注册，防止商品和服务的出处混淆，保证市场信息的真实，以保护消费者的利益，维护市场交易秩序。

（2）防御商标。防御商标是指驰名商标权人将驰名商标注册于不同类别的商品或服务上，扩大商标专用权范围，并防止驰名商标被淡化。防御商标和联合商标一样，可以起到一种事先预防作用。和联合商标一样，防御商标对驰名商标所有人权益的保护也有积极的预防意义。

4. 驰名商标的反淡化保护

（1）驰名商标反淡化保护的国际及国内情况。首先，看当前各国对驰名商标反淡化保护的状况。美国于 1995 年制定了专门的反淡化法，对淡化的概念、要件、权利人的请求权等都作了规定。日本、法国则主要依据《商标法》对淡化行为进行规制。法国 1975 年《商标法》对商标淡化则规定得更为具体。规定与驰名商标相同或相近似的商标，不限于在驰名商标指定的相同或相似的商品或服务上使用，且包括在不近似的商品或服务上。此外，当前世界上许多国家都依《商标法》或《反不正当竞争法》或《民法》的一般原理对驰名商标进行反淡化保护。国际组织随实践的发展也日渐意识到进行商标反淡化保护的重要性。

其次，再联系我国对驰名商标反淡化保护的状况。我国虽然没有正面使用"淡化"一词，但是我国《商标法》与其他法律法规对驰名商标的反淡化保护，都体现了对淡化理论的理解与运用。我国早在 1996 年工商行政管理局颁布的《驰名商标认定和管理暂行规定》（现由《驰名商标认定和保护规定》所取代）中就有相应规定。并且于 2001 年 10 月修改了《商标法》对反淡化保护作了进一步的规定。针对网络环境下出现的新的驰名商标的淡化行为，最高人民法院于 2001 年 7 月作出《关于审理涉及计算机网络域名民事纠纷案件适用法律若干问题的解释》，2002 年 9 月又作出了《中国互联网络信息中心域名争议解决办法》。这些司法解释规定都是针对实践发展而对驰名商标的反淡化保护。

但是，尽管我国对驰名商标的反淡化保护在法律法规中有所体现，但仍有其不完善处。主要体现在以下几点：首先，对于驰名商标反淡化的保护的立法仍不完善，没能形成一个完整合理的体系。其次，关于驰名商标反淡化保护的法律法规位阶低，效力不高，且存在大量的司法解释。最后，因我国虽有关于驰名商标反淡化的保护，但我国在商标淡化理论运用过程中没能全面把握，没能将商标淡化理论与传统商标混淆理论产生的基础、适用情形严格区分①，而只是针对具体问题作出相应回应，因此缺乏一定的系统性与前瞻性。

（2）构建我国的驰名商标反淡化保护体系。对驰名商标的反淡化保护是一个系统综合的工程。应从多方面下工夫，才能真正防止驰名商标淡化。

首先，从完善立法的角度看。针对我国当前立法上的不足与缺陷问题。应

---

① 李昌凤："商标淡化理论及其在我国法律实践中的运用"，载《郑州轻工业学院学报（社会科学版）》2005 年第 2 期，第 50—54 页。

对商标淡化理论进行深入研究，并将之纳入《商标法》中，且对驰名商标淡化的保护随实践的发展应当具有一定的预见性，对商标淡化保护中的漏洞空白进行完善。其次，从商标管理上看。应加强对驰名商标认定与管理的科学化。再次，从企业自身上看，当前各国企业都推行品牌战略，作为企业自身也应当有良好的商标理念，依科学有效的管理体系以保证保护其自身的商标权。最后，从大众层面上看。在知识产权受到保护尊重的当今，企业和广大消费者都应具有一定的商标权应受保护的意识。

（五）未注册驰名商标的法律保护

我国《商标法》于 2001 年进行了大幅度的修改。这次修正总结了我国商标法实施多年来的实践经验，增加了关于保护未注册驰名商标的规定，吸收了使用原则的合理成分，有利于实现实体公正，体现了我国在知识产权国际保护领域承担的国际义务。与此同时，实践中也产生了保护未注册驰名商标的做法。

1. 未注册驰名商标的内涵及保护未注册商标的理论基础

（1）内涵。未注册驰名商标是指没有经过国家商标主管机关注册登记的商标，通过实际使用已经具有较高的知名度，被公众知晓，在遭受侵害或侵权的时候，向有关部门提出驰名商标认定，并获得认定的商标。

（2）保护未注册驰名商标的理论基础。首先，保护未注册商标的根本原因在于未注册驰名商标凝聚了经营者智力创造和经营成果，未注册驰名商标所有人从设计使用到广告推广，付出了艰辛的劳动，[①] 倾注了大量的心血和投资，建立了良好的商业信誉，为消费者提供了商品品质保证，这些正是知识产权法及其他相关法律所保护的客体。其次，保护未注册驰名商标是公平与诚实信用原则在商标法制和商标活动中的体现。再次，商标的生命在于使用，保护商标权的精髓在于保护合法的使用。如果只片面强调申请在先的原则，往往会使真正在交易过程中正在使用的、富有生命力的商标无法得到有效保护，反而会出现大量的长期不使用的注册商标，造成对资源的极大浪费。同时，商标的注册要经过一定程序，需要一个较长的时间过程，过分强调注册原则就会让一些有意搭便车的不诚实经营者利用时间或者地域上的优势抢先注册驰名商标，或者对正常注册过程进行阻碍，损害未注册驰名商标所有者的利益。常见的侵犯未注册驰名商标的行为有恶意抢注和仿冒行为。

---

① 参见李扬等：《知识产权基础理论和前沿问题》，法律出版社 2004 年版，第 24—32 页。

2. 未注册驰名商标的国际保护

（1）《巴黎公约》和《TRIPS 协议》。从保护知识产权的国际公约来看，涉及对未注册驰名商标保护的主要有《巴黎公约》和世贸组织《与贸易有关的知识产权协议》（即《TRIPS 协议》）。这两个公约并未对未注册驰名商标的保护作出直接规定，但就其精神可以推出两个公约都对未注册驰名商标进行保护。

（2）关于未注册驰名商标和域名权利冲突的国际文件。随着对未注册驰名商标的保护引起国际普遍关注，未注册驰名商标被他人作为域名抢注的情况也时有发生，有关互联网国际组织也对此问题发布了相关规定。保护工业产权巴黎联盟总部和世界知识产权组织总部于 1999 年 9 月在成员大会第三十四次会议上共同通过的《关于保护知名商标规定的联合建议》第 6 条也规定了域名与驰名商标的冲突。该《建议》中涉及的“驰名商标”应包括注册的和未注册的驰名商标。

3. 我国商标立法对未注册驰名商标的保护

（1）我国现行法律对未注册驰名商标保护的规定。首先，未注册商标为驰名商标的，禁止他人以复制、模仿或者翻译在相同或者类似商品上申请商标注册或使用。2001 年我国新修订的《商标法》，引进了未注册驰名商标的概念，将“驰名商标”区分为在中国注册的和未在中国注册的两大类。其中《商标法》第 13 条第 1 款规定：就相同或者类似商品申请注册的商标是复制、模仿或者翻译他人未在中国注册的驰名商标，容易导致混淆的，不予注册并禁止使用。

其次，未注册商标为驰名商标，当它与域名发生冲突时，根据最高人民法院于 2001 年 6 月 26 日通过的《关于审理涉及计算机网络域名民事纠纷案件适用法律若干问题的解释》第 4 条规定：人民法院审理域名纠纷案件，对符合一定条件的，应当认定被告注册、使用域名等行为构成侵权或者不正当竞争。

（2）我国商标法中有关未注册驰名商标保护的具体制度。首先，从保护范围上看，按照我国现行《商标法》的规定，对于使用在先并有一定影响的未注册商标的保护只是在商标确权领域，并且仅限于在相同或类似的商品或服务的范围。有一定影响的未注册商标使用人并不具有商标专用权，而只有作为阻止他人抢注或抢先注册的理由。

其次，就我国对驰名商标的认定标准而言，我国新施行的《驰名商标认定和保护规定》明确了驰名商标的含义及“相关公众”的范围。2001 年修订后的《商标法》新增第 14 条，明确规定认定驰名商标应当考虑相关公众对该商标的知晓程度；该商标使用的持续时间；该商标的任何宣传工作的持续时间、程度和地理范围；该商标作为驰名商标受保护的记录及该商标驰名的其他因素。这与《TRIPS 协议》第 16 条第 2 款 "确认某商标是否系驰名商标，应顾及有关公众对其知晓程度，包括在成员内宣传该商标而使公众知晓的程度" 的规定相吻合①。而且，前述的 "较高声誉" 实际暗含了另一个必须考虑的因素，即质量因素。

再者，认定方式方面，分析我国新的立法，对于未在中国注册驰名商标的认定方式，也由过去的主动评定变为依当事人申请的被动认定，但仍主要还是行政认定方式。但依据 2002 年 10 月最高人民法院公布的《最高人民法院关于审理商标权民事纠纷案件适用法律若干问题的解释》第 22 条的规定，人民法院在审理商标纠纷中，根据当事人的请求和案件的具体情况，可对案件涉及的注册商标是否驰名依法作出认定。

4. 我国未注册驰名商标的法律救济

为了实现综合运用多种法律手段对受侵害的未注册驰名商标充分进行法律救济，首先需要解决未注册驰名商标的权利范围的问题，也即对未注册驰名商标的保护能否扩大到不相同或者不相类似的商品。我国修改后的商标法作出了相应的规定，这种规定与《巴黎公约》和《TRIPS 协议》的精神是一致的。②

（1）未注册驰名商标的《商标法》救济。《商标法》对未注册驰名商标的保护集中体现在 13 条第 1 款，该条规定，就相同或者类似商品申请注册的商标是复制、模仿或者翻译他人未在中国注册的驰名商标，容易导致混淆的，不予注册并禁止使用。

我国《商标法实施条例》第 5 条作出了相应的规定。《驰名商标认定和保护规定》进一步明确了工商行政管理部门接到保护驰名商标的申请后的具体审查、保送及认定程序。同时，依据 2002 年 10 月最高人民法院公布的《最高人民法院关于审理商标权民事纠纷案件适用法律若干问题的解释》第 22 条的规定，人民法院在审理商标纠纷中，根据当事人的请求和案件的具体情况，可对案件涉及的注册商标是否驰名依法作出认定。

（2）《反不正当竞争法》对未注册驰名商标的保护。大陆法系国家，多以注册主义作为其商标法律制度的基本原则，在商标权的获得上，以注册作为商标权产生要件。③ 这意味着，未注册商标很难获得商标法上的保护，因而，大

---

① 参见刘剑文主编：《TRIPS 视野下的中国知识产权制度研究》，人民出版社 2003 年版，第 154 页。

② 同上书，第 146 页。

③ 参见黄晖：《驰名商标和著名商标的法律保护》，法律出版社 2001 年版，第 44 页。

陆法系国家，在与其注册商标制度相协调的条件下，借助反不正当竞争的观念，通过反不正当竞争法来对未注册商标加以法律调整。我国对未注册驰名商标的保护也面临相似情况，① 对于这些在市场竞争中出现的不正当竞争行为，我们需要借助《反不正当竞争法》从另一侧面加强对未注册驰名商标的保护。

(六) 我国驰名商标的域外保护

1. 商标权的地域性和独立保护原则

商标权的地域性，实乃产生和保护该权利的法律效力的有限性。由于知识产品的非物质性，权利人无法进行实质性占有，因而无法像有形财产那样因占有而适用"权利推定"，从而使知识产权在域外得到保护。② 概言之，在一个国家注册的商标在其他国家没有任何效力，为了在其他国家中取得保护，该商标必须在每个国家都进行注册。

商标权的地域性及商标独立保护原则是《巴黎公约》规定的一项基本原则。依据国际私法理论，著作权保护适用的是"权利要求地法"，工业产权保护适用的是"权利登记地法"。③《巴黎公约》规定，申请和注册商标的条件，由每个成员国的本国法决定，每个国家根据自己的本国法对注册商标实行保护，不受他国法律的影响。注册商标只有在其注册国内才享有商标专用权。所以，在对商标专用权保护和认定侵权行为时，一般适用商标注册国法律。

2. 驰名商标的特殊地位与国际保护

(1) 驰名商标的特殊法律地位。驰名商标通常是指在市场享有较高声誉、为相关公众所熟知，并且有较强竞争力的商标。驰名商标与一般商标比较，具有特殊的法律地位：(1) 非注册的驰名商标受法律保护；(2) 非注册的驰名商标可以排斥已注册的或将要注册的与其相同或近似的商标；(3) 驰名商标注册可获得特殊照顾；(4) 对驰名商标实行跨商品保护。

(2) 驰名商标的国际保护。驰名商标国际保护已有七十余年的历史。到目前为止，已经生效的国际文件有两个：一是世界知识产权组织负责实施的《保护工业产权巴黎公约》；二是世界贸易组织的《TRIPS 协议》。

《巴黎公约》和《TIRIPS 协议》突破了传统商标权的地域性原则，扩大了驰名商标的保护范围，但对于怎样认定驰名商标基本没作具体回答。而几个有影响的地区性商标国际条约，如 1993 年《北美自由贸易区协定》、1993 年

---

① 参见黄晖：《驰名商标和著名商标的法律保护》，法律出版社 2001 年版，第 44 页。
② 吴汉东：《知识产权基本问题研究》，中国人民大学出版社 2005 年版，第 18 页。
③ 郑成思：《版权公约、版权保护与版权贸易》，中国人民大学出版社 1992 年版，第 16 页。

10 月修订的《卡塔赫那协定》及 1993 年《欧共体（统一）商标条例》则不同程度地解决了驰名商标的认定问题。

3. 我国驰名商标的域外保护措施

由于商标权是一笔巨大的无形财富，因此商人们特别珍视这笔财富。如 2006 年《金融时报》公布世界 500 强品牌榜中，前 10 名有 8 个美国品牌，微软以品牌价值 620 亿美元高居榜首。① 又由于商标权保护具有地域性，即在某一国家内注册的商标，只在其注册的国境内受到保护，在他国不受保护。因而使得国际贸易中的商标抢注现象屡屡发生。驰名商标更是不法商人疯狂抢注的对象。

针对被抢注的情况，驰名商标所有者应对出口商品的商标采取以下防范措施：

首先，要积极办理商标域外确权手续，在进口国取得商标权。

其次，要办理驰名商标的国际注册，扩大商标权地域保护范围。

最后，如果出口商标被抢注，要采取以下这些方法进行补救：第一，法律补救方法。首先，运用对方国内法，撤销外商抢先注册。该方法又因对方国家实行先使用制、先注册制还是并用制而不同。其次，再运用《巴黎条约》中的驰名商标保护条款，撤销外商抢先注册。② 近来，驰名商标的国际保护又有了新的进展。在 GATT 乌拉圭回合谈判中达成的"TRIPS 协议"中，对《巴黎公约》中的驰名商标保护范围作了进一步的扩大。对此，我们应注意运用。第二，非法律救济方法。首先，协商谈判；其次，寻求政府干预。当今世界各国政府之间为谋求平衡发展与经济关系的稳固，常通过政府间对话的方式来消除分歧，解决矛盾。商标权保护领域也是如此。

（七）结语

超越地域范围的垄断权、跨越种类的特别保护权、超越先申请原则的注册权、突破传统的在先权保护等"特权保护待遇"使得驰名商标成为企业超额利润的源泉和不可限量的巨额无形资产，是企业在商战中的锐利武器。同时，驰名商标的多少，标志国家在国际市场上的竞争能力。驰名商标的保护肇始于 1883 年《巴黎公约》。完善驰名商标制度，扩大驰名商标的保护，不仅是加入 WTO 之后，积极参与国际经济合作，履行国际义务的需要；同时也是加快实施国内企业名牌战略，促进国内市场经济发展，提升国家和企业国际竞争力的客观要求。

---

① 参见"中国移动居全球品牌榜第四"，来源于 http：//it. sohu. com/20060405/n242646492. shtml.
② 张今、柴瑞生："驰名商标的认定"，载《法学杂志》1995 年第 2 期。

完善驰名商标保护的法律制度，可以从这样几个方面着眼和努力：首先，完善商标法中关于驰名商标认定和保护的规范；其次，借鉴国外先进立法经验，强化驰名商标的反淡化保护和扩大化保护，突出驰名商标与普通商标在保护手段和力度方面的差异；再者，还要加强对未注册驰名商标的保护，维护驰名商标所有人的正当权益；另外，还要加强商标保护的国际合作，强化我国驰名商标的域外保护，维护国内品牌的市场影响力，为国内企业开拓国际市场扫清制度上的障碍。

三、地理标志的法律保护

（一）引言

地理标志是用于标识某种商品的来源地及该商品特定品质与其来源地之间具有的某种重要的密切联系的标志。地理标志具有知识产权性质，有其经济价值，是一种无形资产。对一国市场经济发展及国际竞争力的提高有着重要的作用。从 19 世纪开始人们逐渐认识到了地理标志的作用，在许多重要的国际条约中都将地理标志视为一种工业产权纳入到知识产权体系中给予规定并进行相应保护。当前许多国家也日渐意识到对地理标志保护的重要意义，都纷纷通过国内法的规定及国际条约的相关规定、加强国际合作对本国的地理标志给予必要的、有效的保护。当然基于各国法律习惯、历史传统及现实情况的不同，各国对地理标志保护的具体规定都有所不同。当前主要形成了专门法保护模式、商标法保护模式及反不正当竞争法保护模式三种。我国地大物博，历史悠久，长期以来形成许多有优势的产品，尤其在农产品方面。然而我国对地理标志保护的规定起步较晚，保护水平较低，没能对地理标志进行合理有效的保护。故进一步加强完善对地理标志的保护对我国有着重要的现实意义。

（二）地理标志的概述

1. 概念内涵

地理标志（Geographical Indications）一词首次正式使用于《与贸易有关的知识产权协定》（以下简称为《TRIPS 协定》）。在《TRIPS 协定》第 22 条第 1 款中将地理标志定义为：识别货物原产自一成员方境内的一个地区或地方的标志，货物的特定质量、声誉或其他特性实质性地取决于其地理原产地。[①] 该定义表明地理标志是具有识别性的标志，不仅具有识别货物原产地的作用，还标

---

① 董炳和：《地理标志知识产权制度研究》，中国政法大学出版社 2005 年版，第 55 页。

识了货物特定品质及该特殊品质与该地理原产地的关系。地理标志是一个历史发展的产物，在明确其概念内涵的同时，应当注意地理标志与其他几个相关概念的不同。

在 1883 年《保护工业产权巴黎公约》（以下简称为《巴黎公约》）和 1891 年《制止商品产地虚假或欺骗性标记马德里协定》（以下简称为《马德里协定》）中出现了"货源标记"（indications of source），将其作为一种工业产权加以保护①。而后在《马德里协定》的相关规定中可以推出货源标记指标志商品来源国或来源地的一个国家或一个国家内一个地方的标记。同时，将通用名称排除在货源标志的范围外。

在 1958 年的《保护原产地名称及其国际注册里斯本协定》（以下简称为《里斯本协定》）第 2 条第一款中将原产地名称定义为：系指一个国家、地区或地方的地理名称，用于指示一项产品来源于该地，其质量和特征完全或主要归因于其地理环境，包括自然和人文因素②。可见，原产地名称不仅和货源标记一样应当具有指示产品原产地的作用，还要求能指示该产品的质量和特征与该产地具有特定的关系，即产品特定品质主要由其产地的自然因素和人文因素决定。

地理标志一词的出现时间，较之货源标记和原产地名称晚。WIPO 早在 TRIPS 协定明确界定使用地理标志时，便有提及地理标志一词③，最终在 TRIPS 协定中给予了明确。从 TRIPS 协定对地理标志的界定上看，地理标志也具有指示货物原产地的功能，这同货源标记的功能相同，但是地理标志不仅仅强调对货物原产地的指示，更重要的在于标志该货物特定品质与其原产地间的特殊的密切关系。

而地理标志同原产地名称一样强调标志指示产品或商品特定品质特性与其原产地之间的特定的影响决定关系，但也存在不同。二者的区别主要体现在以下几个方面。首先，原产地名称指示产品的"质量与其他特征"，而地理标志指示货物的"质量、声誉或其他特性"增加了"声誉"。其次，原产地名称要求与产品有特定联系的地理环境，明确了地理环境"包括自然和

---

① 参见《保护工业产权巴黎公约》第 1 条第 2 款规定。工业产权的保护范围包括专利、实用新型、外观设计、商标、服务标记、厂商名称、原产地标记或货源标记和制止不正当竞争。

② 王笑冰：《地理标志的法律保护》，中国人民大学出版社 2006 年版，第 30 页。

③ 在 WIPO1975 年起草的一份专门保护地理标志的条约的名称就叫"Treaty on the Protection of Geographical Indications"，该条约草案所要保护，不但有"appellations of origin"，而且有"geographical indications"，参见 Bendekgey and Mead，82 tmr 765，p. 783. 另外，WIPO 在 TRIPS 协定之前所举办的一系列相关国际研讨会，所使用的都是"geographical indications"一词。

人文因素"，而地理标志中则使用了"地理原产地"一词。当然这在实质上并无太大差异，地理环境主要由自然和人文因素组成。第三，原产地名称对产品与地理环境的关系使用了"完全或主要取决于"，可见对二者间的关系有较严格的规定。而在地理标志中对货物与地理环境的关系则用"实质性关系"一词，实质性关系一般指的是完全或主要的决定关系，但也可能指其他重要的特别突出的某种重要的特殊关系。第四，原产地名称是一个国家、地区或地方的地理名称，其表现形式要求较为单一。而地理标志则为一种标志，可用何种形式进行表示并没作更为具体的要求。可见，从产品或货物与地理原产地的关系上看，原产地名称较之地理标志的要求高。分析可见，对原产地名称有着更为严格的限定，地理标志则有所放宽，地理标志的使用范围比原产地名称来得广。

2. 基本特征

当前在国际条约及大多数国家都将地理标志纳入知识产权体系内给予保护，但地理标志与知识产权相比又有其自身的特征[①]：一是较弱的专属性及排他性，地理标志的排他性并没知识产权强，相应地域内常会有多人使用地理标志权，而无须向他人支付费用。二是有地域性限制，地理标志的使用权人仅限于该地域者，知识产权的使用范围较之地理标志大。三是无转让权，地理标志权人无转让其使用权的权利。四是无使用时间限制，地理标志如前所述只存在符不符合使用条件的问题，无时间的限制。

从地理标志自身的特殊性中可见，地理标志的法律特征主要具有以下几方面：

首先，地理标志具有知识产权属性。地理标志突出标志了商品特定品质，一般指商品的优良品质与其产地的特定关系。这种对商品品质给予的肯定性评价能够影响消费者的购买选择权，从而使该商品与同类商品相比具有较强的竞争力，体现了地理标志的经济价值。此外，其所标志的商品的质量、声誉或其他特性是由产地生产者长期努力创造的成果。当前国际上也都将地理标志视为一种工业产权纳入知识产权的保护体系内。

其次，地理标志是一种区域性的共享的权利。所谓共享权利，即指地理标志不为一个主体所独占，不像知识产权那样具有较强的排他性。只要一定主体达到了地理标志使用条件时，就可以使用地理标志。所谓地域性，指对地理标志使用权人有一定的限定，即地理标志使用人必须存在于一定地域范围内。基

---

① 李冬梅："地理标志知识产权性质分析及法律对策"，载《大连海事大学学报（社会科学版）》2003 年第 1 期，第 27—31 页。

于地理标志特殊的地域性问题，地理标志的使用权的授予应当受到地域的限制。

第三，地理标志具有不可转让性。如前所述，地理标志是一种区域共享的权利，只要符合地理标志的相应要求就可以使用地理标志。可以说，地理标志是一种自然权利，不存在转让问题，只存在是否具有享有使用该权利的可能。

第四，地理标志具有永久性。地理标志的产生有其自然属性，对地理标志之所以要进行法律保护正在于其具有经济价值。且某个特定地域总是永久存在的，地理标志一旦产生，则其对相应的商品的标志性就具有经济价值，理所当然受到法律的保护。

3. 内在价值及功能

地理标志主要使用在优质商品上，是一种对商品特定品质给予肯定的标志。在此情况下地理标志所标志的商品通常具有较高较好的声誉，其质量等品质常为人们所肯定，在同类产品中具有较强竞争力。在市场信息不完全对称的竞争环境中，消费者选择产品通常是通过一些外在的标志标记来区分。那么地理标志因其对商品特定品质的肯定评价的标志作用，则可指引影响消费者的购买选择权。从而使地理标志标识的商品在市场竞争中具有较强的竞争力，使企业获得相应的经济效益。

基于地理标志的特征及其经济价值，地理标志有其自身特殊的功能：

一方面，地理标志具有知识产权属性，在市场经济发展中有其自身的功能。地理标志所具有的知识产权性质，是一种无形财产，理应加以保护。同时在市场经济条件下，地理标志对于其使用权人而言，能增强其商品的市场竞争力，从中获得收益。而对于其他商品生产者而言，面对地理标志权人的竞争，要使自己在市场中取胜防止遭淘汰，则不得不加紧提高自身的竞争力，以在竞争中生存求胜。这则促进了整个市场经济的繁荣发展。同时，市场经济下商品品种的丰富，商品的质量的普遍提高，有利于满足社会大众消费者的需求。

另一方面，在国际经济竞争日渐加剧，经济全球一体化的趋势下，地理标志在国际竞争中也有着重要的作用。各国基于其自身的地理条件、气候环境等因素的不同，都可能产生自身特有的优势产品。当前许多发达国家充分利用了其地理标志的作用，在国际市场竞争中占据了重要的地位。我国地域辽阔，历史悠久，农产品丰富，形成了许多有价值的地理标志商品，但却没能很好地加以保护并发挥其在国际竞争中本应有的作用。故加强对地理标志的保护对增强我国国际竞争力有极其重要的作用。

（三）地理标志保护的历史发展

当前世界各国都日渐重视对地理标志的保护，以最大限度地保证地理标志内在商业价值及功能的发挥。源于地理标志的自身的特征，公权力在对其进行保护过程中的重要作用也日渐受到重视。

1. 地理标志的保护情况

（1）国际层面。从国际层面上看，1883 年的《巴黎公约》是最早对地理标志进行保护的国际条约。尽管在巴黎公约中并没有使用地理标志一词，但其对货源标记和原产地名称纳入知识产权体系给予保护，实质上也是对地理标志保护的体现。1891 年《马德里协定》在《巴黎公约》的基础上，进一步发展了对地理标志的规定及保护。该协定进一步明晰了货源标志的范围。还进一步扩大了《巴黎公约》对地理标志的保护范围。

1958 年《里斯本协定》是一部专门规定原产地名称的国际条约。该协定明确了原产地名称的概念，指一个国家、地区或地方的地理名称，用于指示一项产品来源于该地，其质量和特征完全或主要归因于其地理环境，包括自然和人文因素。该协定在明确界定了何为原产地名称的同时，对其保护范围也有较广泛的规定。

而 1991 年 12 月 8 日缔结的《TRIPS 协定》，已成为当前在知识产权保护方面具有重要影响力的国际协定，其中对地理标志保护作了至今最为完整全面的规定。进一步明确界定了地理标志的内涵和外延。对地理标志作了不同程度的保护规定，同时还规定了对葡萄酒和烈性酒地理标志的附加保护及地理标志的例外保护。还对地理标志保护的有关的国际保护及国内执法提出了一定的要求。

此外，实践中出现的不少双边或多边国际条约也对地理标志的保护作了相应规定，其中以欧共体对地理标志保护制度为典型。

（2）国内层面。从各国国内层面上看，大陆法系国家在对地理标志保护上，以法国为典型代表。法国是一个历史悠久的农业大国，因其特定的地理环境，产生了许多地理标志，对法国经济发展有着重要的作用。为了充分发挥地理标志的作用，加强其国际竞争力，法国历来就十分重视对地理标志的保护，其中公权力对地理标志保护程度较大。其后，如意大利、西班牙、德国、日本等国家都效仿法国在其相关法律中对货源标记或原产地名称进行了相应的保护。

而在英美法系国家，通常没有制定专门的法律对地理标志进行保护，甚至没有对地理标志进行明确的界定而是通过普通法律对其进行保护。在英美法系国家，对地理标志的保护制度侧重于对消费者利益的保护。①

　　地理标志使一国经济受益的不同及一国对地理标志保护问题认识的不同，导致在对地理标志保护制度的设计上有所不同。当然各国在对地理标志的保护制度设计中的不同并不是截然区分的。尤其在当前两大法系在立法理念及保护模式中都存在相互融合的趋势。如现今大陆法系许多国家在立法理念上也不仅仅是侧重于对地理标志使用者的权益保护，也重视对消费者权益的保护，注重地理标志在整个市场经济运作中的作用。而在英美法系国家，也不断增加对地理标志保护相关的法律规定。同时，在对地理标志保护过程中两大法系国家也都进行了相互合作。

　　2. 地理标志保护的发展趋势

　　在欧洲，受大陆法系国家对地理标志保护传统的影响以及欧共体对地理标志保护的重视，且在不断与其他国家签订双边或多边条约以对地理标志进行相应保护。而英美法系国家也充分运用了其原有法律并依法律原则对地理标志给予相应保护。在亚洲，各国也在逐渐完善对地理标志的保护。我国也于2001年《商标法》修改中对地理标志作了明确的界定，在商标法体系下初步形成了对地理标志保护的基本框架。

　　地理标志的保护问题也成为世界贸易多边谈判的重要议题之一。各成员国都基本同意关于建立地理标志通知和注册多边制度，不少国家都联合提出了相应的提案，但基于各国对自身的国家利益的不同考虑，在对该具体通知和注册制度的构建上，也存在不少争议。②

　　在各国都日益加紧完善发展对地理标志保护制度。一方面，在实践的发展中不断完善对国内法地理标志的规定，将其作为一种独立的权利给予相应保护，虽然在对地理标志保护的制度上存在一些差别。另一方面，也积极通过国际条约、双边或多边的国际合作条约对地理标志进行国际上的保护以使本国的地理标志能充分发挥功能。

　　（四）保护模式之比较

　　1. 专门法保护模式

　　专门法保护模式，指通过设立关于地理标志的部门法对地理标志进行保护。该模式，当前以法国为典型代表，如前所述，法国对地理标志做了较为全面的强有力的法律保护规定。

----

① 　吴汉东：《知识产权基本问题研究》，中国人民大学出版社 2005 年版，第 747 页。
② 　王笑冰：《地理标志的法律保护》，中国人民大学出版社 2006 年版，第 217 页。

这种专门法保护模式，在对地理标志保护过程中针对性强、保护力度大，可以科学合理有效地给予地理标志相应的保护。但是这种专门立法模式，在过于强调地理标志特殊性的同时，可能会与商标法等相关标记保护的法律规定产生冲突。当然科学合理具有衔接性的专门立法也可以避免这种情况的发生。而更现实的问题是，这一保护模式对于当今许多国家而言立法成本过高。

在专门法保护模式下，一般具有专门的地理标志管理机关。如在法国，对地理标志的管理机构主要有两个层次，一是在国家主管部门中专门设立相应的机构及人员；二是设立了专门的地理标志行业协会，这些行业协会具有准官方性质。这种保护模式下，公权力介入保护的程度较大。

2. 商标法保护模式

商标法保护模式，指将地理标志视为一种特殊的商标给予相应的保护。一般是通过集体商标或证明商标给予相应的保护。当前世界上许多国家都采取这种模式给予地理标志相应的保护。

商标法保护模式对一国商标法的立法水平要求较高。通常通过集体商标或证明商标对地理标志进行相应的保护。商标法的保护模式，可以充分利用已有的法律资源，同时使地理标志与商标在商标法的规定下进行相互的协调。当然将地理标志视为商标进行保护，没有突出地理标志的特殊性。同时这种模式对一国的立法水平要求较高。

在商标法保护模式下，对地理标志的确认及实践使用中的纠纷也有一系列完备的管理体制。如美国专利商标局（USPTO）下设行政机构商标评审及上诉委员会（TTAB）以保护地理标志权人合法权益。

3. 反不正当竞争法保护模式

反不正当竞争法保护模式，指对地理标志的保护主要从反面给予，即从禁止侵害地理标志权方面对地理标志给予保护。反不正当竞争法保护中的一个重要特点是司法机关对地理标志相关问题，如产地区域、生产标准等的认定享有较大的权利。[①]

这种保护模式有其明显不足之处。反不正当竞争法的立法目的在于保护公平竞争、自由竞争的市场秩序，并维护对消费者整体合法权益的保护，并没有将地理标志作为一项权利给予明确。这种只采取事后救济的方式，没能体现地理标志的特殊性，对地理标志的保护力度明显不够。反不正当竞争法对地理标志的保护模式，在当前为大多数国家普遍接受。但是一般都不作为主要的对地

---

① 参见2005年11月战略性利用商标促进经济暨农村发展国际研讨会之论题二，"商标和地理标志保护的国际框架"演讲人：Mr. Matthijs GEUZE，世界知识产权组织。

理标志的保护模式，通常只是一种配合辅助的保护方式。

除了上述三种保护模式外，还存在商业标记法保护模式，即将地理标志视为一种商业标记进行相应的保护。将地理标志及其他商业标记，如商标等规定在一部法中，既要有一般的总则性规定，又要体现各种标记自身的特点从而作出有别于其他标记的特殊规定。这种商业标记法保护模式对立法水平技术的要求较高。

综合上述分析可见，任何一种保护模式都有其优点及缺点，究竟采用何种保护模式好，这主要取决于各国具体的情况。《TRIPS 协定》也只是规定了对地理标志保护的最低标准，对具体保护制度由各国依实际情况设立。

（五）完善我国地理标志的保护制度

1. 发展过程

我国对地理标志的保护起步较晚，保护水平较低。直到 1985 年我国加入《巴黎公约》后，因该公约中有对货源标记、原产地名称保护的规定。我国才开始注重对地理标志的保护。1986 年国家工商行政管理总局对"县级以上行政区划名称作商标的复函"中首次对原产地名称作了相应解释。并于 1987 年 10 月颁布了"关于保护原产地名称的函"，在其中对原产地名称权作了一定的规定。

此后，我国工商局对针对原产地名称的案件作出了具体通知，表明对地理标志保护问题也逐渐在我国受到了关注。1994 年工商总局制定了《集体商标、证明商标注册和管理办法》，办法中明确规定了原产地名称可以以证明商标进行注册从而获得相应的保护。我国与法国于 1997 年签订了《中法联合声明》，1998 年签订了《中法关于成立农业及农业食品合作委员会的声明》。于 1999 年制定了《原产地域产品保护规定》。该规定首次明确界定了原产地域产品的内涵，从申请确认、使用过程的监管到事后的救济都作出了一定的规定。

2001 年我国在对《商标法》修改后，首次正式使用了地理标志一词，并对地理标志作了较为完整的界定。在《商标法实施条例》中规定了对地理标志，可以依法作为证明商标或者集体商标申请注册。即将地理标志通过商标的形式加以公示，通过商标权的形式加以体现。

此外，2001 年原国家出入境检验检疫局颁布了《原产地标记管理规定》和《原产地标记管理规定实施办法》。同时，在《反不正当竞争法》、《消费者权益保护法》、《产品质量监督法》等法律法规中都从某个侧面、一定程度上对原产地名称、地理标志等给予了保护。

2. 保护的现状

当前，我国对地理标志的保护目前主要存在两套制度，即商标法保护制度和地理标志产品保护制度。

（1）商标法保护制度。我国商标法对地理标志内涵作了明确的规定，指标示某商品来源于某地区，该商品的特定质量、信誉或者其他特征，主要由该地区的自然因素或者人文因素所决定的标志。同时规定了地理标志可以集体商标或证明商标的形式申请注册从而获得相应的商标权的保护。据统计，截至2006 年 5 月，我国商标局共受理地理标志申请 600 多件，已经注册的地理标志 171 件，初步审定的地理标志 25 件。①

虽然在商标法保护模式下，对地理标志的保护已有基本框架，但是仍有其不足。主要存在的问题为地理标志与一般商标的冲突问题。冲突解决主要体现在《商标法》第 8 条规定，即将"县级以下行政区划的地名"，排除在商标注册的范围之外，"已注册的使用地名的商标继续有效"，这些规定都没能真正解决地理标志与商标可能存在的冲突问题。此外，保障地理标志的司法实践仍不成熟，对损害侵权行为的打击力度，以及对地理标志权人利益的救济方面仍不尽如人意。

（2）地理标志产品专门保护制度。在地理标志产品的保护制度下，公权力保护较为明显，保护介入的程度较深。国家质量监督检验检疫总局颁布的《地理标志产品保护规定》中，该规定对地理标志产品进行了明确的规定，指产自特定地域，所具有的质量、声誉或其他特性本质上取决于该产地的自然因素和人文因素，经审核批准以地理名称进行命名的商品。

其中公权力介入过多，实际上国家质检总局为地理标志的持有人，将地理标志视为一种"公权"加以对待。这在市场经济体制下明显有其不合理性。当前一般都认为公权力对市场的干预应在一定限度内，即市场机制在现有私法体系下已无法达到纠正侵权救济受害者的目的。此外，这种视为"公权"的保护与《TRIPS 协定》中对地理标志纳入"私权"保护范围加以规定也是有冲突的。

综上分析可见，我国当前存在上述两种地理标志保护制度，在公权力保护上的制度设计有所不同。同时，这种不同可能影响实践中对地理标志的保护。主要表现在以下两个方面：

一方面，两种制度在对地理标志内涵的界定有所不同。两种保护制度下对地理标志界定不同，引起保护范围的不同。这自然会影响实践中对地理标志的保护。另一方面，由于两种保护制度的管理不同，可能引发不必要的冲突②。

---

① 参见 2006 年 5 月中美地理标志保护研讨会上，安青虎在开幕词中的讲话。

② 王笑冰：《地理标志的法律保护》，中国人民大学出版社 2006 年版，第 231—232 页。

可能使实践中地理标志权人在使用及寻求保护的过程中出现重复，甚至混乱的局面。也可能引发管理部门间的职责的重复或出现"管理真空"，即问题出现却无人处理，甚至产生管理权限之争，这都可能对地理标志保护的实际效果受到影响。

此外，在商标法保护模式及地理标志产品的保护模式外，我国还通过《反不正当竞争法》、《消费者权益保护法》、《产品质量法》、《对外贸易法》等相关法律法规对地理标志进行保护。但这些法律并没有突出地理标志的特殊地位，对其保护力度有限。

3. 保护模式之选择——以商标法保护为主的保护体系

如前所述，各国对地理标志保护模式的选择都是由不同的国情决定的。那么对于我国究竟应选择何种地理标志保护模式，也应在立足于我国国情的基础上，再借鉴他国的经验以构建一个完善有效的保护模式。

首先，从我国当前存在的两种保护模式的比较分析上看。这两种保护模式中都体现了公权力对地理标志的保护，但其保护程度，保护效果及保护必要性上还是有所差别的。

从保护程度上看，在地理标志产品的保护制度公权力介入程度明显过大。而在商标法保护制度下，尊重地理标志的私权本质，公权力介入不那么明显，但是当出现权利纠纷时，国家工商管理局作为其相关主管机关，会介入对地理标志的保护。从一般的法律调整理念出发。一般要求限制公权力的使用，即只有在私法或相关机制在调整社会关系中没能很好地调整好利益关系，尤其涉及公共利益时才要求公权力的介入。可见，商标法保护制度更具合理性。

从保护效果上看，在地理标志产品保护制度下，国家对地理标志的使用监督管理权很大，能有效地防范地理标志侵权行为的发生。但是这种公权力的大力介入，使得地理标志的使用往往要受到较大的制约，要经过较多的程序才可能行使相应的地理标志权。而在商标法保护制度下，地理标志权人行使该权利的门槛相对较低，地理标志发挥其相应功能的空间较大，但同时也不缺少国家管理机关给予其相关保护。可见，在国家公权力介入保护与充分发挥地理标志功能上的权衡利益上，商标法保护制度更加有效。

从保护经济性上看，主要考虑保护的效果及保护成本。如前所述，在保护效果上，两种制度都有其优点，只是公权力介入保护的时间和程度有所不同。但从保护成本上看，地理标志产品的保护模式明显大于商标法保护模式，地理标志产品的保护依托公权力的程度较大，需要占用的公权力资源也相应要多。

其次，从现有保护资源上看，当前在公共管理已涉及社会经济生活的方方面面时，公权力管理的成本本来就在不断加大，故而有效利用现有的公共资源，也是值得注重的问题。采用商标法保护模式能有效利用现有的制度资源，节省立法成本及其后的管理职能及机关的设立问题。此外，当前我国在其他相关的法律上给予地理标志相关的法律保护，主要体现在《反不正当竞争法》中，这种保护方式一直都为许多国家所接受。

最后，从社会的普遍接受度上看，当前我国对地理标志的保护主要都采用了商标法的保护模式，以证明商标或集体商标申请注册使用的地理标志也在不断增加。人们已较为适应接受以商标形式对地理标志给予相应的法律保护。

综上分析可见，基于我国的国情及对现有两种保护制度的分析比较，充分利用了原有的保护制度资源，充分吸收了不同保护制度下的优点，考虑了我国对地理标志使用保护的实践状况。我国应选择以商标法保护为主，其他相关法律法规为辅的保护模式。

4. 完善我国地理标志保护制度

明确选择以商标法保护为主，其他相关法律法规为辅的保护模式后，构建我国的地理标志保护制度则有着重要的现实意义。

针对商标法保护制度中存在的问题。由于地理标志的形成并非易事，所以地理标志现实中存在的状况在较长时间内是稳定的。故建议主管机关应当对我国地理标志情况进统计，建立必要的数据库。① 在一般商标注册时，对与地理标志库中地理标志可能发生冲突的商标不给予注册，从而在事前防止冲突的产生。在事中管理监督过程中，国家工商行政管理局是其主管机关，同时应充分发挥中介机构的作用，一定程度上也减少了国家工商行政管理局的工作量。在事后救济阶段，对于恶意抢注地理标志的行为可以通过商标法给予相应的撤销等处罚方式给予处理。对于善意已注册成为一般商标的地理标志，应当对地理标志与一般商标的权益进行必要的权衡，对于最后被撤销不准于使用方应给与必要的补偿。在与驰名商标发生权利冲突时，则更应当慎重权衡二者之间的权益以作出相应的解决对策。此外，应加强执法，不断提高执法人员的素质，完善救济制度。

当前我国正在加紧进行商标法等相关法律的修改。2006 年《商标法》修改稿中，新增单列了一章关于集体商标、证明商标和地理标志的注册和使用②。这突出了对地理标志保护的重视度。对地理标志的正当使用及注册申请程序都作了相应的明确的规定。同时对集体商标及证明商标的相关注册及使用制度也有了进一步的规定。使地理标志采用该两种商标形式进行申请使用保护

---

① 第一次全国地理标志调研报告，载于人民网 http：//unn. people. com. cn/GB/41495/3590083. html.

② 参见 2006·4·18 商标法修改小组关于《商标法》修改稿之第二稿。

时所依据的规定也更加明确。有利于明确管理人员的权利，也有利于保护地理标志权人的相应权利。

从其他相关法律法规保护上看。在当前存在地理标志产品保护制度的现状下，如何使该制度与商标法制度相协调也是一个应当注重的问题。首先，对地理标志的内涵在国内法律体系中应有统一的界定。《商标法》从正面对地理标志作了相应的界定，该定义较完备，符合 TRIPS 协定的相关规定。基于其法律位阶较高，故建议统一使用商标法中对地理标志的定义，避免实践中出现不必要的冲突，使对地理标志保护的范围统一。其次，对两种制度下可能存在的管理权限的冲突问题。应明确国家工商行政管理局与国家质检总局各自的职权，并相互尊重对方的管理权限。同时，两者间应有必要的协调合作机制。如建立相应互通的管理数据信息库，使国家工商总局和国家质检总局能更好地发挥自身作用并避免因信息不对称而重复对地理标志保护，或因权限之争而增加了地理标志权人的使用成本，甚至导致地理标志得不到相应保护情况的发生。当事人可自愿选择是采用商标形式获取相应保护，还是采用地理标志产品形式获取相应保护。当然，国家质检总局以地理标志产品保护对地理标志的管理只是在商标法保护模式下的一种辅助方式。

此外，针对《反不正当竞争法》、《产品质量法》等相关法律法规中的不足，通过法律修改或相关规章的出台，加强执法司法人员对地理标志加强法律保护的意识，以随实践的发展不断解决新出现的问题，注重对侵害地理标志的行为给予法律规制及法律法规间的协调以加强对地理标志的保护。如在《反不正当竞争法》的修改过程中，在地理标志保护上，建议明确对地理标志不正当竞争行为做相应的规制。同时，对产品的产地区域、生产标准及其他相关认定要素应进一步明确。在给予司法机关一定自由裁量权的同时，也注意对公权力行使保护权上进行必要限制。同时，应明确司法执法机关的相应职责权限，以加强对不正当使用地理标志的各种侵害行为进行规制。①

不断完善我国《商标法》、《反不正当竞争法》等相关法律，构建以商标法保护为主，其他相关法律法规为辅的地理标志保护制度，对完善我国地理标志保护以发挥地理标志内在价值及功能有着重要的现实意义。

（六）结语

基于地理标志的内在经济商业价值及其促进一国经济发展和增强国际实力的功能，各国都注重加强完善对地理标志的保护。我国幅员辽阔，历史悠久，

---

① 参见《反不正当竞争法》修改之我见，载于 http://www.fwsms.com/html/zjbg/dybg/18516.html.

有许多地理标志，加强对地理标志的保护有利于发展我国产业并增强我国在国际市场上的竞争力。虽然我国对地理标志的保护起步晚，认识研究不够，但作为后起的国家，我国应充分发挥"后发优势"，科学分析我国国情，充分借鉴他国的经验以完善我国的地理标志保护制度。我国商标法保护制度已基本形成了对地理标志的保护框架，地理标志产品保护制度存在的必要性并不大，但在当前更应注重的是如何使之与商标法保护制度相协调以最大限度地保护地理标志，当然，地理标志产品的保护制度也应当是商标法保护制度的辅助。同时，《反不正当竞争法》等相关的市场规制法从一侧面对地理标志保护的补充为各国普遍接受。从我国当前的实际情况出发，基于现有保护制度资源、立法成本、保护效果及其后的管理问题的考虑，应当建立以商标法保护为主，《反不正当竞争法》等相关法律法规保护为辅的保护模式。在确立了我国的地理标志保护模式后，应当加紧完善我国在地理标志保护制度实践中存在的不足，加快相关法律法规的修改完善，从而最大限度地发挥地理标志的内在经济价值及其功能作用。当前我国正在加紧对《商标法》、《反不正当竞争法》等相关法律法规的修改，我们相信对地理标志的法律保护将不断发展完善。

四、网络环境下商标保护问题

（一）引言

由于互联网自身的技术特点和空前的传播速度及影响力，传统的商标权在网络空间的扩展也带来了一系列全新的问题，提出了新的挑战。大量新型的商标侵权行为以前所未有的速度在网络空间日益滋生，严重地损害了商标权人对商标享有的专有性权利。同时商标作为一种特殊的财产权，凝结着大量的资本和劳力，网络环境下日益隐蔽复杂的商标侵权行为也必然损害着商标权人的经济利益。就其本质而言，网络环境下的商标侵权行为与传统的商标侵权行为没有本质的区别，都是对商标权人的私人财产权之侵害，面对这种危害，商标权人有权要求国家通过相应的法律制度的设计获得法律的保护。

正如前面所讲的，商标权作为一种知识产权，从经济的角度，它是一种重要的无形资产。从市场的角度看，它则是一种强有力的竞争手段。从其法律性质上看，它具有真正的私权属性，强调私人权利受国家法律的特别尊重和充分保护，这主要通过禁止公权之滥用和公权行使之程序保障来避免对私权的侵害，尊重私权是最基本的理念，这是商标权本质属性的必然要求。

网络环境下商标的保护同样也主要表现为两个方面：一是通过完善商标专有的请求权保护体系和国家对商标侵权行为的有力制裁实现对商标专有权的保

护。二是贯彻平衡协调的基本原则，基于社会公共利益，完善对商标专有权的限制制度，实现权利与权力，私人利益和公共利益的和谐。

（二）网络环境下商标保护面临的全新挑战

1. 网络特点与商标权特点的冲突

商标权是一个集合的概念，传统的商标权指的是商标权人对其合法注册的商标的支配和排斥他人使用的权利，主要包括专有使用权、转让权、许可使用权、续展权，排除他人干涉等权利。商标权在网络空间的扩展，一方面，可以借助商标的超地域性，在世界范围内拓展商标的影响力，给商标权带来更多的经济利益。但另一方面，大量的商标侵权行为在网络上找到了生存空间，对传统的现实世界的商标权保护的理论体系和制度设计也提出了严重的挑战，要求人们对其作出积极的回应。

（1）网络的全球性对商标地域性带来的巨大冲击。传统的商标权具有非常强的地域性，一般只在本国地域范围内受到法律的保护。各国对商标权的保护又差别很大。一般来说，相同的商标可以被不同的国家的不同的生产者和经营者同时拥有。目前全世界为谋求国际知识产权经济合作而签订了相关的公约或双边条约，各国商标权制度更多是在减少差异与冲突而趋于统一。① 但是法律对这种冲破地域性的限制所带来的一系列的问题显然是非常滞后的，物理空间的地域性特征如何沿用至网络虚拟空间以及如何修正现有的商标法律制度，是一个亟待解决的问题。

（2）网络的技术性与商标侵权行为的复杂性。网络的技术性特征使得商标侵权行为复杂多样，加大了打击商标侵权行为的难度。传统的商标侵权行为相对容易界定，而且外在的表现形式比较明显，商标法对传统的商标侵权行为的打击和商标权人的保护也相对完善。但在网络环境中，商标权的侵权行为复杂多样、技术性强、形式隐蔽、危害大，而且很难认定，尤其是举证困难不易克服。

（3）网络的无国界性加大了对跨国界商标侵权保护的难度。各国解决纠纷方式的不同必然引起不同国家商标权利的冲突，商标的网络侵权还会对传统的司法管辖产生根本性的动摇。针对这种实际的情况，要重新界定和探讨网络中商标侵权行为的构成要件和侵权责任的认定标准，等等。同时加大国际之间的协调和合作。

---

① 吴汉东、胡开忠：《走向知识经济时代的知识产权法》，法律出版社 2002 年版，第 226、229 页。

2. 电子商务中商标权的保护

电子商务模式突破了传统的交易在时间和地域上的种种限制，节约了大量的交易成本，加速了整个交易的过程，降低了企业交易的风险性。电子商务的模式以其独特的优势，在规模上也不断地扩张，经营业务的种类也日益增加，如网上金融服务、网上贸易、网上信息服务、网络教育，等等。人们在尽享电子商务所带来的种种便捷的同时，也受到了来自网络这一虚拟空间的挑战。网上商标侵权愈演愈烈，商标侵权手段花样翻新，已经不是单纯的仿冒、假冒商标的侵权，更多的是依托网络的技术性特征，实行的各种各样的新型侵权行为和隐形侵权行为。对于电子商务模式中给传统的商标权保护提出的种种挑战，人们应该在一般原则的基础之上，遵循电子商务的特殊性，制定出相应的保护对策。

（1）加强网络监控，及时发现和有力制裁网络商标侵权行为。网上的商标侵权行为大多具有隐蔽性，不易被及时地发现。如链接中的商标侵权行为，搜索引擎中关键词的盗用，等等，都是非常不容易被及时发现的。因此要加大对网络市场的严格监控，防止并打击各种假冒、仿冒、淡化商标的行为。对商标侵权行为一经发现，要及时处理，加大处罚力度，以维护商标权人的利益。当然这种对网络市场的监控同样要依赖于一系列技术手段的成熟和规章制度的完善，要进一步明确网络监控的主管机关，监控的方法、程序、技术手段等。

（2）建立商标信息检索系统，企业在进行电子商务之前通过检索减少冲突。电子商务是突破地域性限制的，但商标权的保护，一般来说是要受到地域的限制的。一般来说，相同的商标可以被不同的国家的不同的生产者和经营者同时拥有，一个国家的生产者和经营者使用另一个国家未在本国注册的商标通常情况下也不构成侵权。企业在网上使用商标，则该商标可能在全球范围内使用，在一国受到保护的商标可能在另外一个国家就构成了商标侵权行为，陷入这种商标纠纷必然给从事电子商务的企业带来很多经济利益上的损失。所以，企业在从事电子商务之前，如果先进行商标检索，发现别国的企业也存在相同或相似的商标，可以采取明示的方式予以声明，减少不必要的商标侵权纠纷。商标主管机关要完成商标信息库的建立，并对商标的注册使用进行预先的审查，以减少商标纠纷发生的可能性。①

（3）建立和完善电子商务环境下商标专有权的限制制度。坚持用平衡协调的价值理念指导电子商务中商标纠纷的解决，平衡商标权人和社会公众的利益关系，最大限度地促进商标法公平、正义社会目标的实现。商标权人出于私

---

① 薛虹：《网络时代的知识产权法》，法律出版社 2002 年版，第 87 页。

人利益的考虑，有可能突破正当的抽象的权利边界，对此情况，应该建立商标滥用的禁止制度对商标权予以必要的限制。

在我国《商标法》中规定，如果商标侵权指控人的商标权已经超过保护期而没有续展，或者商标注册人因为没有在法律规定的期限内连续使用（如我国规定的三年），或者已经因其他的原因被撤销或宣布无效的，仍旧提起侵权诉讼，被控侵权人可以滥用商标权抗辩。将他人未注册的知名商标注册后反过来禁止他人使用；或者将他人已驰名的商标另类注册后反过来向他人出售，等等。这些行为貌似行使商标权，实际上损害了他人的合法利益，应属于滥用权利的行为。

（4）建立一个跨国的、统一的商标注册组织，加强国际间商标纠纷的协调。企业一旦置身于网络环境，其情形就大不如传统的企业经营方式。在电子商务模式下，它的经营范围可以说是超越时空的传统限制的，覆盖了互联网所能覆盖的区域。但是要让一个企业在所有的国家和地区都注册自己的商标，会造成很多资源的浪费，同时也不是很具有可行性。所以建议建立一个跨国的、统一的商标注册组织，使得企业能够在其主要的销售国家进行注册，以保护自己的合法利益。

（三）域名与商标的冲突

1. 域名与商标的关系

域名（Domain Name）是在互联网上标识一台登录的计算机或服务器的一个特定的字符串，它好比现实世界中的通信地址，是在虚拟的世界中寻找特定单位的网络地址。由于域名的标识性功能，使之与知识产权法律制度发生了密切的联系。商标是生产者和经营者将自己的产品和服务与他人的产品和服务相区别的标志，在市场营销中起着巨大的吸引消费者的作用，具有很大的商业价值。

（1）域名和商标的相似性。域名与商标之间既有联系，又有区别，从其相同点来看，主要有几点：首先，两者都具有一定的识别性、标志性；其次，两者都是代表着一定的智力活动过程，是一项智力成果；最后，两者都是一种无形资产，能够给其所有人带来巨额的价值。

（2）域名与商标的差异性。商标与域名是两个独立的权利，在两者产生、发展、功能、内容、特点以及法律规定等方面，具有不同点或相交之处，二者的区别也是显而易见的。[①] 首先，域名具有唯一性。注册商标并不禁止他人在

---

① 袁真富："域名问题——权利的平等与平衡"，载张平主编：《网络法律评论》（2），法律出版社 2002 年版，第 270、271 页。

其他种类商品上使用相同或类似的商标，而且注册商标专用权还具有严格的地域性。而域名则不同，在互联网上一个域名则只能对应唯一的一个单位，这就是域名的唯一性。其次，域名的非显著性。商标一般由文字和图案组合而成，在形象上具有一定的显著性，用户可以通过这种显著的外形特征对商标进行区别。域名的不同在于，它只是简单的字符串，甚至并不区分大小写，并不能给人以任何深刻的直观印象。再次，地域性范围的区别。域名不受国际地域范围的限制，具有绝对的排他性。而商标则只能在特定的地域范围内受到法律的保护。最后，域名和商标所依托的基础不同。商标作为区别商品和服务的标志，必须与特定的商品和服务联系起来。而域名是为了将现实世界的商务模式延伸到网络空间而创设的，它并不直接地依托商品和服务本身。①

2. 冲突及其表现形式

（1）域名与商标冲突之原因探析。域名与商标之间的冲突原因很复杂，一方面，两者的冲突是由于域名系统的技术要求和知识产权的法律特征之间发生摩擦造成的；另一方面，由于域名注册体制和知识产权保护制度之间缺乏有效的沟通，也使冲突进一步激化。具体而言，这些原因表现在以下几个方面：第一，域名系统的复杂性，由于域名系统呈现出等级状态，又有国际等级域名和国家等级域名之分，因此同一个商标可能被注册在不同类别和等级的域名中；第二，域名的精确性和商标的相似禁止性。在相同或类似商品上使用与驰名商标类似的标记并足以使公众产生误解的就构成侵权行为，受到法律的禁止。而对于域名，只要存在细微的差异，就可获得注册，正因如此，一些人就故意注册与驰名商标相类似的域名，让商标权人防不胜防；第三，域名注册机构仅对域名注册申请人的申请材料进行真实性审查，而不负责对域名是否侵犯他人在先商标专用权等在先权益进行实质审查。因此一系列的冲突就在所难免。（注：见中国互联网域名暂行管理办法以及中国互联网域名实施细则第13条）；第四，域名的唯一性。对申请注册的域名均须实施"全球统一"的冲突性检索。② 据此，域名不可能有两个完全相同的字符同时被注册或由多人同时共有。但商标不同，只要商品和服务的类别不同，同样的商标可以被不同的企业同时使用，同时只要一国未与另一国加入相同的商标国际条约或双边条约的规定，则同一商标可同时并存于两国的同种类商品或服务上；第五，域名与商

---

① 李柳杰："域名的发展何去何从？——从域名的诞生到域名的死亡"，载张平主编：《网络法律评论》（2），法律出版社 2002 年版，第 249 页。

② Andre Brunel&May Liang：trademark troubles with internet domain names and commercial online service screen names："roadruning right into thefring pan"，International Journal of Law and Information Technology，vol. 1，7.

标分别由不同的部门核准注册，进行管理。由不同的部门进行管理，缺乏必要的统一和协调，冲突也会自然的产生。《中国互联网网络域名管理办法》第 5 条规定：信息产业部负责中国互联网的域名管理工作，域名注册管理机构——中国互联网络信息中心负责运行和管理相应的域名系统。《商标法》则规定国务院工商行政管理部门商标局主管全国的商标注册和管理的工作。

（2）域名与商标冲突的具体表现形式。有限理性总是难以预料到互联网的迅速发展所带来的一系列新的问题，域名与商标的冲突是无法避免的，表现形式也是多种多样的，归纳总结起来大致可以分为以下几个大类，每个大类下面都涵盖了几个小的表现类型，这样的概括可以使我们对域名和商标冲突的具体表现形式的认识更加体系化和清晰化。

第一大类，注册使用和他人商标相同和相似的域名引发的商标权人对域名注册人提出的争议。域名所有人在域名注册过程中对他人商标的使用也当然的存在善意与恶意之分。在这种域名和商标的纠纷处理中关键是要区分出域名所有人对商标的使用主观究竟是恶意的还是善意的。①

恶意抢注指域名注册人故意注册与他人的商标相同或相似的域名，其本身并不享有任何合法的权利。② 域名抢注人抢注域名的目的又有很大的不同：有的是"抢而不用"，而将自己注册的域名高价卖给商标所有人、使用人或者其他的竞争对手；还有的是"既注又用"，将他人的商标、商号等标识注册为域名而且进行商业使用，造成公众的混淆。③

善意的域名注册使用，其对他人商标的使用一般是在不知情的情况下发生的，不是为了获取不正当的利益，一般多发生在普通商标上。④ 这种善意的使用有两种情况：一种是偶然的巧合。域名注册人出于商业性目的或者非商业性目的，注册了和普通商标相同或者相类似的域名，本身是一种不知情的巧合。另外一种是不同的商标权人在不同的商品和服务范围内就相同的标志各自都享有商标权，这种情况下，注册域名时所引发的冲突。

第二大类是先注册的域名所有人对后注册的商标权人提出的争议。该种情形下，域名所有人注册域名在先，域名权能否对抗后注册的商标权，关键在于对域名权权利属性的界定。域名权究竟是一种什么样的权利，在学界也一直存在很大的争议。一部分学者认为，应该把域名界定为一种独立的知识产权类

---

① 郑成思主编：《知识产权文丛》（3），中国大学出版社 2000 年版，第 121 页。
② 郑施玉："域名案件中的恶意概念分析"，载《知识产权》2003 年第 4 期。
③ 郑成思："域名抢注与商标权问题"，载《电子知识产权》1997 年第 7 期。
④ 徐飞："浅析域名的性质及其与商标的冲突"，载张平主编：《网络法律评论》（2），法律出版社 2002 年版，第 258 页。

型，受到知识产权法的保护。但是目前没有任何一个国家有赋予域名独立知识产权地位的法律规定，更多的仍然是停留在理论的探讨和争议阶段。

第三大类是反向域名侵夺。反向域名侵夺是指域名注册人注册使用的域名与商标权相同或相似，商标所有人恶意利用域名争议解决程序，对域名注册人进行诉讼威胁或其他骚扰活动，企图剥夺域名所有人的域名持有权，实际上是商标权人企图用商标专用权去剥夺域名持有人的权利。

3. 解决域名与商标冲突的法律措施

域名与商标的冲突大量存在，反映出我国规制域名和商标的法律制度构建的不足。我们应该从制度完善本身入手，借助一些技术性手段，来解决日益复杂的问题。

（1）完善域名管理制度。首先，建立域名注册管理单位的预先审查制度。注册管理中，域名注册单位不负责审核该域名是否与工商管理机关和商标管理部门等级认可的驰名商标是否存在冲突，这就留下了很大的漏洞，因此应该从源头上做好这方面的工作，加大域名注册单位的职责，并加强同工商管理机关的协调配合。

其次，要完善域名注册的异议制度。《中国互联网网络域名注册管理办法》及其实施细则中对商标权人的异议权有所规定，但对提出异议的时间限制没有作出具体的规定，这会使得域名注册人的域名长期的处于不稳定的状态。同时并没有规定域名权人有权对商标所有人提出异议，这显然有失公平。

再者，在必要的时候，应当追究域名注册组织的责任。各注册组织都采取各种免责条款声明自己不对域名的注册、使用及纠纷承担任何法律责任。除非国家以法律文件的形式，明确免除其法律责任，其所主张的"免责条款"并不当然成为免除法律责任的根据。

最后，要建立和完善一套有效的域名争端解决机制和途径。冲突的解决，都依赖于法律制度与时俱进的调整和完善，要设置一套简便易行的争端解决途径，综合协商、调解、仲裁的优点。《中国互联网络域名管理办法》规定，域名注册管理机构（CNNIC）可以指定中立的域名争议解决机构解决域名争议。任何人就已经注册或使用的域名向域名争议解决机构提出投诉，并且符合《中国互联网络信息中心域名争议解决办法》规定的条件的，域名持有者应当参与域名争议解决程序。

（2）完善商标管理制度。首先，加大对驰名商标的保护力度。在域名和驰名商标发生冲突的时候，在利益保护上要倾向于对商标权人的保护，驰名商标权人滥用权利的排除在外。另外，在驰名商标与域名冲突侵权认定的标准上也应该与普通的商标有所区别。

其次，建立商标信息检索等级系统。在互联网管理中心建立一个相对完整的商标信息检索系统，以减少域名和商标冲突的可能性。当域名申请人提出域名注册申请时，对所申请的域名的信息系统进行检索。如果域名不存在和注册商标相同或者相似的情况就允许注册；相反，如果存在域名和注册商标相同或者相似的情况，除非域名申请人能够提供材料证明其所申请的域名和商标之间不存在产生冲突的实际可能性，否则都驳回域名注册申请。

最后，适度限制商标权人的权利，平衡域名所有人和商标权人的利益冲突。如商标权的合理使用。商标权人不能以其专有权剥夺他人正当合理使用的权利，这个也是对商标权进行合理限制的核心内容。另外反向域名侵夺制度，也是对商标权人滥用专用权的限制，禁止商标权人随意的剥夺域名所有人的注册使用权。我们在处理商标权人与域名所有人之间的利益冲突时，不能简单地以商标权人的专有权否定域名所有人和使用人的正当利益，应当具体情况具体分析。

（3）完善处理域名和商标冲突的相关兜底性法律规范。《商标法》无疑是处理域名和商标冲突的专门性法律，但网络的迅速发展，使得具有相对封闭性的《商标法》不可能预料到可能发生的一切冲突行为。对于商标的保护，更多的要借助于《反不正当竞争法》和《民法》等相关的原则性条款予以规制。

《反不正当竞争法》历来被认为是知识产权的"兜底法"，大量的域名和商标的冲突行为可以依据构成要件判断是否构成了不正当竞争行为，根据竞争法之立法本意即维护公平竞争的秩序，去解决实际的冲突。

《民法通则》第4条关于诚实信用和社会公益原则是民法的"帝王条款"。既然域名与商标权纠纷案件在法律性质上属于平等主体之间的民事纠纷案件，理当遵守《民法通则》的基本原则。

总之，随着互联网和域名注册的迅猛发展，有关域名与商标的争端大量涌现，解决这一冲突，不能简单地以商标权人的专有权否定域名持有人的正当利益，也不能以域名持有人的先用权绝对地对抗商标权人的利益，应该以公平精神为基本的价值观，从社会整体的公平正义出发，在两者之间寻求一种利益的平衡，具体分析，作出一种兼顾效率与公平的价值判断。

（四）互联网上的商标保护

1. 网络环境下商标保护的必要性

（1）有利于网络环境下的公平竞争。我们知道，商标的区别功能是商标产生最原初的功能。商标法所保护的并不是体现于商品和服务之上的"标志"本身，通过标志所体现出的、与特定的商品联系在一起的经营者的某种独特性。另外，商标作为商品和服务的标志，同时也是企业信誉和品牌资产的载体。商标本身的功能也相应地从最初单纯的区别功能发展到承载企业信誉质量的宣传功能。然而，商标的这些功能如何发挥，在网络环境条件下受到了前所未有的挑战。相关法律制度的缺失或滞后更为大量侵权行为制造了制度空间，因此有必要针对该领域的商标保护给予特别的重视。

（2）有利于激励经营者提高和改善商品和服务，努力争创驰名商标。如果不能及时制止网络条件下滋生的大量商标侵权行为，商标权尤其是驰名商标所有人所受到的损失将是无法估量的。对商标权人正当利益的保护，实际上是对其多年辛苦经营的认可，也体现了一种公平的保护观念。不法经营者的侵权行为受到禁止，不能不劳而获，也会激励知名的商标所有人更加努力，创造驰名商标，享受由驰名商标所带来的无形资产的竞争优势。

（3）有利于保护广大消费者的合法利益。随着电子商务在网上的迅速崛起，电子银行、电子销售、广告等业务广泛开展，网上消费者利益的保护问题将被提上重要的议事日程。商标给予消费者在网上识别高质量商品或服务及其来源的可能。因此，对域名注册中损害驰名商标行为及网上其他侵犯商标行为的法律责任追究，对于保护消费者免受欺骗、混淆、不当联系或误认具有重要意义。

2. 网络商标侵权行为的特点及难点

（1）网络商标侵权行为的新特点。第一，网络商标侵权行为形式更加多样化。网络环境下的商标侵权行为基本上占据了整个互联网空间。在互联网的各个系统上广泛存在。

·E-mail，电子邮件。有些人利用这些特性盗用知名厂家的名称或产品牌号推销兜售自己的假冒产品，构成对商标权的侵犯。

·Telnet，所连接的商业网和商用数据库信息资源中，商标名称、厂家名称的假冒、盗用问题同样存在。

·ETP，可以利用称为 Archie 的检索工具，根据关键词查找分布在广大地域范围 ETP 服务器上的信息资源，包括许多商务信息。其中企业名称、牌号、商标标识等信息也存在真实性问题和侵权盗用现象。

·WAIS，WAIS 系统允许用户从 Internet 上任何一个数据库查询或获取信息，其中有相当部分的商务信息，许多涉及商标标志、厂家名称使用的授权与非授权问题，以及合法性的确认等问题。

·BBS，电子公告板，发布通知和消息。有些企业在 BBS 上推销、宣传产品时使用相同或近似于知名品牌的名称、标识，混淆视听，造成消费者误认，从而构成商标侵权。

·WWW，通过万维网可以查询各种商业性数据库和商品宣传信息，有些企业故意使用与驰名商标相同或近似的图样标识，构成商标的侵权欺诈行为。

第二，网络中商标侵权行为更加具有隐蔽性。网络上商标侵权行为借助于它的技术性特征显得更加隐蔽，其对商标权人所造成的经济和信誉的损害常常是无法估量的，因为其传播的范围相当的广泛，并且是以较小的成本投入，通过借助他人的知名商标吸引更多的消费者的注意或者通过散布虚假消息诋毁竞争对手，造成商标信誉价值下降。隐形商标侵权行为的隐蔽性是最为突出的，是在自己的网页中设置元标记，埋置关键词，将他人驰名商标埋置于自己的网页当中，容易使消费者在这种情况下有产生混淆的可能，认为该网页与商标之间有什么特定的关系。

第三，网络侵权行为呈现出很强的技术性特征。网络的存在和发展给社会生活的方方面面带来了深刻的影响，它本身是一种技术进步发展到一定阶段的产物，网络商标侵权行为同样也呈现出网络的时代性和技术性特征，它的时代性很明显地体现为大量的新型的商标侵权行为随着互联网的产生而出现，它的技术性就表现以上的种种侵权行为都是借助于互联网的语言技术依托而存在的。

（2）制止网络商标侵权行为的难点。首先，网络侵权行为对传统的商标地域性提出挑战，直接影响到司法管辖权的确定。除本国加入的国际条约另有规定外，商标权只能依一定国家的法律产生，只在该国范围内受到法律保护。由于政治、经济、文化背景和科技发展水平的不同，各国对商标权保护的内容往往也有很大的区别。因此，商标权的保护方法具有明显的地域性特色。网络空间的无形性、虚拟性、无边界性和管理的无统一性等特点，向传统的侵权管辖制度提出了新的挑战。互联网基本是"不受任何管辖的区域"。①

其次，商标权纠纷的复杂性、隐蔽性增大了商标权人举证的难度。一方面由于网络的技术性特征，侵权人可以随时通过改变一些字符或者编制一些新的程序语言，在最短的时间内将侵犯他人正当利益的行为予以纠正，再加上网络链接的复杂性，很难使得一些侵权的证据被保存下来。网络领域侵权行为仍然主要使用过错责任原则，并且一般情况下由商标权人作为主张人承担举证责任，这样对商标权人的保护是非常不利的。② 另一方面，网络上的资源一如网络中的网页一样浩如烟海，即使存在着大量的商标侵权行为，商标权人也可能因为各方面的限制而没有能够及时发现。在证据的搜集和保存方面就处于弱势

---

① http：www. temple. edi/lawschool/dpost/anarchy. html-"an essay on law"。

② 姚欢庆："知识产权行为归责原则研究"，载《民商法学》2001 年第 9 期。

地位，尤其是对于一些间断性发生的侵权行为，其证据的获取就更为不易。

最后，对于商标权纠纷的定性和法律适用，难度也有很大的增加。虽然在传统的商标侵权行为中，对侵权行为定性和法律的选择适用问题也是普遍存在的，但是网络环境下这个问题表现得更加严重。网络环境下典型的商标侵权行为的具体表现形式与传统的假冒仿冒商标侵权行为有很大的差别，法律本身呈现出一种滞后的状态，对其性质的界定就更难，必然导致法律适用上的问题。

3. 互联网上商标纠纷之综合治理

对商标权人利益的保护是各国现行立法的重点，在立法和司法实践中也是相对体系化和完备的。在利益平衡观指导下，我们更多地要在制度设计上体现出对商标权的必要合理性限制，但不应该违背商标法的立法本意，必须将对商标权的限制规制在合理的适度的范围内，不能因此过多地损害商标权人的合法利益。对商标的综合治理和保护必须贯彻平衡协调的基本价值理念，通过合理的制度设计，公权适度的介入，引导商标的保护和管理向着更加健康的方向发展。

（1）加强国际之间的交流和合作。网络环境下各国所能提供的对商标权的保护是非常有限的，跨国商标纠纷的解决常常会存在很多的不足或者落后的地方。要想彻底地解决这些问题，一方面必须要加强各国政府和国际组织间的协调合作，建立全球统一标准的网络知识产权保护法律法规。同时加强各国之间的关于网络环境下商标权保护管辖权的协调，以更有效地解决司法问题。另外一方面还要加强国际之间的信息交流机制，定期地进行一些更大范围的信息交流。

（2）强化法律调整的综合协调性。对商标侵权行为的规制除了要借鉴国外的司法实践和立法经验外，更重要的是要把握好本国相关的法律的适用，尤其要注意处理好《商标法》与《反不正当竞争法》的交叉与区分问题。网络商标纠纷的行为定性，多涉及侵犯商标权与不正当竞争的认定。

（3）完善网络技术性规范和标准。网络商标权的保护是一个点线面相结合的整体，除必要的法律规制外，一定的技术规范和防治也是重要的方面。网络本身的侵权行为呈现出相当的技术性依托特征，相对应的，要减少或者制止商标侵权行为也必须从技术手段出发。通过技术性防护手段尽量减少商标侵权行为发生的概率。对网络上的典型侵权行为如不当链接引发的商标侵权行为，就可以采取一些对应的技术性手段，比如说"密码技术的应用"，对于网站具有特定目的的网页或者有核心价值的内容用密码技术加以保护。

（4）加强管理机关间的协调和配合。域名与商标分属于不同的管理部门，解决它们之间的冲突，就要从源头上加大这两个管理部门的协调和配合。域名注册管理单位应该与国家商标管理部门联合起来，加强法律宣传，督促商标所有人及时行使自己的合法权利。完善域名注册管理单位的预先审查制度，加大域名注册单位的职责。另外工商行政机关也要尽快建立自己的信息检索系统，使得域名管理机关和域名申请人也能在域名申请过程中减少和已有商标权冲突的可能性。

　　（五）结语

　　网络环境下的商标问题有其自身的特殊性，我们在秉承传统的商标保护的基本理念的基础上，要针对网络环境中出现的新型商标侵权行为进行相应的法律制度的构建，不断地修正原有的商标保护制度。同时，伴随着不断更新中的互联网技术，商标的侵权形式也必将日益多样化，所以我们在进行法律制度的构建和完善时，最好能有一定程度的预见性和超前性，能对可能出现的商标侵权形式有所预防，尽可能地减少其破坏性。具体而言，网络环境条件下商标侵权呈现出以下特征：网络商标侵权行为形式更加多样化；商标权纠纷的复杂性、隐蔽性相应地增大了商标权人举证的难度；对商标权纠纷定性和法律适用的难度增加。

　　针对网络环境条件下商标侵权的特点，商标纠纷的解救应当从如下几个方面着手解决：加强国际之间的交流和合作，积极参与国际规则的制定。同时加强各国之间的关于网络环境下商标权保护管辖权的协调，以更有效地解决司法问题。另外，还要加强国际之间的信息交流机制，定期地进行一些更大范围的信息交流，这样可以避免一些商标的冲突；加强对商标侵权行为法律调整的协调和配合，尤其注意处理好《商标法》与《反不正当竞争法》的交叉与区分问题；通过一些技术手段，加强对网络环境下商标权的保护。网络商标权的保护既是一个法律问题的同时又是一个技术问题，除必要的法律规制外，一定的技术规范和防治也是很重要的保护方法；加强不同管理机关的协调和配合。域名与商标权的冲突是网络环境下的典型的商标侵权行为。实际中因为域名与商标分属于不同的管理部门管理，所以解决它们之间的冲突，就要从源头上加大这两个管理部门的协调和配合，减少发生域名和商标冲突的可能性。

五、商标权利冲突及协调

（一）导言

　　在全球化背景下日趋激烈的市场竞争中，技术和劳动力对商品价值的贡献比例在下降，品牌已经成为一种商品或服务价格中不可忽视的一部分，经营者纷纷努力创建自主品牌，提高品牌内在价值，通过高举品牌大旗提升自己的市场份额和市场竞争力。在这一环境下，作为品牌标志的商标受到了前所未有的关注，一方面，商标权保护问题得到了国家的重视，商标法律制度也在以加速度不断完善，国际组织也制定了一些有关商标国际保护的文件，推动了各国保护商标的立法进程，使商标保护在国际层面上趋于统一；另一方面，市场经营者也凭借敏锐的嗅觉发现了商标蕴涵的巨大价值，并借助各种不正当竞争手段搭乘驰名商标或知名商标的便车，以此造成消费者的误认而在激烈的市场竞争中为自己争取到一席之地，因此凸显了商标权利冲突问题。

商标权利冲突问题本是由于知识产权法律制度体系存在交叉而造成，但由于恶意经营者故意造成混淆并形成不正当竞争，扰乱了公平有序的竞争秩序，对消费者的权利造成重大损害，因此，商标权利冲突已不再仅仅是相互冲突的商标权人之间的问题，更是涉及公共利益的问题。从公共利益的角度看，商标专用权被授予商标权人，不是因为他创造了商标或者是存在特定的联系，而是因为该人被置于这样一个位置：强烈地刺激他保障使自己的商标具有识别自己的特定商品的作用，从而通过商标维护更广泛的公共利益。[1]

商标权利本质上属于私权[2]，从法理上看权利冲突应当主要依靠当事人自我救济，法院和仲裁机关应处于中立地位，但由于知识产权离不开公法的确权和保护，商标权利冲突更是由于涉及竞争秩序问题而具有公共利益的属性，故商标权利冲突问题的解决必须同时依靠私人救济和行政权力两种力量。商标权利人需要强化权利保护意识，通过及时提起异议、建立联合商标与防御商标以及有效利用诉讼机制来最大限度减少对其商标专用权的侵害；同时，必须进一步完善知识产权及商标立法，把目前处于脱法状态的知识产权性权利最大程度地纳入知识产权保护，并加强各种确权和保护制度之间的协调，建立主管机关间的信息共享制度。

总之，商标权利冲突问题不只是商标权利人以及其他相关权利人的权利保护问题，也与保护消费者及维护有效竞争秩序密切相关，同维护公共利益相关，商标权利冲突问题的有效解决离不开公权力的介入，只有公权力对市场缺陷进行适当调整，商标权及相关权利才能正常存在；只有国家从宏观的角度对竞争秩序和消费者的权益进行维护，才能保障商标及相关权利与更广泛的公共利益保持一致，防止私权过度膨胀造成对公众权利的侵害。

---

① 冯晓青、杨利华等著：《知识产权法热点问题研究》，中国人民公安大学出版社 2004 年版，第 51 页。

② 参见吴汉东：《知识产权基本问题研究》，中国人民大学出版社 2005 年版，第 8 页。

（二）商标权利冲突概述

1. 商标权利冲突的含义及其种类

商标权利冲突是指商标权利人与其他知识产权权利人因行使权利的界限发生交叉导致某一权利人行使权利的行为影响其他权利人正常行使权利，从而使不同权利人之间的权利发生冲突的情形。商标权利冲突要求发生冲突的各项权利之间具有形式上的合法性，也即各项权利的行使本身具有法律依据，单纯的侵犯商标专用权的行为，如未经商标权利人同意，擅自使用他人注册商标的行为不是此处讨论的商标权利冲突的情形。具体而言，商标权利冲突主要包括以下几种情形：

（1）商标与企业名称的冲突。实践中最常见的情形是商标与企业名称发生权利冲突，由于商标和企业名称均可在商品或服务上使用，起到标明商品来源或者生产者的作用，商标和企业名称权利的冲突就可能造成消费者对商品来源或者商品的生产者和服务的提供者产生混淆，商标与企业名称产生纠纷的案件屡屡发生，如北京的"蜜雪儿"、"中信"，上海的"小绍兴"、"吴良材"，浙江的"杉杉"、"雅戈尔"、"苏泊尔"等。①

（2）商标与外观设计专利的权利冲突。商标与外观设计都是源于设计，都具有外观上的识别功能，我国的外观设计专利水平较低，大量集中在容易与商标权发生冲突的产品包装物上，主要是一些文字和图形的组合，而相同或相似的文字或图形可能被其他企业注册为商标，从而造成商标和外观设计专利的冲突。再加上近年来我国企业使用立体商标的情况日渐增多，进一步加大了商标与外观设计相混淆的可能。

（3）商标专用权与著作权的冲突。由于商标本身就是一件作品，受到著作权法保护。商标权与著作权两种权利在产生之日起就发生交叉重叠，因此不可避免地出现现实中商标权与著作权冲突的案件。中国社会科学出版社与英国费德里克·沃恩关于"彼得兔"纠纷一案成为我国首例"请求确认不侵犯商标权案"。具体而言，冲突有如下多种情形：商标注册人恶意注册，侵犯著作权人的在先权利；商标权人与版权人就同一客体的使用方式产生分歧；商标权人经许可使用版权人作品，但许可期满后，版权人拒绝许可商标权人继续使用，等等。②

---

① 宿迟主编：《商标与企业名称权的权利冲突问题研究》，中国人民公安大学出版社 2003 年版，第 4 页。

② 管育鹰："版权与商标权的权利冲突"，载《知识产权》2004 年第 4 期。

（4）商标与域名的冲突。网络环境下商标权的保护遭遇新的挑战，其中最为突出的是商标权利与域名的冲突。商标权利与域名的冲突主要体现为他人将驰名商标注册为自己的域名，并以这个域名开展商业活动。不知情第三人可能通过域名指引误以为域名所有人为该驰名商标所有人，从而与其进行网上交易活动。即使域名所有人不进行相同或者相似的商业活动或者将域名闲置，也会由于其抢先注册造成驰名商标所有人不能将其驰名商标注册为域名，从而使商标所有人难以借助商标的声誉进一步打开网络交易空间，造成经济资源和社会资源的浪费。

（5）商标权与知名商品的特有名称、包装、装潢的冲突。商标权与知名商品的特有名称、包装、装潢的冲突源于行为人将他人已为公众知晓的商品的特有名称，或者包装、装潢中具有显著特征的部分用作商标标识并申请注册的行为。侵犯知名商品的特有名称、包装、装潢的行为是为了借助他人生产、经营的知名产品的名气来拓展自己的市场，这种行为对市场经济秩序、知名商品生产者、经营者的合法权益以及消费者的合法权益均构成侵犯。

（6）商标权与姓名权、肖像权的冲突。商标权属于知识产权，而姓名权、肖像权属于人格权，商标权与姓名权、肖像权不属于同一权利体系，从权利自身属性来说，本身并无发生冲突的可能。实践中，造成商标权与姓名权、肖像权的冲突主要是针对名人，即未经名人的同意将其姓名、肖像用作注册商标标识，这种行为通常是为了借助名人声誉来提升自己商品的竞争力，是一种"搭便车"的行为。此种冲突下应当按照人格权高于财产权的法理，优先保护名人的姓名权、肖像权，对未经名人许可而将其姓名、肖像注册为商标的行为不予支持，应当驳回注册商标的申请。

2. 解决商标权利冲突问题的必要性

如前所述，商标权利冲突主要表现为商标与知识产权性权利以及人格权的冲突，两类权利冲突的性质不同，适用规则有所不同，公法和私法在解决两类权利冲突中扮演不同角色，其介入的程度和方式也因冲突的内在差异而不同。① 其中商标权与姓名权、肖像权的冲突涉及财产性权利与人格权的权利位

---

① ［德］茨威格特·克茨在《比较法总论》中谈道：私法以人类行为为调整对象，在经济生活中表现为生产和生活资源之得丧变更。在这一问题上法律有两种具体模式：其一为倚重个人安排，以意思自治原则为表征；其二为国家公权力的介入，对资源的分配和市场秩序予以规制。但是，这两种制度安排显然具有不同的价值取向，前者确认的是一种"权利本位"的私法秩序，以法权的形式平等与自由为前提，法律维护权利主体对自身利益最大化的追求；而后者则追求的是对社会公共利益的关注，即当私权神圣与意志自由和社会公正在一定范围内发生冲突时，法律的目的和价值取向应是追求社会公正。见［德］茨威格特·克茨著，潘汉典等译，法律出版社2003年版。

阶问题。根据现代民法精神，人格权高于财产权，因此，在此类权利冲突之中，要解决的主要是防止商标权对姓名权、肖像权的侵犯。由于个人力量难以对抗市场经济利益的驱动，没有公权力的保护，公民人格权难以得到保护。解决商标权与姓名权、肖像权的纠纷主要体现为对注册商标的审查，即对未经许可将他人（主要指名人）姓名、肖像注册为商标的行为不予支持，驳回此类注册商标的申请。

对于另一种商标权与企业名称、外观专利、知名商品包装装潢等知识产权性权利的冲突，由于此类权利冲突造成扰乱公平有序的市场竞争秩序、损害消费者自主选择商品权利，权利冲突已经不再简单只是权利人之间的问题，更是涉及公共利益和消费者保护的问题。因此，此类商标权利冲突的解决也就显得更为迫切。

（1）商标之"公共产品"属性的客观要求。商标与企业名称、外观专利等知识产权性权利均具有知识产权非排他性、非消耗性以及公共产品的属性。知识产品的最初开发是有成本甚至成本很高的，但知识产品的分配成本却为零或者接近为零，这就不可避免地造成"搭便车"的现象。知识产品的边际成本分析决定了该类产品的分配不能通过市场机制自发完成，此时必须由公权力设置一定的机制保证知识产权人对其产品形成一定的排他占有，保证知识产品不因市场缺陷而无法存续。

（2）保护创新，促进经济发展。知识产品的共同特征在于其创新性，而这种创新性与不同知识产品的结合都反映出了巨大的经济利益，知识产权由仅涉及公民、法人享有的民事权利，逐渐转化为一种与国民经济的发展密不可分的具有公权因素的私权，知识产权中公权力的渗透与国家对经济生活的指导分不开，知识产权融私权性与公权性于一体。一方面，由于商标及其他知识产权性权利关系到国民经济的发展，客观上要求法律对商标及相关知识产权进行保护；另一方面，商标等知识产权权利人的利益可能与公共利益发生冲突，此时，需要立法在特定的经济、科技和文化环境中对知识产品的利用和分配机制进行重新分配，以在均衡知识产权人个人利益和社会利益的基础之上实现社会知识资源利用的最佳效果。市场竞争一定程度上是商标的竞争，[①] 对商标权利的保护水平决定了一国市场经济的发展前景，而商标权利冲突影响了自主品牌的建立和品牌价值的提升，必须借助市场力量和行政权力共同解决知名品牌得不到完善保护的问题。

（3）保护信息，维护消费者利益。由于产品多元化、信息不对称以及产

---

① 　吴汉东：《知识产权法》，中国政法大学出版社 1999 年版，第 270 页。

品瑕疵的隐蔽性，在市场交易中，受到损失的往往是消费者。商标及相关标识性权利具有表明商品来源或者经营者身份的作用，一方面为消费者选择商品降低了成本；另一方面由于不法经营者利用法律及制度空缺故意造成消费者对产品来源的认知发生混淆，造成商标制度无法正常发挥其固有的保护消费者及维护有效竞争的作用。不正当竞争是趋利性引起的市场无法自发矫正、无法消除的问题，必须要求公权力通过市场规制制度消除无序竞争和商品标识混淆的现象，从而有效保护消费者。具体到商标权利冲突的问题中，主要要求各行政主管机关发挥自身职能、完善相关制度、提高执法力度、加强信息共享，充分调用行政资源打击市场中"搭便车"的行为，保护消费者和相关公众的利益。

（三）商标权利冲突的成因及解决商标权利冲突问题的法律途径

1. 商标权利冲突的成因

以上所列举的商标与其他相关权利发生冲突的例子并非偶然现象，其背后有权利本身的界限与协调问题，也有制度和程序上漏洞的原因，更主要的是在市场经济条件下，竞争优势是经营者得以在市场上存续的唯一条件，而商标所体现的企业竞争优势的商业价值受到各方广泛关注，有一些不法经营者便挖空心思、想方设法使自己的商品或服务与知名商标扯上关系，因而借助注册企业名称、域名等一系列手段引起商标与其他权利的冲突。

（1）权利本身的原因。根据法理学的基本观点，权利本身是存在界限的，权利人只能在权利的界限范围内行使权利，不同权利侧重保护的法益不同，因此，各种权利在着重保护某一利益之时，其扩张的边界可能与其他着重点不同的权利边界发生交叉，从而引起不同权利间的冲突。由于知识产权的客体是无体物，具有非物质性特点，权利人无法通过占有的方式排除他人行使权利，因而大大限制了知识产权的排他性。同时，知识产权的保护还具有强烈的地域性特征，地域性决定了知识产权难以跨国界跨地区得到普遍保护，在一国或一地区之外注册或取得同某一知识产权相冲突的权利属于合法行为，因此，外国驰名商标经常发生与企业名称、外观设计专利、域名等权利的冲突现象。随着社会的不断进步，商标表现出一种扩展的趋势，商标渗透到社会生活的各个方面，以至于各种识别标记如服务标记、商号、产地标记、原产地名称等都想挤进商标的行列，[①] 商标范围的扩张也使得商标与相关权利冲突的问题更加尖锐。

（2）制度的原因。我国有关知识产权保护的立法起步较晚，整体上保护

---

① 张俊浩：《民法学原理》，中国大学出版社 1997 年版，第 523 页。

知识产权的意识还比较淡薄，特别是仅对著作权、专利权和商标权三项权利单独立法，对其他知识产权性权利的保护仍处于空白状态，缺乏对于各项知识产权权利的系统、综合的保护，缺乏权利之间的有效衔接。我国至今没有一部法律明确界定知识产权包括的权利种类，对于企业名称、域名、原产地标志等其他商业标识的权利属性和权利内容及其保护均未作出明确的法律规定，在实践中对于这些权利的保护仅限于适用《民法通则》第4条"民事活动应当遵循自愿、公平、等价有偿、诚实信用的原则"的规定，以及《反不正当竞争法》第2条第1款"经营者在市场交易中，应当遵循自愿、平等、公平、诚实信用的原则，遵守公认的商业道德"。然而这些规定过于概括，其适用具有较大的灵活性，无法对其他商业标识进行充分的保护。

（3）不正当竞争或者不正当使用的原因。现代化生产方式使得企业将传统上通过提高技术水平占领市场的策略转向了建立自有品牌提高核心竞争力的名牌战略。因此，蕴涵一定商业价值的商业标识在这种环境下受到了空前的广泛关注，"傍名牌"现象屡屡发生，经营者不遗余力地将自己的商标、企业名称、外观设计专利以及域名登记或注册为与已在市场上享有较高声誉的在先权利相同或者相似的文字或图案，并在商品或服务的包装、宣传的显著位置广泛使用，以造成消费者将该商品或服务与知名商品或服务联系起来的误认，从而借助消费者对于知名商品或服务的信赖而提升自己的市场地位，扩大市场份额。这种做法是一种典型的不正当竞争行为，其行为或者造成市场混淆，或者搭知名品牌的便车，结果必然造成对消费者权利的侵害和对于正常竞争秩序的破坏。

（4）权利取得程序的原因。商标权利冲突涉及多种权利，每种权利的取得方式和程序都有不同，受不同主管机关的规制，因此，程序间的分离和主管机关之间缺乏沟通也是造成商标权利冲突的重要原因。具体来说，国家工商总局商标局是我国负责商标注册核准的唯一机关，商标权的取得要经过比较严格的审查和异议程序。而对企业名称实行分级核准制，只需在登记机关管辖范围内没有雷同就可取得。外观设计专利主要由国家专利管理部门进行审查，主要针对专利的新颖性和创造性。而著作权在作品完成时自动取得，名人的姓名权、肖像权作为一种人格权与人身不可分离。多种权利取得的方式大相径庭，有的需要审查，有的不需审查，而审查的内容与标准亦有不同，这就使对于相同或相似的文字及图案在不同领域分别获得合法性成为可能。

2. 解决商标权利冲突问题的法律途径

从上述分析来看，商标权利冲突的产生的主观原因是经营者逐利的心理，客观原因则是知识产品特有的属性以及现有法律制度对其保护的缺陷，其中，经营者的逐利心理不能通过立法者及执法者的行为得到矫正，但对其出于逐利的动机所引发的不正当竞争行为则可以通过制度设计及惩罚措施得到抑制。而现有法律制度在实体和程序上的缺陷则可以通过不断的制度完善加以弥补，从制度设计上消除商标权利冲突产生的根源，用事前预防的眼光来看待、处理商标权利冲突的问题。

（1）通过《商标法》及《反不正当竞争法》解决外部不正当竞争行为。知识产权权利边界存在交叉是造成商标权利冲突的客观理由，但实践中，真正造成损害的主要是"搭便车"的不正当竞争行为。对这一问题的解决，主要需要公权力从两个方面加以介入：一方面，商标与相关权利的取得及权利内容都必须通过一定程序得到行政主管机关的确认。《商标法》第31条规定："申请商标注册不得损害他人现有的在先权利，也不得以不正当手段抢先注册他人已经使用并有一定影响的商标"，第41条"以欺骗或者其他不正当手段取得注册的，由商标局撤销该注册商标；其他单位或者个人可以请求商标评审委员会裁定撤销该注册商标"，对于已经注册的商标，违反《商标法》规定的，"自商标注册之日起五年内，商标所有人或者利害关系人可以请求商标评审委员会裁定撤销该注册商标。对恶意注册的，驰名商标所有人可以不受五年的时间限制"。另一方面，《反不正当竞争法》作为维护公平竞争不可或缺的有力武器，在解决商标权利冲突中起着兜底条款的作用，对于在知识产权法律制度尚未全面建立的条件下有效解决"搭便车"的问题发挥着重要功能。"搭便车"是一种显著的不正当竞争行为，需要工商行政机关发现此类混淆行为后责令侵权人停止违法行为，没收违法所得，并根据情节采取适当的行政处罚措施。在与反不正当竞争有关的知识产权保护中，私权保护与国家公权力的保护是互不影响的两个层面的制度，私权人与国家依据不同之主体性地位，按照各自的制度运行模式，分别实现权利保护的目的。私权保护与公权力救济没有孰优孰劣、孰先孰后的问题，因为它们侧重于不同的价值层面，是法律规范选择的不同结果，所以，二者不可偏废；否则，知识产权的保护就是不完整的。①

（2）通过完善知识产权立法弥补知识产权制度内部的"法律空白"。商标权之所以在市场交易活动中与其他知识产权性权利打成一团，除了经济上的原因外，知识产权制度的种种不足也为经营者有意造成混淆制造了便利。纵观知识产权世界立法，商号、产地标记或原产地名称等已经明确地写入《巴黎公约》，受到公约国的普遍保护。而我国至今没有一部立法明确商号、产地标记或原产地名称等权利的知识产权属性，对其权利范围、内容及救济更是在立法

---

① 杨明："反不正当竞争中知识产权私法与公法保护的协调"，载《学术论坛》2005年第6期。

上处于空白状态。立法上的空白使得这些权利无法得到有效保护，解决权利间的冲突也无法可依，如何在具体制度层面解决商标与其他知识产权性权利发生冲突的问题就成为知识产权立法亟须解决的任务。

此外，在法律已有规定的范围内也存在很多制度缺陷，无法有效避免商标权利冲突的问题。在现有法律体系下，商标和其他知识产权性权利主管机关的分离以及程序间缺乏协调使得权利冲突问题迟迟得不到解决。这种制度上的缺陷无法通过个人行为加以弥补，必须由公权力介入，对相关制度的衔接与配合进行统一协调，通过立法解决现存法律缺陷，加强行政主管机关之间的合作，建立信息共享机制，提高管辖机关的级别，尽量保证商标与其他知识产权性权利在全国或者全省的较大市场范围内保持唯一性，消除发生混淆的可能，从而达到维护竞争秩序、保护消费者的目的。

（四）行政、司法机关解决商标权利冲突的原则

1. 保护消费者、禁止混淆原则

由于商标权与著作权、姓名权、肖像权的权利属性大相径庭，几种权利的行使方式和行使空间也各不相同，这些权利间造成混淆的可能性较小，因此，禁止混淆原则主要针对商标权与其他商业标识，如企业名称、外观设计专利、域名、知名商品特有的包装装潢之间发生的权利冲突现象。

在知识经济时代，新的知识产权客体不断涌现，标识性的知识产权种类也呈现多样化的趋势，因此要求各种标识性知识产权之间绝对不相同或者不近似是很难做到的，也是没有必要的，法律不可能赋予权利人对标识性知识产权的绝对独占权。由于标识性知识产权具有重要的识别功能，可以对消费者的消费行为起指导作用，所以，同一标识性知识产权同时被多个主体享有是否应禁止，关键要看是否会使消费者产生混淆或误认的后果，如果回答是肯定的，则应予以禁止。由于市场经济环境下，市场混淆会给正当权利人以及消费者造成重大损害，并进而危及正常有序的市场秩序，如"苏泊尔"一案中，苏泊尔集团有限公司（"苏泊尔"注册商标所有权人）被宁波一家小企业在香港恶意注册"苏泊尔集团（香港）有限公司"后，真假苏泊尔压力锅争抢市场，2001 年上半年真锅的销售量比同期下降 15% 以上。[①] 因此，在禁止混淆方面，《反不正当竞争法》与有关商业标识的法律一起发挥着重要功能，有关商业标识的法律明确各种权利的具体内容和范围，并对权利冲突的情况提出具体解决

---

① 宿迟主编：《商标与企业名称权的权利冲突问题研究》，中国人民公安大学出版社 2003 年版，第 6 页。

方式，而反不正当竞争法则起着兜底作用，对于知识产权法未明确规定的权利或者冲突现象造成的不正当竞争行为主要靠反不正当竞争法进行规制。

适用该原则的关键是认定被告的使用是否构成混淆，应该根据每个案件的不同情形，根据被告使用商业标识的地域、时间、使用方式等情形综合认定被告对商业标识的使用，是否会使相关公众产生混淆与误认。如，原告的"福汉"企业字号和商标用于经营木芯板业务类，在湖北地区有较高的知名度，被告某企业将福汉二字作为企业字号，并在相同领域广泛使用，故应认定这种使用会使相关公众产生混淆。① 维护公平竞争是知识产权保护制度的重要价值目标，在处理商标权权利冲突问题时应将其作为一项指导原则予以适用。维护公平竞争原则排除了以欺诈、仿冒、引人误认或误解等方式利用他人市场信誉与优势获取经济利益的行为，也排除了因恶意仿冒他人的商标而取得权利的合法性。［冯晓青：《论知识产权权利重叠、权利冲突及其解决》，北大知识产权评论（1）法律出版社 2002 年版，第 118 页］

2. 尊重和保护在先权利原则

保护在先权利原则是处理知识产权权利冲突的一项基本原则，主要指在后权利的设立和行使不得侵犯和妨碍他人在先已经存在并受法律保护的权利。② 2001 年修改的《商标法》第 9 条明确规定，申请注册的商标，"不得与他人在先取得的合法权利相冲突"，但是对于在先权利的范围未作出明确规定。现行《德国商标法》对在先权范围进行了详细界定。《德国商标法》第 11 条规定了通过使用获得的商标和商业标志具有在先权，第 13 条规定了其他类型的在先权，包括名称权、肖像权、著作权、植物品种权、地理来源标志和其他工业产权。而根据 1994 年《英国商标法》的规定，与商标有关的在先权利不仅包括在先的商标权，而且包括在贸易过程中保护未注册商标或其他标记的任何法规（尤其是冒充法）所保护的权利以及著作权、设计权、或注册设计而获得的权利等。③

在先权利是相对于"在后权利"而言的，在先权与在后权都是合法产生的，有相应的合法依据，否则权利之间就不是冲突关系，而是侵权关系。解决权利冲突的问题中，由于在先权利人通常对权利冲突没有过错，其权利依法应当受到保护，故在商标权利冲突的情况下，要首先尊重和保护在先权利。从理论上讲，不同的权利在法律保护上是没有先后之分的。但就知识产品而言，尽

① 参见《审理权利冲突案件之我见》，载《人民法院报》2004 年 11 月 5 日第 1 版。
② 吴文俊、袁媛："浅议商标权与企业名称权的冲突问题"，载《法学》2005 年第 5 期。
③ 杨红军："商标权利冲突的协调原则"，载《发展研究》2006 年第 1 期。

管在有的情况下不同的权利主体在同一知识产品上可以创设相同的权利并能够并存，但在大多数情况下，知识产权的独占性决定了不同的主体就相同的知识产品分别享有知识产权的不可容忍性。①

对于在先权的效力范围，在各国立法中并不一致，我国也未作出明确的规定。但在实践当中通常不可能无条件地剥夺他人的在后权利，因为适用绝对的保护在先权原则，实际上是使在先权利人享有了几乎无限对抗在后权利人的特权，从而使在先权利的拥有者享有了在相关市场的近乎垄断式的赢者通吃的地位。若采用绝对保护在先权原则而撤销在后权利，这种保护则显得缺乏合理性。②

具体到商标权利冲突，通常商标权和企业名称、外观设计专利权利的产生孰先孰后都有可能发生，因此要根据个案情况认定究竟哪个是在先权利，并在在后权利与在先权利发生冲突的范围内限制在后权利的行使，若在后权利的产生出于恶意，则可以根据具体情况撤销在后权利。如商标权与著作权、名人姓名权、肖像权发生冲突时，根据权利属性，应当是著作权、名人姓名权、肖像权产生在先，此时处理冲突问题要注意各种权利之间的相互协调，明确在先著作权人的权利范围，不能仅以在先权利为由对抗商标权利人正当行使权利的行为。名人的姓名权、肖像权属于人格权，根据人身权利高于财产权利的原则，当商标权与之发生冲突时，要充分保护姓名权与肖像权，对于未经名人同意擅自将其姓名、肖像注册为商标的，应当允许权利人申请撤销该注册商标。

3. 利益均衡原则

利益均衡原则，是指法律作为社会关系的调节器，应当兼顾众多的社会利益。具体到商标权利冲突情形时，不应不分情况一律撤销在先的或者在后的权利，而要对两项权利或多项权利所蕴涵的具体利益进行衡量，进而找出一个利益平衡点，最终达到双赢甚至多赢的结果。当两项权利发生冲突时，单纯地从公正性考虑，往往会损害有关客体的效益最大化。反之，简单地从经济效益的角度考虑，又会导致社会的畸变，误入法律虚无主义的泥潭。③利益均衡原则是贯穿于知识产权法的一条基本原则，这一原则要求在处理知识产权权利冲突时兼顾利益之间的平衡，这可以使不同的权利各得其所，相互协调，使知识产品得到最有效的利用。商标权权利冲突的解决也应遵循此规则。④

---

① 冯晓青："论知识产权权利重叠、权利冲突及其解决"，载郑胜利主编：《北大知识产权评论》（1）法律出版社 2002 年版，第 117 页。

② 马铮："商标权权利冲突解决原则"，载《巢湖学院学报》2005 年第 5 期。

③ 曹新明："论知识产权权利冲突协调原则"，载《法学研究》1999 年第 5 期。

④ 马铮："商标权权利冲突解决原则"，载《巢湖学院学报》2005 年第 5 期。

利益均衡原则是执法机关和司法机关在处理具体纠纷时必须要考虑的原则，当不同权利发生纠纷时，解决纠纷的机关要仔细衡量各种权利所代表的利益，并且同时要考虑否定某种权利对于第三人，对于社会秩序可能产生的影响。由于不同的权利在不同法律关系中表现出不同的特征，不同的利益关系一直处于变动的状态，因此利益均衡原则也表现为一种动态的而非静止的状态。尤其在商标权利冲突中，各种权利都以合法的外衣出现，受到相应的法律保护，在现实生活中，权利人已经基于权利的合法性享有相应利益，而其行使权利的过程中也对第三人产生了一定影响，已经构筑起了以此权利为中心的相应的社会关系、法律关系。在这种情况下，执法机关和司法机关在处理商标权利纠纷时须格外谨慎，在对各种权利所包含的利益和权利产生方式进行仔细衡量后才能对其中一种权利进行限制甚至撤销此权利。在限制或撤销某种权利时，也必须在得以保护在先权利的情况下尽量减少限制在后权利给权利人和相关利益群体造成的损失，必须本着在维护法律公正的前提下，使权利客体综合效益最大化。尤其是在商标权和著作权、姓名权、肖像权发生冲突时，由于这些权利之间本身具有非竞争性，权利之间发生冲突不会对市场秩序造成严重后果，不会引起消费者误认的情形，因此在这种情况下，对于商标权人已经依法注册商标并投入使用的，应当在最大限度内调和权利冲突，要求商标所有人对著作权人或者姓名权人、肖像权人给予适当补偿。

利益均衡原则，对补充法律具体条款不足、维护市场经济所要求的公平、保持法律的稳定性、克服法律的滞后性、维护当事人之间的利益平衡，起着至关重要的作用。否则，对包罗万象的竞争行为难以正确处理，对权利冲突的解决也会因无法适用具体条文而处于尴尬地位。如原告台湾地区蜜雪儿开发股份有限公司诉蜜雪儿（北京）有限公司使用的"MISHER"标记侵犯其注册商标"蜜雪儿"及"MYSHEROS"专用权并构成不正当竞争一案中，北京高级人民法院认定不构成侵权的判决符合利益均衡原则，法院并未仅仅根据注册商标和企业名称的相似性就简单否定在后权利人的权利，而是经过仔细考量认定在后权利没有侵犯在先权利，承认了在后权利的合法性，实现了两权利人间利益的平衡。

（五）结论

商标权利冲突是现实经济生活中矛盾非常突出的一个问题，反映了知识产权法外部不统一、内部缺乏协调的弊端。解决商标权利冲突要放眼整个知识产权法律制度，通过构筑一个完善统一的知识产权制度来从根本上解决现存的各种问题。笔者在上文中的分析论证也印证了这一观点，从短期来看，应当加强各种权利审查授权机关的协调配合，建立信息共享制度，使得知识产权授权在全国范围内实现透明化，加强全国范围内的知识产权保护。

参 考 文 献

一、著作类

1. 郑成思：《知识产权论》，法律出版社 1998 年版。

2. 吴汉东：《知识产权法》，中国政法大学出版社 1999 年版。

3. 刘春田：《知识产权法》，中国人民大学出版社 2002 年版。

4. 郑成思：《知识产权法》，法律出版社 2003 年版。

5. 郑成思：《世界贸易组织与贸易有关的知识产权》，中国人民大学出版社 1996 年版。

6. 郑成思主编：《知识产权文丛》，中国政法大学出版社 2000 年版。

7. 郑成思：《版权公约、版权保护与版权贸易》，中国人民大学出版社 1992 年版。

8. 吴汉东、胡开忠著：《走向知识经济时代的知识产权法》，法律出版社 2002 年版。

9. 吴汉东、胡开忠著：《无形财产权制度研究》，法律出版社 2005 年版。

10. 吴汉东：《知识产权基本问题研究》，中国人民大学出版社 2005 年版。

11. 郑成思主编：《知识产权文丛》，中国政法大学出版社 2000 年版。

12. 罗豪才主编：《行政法学》，北京大学出版社 2001 年版。

13. 李扬等著：《知识产权基础理论和前沿问题》，法律出版社 2004 年版。

14. 刘剑文主编：《TRIPS 视野下的中国知识产权制度研究》，人民出版社 2003 年版。

15. 唐广良、董炳和：《知识产权的国际保护》，知识产权出版社 2002 年版。

16. 黄晖：《驰名商标与著名商标的法律保护》，法律出版社 2001 年版。

17. 冯晓青、杨利华等著：《知识产权法热点问题研究》，中国人民公安大学出版社 2005 年版。

18. 冯晓青：《知识产权法理论与实践》，知识产权出版社 2002 年版。

19. 陆普舜主编、张保国执行主编：《各国商标法律与实务》，中国工商出版社 2006 年版。

20. 胡开忠：《知识产权法比较研究》，中国人民公安大学出版社 2004 年版。

21. 孔祥俊：《WTO 知识产权协定及其国内使用》，法律出版社 2002 年版。

22. 黄勤南主编：《新编知识产权法教程》，法律出版社 2003 年版。

23. 宿迟主编：《商标与企业名称权的权利冲突问题研究》，中国人民公安大学出版社 2003 年版。

24. 曾陈明汝：《专利商标法选论》，台湾三民书局 1988 年版。

25. 冯晓青：《知识产权法哲学》，中国人民公安大学出版社 2003 年版。

26. 杨和义：《商标法选论》，重庆出版社 2003 年版。

27. 曲三强主编：《知识产权法原理》，中国检察出版社 2004 年版。

28. 王笑冰：《地理标志的法律保护》，中国人民大学出版社 2006 年版。

29. 董炳和：《地理标志知识产权制度研究》，中国政法大学出版社 2005 年版。

30. 李居迁、杨帆：《网络与电子商务中的知识产权》，北京邮电大学出版 2002 年版。

31. 谭筱清主编：《知识产权权利冲突的理论与判解研究》，苏州大学出版社 2004 年版。

32. ［荷兰］博登浩森：《保护工业产权巴黎公约解说》，专利文献出版社 1984 年版。

33. ［美］理查德·A. 波斯纳著，蒋兆康译：《法律的经济分析》，中国大百科全书出版社 1997 年版。

34. ［美］简·考夫蔓·温、本杰明·赖特著，张楚等译：《电子商务法》，北京邮电大学出版社 2002 年版。

35. ［美］阿瑟·R. 米勒、迈克尔·H. 戴维斯著，周林等译：《知识产权法概要》，中国社会科学出版社 1997 年版。

36. ［德］茨威格特·克茨著，潘汉典、米健、高鸿钧等译：《比较法总论》，贵州人民出版社 1992 年版。

37. Tina Hart, Linda Fazzani, *Intellectual Property Law*. Palgrave Publishers Ltd. , 2000.

38. Paul Goldstein, *Copyright*, *Patent*, *Trademark and related State Doctrines*. Foundation Press, 1997.

39. W. R. Cornish, *Intellectual Property*：Patents, *Copyright*, *Trade marks and Allied Rights*. Sweet & Maxwell, 1999.

40. Paul Goldstein, *Copyright*, *Patent*, *Trademark and related State Doctrines*. Foundation Press, 1997.

41. Frank L Schechter, *The Rational Basis of Trademark Protection*. 60 TMR 334. 1970.

二、论文类

1. 郑成思："对 21 世纪知识产权研究的展望"，载《知识产权文丛》（第三卷），中国政法大学出版社 2000 年版。

2. 李明德："美国商标法中的侵权与救济"，载郑成思主编、李明德副主编：《知识产权文丛》（第十卷），2004 年版。

3. 吴汉东："关于知识产权私权属性的再认识——兼评'知识产权公权化'理论"，载《社会科学》2005 年第 10 期。

4. 谢铭洋："欧洲商标制度之最新发展趋势"，载《台大法学论丛》21.（2）。

5. 孙文杰："欧盟竞争法与商标法的冲突及权利穷竭原则"，载唐广良主编：《知识产权研究》，中国方正出版社 2004 年版。

6. 李顺德："名牌的法律保护"，载《知识产权研究》第 2 期。

7. 郑成思："驰名商标的国际与国内保护"，载《中国工商管理研究》1995 年第 7 期。

8. 刘春田："简论知识产权"，载《知识产权研究》（1）法律出版社 1995 年版。

9. 冯晓青："论知识产权权利重叠、权利冲突及其解决"，载郑胜利主编：《北大知识产权评论》（1）法律出版社 2002 年版。

10. 王春燕："商标保护法律框架的比较研究"，载《法商研究》2001 年第 4 期。

11. 谢铭洋："智慧财产权之概念与法律体系"，载刘春田主编：《中国知识产权评论》，商务印书馆 2002 年版。

12. 沈晓雷："驰名商标法律保护的比较研究"，载《科技与法律》1996 年第 1 期。

13. 陈静梅："淡化理论和对驰名商标的扩大保护"，载《现代法学》1997 年第 5 期。

14. 梁慧星：《是制定物权法还是财产法——郑成思教授的建议引发的思考》，载中国民商法网。

15. 马强："商标权国际穷竭原则研究"，载《知识产权》2003 年第 5 期。

16. 袁晓东、李晓桃："商标反向假冒理论与我国商标法"，载《当代法学》2002 年第 2 期。

17. 熊英："论驰名商标的法律制度"，载《当代法学》2001 年第 3 期。

18. 刘茂林："驰名商标的保护"，载《法律科学》1996 年第 4 期。

19. 吴永才："驰名商标的认定和保护"，载《中华商标》2003 年第 7 期。

20. 李冬梅："地理标志知识产权性质分析及法律对策"，载《大连海事大学学报（社会科学版）》2003 年第 1 期。

21. 袁真富："域名问题——权利的平等与平衡"，载张平主编：《网络法律评论》（2）法律出版社 2002 年版。

22. 李柳杰："域名的发展何去何从？——从域名的诞生到域名的死亡"，载张平主编：《网络法律评论》（2）法律出版社 2002 年版。

23. 郑成思："域名抢注与商标权问题"电子知识产权，1997 年版。

24. 徐飞："浅析域名的性质及其与商标的冲突"，载张平主编：《网络法律评论》（2）法律出版社 2002 年版。

25. 吴文俊、袁媛："浅议商标权与企业名称权权的冲突问题"，载《法学》2005 年第 5 期。

26. 曹新明："论知识产权权利冲突协调原则"，载《法学研究》1999 年第 5 期。

27. ［美］苏珊·瑟拉德："美国联邦反淡化的立法与实践"，外国法译评，1998（4）。

28. ［美］富兰克·奥普顿等著，陈中绳等译："美国的商标和商标法"，载《政法论坛》1999 年第 1 期。

· 中国社会科学院 ［法学博士后论丛］ ·

反恐斗争中的若干国际法问题研究

Some Issues about International Law in Anti-Terrorism

博士后姓名　谢晓娟

流　动　站　中国社会科学院法学研究所博士后流动站

研 究 方 向　国际法

博士毕业学校、导师　中国人民大学　秦　宣

博 士 后 合 作 导 师　王可菊　陶正华

研 究 工 作 起 始 时 间　2003 年 9 月

研 究 工 作 期 满 时 间　2006 年 9 月

作 者 简 介

谢晓娟，女，1964 年 10 月生，辽宁阜新人。1986 年毕业于辽宁师范大学政治系，获得学士学位；1989 年毕业于辽宁大学马列德育教研部，获法学硕士学位；2003 年毕业于中国人民大学马克思主义学院，获法学博士学位；2003 年入中国社会科学院法学所做博士后研究工作。目前为辽宁大学马克思主义学院教授，国际政治专业硕士生导师。主讲的课程有本科生课程：《当代世界经济与政治》、《国际法》、《政治学概论》、《比较政治制度》；研究生课程：《国际关系理论比较研究》、《国际战略学》等。工作以来，在《马克思主义与现实》、《教学与研究》、《理论前沿》等国家级刊物和省级刊物上发表学术论文 40 余篇，出版专著 2 部。研究方向：国际政治理论、大国外交战略、政治学基础理论。读博士期间发表论文 17 篇，博士后期间发表论文 8 篇。其中被人大报刊复印资料转载 3 篇。主持并完成国家社会科学基金项目一项；正在主持辽宁省社会科学基金项目一项；主持辽宁省教育厅科学技术研究项目计划（A 类）项目一项；主持辽宁大学亚洲研究中心项目一项。

反恐斗争中的若干
国际法问题研究

谢晓娟

内容摘要： 国际恐怖主义活动由来已久。冷战结束后，国际恐怖主义日益呈现出全球化、高科技化、高度组织化与个人化的特征，其残忍性也在增加。国际恐怖主义给国际社会的和平与发展、繁荣与稳定都造成了灾难性的影响。为有效制止和预防恐怖主义的蔓延，打击和遏制各种恐怖犯罪，国际联盟、联合国和有关专门性国际组织制定了各种反恐怖主义国际公约。各国也制定了反恐怖主义国内立法。

在打击国际恐怖主义的斗争中，以美国为首的以"先发制人"理论为依据的单边主义反恐斗争构成了对国家主权的挑战，以及对禁止使用武力原则的破坏、对国家自卫权的滥用、对国际人道主义法的践踏。联合国集体安全机制受制于大国主导型的国际政治格局，面临着被边缘化的危险。美国频频采用的单边行动，放弃在联合国框架下的合作，也使联合国面临被边缘化的威胁。国际反恐联盟机制建设的滞后和缺乏协调与监督，反恐怖斗争中的双重标准问题等都成为制约有效打击国际恐怖主义的主要因素。

因此，要预防和惩治国际恐怖主义，就要缔结一项专门防止和惩治国家恐怖主义犯罪的一般性的国际公约，形成一个为国际社会所普遍接受的国际恐怖主义的定义。健全防止和惩治国际恐怖主义法律控制体系。健全和不断完善国际反恐怖主义法。应该充分发挥联合国的主导作用。反恐斗争必须坚持国际人道主义法的规定。国际社会在预防和制止国际恐怖主义的同时，应该公正、客观、全面、辩证地认识国际恐怖主义滋生与蔓延的各种原因，致力于采取一切有效措施消除恐怖主义滋生与泛滥的各种根源。

关键词： 国际恐怖主义　国际法　反恐斗争

一、国际恐怖主义概念的界定

恐怖主义的概念是研究恐怖主义问题的逻辑起点。自 20 世纪 60 年代末以来，包括联合国在内的各种国际组织、各国政府、研究机构与知名学者进行了大量的研究或讨论，有关专家学者出版或发表了大量的书籍或论文来探讨恐怖主义的概念。但是，由于恐怖主义活动自身的复杂性、研究者的主观性以及国家之间关系的复杂性等，迄今为止，还没有形成一个为国际社会所普遍认同的概念。目前，学术界和国际社会关于恐怖主义的定义有 100 种以上。[①] 定义不明确无疑将直接影响到各国在对待恐怖主义问题上的立场和态度，也使反恐怖主义的国际合作缺乏坚实有利的基础。因此，对恐怖主义的定义进行探讨不仅具有现实意义，而且具有理论意义。

随着人类社会文明的不断进步，在各国政府、国际组织与专家学者的持续努力下，国际社会对恐怖主义的基本特征取得越来越多的共识。这些共识就成为有效地打击恐怖主义、开展反恐怖主义国际合作的共性基础。

（一）一个逻辑起点——恐怖主义概念辨析

从 18 世纪开始，恐怖主义概念伴随着各种恐怖主义活动的蔓延经历了长期的演变过程。长期以来，国际组织、国际会议、各国政要、专家学者等从不同的视角通过对恐怖主义活动的观察和思考，给恐怖主义下了各式各样的定义。这些概念都从某些侧面透视恐怖主义现象，试图描述恐怖主义的特征或者是揭示恐怖主义的内涵。虽然，人们对恐怖主义概念的界定存在着过宽或过窄、不准确、不明确、不全面等局限性，但是，这无疑会推动人类社会最终形成一个为国际社会所公认的恐怖主义的概念，同时对打击恐怖主义的斗争也起到了积极的作用。

1. 恐怖主义概念的演变

"恐怖主义"是一个纯粹的西语词汇。"恐怖"（terror）这个词汇发源于拉丁语系，该词汇最初被用来形容一种产生于人们内心的极度惊骇、恐惧、害怕、惊恐和惊慌的心理状态，有时候也指产生这种心理状态的缘由。[②] 追溯"恐怖"一词的历史渊源，主要是指 18 世纪末法国资产阶级革命后期的雅各

---

① 胡联合：《当代世界恐怖主义及对策》，东方出版社 2001 年版，第 1—17 页。
② *Webster's Third New International Dictionary of the English Language*（1986 Edition），Merriam-Webster Inc.，p. 2361.

宾派专政。1793 年法国大革命以后，执政的雅各宾派为了保卫政权，便对封建贵族实行红色恐怖，雅各宾的措施被当时的封建贵族称为恐怖主义。

19 世纪末期，在俄国无政府主义和激进主义的影响下，"恐怖主义"这个词汇常常与反抗统治阶级暴政的个人极端行为相联系。但需要指出的是，当时"恐怖主义"不是一个贬义词汇。1936 年，J. B. S. 哈德曼在麦克米兰公司出版的《社会科学百科全书》中，首次从社会科学的角度对恐怖主义提出了如下的定义："恐怖主义是用来描述这样一种方法或理论的术语，即在这种方法和理论的背后，一个有组织的集团或政党主要通过系统地使用暴力来达到其公开宣称的目的。恐怖行为所针对的是那些妨碍该集团或政党实现其目标的个人、机构或该政权的代表人物……恐怖主义者不对袭击作预先的警告，死亡和破坏是该恐怖行动所要追求的目标，如果被抓获，恐怖分子在审判中常常不为自己的行为进行辩解，以争取减轻处罚和获释，而是借以传播和宣示自己的理想和信念……作为一种威慑方法，恐怖主义通常具有这样的行为特征，即恐怖行动所要警告的不仅仅是国家当局和统治阶级，也是为了告诉人民大众，使他们认识到执政者的地位不再是安全的和不受挑战的。实行恐怖主义战略的要害在于公开地挑战权威。"①

20 世纪以后，在欧美的语言环境中，恐怖主义又被赋予了独裁统治或集权统治的含义。希特勒的纳粹德国和斯大林时期的苏联都曾被称为是恐怖帝国。第二次世界大战结束后，世界格局发生了前所未有的重大变革，各种政治、经济、社会、宗教和种族矛盾交织在一起，呈现出错综复杂的局面。在全球范围内的民族解放运动和以美苏为首的东西方冷战影响下，特别是在三次中东战争之后，恐怖主义呈现出新的特征。与以往相比，恐怖主义事件不仅在数量上呈急剧上升的态势，而且在形式和内容方面也出现了许多新特征与新变化。尤其值得注意的是，这一阶段的恐怖主义已经开始呈现出国际化的趋势，各种形式的恐怖组织层出不穷，恐怖活动对国际政治的影响日益增强，对世界稳定和国际秩序的破坏作用已经不能与以往同日而语。如果说 19 世纪的恐怖主义还能使人们联想到反暴政、争取自由的义举的话，那么 20 世纪中后期的恐怖主义无论在一般语义学意义上还是在社会公众的普遍认知上，已全然演变成为了一个典型的贬义词汇。

2. 恐怖主义概念的各种界说

国际社会对恐怖主义概念的界定由来已久，但是至今也没有一个取得共识的概念。国际联盟于 1937 年 11 月 16 日召开的日内瓦会议上提出了一个关于

---

① J. B. S Hardman, *Encyclopaedia of the Social Sciences.* New York：Macmillan，1937pp. 575—579.

恐怖主义的定义，可惜最终没有生效。[①]该决议把恐怖主义认为是故意危害国家元首、执行国家元首特权的人、其法定继承人或指定继承人及以上人士的配偶或担任公职或负有公共任务的人的生命、身体、健康或自由的行为；故意毁灭或损害属于或在另一缔约国管辖下的公共财产或公用的财产的行为；故意通过共同危险的造成来危害生命的行为；构成上列犯罪的任何企图的行为；制造、获得、扣留或供给武器、军火、爆炸品或毒物的行为等。在一缔约国反对其他缔约一方的犯罪行为以及旨在完成以上行为的共谋、教唆、直接和公开煽动、故意参加、有意识地提供一切援助等犯罪行为。

第二次世界大战结束后，联合国通过国际法委员会和第六委员会的继续努力，希望在恐怖主义的定义问题上达成协议，但收效甚微。1972 年联合国大会根据联合国秘书长的报告通过了第 3034 号决议，建立了关于恐怖主义的特别委员会，该委员会由于各国分歧太大，最终没有就恐怖主义的定义达成一致。除此之外，联合国大会因恐怖主义流血事件而不断重复地表决内容几乎相同的决议，如第 38 届联大通过的第 130 号决议，第 40 届联大通过的第 85 号决议，第 42 届联大通过的第 159 号决议以及安理会于 1985 年通过的第 579 号决议，最终都没有定义成功。特别是 1979 年伊朗发生了冲击美国使馆、扣押美国使馆人员的外交事件，国际法院在受理此案的过程中完全可以对恐怖主义的定义进行解释，不管国际法院的定义解释在法律地位上怎样，毕竟可以为确定国际法规则提供有力的证据，但遗憾的是国际法院并没有抓住这次机会作出关于恐怖主义的定义。[②]

为了有效地打击恐怖主义，专家、政府、联合国等可谓绞尽脑汁，提出的关于恐怖主义概念的建议已不下一百多种，但至今却仍然无法就何为恐怖主义的问题达成共识。[③]

一些国家通过词典的形式从语义学的角度界定恐怖主义的概念。比如，《简明不列颠百科全书》认为：恐怖主义是对各国政府、公众或个人使用令人莫测的暴力、讹诈或威胁，以达到某种特定目的的政治手段。各种政治组织、民族团体、宗教狂热者、革命者和追求社会正义者，以及军队和秘密警察都可以利用恐怖主义。[④]这个定义，指出了恐怖主义的三个特征：（1）恐怖主义是

---

① Carlton, David, and Carlo Schaelf, eds. *International Terrorism and World Security* New York：Wiley, 1975. p. 73.

② RosaLyn Higgins and Macurice Flory, *Terrorism and International Law* Routlege1977. p. 32.

③ Schlagheck, Donnam, *International Terrorism：An Introduction to the Concepts and Actors*, Lexington books. 1988 p. 1.

④ 《简明不列颠百科全书》（4），中国大百科全书出版社 1985 年版，第 817 页。

达到某种特定目的的政治手段，这种手段主要是使用令人莫测的暴力、讹诈或威胁；在暴力前面加上"令人莫测"的形容词，是非常恰当的，恐怖主义的暴力具有很大的隐蔽性、突发性，总是在人们意想不到的时间和地点，发动突然的袭击；（2）恐怖主义的打击目标是各国政府、公众或个人；（3）恐怖主义的主体是各种政治组织、民族团体、宗教狂热者、革命者和追求社会正义者。但这里列举的主体是不全面的，例如，没有提到国家。《牛津高级英汉双解词典》认为恐怖主义是：使用暴力或威胁使用暴力（尤其是指为了政治目的）。① 我们国家编撰的《辞海》认为恐怖主义是："主要通过对无辜平民采取暴力手段以达到一定的政治和宗教目的的犯罪行为的总称。较多采用制造爆炸事件、劫机、扣押或屠杀人质等方式造成社会恐怖，打击有关政府和组织，以满足其某些要求或扩大其影响。"②

　　一些西方国家往往通过立法的形式对恐怖主义进行界定，为其反恐提供法律依据。美国联邦调查局（FBI）将恐怖主义定义为："恐怖主义是对人身或财产非法使用武力或暴力，旨在威吓、胁迫政府或平民，以达到某种政治或社会目标。"美国法典的第22条将恐怖主义定义为"由次国家组织或秘密机构为达到其政治目的所实施的、有预谋的、针对平民的暴力活动。"③ 此外，欧盟、俄罗斯等也都通过立法的形式从概念上界定恐怖主义。

　　我们国家的学者对恐怖主义概念的探讨虽然起步较晚，但是成果较为显著。

　　赵英（1992年）的定义是："恐怖主义活动是某些国家、组织或个人，出于政治目的，而使用非战争暴力手段进行的活动。"④ 此外，花军、韩本毅等人虽然没有对恐怖主义下定义，但从其对国际恐怖主义的界定中，可以看出他们也是持上述类似观点的。颜声毅等人（1996年）的定义是："恐怖主义是指某些个人或集团，在某种背景和狂热追求的目标的驱使下，针对特定的公私机构、设施、交通工具或公民，采用暴力袭击或暴力威胁，或者在无辜的民众中制造恐怖气氛以至滥开杀戒，酿成惨剧的行为。"⑤ 此外，从作者对国际恐怖主义特征的界定看，也可以认定他们也强调恐怖主义的政治目的性。李少军（1997年）的定义是："恐怖主义是武装者基于政治目的对非武装者有组织地

　　① 《牛津高级英汉双解词典》，商务印书馆1997年版，第1577页。

　　② 《辞海》（1999年版缩印本），上海译文出版社2000年版，第1931页。

　　③ Jessica Stern, Jessica Stern, *the Ultimate terrorists* ［M］. Combridge：Harvard University Press, 1999. p. 13.

　　④ 赵英：《新的国家安全观》，云南人民出版社1992年版，第264—266页。

　　⑤ 颜声毅：《当代国际关系》，复旦大学出版社1996年版，第344页。

使用暴力或以暴力相威胁的行为，其目的是把一定的对象置于恐怖之中，逼迫其做原本不会做的事情。"① 此外，王国强、胡凡和王凡等人的界定与此类似。李东燕在其《正义与邪恶的较量》一书中，则指出了恐怖主义定义的复杂性与相对性，她认为：人们对恐怖主义没有统一的定义。②

国外学者关于恐怖主义的定义较多，不能一一介绍。美国著名学者亚历克斯·施米德（Alex schmid）的专著《政治恐怖主义》（Politicai Terrorism：Aresearch GGuide，1983，1988 年二次出版）中，用了 100 多页的篇幅，分析了 1936—1983 年期间作者们提出的 109 个恐怖主义的定义的内容，从中选择了 22 个要素并计算出它们出现的频率，通过这些分析比较，提出一个详细的定义："恐怖主义是一个令人不安的、重复暴力行为的方法，由秘密的个人、团体或者国家行为者为了特殊的、犯罪的或者政治原因而使用，它不同于暗杀，直接的施暴对象并非其主要目标。暴力的直接牺牲者一般是任意选择的（随机的目标），或者从目标人群（有代表性或者象征性的目标）中挑选的并作为一个消息的发生器。在恐怖主义者（组织）、（危险中的）被害人和主要的目标（观众）之间基于威胁和暴力的信息传递过程，被用于操纵主要目标（受众），将其变成恐怖的目标、需要的目标，或者注意的目标，这取决于威胁、胁迫或者宣传是否是其主要追求的目的。"③

总之，不管从哪个角度上看，人们对恐怖主义概念的界定大概有三种。

第一种是根据实施恐怖活动的目的和动机来定义。狭义的观念认为，恐怖主义活动仅仅局限于政治动机或者政治目的而使用暴力或暴力威胁的恐怖活动。也有的学者认为，恐怖主义即个人或集团为达到政治目的而使用国际暴力。广义的定义则是将恐怖主义活动与动机从单纯的政治性原因扩大开来，认为个人或组织在国际间有意识地适应暴力制造恐怖，并能以杀害或威胁杀害个人或人群的生命、破坏公私财务为手段，以实现某种政治目的或其他目的的行为。该种定义无法分清是否将政治犯罪视为恐怖主义，在实践中操作起来具有难度。大部分的法学词典采用了这种方式，如《中国大百科全数书·法学》和《简明不列颠全书》等。也有许多团体或学者采用了这种方法，如美国兰德公司认为，国际恐怖主义即个人或团体为达到政治目的而使用国际暴力。美国学者本杰明认为，恐怖主义是蓄意地、有组织地谋杀，用以威胁和残害无辜

---

① 李少军：《国际安全警示录》，金城出版社 1997 年版，第 264 页。

② 李东燕：《正义与邪恶的较量》，载《现代国际关系》2001 年第 10 期。

③ Guoted in Alex P. Schmid and Albert J. Jongman（eds），*Political Terrorism*，Amsterdam：North-Holland Pubishing Company，1983，p. 28.

者，使其感到恐惧，以此达到政治目的。

第二种是列举式的。如 1937 年《防止和惩治恐怖主义公约》和 1973 年《关于防止和惩处侵害应受国际保护人员包括外交代表的罪行的公约》把可视为国际恐怖主义的种种行为列举出来，要求各缔约国对其进行预防和惩处。这类定义根本不提及政治犯罪问题，在实践中容易操作，但是它实际上是把国际恐怖主义作为普通犯罪对待，忽略了恐怖行为的特殊性。

第三种是排除式。如 1977 年《欧洲制止恐怖主义公约》为防止各缔约国将恐怖主义视为政治犯罪而不予引渡，则规定各缔约国不得将国际恐怖主义犯罪视为政治犯罪或与政治有关的犯罪或出于政治理由的犯罪：（1）规定在 1970 年 12 月 16 日在海牙签订的《关于制止非法劫持航空器的公约》的范围内的犯罪；（2）规定在 1971 年 9 月 23 日于蒙特利尔签订的《关于制止危害民用航空安全的非法行为的公约》范围内的犯罪；（3）涉及侵害应受国际保护的人员包括外交人员的生命、身体完整性或自由的严重犯罪；（4）涉及绑架、劫持人质或严重非法拘禁的犯罪；（5）涉及使用炸弹、手榴弹、火箭、自动枪或书信炸弹或邮包炸弹的犯罪，如果其使用危及人们的生命；（6）上述任何罪行的未遂罪或任何此种罪行的既遂犯或未遂犯的从犯。这种定义同样是把国际恐怖主义犯罪作为普通犯罪对待，从而把恐怖主义犯罪排除在政治犯罪之外，进一步限制了恐怖主义的范围，缩小了因涉及政治犯罪不引渡而带来的影响面，有利于有效地运用引渡手段打击犯罪活动。这类定义不涉及复杂的政治犯罪问题，增强了在实践中的可操作性。

目前中外学者对恐怖主义这一概念的定义各不相同，但是也有一些基本要素是中外学者一致认同的。这些要素主要包括：暴力与使用暴力威胁；恐怖主义分子的行为具有政治目的；恐怖主义的受害者具有象征性价值；恐怖主义分子希望其行为引起公众注意等。总之，当前无论何种恐怖主义的概念都存在着局限性，包括定义的不确定性、定义概括的不完全、定义表述不准确、定义过窄或过宽等问题。因此，有必要从恐怖主义的本质特征方面考察恐怖主义概念。

（二）把握恐怖主义的本质特征是确定恐怖主义概念的关键

迄今为止，国际社会尚未形成一个为所有国家所接受的权威的恐怖主义的概念，这一方面是由于作为一种古今中外普遍存在的历史现象和政治斗争中的特殊表现形式，恐怖主义在长期的历史演变过程中，其产生根源、表现形式、行为动机、实施主体和攻击对象等因素都是错综复杂的，从而影响了其定义的界定。重要原因在于，它并不仅仅是一个简单的法律问题，更不是一个纯粹的学术问题，而是一个错综复杂的政治问题。因此，无论从政治学的角度还是从国际法的角度看就恐怖主义的定义提出一种能为有关各方所普遍接受、共同认可的表述都是很难的。

但是，我们可以从林林总总的恐怖主义定义的比较中，归纳出若干界定恐怖主义的基本要素。这些要素包括暴力（或武力）、政治性、恐怖性、违法性或犯罪性以及打击目标的无辜性等。准确地把握恐怖主义的本质或重要的内在特征有助于我们对这一概念的进一步完善。

1. 暴力性（武力）

"暴力"或者"政治暴力"是绝大部分定义的核心词汇。暴力是首要的和最根本的要素，没有暴力就没有恐怖主义。不能把非暴力的事物列为恐怖主义。所谓暴力（violence），按照美国传统词典的解释，是指以侵犯、破坏或滥用为目的而使用的体力，这是一种本义的解释。但恐怖主义的暴力，不限于体力上的，而是有所扩张，因为它还可以利用现代化的先进的技术和武器。例如，炭疽等生化武器、网络等先进技术不必依靠体力。凡是足以危及人的生命财产安全从而引起人们恐怖的行为，都属于恐怖主义的暴力。暴力，也包括以暴力进行威胁，以及未得逞的暴力，即暴力未遂。恐怖是暴力的化身或者说暴力的体现。缺少暴力这个要素，就不是恐怖主义。因此，恐怖主义的定义，大都把暴力作为其最基本的要素。

恐怖主义是一种暴力工具，是一种可以被任何行为者用来达到他们某种政治目的的工具。恐怖主义的这一本质特征得到了国际社会的普遍认同。恐怖主义往往与暗杀、爆炸、绑架与挟持人质、劫机等暴力活动联系在一起。所以，当代的国际社会已经通过国际公约、国际惯例或国内法的形式，将袭击或占领应受国际法保护的驻外使馆等行为、绑架和挟持外交官和其他应受国际法保护人员的行为规定为恐怖主义犯罪行为，应该受到国际法或国内法的惩处。

英国颁布的《预防恐怖主义法》明确指出："从立法角度看，恐怖主义就是一种出于政治目的的暴力行为。"显而易见，使用或威胁使用暴力是恐怖主义这一概念中必不可少的条件，也是界定恐怖主义的一个最重要和最基本的标志。《新韦伯斯特国际英语词典》认为恐怖主义有三种含义：一是指令人极端恐惧与害怕的行动；二是指通过恫吓来实施（政治）统治的政府制度；三是指企图推翻政府的有组织的非法暴力活动。[①]《剑桥国际英语词典》认为恐怖主义与恐怖的含义不同，它只是指系统化的恐怖，是一种有政治目的的暴力或

---

① *The New International Webster's Comprehensive Dictionary of The English Language*, Naples, Florida: Trident Press International, 1996, p. 1297.

暴力威胁活动。① 美国刑事司法标准及目标的国家咨询委员会（1976 年）的定义是："恐怖主义是暴力威胁和使用恐惧来强迫、说服和获得公众注意。"② 美国中央情报局（1950 年）的定义是："个人或组织为了政治目的而使用或威胁使用暴力，这种行动的目的是旨在震惊或恫吓超出直接受害者的更大量的群体，而不管它是支持还是反对现行政当局的。"③

但是，一方面，并非一切具备暴力这个基本要素的都是恐怖主义，即使那些足以危及人的生命财产安全从而引起人们恐怖的行为，也并非全部都是恐怖主义。另一方面，并非只有恐怖主义是唯一的政治暴力。例如，战争暴力、革命暴力、国家暴力等也会带来恐怖，但并非是恐怖主义。如何把它们与恐怖主义相区别是给恐怖主义下定义的最关键、也是最困难的问题。战争暴力、革命暴力、国家暴力与恐怖主义暴力是相互交叉、部分重叠的。恐怖主义暴力，则可以被前三种暴力中任何一种所使用或者成为其组成部分。

2. 政治性或泛政治性

暴力因素不足以说明恐怖主义的基本特征，政治性或社会性是恐怖主义的另一个本质特征。这是恐怖主义区别于一般性经济或刑事暴力犯罪的主要标志之一。恐怖主义的政治性是区别恐怖主义行为与一般的刑事犯罪所必需的。恐怖主义行为的政治性体现在进行此种行为的动机或目的上。一般的犯罪行为，例如谋杀、抢劫、杀人、放火、绑架或劫持人质等行为，都可能会使用暴力或暴力威胁，但是，如果它们没有政治动机或不是为了达到某种政治目的，而是为了钱财或其他考虑，则这些行为只是一般的刑事犯罪行为，不是恐怖主义行为。恐怖主义的动机一般都是为了实现一定的政治目的，要求修改特定政策或中止特定状态。恐怖分子诉诸暴力或破坏活动只是将其作为一种强制或说服或宣扬方式，其真正的目标是为了影响政府或社会大众，为实现自己的政治或社会目标服务。

自 20 世纪 60 年代末以来，国际社会对恐怖主义的政治性的共识是非常突出的。提起恐怖主义，人们自然就联想到它是有政治目标的，有的甚至将一切有目的的暴力活动都纳入恐怖主义范畴；离开政治目标而谈恐怖主义，在传统意义上讲是不称其为恐怖主义的。在西方国家，英、法、美等国往往将一切反西方的、反殖民主义等带有政治目标的暴力斗争纳入恐怖主义范畴，恐怖主义

---

① 《剑桥国际英语词典》，上海外语教育出版社 1995 年版，第 1505 页。

② Quoted in Sean I. Anderson and Stephen Sloan (eds), *Historical Dictionary of Terrorism*, Metuchen, N. J.: SCARECROW Press, 1995, p. 3.

③ Quoted in Alex P. Schmid and Albert J. Jongman (eds), *Political Terrorism*, Amsterdam: North-holland Publishing Company, 1988, p. 32.

的政治性不断得到强化与强调。特别是自 20 世纪 60 年代末以来，极左恐怖主义在西方国家的兴起与泛滥（如联邦德国的"红军派"、意大利的"红色旅"、日本的"赤军"、法国的"直接行动"制造的恐怖主义活动）。西方国家部分少数民族争取民族独立与分治的民族主义恐怖主义的兴起与泛滥（如英国"北爱尔兰共和军"、西班牙巴斯克"埃塔"极端分子制造的恐怖活动），以及巴勒斯坦一些激进分子争取民族生存与建国反对以色列军事占领的恐怖活动，等等，带有鲜明的政治性，或是企图推翻现政权，或是要求从母国中分离出去，或是打击侵略者以建立独立的本民族国家。这些更加强了人们对恐怖主义政治性的认识与感悟。所以，一些学者从政治的角度界定恐怖主义的概念。莱斯特·索贝尔（1975 年）的定义相当宽泛：恐怖主义即地下（秘密）组织，为了政治目的而从事的几乎所有非法暴力活动[1]；爱德华·米科勒斯（1950年）的定义是：为了政治目的而使用或威胁使用非常暴力，旨在制造焦虑（恐惧），影响比直接受害者更广泛的群体的行为[2]；罗伯特·弗里德兰德（1981 年）的定义是：恐怖主义是指使用或威胁使用武力、暴力，以制造恐惧、威胁或强制气氛从而为达到政治目标服务。[3] 在恐怖主义的定义中，列入政治目的这个要素，就可以把许多并非基于政治目的的暴力行为和暴力组织，排除在恐怖主义之外。例如，黑社会组织、邪教组织等，一般来说，它们的行为并非基于政治目的的，而是为了贪利或其他个人目的。它们的暴力行为，并非是解决政治冲突的手段，因而不属于政治范畴，不是恐怖主义。但是，世界上的事情是复杂的，有的非政治性组织，如邪教、黑社会组织，也可能介入政治目的。

　　然而，随着恐怖主义的全球泛滥，其动机日益多元化，其中非政治性因素有所增加。当今世界的恐怖主义从高政治性的恐怖主义中逐步分化出成为在追求社会目标的低政治性的恐怖主义。换言之，有的恐怖主义活动可能并不像传统的恐怖主义那样具有非常强烈与鲜明的政治目的，而只是为了反对某一具体的微观的社会政策，或仅仅是为了威胁社会公共安全，借以发泄对社会的不满与敌视情绪，政治性不甚突出而社会性相当明显。这种情况无论是在西方发达国家内部还是发展国家都是客观存在的，并呈增多的态势。如在美国，反对美国政府堕胎政策的激进组织与人员就不时针对医院诊所进行爆炸活动，通过危

---

　　① Lester A Sobel, *Political Terrorism*, New York: Facts on File, 1975, p. 3, p. 12.

　　② Edward F. Mickolus, *Transnational Terrorism*, *A Chronology of Events*, 1968—1979. London: Aldwych Press. 1980. pp. xiii – xiv.

　　③ Robert A Friedlander, *Terrorism and the Law*, Caithersburg, MD: IACP. 1981. p. 5.

害社会公共安全借以威胁政府改变堕胎政策。这种恐怖主义并不是要推翻现政权或建立新的本民族国家，而是旨在影响或改变政府的政策。这是一种典型的社会性恐怖主义活动。在这种情况下，如果我们仍然过于强调恐怖主义的政治性，往往会将大量的社会性恐怖主义活动排除在外或遗漏掉。所以，恐怖主义的政治性或社会性的特征如何把握是一个很棘手的问题。

3. 恐惧性与宣传性

恐怖主义的本质特征之一就在于它的恐惧性。换言之，就是通过使用暴力或暴力威胁或其他破坏活动来制造恐怖气氛，对更为广泛的社会大众造成心理压力，使其产生恐惧、害怕、担忧心理，产生不安全感。恐怖主义的真正目标往往并不在于特定的实际打击对象，而是在于影响更为广泛的社会大众，影响社会的反应，或影响国家的政策；即便是暗杀政治领导人，情况也大都如此。因为恐怖分子暗杀某一特定政治领导人，其真正的目标往往并不主要在于从肉体上消灭他，其更重要的是企图通过消灭该领导人使国家或政府的制度或政策发生变化。至于其他各种类型的恐怖主义活动，则更是如此。恐怖主义的恐惧性或恐惧气氛的形成，往往在于恐怖主义（活动）发生的突发性、象征性和难以预测性。即恐怖主义活动在什么时候、什么地点针对什么人、以何种方式发生，往往带有很大的突发性，而正是这种突发性或对受害者而言的偶然性增加了人们的忧虑，担心自己随时可能成为突然发生的恐怖主义活动的潜在受害者；而恐怖主义的象征性就是指任何人、任何物（设施）对于恐怖主义而言往往都具有不同程度的某种象征价值，从而使恐怖主义活动打击的对象几乎无所不包、无所不在，使几乎所有人都感到不安全和有危险；恐怖分子常常想使其恐怖攻击活动的"象征性价值最大化"，因此不但政治领导人等个体象征性价值大的目标常常被攻击，而且无辜平民等群体象征性价值大的目标也越来越成为恐怖分子打击的对象，从而几乎所有对象都可能成为有象征性价值的攻击目标。恐怖主义活动难以预测，难以采取有效措施预防，就会在社会上造成一种普遍担忧与不安的恐怖气氛，使公众感到这几乎无处不在的威胁。不但使那些容易成为恐怖分子攻击的重点或特定人物常常感受到安全威胁，而且往往使那些间接或偶尔成为恐怖活动攻击目标的普通平民也缺乏安全感。

与恐怖性相适应，宣传性或宣扬性也是恐怖主义的一个重要特征。因为从根本上讲，恐怖主义的直接目的就是要通过具体的恐怖主义行动来造成令人恐惧的社会气氛，因而恐怖主义的实际效果大小往往取决于它在多大规模上使公众感到焦虑、担心与不安，这除了取决于恐怖主义活动本身的残酷性、规模性等外，更多地要取决于它能引起多大的社会注意力，即公众是否知道、知道的范围有多广。通过对外宣传（包括恐怖组织自己直接宣传或操纵利用新闻传媒宣传），不但可以使外界认识到他们的存在，而且往往也可以借以虚张声势，显示其实力，或夸大其力量，并可能借此获取外界的支持或继续支持。新闻传媒越是热衷于报道与宣传恐怖主义活动，就越有助于达到恐怖主义分子的目的，导致更多的社会民众陷入对恐怖主义的担忧与恐惧之中，自觉不自觉地将自己纳入恐怖主义的潜在牺牲品范围之内，从而增强了恐怖主义的威力。

简而言之，在恐怖主义活动方面，如果恐怖主义活动越是残酷与极端，造成的人员伤亡越是严重，越是将打击目标集中于更多的无辜平民目标，情节越有戏剧性与传奇性。而在新闻传媒方面，如果对恐怖主义活动的报道与宣传越多、越加以戏剧性的渲染，那么恐怖主义就可能得到更多的社会注意力，恐怖分子"事业"的影响就越大，担心自己安全、感受到恐怖主义威胁的公众就越多，从而恐怖主义的威力与实际效果就越大。鉴于此，有的恐怖主义问题专家强调指出：恐怖主义是指人的一种有目的的活动，它旨在通过制造恐惧气氛，达到按照（事件）领导者的意愿对其他人施加影响，以及通过他们对事件的发展施加影响的目的。[①] 我国学者也认为：恐怖主义由于国内、国际社会不公正现象的存在而产生，它是弱者对强者的报复，其思维基础是以非理性代替理性，其攻击对象是不确定的但主要是缺少必要防卫能力的群体或是当某一群体难以防卫、疏于防卫的时候，其目的是利用公众的恐怖心理以达到某种政治目标，其行为者往往是那些因民族、种族或宗教冲突而狂热的极端主义组织及其成员。[②]

4. 违法性或刑事犯罪性

违法性或刑事犯罪性也是当代世界恐怖主义的重要特征之一。在人类社会不断走向文明时代、齐声谴责恐怖主义行径的今天，强调恐怖主义的违法性或刑事犯罪性不但是时代发展的客观需要，也是恐怖主义本身的内在特征使然。

具体而言，恐怖主义的违法性表现在：一是非法使用暴力或暴力威胁或其他破坏手段；二是实施具体的恐怖主义行动，往往造成不同程度的危害社会的后果，从而违背法律（包括国内法与国际法）。至于是否构成犯罪行为，则要视情节轻重而言。如果情节很轻微的（如实施暴力威胁尚未造成多大实际后果的），可能只是违法行为，而不构成犯罪；否则，则构成刑事犯罪行为。强调刑事犯罪，一是因为实施恐怖主义行动造成了人员伤亡（特别是政治领导人或无辜平民）或经济损失，或其他严重政治危害，构成犯罪，因此是一种

---

① Sean I. Anderson and Stephen Sloan, *Historical Dictionary of Terrorism*, Metuchen. N. J. Scarecrow Press. 1995. p. 2

② 张家栋："恐怖主义的概念分析"，载《世界经济与政治》2003 年第 3 期。

普遍的刑事犯罪行为；二是由于恐怖主义往往有政治性，因此恐怖分子常常声称自己是持不同政见者，实施恐怖主义行动被抓捕后，有的常声称自己是政治犯，企图逃避法律惩处。为有效打击恐怖主义，防范恐怖分子钻法律空子、逃避法律制裁（因为在国际法中，政治犯不引渡），全球社会大多已逐步将恐怖分子从政治犯中排除出去。

5. 袭击目标的无辜性

恐怖主义诉诸的目标和对象一般是无辜者。一般认为，政治暴力所攻击的目标和对象是鉴别某一特定攻击事件是否属于恐怖主义行为的一个最关键的因素，此因素看做是界定恐怖主义的一个不可或缺的必要条件和客观标准。这里的无辜者是指不卷入敌对双方的政治冲突或与政治冲突双方无利害关系的人。因为，只有以无辜者为攻击目标和攻击对象的政治暴力才算是恐怖主义行为，是最典型的恐怖主义行为，或者说是判断某种形式的政治暴力是否属于恐怖主义的最低标准和底线。中国学者一般把暴力革命和民族解放运动区别于恐怖主义，因此，必须把是否滥杀无辜作为一个标准。

战争主要是国家之间的武装冲突，也包括民族解放战争和内战，战争暴力打击的目标是敌方的武装力量。任何战争暴力都不得打击无辜者。国际法对战争暴力的打击目标作了限制，1977 年《日内瓦第四公约第一附加议定书》明确提出"禁止不分皂白的攻击"，并且对"不分皂白"的攻击作了具体的界定，它们是："不以特定军事目标为对象的攻击；使用不能以特定军事目标为对象的作战方法和手段；使用任何将平民或民用物体集中的城镇、乡村或其他地区内许多分散而独立的军事目标视为单一的军事目标的方法或手段进行轰击或攻击；可能附带使平民生命受损失、平民受伤害、平民物体受损害或三种情况均有而且与预期的具体和直接军事利益相比损害过分的攻击。"认为可以把这些内容概括为"无辜者"。无辜者主要是人，也包括物。任何不分皂白的攻击都是打击无辜者。

联合国第 38 届大会作出第 130 号决议，在第 92 条论及恐怖主义的定义时是这样写的："防止危及或剥夺无辜者的生命或者危害基本自由的国际恐怖主义的方法，以及对那些恐怖主义形式和对处于痛苦、挫折、愤怒和绝望之中并导致包括他本人生命在内的某些人的生命的丧失的暴力行为正处于努力之中。"它认为国际恐怖主义是危及或剥夺无辜者生命（Innocent Human Lives）或者危害基本自由的行为。

当然，也有人认为用这种方法来界定恐怖主义会大大地缩小恐怖主义这一概念的内涵，其理由为：第一，无辜者这一概念过于笼统和模糊，它在很大程度上是定义主体心目中的一个主观标准。例如，国外来的旅游者在一般人看来无疑属于无辜者的范畴，但在恐怖分子看来，这些人为本国敌对的统治者带来了旅游收入，间接地支持了他们的政治对手，因此不能算是无辜者。第二，如果说无辜者这一概念能够成立的话，那么就是等于间接地承认恐怖分子在进行恐怖攻击时对袭击目标和对象是有所选择的。在绝大多数情况下，恐怖分子对袭击的目标和对象是不加选择的。

此外，还有人将恐怖主义的施暴对象界定为"平民"、"非战斗人员"、"无抵抗能力的人员"、"无自卫能力的人员"或"在遭受攻击时处于未武装状态和未在公职岗位上的军事人员"，等等。另外，对实体的物，如各种公私财产、设施和虚拟的物，如网络资源为攻击对象的政治暴力也是恐怖主义行为。因为，虽然针对这些目标的攻击未造成人员伤亡，但是却造成了社会的恐惧和动荡，而这是恐怖主义的典型特征。世界科技的进步使人类的政治、经济、社会生活日益便捷，但又十分脆弱，以电脑为代表的信息网络不仅成千上万倍地扩大着社会和经济效益，而且还使人类的许多活动依赖于信息网络的运转。国际恐怖主义很可能为了达到造成巨大的心理压力效果而破坏互联网络或专用网络，其过程或许只是很文明的电脑操作，其后果却是世界末日般的灾难。

因此，无论是人还是物，作为被确定的攻击对象，它们在恐怖分子眼中都只是一种"象征性"的目标。建立在此种认识的基础上，恐怖主义分子在计划发动攻击时对攻击目标应该是有所选择的，但这种选择主要不是以攻击目标的性质或身份为转移，而是基于两条标准，即这样的攻击是否容易得手；这样的攻击能否产生预想的破坏作用。当然，也有人将针对物而不是针对人的政治暴力活动称为是"准恐怖主义"。

总之，我们认为认定恐怖主义的攻击的无辜性是为了说明恐怖主义同游击战或其他任何形式的战争是不同的。凡属战争都是一种对抗形式，是以武装打击武装者及军事目标为战斗目标的战斗行动，而恐怖主义主要是武装者打击非武装者（尤其是无辜平民目标，当然也包括政治领导人、外交官等官方目标，以及一切在非战斗状态下的军事目标）。

综合以上分析，我认为：恐怖主义就是国家、组织或个人，为了政治性的或泛政治性的目的，针对无辜者使用暴力或者其他毁灭性手段旨在制造恐怖气氛和制造恐怖心理而采取的暴力犯罪行为。

这个定义，重在说明恐怖主义的本质特征。其中包括：（1）恐怖主义实施的主体：国家、组织或个人；（2）恐怖主义的目的：政治性或泛政治性；（3）打击的目标是非战争双方的无辜者；（4）恐怖主义使用的手段：暴力的或非暴力的；（5）直接的目的是制造恐怖气氛；（6）恐怖主义是一种犯罪。

与恐怖主义概念相关联，国际恐怖主义也是一个难以界定的概念。有人甚至认为国际恐怖主义是无法定义的。[①] 有些学者认为为国际恐怖主义确定一个明确的定义在国际立法上是很难的，对打击国际恐怖主义也没有多少直接的好处。[②] 但是，国际恐怖主义概念的界定一方面可以为国际社会有效打击国际恐怖主义提供法律的依据，另一方面也可以为国际反恐怖合作奠定基础。所以，国际社会始终没有放弃这一努力。

(三) 国际恐怖主义概念分析

与恐怖主义概念相联系，国际恐怖主义概念除了具备恐怖主义的一般特征外，最主要的是跨国性。国际恐怖主义不同于纯属国内范畴的恐怖主义，它直接涉及两个以上国家的国民，或者恐怖分子不具有罪行发生地国国籍，包括第三国国民通过或者教唆罪行发生地国国民进行犯罪。否则，只能算是国内恐怖行为，只受国内法管辖。[③] 中国社会科学院法学研究所的陶正华教授认为："恐怖主义犯罪是指个人或团体为出于某种政治目的对他人的生命、人身自由或财产等使用暴力、胁迫等方法给社会造成恐慌的行为。如果恐怖主义实施人所属国、被害人或被损财产所属国、恐怖行为的对象国、恐怖主义行为的对象国、恐怖行为发生地及罪犯所在地等主要因素不限于一国而与两个以上的国家有关系时，称为国际恐怖主义。"[④] 在此基础上，有的学者认为："国际恐怖活动则是指恐怖活动的组织、目标或行为本身具有跨国界特点的恐怖主义。"[⑤]

综合以上分析，我认为：恐怖主义就是国家、组织或个人，为了政治性的或泛政治性的目的，针对无辜者实施的使用暴力或者其他毁灭性手段旨在制造恐怖气氛和制造恐怖心理而采取的具有跨国界特点的犯罪行为。从中我们可以归纳出国际恐怖主义的几个基本特征：

第一，跨国性。恐怖分子在其本国领土范围之外实施的恐怖攻击；施暴者和受害者分属不同的国籍，或恐怖行为的发生地与恐怖行动的策划和指挥地分属不同的国家；恐怖分子针对外国或国际组织的利益，或为了从对方那里获得让步而实施的恐怖行为；恐怖分子在得到来自其本国以外的其他国家的物质和资金支持的情况下采取的其他恐怖行动。

第二，使用暴力或其他毁灭性手段。它强调的是不管战时还是平时，不管被袭击的对象是平民百姓还是军政要员，只要是采用的暴力或技术手段就构成

---

① 白桂梅："从国际法角度看国际恐怖主义的界定问题"，载《现代国际关系》2002 年第 10 期。
② 周忠海："论国际反恐斗争中的国际法问题"，载《政法论坛》2003 年第 4 期。
③ 柳炳华：《国际法》，中国政法大学出版社 1997 年版，第 396 页。
④ 陶正华："关于恐怖主义的几个问题"，载 http://www.cass.net.cn/chiese/yg331.htm.
⑤ 杨洁勉等："国际反恐合作——超越地缘政治的思考"，时事出版社 2003 年版，第 17 页。

了恐怖主义定义的一个基本要素。

第三，政治性或者泛政治性。离开了政治性就难以区分恐怖主义与一般的刑事犯罪。英国学者戴维特·卡尔顿说过，"恐怖主义是达到目的的一种手段，而不是目的本身。"① 中外学者的观点也表明，只有具备了一定的政治目的的恐怖活动，才能构成恐怖主义。

第四，恐怖主义是一种社会思潮。恐怖主义已经成为一种社会思潮，是一种具有系统的理论和主张的社会思潮。正是这种思潮和主张，才使得国际社会形形色色的恐怖主义组织均形成了各式各样有组织、有理论、有纲领的政治恐怖暴力集团。恐怖主义反对一切权威，鼓吹不择手段地实现小团队的绝对利益，主张用恐怖手段摧毁一切政治对手或国家机器，建立符合自己族群或集团利益和政治主张的社会。恐怖主义也是反对一切形式的政治秩序和规则的学说。

总之，无论是从理论研究的角度来看，还是从国际合作反恐斗争需要的角度看，对国际恐怖主义概念的探讨是非常有意义的。同时，我们也应该看到，在界定国际恐怖主义概念时，有很多问题都是值得我们进一步深入探讨的。比如说：如何区分恐怖主义与其他政治暴力形式之间的界限？如何将恐怖主义同简单的刑事暴力区分开来？游击战与恐怖主义之间是一种什么样的关系？刑事犯罪同恐怖主义之间是一种什么样的关系？等等。对这些方面的认识的模糊与争论无疑会妨碍人们形成一个为大家所接受的概念。然而，有些问题的争论是始终存在的并且还将继续下去。这不仅是因为人们在认识问题时产生的偏差，还由于人们的主观意识的不同。尽管存在诸多的争议，人们必须对其内涵和外延作一个较为客观的限定，必须努力找到一种共识性越来越多、客观性越来越高、分歧性越来越小的某种表述。否则，人类社会非但不能客观地和全面地揭示和认识这种现象，而且各国政府和国际组织也难以对这一现象进行互相沟通和协调合作立场。

二、反恐斗争中存在的若干国际法问题

反恐斗争应该在国际法的框架内进行，这不仅是反恐斗争的需要，而且也是维护国际法法律权威的需要，维护正常的国际社会秩序的需要。否则，反恐不仅成为一些国家追求国家战略目标的借口，最终反恐会陷入以暴制暴的恶性循环当中。一些国家在反恐斗争中出现的对国家主权的挑战，对禁止使用武力

---

① David Calton and Carlo Schaerf, *International Terrorism and Word Security*, London: Croom Helm Ltd., 1975, p. 15.

原则的破坏、对国家自卫权的滥用、对国际人道主义法的践踏等都会对现存的国际社会法律规范产生深刻的影响，最终会影响现有国际社会秩序的稳定。

（一）国家主权原则面临严峻挑战

国家主权是当今国际社会得以建立和维系的基础，由此产生的现代国家主权原则是国际治理的基础。国家主权原则同时也是反恐斗争的理论基础。正是在国家主权原则的基础上，国际社会才结成了反恐联盟，达成了国际反恐斗争的各种协议。然而，在当前的反恐斗争中，国家主权原则却受到了新的挑战和威胁。

1. 国家主权原则是国际法的基本原则

国家主权原则是国际法的核心，是国际反恐斗争的理论基础。国家主权原则是被《联合国宪章》确认的国际法的基本原则，是"其他任何原则的基础和核心，国际法领域的原则、制度都是从它引申和派生出来的，它也就成为整个国际法的基础和规范国家关系的基础。联合国及联合国的一系列国际文件对国家主权原则的规定，从法律上奠定了国家主权原则的重要地位。"①

从 1648 年《威斯特伐利亚和约》签署后开始形成的国际法原则和规范，是近代国际法形成的基础，也标志着国际法律框架的初步形成和确立。和约明确规定了国际关系的新的法律原则，其中包括最重要的原则——国际关系主体主权一律平等，也确立了作为现代国际法的基石，同时也是现代国际政治基础的"国家间体制"。它的目的是把国际社会确立为独立、自由的主权国家组成的"平权社会"。主权是当时的国际法律框架的基本内容。

几个世纪以来，国际社会发生了巨大变化，特别是第二次世界大战的发生，国际社会迫切要求团结起来，从人类社会的共同利益出发，通过国际合作及缔结国际条约的方式，来制止战争，维护和平，促进国家之间发展良好的关系。在这个过程中，国际法律框架发生了重大的变化。但是，无论发生了哪些重大的变化，从《威斯特伐利亚和约》开始确定的"欧洲国家体制"到当代的"世界国家体制"的转变过程中，国家主权独立和平等始终是国际法律框架最核心的原则，因为国际社会的现实是各国经济、政治发展的不平衡，而且非常重要的一点是，所有的国家都不愿意从根本上放弃主权。国家主权在国际法律框架中的核心地位从未改变过。

第二次世界大战结束后，作为国际社会最重要的国际组织——联合国，由于拥有 191 个会员国，同时，联合国还将历史上形成的各个国际组织聚集在它

---

① 王玫黎："国家主权始终是国际法和国际关系的基础"，载《现代法学》1998 年第 1 期。

的旗帜下，联合国成为一个有机运转的统一世界系统，因此，其组织文件《联合国宪章》的国际性和普遍性是不容置疑的。《联合国宪章》是一项对全球一切国家产生普遍影响的最大公约，是现代国际法最重要的渊源。宪章的基础是国家主权。宪章规定，联合国的宗旨是维护国际和平与安全，发展各国及人民之间的友好关系，促进各国合作，构成各国行动的中心。为实现上述宗旨，宪章规定了会员国主权平等、善意履行国际义务、禁止使用武力、不干涉内政、集体协助、和平解决国际争端等原则，还特别强调非会员国也有遵守上述原则的义务。宪章同时规定，当宪章义务与国际条约义务相冲突时，宪章的义务优先。宪章的法律地位远远高于一般的国际条约效力。宪章所确立的原则在当今重要的国际法律文件中被反复地援引，成为各会员国乃至普遍的国际关系的行为规范，因此，宪章构成了当代国际法律框架的基本内容。

随着当今国际社会全球化的进一步加深，各国之间的相互依存关系更为密切，加强国际合作成为当代国际法律框架的重要内容。国家间的合作是以国家主权和平等原则为核心，以《联合国宪章》的基本原则为基础的。这构成了当代国际法律框架的主要内容。

在反恐怖斗争中，国家主权原则使反恐国际合作成为可能。虽然人们对恐怖主义的类型判断不一，但是，无论何种形式的恐怖主义活动最终都会危害到国家利益。因此，为了维护国家主权，加入打击国际恐怖主义活动的合作就成为一种必然的选择。同时，国家主权原则使反恐国际合作具备了实质要件，因为只有拥有主权的国家才具备参与国际合作的主体资格，而其他国际组织的主体资格是间接产生的。在反恐斗争中，国家主权原则是各国利益最大化的前提，就主权问题作出让步，达成国际反恐斗争的各种协议。到目前为止，国际社会先后制定了《防止及惩治恐怖主义公约》、《关于制止非法劫持航空器的公约》、《反对劫持人质的国际公约》、《制止恐怖主义爆炸的国际公约》、《制止向恐怖主义提供资助的国际公约》等。这些国际公约在关于对恐怖主义分子行使管辖权、对恐怖分子进行调查和提供协助、对恐怖分子进行引渡和起诉，以及资助恐怖主义罪等方面达成了众多共识。

2. 反恐怖斗争对国家主权的威胁与侵犯

自《威斯特伐利亚和约》签署以来，主权一直是国际法律框架中最核心的原则。主权是构成国家的基本要素之一，是国家的重要属性。从传统国际法上看，主权是不可侵犯的。但是，近年来，一些国家在打击恐怖活动中，不仅把恐怖分子作为打击的目标，一些主权国家也成了被打击的对象，主权是国家的根本属性和固有权利，在没有取得国家的同意下，在没有联合国授权的情形下采用武力行为，任意对这些国家进行武装攻击侵犯了国家主权。

美国的反恐军事行动已经构成了对他国领土主权的破坏。领土主权是国家主权的重要组成部分，属于国家的绝对权利。美国在阿富汗境内采取的"持久自由行动"导致了塔利班政权的瓦解、新一任亲美政权的产生。同时，美国的军事行动也造成了阿富汗平民的伤亡，造成了阿富汗难民遍布世界各地。虽然塔利班政权被推翻了，但是阿富汗人民并没有得到彻底的解放。美国在阿富汗的军事行动已经构成了对阿富汗领土主权的破坏。

在伊拉克的军事行动中，伊拉克的国家主权也遭到了极大的破坏。从未来的发展来看，美国所进行的这场反恐斗争还有向更大的范围扩大的危险。

应当看到，各国在反恐问题上仍存在着复杂的矛盾和斗争。美国在反恐问题上一直持双重标准，一方面大力打击反美的恐怖主义活动，另一方面则鼓励、帮助和利用一些恐怖主义势力为其政治目的服务。对不追随美国的国家随意乱扣"恐怖主义国家"或"邪恶轴心"的帽子，动辄实施制裁，经常以武力威胁，或者干脆使用武力进行打击。不少发展中国家指责美国的行为是"国家恐怖主义"，认为解决恐怖主义的根本出路在于消除霸权主义和强权政治，主张打击恐怖主义活动的对应措施应在遵守公认的国际法准则的前提下进行，不能打着反恐的幌子，为所欲为，干涉别国内政。特别应当关注的是，通过武力威胁或者使用武力，甚至不惜推翻一个拥有完全主权国家的合法政府来打击国际恐怖主义，这是前所未有的。国际法的基本原则——国家主权原则受到肆意的冲击和践踏。反恐有可能成为强者对付弱者的一个经常性的借口。美国等国一方面充分运用联合国宪章的特别授权，利用安理会的机制，进行合法干预；另一方面，在必要时，绕开联合国和安理会，另搞一套，使人突出感到强权即公理的浓烈色彩，这其实很难从根本上消除恐怖主义，反而有可能进一步激化恐怖活动。美国的一系列单边主义行径对上述国家的主权构成威胁。

此外，我们还要看到，美国企图通过反恐斗争控制中东地区的石油资源，破坏他国的经济主权。美国在中亚地区推行的反恐战争，不过是其在政治上争霸世界、控制石油资源的借口而已。众所周知，伊拉克拥有世界石油储量的近四分之一，控制了伊拉克的石油资源就等于控制了美国的经济命脉，控制了世界的经济命脉。在目前世界各国普遍把发展经济放在首位的情况下，现代国家的国家主权越来越表现为对本国资源的控制权与经济的发展权。可见，对他国资源的控制权显然是对国家主权的严重侵犯。

（二）美国反恐斗争与全面禁止使用武力原则

基于对人类社会所遭受战争危害的深刻反思，经过国际社会的努力，《联合国宪章》第一个明文规定禁止使用武力或武力威胁。这一条款不仅对诉诸战争进行管制，而且宣告任何与联合国宗旨相悖的使用武力甚至武力威胁皆为非法。在打击恐怖主义活动中，美国发动的阿富汗战争和伊拉克战争是违背联合国禁止使用武力或以武力相威胁的原则的，是与当代国际法律框架中的基本法律原则相冲突的。

1.《联合国宪章》关于全面禁止使用武力原则的规定与解释

两次世界大战的惨痛遭遇，促使《联合国宪章》的制定者们对禁止战争作出了大大地超过了国联《盟约》和《巴黎公约》的规定。《联合国宪章》第2（4）条不仅对诉诸战争进行管制，而且宣告任何与联合国宗旨相悖的使用武力甚至武力威胁皆为非法。《联合国宪章》第2（4）条是国际法禁止使用武力发展史上的一个顶峰，它普遍而全面地禁止在国际关系中使用武力或武力威胁，被视为当代国际法的首要发展成果。这一成果是国际社会对限制战争权进行长期不懈的艰辛努力和尝试的累积结果，从《宪章》之前的限制战争，到《宪章》规定在国际关系中禁止使用武力或武力威胁，这是历史发展的一大飞跃。自欧洲连年经历战争的 19 世纪开始，战争给人类带来了无法承受的巨大痛苦，正是过去一百多年的历史教训使得人类逐渐认识到全面禁止使用武力的必要性，从而最终催生了《宪章》第2（4）条的禁止使用武力原则。这标志着国际社会从过去那个暴力统治和弱肉强食的时代走了出来，禁止使用武力原则被作为现代国际法最伟大的成果之一而载入人类文明的史册。

《宪章》第2条规定了联合国及其会员国应遵守的各项原则，其中第4项确立了禁止使用武力原则。《宪章》第2（4）条规定：“各会员国在其国际关系上不得使用威胁或武力，或以与联合国宗旨不符之任何其他方法，侵害任何会员国或国家之领土完整或政治独立。”该条款所确立的禁止使用武力原则，与国联《盟约》和《巴黎公约》关于禁止战争的规定相比，具有如下进步之处：

首先，它普遍而全面地禁止使用武力。第2条第4项关于禁止对象的措辞是“使用威胁或武力”，而不是“战争”。所以，战争和武装报复之类的次于战争的武力措施都在《宪章》的禁止之列。（沃尔多克教授认为，根据《联合国宪章》，为获取伤害补偿的武装报复或作为国家政策工具的任何武装干涉，除了自卫外都是非法的。① 换言之，《宪章》全面禁止所有的使用武力。）

其次，它所规定的不作为义务不仅适用于武力的使用，而且还适用于武力的威胁。这是《宪章》的首创，它所禁止的广泛程度是它以前的国际文件所

---

① C. H. M. Waldock, *The Regulation of the Use of Force by Individual States in the Internation Law.* Recueil Cours. vol. 81. 1952- Ⅱ. p. 493.

无法比拟的。如同《奥本海国际法》（第 8 版）所认为的那样：鉴于按照《宪章》联合国会员国不仅放弃了诉诸战争和次于战争的武力措施的权利，并且也放弃了以战争相威胁和以次于战争的行动相威胁的权利，这些规定是具有特殊的重要性的。①

第三，它禁止对一切国家使用武力或武力威胁。《宪章》第 2 条第 6 项规定："本组织在维持国际和平及安全之必要范围内，应保证非联合国会员国遵行上述原则。"据此，《宪章》第 2 (4) 条的禁止使用武力原则具有普遍的拘束力，既约束联合国会员国，也拘束联合国的非会员国，也就是说，该条款所禁止的不限于对联合国会员国的使用武力或武力威胁，而是包括了对一切国家使用武力或武力威胁。实际上，联合国通过的许多决议都仅仅指称"一切国家"，如安理会 1992 年通过的第 757 号决议，因它是根据《宪章》第 7 章通过的，所以对联合国一切会员国有拘束力。

第四，《宪章》明文规定了禁止使用武力原则的例外情形。除了《宪章》第 53 (1) 条、第 106 条和第 107 条关于对前敌国的措施已经过时（因为所有的前敌国现在已是联合国会员国）之外，在《宪章》范围内明文许可的使用武力只有两种情况：一是根据《宪章》第 51 条，对付武力攻击的单独或集体自卫权；二是联合国安理会根据《宪章》第 42 条所采取的执行行动，或者根据《宪章》第 53 条，安理会授权区域组织采取执行行动。这些规定的好处是，《宪章》在第 2 (4) 条中既否定所有战争，又保证会员国在遭受武装进攻时自卫的固有权利，以及为维持或恢复国际和平及安全这一联合国的首要宗旨［第 1 (1) 条］而集中由联合国组织来使用武力，这种规定就显得更为合理和切合实际。

最后，《宪章》规定了更加制度化的支持禁止使用武力原则的集体制裁制度。对于违反《宪章》第 2 (4) 条，非法使用武力或以武力相威胁的行为，《宪章》第 7 章规定了各种手段，包括以使用武力的集体制裁措施来予以制止。安理会有权对侵略国采取有拘束力的经济制裁措施，包括局部或全部停止与发动侵略行为的国家的经济关系、铁路、海运、航空、邮电、无线电的联系，甚至断绝外交关系（第 41 条）。再者，倘若上述办法被证明并不足以维持或恢复国际和平与安全，则安理会有权对侵略国采取军事措施，包括空海陆军示威、封锁及其他军事举动（第 42 条）。以上第 39 条至第 42 条所规定的做法统称为联合国的集体安全制度。为实施军事制裁，安理会需与会员国事先签

① ［英］劳特派特修订，王铁崖、陈体强译：《奥本海国际法》（下卷，第 1 分册），商务印书馆 1989 年版，第 66 页。

订特别协定，以便"供给为维持国际和平及安全所必需之军队、协助及便利，包括过境权"[第43（1）条]。为了实行紧急行动时的便利，会员国亦同意依上述特别协定，"将其本国空军部队为国际共同执行行动随时供给调遣"（第45条）。

《宪章》第2（4）条普遍禁止使用武力或武力威胁，具有重大而深远的意义。它从根本上改变了传统国际法关于调整使用武力和诉诸战争的制度。譬如，它使得几个世纪以来通过武力取得领土的合法性发生了革命性的变更。禁止使用武力的《宪章》第2（4）条消灭了"国家战争权"，导致了"战胜国权利"的消亡，这也意味着以往直接以"战胜国权利"为基础的征服制度、兼并制度等这样一些传统国际法制度的消灭，它们的合法性已被《宪章》第2（4）条所否认。又如，对使用武力和战争的禁止，不仅产生了侵略国在国际法上的责任，而且还引起了战争罪犯的个人刑事责任问题。苏联国际法教授童金博士指出："新国际法禁止战争，……在很大程度上改变了国际法的性质，国际法在其以后的发展中就更加转向和平了。"① 王铁崖也认为，第二次世界大战后的国际法的重要特征之一是从废弃战争到禁止武力的使用，是战争和武力在国际法上的地位的根本改变。②

2. 关于打击国际恐怖主义活动中武力的使用

以打击恐怖主义为借口，对一些主权国家进行严厉的打击和制裁，甚至诉诸于武力，是当今一些国家打击恐怖活动的基本策略。如1988年洛克比空难后，对利比亚的严厉制裁和军事打击；"9·11"事件后，美国宣布将对支持恐怖主义活动的国家进行严厉的打击，包括武力措施。很快，美国就对支持恐怖活动的阿富汗进行了全面军事打击。类似的行动还会不断出现。在打击恐怖主义活动中，依据一些断定就可以随便地对一个主权国家使用武力，这与当代国际法律框架中的基本法律原则是相冲突的。不使用武力是在习惯法中确定的一般规则。《联合国宪章》第一个明文规定禁止使用武力或武力威胁。宪章所强调的是不得以武力相威胁或使用武力，这表明宪章不仅在原则上采取禁止侵略战争的立场，而且进一步确认一切武装干涉、进攻或占领以及以武力相威胁的其他行为，都是违反国际法的。③ 宪章在第33条无条件地要求任何争端当事国以和平方法来解决争端，这也从另一方面摈斥了任何使用武力的权利。不

---

① ［前苏联］格·伊·童金著，刘慧珊等译：《国法理论问题》，世界知识出版社1965年版，第177页。

② 王铁崖：《国际法引论》，北京大学出版社1998年版，第297页。

③ 梁西：《国际组织法》（修订第四版），武汉大学出版社1998年版，第74页。

使用武力是从国家主权原则引申出来的。所以，在国际法律框架中，不使用武力是其中的重要内容。虽然国际法禁止使用武力，但基于自卫而使用武力却是禁止使用武力的例外。《联合国宪章》第51条规定，联合国任何会员国在受到武力攻击时，在安理会采取必要办法以维护国际和平与安全之前，本宪章不得认为禁止行使单独或集体的自卫之自然权利。宪章并不否定会员国在一定条件下行使"单独或集体的自卫"的权利，国家能否使用武力就取决于国家可否根据自卫权行事。除此，任何武力的使用都必须得到安理会的授权。对待打击恐怖活动中使用武力的问题，使用武力的国家认为是在行使"自卫权"。自卫权是国家的自然权利，是国家主权的必然结果。① 国际法中行使自卫权是合法地使用武力，但自卫权的行使必须符合一定条件。

3. 美国在阿富汗境内使用武力的法律根据问题

如前所述，由于《宪章》第2（4）规定了禁止在国际关系中使用武力或武力威胁，故在现代国际社会中使用武力受到了普遍的限制。《宪章》明文规定并具有现实意义的可允许使用武力的情况有两类：一是联合国所采取的或授权采取的武力行动，包括联合国安理会采取的武力执行行动和安理会授权区域机关采取的武力行动；二是自卫行为（《宪章》第51条）。而就单个国家的单方面使用武力而言，仅自卫这一行为属《宪章》许可的使用武力的情况。据此可以认为美国在阿富汗境内使用武力是缺乏法律依据的。

一方面是美国在阿富汗境内的动武是否经过联合国安理会授权。联合国安理会通过的两项关于恐怖主义袭击的决议，即第1368号和第1373号决议都没有提到"授权"二字。换言之，上述两项关于恐怖袭击的决议并没有明确授权各国采取一切必要措施（包括军事行动）以履行安理会的有关反恐决议。因此，美国对阿富汗动武不是一次得到安理会授权的行动。另一方面，没有证据证明"9·11"恐怖袭击是阿富汗对美国的侵略行为。在没有足够的证据证明有关恐怖分子或组织是在执行阿富汗国家给予的指令或在该国支配下实施恐怖袭击的情况下，并不足以认定塔利班政府对"9·11"恐怖袭击负责。因而，此次美国对阿富汗动武前不存在一般意义上的"武力攻击"。因此，也并不适合自卫权的行使。自卫权达到条件是存在着一个或数个"侵略国"或一个或数个"受害国"。此次"9·11"攻击的实施者不是国家，而是基地设在被攻击国境内的恐怖主义组织。非国家行为者的行为可否归因于国家的行为，是另外一个值得探讨的问题。2001年国际法委员会通过了《关于国家责任的条文草案》。该草案

---

① 王铁崖：《国际法》，法律出版社1995年版，第124页。

第8条把可归因于国家而成为该国的国家行为的情况，扩展到包括一国给予指示或在其指挥或控制下而由个人或个人集团所实施的行为。然而，并没有证据证明有关恐怖分子或组织是在执行阿富汗国家的指令或在该国支配控制下实施了"9·11"恐怖袭击的。而且，安理会上述两个关于恐怖袭击的决议，既未提及此次袭击的发动者，也没有将"9·11"恐怖袭击归因于塔利班政权。因此，《宪章》第51条并不适用于美国对阿富汗使用武力的情形。

4. 美国发动伊拉克战争的法律依据问题

美国对伊拉克的武装进攻是否是联合国授权？是否符合国际法的有关规定呢？

安理会关于伊拉克武器核查问题通过的第1441号决议决定由联合国监核会和国际原子能机构恢复对伊拉克武器核查，并确定监核会的职能是审核伊拉克提交的武器研制情况，监督伊拉克销毁其生化武器和射程在150公里以上的导弹等大规模杀伤性武器。该决议的主旨是通过有效核查实现对伊拉克裁军。该决议中没有自动授权的内容。而且，根据该决议的内容，即使伊拉克拒不履行决议或采取不合作的立场，也应该由联合国监核会和国际原子能机构作出如何对伊拉克采取进一步行动的决定。直至美国对伊拉克开战前，联合国的核查小组也不认为伊拉克已经重新对地区安全构成了迫在眉睫的威胁及对现时世界构成威胁。即使伊拉克确实有违反安理会决议的情况，其他国家也无权擅自对伊动武。因此，此次美国在伊拉克的军事行动不是在联合国授权下的国际社会集体采取的军事行动，而是美国及其盟国的单方面武力行动。

反恐是美国发动对伊拉克武装行动的一个充分的理由。"9·11"事件后，布什政府指责伊拉克拥有大规模杀伤性武器，并与"基地"组织有勾结；还指责伊拉克境内存在恐怖组织，它的一些地方被恐怖分子作为"避风港"。美国据此推定伊拉克对美国构成了安全的威胁，从而对伊拉克发动军事行动。但是，反对国际恐怖主义必须采用合法的手段进行，以武力手段反恐也需要有合法的根据，也就是说要符合和按照《宪章》及现行国际法行事。否则，势必导致武力的滥用。实践中，当和平解决国际问题机制存在时，有关国家有义务不诉诸武力的使用。国际社会在阿富汗采取军事行动后，反对美国进一步扩大反恐战争，要求一国的越境反恐行动须经联合国安理会授权，安理会第1441号决议就是一个例证。该决议取消了美国所提出的决议草案中自动授权动武内容，并增加了以前所没有的"维护伊拉克、科威特和各邻国的主权和领土完整"等内容。这是对美国的单边主义政策的否认和警告。

（三）国际反恐斗争与自卫权的行使

自卫权"是一国使用武力反抗非法攻击而保护自己的权利"① 由于（宪章）普遍禁止在国际关系中使用武力或武力威胁，自卫便成为各国唯一的可以单方面诉诸武力的合法行为。美国及其盟国的反恐斗争都利用了自卫权的说法。那么，如何正确认识《宪章》第51条关于自卫权的规定，如何正确理解《宪章》第2（4）条所禁止的范围，如何看待预防性自卫权都关系到国际法的权威，关系到未来国际社会的和平与稳定。

1. 国际法上关于自卫权的规定与解释

《宪章》第51条规定："联合国任何会员国受武力攻击时，在安全理事会采取必要办法，以维持国际和平及安全以前，本宪章不得认为禁止行使单独或集体自卫之自然权利。会员国因行使此项自卫权而采取之办法，应立即向安全理事会报告，此项办法于任何方面不得影响该会按照本宪章随时采取其所认为必要行动之权责，以维持或恢复国际和平与安全"该条规定表明：自卫不被禁止，自卫是国家的自然权利；自卫的必要条件是一国遭受了另一国的武力攻击；自卫在安理会采取必要的行动前方可以行使；自卫权包括自卫权和集体自卫权两种。

第51条的规定是对国际社会的现实所做出的补救措施。众所周知，国际社会不可能抢先在侵略国对受害国的攻击之前，对武装侵略作出足够迅速的反应，故《宪章》允许各国及其盟国在安理会根据《宪章》第7章采取必要行动之前，使用武力保卫自己。然而，自卫权的行使是受到严格的条件限制的：

这些条件包括：（1）自卫权行使的前提条件须是"受到武力攻击"；（2）自卫的时间应在安理会"采取必要办法以维持国际和平与安全之前"。如果安理会已采取或正在采取必要行动，则自卫权的行使不得影响安理会的权责，而且应将自卫的行动向安理会报告；（3）必要性和相称性原则是自卫权行使的武力限度。

第一，"受武力攻击"——自卫的必要条件。

依据《宪章》第51条，国家只有在"受到武力攻击"的情况下，自卫的行使才被准许。例如，一国武装侵略别国的领土完整或政治独立，或者侵犯他国在公海上的船舶和飞机，这些都属于"受到武力攻击"的情形。"受到武力攻击"是国家行使自卫权的前提，是自卫的一个必不可少的要素，因为武力攻击是国家诉诸自卫权而合法使用武力的基础之所在。

---

① ［美］汉斯·凯尔森著，王铁崖译：《国际法原理》，华夏出版社1989年版，第51页。

第二，与安理会职权的协调——国家行使自卫的另一个条件。

国家行使自卫的另一个条件是，受到安理会维持国际和平与安全的职权的限制。根据《宪章》第51条的规定，此种限制主要涉及两个方面：自卫权行使的期限和向安理会报告的义务等。其一，国家行使自卫权的时间局限于安理会"采取必要办法以维持国际和平与安全之前"。也就是说，一旦安理会采取了维持国际和平与安全的必要措施，自卫行动就告结束。这表明，在《宪章》体制下，自卫是受制于安理会的临时性补救办法。因而，国家自卫被认为是一种临时权利。（a temporary right）① 对自卫权的这一限制，有利于保障安理会在维持国际和平与安全事务中的优先和权威地位。其二，会员国对于行使自卫权时所采取的措施负有向安理会报告的义务。行使单独和集体自卫的国家，有义务立即把它们所采取的措施向安理会报告，并且服从安理会的指示。第51条明确规定：在自卫的情况下，安理会仍然有权力和职责采取旨在恢复国际和平与安全的必要行动，或对有关军事行动施加必要限制的行动。为了有效地对自卫权的行使进行监督，安理会必须收到有关自卫措施的充足报告。

第三，必要性和相称性原则——自卫权行使的武力限度。

以自卫形式使用的武力并非是不受限制的，而是只能在一定限度内使用，因为国际法要求行使自卫权的国家必须遵守必要性和相称性原则。这符合自卫的目的——击退或阻止武力攻击，而不是出于惩罚。以必要性和相称性原则来限制自卫权的做法在国际习惯法中由来已久。

虽然《宪章》第51条没有明文提及必要性和相称性问题，但多数学者都认为，第51条规定的自卫同样受必要性和相称性原则的约束。（1）必要性原则（principle of necessity）关于必要性的含义。阿戈法官（Judge R. Ago）在给联合国国际法委员会的关于国家责任的第八次报告中指出，必要性概念的核心在于应尽可能利用其他方法阻止武力攻击，只有当受攻击的国家除了求助于武力外，已没有任何方法可以阻止武力攻击时，方可诉诸武力。② 换言之，受攻击国必须是在没有其他切实可行的和平手段可供选择作出反应的情况下，才不得不使用武力诉诸自卫，此时的自卫权行使才是必要的。（2）相称性原则（principle of proportionality）相称性又称成比例性或程度相当原则。该原则要求，单独或集体自卫所使用的武力，其强度和规模必须与他方所使用的武力即所受攻击的严重性相称（成比例）或保持合理的关系。否则，在行使自卫权时动辄扩大使用武力的强度和规模，边界冲突的小事件就有可能成为发动一次

---

① Christine Gray, *International Law and the Use of Force*, Oxford University Press, 2000, p. 93.

② *Yearbook of the International Law Commission*. 1980. vol. 2. part1. p. 69.

全面战争的借口。因而，如果自卫超过了相称性这个限度，那么它本身就变成了非法的使用武力。相称性的限制可以有效制止有关武装冲突的升级，它对自卫权的行使具有突出的法律和实际意义。可以说，相称性原则是对自卫行动进行限制的最为重要的一个条件。关于相称性的标准，并不是很确定。这一方面是由于在现代战争条件下无法对相称性的"度"作出准确的判断；另一方面，其标准的模糊或许可以为在各种具体情况下采取自卫的限度留下灵活的余地。相称性的确定取决于特定情形的具体情况，如武力攻击发生的时间和地区，挑衅性攻击的规模、程度及其性质等。

一种是区域的限制：一般情况下，自卫的国家的武力反击程度大多限于将入侵者驱逐出其本国领土，所以，自卫的国家不能去轰炸对方国家的城市或侵犯该国的领土主权。但在某些特殊情况下，自卫行动可能涉及对他国领土的侵犯和使用武力，如武力攻击是来自他国的跨界枪击；有关攻击者是从邻国的基地上从事攻击行为并从该基地获得物质援助，抑或躲避到邻国并在邻国的庇护下免受自卫的国家部队的追捕等。另一种是武力的强度的限制：总的说来，各国政府面对孤立的边界攻击或军舰攻击的小事件时，是遵守相称性的要求的，自卫的国家一般将武力局限于与所受攻击相称。当自卫行为在所造成的伤亡人数和使用兵器的程度等方面大大地超过了挑衅性的武力攻击时，将更容易引起国际舆论的压力，舆论往往谴责这种自卫是非法的过当行为。需要关注的是，由于合法的自卫限于击退外来的武力攻击，因而自卫的国家不能借机实施武力报复或惩罚性行动，将自卫行为变成报复行动。

2. 打击国际恐怖主义对国家自卫权原则的突破与挑战

"9·11"恐怖袭击事件后，美国发动的打击国际恐怖主义的军事行动在很多方面突破了关于国家自卫权的规定。

第一，突破自卫权适用的对象范围。

如前所述，每一个国家都有自卫权，但行使自卫权的前提条件是一个国家受到武力攻击。对这种武力攻击的发动者，《联合国宪章》却并没有明确的规定。奥本海国际法认为这种武力攻击主要包括两种情况：一是指一个国家派遣正规部队跨越国际边界对另一个国家的直接攻击；二是指一个国家派遣或代表该国派遣团队或雇佣兵到另一个国家的间接攻击，只要这种间接攻击的严重性达到正规部队武力攻击的程度。从奥本海国际法的解释来看，不管是直接的武力攻击还是间接的武力攻击，这种武力攻击的发动者似乎都是国家。由此看来传统国际法认为：行使自卫权的前提条件是国家受到武力攻击，自卫权指向的对象是发动武力攻击的国家。

美国对阿富汗发动的军事行动被认为是一种单独或集体自卫行动，其首要的前提条件是"9·11"恐怖袭击。美国以这一点作为行使自卫权是对传统的国家自卫权的巨大突破。一种突破是把恐怖主义分子也当成了自卫权行使的对象。另外就是，在没有充分的证据证明就对一个行使"武装攻击"国家行使自卫权。从上面分析中，我们可以看到，美国对阿富汗动武前不存在一般意义上的"武力攻击"，也没有充分的证据证明有关恐怖分子或恐怖组织是在执行阿富汗国家的指令或在该国支配下控制实施了"9·11"恐怖袭击的。那么，针对"9·11"这样重大的恐怖主义袭击行为，可否扩大适用《宪章》第51条所规定的自卫权概念呢？这是一个引起广泛争议的问题。不少欧美学者认为，可以允许对自卫权概念进行扩大解释。他们指出，来自于非国家行为者的恐怖主义袭击也能构成《宪章》第51条所指的"武力攻击"。安理会在"9·11"事件后通过的第1368号和第1373号两项决议都在序言中确认或申明国家"按照《联合国宪章》有单独或集体自卫的固有权利"，这暗含着安理会已将此次恐怖主义行动视做《宪章》第51条意义内的"武力攻击"。应该说，安理会第1368号和第1373号决议在"9·11"恐怖袭击问题上是否存在自卫权问题上是很含糊的。这两个决议均未说明"9·11"事件构成第51条所指的"武力攻击"，而是确认"9·11"事件对国际和平与安全构成了威胁。因此，美国对阿富汗军事行动只应是一个特例，它不具有普遍适用性，也不能视为改变了现行国际法上的自卫概念。

第二，"先发制人"与突破自卫权适用的时间限度——"预防性自卫"。

"预防性自卫"（preventive Self-defence）是一种认为对于即将来临的攻击或迫在眉睫的危险采取先发制人的打击的主张，它又被称为"先发制人的自卫"（preemptive self-defence），或者预先性自卫（antic iPatory self-defence）。预防性自卫的基本含义是当国家发现自身面临一个即将出现的攻击危险时，率先采取适当措施打击对方以保全自己。认为没有国家会等待先受攻击后才采取自卫行动，因为在现代的武器条件下，这种首先攻击很可能摧毁该国进一步抵抗的能力，从而危及该国的生存。如果不允许预防性自卫，那么侵略者就可以选择有利的时间发动攻击，从而剥夺了受害者的自卫可能性。

"预防性自卫"的关键问题是对所面临武力攻击和恐怖威胁进行预先打击的必要性判断是否合法以及权威。"自卫行动的合法性问题适宜于也应该最后由一个司法权威或一个政治团体（如联合国安理会）予以断定"① 而不能由某个国家（特别是由实施预防性自卫的国家）自行判断。"预防性自卫行动通常

---

① 詹宁斯·瓦茨：《奥本海国际法．第1卷》（第一分册），中国大百科全书出版社1995年版，第311页。

是非法的，但并不是一切情况下都是非法的，问题决定于事实情况，特别是威胁的严重性和先发制人的行动有真正必要而且是避免严重威胁的唯一方法，所以，预防性自卫比其他情形更加需要符合国际社会所公认的必要条件"。① 预防性自卫其实是一个有着广泛争议或者是一个很复杂的问题，依据这样一个具有广泛争议且极易带来严重影响的"预先自卫"理论来制定一国的军事安全战略，很难让人相信没有其他方面的战略目的。

在美国对伊拉克的军事行动中，美国声称伊拉克拥有大规模杀伤性武器，对美国构成威胁；美国是在受到伊拉克大规模杀伤性武器威胁下采取行动的，是"先发制人"。在布什政府看来，先发制人的战争是在敌人发起袭击前采取行动的一种合法手段。然而，我们看到美国的自卫权难以成立。一方面，伊拉克没有惊动美国本土，故美国的单方面动武不符合《宪章》规定的自卫权概念。事实上，没有任何证据证明伊拉克拥有攻击美国的能力，甚至没有证据证明伊拉克有发动战争的企图，直到开战前，都没有证据显示伊拉克正在加紧进攻美国。另一方面，伊拉克并没有实施威胁美国的行动，而是美国在用战争威胁伊拉克并积极备战。美国利用预防性自卫为自己开脱是没有根据的。

"先发制人"战略所造成的后果是极其危险的。

首先，"先发制人"战略是对国际法的挑战。联合国大会在 1970 年一致通过了《关于各国依联合国宪章建立友好关系及合作之国际法原则之宣言》，对某些已经规定在宪章之中的基本原则作了权威的阐明，赋予其中包含的禁止非法使用威胁或武力原则、和平解决国际争端原则、不干涉内政原则等七项基本原则在现代国际法中的突出价值，并分别指出这七项原则的含义和要素。这些原则是以联合国宪章为依据的，构成国际法存在的基础，具有"国际强行法"的性质，美国政府所推行的"先发制人"战略，则无视这些国际法的基本原则。"先发制人"，对世界各国首先就意味着一种明确的武力威胁，认为只要有必要（甚至不需要证据）就可以对他国进行公开的打击。这无疑是对国际法基本原则和各国平等权利的蔑视

其次，"先发制人"战略是对国际法所确认的"自卫权"的滥用。在现代敌对行动的条件下，要求一个国家必须等到武力攻击开始后才采取自卫行动，是不合理的。但在实践中，如果片面强调预防性自卫是正当的，那这种行为方式的危险性是不言而喻的，这在历史上是有过深刻教训的。所以，《联合国宪章》第 2（4）条和第 51 条原则上禁止预防性自卫行动。虽然，《联合国宪

---

① 詹宁斯·瓦茨：《奥本海国际法．第 1 卷》（第一分册），中国大百科全书出版社 1995 年版，第 310 页。

章》对联合国会员遭受威胁时在安全理事会采取行动前的单独或集体自卫的权利予以保留，但宪章第 51 条也明文规定，因行使自卫权而采取的措施必须立即报告安全理事会，而且这些措施并不影响安理会维持和恢复和平的一般责任。因此，必须将武装行动的自卫性质交付公正决定，否则应被视为违反国际法。《联合国宪章》关于自卫权的规定表明，即使各国在行使国际法所确认的自卫权时，也是有诸多国际法上的限定和约束的，更不用说极具争议的"预先自卫"了。预防性自卫不符合《宪章》第 51 条关于自卫权行使的前提条件——"受武力攻击"。该条对国际习惯法上的自卫权进行限制，将自卫权的行使限于"受武力攻击时"。这意味着必须已经发生了武力攻击或军事攻击已经实际存在时，才能使用武力进行自卫。而预防性自卫却是在单纯的军事威胁阶段就实施自卫权。可见，这种自卫不符合《宪章》第 51 条的规定。预防性自卫明显违背相称性规则。自卫权的合法行使必须遵守相称性规则，而依据该规则，预防性自卫原则上是不容许的，因为对于仅仅是准备或威胁的行为，使用武力完全不是相称性的反应。

再次，"先发制人"战略违背了国际法一般法律原则。"先发制人"战略重要的逻辑是自行判断威胁之发生，对打击对象预先推定有罪，这是与国际法一般法律原则相违背的。我们知道，"无罪推定"是现代世界大多数国家刑法或刑事诉讼法中确立或承认的一项基本原则。它的基本含义是："任何被指控犯罪的人，在依据法律被法院证明有罪以前，应该推定其无罪，除非有无可怀疑的充足证据证明相反时为止；同时，被指控有罪的人没有举证义务，也没有为自己申辩无罪的责任；证明被告人有罪是起诉方或检察官的责任，他必须反驳无罪推定，以无疑义的充足证据确认被告人犯有被指控的罪行。"这一原则，无论国内法还是国际法，都是把它作为一般法律原则而加以确认的。《国际刑事法院规约》第 66 条也重申了这一原则。在美国国内及西方社会，更是把这一原则当做人权的重要内容而加以保护。而美国的"先发制人"战略则是违背了这一起码的法律原则。

最后，"先发制人"战略破坏了联合国的集体安全机制。联合国集体安全机制是国际社会成员以相互约定，对国家使用武力实施法律管制，并有效的强制性规范。集体安全机制的核心是对在国际关系中使用武力实行法律管制，具体地说，就是通过国际社会的共同约定，规定合法使用武力的条件，禁止非法诉诸战争或使用武力。在集体安全体制下，战争权不再是国家的一项一般权利。任何违反集体安全义务而使用武力的行为均属非法，均在禁止之列。

第二次世界大战结束以来的实践证明，联合国集体安全机制在维持和恢复国际和平与安全、制止不法行为方面，发挥了积极作用。而美国实施"先发制人"战略，却以集体安全机制是无效率的为借口，撇开联合国对交战双方要先行寻求国际组织与国际法庭仲裁的要求。事实上，在全球化条件下，国际政治经济联系日益紧密，以联合国集体安全机制为代表的多边合作与协商机制在解决国际战争与和平问题上正发挥着越来越有效的作用，多边安全机制逐渐得到了世界各国的认可与尊重，而美国"先发制人"战略的施行势必导致国际社会的失序。"先发制人"战略的施行，将会为国际社会开创危险的先例。如果各国都无视国际法，滥用预先自卫权实施"先发制人"，其后果是不堪设想的，世界将会处于混乱和无政府状态之中，这种危险更甚于恐怖主义。

绝大多数国家反对意见预防性自卫权的运用。① 虽然早期的国际法曾经承认，在国家的领土完整受到急迫威胁的情况下，可以采取预防性自卫行为。但是，第二次世界大战以后这种权利失去了国际社会的支持，并最终被确立禁止使用武力原则。鉴于预防性自卫具有潜在的严重后果，若将这种自卫承认为一项国际法的普遍规则，那维持国际和平与安全恐怕只能是一个口号。这种自卫一旦被滥用，将可能成为推行强权政治、侵犯他国领土主权、任意干涉别国内政或其他非法目的的托词或借口，并成为少数军事强国的特权。正确的做法是，对于对世界和平的重大威胁，应在联合国的框架内利用一切办法予以应对。

（四）国际反恐斗争中国际人道主义法的几个问题

在反恐斗争中，是否应该受到国际人道主义法的约束，是一个非常重大的问题。首先就要确定国际反恐怖斗争适用国际人道主义法的所规范的范围。从目前以美国为首的反恐国际联盟采取的反恐怖行动看，不仅在有关战俘待遇问题上，而且在战争中对平民的保护、战争对环境所造成的污染等问题上都存在着不同程度地违背国际人道主义法方面的问题。

1. 国际人道主义法中适用于反对恐怖行为的规则

《联合国宪章》对和平解决国际争端有明确规定，而且还规定禁止使用武力或以武力相威胁。和平解决国际争端已经是国际法的一个基本原则。既然战争是不合法的，那么人类为什么还要制定关于战争的规则呢？原因在于，《联合国宪章》并没有完全禁止使用武力，它规定国家可以援引《宪章》第51条来行使自卫权。无论是单独的还是集体的自卫权都是国家"固有的"权利。而且《联合国宪章》规定的禁止使用武力也并没有包括国内武装冲突（即内战）。因此，在现实世界中战争还是很普遍地存在着的。所以，我们就有必要

---

① Christine Gray, *International Law and the Use of Force.* Oxford University Press. 2000. pp. 111 – 112.

制定一些规则将战争给人类及其财产带来的危害降到最低程度，同时也保护一些特别容易受战争影响的人群，这正是国际人道法的目标所在。

所谓国际人道主义法，它适用于国际性武装冲突和非国际性武装冲突，其内容是关于保护平民、战俘、伤者、病者及遇难者和对作战方法和手段加以限制的原则和规则，其目的在于尽量减轻武装冲突给人们带来的痛苦。①

组成国际人道主义法的基本法律文件是 1949 年的四个日内瓦公约：《改善战地武装部队伤者病者境遇的日内瓦公约》、《关于改善海上武装部队伤者病者遇难者境遇的日内瓦公约》、《关于战俘待遇的日内瓦公约》以及《战时保护平民的日内瓦公约》和 1977 年的两个附加议定书：《关于保护国际性武装冲突受难者的第一附加议定书》和《关于保护非国际性武装冲突受难者的第二附加议定书》。

国际人道主义法的基本原则可以归结为以下几点：（1）未参与敌对行动或不再参与敌对行动的人应当受到尊重、保护和人道的待遇；（2）战俘和自由受到限制的其他人应当受到人道的待遇；（3）武装冲突各方使用作战手段和方法的权利是受到限制的；（4）为了保护平民，武装部队在任何时候都应当区分平民和民用物体与军事目标。平民和民用物体在任何时候不能成为攻击目标。②

国际性武装冲突中适用于反对恐怖行为的规则主要体现在以下几方面：

一是国际人道主义法限制作战手段（如武器）和作战方法（如战术）。与此相关的条约有 1954 年的《关于发生武装冲突时保护文化财产的公约》及其两个议定书，1972 年的《禁止细菌（生物）及毒素武器的发展、生产及储存以及销毁这类武器的公约》，1980 年的《禁止或限制使用某些可被认为具有过分伤害力或滥杀滥伤作用的常规武器公约》及其四个议定书，1993 年的《关于禁止发展、生产、储存和使用化学武器及销毁此种武器的公约》，1997 年渥太华《禁止使用、储存、生产和运输杀伤性地雷和销毁此种武器的公约》等。在这方面，国际人道主义法禁止使用不分皂白地对平民进行攻击的武器，禁止使用造成过分伤害和不必要痛苦的武器，禁止使用对环境造成严重和长期危害的武器。

二是对战时平民的保护。1949 年《日内瓦第四公约》第 33 条规定："任何受保护人员不得因非本人所犯之行为而受到惩罚，集体惩罚及一切恫吓恐怖手段，均所禁止。禁止对被保护人及其财产采取报复行为。"第 34 条还规定

---

① 王可菊：《国际人道主义法及其实施》，社会科学文献出版社 2004 年版，第 1 页。
② 北京市法学会国际法研究会：《国际法学论丛》（3），中国方正出版社 2004 年版，第 85 页。

"禁止将受保护人员作为人质。" 1977 年《第一附加议定书》进一步对这些规定加以完善，第 51 条重申 "保护平民免遭军事行动中产生的危险。" 这项传统习惯法的义务，并在第 2 款规定 "平民居民和平民个人同样地不应成为攻击的目标，禁止以在平民居民间散布恐怖为主要目标的暴力活动和暴力威胁。" 第 4 款规定 "禁止战争中的不分皂白的攻击。" 第 52 条规定 "民用物体不应成为攻击或报复的对象。" 上述条款认为战争或武装冲突中的 "恐怖行为" 是 "以在平民居民间散布恐怖为主要目标" 的行为，具体来说可以包括：不是以具体的军事目标为攻击对象；采用不能以特定的军事目标为攻击对象的作战方法或手段；采用其后果不能限制在法律要求范围内的作战方法或手段，并且因此具有不加区分地攻击军事目标、平民或民用物体的性质。此外，1977 年《第一附加议定书》第 75 条还加强了对直接处于敌方控制下遭受军事行动危险的平民的国际保护标准。该条款强调在冲突一方权力下而不享受各公约和本议定书所规定的更优惠待遇的利益的人，在其受本议定书第 1 条所指场合的影响范围内，在任何情况下，均应享受人道的待遇，从而形成了武装冲突中人权保护的安全网。因此，1949 年《日内瓦第四公约》及 1977 年《第一附加议定书》明确禁止对平民和民用物体造成伤害的恐怖行为。这些禁止性规定是绝对的，不能通过主张诉诸报复的权利而被规避。造成平民死亡或严重伤害的恐怖行为是严重违反 1949 年《日内瓦第四公约》的行为，即战争罪行①。根据普遍管辖权原则；所有国家都有权对战争罪犯行使管辖权。依据 1998 年《国际刑事法院罗马规约》的有关规定，这些罪行也属于国际刑事法院的管辖范围②。除上述条款确立的一般禁止性规定之外，国际人道主义法的其他几项规定，在讨论它们应如何对待恐怖活动时，也具有重要意义。例如，保护文化财产免受敌对行为的规则③，或对某些存在潜在危险的工程或设施（如水坝、围堤和核电站）给予法定保护的规则④。

　　三是有关战俘保护的规则主要体现在 1949 年《日内瓦第三公约》中。根据该公约的规定，战俘在任何时间必须受到人道的待遇和保护，在任何情况下，战俘均不得放弃公约所赋予的部分或全部权利。对故意破坏上述规则的个人，各缔约国应视为严重的犯罪行为，并采取有效的刑事处罚措施。同样，依

---

　　① 1949 年《日内瓦第四公约》第 147 条。

　　②《国际刑事法院罗马规约》的第 7 条（反人类罪）和第 8 条（战争罪），特别是第 2 款的（a）和（b）。

　　③ 1954 年 5 月 14 日《关于发生武装冲突时保护文化财产的公约》第 4 条，也可见 1977 年《第一附加议定书》第 53 条。

　　④ 1977 年《第一附加议定书》第 54 条。

据《国际刑事法院罗马规约》的有关条款，这种犯罪行为也属于国际刑事法院的管辖范围。①

可以说，国际人道主义法的主要内容就包括在 1949 年四个《日内瓦公约》和 1977 年两个《附加议定书》中，也可以说这六个国际文件构成了国际人道法的主要框架。四个《日内瓦公约》和《第一议定书》适用于国际性武装冲突，而四个公约共同的第 3 条和《第二附加议定书》适用于非国际性武装冲突。这些条约为战争受难者所提供的保护是最广泛的，并得到了国际社会的普遍认可。

2. 反恐斗争中存在违背国际人道主义法的问题

"反恐战争"是否适用国际人道主义法，关键在于"反恐战争"是否构成武装冲突。"9·11"事件以后开展的"反恐战争"的某些特定方面构成了国际人道法所界定的武装冲突。美国发动的阿富汗战争和伊拉克战争在打击对象、对待战俘以及战争手段的运用等方面都违背了国际人道主义法的有关规定。

第一，美国的反恐战争构成了国际人道法所界定的武装冲突。

2001 年 10 月以美国为首的联军对阿富汗塔利班政权和本·拉登基地组织实施了军事打击。在这场战争中，以美国为首的联军是战争的一方，阿富汗是战争的另一方，属于国际人道主义法意义上的国际武装冲突。尽管这类"反恐战争"的法律性质尚未定性，但 1949 年《日内瓦四公约》及其附加议定书等国际人道主义法依然适用。

这是因为：一是 1949 年《日内瓦四公约》及其议定书是中立性质的条约，它不追究战争或武装冲突的性质，并对所有交战方都适用。战争性质虽然有正义和非正义之分，但造成的后果都是对人的伤害和对人类生活环境的破坏。国际人道主义法并不是取消战争或武装冲突，而是基于战争或武装冲突会对人类社会带来破坏这一事实，出于人道主义的考虑，为最低限度地减轻战争或武装冲突所带来的灾难而制定的法律规范。因而，国际人道主义法规则平等适用于武装冲突的所有当事方，而无论相关当事方是侵略者还是自卫者，也无论该当事方是一个国家还是一个叛乱团体，武装冲突的每一当事方都可以对军事目标进行攻击，但它不得直接攻击平民及滥杀无辜。二是国际人道法已构成国际习惯法的一部分，具有强行法的性质，对国际社会成员具有普遍的约束力。国际条约和国际惯例被认为是国际法的两大主要渊源，一般来说，国际条约只对缔约国有约束力，而国际惯例是国家在反复实践中形成的并赋予其法律

---

① 《国际刑事法院罗马规约》第 8 条第 2 款。

性质的规则。习惯法一旦形成，对所有国家都有约束力，除非国家明确表示反对。从历史上看，战争与冲突的规则不但存在于为数众多的条约中，而且还以各国公认的惯例形式存在，事实上许多重要的条约都是对现存惯例的编纂。以下这些协定，是适用武装冲突的国际人道主义法中已毫无争议地成为国际习惯法的一部分，即 1949 年《日内瓦四公约》；1907 年《陆战法规和惯例》；1948 年《防止及惩治灭绝种族罪公约》；1945 年《国际军事法庭宪章》①。该报告在联合国第 827 号决议中得到了肯定②。国际法院 1996 年 7 月在"关于以核武器相威胁和使用核武器合法性"咨询意见中对国际人道法的习惯法性质也作了极为重要的阐述，法院重申了《日内瓦四公约》、《海牙公约》和《灭种罪公约》的习惯法性质，还提到赞成安理会第 808 号决议的报告，提到加入这些条约的范围以及从未适用这些条约中的退约条款的事实，得出的结论是：这些规则是国家所应有的行为规范和准则，人道主义法中的大部分原则和规则是条约法公约第 53 条所指的强行法的一部分。

第二，从国际人道主义法的角度看美国的"反恐战争"，在打击对象、对待战俘以及战争手段的运用等方面都违背了国际人道主义法的有关规定。

一是关于反恐战争中战俘的地位和待遇问题。这就涉及这样一个问题：即恐怖组织的成员在武装冲突中被抓获后究竟是不是战俘？对此问题有较大的争议。"9·11"恐怖袭击发生后，美国以反恐为名对基地组织和阿富汗塔利班政权进行军事打击，在取得初步军事胜利后，将一批被抓获的基地组织及塔利班人员移送至古巴关塔那摩基地关押。国际社会对这些人的法律地位存在着较大的分歧：一些国家将他们视为国际法意义上的战俘，而美国却认为他们只是不合法的战斗人员，因此，不适用 1949 年《日内瓦四公约》。根据 1949 年《关于战俘待遇之日内瓦公约》（以下简称第三公约）和 1977 年《关于保护国际性武装冲突受难者的附加议定书》（以下简称第一议定书）的有关规定，战俘，指落于敌方权力之下的战斗员。什么样的人属于国际法上的战斗员呢？根据第一议定书第 43 条规定，战斗员指冲突一方的武装部队人员，而武装部队指"由一个为其部下的行为向该方负责的司令部统率下的有组织的武装部队、团体和单位组成，即使该方是以敌方所未承认的政府或当局为代表"。对照以上定义，在阿富汗冲突中，与美国作战的塔利班军队符合战斗员的要求，因此

---

① 联合国秘书长按照安理会第 808 号（1993）决议第 2 段提出的报告，联合国文件 S/25704 第 34 段—35 段，http：//www. org/icty/legadoc/index. hem.

② 联合国安理会第 827 号（1993）号决议的执行部分第 1 段，见 http：//www. org//docs/scres/1993/scres93. htm.

他们被美军抓获后无疑应享有战俘待遇。美国军队对关押的战俘作出的各种非人道的折磨和这些战俘所受的不公正待遇引起了世人的关注，在全世界引起了很大的反响。

二是反恐战争中所造成的平民的伤亡。在阿富汗战争中，美国的军事行动经常造成平民的伤亡。据美国《洛杉矶时报》报道，在 2001 年 10 月 7 日—2002 年 2 月 28 日美国对阿富汗进行的空袭中，被炸死的阿富汗平民在 1067 人和 1201 人之间。报道说，在对阿富汗村庄的调查中发现数千名受伤的平民，他们对美国没有表示道歉或提供赔偿表示不满。[①] 在伊拉克战争中，"伊拉克伤亡调查小组"与牛津大学研究中心 19 日联合公布的一份报告中说，自 2003 年 3 月美英发动入侵伊拉克战争至 2005 年 3 月的两年时间内，伊拉克平民死亡人数高达 2.486 万人，平均每天有约 34 名平民死亡，受伤人数近 4.25 万人。这份题为《2003 至 2005 年伊拉克平民伤亡档案》的报告是上述两家研究单位在对 2003 年 3 月到 2005 年 3 月间的 1 万多家媒体报道进行全面分析后作出的。报告说，美国领导的联军共造成 9270 名平民死亡，占所有平民死亡总数的 37.3%，其中 98.5% 是由美军造成的，其他国家军队造成的只占 1.5%。反占领武装力量共造成 2353 名平民死亡，占总数的 9%。伊拉克平民的伤亡大多数是由爆炸袭击和空袭造成的，其中爆炸装置造成 1.238 万名平民死亡，占所有死亡人数的 53.3%；飞机轰炸造成 7961 人死亡，占 34.3%；小型武器造成 1901 人死亡，占 8.2%。[②]

三是战争不仅摧毁了伊拉克的许多基础设施，而且严重破坏了平民赖以生存的生态环境。美国在对伊拉克的轰炸中大量使用了危害极大的贫铀弹。这些弹药残片散落在底格里斯河与幼发拉底河河谷之间的广大地区。贫铀的放射性是天然铀的 60%，可持续 4000—5000 年。它具有很强的毒性和致癌性，导致新生儿白血病、癌症和各种畸形病变。美军大规模轰炸以及油井燃烧产生的大量剧毒性化学物质，对环境的严重破坏将会一直持续到战后很长时间。另外，战争导致的长期战乱，国家的满目疮痍，生活物资的严重匮乏，使伊拉克人民长期生活在恐怖的阴影里。

透过《2003—2005 年伊拉克平民伤亡档案》，人们更加清醒地认识美英在民主和人权问题上的双重标准。人们不禁对向来以维护"人权"自居的美英产生质疑。恐怖活动特点之一就是滥伤无辜，而反恐行动，无论是出于何种目的，也要尽量避免对平民的伤害。任何行动，只要其目标对准了无辜的平民，

---

① http: //www.akss.gov.cn/news/guowai/02060401.htm.

② http: //news.163.com/05/0721/13/1P61960000001121Q.html.

无视人民的基本人权，就自然地失去了正义性。因此，"反恐战争"也应遵循国际人道主义法的规则，避免一切非法暴力行为及对平民的伤害，反恐措施不能以剥夺公民的基本人权为代价。

三、制止和打击国际恐怖主义与国际法的完善

防止和惩治国际恐怖主义需要健全法律控制体系。应该充分发挥联合国的主导作用，包括界定一个为国际社会所普遍接受的国际恐怖主义定义；制定有关国际反恐怖公约，落实已签订的各项协议、决议；在联合国主持下通过一项防止和惩治国际恐怖主义犯罪的一般性国际公约；成立防止和惩治国际恐怖主义犯罪特别委员会；以安理会为核心，加强对各国反恐怖行动的协调，等等。同时要逐步健全和不断完善预防和惩治国际恐怖主义法律控制体系，完善有关恐怖主义犯罪的实体法规则，有关处罚恐怖主义犯罪的程序法规则，预防和控制恐怖主义的执法规则等。反恐斗争必须坚持国际人道主义法的规定。国际社会在预防和制止国际恐怖主义的同时，应该公正、客观、全面、辩证地认识恐怖主义滋生与蔓延的各种原因，致力于采取一切有效措施消除恐怖主义滋生与泛滥的各种根源。

中国不仅历来谴责和反对一切形式的国际恐怖主义，反对任何国家假借反国际恐怖主义的名义侵犯他国主权、领土完整和国家统一，干涉别国内部事务，而且在打击国际恐怖主义的斗争中发挥着重要作用。

（一）界定恐怖主义概念与有效打击国际恐怖主义

迄今为止，国际社会缺乏一个为国际社会所公认的国际恐怖主义的法律定义。这是阻碍国际反恐合作的主要因素。应当承认，恐怖主义活动的复杂性、对国际恐怖主义活动存在的模糊认识或者分歧，以及各种新形式的恐怖主义的出现等直接导致了界定概念的困难。因此，必须把握一些原则，比如公正性原则、客观性原则、渐进性原则的方式界定一个为国际社会所普遍接受的国际恐怖主义定义。

1. 导致界定国际恐怖主义概念困难的原因分析

首先，恐怖主义活动的复杂性造成了界定恐怖主义的定义是具有很大难度的。古往今来恐怖活动种类繁多。从范围上讲，存在着国内恐怖主义、国家恐怖主义、国家支持的恐怖主义、跨国恐怖主义等；从原因上讲，有民族利己型恐怖主义、宗教极端型恐怖主义、意识形态型恐怖主义、反对国家型恐怖主义、政府参与型的国家恐怖主义；从手段上讲，有传统型的恐怖主义、核武器恐怖主义、化学武器恐怖主义、生物恐怖主

义、放射性武器恐怖主义；从主体上讲，有个人恐怖主义、小型恐怖主义、集团恐怖主义、国家恐怖主义等；从恐怖主义形成的机理来讲，有挫折—攻击论、国际冲突论、文明冲突论、无政府主义论、博弈论、大众传播论、极端宗教论、权利政治论等。诸多错综复杂的因素纠缠在一起，导致很难形成一个适合各种类型的恐怖主义定义。

其次，对国际恐怖主义活动存在的模糊认识或者分歧直接导致了界定概念的艰难。（1）"恐怖主义是否是弱者反抗强者的武器"？"恐怖主义是弱者反抗强者的武器"，这是一个很流行很广的理论观点。赞成这种观点的人认为，一些弱势国家和民族或非国家行为体的弱势战争主体，在同比它们强大的很多的势力对抗时，就会采取恐怖主义的方式。这是一种非对称性或非均衡战略。在这一思想的指导下，各种各样的恐怖组织活动猖獗，一些极左组织如日本的"赤军"、法国的"直接行动"、德国的"红军旅"、意大利的"红色旅"等，都是以社会中的弱者面目出现，把攻击的目标对准了执政当局及其专政工具。源于种族主义、民族利己主义和宗教原教旨主义的恐怖主义组织和运动则以改变不合理的社会制度或社会现实为目标，不断进行恐怖主义活动。因此，当恐怖主义分子把无辜者作为袭击目标的时候，其实，就已经不是弱者对强者的武器了。因此，从人道主义的角度讲，我们反对任何形式或任何意义上的恐怖主义。（2）"一方的恐怖分子是否是另一方的自由战士"？这就涉及对恐怖主义分子的判断标准问题。在反西方霸权的一些组织和集团看来，在西方眼中的恐怖主义分子其实是他们眼中的自由战士。虽然，像巴勒斯坦民族解放运动中的"哈马斯"恐怖组织的建立独立主权国家的要求是可以理解的，但是，他们的恐怖活动是应该遭受谴责的。我们反对用恐怖主义的方式来开展反西方霸权的斗争。而且，自由战士或革命者们是不会滥杀无辜的。（3）恐怖主义是否是一种犯罪行为？恐怖主义究竟是一种犯罪行为还是一种政治行为，存在着一定的争论。美国主张，在性质上把恐怖主义看做是一种罪行，而不仅仅是一种政治行为，以便用道义谴责恐怖主义，用法律管束恐怖主义。而有些国家把恐怖主义分子当成政治犯，从而可以按照政治犯不引渡的原则来使恐怖主义分子逃避法律的制裁。其实，按照"使用或威胁使用非常规的暴力和技术手段"、"袭击平民或公用设施"就可以认定是犯罪，把恐怖主义分子引入司法审判程序当中。类似的分歧还有很多。这些分歧直接导致了对国际恐怖主义定义界定的困难。因此，各国就恐怖主义的本质、内涵等方面达成准确的、客观的共识是界定这一概念的关键。

最后，国际社会对各种新形式的恐怖主义，如"网络恐怖主义"、"电磁恐怖主义"、"金融恐怖主义"、"生物化学恐怖主义"等立法研究不足，也使得对概念的界定显得艰难。

2. 界定恐怖主义概念应该注意的原则与方法

首先，必要性原则。现在有很多的学者认为对恐怖主义进行的定义是不客观的、非学术的而且是没有作用的。主张仅针对个别的恐怖主义行为进行打击，而没有必要对恐怖主义进行界定。一种"实用派"的观点认为：在恐怖主义定义上达成一致的协议是注定要失败的。倒不如先在恐怖主义的各个方面先达成一致的协议条款。如前所述，界定恐怖主义的定义是有效打击和惩治国际恐怖主义的关键因素。在没有一个统一的标准的情况下，必然陷入前面所说的争论当中，使得国际反恐怖合作缺乏有利的根基。因此，定义不仅是语言的描述，更主要的是对某种行为的规范。一个有利的因素是国际社会已经对国际恐怖主义的基本特征达成了很多的共识，比如认为无论处于何种政治目的的、任何形式的恐怖活动都是非法的。这些成为恐怖主义概念最终形成的基础。

其次，公认性原则。恐怖主义的行为方式是非法的、非理性和违反人类社会公认准则的。所谓非法是指违背国际法原则，如对平民和其他目标不加区别的攻击等；非理性是指与生存权和人道主义原则相违背的；违反人类社会公认准则是指，在国际法和其他成文的国际公约中没有禁止的规定不能作为使用某些恐怖手段的理由。

第三，客观性原则。在国际社会，一直存在着排他性的观点，也就是把本国的、本民族的生存权利视为高与他国或他民族的生存权利。在面对国际恐怖主义思想和实践时，往往只是满足进行教条化的定性，并推广一种强有力的话语霸权体系。在这一话语体系中，不是去努力探究恐怖主义的根源，目的也不是致力于消除一切形式的恐怖主义，而在于巩固自己行使包括武力在内的一切力量以维护自身利益的合法权利。现代西方文明中的民主、人权、自由等要素，再加上基督教对于社会和人的价值的认识，已经将其他文明和民族的暴力使用视为一种根本的政治错误。而部分伊斯兰民众对西方的仇恨也从宗教上的分歧扩大到社会不同阶层间认识的分歧。因此，不可避免的是，美国认为所有把恐怖主义概念扩大化，而另一种语境把基于政治目的的暴力行为视为弱者的武器。因此，恐怖主义的界定必须坚持客观性原则，要求所有的国家不仅仅是站在自己国家或者自己民族的角度上考虑恐怖主义问题，而是站在人类社会的整体利益的角度上判断恐怖主义行为。

第四，渐进性原则。针对国际恐怖主义的复杂性，可以采取循序渐进的方法。分步立法是传统的国际法立法的重要方法，运用分步立法可以解决恐怖主义的概念界定的问题。

分步立法就是说，对恐怖主义的定义是可以分步进行的，先不一定要对恐怖主义作一个抽象的定义，但可以对恐怖主义的各个方面或各种具体表现形式加以界定。因为恐怖主义是一个非常复杂的问题，国际社会在这一问题上的看法分歧很大，特别是它牵涉国际公正的问题，要就其定义标准达成一致协议还有一段很长的路要走。然而恐怖主义活动却不但不会因为国际社会缺乏一个统一的定义而停止，相反却会因此而变本加厉，因此国际社会在无法提出一个有法律拘束力的统一的、正式的定义之前，先就恐怖主义的各个方面逐一达成协议，不失为一种很好的打击恐怖主义的补救方法。实际上这种观点在打击国际恐怖主义的国际立法中早已运用，如《海牙公约》、《蒙特利尔公约》、《关于防止和惩处侵害应受国际保护人员包括外交代表的罪行的公约》、《反对劫持人质国际公约》、《制止恐怖主义爆炸事件的国际公约》等。以上公约在不同的方面，从不同的角度对恐怖主义的不同表现形式进行了定义，并规定了具体的打击措施，在遏制恐怖主义方面起着重要的作用，另外，这些公约对各种具体的恐怖主义行为进行了准确的定义，为最终进行统一的关于恐怖主义的定义打下坚实的基础。

除此之外，国际法院既可以通过发表咨询意见的方式，也可以通过在受理具体案件作出判决的过程中，对一个国际法定义进行解释，虽然这种定义方式并不直接具有法律拘束力，但一般认为法院的判决可以作为证明某一法律原则存在的证据。不少国际法学者将这些看做一种"软性立法"。也正是因为如此，联合国在各国就某一个国际法问题难以缔结一个条约时，常常采取灵活的态度进行软性立法。也就是由联合国大会通过一个决议或宣言来达成共识，作为国家的行为规范。这种软性立法具有重要的意义：首先，它可以促进有关国际问题的国际法规则的形成。国际行为规则获得大多数国家的公认则往往为其成为国际习惯规则或国际条约规则打下了坚实的基础。如各国在缔结五个外层空间条约之前，先由联合国通过一个表决——《外层空间法律原则宣言》；在缔结两个国际人权公约之前，先由联合国发表《世界人权宣言》。同时，在关于某个国际问题的具有法律拘束力的国际条约难以出台的情况下，先由这样一个虽然不具有法律拘束力，但却对国家具有一定的法律效果的行为规范来补充也不失为上策。各国曾就侵略的概念问题争执不下，无法缔结一个关于侵略定义的条约。1974 年联合国大会通过了《关于侵略定义的决议》，通过这种软性立法为断定侵略行为提供了一个基本的判断标准。虽然从其地位来看，它不是一个具有法律拘束力的正式法律文件，但安理会在断定侵略是否存在时往往参照该决议所规定的标准。恐怖主义的定义是国际社会面临的又一个难题，各国在此问题上的分歧十分巨大，美国遭遇"9·11"恐怖袭击的事件后，联合国在第 56 届大会上专门就恐怖主义问题展开了全面讨论，并且要求每一个国家发表意见，但最终仍然无法就恐怖主义的定义提出公约草案。因而在这种情况下对恐怖主义定义有必要分步进行，先进行软性立法，由联合国大会通过一个决议或宣言来阐明恐怖主义的定义。实际上联合国已经就打击恐怖主义的措施问题发表了《打击国际恐怖主义措施宣言》，这正是就恐怖主义问题分步立法的典型模式。

（二）发挥联合国的主导作用

当前，一些国家在打击恐怖活动中，以各种理由绕开联合国采取行动，这使国际社会对打击恐怖主义缺乏一致性，国际社会已经越来越急切地呼吁联合国在反恐怖斗争中发挥更大的作用。联合国在打击恐怖主义活动中应具有主导作用这是由联合国的法律地位所决定的。在现实的反恐怖实践中，联合国已经在反恐怖斗争中发挥了重要的作用。

1. 联合国发挥主导作用是由联合国自身的法律地位决定的

联合国是建立在主权国家之间的国际组织，它所行使的权力来自于会员国的意志，《宪章》是会员国意志的体现。《宪章》赋予了联合国在维护和平与安全方面的重要职责，意味着会员国将这一重要职责授予联合国，而且会员国承诺履行宪章义务。这为联合国在打击恐怖主义斗争中发挥主要作用奠定了法律基础。成为协调一切国家的行动并使之进行协作的重要场所和中心是联合国的宗旨。实际上联合国已成为当前国际社会汇集并协调各方力量的最佳机构。这是因为，依据宪章规定，联合国的秘书长及办事人员独立于所有的会员国，这种独立地位，能够得到各国特别是中小国家的信任，这些国家愿意跟联合国合作，是能够有效地打击恐怖主义非常重要的一个方面。

自成立半个多世纪以来，联合国所建立的集体安全体制不但避免了第三次世界大战的爆发，而且一次又一次地化解了全球性或地区性的冲突。实践证明，只要不受霸权主义、单边主义或强权政治的干扰，作为国际社会平等协商和议事决事的场所，联合国所作出的绝大多数决定或采取的绝大部分行动由于反映了国际社会的整体意志和利益而受到国际社会的承认和有关国家的遵行。国际恐怖主义产生和发展的背景非常复杂，如果受害国不将受到国际恐怖主义袭击的事件自觉纳入联合国的集体安全体制内加以解决，而任由自身采取孤立的行动，特别是采取以暴制暴的行动，国际恐怖主义犯罪不但可能得不到应有的遏制和打击，反而会使其因矛盾激化而逐步升级。美国在遭到"9·11"国际恐怖主义袭击以后对待联合国集体安全体制的态度和做法值得反思和总结。作为当今世界上第一经济和军事强国，美国在2001年9月11日遭到前所未有的国际恐怖主义的袭击。美国未经联合国安理会的授权，也未与盟国作充分的协商，在向阿富汗塔利班政权提出交出本·拉登的要求被拒以后，美国的特种部队悄然潜入阿富汗山区，在美国强大的军事打击下，阿富汗被炸得面目全非。在阿富汗塔利班政权垮台以后，美国等国未经安理会授权绕开联合国对伊拉克发动了战争。这场战争引发了人们对联合国在维护国际和平与安全和在防止与惩治国际恐怖主义犯罪中的地位和作用的思考。

2. 联合国在打击国际恐怖主义中的主导作用

联合国在打击国际恐怖主义方面的主导作用体现在三个方面：

一是能够统一各国对恐怖主义的认识，谴责任何形式的恐怖活动，使恐怖主义失去道义上的支持；"9·11"事件以后，联大和安理会均指出：恐怖主义已经对国际和平与安全构成了威胁，强调在遵循《联合国宪章》宗旨和原则的基础上才能有效地打击恐怖主义。2001年安理会第1368号和第1373号决议声明"决心以各种方式来应付恐怖行动对国际和平与安全带来的威胁"。说明安理会已经断定恐怖主义行为构成对国际和平与安全的威胁，属于其管辖范围，可以采取包括授权使用武力在内的任何适当措施。联合国已经为罪犯实现国际引渡以及打击洗钱行为等问题制定了诸多公约，为铲除恐怖主义而采取的具体措施提供了法律依据；二是依据采取有效的集体措施，依正义及国际法原则，防止和消除对和平的威胁，制止侵略或其他破坏和平的行为；三是遵守宪章原则。《联合国宪章》规定了各会员国主权平等，不干涉内政，和平解决争端，禁止使用武力相威胁或使用武力等国际法原则。在维护国际和平与安全，打击恐怖主义时，各国不得违背这些原则。因此，在当今打击恐怖主义活动中，联合国具有非常重要的主导作用。

维护国际和平与安全是联合国的首要目标，作为在维护国际和平与安全方面负有重要责任的全球最大的国际组织，联合国在反对国际恐怖主义行动中应发挥主导作用。正如安南秘书长所言，只有联合国才能赋予在全球范围内展开反恐怖斗争的合法性。

3. 在未来的国际反恐怖行动中，联合国应该采取的措施

首先，加紧制定有关国际反恐怖公约，落实已签订的各项协议、决议。在联合国主持下通过一项防止和惩治国际恐怖主义犯罪的一般性国际公约，该公约应将现存的各种形式的国际恐怖主义犯罪纳入其防止和惩治的范围，未来遇有新形式的国际恐怖主义犯罪产生时，应通过缔结补充议定书的形式纳入到该公约的适用范围内；区域性反恐条约和各国反恐立法应与上述一般性国际公约保持一致；目前联合国应尽快完成正在制定中的《制止核恐怖主义行为国际公约》和《关于国际恐怖主义定义的公约》，鼓励各国尽快参加并切实执行现有国际反恐公约义务，采取积极行动切断恐怖主义分子的经济、军事支持，坚

持将恐怖分子绳之以法。

其次，联合国应成立防止和惩治国际恐怖主义犯罪特别委员会，负责审议各国为防止和惩治国际恐怖主义犯罪方面取得的进展和存在的障碍提交的报告，就防止和惩治国际恐怖主义犯罪方面的事宜与有关成员国、区域性国际组织或联合国有关专门机构磋商，并就危及国际和平与安全的国际恐怖主义犯罪行为向联合国大会或安理会提交报告以供后者审议。

第三，制订一个全球性的反恐怖长远计划。反恐怖斗争是一项长期的任务，联合国必须考虑更长远，更全面的打击恐怖主义战略，寻找并设法铲除恐怖主义产生的政治经济和社会根源，才能取得全球反恐怖斗争的最终胜利。

第四，以安理会为核心，加强对各国反恐怖行动的协调。对于危及国际和平与安全的国际恐怖主义行为应由联合国大会或安理会加以讨论并决定应该采取何种措施予以遏制或惩治，安理会可自行采取行动，也可授权区域性国际组织或联合国成员国采取行动以消除国际恐怖主义犯罪对国际和平与安全的破坏，任何国家除行使自卫权或经安理会授权以外不得擅自动武或采取其他行动。国际社会应当以联合国作为合作反恐怖主义的场所，建立反恐怖主义国际联盟。联合国应成为协调各国反恐怖行动的中心，加强各国在反恐怖斗争方面的政治、经济、军事协调，加强与包括国际刑警组织在内的其他国际组织的合作与协调。

第五，恪守和平解决争端的原则，坚持在反恐怖行动中只有安理会才能采取包括武力在内的强制措施。"9·11"事件以后，美国对阿富汗实施报复性的军事打击，是有违《联合国宪章》和国际法的。

需要补充的是，联合国在反恐怖斗争中作用的提高取决于各国对联合国的威望的尊重，也取决于联合国自身的改革与发展。联合国应致力于消除产生国际恐怖主义的根源。

（三）完善国际反恐怖主义法

国际社会为了有效遏制和打击恐怖主义，采取了许多政治、经济、军事、法律等措施，并通过了一系列反恐怖主义的公约、条约、协定、备忘录、联合声明等来规范有关反恐怖主义的原则、规则和规章、制度。尽管恐怖主义的定义在不同的反恐怖主义文件中的表述是不同的，但是，各个反恐怖主义法律的范畴却基本相同或相似。诸如此类的文件所确立的许多原则、规则、规章、制度奠定了国际反恐怖主义法律的基本框架。当代国际反恐怖主义法的发展脉络主要仍然围绕着三个大的方面展开，有关恐怖主义犯罪的实体法规则，有关处罚恐怖主义犯罪的程序法规则，预防和控制恐怖主义的执法规则等三个方面的内容构成了国际反恐怖主义法的基础和范围。面对越来越猖獗的国际恐怖主义犯罪，预防和惩治国际主义法律控制体系亟待完善。

1. 国际反恐怖主义法的概念及特征

所谓国际反恐怖主义法，是国际社会有关恐怖主义犯罪和处罚的规章、制度和原则、规则的总称。按照这个基本的概念，国际反恐怖主义法的基本特征应该包括如下几个方面：

首先，国际反恐怖主义法是具有强制性的法律规范，而不是一种道德规范。因为在很多情况下国际反恐怖主义法是以公约、习惯法的形式出现的，而这些公约或习惯法通常是具有法律约束力的，它们不同于国际社会中常见的宣言、公报之类的文件。任何谴责恐怖主义的宣言、公报等文件，都只能是宣示某种理念，阐释某种价值观的表示，尽管这类宣言、公报可能会成为各国缔结相关国际条约的基础，但是，它们无论如何都不能构成国际反恐怖主义法的规范。同样，国际礼仪规则永远也不可能成为法律规范，因为违反国际礼仪规则而冒犯了受国际保护的人员，这种行为充其量只是不礼貌行为，谈不上是违法行为，更不能看做是恐怖行为。国际反恐怖主义法在这些问题上是不适用的。

其次，国际反恐怖主义法不是单一的法典，更不是国际统一法典。自人类有法律史以来，国际反恐怖主义法作为单一的法典还未曾出现过。所以，如同国际航空法、国际贸易法、国际人权法、国际人道主义法、国际武装冲突法等一样，国际反恐怖主义法也是由诸多法律制度、规章、规则和原则构成。如果要寻找国际反恐怖主义法的证据，同样只能从一系列国际法规章、制度、规则和原则中去发现。国际反恐怖主义法肯定也不是多个国家的反恐怖主义法的简单叠加，不能把世界各个国家的反恐怖国内法当做是国际反恐怖主义法。各国的反恐怖法毕竟是国内立法，不具有任何国际意义，即使在其中单列出处理涉外反恐怖事务相关条款也不例外。

再次，国际反恐怖主义法最主要的任务是调整国家之间在预防和惩处恐怖主义中所结成的社会关系，明确国家之间在惩处恐怖主义犯罪方面的职责和义务。具体地说，国际反恐怖主义法所要解决的事项主要是：界定恐怖主义犯罪的行为要件和类型，以便各缔约国统一对恐怖主义犯罪的认识，奠定打击恐怖主义犯罪的合作基础；设定预防和惩处恐怖主义的范围，以便明确各缔约国之间行使国家反恐怖主义职能的界限和幅度；约定国家之间在预防和惩处恐怖主义中的国际义务，使各缔约国承担起法定的条约义务，以便于各自依照条约进行活动；明确国家对恐怖主义的管辖范围和权限，以使各缔约国根据本国法律采取侦查、起诉、审判和处置措施，对具体的恐怖主义犯罪案件立案管辖，实际履行国家对恐怖主义犯罪的刑事司法权；规定国家引渡逃亡的恐怖分子的职责和义务，让各缔约国可以依照条约规定，相互开展引渡恐怖分子的合作，以便有关国家将恐怖分子绳之以法，防止恐怖分子利用法律的空子，逃避法律的追究；通过设计相应的联系渠道和方法，让各缔约国在预防和惩处恐怖主义中可以相互提供司法协助和执法合作，并使各缔约国按照需要和可能开展条约允许的司法合作，避开复杂而又烦琐的国际司法程序，从而最有效地防范和惩处恐怖主义。

2. 国际反恐怖主义法的性质

首先，从本质上讲国际反恐怖主义法是属于国际法范畴的公法。但是，这种法律相对于其他国际法律而言，又具有其特殊性。其特殊性主要表现在它所规范的问题是恐怖主义犯罪问题，而不是其他问题。国际反恐怖主义法作为国际法规范的一个重要证据在于，国际反恐怖主义的渊源主要是国际条约和国际习惯。有关劫持飞机罪、危害航空安全罪、劫持人质罪、劫持船舶罪、破坏海上钻井平台罪、侵犯受国际保护人员罪、资助恐怖主义罪、恐怖主义爆炸罪等反恐怖主义的国际公约本身就是国际法的渊源。而在国际反恐怖主义法中，国际法的一般原则同样贯彻其中。任何国家不得以反对恐怖主义为理由和借口，侵犯他国、干涉别国内政；任何国家不得违反联合国宪章和国际法基本原则，漫无目的地进行攻击，杀害无辜和平居民；任何国家不得以反恐怖为由，推行种族灭绝政策，侵犯人权，压迫少数民族；任何民族或族群不得以民族独立和民族自决为由，推行恐怖主义。这些原则都是国际法的重要原则。而诸如此类的国际法原则和规则都构成了国际反恐怖主义法的基本原则。

其次，国际反恐怖主义法又是惩罚恐怖犯罪的国际刑法的有机组成部分。众所周知，国际刑法是国际法的有机组成部分。所谓国际刑法，是指国际社会有关国际犯罪和刑罚的规章、制度和原则、规则的总称，其主要内容包括国际刑事实体法和国际刑事程序法。就刑事实体法而言，国际刑法所解决的国际犯罪和刑罚问题就包括恐怖主义犯罪及其刑罚问题。上述的劫持飞机罪、危害航空安全罪、劫持人质罪、劫持船舶罪、破坏海上钻井平台罪、侵犯受国际保护人员罪、侵犯联合国职员罪、资助恐怖主义罪、恐怖主义爆炸罪等，本身既是国际反恐怖主义法中所确认的犯罪，也是国际刑法所确认的国际犯罪。国际刑法所适用的一般法律原则在国际反恐怖主义法中都是通用的。而就刑事程序法而言，国际反恐怖主义法中的管辖原则、引渡规则、司法协助规则等更构成了国际刑法的重要内容。所以，国际反恐怖主义法的不断发展极大地丰富了国际刑法的内涵。由此可见，国际反恐怖主义法和国际刑法的关系是部分和整体的关系，而不是并列关系。

第三，国际反恐怖主义法也是反恐怖的国际合作法。在国际反恐怖主义法中包含着许多有关反恐怖合作的内容。规定这些内容的条款与其说是刑事法，不如说是行政法更确切些。因为这些条款主要规定了有关国家之间在反恐怖情报交流、制止资助恐怖活动、截断流向恐怖主义的资金、开展反恐怖的人员交流、提供反恐怖技术培训合作等，而这些规定显然属于行政执法的范畴，不属于刑事法范畴。但必须指出，国际反恐怖主义法通过设立国家之间在执法方面的合作义务，来确保国家之间在反恐怖斗争中的相互支援，可以为国家之间开展反恐怖合作提供可靠的法律基础。国家之间通过这些法律开展反恐怖执法合作，可以有效地保障有关国家在反恐怖过程中依法行事，而不用一事一议，或通过缔结专门协定来调整合作关系。这是国际反恐怖主义法不同于其他类别的国际刑事法的地方。就法律规范的性质而言，由于国际反恐怖主义法的基本规范是国际法律规范，所以，国际反恐怖主义法同时兼具强行法和软性法的特征。所谓强行法，无非是指各国不能以协议方式排除的保护国际社会公共利益和维护国际社会基本正义和公德的基本法律规范。国际强行法对国际社会是具有普遍拘束力的。这种绝对的法律效力源于国际强行法所具有的特殊性质。一般来说，强行法既包括有关保护国际社会强行法是国际条约法的一个重要概念。至于强行法的确切定义是什么，则是一个长期争论不休的问题。历史上，自然法学派、实证法学派、社会连带法学派对此问题持有完全不同的意见。大陆法系国家和普通法系国家的国内法对此也有不同的反应。我国学者同样也有不同的看法。① 公共利益的基本法律规范，又包括维护国际社会共同遵守的基本正义和公德的基本法律规范。公认的国际法基本原则，如国家主权原则、不干涉内政原则、民族自决原则；国际人道主义法和人权法规则，如禁止灭绝种族、种族隔离、禁止贩卖妇女儿童以及《日内瓦四公约》规定的保护战争受难者等规则；惩治国际犯罪的规则，比如有关侵略罪、战争罪、危害人类罪、危害民用航空罪、海盗罪、劫持人质罪、侵犯应受国际保护人员罪等国际刑法原则、规则和规章、制度，都是国际强行法的基本内容。由于恐怖主义犯罪是一种严重危害人类和平、安全的暴行，国际社会对恐怖主义深恶痛绝。国际反恐怖主义法正好满足了社会大众的心理需要，所以，国际反恐怖主义法所设定的反恐怖的基本原则，理所当然地得到了国际社会的广泛认同。这是国际反恐怖主义法具有强行法性质的一个重要的基础。而更为重要的还在于，国际反恐怖主义法所规定的犯罪和刑罚以及刑事责任问题，必须通过执法机关来强制实施；任何人实施了恐怖主义犯罪都要受到法律的追究。所谓软性法，是就其适用的强制效力而言的。和硬性法相比较，软性法不具有普遍约束力，不能由一

---

① 万鄂湘、石磊、杨成铭等：《国际条约法》，武汉大学出版社1998年版，第311—332页。

个国际机关来强制执行，其法律功能相对软弱些。国际反恐怖主义法是由参加国按照条约或协定的约定来共同执行的，而不是由某个国家通过本国的司法机关来执行的。有关国家自愿执法的程度在很大程度上制约着反恐怖主义活动的效果。所以，如果一个国家不愿加入某个反恐怖公约，从而也不愿采取任何行动来打击恐怖主义活动，其他国家也不能强制其履行该公约中设定的法律义务。这是国际反恐怖主义法的一个重大缺陷。

3. 国际反恐怖主义法的健全与完善

国际恐怖主义犯罪发生的频率愈来愈高，类型愈来愈多，手段愈来愈新，危害愈来愈大。因此，面对越来越猖獗的国际恐怖主义犯罪，预防和惩治国际主义法律控制体系亟待完善。

第一，联合国主持下制定防止和惩治国际恐怖主义的一般性国际公约。当今国际恐怖主义犯罪已泛滥成灾，国际恐怖主义造成的灾难令人发指和触目惊心，预防和惩治国际恐怖主义犯罪已经成为国际社会和各国人民的共同心愿。在此历史背景之下，1937 年国际联盟主持制定的《防止和惩治恐怖主义公约》已不能满足当代国际反恐形势的需要。《公约》没有也不可能将计算机黑客等现代高科技犯罪列为预防和惩治的范畴；《公约》在对生命权的保护时仅将国家元首及其家属列为被保护的对象已显范围过窄；根据《公约》第 20 条的规定，遇有争端在有关当事国协商未果的情况下应交由常设国际法院、常设国际仲裁院或国联大会处理，这些规定显然随着国际联盟的解体已经过时，更何况《公约》并没有生效。

联合国成立以后主持订立了《关于防止和惩处侵害应受国际保护人员包括外交代表的罪行的公约》和《反对绑架人质的国际公约》，后者在其序言中已将劫持人质视为国际恐怖主义的一种表现形式。除此之外，联合国大会还通过了《打击国际恐怖主义的措施》，并在第 36/106 号决议中要求国际法委员会恢复对《危害人类和平与安全罪法典草案》的起草和修改工作。在 1991 年经国际法委员会一度通过的《危害人类和平与安全罪法典草案》中，国际恐怖主义罪已在法典分则中得到明确的规定。[1] 尽管上述国际法文件在预防和惩治国际恐怖主义犯罪方面起到了一定的积极作用，但面对日益猖獗的国际恐怖主义犯罪，国际社会对此类犯罪的法律控制已显得无所适从。由于《危害人类和平与安全罪法典草案》规定了 12 种危害人类和平与安全的犯罪，可以预见，在短时间内，该《草案》很难发展成为一项国际公约。国际社会没有通过关于国际恐怖主义的国际恐怖主义犯罪，联合国已于 1996 年设立了一个特

---

① 邵沙平：《现代国际刑法教程》，武汉大学出版社 1993 年版，第 66—69 页。

别委员会专门着手起草《关于防止和惩治国际恐怖主义罪草案》，我们希望《草案》应着重考虑国际恐怖主义罪的定义、表现形式或适用范围、管辖及争端解决方式，在管辖和争端解决方式方面应着重考虑能否采用业已成立的国际刑事法院所建立的机制。同时，我们希望《草案》将使用核武器、生化武器和互联网等现代高科技手段进行国际恐怖主义犯罪的行为予以防止和惩治。另外，我们认为，联合国大会和联合国国际法委员会也可考虑同时或优先起草并通过《关于国际恐怖主义的定义的公约》。毫无疑问，联合国只有通过防止和惩治国际恐怖主义的专门国际公约，联合国及其成员国在采取个别或集体行动打击国际恐怖主义时才有国际法上的依据，才能消除或避免国际社会在打击国际恐怖主义方面搞双重甚至多重标准。

第二，对国际恐怖主义犯罪实行政治犯不引渡是国际社会普遍认可的一般国际法原则。但是，由于国际恐怖主义犯罪的目的具有多样性，其发生和发展的社会背景具有复杂性，使得这一问题也变得复杂起来。《反对劫持人质国际公约》第 10 条为解决国际恐怖主义非政治化问题提供了国际立法的范本，该条规定：（1）第 1 条所称各项罪行，均应视为缔约国间现有任何引渡条约已经列为可以引渡的罪行。各缔约国承诺在以后彼此间缔结的所有引渡条约中将此种罪行列为可以引渡的罪行。（2）以订有条约为引渡条件的缔约国，如受到尚未与该缔约国订立引渡条约的另一缔约国的引渡要求，被请求国得自行决定将本公约视为就第 1 条所称罪行进行引渡的法律依据。引渡应依照被请求国法律所规定的其他条件进行。（3）不以订有条约为引渡条件的各缔约国应承认第 1 条所称罪行为彼此之间可以引渡的罪行，但须符合被请求国法律所规定的条件。（4）为了缔约国间引渡的目的，第 1 条所称罪行应视为不仅发生在实际发生地，而且也发生在按照第 5 条第 1 款的规定须确立管辖权的国家的领土内。国际恐怖主义是国际社会和全人类的公敌，只有在国际法中确实实行其非政治化，才有可能使防止和惩治国际恐怖主义犯罪的法律控制疏而不漏。

第三，应完善国内的防止和惩治国际恐怖主义法律控制体系。国际恐怖主义发生于一国，而其实施者、组织者、损害发生地或被侵害人可能在另一国或另外数国。因此，在国际恐怖主义犯罪愈演愈烈的国际环境下，各国必须通力合作来有效防止和惩治国际恐怖主义犯罪。作为国际社会的成员，各国在反对国际恐怖主义的行动中均承担着双重义务，即国际义务和国内义务。各国只有确实履行自身所承担的反恐的国际和国内义务，国际恐怖主义犯罪才能得到有效的控制。在国际舞台上，各国应与其他国家和联合国及其专门机构合作，努力做到使国际恐怖主义犯罪得到预防，在发生时得到立即反应和救助，并对犯罪嫌疑人予以引渡、审判或惩处。在国内层面上，为了有效遏制和坚决打击国际恐怖主义犯罪，各国应结合有关防止和惩治国际恐怖主义犯罪的公约并在总结反恐经验和教训的基础上对其立法和司法加以调整和改革，以不辱捍卫人权惩治恐怖主义的历史使命。为了应对越来越严峻的国际恐怖主义犯罪的形势，2001 年 10 月 26 日，美国总统布什签署了参众两院通过的反恐法案。该法案允许执法机构窃听恐怖嫌疑分子的电话和追踪其电子邮件，增加了庇护恐怖分子罪，延长了拘留涉嫌恐怖犯罪的外国嫌疑犯的时间，赋予美国财政部打击洗钱犯罪的权力。"9·11"恐怖袭击以后，日本参众两院先后通过了《反恐怖特别措施法案》、《自卫队法修正案》和《海上保安厅法修正案》。2001 年 12 月 29 日，我国第九届全国人民代表大会常务委员会第二十五次会议通过了《中华人民共和国刑法修正案（三）》，该修正案将投毒罪的毒物范围扩及"气体毒害性物质、反射性、传染病病原体等物质"，将组织、领导恐怖组织罪的法定刑从 3—10 年的有期徒刑提高到 10 年以上有期徒刑或者无期徒刑。修改了非法买卖、运输核材料罪和洗钱罪并增设了资助恐怖活动罪等新罪名。除对现行立法和司法制度进行调整以外，美国、英国和德国等国家还建立了反恐怖部队。

第四，反恐斗争必须坚持国际人道主义法的规定。1949 年《日内瓦四公约》及其 1977 年的《第一附加议定书》、《第二附加议定书》禁止在国际性或非国际性的武装冲突中从事恐怖主义行为。对国际人道主义法的严重违法行为、国际犯罪，国家负有必须在本国法院、另一缔约国法院或者在国际刑事法院，将有嫌疑的犯罪分子交付审判的义务。构成"武装冲突"的"反恐战争"属于国际人道主义法的调整范围，武装冲突各方处于平等的法律地位，都负有尊重国际人道主义法的义务，任何"反对恐怖活动的战争"都不应破坏有关保护被俘人员、平民及其他武装冲突受难者的法律规则。在惩罚恐怖犯罪分子侵犯他人人权行为的同时，也要保障其基本人权的实现，从而维护国际法在保障人权方面的公正性。

（四）中国对待国际恐怖主义的立场与国内反恐法律的完善

国际恐怖主义是当代世界的一大公害，是全人类文明社会的共同敌人，是危害世界和平与安全、经济发展与社会进步的毒瘤。因此，一切爱好和平与正义的人们，必须旗帜鲜明地反对国际恐怖主义，与恐怖主义做坚决的斗争。中国是社会主义的文明国度，不仅历来谴责和反对一切形式的国际恐怖主义，反对将恐怖活动作为实现政治目标的方式和手段，反对任何国家、组织、团体或个人采取违反公认的国际法准则的恐怖主义暴力活动，而且在打击国际恐怖主义的斗争中发挥着重要的作用。

1. 中国政府的一贯主张与政策

制止非法劫持航空器的公约》、《关于制止危害民用航空安全的非法行为的公约》、《制止危及海上航行安全非法行为的公约》和《制止危及大陆架固定平台非法行为的议定书》等；二是在双边领域，中国和世界上不少国家建立了反恐磋商机制，这些国家包括美国、俄罗斯、英国、法国、印度、巴基斯坦等；三是中国国内也采取了一系列措施，包括在金融、法律、民用航空安全、出入境管理方面采取的一些打击和预防恐怖主义的措施。中国政府将继续积极地在反恐方面开展国际合作，与有关国家进行反恐磋商，特别是借鉴各国的有益经验和做法，完善中国在相关领域的反恐措施，以便更有力地，稳、准、狠地打击恐怖主义。

另外，作为联合国安全理事会的常任理事国，我国政府还参与制定了一系列的为了反对恐怖主义的联合国安理会决议。2001 年 11 月中、俄、哈、吉、塔、乌六国成立"上海合作组织"，声明表示将打击恐怖主义、分裂主义和极端主义视为该组织最重要的任务之一，该组织成员国愿与国际社会一道密切配合，采取有效措施，为根除恐怖主义带来的全球性危机而进行毫不妥协的斗争。同时，在国内立法方面，我国刑法虽然并未单独规定恐怖活动罪，但是针对恐怖行为和参加恐怖活动组织有明确的定罪、处罚的规定。特别是我国刑法第120条规定的"组织、领导、参加恐怖活动组织罪"是专门针对恐怖主义的立法规定。这些都为打击国际恐怖主义提供了有力的法律武器。

3. 中国应该发挥更大的作用

针对世界反恐的整体形势和发展动态，结合我国的对外政策和实际情况，在今后反对和打击国际恐怖主义方面，我国应该采取更加灵活务实的对外政策，发挥更加积极的作用。

首先，要积极地促进国际反恐合作。应当看到，我国也是受到国际恐怖主义危害的国家之一。如频繁在我国新疆活动的"东突伊斯兰运动"组织是国际恐怖势力的一部分，在中国境内外制造了大量暴力恐怖事件，对地区安全与稳定构成了严重威胁，2002 年 9 月被列入安理会颁布的恐怖主义组织名单，这是我国加强和促进国际反恐合作的结果，也是积极扩大对外交流的回报。"上海合作组织"的成立和良好发展，是我国加强周边合作打击恐怖主义的成功举措，受到世人的注目和赞赏。今后还要继续加强国际合作，共同打击包括"东突"恐怖组织在内的一切形式的恐怖主义活动。

其次，必须在反恐问题上坚持国际法的基本原则，反对篡改或歪曲解释联合国宪章和原则，阻止西方借反恐谋求人权高于主权而使以武力威胁或使用武力合法化的企图。这其中，规则问题是核心。反恐规则将是近期国际立法的优先领域。为此，应在围绕制定或强化规则方面发挥积极作用，确立有利于自身和发展中国家利益的国际新规则和新秩序。同时，要发挥大国在坚持国际法基本原则方面的应有作用，对西方动辄绕开联合国和安理会自行其是的做法坚决反对，防止联合国和安理会被边际化。

　　第三，要重视通过司法途径解决反恐问题。在涉外问题上，我国历来主张通过外交途径或政治手段解决国际争端或国际问题。我国在刑法中已经有了涉及恐怖主义犯罪的立法，而在反恐问题上通过国际司法途径解决亦有可取之处，那么，我们就应该采取一切可以采取的手段打击一切国际恐怖主义。

　　第四，必须要警惕西方借反恐为名对我国内政进行粗暴干涉。在打击民族分裂势力及其恐怖活动中，经常会涉及国际法问题，需要我们在法律上妥为应对，更积极、更有效地利用法律武器作斗争，同时要反对一切形式的干涉内政行为，防止反恐扩大化或绝对化。

　　最后，完善中国的反恐怖立法。迄今为止，中国专门的反恐怖立法还很薄弱，除刑法等少数法律存在专门内容外，其他法律并未突出反恐怖主义的特殊性。在中国的反恐怖立法中，还存在一个突出问题，就是缺乏基础性概念的界定，如什么是"恐怖活动"、"恐怖活动组织"等概念并不明确，从而导致相关规定的可操作性不强。这种反恐怖立法的现状，不利于我们用法律手段预防和打击恐怖活动，因此，必须尽快完善中国的反恐怖主义立法。为此，应当在宪法中增设反对恐怖主义的明确依据，进行专门的反恐怖主义立法；要形成以宪法的明确规定为依据，各法律、行政法规、部门规章的专门规定相互衔接、相互补充的一个有机联系的法律体系。我国有关部门正在起草反恐方面的法律，为反恐活动提供法律保障，并赋予反恐队伍或相关部门一定的特殊权力，以扩大反恐范围。随着国际范围内恐怖活动的加剧，中国正加快反恐立法的步伐。

参考文献

一、中文部分

1. 王可菊：《国际人道主义法及其实施》，社会科学文献出版社 2004 年版。

2. 王谣：《论禁止使用武力原则》，北京大学出版社 2003 年版。

3. 邵沙平等：《国际法问题专论》，武汉大学出版社 2002 年版。

4. 王刚：《恐怖与反恐怖》，广东人民出版社 1996 年版。

5. 王铁崖、田如萱：《国际法资料选》，法律出版社 1986 年版。

6. 赵永琛：《国际刑事司法协助研究》，中国检察出版社 1997 年版。

7. 康树华：《当代有组织犯罪与防治对策》，中国方正出版社 1998 年版。

8. 黄风：《引渡制度》（增订本），法律出版社 1997 年版。

9. 柳炳华：《国际法》，中国政法大学出版社 1997 年版。

10. 保罗·R. 皮拉尔：《恐怖主义与美国外交政策》，中国友谊出版公司 2003 年版。

11. 樊立勤：《打开和平之门［专］：平息恐怖主义与中东态势／樊立勤》，知识出版社 2002 年版。

12. 中国现代国际关系研究所反恐怖研究中心：《国际恐怖主义与反恐怖斗争》，时事出版社 2001 年版。

13. 胡联合：《当代国际恐怖主义及其对策》，东方出版社 2001 年版。

14. 花军、韩本毅：《国际恐怖主义》，中国人民大学出版社 1989 年版。

15. 防止和惩治恐怖主义公约

16. 关于在航空器内的犯罪和其他某些行为的公约（1963 简称东京公约）

17. 关于制止非法劫持航空器的公约（1970 简称海牙公约）

18. 关于制止危害民用航空安全的非法行为的公约（1971 简称蒙特利尔公约）

19. 关于防止和惩处侵害应受国际保护人员的包括外交代表的罪行的公约

20. 反劫持人质国际公约

21. 万国邮政公约

22. 罗马条约和禁止危害大陆架固定平台安全的非法行为的议定书

23. 制止恐怖主义爆炸的国际公约

24. 制止为恐怖主义主义提供资助的国际公约

25. 美洲国家组织关于防止和惩治恐怖主义行为的公约

26. 欧洲制止恐怖主义公约

27. 打击恐怖主义、分裂主义和极端主义上海公约

28. 联合国宪章

29. 国际刑法典草案

30. 危及人类和平安全法典草案

31. 核材料实物保护公约

32. 湛军：《恐怖主义与国际治理》，中国经济出版社 2006 年版。

33. 王逸舟：《恐怖主义溯源》，社会科学文献出版社 2002 年版。

34. ［美］亨德森（Henderson，Harry）：《全球恐怖主义》，中国社会科学出版社 2003 年版。

35. 杨恕译：《中亚和南亚的恐怖主义和宗教极端主义》，兰州大学出版社 2003 年版。

36. ［美］保罗·R. 皮拉尔：《恐怖主义与美国外交政策》，中国友谊出版公司 2003 年版。

37. ［美］伊恩·莱塞（Ian O. Lesser）等：《反新恐怖主义》，新华出版社 2003 年版。

38. 中国现代国际关系研究所反恐怖研究中心：《恐怖主义与反恐怖斗争理论探索》，实事出版社 2002 年版。

39. 杨洁勉：《国际恐怖主义与当代国际关系》，贵州人民出版社 2002 年版。

二、外文文献

1. Richard, Baker, *Confronting Terrorism: European Experiences, Threat Perceptions and Policies*, Marianne van, 2003.

2. Henderson, H. global terrorism: *the complete reference guide*, 2003.

3. Coulter Annh, *Treason: liberal treachery from the cold war to the war on terrorism*, 2003.

4. Masciandaro Donato, *Terrorism and organized crime*, Financial markets and offshore centers, 2003.

5. Jenkins, Phlip, *Images of terror: what we can and can't know about terrorism*, 2003.

6. Laqueur, Watter, *No end to war: Terrorism in the twenty-first century*, 2003.

7. Sinclain, Andrew, *An anatomy of terror: a history of terrorism*, 2003.

8. Bos, Adrian, *Reflection on the international criminal court*, 1999.